Patrick
Bahners

Die
Wiederkehr

Die AfD
und der neue
deutsche
Nationalismus

Klett-Cotta

Klett-Cotta
www.klett-cotta.de
© 2023 by J. G. Cotta'sche Buchhandlung Nachfolger GmbH,
gegr. 1659, Stuttgart
Alle Rechte vorbehalten
Cover: Rothfos & Gabler, Hamburg
Gesetzt von C.H.Beck.Media.Solutions, Nördlingen
Gedruckt und gebunden von Friedrich Pustet GmbH & Co. KG, Regensburg
ISBN 978-3-608-98689-1
E-Book ISBN 978-3-608-19205-6

Bibliografische Information der Deutschen Nationalbibliothek
Die Deutsche Nationalbibliothek verzeichnet diese Publikation in der
Deutschen Nationalbibliografie; detaillierte bibliografische Daten
sind im Internet über http://dnb.d-nb.de abrufbar.

Für Andreas Püttmann

INHALT

EINLEITUNG.
DIE GEFÄHRDETE REPUBLIK

Er hatte die Wahl. Zwar war die Wahl soeben über die Bühne gegangen. Der Landtag von Thüringen hatte Thomas Kemmerich zum Ministerpräsidenten gewählt, gemäß dem Verfahren, das die Verfassung des Freistaats in ihrem Artikel 70 vorschreibt. Demnach ist die Abstimmung geheim, und ihr geht keine Aussprache voraus. In den ersten beiden Wahlgängen wird die absolute Mehrheit verlangt; um zu gewinnen, muss ein Kandidat mehr als die Hälfte der Landtagsabgeordneten hinter sich versammeln. »Kommt die Wahl auch im zweiten Wahlgang nicht zustande, so ist gewählt, wer in einem weiteren Wahlgang die meisten Stimmen erhält.« Und das war am 5. Februar 2020, in der 7. Plenarsitzung des am 27. Oktober 2019 gewählten Landtags, der Vorsitzende der FDP-Fraktion. Bodo Ramelow, der bisherige Ministerpräsident, hatte eine Stimme weniger erhalten als Kemmerich. Neunzig Abgeordnete sitzen in Erfurt im Landtag, von ihnen stimmten 45 für Kemmerich und 44 für Ramelow. Die Wahl der Kollegen war auf Kemmerich gefallen. Er war ihre Wahl. Und dennoch hatte er die Wahl. Denn er musste die Wahl noch annehmen, um das Amt des Ministerpräsidenten antreten zu können. Dass er das tat, löste ein Erdbeben aus, nicht nur in Thüringen, einem relativ kleinen Bundesland mit ungefähr zwei Millionen Einwohnern, sondern in Berlin und ganz Deutschland. Für Thomas Kemmerich hatten nicht nur die Abgeordneten der FDP und der CDU gestimmt, sondern auch die der AfD.

Der Nationalismus ist wieder eine politische Kraft in Deutschland. Die 2013 gegründete Partei Alternative für Deutschland wurde 2017 im zweiten Versuch in den Bundestag gewählt. Mit einem Anteil von 12,6 Prozent der Zweitstimmen bildeten ihre 94 Abgeordneten im 19. Deutschen Bundestag die drittstärkste Fraktion. Da die beiden größten Fraktionen ihr Regierungsbündnis erneuerten, das trotz der Stimmenverluste von CDU/CSU und SPD immer noch als »Große Koalition« bezeichnet wurde, stellte die AfD mit ihren Fraktionsvorsitzenden Alexander Gauland und Alice Weidel die Oppositionsführer. Abwechselnd durften sie das parlamentarische Gewohnheitsrecht wahrnehmen, in Aussprachen über Regierungserklärungen an erster Stelle nach der Bundeskanzlerin zu reden. Der Parteiname wurde vom Wählerwillen und von der parlamentarischen Praxis beglaubigt: Die Alternative zur Regierungspolitik, das Gegenprogramm, mit dem sich im parlamentarischen System die Opposition als künftige Regierung darstellt, formulierte und verkörperte die AfD. Selbst wenn die junge Partei 2017 bei den Zweitstimmen die Hürde von 5 Prozent verfehlt hätte, wären ihr gemäß dem Zweitstimmenanteil Sitze im Bundestag zugeteilt worden, da sie in Sachsen drei Direktmandate gewann. In den ostdeutschen Bundesländern ist die AfD besonders stark, aber seit sie 2017 aus dem Stand in die Landtage des Saarlands und Schleswig-Holsteins gewählt wurde, war sie in allen Landesparlamenten vertreten, bis sie im Mai 2022 aus dem Landtag in Schleswig-Holstein wieder herausfiel, weil ihr Stimmenanteil von 6,9 Prozent auf 4,4 Prozent sank.

Bei der Wahl zum 20. Deutschen Bundestag am 26. September 2021 verlor die AfD Stimmen, sie erreichte aber mit 10,3 Prozent erneut einen zweistelligen Anteil der Zweitstimmen. In Sachsen und Thüringen wurde sie stärkste Partei, in beiden Ländern lag sie mehr als 7 Prozent vor der CDU. Auf absehbare Zeit wird man sich darauf einstellen müssen, dass die AfD bei der politischen Willensbildung des Volkes mitwirkt, wie es nach Artikel 21 des Grundgesetzes die Aufgabe der Parteien ist. Für die deutsche Politik, für das Verhältnis von Regierung und Opposition, für Koalitionsoptionen, für die Themen und den Stil der Wahlkämpfe wird das erhebliche Konsequenzen haben. Es ist wohl keine Übertreibung, dass die Geschäftsgrundlage demokratischer Politik in der Bundesrepublik über den Haufen geworfen worden ist.

Nach dem Ausscheiden der AfD aus dem Landtag in Kiel haben einzelne Kommentatoren die Prognose in den Raum gestellt, dass sie sich zur ostdeutschen Regionalpartei zurückbilden würde. Auch und gerade diese Entwicklung wäre indes geeignet, die demokratischen Herrschaftsverhältnisse in der Bundesrepublik aus dem Gleichgewicht zu bringen. Stünde die AfD noch deutlicher und sozusagen unwiderruflich für den Gegensatz von Ost- und Westdeutschland, würde es wohl früher oder später die erste AfD-geführte Landesregierung im Osten geben. Im Gegensatz zur Linkspartei, die früher die ostdeutsche Unzufriedenheit binden konnte, ist die AfD keine Partei der Alten. Bei der Landtagswahl in Sachsen-Anhalt im Juni 2021 war sie bei den Männern die erfolgreichste Partei in allen Altersgruppen unterhalb von 60 Jahren.

Wie wird der neue Nationalismus die Republik verändern? Ein Erkenntnismittel, das sich aufzudrängen scheint, ist der historische Vergleich. Schließlich knüpfen beide Seiten, die AfD und ihre Widersacher, an die Lektionen aus der deutschen Vergangenheit an. Die neue Rechtspartei propagiert die Wiederbelebung eines angeblich normalen Nationalbewusstseins. Auf der Gegenseite wird die Gefahr eines neuen Nationalsozialismus beschworen. In jedem Fall scheint man es mit einem Phänomen der Wiederkehr zu tun zu haben. Das ist auch nicht falsch. Aber oft wird das in diesem Zusammenhang entscheidende Faktum übersehen: Der deutsche Nationalismus kehrt zu einem Zeitpunkt wieder, da nach aller historischen Erfahrung mit seiner Wiederkehr nicht mehr zu rechnen war. Er kehrt tatsächlich wieder, nachdem es in den sieben Jahrzehnten nach 1945 x-fach falschen Alarm gegeben hatte.

Den Umstand, dass im Parteiensystem der alten Bundesrepublik die rechte Seite im Gegensatz zu DVP und DNVP in der Weimarer Republik keine nationalistische Programmatik vertrat, konnte man mit der Niederlage von 1945 und den Zwängen des Kalten Krieges erklären. Einige Jahre lang fungierte hier vor allem die FDP als eine Art Auffangorganisation, nicht ganz unähnlich den Blockparteien der DDR. Die Überzeugung, dass die gesamte emotionale, aber auch intellektuelle

Energie des deutschen Nationalismus schwerlich spurlos verschwunden sein konnte, motivierte die Linke, ein verfassungspolitisches Wächteramt ausüben zu wollen und nach den Verpuppungen des alten giftigen Gedankenguts zu fahnden. Eine nationalistische Agenda wurde stets auch den Unionsparteien zugeschrieben, so um die Mitte der achtziger Jahre im Streit über die Geschichtspolitik der Regierung Kohl.

Im Jahr 1989 hätte die Stunde der Nationalisten schlagen müssen. Die Warnungen von links erreichten nun allerhöchste Intensität. Aber es geschah nichts. Die Wiederherstellung des deutschen Nationalstaats führte nicht dazu, dass eine mitregierungsfähige Partei diesen Staat über alle anderen politischen Größen gestellt hätte. Weder nahmen die Unionsparteien oder die FDP einen solchen Kurswechsel vor, noch etablierte sich eine neue Partei, die aus der Revolutionserfahrung von 1989 diese Konsequenz hätte ziehen wollen. Irgendwann durfte man glauben, die Erinnerung an Kränkungen des nationalen Stolzes, der Rohstoff des Revanchismus, habe sich verflüchtigt, die Phantomschmerzen, die der Rückzug Deutschlands aus dem Kampf ums weltpolitische Dasein ausgelöst haben mochte, seien ein für alle Mal anästhesiert.

Politische Erinnerungen überleben nicht von selbst, sie bedürfen der Pflege durch ausschmückendes und zuspitzendes Nacherzählen der Begebenheiten, die ihre Gegenstände sind. Zwischen der Wiedervereinigung und der sogenannten Flüchtlingskrise verging ein Vierteljahrhundert – eine Zeitspanne, wie sie gewöhnlich für eine politische Generation in Anschlag gebracht wird. Für den Nationalismus der Partei, die unter dem Banner »Deutschland. Aber normal« in den Bundestagswahlkampf 2021 zog, bedeutet das: Er ist noch viel traditionsferner, als das für Nationalismen mit ihren einseitigen, hochselektiven, von Größenphantasien beherrschten Geschichtsbildern ohnehin charakteristisch ist.

An Deutschland scheint sich das Schicksal der verspäteten Nation zu wiederholen. Wie der deutsche Nationalstaat in der zweiten Hälfte des neunzehnten Jahrhunderts mit dem melancholischen Bewusstsein eines Spätgeborenen die europäische Bühne betrat, so ist die AfD im

Verhältnis zu Front National, Lega Nord und erst recht FPÖ ein Nachzügler. Kulturell gesehen, vor dem Hintergrund der Gedanken und Stimmungen, die in Deutschland soeben noch vorherrschend waren, ist die Partei von Bernd Lucke, Frauke Petry und Jörg Meuthen eine Schöpfung aus dem Nichts.

Der AfD fällt es schwer zu sagen, woran sie anknüpfen will. Die Textproduktion einer Partei braucht Kontexte. Ihre Sprache muss Assoziationen wecken, die Losungen sollen Widerhall auslösen können. Das gilt ganz besonders für nationalistische Parteien, da sie das Nationale ja als das Vertraute und Natürliche ausgeben. Mitbürger, die es nicht für Floskeln halten wollen, dass das Deutschland von heute weltoffen und selbstkritisch sei, mag es daher mit Genugtuung erfüllen, dass die AfD kulturell nicht aus dem Vollen schöpfen kann. Im Bundestagswahlkampf 2021 sorgte der AfD-Bundesvorsitzende Tino Chrupalla für allgemeine Heiterkeit, als er in einem Fernsehinterview forderte, in den Schulen solle mehr »deutsches Kulturgut« behandelt und sollten insbesondere mehr Gedichte auswendig gelernt werden – und auf die Frage nach seinem Lieblingsgedicht passen musste. »Da fällt mir jetzt gerade keines ein.« Der Interviewer, der dem sächsischen Politiker dieses Geständnis und das nachgeschobene Bekenntnis entlockte, sein Lieblingsdichter sei Heinrich Heine, war dreizehn Jahre alt.

Was der Streit über die Flüchtlingspolitik des Sommers 2015 in Deutschland auslöste, wurde als doppelte Verschiebung des politischen Spektrums wahrgenommen: Die AfD rutschte nach rechts – und das Land ebenfalls. Verächtliche Schlagworte prinzipieller Ablehnung einer Politik der durchlässigen Grenzen wurden von Politikern der Regierungsparteien übernommen, die durch dieses Appeasement auch die Systemkritik der radikalen Rechten legitimierten, jene Elemente der AfD-Rhetorik, die unverblümt Weimarer Muster kopieren. Wenn man Horst Seehofers Wort von der »Herrschaft des Unrechts« irgendwie wohlwollend deuten möchte, muss man es als Symptom eines Kontrollverlusts nehmen, wie ihn der damalige CSU-Vorsitzende der Bundesregierung vorwarf, in der seine Partei drei Minister stellte. Die

Konsequenzen der maßlosen Aussage konnten Seehofer und die CSU durch keine explizite oder implizite Korrektur unter Kontrolle bringen: Der Verdacht, Deutschland habe sich unter der Großen Koalition in einen Unrechtsstaat nach Art des Hitler- oder des SED-Regimes verwandelt, war von einem Politiker aus dem innersten Kreis der Mächtigen bestätigt worden. Gedanken, die über den engen Bezirk rechtsintellektueller Blättchen ewig nicht hinausgekommen waren, konnten auf einmal die öffentliche Diskussion bestimmen.

Wie kann man es erklären, dass der vor 1989 unfeierlich zu Grabe getragene, nach 1989 folgenlos beschworene deutsche Nationalismus seine Wiedergeburt erlebt? Eine pathologische Betrachtung, die ihn als kollektivseelische Störung einordnet, wird zu der Vermutung neigen, dass er besonders tief sitzen muss, wenn über Jahrzehnte von ihm kaum etwas zu merken war. Die Annahme, dass Sozialcharaktere das Ergebnis langfristiger Prägungen sind, dass sie sich bei allem politischen Wandel erhalten und in veränderter geistiger Umwelt früher oder später wieder zum Vorschein kommen, ist eine Prämisse der antifaschistischen Didaktik der deutschen Nachkriegszeit. Der ständigen Wachsamkeit entsprach die Vorstellung, es mit einem permanenten, ungreifbaren, aber hartnäckigen Phänomen zu tun zu haben.

Die Tiefensozialpsychologie ist eine spekulative Disziplin. Auf Prophylaxe geeicht, arbeitet sie vorsichtshalber mit Unterstellungen. Sie kalkuliert mit Kräften der Latenz, die sie nicht unterschätzen möchte. Ihre Beweisschwierigkeiten mögen nicht unüberwindbar sein, denn über das mehr oder minder plausibel Erschlossene kommt man im Sozialen ohnehin nicht hinaus, aber sie haben auch eine ethische Seite. Unbelehrbarkeit, eine kindische Anhänglichkeit an Abgelegtes, eine verhärtete antidemokratische Einstellung – solche Formen mentaler Unselbständigkeit sollten Bürger einer Demokratie anderen Bürgern nicht ohne Not zuschreiben. Mitbürgern, die Seltsames daherreden und befremdlich agieren, muss man zutrauen, dass sie ihre Gründe haben – und ebenso sollte man mit Spontaneität rechnen, mit Improvisation, Anpassung, Nachahmung und Selbstüberredung, statt zu glauben, dass sie lediglich ausleben, was Dispositionen im tiefsten Seelenkeller ihnen vorschreiben.

Dieses Buch nimmt das Problem daher vom entgegengesetzten Ende aus in Angriff: Es möchte den neuen Nationalismus als ein Phänomen der Oberfläche zu fassen bekommen, als Erscheinung der politischen Öffentlichkeit, denn diese Öffentlichkeit ist die Oberfläche oder Außenseite des gesellschaftlichen Lebens. Konstituiert wird diese Sphäre durch das Gegeneinander von Behauptungen und Gegenbehauptungen, die Konkurrenz von Weltbeschreibungen, die mit Weltverbesserungsvorschlägen untrennbar verbunden sind. In permanentem Streit zwischen Positionen, die repräsentativ zu sein beanspruchen, werden Aufmerksamkeit und moralisches Ansehen verteilt.

Die Betrachtung einer Partei wie der AfD muss folglich mit ihren Aussagen beginnen, den Sätzen und Satzfragmenten, die sie in den demokratischen Diskurs einbringt und einschleust. Was steht in ihrem Programm? Wie passen dessen Teile zusammen, will sagen: Wie schlüssig ist es? Oder genauer: Wie ist es zu verstehen, dass es schlüssig wirkt? Was sagen ihre Politiker im Wahlkampf und in den Parlamenten? Die Attraktivität ihrer Forderungen lässt sich jedenfalls nicht einfach damit erklären, dass diese den Überzeugungen Ausdruck geben, die ihre Anhänger in die politische Auseinandersetzung mitbringen. Wenn es so einfach wäre, hätte die Partei mit der Behauptung recht, sie schaue dem Volk bloß aufs Maul. Eher ist die Frage, wie die Anhänger zu der Überzeugung kommen, sie hätten schon immer die Überzeugungen gehabt, die von den überdeutlichen Formulierungen der neuen Partei als Summe der Volksweisheit ausgegeben werden.

Die Krise der Demokratie ist Gegenstand einer ominös anschwellenden Traktatliteratur. Der Bremer Politikwissenschaftler Philip Manow merkt in seinem eigenen Beitrag zu diesem Genre, dem 2020 in der edition suhrkamp erschienenen Band *(Ent-)Demokratisierung der Demokratie*, kritisch an, dass es viele Bücher gebe, »in denen Wörter wie ›Parlament‹, ›Verhältniswahl‹ oder ›Mehrheitsfraktion‹ kein einziges Mal auftauchen«. Das vorliegende Buch versteht die Demokratie praktisch und sucht sie in der Praxis auf: Demokratie, das ist kollektive Selbstbestimmung durch die regelmäßig wiederkehrende Wahl von Volksvertretern. Das zentrale Kapitel des Buches erzählt daher die Geschichte des thüringischen Ministerpräsidenten Thomas Kemmerich.

Die erste und bislang einzige Wahl eines Ministerpräsidenten von Gnaden der AfD war eine unerhörte Begebenheit, und in novellistischer Verdichtung zeigt sich in der Affäre, wie es dazu kam, dass eine radikale Rechtspartei den politischen Prozess und die öffentliche Debatte in Deutschland mitbestimmen kann. Strategen treten auf, Akteure in der Kulisse, die schon kurz nach der Wiedervereinigung an Planspielen einer Erweiterung des Parteiensystems beteiligt gewesen waren und sich von einer Relativierung der Bedeutung des Nationalsozialismus für das deutsche Selbstverständnis eine befreiende Wirkung versprachen. Dass ein Politiker der kleinsten Landtagspartei in der Erfurter Verwirrung nach oben getragen wurde und es nicht etwa die örtliche CDU war, die, wie von einer Minderheit ihrer Funktionäre schon seit Jahren gefordert, die Probe auf die Möglichkeit einer neuen Mehrheitsbildung wagte, gab dem Vorgang auch unabhängig von seiner Bewertung etwas Groteskes. Es schien nicht mit rechten Dingen zugegangen zu sein. Und doch war Kemmerichs Einzug in die Staatskanzlei nach allem, was wir wissen, nicht das Resultat einer Intrige. Die Politiker, die am 5. Februar 2020 zusammenwirkten und die Überraschung ins Werk setzten, taten das ohne Absprache.

Vor dem Werthorizont der Demokratie mag man wenigstens diesem Aspekt der Angelegenheit etwas Positives abgewinnen: Richtungswechsel im politischen System mit Konspiration zu erklären ist die ständige Übung rechter Systemkritiker, die der Rationalität förmlicher demokratischer Entscheidungsverfahren misstrauen. Man kann die Perspektive allerdings auch umkehren und im verfahrenstechnisch sozusagen Harmlosen einen Grund zur Sorge finden: Es bedurfte eben keiner Intrige, um der AfD die Teilhabe an der Regierungsbildung zu ermöglichen; die Verfassung von Thüringen und die Geschäftsordnung des Landtags genügten.

Kemmerich kam als Gegenkandidat zu Bodo Ramelow ins Amt, dem ersten von der Linkspartei gestellten Regierungschef eines Bundeslandes. Einer der leitenden Gedanken der sich als bürgerlich verstehenden Unterstützer Kemmerichs war, ausgesprochen oder unausgesprochen, die Maxime, dass die Grenzziehung zwischen links und rechts im Zweifel wichtiger sei als die Abgrenzung vom Extremismus der eigenen Seite. Hans-Georg Maaßen, der bis 2018 als Präsident des Bundesamtes für Verfassungsschutz der oberste Extremismusexperte Deutschlands gewesen war, brachte diese Sicht am Tag von Kemmerichs Wahl auf den Punkt: »Hauptsache, die Sozialisten sind weg.« Gemäß dieser antikommunistischen Schlachtordnungsidee war der innenpolitische Wettbewerb eine Verlängerung des Kalten Krieges.

Wenn Ramelows Gegner sich nicht damit abfinden wollten, dass die Stimmen für die AfD bei der Truppenzählung des bürgerlichen Lagers herauszurechnen waren, konnten sie warnend geltend machen, dass man die Anliegen und Sorgen dieser Wähler nicht achselzuckend abweisen dürfe. Der Erfolg der AfD – im 2019 gewählten Landtag von Thüringen hat sie mehr Sitze als die CDU – ist ein Symptom: Darauf wird man sich leicht verständigen können – nur um sogleich in Streit darüber zu verfallen, wofür er ein Symptom sein soll, welche Krankheit oder Fehlfunktion der Politik er anzeigt. Je nach Diagnose wird man dann auch bereit sein, mehr oder weniger radikale Kuren in Erwägung zu ziehen, von der Übernahme der Themen und Redensarten der AfD bis zur Rücknahme des Kooperationsverbots, das CDU und FDP sich im Umgang mit den Radikalen auferlegt hatten.

Der Aufstieg einer neuen Partei bringt Enttäuschung über das System der vorhandenen Parteien zum Ausdruck. Rechtsparteien wie die AfD artikulieren diese Enttäuschung in radikaler, grundsätzlicher Form: als Kritik der Parteipolitik. Die älteren Parteien werden der Korruption im wörtlichen und übertragenen Sinne bezichtigt, des Verrats an der Allgemeinheit. Was tun, wenn der Zweifel an der Regierungsfähigkeit der Regierenden ins Parlament einzieht und dort die Regierungsbildung erschwert, ja, scheinbar unmöglich macht? Ein denkbarer Ausweg aus dieser Krise, den das Regelwerk des demokratischen Regierens, die Verfassung, weist und in dem Sinne sogar empfiehlt, dass der Regierbarkeit des Landes zuliebe nichts unversucht gelassen werden soll, ist die Integration der Zweifler, das Angebot zur Entkräftung ihres Verdachts durch Einladung zur Mitwirkung.

Man kann die Ereignisse um den 5. Februar 2020 auf die Formel bringen, dass zusammenwuchs, was zusammengehörte. Idealvorstellungen einer sozialen Homogenität, deren Konservierung der Hauptzweck der Politik sein soll, bestimmen die Programmatik der AfD, begegnen aber auch bei Anhängern und Funktionären der CDU, insbesondere in den ostdeutschen Landesverbänden. Und ein Liberalismus der Selbstbehauptung gegen schikanöse staatliche Normierung, wie ihn die FDP dort predigt, wo sie zum Regieren nicht gebraucht wird, weist Affinitäten zu dem geistigen Widerstand auf, den die Rechten der Staatsgewalt so lange zu leisten gewillt sind, wie sie nicht in ihren Händen ist. Solche ideologischen Übereinstimmungen enthüllen jedoch nicht einfach die Wahrheit über die sogenannten bürgerlichen Parteien, so dass ihre Abgrenzungsbeschlüsse nach rechts als rein taktisch motiviert abgetan werden könnten. Im parlamentarischen Regierungssystem ist gewollt und wird belohnt, dass rivalisierende und auch gegnerische Kräfte Gemeinsamkeiten sondieren: Daher setzt eine Verfassung wie die thüringische für die Wahl des Regierungschefs Fristen und Quoren. Das rechtfertigt Kemmerichs Kommandounternehmen nicht. Nur der politische Erfolg hätte es rechtfertigen können, aber die Mehrheit, die der Ministerpräsident im Moment der Wahl hinter sich hatte, zerfiel sogleich wieder, so dass er von den verfassungsgemäß erworbenen Kompetenzen de facto keinen Gebrauch machen konnte. Er hat noch nicht einmal Minister ernannt.

Welche Bedeutung hat nun der Eklat von Erfurt für die deutsche Politik? Eine realistische Einschätzung darf nicht ausblenden, dass die Spielregeln des parlamentarischen Regierens Kooperationsbereitschaft prämieren, also die Zurückstellung von Auffassungsunterschieden zugunsten von Handlungsmöglichkeiten. In diesem Sinne nimmt das vorliegende Buch an, dass in Thüringen am 5. Februar 2020 geschah, was früher oder später irgendwo passieren musste. Die Erfurter Politiker von CDU und FDP, die für die Ablösung Ramelows mit Schützenhilfe der AfD die Verantwortung trugen, wurden von den Bundesparteien gemaßregelt, soweit die Machtverhältnisse das zuließen. Ins historische Kurzzeitgedächtnis ist die Kemmerich-Wahl als Experiment eingegangen, das sich nicht wiederholen darf. Gebannt ist die Wiederholungsgefahr nicht, schon deshalb nicht, weil die demokratische Regierungsform auf Experimentierfreude angewiesen ist.

Sprachlich wird die Undenkbarkeit von Bündnissen mit der Partei

Björn Höckes unmissverständlich markiert. In der Öffentlichkeit hat sich die Konvention durchgesetzt, die AfD als undemokratische Partei zu kennzeichnen und ihr den Block der demokratischen Parteien gegenüberzustellen. Nur in den Unionsparteien ziert man sich noch merklich, auch der Linkspartei die demokratische Bonität zu bescheinigen. Philip Manow hat darauf aufmerksam gemacht, dass diese semantische Polarisierung der Sache der Demokratie nicht unbedingt dienlich ist: »Die Demokratie kann sich nicht ernsthaft selbst zu ihrem Gegenstand machen. Der Parteienwettbewerb kann sich in der Demokratie nicht entlang der Linie demokratisch/undemokratisch formieren – obwohl genau das dauernd suggeriert wird: Wir gegen die Antidemokraten!« Deutlicher kann man nicht sagen, dass der Wähler vor einer Alternative steht und eine Entscheidung treffen muss. Die Unterscheidung der beiden Seiten fällt aber so scharf aus, dass die eine Seite im Grunde sagt, die Gegenseite dürfe nie an die Macht kommen. Und das, so Manow, »läuft auf eine Vorstellung von Demokratie hinaus«, welche »die Möglichkeit eines sich über Wahlen vollziehenden, regelhaften Machtwechsels gerade ausschließen muss«.

Es fällt auf, dass das Urteil, die AfD sei undemokratisch, nie mit dem Vorwurf belegt wird, sie wolle den Mechanismus des regelhaften Machtwechsels sabotieren, also Wahlen abschaffen, einschränken oder seltener abhalten. Typischerweise wird stattdessen auf die Einstellung der Partei zu Grundrechten wie dem Asylrecht und der Religionsfreiheit verwiesen. Dabei sind auch Einschränkungen von Rechten, sei es durch förmliche Verfassungsänderung, sei es durch Wandel der Auslegung, legitime Gegenstände demokratischer Debatten und Abstimmungen, schon deshalb, weil in Demokratien alle Rechte und sonstigen Garantien in letzter Instanz durch den Willen der Mehrheit und nicht durch göttlichen Befehl oder eine andere höhere Form von Weisheit legitimiert sind.

Die »wehrhafte« Demokratie sollte besser »abwehrbereite« Demokratie heißen, weil auch ihre ideelle Militarisierung nur zum Zweck der Verteidigung gerechtfertigt ist. Wenn aber zur Abwehr der Nationalisten und Islamfeinde gesetztes Recht als unveränderlich ausgegeben wird, fügt die Demokratie sich selbst eine Niederlage zu, weil sie

auf die Freiheit verzichtet, die Normen des Gemeinschaftslebens fort-
zuschreiben. Auch die Rechte der Teilnahme am politischen Prozess
sind Bestimmungen, über die in diesem Prozess entschieden wird. Ein
ethnischer Volksbegriff, wie ihn die AfD propagiert, bezeichnender-
weise hauptsächlich mit den Drohgebärden chauvinistischer Rhetorik
und nicht mit Vorschlägen zur Änderung von Verfassung und Gesetzen, ist nicht offenkundig antidemokratisch, auch wenn das Bundesamt für Verfassungsschutz gerade diesen Begriff als besonders starkes
Indiz für verfassungsfeindliche Tendenzen in der AfD eingestuft hat
und das Verwaltungsgericht Köln der Behörde in seinem Urteil vom
8. März 2022 darin gefolgt ist. Zwei Konzepte von Demokratie stehen
gegeneinander, und welches davon mehrheitsfähig ist, das ist eine
politische und keine philosophische Frage.

In der Reklame der AfD, ihrer Bildpropaganda in den sozialen Medien und ihren Reden in den Parlamenten, wimmelt es von demokratischer Motivik. Die Partei nimmt für sich in Anspruch, die Tradition
einer demokratischen Nationalbewegung fortzuführen, die sie über
die Revolution von 1848 bis auf die früher allgemein so genannten Be-
freiungskriege zurückführt. Den Sitzungssaal ihrer Bundestagsfraktion wollte sie nach der Paulskirche benennen. Man darf sogar vermuten, dass das Vokabular des Nationalismus ihr vor allem nützlich ist,
um ihr demokratisches Selbstverständnis besonders griffig zu artikulieren: Das Volk wird als vorgegebene Handlungseinheit beschworen,
deren Selbstbestimmung an die Stelle der Elitenherrschaft der Berufspolitiker und Bürokraten treten soll. Es wäre ein Kategorienfehler,
diese demokratische Selbstdarstellung der radikalen Rechten als Tarnung zu deuten und sich der Hoffnung hinzugeben, sie durch Entlar-
vung ihrer wahren, nämlich antidemokratischen Ziele bekämpfen zu
können.

Laut Manow bedarf die geläufige Rede von der Krise der Demokratie der Relativierung oder jedenfalls der Präzisierung, weil es kein alternatives politisches Ordnungsmodell gibt, unter dessen Banner sich
diejenigen versammeln könnten, die mit der Demokratie unzufrieden
sind. Wenn es eine Krise gibt, dann ist es eine Krise ohne Alternative,
wie sie der Althistoriker Christian Meier für die späte römische Repu-

blik beschrieben hat: Eine Neugründung des Staates auf anderer legitimatorischer Grundlage war damals und ist heute nicht vorstellbar. Populistische Parteien wie die AfD sind nach Manow »eben nicht antidemokratisch – beziehungsweise müssten diejenigen, die ein solches Urteil fällen, sehr viel präziser angeben, wo und wie genau der beständige Appell an die Volkssouveränität eigentlich ins Antidemokratische kippt«.

Dieser negative Befund macht es nötig, noch einmal genauer hinzusehen. Ein Hauptziel dieses Buches ist es, präzise zu bestimmen, worin die Gefährdung der Demokratie durch den neuerdings auch in Deutschland wieder parteiförmig organisierten Nationalismus eigentlich besteht. Das Augenmerk gilt dabei dem Verhältnis der AfD zum politischen Prozess, sozusagen ihrer Politik mit der Politik. Die Kritik an den politischen Institutionen, mit der die AfD demonstriert, wodurch sie sich von den Mitbewerbern unterscheidet, ist nicht bloß deshalb so unangenehm laut, weil ein Neuling den etablierten Mächten zeigen will, dass aus ihm die Jugendkraft spricht. Drehte man die Lautstärke herunter, verlöre die Kritik ihre Wirkung. Hier wird vielmehr auch ein genereller Zweifel an der Rationalität der Abläufe im System der berufsmäßig betriebenen Politik artikuliert und kultiviert.

Die Radikalisierung der AfD kann man an provokativen Formulierungen und skandalösen Positionen zu allen möglichen Themen festmachen. Ihre Dynamik, der schier unaufhaltsame Drang zur Zuspitzung und Verschärfung, wird aber bestimmt durch die antagonistische Stellung, welche die Partei im politischen Prozess zu ebendiesem politischen Prozess einnimmt. Dem Personal der als Altparteien herabgesetzten Konkurrenz traut man nur das Schlimmste zu, und dieser Verdacht wird bei jeder Wiederholung schriller und schriller vorgetragen. Das Volk der nationalistischen Phantasie, stolz und gedemütigt, allmächtig und entmündigt, ist in dieser Rhetorik so etwas wie ein Behältnis, das sein eigener Inhalt ist: Die Totalität dieses Volksganzen wird herbeigewünscht, um das Totale des Verdachts zu rechtfertigen. Die neuen Nationalisten sind Chauvinisten des zweiten Bildungswegs.

Der Zorn auf die Verhältnisse ist das Primäre, der Eifer für die eigene Nation etwas Abgeleitetes.

Das Verhältnis der Partei zur Politik ist zutiefst ambivalent. Einerseits misstraut sie der Verselbständigung der Politik zu einer professionellen Sphäre, in der Repräsentanten Karrieren absolvieren und Beziehungen in die Führungsetagen anderer Sonderwelten knüpfen. Andererseits wird nicht nur den Funktionären, sondern in weit größerem Maße als in den älteren Parteien auch den Anhängern der AfD die Politik zum Lebensinhalt. Ein Leben unter der Maßgabe, dass es den Untergang des eigenen Volkes abzuwenden gilt, verwandelt sich in Dauerkommunikation. Alles ist politisch: Überall gibt es Zeichen des Niedergangs, die geteilt, das heißt in den sozialen Medien an Gleichgesinnte übermittelt werden wollen. Daher die große Empfindlichkeit für Veränderungen des Lebensstils, die Furcht vor der Umwälzung des Alltags durch lebensfremde Mächte, für welche die Etiketten der Identitätspolitik und der Cancel-Kultur bereitliegen. Es gilt aber auch umgekehrt: Die Politik ist alles, wechselweise Sinnzusage und umfassende Bedrohung.

Dass Systemkritik im demokratischen System ihren Platz hat, könnte man als normal und sogar als wünschenswert betrachten. Als Alexander Gauland nach der Bundestagswahl 2017 ankündigte, die AfD werde die Bundesregierung »jagen«, kündigte er, wohlwollend gelesen, lediglich an, dass seine Partei ihre Aufgabe der parlamentarischen Opposition ernst nehmen werde. Ohne Übertreibung und Zuspitzung kein Antagonismus und also kein Parlamentarismus. Auch die Personalisierung des Streits, die Drohung, Amtsinhaber zur Rechenschaft zu ziehen, ist normal im Leben eines Staates, in dem Macht durch Wahlen verteilt wird. Die durchgehende Unterstellung, dass der Gegner auf der Regierungsbank unehrlich agiert, ist dagegen nicht nur ein Bruch mit dem parlamentarischen Komment. Der Regierung wird ihre Legitimität abgesprochen. Das nationalistische Vokabular dient dazu, den Staat als Okkupationsregime hinzustellen.

Die politische Auseinandersetzung mit der radikalen Rechten muss sich der Tatsache stellen, dass die Mittel der nationalistischen Massenorganisation zur Demokratie gehören und die demokratische Rhetorik der Nationalisten nicht einfach als Camouflage abgetan werden kann. Diese Parteien verdienen, bekämpft zu werden, obwohl sie demokratisch sind.

Die Führungsriege der AfD ist ein Bund von Fanatikern und Opportunisten. Einige Spitzenfunktionäre, Gauland allen voran, kultivieren ein taktisches Verhältnis zu den angeblichen Substanzen und Naturtatsachen der nationalistischen Ideenwelt. Gegenüber Journalisten als den Sachwaltern des aufgeklärten Bewusstseins lässt Gauland gerne durchblicken, dass er die Vorurteile seiner Klientel nicht teile. Als »urbaner konservativer Publizist« (Gustav Seibt) war Gauland früher ein gern gesehener Gast im Feuilleton. Hat er sich von seiner Bewunderung der englischen Oberschicht abgewandt? Nein: Zu den Herrschaftstechniken dieser Oberschicht gehört von jeher ein instrumentelles Verhältnis zu den Stimmungen des Volkes.

Die Bedeutung Gaulands für den Erfolg des Versuchs, im deutschen Parteiensystem eine rechte Kraft zu etablieren, kann kaum überschätzt werden. Auf der linken Seite des Spektrums war eine solche Erweiterung schon zwei Parteien gelungen, den Grünen vor der Wiedervereinigung, der PDS und heutigen Linkspartei danach. Aber trotz aller Bewunderung, die Joschka Fischer und Gregor Gysi bei den Anhängern ihrer Parteien und in der großen Öffentlichkeit fanden, hätten sich diese Charismatiker leichter austauschen lassen als Gauland, der Kontinuitätsgarant in den Palastrevolutionen seines Vereins. Er ist Stratege, Chefideologe und Repräsentant in einer Person – und er stellt einen Habitus zur Schau, kommuniziert auch nichtbegrifflich. Darauf kommt es besonders bei einer Partei an, deren Sache der Nationalismus ist, also ein Amalgam aus Assoziationen, Bekenntnis und Ressentiment.

Gauland gibt dem Zeithistoriker ein faszinierendes Rätsel auf: Er warnte vor der AfD, bevor er sie gründete. In einer Reihe von Büchern entwarf er das Programm eines modernen Konservatismus für die Zeit nach Helmut Kohl. Er beschwor die Gefahr, dass die Verlierer im großen Geschäft der Reform der sozialen Sicherung die Beute einer chauvinistischen Sammlungsbewegung werden könnten. Ein Konservatismus, wie er dem Essayisten Gauland vorschwebte, sollte die Entfremdeten auffangen und ihnen die Anpassung an den Strukturwandel erleichtern, ohne die trügerischen Heimatschutzversprechen der diskreditierten nationalistischen Tradition zu erneuern.

Rollenwechsel und Positionstausch gehören zum Grundstoff der Geschichte ideologischer Bewegungen. Jede Revolution hat ihre Dialektik. Mit Überraschungen beim unverhofften Wiederlesen muss gerechnet werden: So sagt es die Frankfurter Spruchweisheit, wonach die schärfsten Kritiker der Elche früher selber welche gewesen seien. Aber Gauland hat sein Geweih nicht abgestoßen: Er bot und bietet Denkhaushaltswaren für den konservativen Geschmack an, und in seiner Entwicklung vom Entrümpelungsspezialisten zum Retro-Designer gab es keinen Bekehrungsmoment des totalen Sortimentswechsels. Drei Bücher aus seiner liberalen Phase, die in Publikumsverlagen wie Rowohlt und DVA erschienen waren, ließ der AfD-Ehrenvorsitzende im rechtsintellektuellen Landt Verlag wieder auflegen.

Die Konstante in Gaulands politischer Soziologie blieb die Sorge um die Abgehängten im kapitalistischen Lebenslangstreckenlauf: Sie sind, als vermeintlich Betreuungsbedürftige, die geborene Klientel einer konservativen Partei. Dieser Gedanke ist aber kein Eigengut eines Hobbyhistorikers, dessen Steckenpferd sozialromantische Tory-Interpretationen der englischen Geschichte sind. Im Gegenteil prägt ein solcher Paternalismus die Auseinandersetzung mit der AfD auch dort, wo ihr Konkurrenten das Wasser abgraben wollen oder Forscher die Quellen ihrer Popularität freilegen möchten. Boris Palmer, der grüne Oberbürgermeister von Tübingen, schrieb im November 2016 in der F.A.Z.: »Die immer drängendere Frage ist für mich, wie man mit den Sorgen, Nöten, Ängsten und Abwehrreflexen einer großen Minderheit umgehen soll.«

Sich der Verunsicherten anzunehmen, die ein Erlebnis des Statusverlusts oder die Furcht davor angeblich massenweise dazu verleitet, sich von rechten Sprüchen etwas zu versprechen: Diese Strategie zur Bekämpfung der AfD, mit der fast alle anderen Parteien ihr Glück versucht haben, macht ein Nachsprechen der Problembeschreibungen der Nationalisten erforderlich, wenn das Alternativangebot zur Alternativpartei die angenommenen psychologischen Bedürfnisse der AfD-Kundschaft befriedigen soll. Es wird dann Unklartext geredet, die noch nicht allzu lang vergangene Vergangenheit verklärt, die Aufhaltsamkeit sozialen Wandels übertrieben. Der unterstellte Wunsch wird zum Vater unscharfer Gedanken, wenn das »Eigene« und das »Normale« als das unbedingt Erhaltenswerte beschworen werden.

Verblüffenderweise hat diese Wattierung des Diskurses auch ihre Fürsprecher in den Wissenschaften von Politik und Gesellschaft. Die verstörende Wiederkehr des Nationalismus rief eine verstehende Zeitdiagnostik auf den Plan, deren Protagonisten, wie Werner Patzelt und Cornelia Koppetsch, zeitweise auf ein überaus starkes Interesse in den Medien stießen. Sowohl der Dresdner Politikwissenschaftler als auch die Darmstädter Soziologin überschritten im Eifer der teilnehmenden Beobachtung forschungsethische Grenzen.

Patzelt begann sehr bald nach dem Beginn der Pegida-Umzüge in Dresden mit einer empirischen Untersuchung des Phänomens, über deren vorläufige Ergebnisse er ein Publikum jenseits der Fachöffentlichkeit in einer dichten Folge von Zeitungsartikeln und Interviews informierte. Sein wichtigstes Instrument waren Interviews, die er an Ort und Stelle anbahnte und durchführte, wobei er sich gegen den Vorwurf wehrte, er sei durch die regelmäßige Anwesenheit zum Mitläufer geworden. Er nahm Autorität für seine Autopsie in Anspruch und warnte gleichzeitig vor verzerrenden Effekten der Perspektiven der Medien, in denen er seine Eindrücke ausbreitete. Der Leserschaft der *F. A. Z.* teilte er mit, dass an den Pegida-Montagen überwiegend »ganz normale Leute« durch die sächsische Landeshauptstadt spazierten. Den Gegendemonstranten, die sich ebenfalls Woche für Woche einfanden, warf Patzelt vor, diese Normalität nicht sehen zu wollen. Kollegen Patzelts am Institut für Politikwissenschaft kritisierten in einer gemeinsamen Erklärung, dass er die beiden Seiten der Auseinandersetzung auf den Straßen mit zweierlei Maß messe und ständig zwischen den Rollen des wissenschaftlichen Protokollanten und des politischen Stichwortgebers wechsele. Patzelt berücksichtigte auch diese Ebene der Diskussion in seinen Studien über die Diskussion. In einem »Forschungsbericht« schrieb er: »Selbst wer bei alledem in der Beobachterperspektive verharrte, doch sich von ihr aus öffentlich und somit für die Gegner vernehmlich äußerte, wurde im Sog dieser kommunikativen Prozesse eben doch zum Mitakteur wirklichkeitskonstruktiver Politik.«

Als nach den Ausschreitungen von Chemnitz am 26. August 2018 der Sprecher der Bundesregierung verdächtigt wurde, ohne Tatsachengrundlage von einer »Hetzjagd« gesprochen zu haben, agierte Patzelt öffentlich, vernehmlich und in seiner Weise wirklichkeitskonstruktiv: Er bat die Regierung um Aufklärung durch Offenlegung ihrer Informationen und Quellen, allerdings nicht auf dem Weg der Anfrage eines Wissenschaftlers, der sich auf seine Forschungsfreiheit und auf den Informationsanspruch des Bürgers berufen kann, sondern mit dem Instrument einer sogenannten Petition, einer Unterschriftensammlung im Internet – als müsste die Bundeskanzlerin wie ein absolutistischer Monarch zur Enthüllung eines Staatsgeheimnisses gezwungen werden. Ein Desiderat der Eingabe war eine Erläuterung des in Berlin zur Beschreibung des Geschehens verwendeten Begriffs »Zusammenrottung«. Patzelt hatte es durch seine Pegida-Begleitforschung zum Fachmann für Zusammenrottungen gebracht und sammelte nun eine Masse besorgter Internetmediennutzer hinter sich, die sich von der Wahrheit abgeschnitten wähnten. Patzelts Fakultätskollege Gerd Schwerhoff, Professor für Geschichte der frühen Neuzeit, machte ihm den Vorwurf, eine »plumpe rechtsextreme Verschwörungstheorie« zu verbreiten, weil das Formular der Petition mit dem Diagramm einer »Lügenspirale« illustriert war.

Auch Cornelia Koppetsch stützte sich in ihrem 2019 publizierten Buch *Die Gesellschaft des Zorns. Rechtspopulismus im globalen Zeitalter* auf Gespräche mit Akteuren. Fachrezensenten vermissten einen Anhang mit einer Liste dieser Interviews in der in der empirischen Sozialforschung üblichen Form (datiert und anonymisiert). In der Danksagung erwähnte die Autorin sowohl ihren Lebensgefährten als auch ihre »Bekannten aus der AfD, die mir in vielen Diskussionen ihre gesellschaftlichen Sichtweisen dargelegt haben«. Sie erwähnte nicht, dass ihr Lebenspartner einer dieser Gewährsleute aus der AfD war: ein Berliner Lokalpolitiker und islamkritischer Islamwissenschaftler, der als

Quereinsteiger an ihrem Lehrstuhl gearbeitet hatte. Im Hauptpunkt der Argumentation des Buches stimmten die gesellschaftlichen Sichtweisen der Rechtspopulisten und die analytischen Perspektiven der Rechtspopulismusforscherin überein: Der Zorn wird demnach provoziert durch die Selbstgerechtigkeit einer wohlhabenden Bildungsschicht, die der Gesellschaft ihren Kosmopolitismus oktroyieren will, ohne zu bedenken, dass er Ausdruck ihrer materiellen Begünstigung ist. Koppetsch nannte ihre Methode »theoriegeleitete Empathie«. Laut dem Historiker Bodo Mrozek brachte die Methode hervor, was man im Alltagsverständnis mit Empathie verbindet: ein sehr weitgehendes, fast grenzenloses Verständnis. Koppetsch bescheinigte den Rechtsabweichlern ein begründetes Interesse an der »Begrenzung von Zuwanderung« und »an der Wiederherstellung nationalstaatlicher Souveränität, weil sie einer Gesellschaftsordnung entgegenstehen, in der ihnen kulturell der Boden unter den Füßen weggezogen wird«.

Skeptisch durfte einen die euphorische Rezeption bei den Rezensenten jenseits der Fachkritik stimmen, war deren soziale Umwelt doch das Milieu, gegen das sich die Kritik des Buches richtete. Mrozek brachte das Paradoxe an Koppetschs Resonanz auf den Punkt: Ihre Thesen fanden Anklang in »einer Feuilleton-Debatte, die sich in vielen Einzelaspekten selbstkritisch am eigenen Milieu abarbeitet, in der Summe aber den Eindruck eines linksautoritären Meinungsklimas behauptet«. Die Entdeckung umfangreicher Plagiate blamierte die Feuilleton-Rezensenten: Sie hatten die Originalität des Buches stark überschätzt – und in dieser Überschätzung steckte eine Pointe zum Thema. Für originell hatten die Berufsleser offenbar das gehalten, was ihnen unmittelbar einleuchtete. Aber ihnen leuchtete ein, was sie schon x-mal gelesen hatten, in Büchern zur zeitdiagnostischen Gesellschaftsanalyse und in Feuilletonartikeln. Aufstieg und Fall von Cornelia Koppetsch stehen ironischerweise für die Selbstüberschätzung des kosmopolitischen Milieus. Man kann aus dieser Komödie der eingebildeten Diagnostik eine politische Lehre ziehen: Solange sich die Regierenden das Volk nach dem Bild vorstellen, das die populärwissenschaftliche Legende von den Abgehängten entwirft – als Kollektiv der Ängstlichen, Missvergnügten und Bockigen, denen die Wahrheit über den sozialen Wandel nicht zugemutet werden könne –, solange säen sie selbst das Misstrauen, das der Nationalismus erntet.

Die Erfahrung des Verlusts von Handlungsmacht ist im Zeitalter der Digitalisierung etwas Alltägliches und kommt in allen sozialen Schichten vor. Nationalistische Sammlungsbewegungen reagieren auf diese Erfahrung, indem sie die Nation als Handlungseinheit instandsetzen wollen. Mit dem maßlosen Misstrauen gegenüber den Politikern, die tatsächlich regieren, korrespondiert bei den Anhängern der AfD ein vielleicht kaum weniger übertriebenes Vertrauen in die Politik, in die Möglichkeiten des Regierens. Wäre der Slogan nicht schon vergeben, könnte über der Baustelle des deutschen Volksstaats plakatiert werden: »Wir schaffen das!«

Das »Könnens-Bewusstsein«, das Christian Meier in der Urzeit der Demokratie entdeckt hat, bei den Athenern, verschafft sich Bestätigung durch Betätigung. Das Pathos von Sachlichkeit und Realpolitik lenkt davon ab, dass demokratische Politik, also Politik unter ständiger Beteiligung der Bürger, in der modernen Welt vor allem Selbstbeschäftigung ist, Mobilisierung von Gleichgesinnten, Vervielfältigung von Willenserklärungen. Die sozialen Medien machen ununterbrochenen Austausch möglich, eine Verschmelzung von privater und öffentlicher Sphäre, Nahbereich und Fernbereich – und simulieren damit eine Homogenität des kommunikativen Raumes, wie sie in idealistischen Beschreibungen der Demokratie vorausgesetzt wird.

Eine These Manows lautet, dass wir noch immer in der von der Französischen Revolution heraufgeführten Welt leben. Politik wird im Namen des Volkes veranstaltet, das jederzeit gegen die eigenen Repräsentanten auf die Barrikaden gerufen werden kann. In dieser welthistorischen Perspektive fällt ein neues Licht auf eines der meistdiskutierten Phänomene des Populismus: die Verbreitung von Verschwörungstheorien. Das politische Subjekt des Nationalismus konstituiert sich in der Propaganda der AfD als Gemeinschaft der Verratenen und Verkauften. Die vom deutschen Volk mit der Verwaltung seiner Angelegenheiten betrauten Repräsentanten haben es angeblich zweimal betrogen – in der Eurokrise durch Veruntreuung des Volksvermögens und in der Flüchtlingskrise durch Deaktivierung der Grenzkontrollen. Nicht als Unfall, als Resultat von Verblendung wird die Selbstabschaffung Deutschlands dargestellt, sondern als Unglück, das die Herrschenden sehenden Auges herbeiführen wollten. Dass dieser Mythos der Lenkung durch böse Absicht auf so viel Glauben stößt, wird gewöhnlich als kognitive Fehlleistung erörtert, als Rückfall in irrationale Denkmuster einer abergläubischen Zeit. Manow erinnert daran, dass die Verschwörungstheorien ein Produkt des Zeitalters der Französischen Revolution sind. In der Idee, die Freimaurer und Philosophen hätten die Revolution geplant oder die Aristokraten seien jederzeit dazu fähig, sie rückgängig zu machen, wurde die Erfahrung der weltverändernden Macht der Politik verarbeitet.

Gereon Bollmann, seit 2021 schleswig-holsteinischer Bundestagsabgeordneter, gebrauchte auf Kundgebungen gegen die Maßnahmen zur Bekämpfung von Covid-19 wie auch im Bundestagswahlkampf gerne das Wortspiel von der »Plandemie«. Man habe es mit einer »geplanten Pandemie« zu tun, der »geplanten Benutzung einer Viruserkrankung für politische Zwecke«. Bollmann darf als Fachmann in Sachen Planfeststellung angesprochen werden. Der 1953 geborene Jurist hatte sich schon im Studium auf Verwaltungsrecht spezialisiert, war Assistent am Lorenz-von-Stein-Institut für Verwaltungswissenschaften der Universität Kiel und trat als Verwaltungsrichter in die Justizlaufbahn ein, die er nach mehreren Abordnungen in die Verwaltung und ins Kieler Justizministerium als Richter am Oberlandesgericht abschloss. In der Verwaltung ist der Plan unentbehrlich: ein Schema künftig geordneter Verhältnisse, das Versprechen einer Steuerung, die Kontrollbedarf erzeugt. Die Verwaltungswissenschaft pflegt die Überforderung des planenden Staates durch die eigenen Erwartungen zu betonen – Bollmann traut der Regierung, die angeblich Böses im Schilde des Gesundheitsministeriums führt, eine rationale Effizienz zu, die in den Akten der Verwaltungsgerichte dann vielleicht durch sinistre List verborgen bleibt.

Die Gründer der AfD kamen aus den Kreisen, in denen der Journalist Jan Roß am Anfang der Ära des Bundeskanzlers Gerhard Schröder

»die neuen Staatsfeinde« ausmachte. Der Zweifel an der Legitimität staatlicher Normen wurde mit wirtschaftspolitischen Argumenten neoliberaler Stoßrichtung begründet. Die Verdrängung des Gründungsvorsitzenden Lucke aus der Partei bedeutete keinen Kurswechsel. Denn bei den Ideengebern einer neuen bürgerlichen Partei, bei Hans-Olaf Henkel ebenso wie bei Thilo Sarrazin, war das nationale Ressentiment schon ein entscheidendes Motiv – eingeschlossen die Kritik an der Vergangenheitsbewältigung, die verdächtigt wird, mit dem deutschen Selbstbewusstsein auch die deutsche Wirtschaftskraft zu ruinieren.

Der neue Nationalismus ist ein neuer Nationalliberalismus. In den Begriffen der politischen Zoologie muss man von einer Chimäre sprechen, einer Laune der Evolution. Aber man sollte die Lebensfähigkeit des Monsters nicht unterschätzen. Der ins Extrem getriebene Individualismus ist umgeschlagen in die Bereitschaft, sich die Nation als Gegenkollektiv herbeizuwünschen. Für Henkel und Sarrazin ist die deutsche Nation selbst ein Individuum, dem übel mitgespielt wird, der düpierte Handwerker oder Kleinsparer unter den Völkern. Die sogenannten Reichsbürger, die der Staatsgewalt durch persönliche Willenserklärung die Loyalität aufkündigen, sind so gesehen der irrsinnige Rand einer viel breiteren Strömung.

Der Antrieb des neuen Nationalismus, der in der AfD parlamentarische Gestalt angenommen hat, ist radikaler Zweifel an der in Deutschland gegebenen Form demokratischer politischer Herrschaft. Die Systemkritik ist Teil des Systems geworden. Zum ersten Mal in der Geschichte der Bundesrepublik gehört zum parlamentarischen Spektrum eine revolutionäre Partei, die es auf den Umsturz der bestehenden Ordnung abgesehen hat – wie die SPD im Kaiserreich, wie KPD und NSDAP in der Weimarer Republik.

Für ein demokratisches politisches System bedeutet ein nationalistischer Akteur den Ernstfall von Belastungsprobe. Wer alle eigenen Leute allen anderen Leuten vorzieht: Wie will man mit dem verhandeln und Kompromisse schließen? Tauschgeschäfte mit den Interessenvertretern der Arbeiter, Rentner, Kirchenmitglieder und jungen Leute sind schwer denkbar. Um überhaupt Politik betreiben zu können, sind die

Nationalisten auf Ersatzthemen angewiesen: Sie brauchen Sünden-
böcke, Skandale und Leitkulturdebatten.

Wahlergebnisse lassen sich nicht wegwünschen und auch nicht weg-
demonstrieren, selbst wenn Theaterintendanten die Demonstrationen
organisieren und Bürgermeister sie unterstützen. Demokratische Legitimität ist ein Faktum. Eine AfD-nahe Stiftung ist schon gegründet.
Solange staatliche Haushaltsmittel an Parteistiftungen verteilt werden,
hat nach der Rechtsprechung des Bundesverfassungsgerichts jede Partei einen Anspruch auf diese indirekte Finanzierung ihrer Nachwuchs-
pflege und Gedankenfindung, die eine »dauerhafte, ins Gewicht fal-
lende politische Grundströmung« vertritt; in der Praxis wurde das
bislang daran festgemacht, dass eine Partei zweimal in Folge in den
Bundestag gewählt wurde. Ebendas ist der AfD bei der letzten Bundestagswahl vom September 2021 gelungen. Zwar möchten die übrigen
Bundestagsparteien der AfD die Gleichbehandlung ihrer Stiftung ver-
wehren. Aber sie gehen damit das erhebliche Risiko ein, der AfD einen
Sieg in Karlsruhe zu verschaffen.

Auch bei der Ernennung von Richtern des Bundesverfassungsgerichts wird die AfD zu gegebener Zeit auf das demokratische Partizi-
pationsrecht verweisen, das sie für ihre Wähler wahrnimmt. Das Gesetz schreibt vor, dass die Richter vom Bundestag oder vom Bundesrat
mit Zweidrittelmehrheit gewählt werden, aber bislang herrschte unter
den Parteien Konsens darüber, dass die parlamentarischen Mehrheitsverhältnisse nicht ausgenutzt werden sollen, um politisch zeitweilig
herrschenden verfassungstheoretischen Meinungen ein Monopol im
Gericht zu verschaffen. Darin sieht man in Deutschland weithin einen
Vorteil im Vergleich mit den innenpolitischen Schlachten, wie sie in
den Vereinigten Staaten eine Vakanz im Obersten Gerichtshof auslöst.
Solange CDU und SPD das politische Leben bestimmten, wurde in
Karlsruhe in beiden Senaten mit ihren je acht Richtern ein vom Auf
und Ab der Wahlergebnisse unabhängiges Gleichgewicht gewahrt. FDP
und Grüne konnten Richter nominieren, wenn ihr Koalitionspartner
ihnen einen Platz aus seinem informellen Kontingent abtrat. Mit dem
Wandel des Parteiensystems ist dieser Modus der Stellenverteilung ob-

solet geworden. Unterstellen wir, dass eine Partei relativ stabile Wahlergebnisse um die 12 Prozent erreicht: Bei einem Vorrat von sechzehn Richterämtern wird sie früher oder später einen Kandidaten benennen können – jedenfalls nach Adam Riese, einem unterschätzten Lehrer der Demokratie.

Der Vergleich der Renaissance des deutschen Nationalismus, die wir erleben, mit seiner Hochblütezeit vor dem Ersten Weltkrieg ist instruktiv – und bei längerem Nachdenken beunruhigend. Damals war die herrschende Kultur nationalistisch. Die Verehrung der eigenen Nation prägte den Alltag, gerade auch der Gebildeten. Es gab nationalistische Verbände und nationale Liederbücher; der Deutschunterricht stand im Zeichen der Nationalliteratur. Auch im Unpolitischen, in der idealistischen Überschätzung und Überforderung der Politik, war der Nationalismus ein Phänomen der bürgerlichen Kultur. Diese damalige Symbiose von Nationalismus und bürgerlicher Lebenswelt ist als Sachverhalt auch dem heutigen historischen Gedächtnis noch geläufig. Aber da wir den deutschen Nationalismus von seinem völkermörderischen Ausgang her betrachten und uns meist ohnehin damit begnügen, Nationalismus moralisch zu bewerten, ist uns entfallen, wie reich und subtil die Pflege des nationalen Gedankens im Kaiserreich war. Vor allem war er wirklich mit allen höheren Interessen der Nation verwoben, von der Musik bis zur Theologie. Der Gründervater der Sozialwissenschaften, Max Weber, stellte sich in seiner Freiburger Antrittsvorlesung zugleich als Programmatiker des deutschen Nationalismus vor.

Auch die AfD hat ihre Intellektuellen, und die permanente kritische Begleitung in der ihr wohlgesinnten Publizistik um die Wochenzeitung *Junge Freiheit* dürfte für den Klärungsprozess, in dem sich die Partei von ihrem Gründer Lucke lossagte und den Habitus eines Professorenvereins ablegte, eine kaum zu überschätzende Bedeutung gehabt haben. An Gedanken und Leuten, die sich Gedanken machen, fehlt es nicht. Aber es handelt sich dabei um Autoren, die Jahrzehnte in der politischen Wüste zubrachten, bis der nationalistische Quell dann endlich doch wieder sprudelte.

Die Weltläufigkeit wilhelminischer Professoren ist diesen Vorden-
kern einer neuen deutschen Renaissance fremd; unter ihnen dominiert
der Typus des Privatgelehrten. Sie entwerfen ihr Bild von Deutschland
nicht im Hochgefühl der Übereinstimmung mit den Wohlmeinenden
und Wohlhabenden. Als sich niemand für ihre Steckenpferde inter-
essierte, gründeten sie Institutionen einer Gegenöffentlichkeit mit
passender Theorie. Verachtung für die bürgerliche Öffentlichkeit und
deren Institutionen, ein verallgemeinerter Verdacht gegen die berufsmäßig betriebene Politik: Das sind die Grundmotive dieser Theorie
oder, besser gesagt, Weltanschauung, denn diese Lehre von der Verschwörung von Medien und Politik kann alles erklären. Die Strategen
der Gegenöffentlichkeit sehen keinen Grund, just in dem Moment von
ihrer Theorie abzulassen, da sie plötzlich Gehör finden – und zwar gerade mit den pauschalen Verdächtigungen gegen die Organe des Staates, gegen den Berufsjournalismus, aber auch gegen die Wissenschaft
und die Kirchen.

Das Moment von Vermittlung und Reflexion, das im klassischen
Nationalismus mit dem Kulturniveau des Unternehmens gegeben war,
das heißt mit dem Reichtum der literarischen und wissenschaftlichen
Quellen, mit der Verdichtung und Überlagerung der vervielfältigten
Erinnerungsbilder, mit der Zahl und sozialen Vielfalt der Beteiligten,
fällt im AfD-Umfeld weg. Dort treffen sich Leute, die noch Rechnungen mit dem Zeitalter offen haben und einander in ihren Frustratio-
nen bestärken. Unter der Nationalflagge sammelt man sich, um alle
anderen als Verräter an der nationalen Sache abtun zu können. Die
Polarisierung ist Selbstzweck, die symbolische Handlung der Verwerfung wird als politische Tat erlebt.

Es ist bezeichnend, dass der erste mediale Gemeinschaftsauftritt der
intellektuellen AfD-Sympathisanten unter dem Banner der »Erklärung 2018« stattfand. Liest man den Wortlaut der provokativ knappen
»Erklärung«, so bestand ihr politischer Zweck in der Solidarität mit
pseudofeministischen islamfeindlichen Demonstranten aus den Kreisen der »Identitären Bewegung«, die linke Gegendemonstranten auf
den Plan gerufen hatten. Viele der Publizisten und Professoren unter
den Unterzeichnern werden wohl nicht darüber nachgedacht haben,

wer die Demonstranten waren, mit denen sie sich da gemeinmachten; ihnen dürfte es nur auf die im Text der Erklärung zum absoluten Gemeinplatz kondensierte Kritik an der Flüchtlingspolitik der Regierung Merkel angekommen sein. Nicht als Nationalschriftsteller alter Schule exponierte sich der Romancier Uwe Tellkamp in der Dresdner Disputation mit dem Dichter Durs Grünbein am 8. März 2018, nicht mit einer bestimmten Idee von Deutschland, die nach Vergegenwärtigung, Veranschaulichung, Verkörperung verlangt, sondern als verkrümmter Zinnsoldat auf dem Metakriegsschauplatz einer Debatte über Debatten, über angeblich von einem Kartell herrschender Moralisten verhängte, gleichwohl aber endlos beredete Redeverbote.

Die »Identitäre Bewegung« ist eine radikalnationalistische Avantgardetruppe, die wie nationalistische Propagandisten früherer Epochen künstlerische Mittel auf der Höhe der Zeit zum Einsatz bringt. Im rechtsradikalen Raubkopieverfahren werden die Happenings postmoderner Subjektivitätskritik für die Selbstbehauptung eines postulierten Kollektivsubjekts umfunktioniert. Bei den Grenzschutzübungen der Identitären ist der Übergang zwischen Aktionskunst und paramilitärischer Mobilisierung fließend. Diese Bürgerkriegsplaner wissen, was sie wollen.

Sie haben es mit einer potentiellen Anhängerschaft zu tun, in der kaum noch ein Gefühl für die großen Streitfragen der Geschichte des deutschen Konservatismus vorhanden sein dürfte: großdeutsch gegen kleindeutsch, katholisch gegen protestantisch, Bundesverfassung gegen Einheitsstaat. Aus ihrem Publikum dürften die Ideologen des Chauvinismus also nicht die Frage zu befürchten haben, ob der Fundus des rechten politischen Denkens nicht auch ganz andere Alternativen für Deutschland inspirieren könnte. Der Traditionsverlust im konservativen Milieu erleichtert den Radikalen ihre Sache.

Die Nation der Nationalisten ist immer eine Setzung, das Produkt des Willens, die ganze Welt entlang einfachster Kategorien aufzuspalten: Zugehörige und Fremde, innen und außen, wir und die. Wir haben in Deutschland in den letzten Jahren erlebt, wie diese Rhetorik einen ungeheuren Zugzwang entfalten kann. Die Asyl- und Migrationspolitik, die Einstellung der Deutschen zu Europa, die politischen

Zukunftsvorstellungen der Parteiprogramme haben sich unter dem Druck dieser Rhetorik schon verändert.

Die Tatsache, dass gar nicht zu sagen ist, was das »Wir«, die nationale Innenwelt der fraglos Zugehörigen, eigentlich ausmachen soll, hat die Attraktivität der Abgrenzungsappelle nicht geschwächt. Im Gegenteil: Ein Nationalismus im altfränkischen Sinne eines aufdringlichen Überlegenheitsbewusstseins scheint fern – daher berauscht man sich am scheinbaren Minimalismus eines fingierten Common Sense, der rhetorisch fragt, wie es denn einen Staat ohne Grenzen geben solle, Bürger ohne Nichtbürger und ein Asylrecht ohne Abschiebungen. Doch wenn die Grenzen erst einmal dichtgemacht und die Staatsfeinde erst einmal definiert sind, dann wird das Volk seine Identität schon finden.

Der Zuspruch der Wähler zur AfD scheint seit dem Jahr 2021 an Grenzen des Wachstums gestoßen zu sein. Aber die Resonanz, welche die Partei in den Jahren nach ihrer Gründung fand und vor allem in der Zeit, als über der Migrationsfrage beinahe die Regierungsparteien zerbrochen wären, beruhte ja nicht einfach auf Irrtümern oder einer Neugier, die schnell enttäuscht worden wäre. Es gab eine Übereinstimmung vielleicht weniger in den Zielen als in den Wünschen, in den Phantasievorstellungen von Alternativen zum hergebrachten Regierungsstil der Bundesrepublik, zu den Leitideen des Konsenses, des Kompromisses, des durch umständliche Sondierungen sichergestellten guten Gewissens.

Man täusche sich nicht: Der Nationalismus braucht weniger Nationalisten, als man glauben sollte, wenn man seine Manifeste liest, die von Identifikation, Hingabe und Opfer handeln. Ein Mann wie Joachim Wundrak, der Generalleutnant a. D. und Bundestagsabgeordnete der AfD, der bei jeder Gelegenheit zu Protokoll gibt, dass er zwecks Rettung der Souveränität des deutschen Nationalstaats in die Politik gegangen sei, ist mit dieser fixen Idee wohl selbst in der eigenen Partei eine Ausnahme. Der Nationalismus war immer auch ein Platzhalter, ein Gefäß für diffuse Gemeinschaftsvorstellungen oder für die Vermischung ganz unterschiedlicher Vorstellungen bestimmter Gruppen mit speziellen Interessen. Umgekehrt steckt in der Verbreitung diffuser Gemeinschaftsvorstellungen das Potential einer nationalistischen Vergemeinschaftung durch die Hintertür.

Wie soll man erklären, dass der Nationalismus in Deutschland seine Wiederkehr erlebt und scheinbar aus dem Nichts gekommen ist? Das ist die historische Frage, für die sich dieses Buch interessiert. Das Nichts muss Schein sein, es muss eine günstige soziale Umwelt gegeben haben. Sie machte den Unterschied aus, sie muss herangewachsen sein und sich ausgedehnt haben, denn die nationalistischen Ideen waren ja nie verschwunden, und vor allem die Zirkel, die sie pflegten, hat es immer gegeben: Vereine, deren Mitglieder sich als Tempelritter verkleiden; geschichtsrevisionistische Lesegesellschaften; Gesprächskreise zur Sammlung der letzten Konservativen in CDU und CSU. Ein Kapitel stellt daher vier Gestalten des neuen Nationalismus vor, die sich sozusagen selbst noch nicht zu Bewusstsein gekommen sind, vier verbreitete Vorurteile über das gesellschaftliche Zusammenleben und dessen politische Gestaltung, die dem ausdrücklichen Nationalismus unabsichtlich zuarbeiten und sich in den Gegnerschaften mit ihm treffen. Es handelt sich um Phänomene der Öffentlichkeit, deren Gemeinsames die Kritik der Öffentlichkeit ist, der vermeintlichen Verzerrungen des Streits der Meinungen und Interessen. Diese Gestalten sind erstens der Realismus, der Kult der Tatsache sowie des Politikers, der den Forderungen der Tatsache Geltung verschafft; zweitens der Republikanismus, ein Misstrauen gegenüber dem Pluralismus, insbesondere dem religiösen Pluralismus, das seine Inspiration aus Frankreich bezieht; drittens der Anti-Moralismus, die Ablehnung einer früher als Gutmenschentum, heute als Wokeness bezeichneten Reflexion über Handlungsbedingungen und Geltungsansprüche im öffentlichen Raum; und viertens der Paternalismus, der Glaube, dass die Filterungsmechanismen der politischen Kommunikation die einfachen Bürger ihrer Sprache berauben. An markanten Momenten der Auseinandersetzung über Migration und Integration kann man die Macht dieser Vorurteile erkennen und pathologische Befunde erheben: Die Idee der Rechtssicherheit durch Grenzschließung war unrealistisch; die Laizisten verspotten die Zivilreligion des historischen Gedenkens; die Anti-Moralisten setzen ihre Gesinnung absolut; und die Paternalisten möchten die Vormundschaft über die Entmündigten übernehmen. Die moralischen Panikanfälle, die regelmäßig von der Moralkritik ausgelöst werden, umschreiben das Feld, auf dem man der Agitation der AfD und etwaiger neuer, noch nicht gegründeter Konkurrenz- und Nachfolgeparteien die größten Wirkungschancen zutrauen muss. Das zeigen die Kampagnen gegen die Gendersprache, die chauvinistische Bemühungen um die Reinerhaltung der deutschen Sprache fortsetzen, und die gewaltige Neugier, auf die Gerüchte über Redeverbote in akademischen Veranstaltungen außerhalb der Universität stoßen.

Türöffner der AfD, Bestsellerautoren, auch einige bekannte Professoren, die selbst nationalistischer Sympathien im Sinne des Antiliberalen und Undemokratischen unverdächtig sind, haben als Wanderer zwischen den Welten des expliziten und impliziten Nationalismus die Hauptpunkte der Regierungskritik von neurechts salonfähig gemacht. Es ist der negative Teil des AfD-Angebots, der auch von parteifremden und parteifernen Ideenlieferanten vorgehalten wird: die Kulturkritik, der Affekt gegen Moral und Pädagogik, der Spott gegen die Überempfindlichkeit von Minderheiten, der Verdacht, dass eine von Parteifunktionären betriebene Politik den Sinn für die Realitäten der Macht verloren hat.

Im Streit über die Flüchtlingspolitik wurde der Zweifel an der rechtlichen Gesinnung der Regierenden zum Glaubensinhalt der radikalen Kritiker des humanitären Pragmatismus. Dass sich in Person von Hans-Georg Maaßen, dem Präsidenten des Bundesamts für Verfassungsschutz, ein Spitzenbeamter des Sicherheitsapparats für die Triftigkeit dieses Unsicherheitsgefühls verbürgte, darf als verfassungsgeschichtliches Datum gelten. Nach einem Berufsleben im Dienste des Geheimnisses bediente sich Maaßen im ungewollten Ruhestand sogleich virtuos der Suggestionsmittel der neuesten Medien. Er verbreitete Verschwörungstheorien und tat gleichzeitig die Existenz von Verschwörungstheorien als Erfindung von Geheimdienstlern ab. Als Stratege einer Parteirevolution in der CDU weckte er den Verdacht, dass er im Staatsdienst immer schon einem Staat im Staate gedient habe. Für diese Personalie ist das überstrapazierte Wort von den Weimarer Verhältnissen angemessen.

Maaßen, der die Wahl von Kemmerich als strategischen »Riesenerfolg« gefeiert hatte, kandidierte in Thüringen anderthalb Jahre später für den Bundestag. Aus seiner Dämonisierung in der liberalen Öffentlichkeit schlug er Kapital: Den Wählern im Wahlkreis Schmalkalden sollte sie verbürgen, dass er zum Vertreter des wahren Volkes berufen war. Maaßen pflegte den Habitus des Beamten alter Schule, trat wie ein Zeitreisender aus der Welt Helmut Kohls auf. Umso wirkungsvoller bediente er sich, scheinbar alles andere als ein Medienprofi, der Foren der Gegenöffentlichkeit im Internet. Man wird ihm so etwas wie eine diabolische Genialität zusprechen müssen. An das Berufsbeamtentum knüpfen sich in Deutschland gewisse, beinahe mystische Ideen. Der Beamte führt in aller gebotenen Diskretion ein exemplarisches Leben, steht mit seiner Loyalität dafür ein, dass der Staat das Vertrauen der Bürger verdient. In seiner zweiten Laufbahn tat Maaßen alles, um das Misstrauen zu vermehren.

Die Maßnahmen symbolischer Isolation, zu denen sich die Bundespolitiker seiner Partei genötigt sahen, ließen seinen Nimbus nur noch bedenklicher funkeln. Dass er nur einer von 299 Wahlkreiskandidaten der Union war, machte ihn nicht zur Randfigur. Zu lange hatten maßgebliche Leute in CDU und CSU, aber auch einem bürgerlichen Politikideal verbundene Presseorgane und Wissenschaftler die Macht einer angeblich von der Parteiführung nicht repräsentierten Volksstimmung beschworen. Maaßen, der Überläufer aus der Sphäre der Staatsgeheimnisträger, führte nun das Wort in diesem Ungeisterreich, der antimetropolitanen Hinterwelt. An der Schwelle zu einem neuen politischen Zeitalter, der Epoche nach Angela Merkel, verkörperte er die Gewissheit, dass es nicht gelungen war, die Einflusssphäre des neuen Nationalismus auf die AfD, die Sammlungspartei der Ausgeschlossenen und Abgedrifteten, zu beschränken.

Das Bundesamt für Verfassungsschutz beobachtet die Aktivitäten der AfD unter der Maßgabe des Verdachts, dass die Bestrebungen der Partei gegen den Bestand der vom Grundgesetz gewollten Verhältnisse gerichtet seien. Eine gegen diese Beobachtung gerichtete Klage der AfD hat das Verwaltungsgericht Köln abgewiesen; die Partei legte Berufung ein. Wenn die »wehrhafte Demokratie« eine lebhafte Demokratie sein soll, muss man bedauern, dass die Kölner Richter sich nicht ausführlicher mit einem Argument auseinandergesetzt haben, das die AfD zu ihrer Verteidigung vorbrachte. Radikal deutliche Kritik am Asylrecht, an dessen Auslegung und Anwendung durch die Regierung Merkel, an der Wünschbarkeit unbegrenzter Einwanderung und an der Bereitschaft von Muslimen, sich in Deutschland zu integrieren, Kritik, wie sie als verdächtig bewertet wurde, wenn Funktionäre der AfD sie äußerten, ist auch von prominentesten Vertretern anderer Parteien, namentlich der CSU, belegt. Das bedeutet nicht, dass vorsichtshalber auch die CSU vom Verfassungsschutz observiert werden sollte. Aber sollte das Vorgehen des Inlandsgeheimdienstes gegen die AfD genug potentielle Wähler verschrecken, um die Partei unter einen Durchschnitt von 5 Prozent der Wählerstimmen zu drücken, sollte sogar ein Verbotsverfahren eingeleitet werden und am Ende Erfolg haben, dann würde wohl entweder eine ältere Partei die Ideen der nationalen Homogenität und Exklusivität aufgreifen, die kein Alleinbesitz der AfD sind, oder noch einmal eine neue Partei gegründet werden.

Es gibt in der AfD und jenseits der AfD einen ethnozentrisch gefärbten Nationalismus. Er kommt nicht länger verstohlen daher, tritt aber auch nur momentweise nackt auf, weil er sich zumeist universalistisch drapiert, mit dem Interesse der Ausgebeuteten, der Würde der freien Meinung und den dialektischen Lektionen der deutschen Geschichte. Dem deutschen Volke will er zu seinem Recht verhelfen, als der wahre Verfassungspatriotismus. Er hat Argumente, weil er in der Republik, deren Spielregeln Jürgen Habermas auf Begriffe gebracht hat, mitreden und mitbestimmen will. Wir haben die Wahl.

DER NAME ALS PROGRAMM: DIE AFD

SOUVERÄNITÄT

Am 6. August 2019 stellte der Kreisverband Hannover der AfD den pensionierten General Joachim Wundrak als Kandidaten für die Wahl des Oberbürgermeisters der niedersächsischen Landeshauptstadt auf. In 44 Jahren Dienst bei der Luftwaffe hatte Wundrak den Rang eines Generalleutnants (Dreisternegeneral) erreicht, den zweithöchsten Dienstgrad der Bundeswehr. Nach seinem Eintritt in den Ruhestand gab er bekannt, dass er noch vor Ende der Dienstzeit der AfD beigetreten war. Offiziere außer Dienst hatten schon früher das Erscheinungsbild der Partei mitgeprägt. Uwe Junge, Landesvorsitzender in Rheinland-Pfalz, hatte es bis zum Oberstleutnant gebracht, Rüdiger Lucassen, Landesvorsitzender in Nordrhein-Westfalen, und Georg Pazderski, Landesvorsitzender in Berlin und stellvertretender Bundesvorsitzender, hatten sich noch einen silbernen Stern mehr auf der Schulterklappe verdient und als Oberste ihren Abschied genommen. Dass ein General sich als politischer Freiwilliger meldete, war unabhängig von der Parteizugehörigkeit für eine Schlagzeile gut, und in der kleinen Gruppe der Berufssoldaten mit politischer Zweitkarriere in der Geschichte der programmatisch zivilen Bundesrepublik ragt Wundrak durch seinen Rang auch im parteiübergreifenden Vergleich heraus. Manfred Opel, der von 1988 bis 2002 für die SPD im Bundestag saß, war Brigadegeneral. Der CDU-Abgeordnete Fritz Berendsen trat 1959 als Brigadegeneral in die Bundeswehr ein und kehrte 1965 als Generalmajor ins Parlament zurück. Denselben Dienstgrad bekleidete Gert Bastian, der 1983 im ersten Kontingent der Grünen in den Bundestag gewählt wurde. Sein Fall legt den Vergleich mit Wundrak nahe, weil der frühere Kommandeur einer Panzerdivision sich einer jungen Partei zur Verfügung stellte, die als Oppositionspartei die Stellung einer Opposition zum gesamten politischen System bezog oder jedenfalls anfangs als feindlich gegenüber dem System eingestellt wahrgenommen wurde.

Ein Generalleutnant erhält Bezüge der Gruppe B9 der Bundesbesoldungsordnung, wie die Botschafter an den größten Botschaften und der Direktor beim Bundesverfassungsgericht. Im Personalhaushalt des Bundesverteidigungsministeriums für 2021 waren 28 Planstellen für Soldaten der Besoldungsgruppe B9 vorgesehen. Der Stellvertreter des Generalinspekteurs, die Abteilungsleiter im Ministerium und die Inspekteure der Teilstreitkräfte sind Dienstposten, die mit einem Generalleutnant beziehungsweise Vizeadmiral besetzt werden. Wundrak wohnt in Wölpinghausen im Schaumburger Land, vierzig Kilometer westlich von Hannover. Vor seiner Bewerbung als Stadtverwaltungschef beschränkte sich seine Verbindung zur Landeshauptstadt auf ein Opernabonnement des Niedersächsischen Staatstheaters. In seiner Vorstellungsrede hielt er sich denn auch nicht lange mit den lokalen Missständen auf. Gewohnt, die Dinge von oben zu erfassen, sagte er, es müsse »vieles falsch gelaufen sein, wenn sich inzwischen ein Großteil des linken Spektrums inklusive der Kanzlerin einer ehemals eher konservativen Partei als antideutsch positioniert«. Die Zahl der Sterne an Wundraks eingemotteter Uniform musste Eindruck machen, wenn man davon erfuhr, aber als Person war der politische Neuling der Öffentlichkeit unbekannt. Und selbst da, wo man sein Gesicht und seine hochgewachsene Erscheinung vom Sehen kannte, hatte man noch nichts Markantes von ihm hören können. In seiner letzten Verwendung hatte er das Zentrum Luftoperationen in Kalkar am Niederrhein geleitet, nicht weit entfernt von seiner Geburtsstadt Kerpen. Zu den Pflichten des Kommandeurs einer solchen Einrichtung gehört es, Präsenz zu zeigen und den Bewohnern der Umgebung das Gefühl zu geben, dass die Bundeswehr so etwas Ähnliches sei wie ein besonders ortsverbundenes Großunternehmen. Regelmäßig berichtete die Lokalausgabe der *Rheinischen Post* über die Tage der offenen Tür in der nach einem Generalleutnant der Kavallerie Friedrichs des Großen benannten Von-Seydlitz-Kaserne. Ebenso regelmäßig fanden Vortragsveranstaltungen statt, zu denen die Luftwaffe gemeinsam mit der Deutschen Atlantischen Gesellschaft einlud. Der Kommandeur konnte mit seinen Begrüßungsworten an solchen Abenden den Chronisten der Lokalpresse nichts Interessanteres bieten als der Referent; die Einhaltung der Höflichkeitsregel öffentlicher Zurückhaltung war in seinem Fall eine aus dem Mäßigungsgebot des Soldatengesetzes fließende Dienstpflicht.

Als Wundrak auf der Aufstellungsversammlung in Hannover das Wort ergriff, hantierte er also mit Worten, in deren Gebrauch er nicht ausgebildet war. Seine Wortwahl erregte Aufsehen; insbesondere seine ebenso pauschale wie präzise Beschreibung der Hauptgegnerin der AfD wurde in der Presse mit Verwunderung kommentiert. Wie war das Wort »antideutsch« zu verstehen? Wohl nicht in dem sehr engen Sinne, in dem der Begriff in der Literatur zur jüngsten deutschen Zeitgeschichte gebräuchlich ist: als Bezeichnung für einen kleinen Zirkel linksradikaler Publizisten, die aus der bedingungslosen Ablehnung der Wiederherstellung des deutschen Nationalstaats in der Wiedervereinigung Konsequenzen gezogen haben, die sich mit dem traditionellen Universalismus linker Gesellschaftstheorie kaum noch vermitteln lassen. So wird Antikapitalismus abgelehnt, wo man den Verdacht hat, dass er als Tarnideologie eines fortlebenden deutschen Nationalismus dienen könnte, und unbedingt unterstützt man den Staat Israel als das vermeintliche welthistorische Gegenteil deutscher Nationalstaatlichkeit. Angela Merkel verdankt ihre politische Karriere der Wiedervereinigung, ja, als ostdeutsche Kanzlerin aus der Partei Helmut Kohls verkörpert sie den durch die Wiedervereinigung begründeten Staat. Ihre Denkungsart mag man nicht leicht beschreiben können, aber sie hat jedenfalls nichts gemein mit dem Überscharfsinn des Sektierertums von Blättern wie *Bahamas* und *Konkret*, auch wenn Merkels 2008 vor der Knesset abgegebene Erklärung, die historische Verantwortung Deutschlands für die Sicherheit Israels sei Teil der Staatsräson ihres Landes, als Bruch mit einem Dogma nationalstaatlichen Denkens verstanden werden konnte, nach dem die Staatsräson zuletzt immer nur das Sicherheitsinteresse des eigenen Staates sei.

Gegen das Deutsche oder die Deutschen zu sein: Ob man den eigenen Standpunkt so beschreibt oder einem anderen diesen Standpunkt zuschreibt, der sich selbst so nie beschreiben würde – die Eigenart einer solchen polemischen Terminologie ist mit Begriffen wie Überspitzung noch nicht getroffen. Diese Sprache mag politisch klingen im Sinne von Carl Schmitts Bestimmung des Politischen als Unterscheidung von Freund und Feind; aber es schwingt etwas Absolutes mit, ein Wunsch des Sprechers, sich abzulösen von der konkreten politischen Welt mit ihren Interessen, Institutionen und widersprüchlichen Verpflichtungen. Erklärungsbedürftig schien daher Wundraks Vokabel »antideutsch«. Zwar stufte der Bielefelder Konfliktforscher Wilhelm Heitmeyer sie 2020 in seinem Buch *Rechte Bedrohungsallianzen* als »typische Parole der AfD« ein. Aber in der *Jungen Freiheit*, der Zeitung, die das Vokabular der AfD in wohlwollend ausführlicher Berichterstattung dokumentiert und reproduziert, jedoch auch kritisiert, wenn die Redaktion befürchtet, dass die Partei die gemeinsame Sache einer demokratischen Rechten gefährdet, hatte Moritz Schwarz trotzdem bei Wundrak nachfragen müssen. »Sie haben der Kanzlerin öffentlich ›antideutsche Politik‹ vorgeworfen. Was meinen Sie damit genau?« Wundrak meinte eine Politik gegen das deutsche Volk – und zwar im kategorischen Sinne: eine nicht bloß gegen einzelne Interessen dieses Volkes, sondern gegen dessen Fortexistenz gerichtete Politik.

Heitmeyer spricht von einem rhetorischen Manöver, mit dem »Untergangsfantasien angeheizt werden« sollten. Wundrak leitete seine Warnung vor dem Untergang der Bundesrepublik aus einer philosophischen Analyse des Zusammenhangs der Begriffe Volk und Staat ab. »Das Volk aber, so etwa Hannah Arendt, ist ein Element, das unseren Staat ausmacht – die anderen beiden sind das Staatsgebiet und die Rechtsordnung. Frau Merkel nun schleift alle drei: Mit ihren offenen Grenzen verschwimmt das Staatsterritorium, mit der multikulturellen Masseneinwanderung das Volk, und mit ihrer Politik der Rechtsbrüche und der Übertragung unserer Souveränität die staatliche Organisation.« Gleichzeitig mit seinem Eintritt in die AfD und seiner Bereitschaft, sich von der AfD als Kandidat aufstellen zu lassen, teilte Wundrak dem deutschen Volk mit, dass er vorher der CDU angehört hatte. Der Interviewer der *Jungen Freiheit* stellte fest, dass Gründe für den Austritt aus der CDU nicht automatisch auch Gründe für den Eintritt in die AfD sein müssten. Tatsächlich hatte es in Wundraks parteipolitischer Biographie eine Pause gegeben, eine Phase der Neutralität. Dass sich ihm sein Beitritt zur AfD im Rückblick als zwingend darstellte, erklärte er mit einem Hauptbegriff der klassischen Staatstheorie. »Für mich ist das politische Kernproblem Deutschlands die Frage der Souveränität.«

Gegenüber mehreren Interviewern legte Wundrak Wert auf die Feststellung, dass Unzufriedenheit mit dem Zustand der Bundeswehr nicht der wesentliche Antrieb für ihn war, sich nach einem Arbeitsleben der Befehlserfüllung freiwillig für die Politik zu melden. Ihm ging es ums Ganze, um seinen Staat, dessen Gefährdung durch einen allmählichen Souveränitätsverlust sich offenbar keineswegs am besten mit dem Inhalt des Souveränitätsbegriffs der welthistorischen Epoche des Generals von Seydlitz illustrieren ließ, der Befugnis zum Krieg und der Freiheit der Bündniswahl. Frau Merkel »schleift« alle drei Elemente, die den Staat ausmachen. Das ist ein militärisches Bild. Schleifen heißt hier Niederreißen, und laut dem Grimmschen Wörterbuch ist das Verb in dieser prägnanten Bedeutung in neuerer Zeit nur noch für das Abbrechen und Zerstören von Festungswerken gebräuchlich: »eine Festung schleifen« heißt »sie zur offenen Stadt machen«. Der Abriss der Festungsanlagen aus der Zeit der ständigen Fehden und Kriege schuf einen Freiraum des Stadtausbaus, der vielerorts für prächtige breite Straßen, aber auch für weitläufige Grünanlagen genutzt wurde. In Hannover erfolgte die Niederlegung der Stadtbefestigung bereits im Jahrzehnt vor der Französischen Revolution. Damals wurde die Georgstraße als Allee angelegt, die heutige Haupteinkaufsstraße; der Friedrichswall erinnert mit seinem Namen an die Schutzmauern der alten Residenzstadt. Wenn die Bundeskanzlerin laut Wundrak die Bastionen des Staates schleifte, sah das nach einem Projekt der deplatzierten Zivilisierung aus. Freilich sollte auch nach Wundraks Wunschvorstellung der Staat dem Zweck des Schutzes der inneren Friedlichkeit dienen: »Tatsächlich können stabile und demokratische Verhältnisse, ebenso wie ein gut funktionierender Rechts- und Sozialstaat, am besten durch einen aufgeklärten, modernen Nationalstaat sichergestellt werden, weil nur dieser noch nah genug am Bürger ist, um das politische Versprechen, diesen und seine Freiheit zu schützen, einlösen zu können.«

Wundrak sagte nicht dazu, in welchem Sinne die beiden Eigenschaftswörter, die er dem Nationalstaat beigab, den Begriff näher bestimmen sollten. Erbringt das von Wundrak beschworene Optimum an Sicherheitsleistungen nur ein moderner Typus des Nationalstaats, im Kontrast zu einer Variante, die vor der Aufklärung steckengeblieben oder sogar hinter sie zurückgefallen ist? Oder wird der Nationalstaat als solcher als Ergebnis der Aufklärung und Phänomen der Moderne ausgewiesen? Beides spielt wohl zusammen; man kann vermuten, dass Wundrak im Zweifel geneigt wäre, zwischen modernem Normalfall des Nationalstaats und antimoderner Abart zu differenzieren. Die politische Botschaft ist jedenfalls eindeutig: Indem Wundrak in der Programmatik der AfD die Lösung für das Kernproblem der deutschen Politik erkannte, wollte er kein Weltbild von Dunkelmännern und Nostalgikern übernommen haben.

Der politische Begriff der Nation arbeitet seit jeher mit einer Anmutung des Selbstverständlichen. In der Spruchdichtung der Stauferzeit wird das deutsche Volk als »deutsche Zunge« angesprochen: Die deutsche Nation, der das Eigentum am Heiligen Römischen Reich übertragen worden war, konstituierte sich als Sprachgemeinschaft. Ein Angehöriger der Nation gibt sich als Deutscher zu erkennen, wenn er nur den Mund aufmacht; was das Nationale ist, liegt insofern aller begrifflichen Bestimmung voraus, als es leicht von der Zunge gehen muss. Verdachtsmoment Nr. 1 in der von Wundrak entworfenen Anklage der Bundeskanzlerin wegen antideutscher Umtriebe war die Entdeckung, dass Frau Merkel sich schwer damit tue, das Wort »Volk« über die Lippen zu bringen, jedenfalls in Bezug auf ihr eigenes. Angeblich gebrauchte sie das Wort nur, wenn sie es gar nicht vermeiden konnte, weil es ihr buchstäblich vorgeschrieben war, im Recht, durch die Formel für den Amtseid in Artikel 56 des Grundgesetzes. Wundrak gab sogar an, zu diesem Punkt Forschungen angestellt zu haben. »Übrigens war ihre Vereidigung das einzige Mal, das ich recherchieren konnte, bei dem sie den Begriff ›deutsches Volk‹ in den Mund genommen hat, sonst spricht sie ja nur von Bevölkerung, Menschen und Längerhierlebenden.«

Der Begriff der Längerhierlebenden befremdete den immer schon hier lebenden Wundrak durch seine Umständlichkeit, klang in seinen Ohren künstlich und also antinational. Dagegen kamen auch Leser anderer Zeitungen als der *Jungen Freiheit* sicher nicht ins Stolpern, wenn sie drei Jahrzehnte nach der Wiedervereinigung davon lasen, dass der Nationalstaat mit den Attributen »aufgeklärt« und »modern« versehen wurde. Die Kernaussagen der AfD, wie Wundrak sie verstand, konnten im Duktus einer Diskussion vorgetragen werden, die nach 1990 die Herstellung der deutschen Einheit in der hergebrachten Form nationaler Staatlichkeit sozusagen intellektuell ratifiziert hatte. Gegen die zunächst von recht vielen linken Intellektuellen artikulierte Befürchtung, dass die Neugründung eines Nationalstaats nicht gutgehen könne, gab etwa der sozialdemokratische Historiker Heinrich August Winkler zu bedenken, dass mit dieser Form des Staates historisch auch rechtsstaatliche Selbstbeschränkung und demokratische Selbstbestimmung verbunden seien.

Die Zurückweisung des progressiven Anachronismusvorwurfs gegen den Nationalstaat knüpfte an Bemühungen der politischen Philosophie der Bundesrepublik an, das Vernünftige an den Institutionen des Staates der Teilnation ins Licht zu rücken. In der politikwissenschaftlichen Literatur wird diese für die alte Bundesrepublik typische Weltzeitdiagnostik im Provisorium als liberal-konservativ klassifiziert. Eine ideenhistorische große Koalition versuchte aus den gegebenen Verhältnissen das Beste zu machen; unter ihrem Zeltdach sollten sich auch Sozialdemokraten vom Schlage Winklers willkommen fühlen. Hermann Lübbe, der entschiedenste Exponent dieser Philosophie als Auslegung und Kritik des Zeitgeistes, war Mitglied der SPD gewesen. Lübbe legte dar, dass die überpersönlichen sozialen Mächte wie die Religion, deren Erhaltung sich der Konservatismus einmal auf die Fahnen geschrieben hatte, in einen Zustand »nach der Aufklärung« übergegangen waren, und empfahl den Konservativen, gerade in dieser Anpassung an die Moderne das Bewahrenswerte zu sehen. In diesem Zusammenhang erkannte er auch dem Nationalgeist und der Nationalkultur eine Funktion zu – unter Hervorhebung des später auch von Wundrak betonten Moments der Orientierung im Überschaubaren.

Wundrak ließ seine Darstellung des Rückbaus des Nationalstaats in der Ära Merkel in ein Versprechen münden: »Ich will auf demokratischem Wege dazu beitragen, dass das ein Ende hat!« In dieser Rhetorik des guten Willens gehörten der Vorwurf des Antideutschen und das Ideal des aufgeklärten, modernen Nationalstaats zusammen. Heitmeyers Analyse der AfD-Parolen ist zu ergänzen. Das Anheizen von Untergangsphantasien braucht Bilder von dem, was vom Untergang bedroht sein soll. Wundrak griff zurück auf eine Figur der Besitzstandswahrung. Mit dem Lob des Nationalstaats wurde in Deutschland nach 1989 die revolutionäre Dynamik angehalten beziehungsweise ihr Nachlassen gerechtfertigt. Sicherheit und Freiheit, Stabilität und Volksherrschaft seien im wiederhergestellten Nationalstaat errungen, ja, seien vor der tyrannischen Unterbrechung seiner Geschichte durch Nationalsozialisten und Kommunisten schon errungen gewesen – so wurden Forderungen nach einer neuen, durch Volksabstimmung zu beschließenden Verfassung abgewehrt. Wie Bismarcks Reich wurde Kohls Republik als gesättigt beschrieben. Der vernünftig regierte Nationalstaat bildete demnach Schutzmechanismen gegen die Überwältigung durch das nationalistische Selbstgefühl des siegreichen Volkes aus, und wenn dieser Optimismus 1871 voreilig gewesen war, so hatten die Deutschen inzwischen angeblich endgültig aus der Geschichte gelernt. In diesem Sinne sagte Richard Schröder, evangelischer Theologe aus der DDR und Fraktionsvorsitzender der SPD in der demokratisch gewählten Volkskammer, 1991 bei den Bergedorfer Gesprächen im Schloss Bellevue: »Jetzt entsteht eine neue Geschichte mit anderen Koordinaten. Preußen-Deutschland besteht nicht mehr; Deutschland in seiner heutigen Verfassung ist ein nichtaggressiver, aufgeklärter Nationalstaat.« Und so hatte auch Jürgen Schwarz, Politikwissenschaftler an der Bundeswehruniversität in München, 1990 in einer Betrachtung »Zur Einheit Deutschlands« in den *Wiener Blättern zur Friedensforschung* die Hoffnung ausgesprochen, dass der »aufgeklärte Nationalstaat« nach dem Ende des ideologischen Blockgegensatzes in der europäischen Staatenfamilie Brücken bauen könne. Von dieser Stimmung wurde damals auch der 1955 geborene Wundrak beseelt, der von 1988 bis 1990 den 33. Generalstabslehrgang der Führungsakademie der Bundeswehr in Hamburg absolvierte. Die ersten Jahre nach der Wiedervereinigung habe er als »euphorische Zeit« erlebt: Da ihr Land mit keinem Nachbarn mehr einen Streit um Territorien habe führen müssen, habe sich vor den Deutschen eine »glückliche Ära« aufgetan. Hegels Diktum, die Weltgeschichte sei nicht der Boden des Glücks, die Perioden des Glücks seien leere Blätter in ihr, schien mithin widerlegt. Dieser Überschuss von Positivität schlug auch in Wundraks negativer Lageanalyse von 2019 noch durch. Sein Alarmismus gebrauchte zur Beschreibung des angeblich akut bedrohten Status quo eine Jahrzehnte zuvor zum Zweck der Entwarnung geprägte Wortverbindung.

Euphorie lässt sich nicht konservieren, aber der Tübinger Philosoph Otfried Höffe, ein katholischer Kantianer, gab sich alle systematische Mühe, den Enthusiasmus des Moments von 1989/90 in die Theorie eines welthistorischen Übergangszustands auf dem Weg zur demokratischen Weltrepublik zu übersetzen. In seiner 1999 publizierten Abhandlung *Demokratie im Zeitalter der Globalisierung* legte er dar, dass die einzige noch legitime Gestalt des Staates der »aufgeklärte Nationalstaat« sei. Als Effekte der Aufklärung führte Höffe nicht weniger als sechs »Modernisierungen« auf, welche der Begriff des Nationalstaats hinter sich gebracht habe. Die Selbstbezüglichkeit der Nationsidee als des Zusammenhangs von Selbstbezeichnung und Selbstbestimmung kehrte auf diesem avancierten theoretischen Niveau in Form reflexiver Akrobatik wieder. »Der aufgeklärte Nationalstaat verbindet also ›universale Universalismen‹ wie die Menschenrechte und die Demokratie mit ›partikularen Universalismen‹, unter denen die Sprache eine hervorgehobene Bedeutung hat.« Wundrak dürfte sich über solche Implikationen des Syndroms von Aufklärung, Modernität und Nationalstaatlichkeit nicht den Kopf zerbrochen haben, als er sich darüber klarzuwerden versuchte, ob die Bundeskanzlerin, auf die im Verteidigungsfall die Kommandogewalt über die Streitkräfte übergegangen wäre, und er eigentlich noch dieselbe Sprache sprachen. Und insbesondere in Höffes sechster Modernisierung, die in der Tradition philosophischer Schulweisheit noch einmal dreifach gegliedert ist, hätte Wundrak wohl keinen Fortschritt erkennen können. Laut Höffe »öffnet man sich für großregionale Neuschöpfungen, für politische Gemeinschaften wie die Europäische Union, die die meisten Probleme schon ›im eigenen Haus‹ lösen«.

In diesem Haus war kein Hausherr vorgesehen; Wundrak jedoch zog zwanzig Jahre später, nach dem Ende eines Arbeitslebens in der Kaserne, die Problemlösungskapazitäten eines solchen Wohngemeinschaftsdenkens rundheraus in Zweifel. »Schauen wir uns die Politik Frau Merkels an«, sagte er zu seinem Gesprächspartner von der *Jungen Freiheit*, um dann die Europapolitik als beschleunigte Umkehrung des säkularen Prozesses zu beschreiben, in dem sich der Nationalstaat Zug um Zug immer mehr Kompetenzen angeeignet hatte. »Es wird eine Krise erzeugt – und dann gesagt, um diese zu lösen, bedürfe es der Übertragung weiterer Souveränität an die EU oder die EZB.« Hier war ein euphorisches Gefühl aus den Wiedervereinigungsjahren abgestorben und als unheimliche Furcht auferstanden: In der entgrenzten Welt nach 1989 hatte man auf Verstärkereffekte gesetzt, auf autopoietische Kettenreaktionen in der Kooperation von Organisationen.

Ein noch nicht in Enttäuschung umgeschlagenes Vertrauen in die Eigendynamik von Institutionen hat eine Spur in Wundraks Elementarlehre von den Bedingungen der Staatlichkeit hinterlassen. Aus den Lehrbüchern kennt man die Trias von Staatsgebiet, Staatsvolk und Staatsgewalt. Wundrak sprach statt von Staatsgewalt von Rechtsordnung – ausgerechnet der General sah darüber hinweg, dass nach dem Standardmodell des souveränen Staates dessen Einheit durch Befehl und Gehorsam hergestellt wird. Er wollte den Staat als solchen beschreiben, den Grundriss einer Festung entwerfen, die überall auf der Welt sollte stehen und stehenbleiben können, eine Trutzburg gegen den Wandel des lokalen politischen Klimas. Aber seiner Sprache kann man die Erosion des Paradigmas ablesen, das er als zeitlos gültig verteidigte. Die Akzentverschiebung von der Gewalt zum Recht entsprach einer Tendenz des Staatsdenkens der alten Bundesrepublik, die Historiker und Politikwissenschaftler dazu angeregt hatte, über vergangene und künftige Alternativen zum Nationalstaat nachzudenken. Dem frühneuzeitlichen Reich etwa hatte eine nationalistische Historiographie, deren Ideal der Machtstaat war, im verächtlichen Rückblick ein Übermaß an Rechtlichkeit vorgeworfen; als unentwirrbaren Wust von Privilegien beschrieb sie das Reichsrecht. Die rechtshistorische Forschung der Bundesrepublik kehrte diese Bewertung um und gewann sogar der langen Verfahrensdauer vor den Reichsgerichten etwas Gutes ab, entdeckte die befriedende Wirkung des Aufschubs, der Ersetzung des Waffengangs durch den Aktentausch. Vergleichbare Mechanismen der Rechtssicherung durch bürokratische Umständlichkeit in Abwesenheit einer starken Zentralgewalt konnte man dann auch an der Europäischen Union studieren. Wundrak rechnete anders, wollte in der Überlagerung von Zuständigkeiten nur einen Verlust an Entscheidungsmacht sehen, obwohl Interviewer ihm entgegenhielten, dass gerade der operative Alltag der Landesverteidigung schon längst auf übernationale Verschränkung der Entscheidungsstrukturen umgestellt worden war. In seiner Polemik gegen die Kanzlerin stellte er die Rechtsordnung als Opfer der Staatsgewalt hin.

MIT ARENDT GEGEN MERKEL

Für sein Festhalten an einer klassischen, nämlich überzeitlich gedachten Doktrin von den drei Staatsmerkmalen, die in der Gegenwart dann nur ein Nationalstaat erfüllen könnte, der sich von EU und EZB unabhängig machen würde, verwies Wundrak auf eine philosophische Autorität: Hannah Arendt habe das Volk als Element bezeichnet, das den Staat ausmache. Mit dieser Referenz erwies sich der parteipolitische Quereinsteiger als gebildeter Zeitgenosse in umfassendem Sinne. Aus der Wahl der Bezugsperson seiner Staatstheorie hätte niemand erschließen können, für welche Partei Wundrak in Hannover antrat. Er berief sich auf eine klassische Autorin der politischen Literatur, deren Namen er beim Zeitungspublikum als bekannt voraussetzen konnte. Gleichzeitig hatte diese Präferenz etwas Gewähltes; die meisten Zeitungsleser verbanden mit Arendt wohl keinen weithin bekannten

Lehrinhalt wie mit Kant den kategorischen Imperativ. Allerdings waren von ihr Sprüche im Umlauf, die sich von ihrem wissenschaftlichen Werk gelöst hatten und als Aufkleber und Tassenschmuck vervielfältigt wurden: »Denken ohne Geländer« und »Niemand hat ein Recht zu gehorchen«.

Die 1975 in New York verstorbene Emigrantin hatte als öffentliche Intellektuelle mit dem Talent zur schroffen Zuspitzung in der Bundesrepublik immer wieder Resonanz gefunden. Gewöhnlich verwandelt sich bei Denkern dieses eingreifenden Typs die Resonanz nach dem Tod in Reminiszenzen. Im Fall von Arendt war das anders. Philologische und geisteshistorische Bemühungen, wie sie zur Routine der Erbpflege im Kulturbetrieb gehören, gingen einher mit einem so beharrlich wachsenden öffentlichen Interesse, dass um die Jahrtausendwende die Rede von einer Arendt-Mode und einem Arendt-Boom aufkam. Als Wundrak die jüdische Antizionistin gegen die antideutsche Kanzlerin ausspielte, bewegte sich Arendts erstaunliche postume Karriere auf den zweiten Höhepunkt nach Margarethe von Trottas Kinofilm aus dem Jahr 2012 zu. Das Deutsche Historische Museum bereitete eine Ausstellung über Hannah Arendt und das zwanzigste Jahrhundert vor, in der nicht nur ihr Zigarettenetui der Marke Alfred Dunhill, Ltd. (Messing, geprägt, galvanisch vernickelt), präsentiert wurde, sondern auch weitere Reliquien wie eine Edelweißbrosche, eine Perlenkette aus Jade und ein Pelzcape aus dem New Yorker Kaufhaus Macy's. Der seit 1995 von der Hansestadt Bremen vergebene Hannah-Arendt-Preis für politisches Denken wird von der Heinrich-Böll-Stiftung finanziert, der Parteistiftung der Grünen. Winfried Kretschmann, der grüne Ministerpräsident Baden-Württembergs, der als Gymnasiallehrer neben Biologie und Chemie auch Ethik unterrichtete, stattete Hannah Arendt mit eifrigem Zitieren seinen Dank dafür ab, dass ihn die Lektüre von *Vita activa* und *Elemente und Ursprünge totaler Herrschaft* vom Linksradikalismus befreit habe. Andererseits war die Gründung des Hannah-Arendt-Instituts für Totalitarismusforschung an der Technischen Universität Dresden 1993 ein Akt konservativer Geschichtspolitik gewesen. Der maßgebliche Akteur in der Landespolitik war Matthias Rößler, damals wissenschaftspolitischer Sprecher der CDU-Fraktion und später Kultusminister, Wissenschaftsminister und Landtagspräsident.

Indem Wundrak sich als Arendt-Leser zu erkennen gab, nahm er für die AfD einen Platz innerhalb des weiten Geistesverfassungsbogens der Bundesrepublik in Anspruch. Die Hannah Arendt der Popkultur kann man als Ikone eines Individualismus beschreiben, der als Habitus des Selberdenkens inszeniert wird. Dem Zigarettenrauch, der sie auf Fotos umhüllt, kommt eine ähnliche Zeichenfunktion zu wie Jahrzehnte zuvor dem wirren Haar im populären Bild Albert Einsteins: Chiffren eines durch wissenschaftlichen Weltruhm als produktiv ausgewiesenen Außenseitertums. In der Covid-19-Pandemie wurde die Patronin der Dresdner Extremismusforschung von den Extremisten, die sich unter dem Firmenschild der Querdenker sammelten, ins Internetschaufenster gestellt. Ein Starnberger Unternehmer, der sein Schuhgeschäft namens »Schuhtingstar« hatte schließen müssen, gründete eine Hannah-Arendt-Akademie e. V., die für ungeimpfte Abiturienten ein Studium generale aus Online-Kursen anbot. Angekündigt waren Dozenten wie Max Otte, Erstunterzeichner der »Erklärung 2018«, Fondsmanager, Crash-Prophet und Kandidat der AfD für das Amt des Bundespräsidenten, und Daniele Ganser, Vortragsreisender mit Forschungsschwerpunkt 11. September und ehemaliger Lehrbeauftragter für Reflexionskompetenz der Universität St. Gallen.

Was sagte nun Hannah Arendt über Volk und Staat? »Der europäische Nationalstaat, der das Erbe des Absolutismus antrat, beruht auf der Dreieinigkeit von Volk – Territorium – und Staat.« Diesen Gedanken entwickelte sie in einem Radiovortrag, der am 11. Juli 1963 vom Westdeutschen Rundfunk gesendet wurde. Sie war nach Köln gekommen, um mit dem linkskatholischen Politikwissenschaftler Eugen Kogon über die Frage »Nationalismus – ein Element der Demokratie?« zu debattieren, und hatte ihre einleitenden Bemerkungen schriftlich ausformuliert. Tatsächlich legte sie dar, dass die drei von ihr genannten Merkmale den Nationalstaat abschließend bestimmten – und zwar nicht nur formal, im Sinne von vollständig, sondern auch inhaltlich: Sie geboten ihm, sich gegenüber der Außenwelt abzuschließen. Das hieß vor allem, dass er Rechte nur seinen eigenen Staatsbürgern gewährte, bedeutete aber in Arendts Konzeption auch ein Verbot von Abenteuern jenseits der eigenen Grenzen. In ihrer apodiktischen Art stellte Arendt fest: »Der Nationalstaat ist unfähig, Eroberungen zu machen.«

Der absoluten Geltung dieser konstitutiven Bedingungen für den Nationalstaat im Inneren seines abgeschlossenen Rechtsgehäuses beziehungsweise in der Innensicht seiner Epoche, solange sie anhält, entspricht, wenn man die Perspektive wechselt und die Einheit aus Volk, Territorium und Staat von außen betrachtet, ihre historische Relativität. Scharf betont Arendt, dass die »Voraussetzungen« des Nationalstaats »keineswegs selbstverständlich sind«. In der feudalen Welt des alten Europa war die Überlagerung vielfältiger Loyalitäten die Norm. »Der Nationalstaat entsteht, wenn die Nation sich des Staates und des Regierungsapparates bemächtigt.« Nach dieser Formulierung ist die Gründung des Nationalstaats ein Akt der Usurpation. Der schon bestehende Staat wird von der Nation übernommen, die man sich als das politisch handlungsfähige Segment der Öffentlichkeit vorzustellen hat, als einen Teil, der das Ganze sein will. Diese Nation arrondiert das Territorium, definiert sich selbst als homogenes Volk der Staatsbürger, die untereinander gleich und gegenüber den Nichtbürgern ungleich sind, und gestaltet das Recht so um, dass diese Grundsätze durchgesetzt werden können. Insbesondere ergeben sich aus dem Prinzip des einheitlichen Staatsbürgerrechts im Nationalstaat sozialpolitische Aufgaben und kulturpolitische Forderungen. Mit der Abschließung des Territoriums, dem absoluten Charakter der Staatsgrenze, korrespondiert die strikte Unterscheidung zwischen Zugehörigkeit und Nichtzugehörigkeit. »Sofern sich innerhalb der Nation auch Menschen anderer volksmäßiger Abstammung befinden, so verlangt das Nationalgefühl, dass sie entweder assimiliert oder ausgestoßen werden.«

Man sollte meinen, dass Wundrak diesen Satz gut in sein Wahlprogramm für das Rathaus hätte übernehmen können, vielleicht unter Abmilderung der unbarmherzigen Klarheit des Wortes »ausgestoßen«. Das Bevölkerungswachstum Hannovers seit 2015 wollte Wundrak nämlich nicht ohne Weiteres als positives Faktum werten; er meinte, die Zuwanderer von außerhalb Deutschlands herausrechnen zu müssen, deren Fähigkeit zur Assimilation er bezweifelte. Die Lage auf dem Wohnungsmarkt wollte er durch Senkung des »Migrationsdrucks« verbessern, obwohl ihm entgegengehalten wurde, dass die Stadtregierung bei der Kontrolle der Staatsgrenze nicht mitzureden hatte. Munition hätten Wundrak und seine Parteifreunde bei Arendt für die Abwehr des Vorwurfs gefunden, sie propagierten die Rückkehr auf einen deutschen Sonderweg des Glaubens an eine durch Blutsverwandtschaft garantierte soziale Harmonie: »Das Prinzip, dass Bürger nur sein kann, wer zum selben Volk gehört oder sich ihm doch völlig assimiliert hat, ist in allen Nationalstaaten das gleiche.«

Gleichwohl war es irreführend, dass Wundrak sich auf Arendt berief, um Angela Merkels angebliche Politik der multikulturellen Masseneinwanderung und der verschwimmenden Territorialität zu kritisieren. Arendt sah die Prinzipien des Nationalstaats eben gerade nicht als zeitlos an. Wenn sie den Zusammenhang der drei Prinzipien eine »Dreieinigkeit« nannte, so beschwor diese theologische Anspielung zwar die Vorstellung einer Ewigkeit herauf, an die fanatische, von der Unsterblichkeit der eigenen Staatsnation überzeugte Nationalisten glauben mochten. Aber die Ideenhistorikerin Arendt wusste, dass ein entscheidender Beitrag der Aufklärung zur Vorbereitung der Moderne die Kritik des Trinitätsdogmas gewesen war. Aus diesem Dogma war nämlich die Vorstellung abgeleitet worden, dass der fleischgewordene Gott in der Kirche und dem von der Kirche gesegneten Königtum gegenwärtig sei und durch den Mund von Priestern und Königen Befehle erteilen könne. Die »geschichtlich gewordene Dreieinigkeit von Volk, Staat und Territorium« konnte auch wieder vergehen, sich auflösen und ausdifferenzieren. Arendt bedauerte es nicht, dass dieser Auflösungsprozess 1963, als sie zu den Hörern des WDR sprach, schon in vollem Gange war – obwohl die außereuropäischen Kolonien der Europäer gerade erst in eine Unabhängigkeit entlassen worden waren, die sie nun durch Übernahme der europäischen Form des Nationalstaats meistern wollten.

Der »Souveränitätsbegriff des Nationalstaats« war nach Arendts Urteil »unter heutigen Machtverhältnissen ein gefährlicher Größenwahn«. Ein halbes Jahr nach der Kubakrise musste sie vor einem westdeutschen Publikum nicht aussprechen, dass diese Machtverhältnisse durch die Existenz von Atomwaffen bestimmt wurden; das Festhalten an der Fiktion der Unverletzlichkeit der Grenzen des Einzelstaates war lebensgefährlich geworden. Arendts Antwort auf die ihr vom Rundfunk gestellte Frage, ob der Nationalismus ein Element der Demokratie sei, war positiv: Historisch gehörten Nationalismus und Demokratie zusammen. Unter Nationalismus verstand sie dabei nicht etwa nur eine pathologisch übersteigerte Form des Nationalgedankens, sondern explizit die Einheit der drei Merkmale, also die Integration von Volk, Territorium und Recht in einer nationalstaatlichen Organisation. Im »voll entwickelten Nationalstaat« hat das Volk laut Arendt seine »politische Emanzipation« vollzogen, »seine Zulassung in den öffentlichen Raum« erlangt, »in dem jeder Bürger das Recht haben soll, gesehen und gehört zu werden«. Ausdrücklichen Dank sprach sie dem Nationalstaat dafür aus, »dass auch die unteren Volksschichten emanzipiert wurden« und »unter den Bedingungen der Klassengesellschaft« ein gewisser Ausgleich möglich war. Doch »all diese unbezweifelbaren Vorzüge des Nationalstaats« waren nun in ihren Augen »Dinge der Vergangenheit, welche in der heutigen Weltlage nicht mehr sehr schwer ins Gewicht fallen dürfen«.

Damit wollte sie nicht etwa sagen, dass in einer Epoche des technischen Fortschritts und der internationalen Kooperation die demokratische Selbstbestimmung an Gewicht verloren habe. Für nötig hielt sie vielmehr eine neue politische Emanzipation – diesmal von dem zentralistischen Staatsapparat, der im Zeitalter der nationalen Revolutionen das Instrument der Befreiung der Bürger innerhalb der Grenzen des Staates gewesen war. Wirkliche Demokratie könne »es nur geben, wo die Machtzentralisierung des Nationalstaates gebrochen ist und an ihre Stelle die dem föderativen System eigene Diffusion der Macht in viele Machtzentren getreten ist«. Neben der Ebene unterhalb der Zentralgewalt, dem Föderalismus im alltäglichen politischen Sprachgebrauch, darf man hier auch an die Ebene oberhalb der nationalen Hauptstädte denken, die Vereinten Nationen und die Europäische Wirtschaftsgemeinschaft. Diffusion der Macht, so hätte man mit Arendt die Regierung Merkel gegen Wundraks Klage über die Spirale der Kompetenzabtretungen an EU und EZB verteidigen können, kann Handlungsspielräume vergrößern.

Schon vor sechzig Jahren fasste Arendt den Komplex ins Auge, der heute im Zentrum der Diskussionen über die Krise der Demokratie steht: das Verhältnis zwischen der Staatsorganisation und der Selbstorganisation der Gesellschaft, die Frage, wie repräsentativ die Öffentlichkeit und wie pluralistisch die Debatte noch ist, wenn Mehrheiten nicht nur politisch regieren, sondern auch gesellschaftlich dominieren. »Gegen das Machtmonopol eines zentral organisierten Staatsapparats ist nicht nur der Einzelne, sondern auch die aus Einzelnen bestehende Gruppe fast immer ohnmächtig, und die Ohnmacht des Bürgers, selbst bei Wahrung aller seiner bürgerlichen Rechte, steht in einem grundsätzlichen Gegensatz zur Demokratie in allen ihren Formen.« Diese Ohnmacht besteht darin, dass der Bürger schlecht gegen eine Herrschaft rebellieren kann, die in seinem Namen und von seinen gewählten Vertretern ausgeübt wird. Die demokratische Obrigkeit ist permanenter öffentlicher Kritik ausgesetzt und möchte sich nicht mit Zwang Autorität verschaffen, sondern nur mit Überzeugungskraft. So nährt sie indes den Verdacht, dass sie unliebsame Ideen ausschließt und ein geistiges Machtmonopol anstrebt. Die Warnung vor diesem Monopolismus ist heute die vielleicht wirksamste Parole des Populismus, obwohl die demagogischen Volksfreunde mit dem Vorwurf leben müssen, sie hätten die Errichtung ihres eigenen Monopols im Sinn.

Versteht man recht, was Arendt 1963 zu bedenken gab, so hat man es hier nicht einfach mit den Überempfindlichkeiten eines Publikums zu tun, das symbolische Interessen kultiviert, weil alle tatsächlichen Bedürfnisse mehr oder weniger erfüllt sind, mit Luxusproblemen einer Multimediengesellschaft, die Redezeit im Übermaß verteilen kann. Es geht tatsächlich um das Funktionieren der demokratischen Repräsentation. Deren Reparaturbedarf hätte Arendt in Köln nicht dramatischer beschreiben können – ihre Diagnose ging aus von der Analogie mit der Weltpolitik, die im Atomzeitalter unter dem Primat der Sicherung des Überlebens der Menschheit stand. »So wie wir heute außenpolitisch überall vor der Frage stehen, wie wir den Verkehr der Staaten unter- und miteinander so einrichten können, dass Krieg als

›ultima ratio‹ der Verhandlungen ausscheidet, so steht uns heute überall innenpolitisch das Problem bevor, wie wir die moderne Massengesellschaft so umorganisieren und aufspalten können, dass es zu einer freien Meinungsbildung, zu einem vernünftigen Streit der Meinungen und damit zu einer aktiven Mitverantwortung an öffentlichen Angelegenheiten für den Einzelnen kommen kann.« Vor dem Hintergrund unserer heutigen Diskussionen frappiert es, dass Arendt die Spaltung der Gesellschaft als Rettung empfehlen konnte.

Die Bedingungen für eine freie Meinungsbildung und einen vernünftigen Streit der Meinungen müssen wiederhergestellt werden: Solche Formulierungen könnte die Hannah-Arendt-Akademie in Starnberg aus dem Zusammenhang des Vortrags reißen und in ihr Werbematerial einbauen. Erasmus von Rotterdam, der Philologe, Briefschreiber und Sammler von Sprichwörtern, der Theologe der Freiheit des Willens und satirische Lobredner der Dummheit, konnte sich nicht dagegen wehren, dass eine Stiftung mit seinem Namen auf dem Türschild gegründet wurde, die der AfD das nach den Regeln des deutschen Parteiwesens zustehende Geld zur Förderung kultureller Milieupflege verschaffen soll. Das Erbe des 1536 verstorbenen Humanisten ist europäischer Gemeinbesitz. Hätte einer der Freundesvereine, die sich der AfD als Empfänger der Stiftungsmittel andienten, sich mit dem Namen von Hannah Arendt dekoriert, hätten die Nachlassverwalter der aus Deutschland vertriebenen Philosophin dagegen wohl Verwahrung eingelegt. Sie hätten nur zitieren müssen, dass sich Arendt im WDR 1963 vorsorglich auch schon abschließend zur AfD-Kulturpolitik geäußert hatte: »Die für den Nationalstaat typische Fremdenfeindlichkeit ist unter heutigen Verkehrs- und Bevölkerungsbedingungen so provinziell, dass eine bewusst national orientierte Kultur sehr schnell auf den Stand der Folklore und der Heimatkunst herabsinken dürfte.«

Die Tagesordnungen von Gesprächen im öffentlich-rechtlichen Rundfunk waren und sind Einladungen zur feinsinnigen Abwägung. Arendt fand in Köln Worte von einer selbst für ihre Verhältnisse unerhörten Drastik. »Die Lebensunfähigkeit gerade dieser Staatsform in der modernen Welt ist längst erwiesen, und je länger man an ihr festhält, um so böser und rücksichtsloser werden sich die Pervertierungen nicht nur des Nationalstaats, sondern auch des Nationalismus durchsetzen.« Mit dieser äußersten Schärfe brachte Arendt zum Ausdruck, dass der Grund für ihr vernichtendes Urteil über die Zukunftsfähigkeit des Nationalstaats eine welthistorische Erfahrung von erschütternder Gewalt war. Der Nationalstaat war laut Arendt »in seinem Wesen ein Rechts- und Verfassungsstaat und nur als solcher lebensfähig«. Diese Lebensfähigkeit wurde zu Arendts Lebzeiten auf die Probe gestellt »durch die Wellen von Flüchtlingen aus Ost- und Zentraleuropa« in der Zwischenkriegszeit, die »dem nationalstaatlichen Prinzip zufolge« nirgendwo eingebürgert werden konnten und so nirgendwo Ersatz für »den verlorenen Rechtsschutz des Heimatlandes« erlangten. Wo die Staatenlosen nicht schon an den Grenzen abgewiesen wurden, waren sie der Willkür der Polizeibehörden ausgeliefert. So »stellte sich die außerordentliche Limitiertheit des nationalstaatlichen Prinzips heraus – insofern nämlich, als der verfassungsmäßig garantierte Rechtsschutz des Staates und die im Lande herrschenden Gesetze ganz offenbar nicht für alle Einwohner des Territoriums galten, sondern nur für diejenigen, die dem Nationalverband selbst zugehörten«. Das Prinzip der Begrenzung des Rechtsschutzes durch die Staatsgrenze stieß an seine Grenze. »Der Einbruch der Staatenlosen und die ihnen zugefügte schlechthinnige Rechtlosigkeit gefährdeten den Nationalstaat als Rechts- und Verfassungsstaat, d. h. sie gefährdeten ihn in seinen Grundlagen.«

Hannah Arendt, aus Hannover gebürtig und in Königsberg aufgewachsen, war einer dieser Flüchtlinge gewesen. 1937 wurde ihr die deutsche Staatsbürgerschaft aberkannt, 1940 wurde sie als unerwünschte Ausländerin von Paris nach Südfrankreich deportiert und in Gurs interniert. Ihr glückte die Flucht aus dem Lager, und über Lissabon gelangte sie mit ihrer Mutter und ihrem Ehemann nach New York. Klaus Rennert, von 2014 bis 2021 Präsident des Bundesverwaltungsgerichts, erläuterte 2017 in einem Vortrag vor der Regensburger Juristischen Studiengesellschaft, wie diese Erfahrung den Hintergrund des von Arendt entwickelten Gedankens bildet, dass es genau ein einziges Menschenrecht gebe: das Recht, Rechte zu haben. Zum Zeitpunkt von

Rennerts Vortrag musste die Verwaltungsgerichtsbarkeit einen starken Anstieg der Fallzahlen im Asylrecht bewältigen. Die Ereignisse, die das verursacht hatten, wurden keineswegs nur von Politikern und Sympathisanten der AfD als Einbruch von Rechtlosen beschrieben, denen der deutsche Staat auf seinem Boden keine Rechte gewähren dürfe. Wer das Geschehen wie Wundrak sah, glaubte, dass die von der Bundesregierung im Sommer 2015 angeordnete Aufnahme von Flüchtlingen den Nationalstaat als Rechts- und Verfassungsstaat gefährde. Ein Rechtsbruch wurde gerügt, weil die Regierung eine Erlaubnis in Anspruch nahm, Asylverfahren ausnahmsweise in Deutschland einzuleiten, die nach der Flüchtlingsverteilungsregel der Dublin-Verordnungen der EU eigentlich Sache der Staaten entlang der Außengrenze der Union gewesen wären; gemeint war ein Bruch mit dem nationalstaatlichen Prinzip, wie Arendt es bestimmt hatte.

In der öffentlichen Diskussion, die sich im Sommer 2015 entzündete, wurden Figuren aus der Sprachbilderwelt der Naturkatastrophen vielfach als unmenschlich kritisiert; man solle nicht von »Dammbruch« und »Überflutung« und noch nicht einmal von einer »Flüchtlingswelle« sprechen. Arendt hatte solche Hemmungen nicht. Sie war selbst ein Tropfen in der Welle gewesen und wollte die Gewalt eines Geschehens auch sprachlich bezeichnet sehen, das die Normengebäude der Staatenwelt unter Druck setzte – und nach Arendts Überzeugung eine Überprüfung der Tragfähigkeit dieser Gebäude erzwang. Die radikale Historisierung des Konzepts des demokratischen Nationalstaats war ihre Konsequenz aus dieser Erfahrung. Wenn Wundrak umgekehrt Arendt als Gewährsperson für die zeitlose Geltung seiner Elementartrias von Volk, Territorium und Rechtsordnung anrief, kam darin eine Verdrängung dieser Erfahrung zum Ausdruck. Der Standpunkt der AfD in der sogenannten Flüchtlingskrise hatte so gesehen eine Blockade der Erinnerung zur Voraussetzung; man malte sich den Einbruch von 2015 als singulären Vorgang aus, als ebenso totalen wie gleichwohl punktuellen Kontrollverlust, und wollte nicht sehen, dass den europäischen Staaten die Rechnung für die Externalisierung der Kosten ihres Rechtsstaatsmodells präsentiert wurde.

Es ist nicht bekannt, was Wundrak von Hannah Arendt gelesen

oder aufgeschnappt hat. Der Vortrag von 1963 wurde 2006 in der Internet-Zeitschrift der Arendt-Forscher gedruckt, aber ihre rechtstheoretischen Folgerungen aus den Flüchtlingskatastrophen hatte sie schon 1949 in einem sofort auch ins Deutsche übersetzten Aufsatz gezogen, unter dem Eindruck der Proklamation der Allgemeinen Erklärung der Menschenrechte durch die Vereinten Nationen, und ihr Hauptwerk über die Ursprünge des Totalitarismus benennt als einen dieser Ursprünge die Krise des Nationalstaats.

BEDINGT ABWEHRBEREIT

Wundraks Eintritt in die AfD erfolgte nach eigenen Angaben im Januar 2018. In der öffentlichen Diskussion über diesen aufsehenerregenden Schritt eines ranghohen Bundeswehroffiziers wurde darauf hingewiesen, dass zu diesem Zeitpunkt schon zwei Parteivorsitzende die AfD verlassen hatten, der Gründer Bernd Lucke und dessen zwischenzeitlich ebenfalls als gemäßigt eingestufte Nachfolgerin Frauke Petry. In Wundraks Register antideutscher Sünden der Regierung Merkel steht die Europapolitik vorne, der Grund für die Gründung der Lucke-Partei, aber der Auslöser für den Eintritt des Generals war die Flüchtlingsfrage. Er reagierte dabei auf das Zusammentreffen von zweierlei Informationen. Einerseits verfügte er, wie er mehrfach erzählte, vor allem dank persönlicher Verbindungen zur Bundespolizei über vertrauliche Kenntnisse der tatsächlichen Behandlung von Schutzsuchenden an den Grenzen und will daher schon vor dem Sommer 2015 alarmiert gewesen sein: »Für mich war die Migrationskrise schon vorher zu sehen.« Andererseits empörte es ihn, dass die Bundeskanzlerin 2017 öffentlich erklärt habe, »sie erkenne nicht, was sie hätte anders machen sollen«. Bei dieser von Wundrak mehrfach erwähnten Äußerung Merkels handelt es sich offenbar um einen Satz aus einem Interview, das die *Welt am Sonntag* im August 2017 veröffentlichte. Auf die Frage »Haben Sie in der Flüchtlingskrise Fehler gemacht?« antwortete die Kanzlerin: »Alle wichtigen Entscheidungen des Jahres 2015 würde ich wieder so treffen.«

Wundrak warb bei seinen Parteifreunden und den Bürgern von Hannover als Inhaber von Geheimwissen für sich, stellte sich also der radikalen Regierungskritik als Kronzeuge aus dem Inneren des Staatsapparats zur Verfügung, ähnlich wie mit noch viel größerer Resonanz der aus dem Amt gedrängte Verfassungsschutzpräsident Hans-Georg Maaßen. Die Brisanz, die Wundrak der Interviewäußerung Merkels zuerkannte, erschließt sich vor dem Hintergrund des von ihm bedienten grundsätzlichen Misstrauens gegenüber der Staatsführung. Im Interview mit der *Neuen Zürcher Zeitung* lautete seine Schlussfolgerung aus Merkels Satz: »Es gab auch rückblickend keine Einsicht bei ihr.« Nun kommt es selten vor, dass Politiker öffentlich Fehler einräumen. Aber auch von Generälen hat man gesagt, sie seien nicht dazu da, Niederlagen einzugestehen. Was genau hat Wundrak an der rollentypischen Einlassung der Regierungschefin so sehr gestört, dass er nach der Lektüre des Interviews seinen Aufnahmeantrag an die AfD abschickte? Im NZZ-Interview verneinte er die Frage, ob er der Regierung einen bewussten Kontrollverlust im Sommer 2015 unterstelle. »Natürlich wollte sie nicht die Kontrolle verlieren. Aber sie nahm es mit ihrer Politik in Kauf.« Das sah er als durch Merkels Aussage zwei Jahre später belegt an. In einem Gespräch mit einem Parteifreund, das in einem Videokanal der Partei verbreitet wurde, nahm Wundrak eine andere Akzentuierung vor. Merkel habe gesagt, »sie wüsste nicht, wie sie es hätte besser machen sollen; das hat für mich den Eindruck bestärkt, dass hier eine absichtsvolle Politik dahintersteht«. Dass eine Politikerin, erst recht die Inhaberin eines Amtes, zu dessen Pflichten die Bestimmung der Richtlinien der Politik gehört, eine Absicht verfolgte, würde üblicherweise wohl positiv vermerkt. Wundrak schloss hier aus einer von ihm vermutlich als trotzig empfundenen und als verräterisch bewerteten Äußerung auf Absichtlichkeit. Damit näherte er sich einer Hermeneutik des Verdachts an, die das intentionale Moment in der Politik überschätzt und in unübersichtlichen Lagen geheime Absichten hinzudenkt. Der Rückgriff auf eine solche Handlungstheorie der verborgenen Stringenz kann das Überschießende polemischer Programmbeschreibungen à la »antideutsch« rechtfertigen.

Wundrak selbst sah sich nach seinem Coming-out als AfD-Mitglied dem Verdacht ausgesetzt, er habe sich in seinen letzten Dienstjahren sozusagen als Agent der radikaloppositionellen Partei betätigt, obwohl Offizieren die Mitgliedschaft in Parteien, die nicht verboten sind, nicht verboten ist. Im Dezember 2017 formulierte der Kommandeur des Zentrums Luftoperationen in seiner Kaserne in der Diskussion über einen Vortrag eines Polizeidirektors der Bundespolizei über »Illegale Migration – Ursachen und Wirkungen« eine von der *Rheinischen Post* überlieferte Prognose: »Dieses Thema wird sowohl Deutschland als auch Europa nachhaltig verändern.« Im Nachhinein wird man geneigt sein, diese Aussage in ihrem holistischen Zuschnitt auch als Ankündigung einer Rollenveränderung zu verstehen, aber das Mäßigungsgebot übertrat Wundrak damit nicht. Der Referent des Abends vertrat übrigens die Ansicht, dass der Begriff der Flüchtlingskrise falsch sei, da bei 500 Millionen Bürgern in der EU nicht die Zahl von einer Million Flüchtlinge das Problem darstelle, sondern die Lastenverteilung.

In der Chronologie von Wundraks privatem parteipolitischem Engagement gibt es eine nicht leicht zu erklärende Unklarheit. 2008 Eintritt in die CDU, 2014 Austritt: Diese Daten gab er in mehreren Interviews an. Anlass des Eintritts sei der Versuch der hessischen SPD-Vorsitzenden Andrea Ypsilanti gewesen, sich mit den Stimmen der Linkspartei zur Ministerpräsidentin wählen zu lassen, obwohl sie im Wahlkampf die Bildung einer auf die Unterstützung dieser Partei angewiesenen Regierung ausgeschlossen hatte. In der Rekapitulation seiner politischen Biographie schlug Wundrak einen Bogen zurück in eine Welt des Primats der Links-rechts-Unterscheidung, der von den Gegnern der linken Parteien als Lektion aus der Wende von 1989 propagiert wurde, insbesondere in Hessen aber auch vorher schon als Leitmuster der innenpolitischen Auseinandersetzung gedient hatte. Mit der angeblichen Verschiebung der CDU nach links setzte Angela Merkel sozusagen das Werk der wortbrüchigen Ypsilanti fort: So ergab Wundraks politischer Lebenslauf Sinn, seine Entscheidung für die radikale Rechtspartei stellte sich im langfristigen Zusammenhang der Geschichte der Bundesrepublik als defensiver Akt dar. Zwei Jahre nach der gescheiterten Bewerbung in Hannover, in einem weiteren von der eigenen Partei arrangierten Interview im Bundestagswahlkampf 2021, nannte Wundrak andere Jahreszahlen: »Ich war Mitglied der CDU von ca. 2006 an, habe aber diesen Linksrutsch der CDU als negativ empfunden und bin dann irgendwann 2012/13 ausgetreten, habe seit dieser Zeit die AfD beobachtet, sie auch schon 2013 gewählt.« Wie genau führte Wundrak wohl Buch über seine politischen Treuepflichten? Bei einer CDU-Mitgliedschaft bereits 2006 entfällt Ypsilantis Volte als Trigger, auch mag man sich bei einer Rückdatierung des Austritts auf 2012 oder 2013 fragen, ob damals seine Vorahnung der Migrationskrise schon so stark gewesen sein kann, dass er darüber mit der CDU brach. Und hätte er andererseits den Linksrutsch unter der Vorsitzenden Merkel nicht schon früher absehen müssen? Dem Reporter der *Auepost* erzählte er nämlich, dass er schon bei Angela Merkels Sieg in der Bundestagswahl 2005 die Überlänge ihrer Amtsdauer vorausgeahnt habe: »Die werden wir nicht mehr los.« Warum trat er 2006 oder auch erst 2008 der CDU bei, wenn die Vorsitzende ihm nicht geheuer war und er sie sogar verdächtigte, die Abwählbarkeit als Grundbedingung der demokratischen Regierungsweise zu unterlaufen? Wundrak nahm eine strategische Intelligenz für sich in Anspruch, die zu den Karrierevoraussetzungen in seinem Beruf gehört, aber nicht ohne Weiteres zusammenpasst mit den Kontingenzen und Opportunitäten der Art von Willensbildung, als die sich die Mitarbeit in einer Partei darstellt.

Knapp jeder achte Wähler machte in der Bundestagswahl 2017 das für die Sitzverteilung maßgebliche Kreuz bei der AfD. Wenn bei 28 Planstellen für Dreisternegeneräle sich nach einigen Obersten und Oberstleutnants auch einmal ein in den Ruhestand getretener Inhaber dieses Dienstgrads als Wahlbewerber der AfD zu erkennen gibt, mag das nicht aus der statistischen Normalverteilung herausfallen. Die Nachricht von Wundraks Kandidatur in der Hannah-Arendt-Stadt traf allerdings auf eine beunruhigte Öffentlichkeit. Die AfD selbst verbreitete Zahlen über den angeblichen Anteil von Berufssoldaten unter ihren Mitgliedern. Auch von Polizisten las man sehr häufig; Richter und Staatsanwälte fielen besonders auf, da sie im Unterschied zu Offizieren ihre Dienstpflichten durch Textproduktion erfüllen, so dass sich in ihrer Arbeit alltäglich Gelegenheiten für Verstöße gegen das Mäßigungsgebot ergeben.

Im Juni 2019, einen Monat vor der Bekanntgabe der Personalie Wundrak, hatte Friedrich Merz, der frühere Vorsitzende der Unionsfraktion im Bundestag, in einem Interview mit der *Bild am Sonntag* eine dramatische Warnung ausgesprochen. Auf die Frage »Hat der Staat einen blinden Fleck auf dem rechten Auge?«, mit der die Interviewer die spätestens seit dem NSU-Skandal akute Sorge aufgriffen, dass die Sicherheitsbehörden die Gefährlichkeit des Rechtsterrorismus unterschätzen könnten, gab Merz eine seltsame Antwort. Ja, es gab nach seinen Informationen beunruhigende Anzeichen dafür, dass in den für die Sicherheit zuständigen Organen des Staates die Sympathie für äußerst rechte Standpunkte verbreitet war. Das war in der Sache eine Aussage, wie man sie eher von ganz links erwartet hätte. Merz beschrieb eine Gefahr, für die im politikwissenschaftlichen Schrifttum soziologische Erklärungen gegeben werden: Soldaten und Polizisten befinden sich oft in einer Art Halbdistanz zu dem Staat, dessen Dienst sie sich verpflichtet haben, weil sie die Empfindung haben, dass ihre Arbeit von der Zivilgesellschaft als anachronistisch empfunden wird, so dass sie die Prügelknaben abgeben, wenn der Staat sein Gewaltmonopol zur Anwendung bringt. Der Vorschlag von Merz für die Bekämpfung der Gefahr einer ideologischen Verfestigung dieser habituellen Entfremdung war nun aber das Gegenteil des Konzepts, den auch von Wissenschaftlern unterstützten Kampf gegen rechts in die Amtsstuben und Offizierskasinos zu tragen. Merz erwähnte die soziologische Ursachenforschung auch nicht, sondern erklärte das Phänomen ausschließlich mit der Tagespolitik. Die Versäumnisse bei der Bekämpfung des Rechtsterrorismus nannte er formelhaft inakzeptabel, um dann fortzufahren: »Mich beschäftigt aber, was mir einige Abgeordnete aus dem Verteidigungsausschuss sagen: Wir verlieren offenbar Teile der Bundeswehr an die AfD. Abgeordnete aus dem Innenausschuss sagen: Wir verlieren Teile der Bundespolizei an die AfD.«

Die Redaktion der *Bild am Sonntag* vereinfachte die Aussage in der Schlagzeile »Wir verlieren Bundeswehr und Polizei an die AfD«. Es ist typisch für die Denkungsart der langjährigen Kanzlerpartei, dass Merz nicht unterschied, ob sich seine erste Person Plural auf den Staat bezog, nach dem er gefragt worden war, oder auf die CDU. »Die CDU muss eine Partei sein, die ohne Wenn und Aber hinter unseren Sicherheitsorganen steht. Nur mit eindeutigem Rückhalt aus der Politik können sie jeden politischen Extremismus erfolgreich bekämpfen.« Es waren also in der Sicht von Merz nicht etwa die Soldaten und Offiziere, die der demokratischen Politik den Rückhalt entzogen, indem sie sich einer Partei zuwandten, der Merz selbst wenige Tage zuvor eine Mitverantwortung für den Mord an dem Kasseler Regierungspräsidenten Walter Lübcke zugewiesen hatte, sondern die Politiker, die es an Rückhalt für die alimentierten Staatsdiener fehlen ließen. Den Loyalitätskonflikt der Unzufriedenen erörterte Merz als eine Sache der Gefühle. Dabei bezog er sich auf persönliches Wissen über solche Personen. Auf die Frage, ob er es verstehen könne, wenn sich ein Soldat oder Bundespolizist der AfD zuwende, sagte er: »Ich habe nahe Verwandte und sehr viele Freunde und Bekannte, die bei der Bundeswehr und der Bundespolizei sind. Die berichten mir, wie die Stimmung dort ist. Wie viele sich von ihren Dienstherren im Stich gelassen fühlen.« Wie Wundrak Bundespolizisten kannte, die zur Senkung seiner Stimmung beitrugen, indem sie ihm von Erlebnissen mit dreisten Flüchtlingen berichteten, so kannte Merz brave verstörte Polizisten und Offiziere vom Schlage Wundraks.

Im Dezember 2018 war Merz bei der Wahl zum Parteivorsitzenden Annegret Kramp-Karrenbauer, der mutmaßlichen Favoritin der Kanzlerin, knapp unterlegen. Kramp-Karrenbauer trat am 24. Juli 2019 als Verteidigungsministerin ins Bundeskabinett ein. Im Zeitungsinterview einen Monat vor diesem Wechsel bestätigte Merz ausdrücklich, dass sich das Gefühl der womöglich schon verlorenen Bewaffneten, von ihren Dienstherren treuewidrig behandelt zu werden, auf die Personen der zuständigen Minister beziehe, Innenminister Horst Seehofer und die damalige Verteidigungsministerin Ursula von der Leyen. »Der Vertrauensverlust betrifft jeweils die gesamte Institution.« Hier beschrieb Merz, vorgeblich Besorgnisse der anonymen Beamten und Soldaten referierend, ein persönliches und zugleich totales Versagen. Von Parteifreunden wurden seine Einlassungen mit scharfer Kritik beantwortet. Der parteiinterne Hauptkritiker von Angela Merkel wurde so verstanden, dass er zur Rückgewinnung der ins innere Exil abgedrifteten Angehörigen von Bundeswehr und Bundespolizei die Anpassung der CDU an Positionen der AfD empfehle. Merz gebrauchte die Vokabel nicht, aber er stellte den Gedanken in den Raum, dass es Gründe gab, die Politik der Regierung Merkel als antideutsch zu bewerten.

FÜR DEUTSCHLAND

*I*n dem bereits erwähnten Interview mit der *NZZ* wurde Joachim Wundrak gefragt, ob die AfD eine vernünftige Partei sei. Wundraks Antwort, militärisch knapp: »Ja.« Als Wutbürgermeisterkandidat profilierte er sich, indem er eine Beschwerde anfügte, ein Wort des Unmuts über die deutsche Öffentlichkeit: »Keiner liest unser Parteiprogramm.«

»Mut zu Deutschland« steht über der Präambel des Grundsatzprogramms der AfD. Die Alternative für Deutschland, welche die 2013 unter diesem Namen gegründete Partei dem deutschen Wähler anbietet, heißt Deutschland. Auch andere Parteien tragen das Land, das sie regieren wollen, im Namen. Bei der SPD ist wie bei der AfD das D für »Deutschland« Teil der Abkürzung, die im alltäglichen Sprachgebrauch als Name der Partei fungiert. Hohe Funktionäre der CDU verwenden in wichtigen Momenten gerne den vollständigen Parteinamen – gemäß einer aus vordemokratischer Zeit überkommenen Gepflogenheit der politischen Sprache, wonach Umständlichkeit bei der Titulierung eine besondere Würde verleiht. Es kann ein wenig kurios klingen, dieses gravitätische Ausbuchstabieren der Christlich-Demokratischen Union Deutschlands, als müsste der Gefahr der Verwechslung mit den Christlich-Demokratischen Unionen anderer Länder vorgebeugt werden. Aber tatsächlich sind SPD und CDU ihrer historischen Herkunft nach Mitglieder internationaler Parteifamilien: In allen Nationen, die sozial und politisch ähnlich verfasst sind wie Deutschland, sollten sie Geschwister haben. Die nationalen Parteiorganisationen hatten sich in Taktik und Strategie den jeweiligen nationalen Gegebenheiten anzupassen. Und selbstverständlich traten ihre Anführer als Patrioten auf, die eloquent erklären konnten, warum die von ihnen betriebene Politik im nationalen Interesse liege. Allerdings haben sozialdemokratische und christdemokratische Parteien keine nationale Sendung. Im Programm, in den inhaltlichen Angeboten, mit denen sie sich voneinander unterscheiden, sind Sozialdemokratie und Christdemokratie historische Projekte, die älter sind als die meisten Nationalstaaten.

Gegründet wurden diese Parteien zur Erledigung von Aufgaben, die sich aus der wichtigsten Zäsur der europäischen Geschichte ergaben, der Umstellung der inneren Organisation der Staaten auf das Prinzip der rechtlichen Gleichheit der Bürger. Das Projekt der Sozialdemokratie ist die Umgestaltung der Verhältnisse im Interesse jener arbeitenden Bevölkerung, die der Zahl nach eine Mehrheit der Staatsbürger stellt, aber von der Ungleichverteilung der ökonomischen Mittel an der Ausübung dieser Übermacht gehindert wird. Christdemokraten wollen christliche Prinzipien oder, wie man heute sagt, christliche Werte mit demokratischen Mitteln durchsetzen. Der Zusammenhang dieses Projekts mit der welthistorischen Zäsur der Französischen Revolution ist vielleicht weniger evident, aber genauso eindeutig. Im Ancien Régime wurde das Gottesgnadentum der Könige und Adligen durch die Privilegierung des christlichen Gottes abgesichert, als dessen Gabe die Gnade galt. Seit der Staat alle Religionen gleichermaßen gelten lässt, sind gesellschaftliche Selbstorganisation, Engagement im Meinungskampf und Mehrheitsbeschlüsse der politischen Körperschaften nötig, wenn das christliche Sittengesetz (wieder) die Grundlage weltlicher Gesetze werden soll.

Der Aufstieg der AfD fiel in die Zeit, in der auf Bundesebene eine Koalition der schrumpfenden Großparteien regierte. Den von der neuen Konkurrentin erhobenen Vorwurf des Verrats an den nationalen Interessen hätten die Regierungsparteien bündig mit dem Verweis auf ihre Parteitraditionen zurückweisen können: Die Aufgaben einer deutschen Regierung lassen sich nur im Rahmen grenzüberschreitender Entwicklungstrends bestimmen. Und diese Trends kann man durchaus so beschreiben, dass die Projekte von Sozial- und Christ-demokratie nicht obsolet wirken: einerseits zunehmende Ungleichheit im Reich der materiellen Güter und hochgerechneten Lebenschancen, andererseits fortschreitende Säkularisierung und weltanschauliche Pluralisierung in der Sphäre der Wertvorstellungen.

Bei der Gründungsversammlung der AfD am 6. Februar 2013 in Oberursel lautete einer der Namensvorschläge »Alternative für Europa«. Für ihn warb vor allem der Gründungsvorsitzende Bernd Lucke. Mit dem Selbstbewusstsein des Universitätsprofessors nahm Lucke an, dass die von ihm wissenschaftlich begründete Kritik an der europäischen Einheitswährung allen betroffenen Staaten den Weg der wirtschaftspolitischen Vernunft weise. Aus der Präferenz für den weiter gezogenen Wirkungsradius sprach wohl aber auch die Gewöhnung an den universalistischen Einschlag demokratischer Meinungsbildung und Entscheidungsfindung. Das Streben nach Verallgemeinerung teilt die demokratische Rhetorik mit der Wissenschaft.

Mit Lucke kehrte der Typus des Professorenpolitikers, der 1848 im Parlament der Frankfurter Paulskirche den Ton angegeben hatte, auf die Bühne der Parteipolitik zurück. Man sollte ihn nicht vorschnell als Anachronismus abtun. Allerdings musste Lucke gleich zu Anfang eine symbolische Niederlage einstecken. Sein Parteiname fand keine Mehrheit. In den Akten des Tags von Oberursel wurde der dort gefundene Taufname zunächst mit »Alternative für Deutschland und Europa« angegeben; Lucke machte mit einer E-Mail-Kampagne Mitgliederwerbung für die neue Partei namens ADE. Im Zuge von Vorgängen, die bereits Gegenstand der von Journalisten begonnenen Parteiforschung sind, wurde der Akteneintrag dann aber korrigiert. Auf ihrem ersten Parteitag am 14. April 2013 in Berlin trat die AfD als AfD vor die Welt. Für diese Partei soll gelten: Deutschland ist Programm. Die Alternative für Deutschland ist mit Deutschland in anderer Weise verbunden als die Sozialdemokratische Partei Deutschlands, die für Deutschland mehr oder weniger dasselbe anstrebt wie die Sozialdemokratische Partei Österreichs für Österreich. Für Deutschland: Das ist nicht bloß eine Adressatenangabe. Denn was soll eigentlich zugestellt werden? Jedenfalls kein Spaltprodukt aus der Programmatik der Volksparteien, wie es Splitterparteien in die Schaufenster ihrer Pop-up-Stores stellen: weder Abendland für Deutschland noch Arbeit für Deutschland.

Der Parteiname ist ganz wörtlich gemeint. Für Deutschland soll es wieder eine Alternative geben, eine Wahlmöglichkeit. Geschäftsgrundlage der AfD ist eine radikale These: Die Funktionsfähigkeit der Demokratie müsse wiederhergestellt werden, denn die regierenden Parteien, denen auch die parlamentarische Opposition zuzurechnen sei, hätten dem Volk keine Wahl mehr gelassen, im Sinne der Auswahl zwischen Sachpositionen, anhand derer es die Parteien unterscheiden könnte. Programm ist der Parteiname nicht im gleichen, unverbindlichen Sinne wie bei normalen Parteien. Bei ihnen dient er als Chiffre eines weltanschaulichen Konzepts, eines höchst allgemeinen und doch immer noch bestimmt gedachten Aussagenzusammenhangs über die Sachverhalte, mit denen die Politik es zu tun bekommt.

Sozialdemokratisch, christdemokratisch, liberal (für grün und links gilt es noch nicht im gleichen Maße): Diese Attribute werden heute mehr oder weniger bildlich verstanden, als eine Art unentbehrlicher Dekoration des Willens zur Macht, den eine Partei durch ihre bloße Existenz bekundet, durch den gewaltigen Aufwand sowohl der inneren Organisation als auch des permanenten Wahlkampfes. Die Hauptfunktion dieser Namensbestandteile ist es, historische Assoziationen zu wecken. Mit der Sozialdemokratie, die das vom Marxismus auf wissenschaftliche Begriffe gebrachte Gesetz der gesellschaftlichen Entwicklung umzusetzen glaubte, und der Christdemokratie, die als politischer Arm des Volkskatholizismus Instruktionen des römischen Lehramts anforderte, haben die jeweils so bezeichneten Parteien im Operationsmodus wie in den Zielen fast nichts mehr zu tun. Aber sie können offenbar nicht darauf verzichten, weiterhin ihre Herkunft aus einer Welt der geschlossenen Weltbilder anzuzeigen. So nämlich wird suggeriert, dass die Parteien noch nicht austauschbar geworden seien.

Die AfD weist sich demgegenüber nicht als Verein von Gleichgesinnten aus. Die programmatischen Verbindlichkeiten eines moralisch sprechenden Namens lädt sie sich nicht auf; sie muss nicht beweisen, dass ihre Agenda tatsächlich so liberal oder christlich oder sozial ist, wie das Türschild der Parteizentrale verspricht. Programm ist der Name der AfD in dem Sinne, in dem ein Computervirus programmiert ist. Alternative und Deutschland: Die Verknüpfung der beiden Wörter genügt, um den Mechanismus zu beschreiben, nach dem sich Ausbreitung und Wachstum der AfD vollzogen haben. Gegenüber dem politischen System nimmt die Partei eine Doppelrolle ein: lautstarker Kritiker und stiller Teilhaber zugleich. Sie erwirbt Zustimmung auf Kosten des institutionellen Rahmens, in dem Mandate, Wahlerfolgsprämien zur Begleichung von Wahlkampfkosten und andere Mitwirkungsmöglichkeiten verteilt werden, ohne darauf zu verzichten, sich diese Prämien auszahlen zu lassen. Dass das System korrupt und die Demokratie funktionsuntüchtig sei, ist die Prämisse der Existenz der AfD und jeder einzelnen ihrer Aktionen, so fundamental wie für die Sozialdemokraten früher der Gegensatz von Kapital und Arbeit und für die ersten Christdemokraten der Sündenfall.

Aus philosophischen und theologischen Annahmen über den Gang der Geschichte folgte freilich nie von selbst etwas für die Schritte einer von diesen Annahmen geleiteten Partei; es war immer eine von Experten geleistete Vermittlungsarbeit nötig, die in der Regel den Spielraum der Praxis gegen die dogmatischen Anwandlungen der Theorie verteidigte. Die AfD hat dagegen nicht die Außenwelt zum Gegenstand ihrer fundamentalen Stellungnahme gemacht, sondern die Innenwelt des politischen Geschäfts, in der sie selbst agieren muss. Dadurch hat sie ihre eigenen Handlungsmöglichkeiten von vornherein in dramatischer Weise beschränkt. Am verfassungsmäßigen Geschäftsbetrieb der demokratischen Politik, dessen Spielregeln entweder der durch Wahlen legitimierten Mehrheit die Bahn zur Verwirklichung ihres Willens ebnen oder aber alle Mitspieler in die Suche nach Kompromisslösungen einbinden, kann die AfD nur unter Vorbehalt teilnehmen. Und bei diesem Vorbehalt handelt es sich nicht etwa um eine Reservatio mentalis, eine nur dem eigenen Herzen zu Protokoll gegebene innere Distanzierung, wie sie zu den Techniken des moralischen Überlebens in einer Tyrannei gehört. Vielmehr muss die AfD ihren Einspruch gegen den ordentlichen Geschäftsgang regelmäßig und kräftig artikulieren – anderenfalls könnte sich ihren Wählern der Verdacht aufdrängen, eine

Alternative zu den alten Parteien werde nicht mehr oder zumindest nicht mehr so dringend gebraucht.

Daher der schrille Ton aller Verlautbarungen der AfD, die Verachtung für den Komment, die Bereitschaft zur Beleidigung. Und daher auch musste sich der Ton der Partei mit ihrem Einzug in die Landesparlamente und zumal in den Bundestag immer weiter verschärfen. Auf keinen Fall nämlich dürfen ihre Anhänger auf den Gedanken gebracht werden, die AfD habe durch ihre bloße Anwesenheit im Parlament ihre Schuldigkeit schon getan. Wenn die Agitation der AfD in der Flüchtlingspolitik zu Anpassungen des Regierungshandelns geführt hat, dürfen sich die Strategen der Partei bestätigt fühlen. Eine solche Annäherung kann für sie jedoch kein Grund sein, nun ihrerseits auf Kompromisssuche umzuschalten. Die Alternative ist da, sie sitzt da, auf den Oppositionsbänken, und spielt Regierung im Wartestand – das Geständnis, gar nicht regieren zu wollen, dürfte sie ihrer Klientel natürlich auch nicht zumuten.

Björn Höcke, der Flächenbrandredner mit Staatsexamen für das höhere Lehramt an Gymnasien, versammelte seine Truppen im Sommer 2015 vor dem Kyffhäuserdenkmal. Diese Zusammenkünfte wurden bis 2019 jährlich abgehalten und als Kyffhäusertreffen beworben, obwohl der Tagungsort wechselte. Gemäß einer alten oder vielleicht auch nicht ganz so alten Sage, die ihre Bekanntheit der Bildungsreiseliteratur des achtzehnten Jahrhunderts verdankt, wartet in einer Höhle des Kyffhäusergebirges der 1190 in einem türkischen Fluss ertrunkene Kaiser Friedrich Barbarossa auf eine Gelegenheit zur Wiederherstellung der Herrlichkeit des mittelalterlichen deutschen Reiches. Raben kreisen um den Berg, und das Höhlenmenschendasein des Hohenstaufen wird erst enden, wenn die Vögel sich verzogen haben. Die Zwischenzeit dauert nun schon so lange, dass des Kaisers namengebender Bart durch den Tisch im Wartezimmer gewachsen ist, wie es Friedrich Rückert in seinem Gedicht aus dem Jahr 1817 beschreibt. Das Denkmal wurde unter Kaiser Wilhelm II. errichtet und zwischen 1994 und 2014 saniert.

Die jährliche Exkursion der Höcke-Leute beschwört einen Mythos des nationalen Messianismus, die Vorstellung einer zum Dauerzustand gewordenen Epoche der Selbsterniedrigung Deutschlands: Die Oppositionsrolle einer auf unabsehbare Zeit zum Minderheitsdasein verdammten Partei wird zum metaphysischen Wartestand stilisiert. Das ungepflegte Benehmen der AfD-Abgeordneten in Land und Bund, eingeschlossen die Solidaritätsadressen der Parteioberen für Höcke, ist gegenkulturelles Fanal, eine Art von Aktionskunst: beflissenes Tun, das vom Handeln entbindet. Die Anti-Parlamentarier spielen einen Kaiser Rotbart, der seine Haare so lang und wild wachsen lässt, dass er für eine Führungsposition in der Mediengesellschaft kaum je in Betracht kommt. Der Politikwechsel wird aufgeschoben, solange die Raben der Lügenpresse krächzen. So bleibt die im Parlament angekommene Alternative Affront, Arbeitsbeschaffungsmaßnahme und Ablenkung.

Was bedeutet das für Deutschland? Die typischen Weckrufe von Rednern der Lucke-AfD hatten Klingeltöne aus dem Fundus der neoliberalen Reformagenda der späten neunziger Jahre wiederverwendet, mit denen das Volk Woche für Woche aus dem Studio der Talkshow von Sabine Christiansen beschallt worden war: Die Verteilung von Wohltaten ist noch keine Politik, kann nicht ewig gutgehen, stürzt die Tüchtigen ins Unglück und erfreut die Chinesen. In einer Gesellschaft, deren Führungsschicht darauf besteht, als Gesamtheit der Entscheidungsträger angesprochen zu werden, kann man mit einer Gardinenpredigt gegen Entscheidungsschwäche spielend Geschäftigkeit auslösen – nur dass sich die Freunde des Anpackens und Zugreifens 2013 nicht als Stiftung oder Verein formierten, sondern als Partei. Als hätte die FDP noch einmal erfunden werden müssen, die unter Guido Westerwelle gerade erst den kompletten Schleuderzyklus aus dem Handbuch des Disruptionsmanagements durchgemacht hatte.

AfD-Aussteiger erzählen von der Partei naturgemäß eine Verfallsgeschichte. An der Version, die Uwe Junge, von 2015 bis 2019 Landesvorsitzender in Rheinland-Pfalz, Anfang 2022 im Gespräch mit Justus Bender von der *Frankfurter Allgemeinen Sonntagszeitung* entwickelte, besticht der Wille des Erzählers, den Befund des Sittenverfalls sozialhistorisch zu erklären, mit einer Verschiebung der Zusammensetzung der Mitgliedschaft. Demnach seien die Funktionäre der ersten Stunde, honorige Eurokritiker mit bürgerlicher Existenzgrundlage, im Zuge der Wahlerfolge von »Glücksrittern« majorisiert und schließlich verdrängt worden, die sich vor der Bewerbung um ein Mandat zuerst nach der Höhe der Diäten erkundigt hätten. Die Opportunisten hätten sich ihr Stimmvieh herangezüchtet, das Bildungsniveau der Neumitglieder sei gesunken. Einen »Mitgliederaustausch hin zur Proletarisierung« wollte Junge beobachtet haben. Zustände wie im alten Rom! Dort waren die Proletarier die besitzlosen Bürger, die sich für ihre Stimmen in der Volksversammlung in Lebensmitteln bezahlen ließen. Laut Junge diente in den Aufstellungsversammlungen der AfD ein Kasten Bier als Gegenwert für eine Stimme, wobei von »Mitgliedern, die teilweise einfacher strukturiert sind«, nicht erwartet werden konnte, sich von komplizierter strukturierten, gesellschaftlich überlegenen Parteifreunden alimentieren zu lassen. So waren die Zustände sogar schlimmer als im alten Rom: »Die wählen natürlich ihresgleichen, die wählen nicht Herrn Doktor Soundso, der eine intellektuell anspruchsvolle Rede hält. Die wollen eine Hauruckrede hören.« Solange die Euroskeptiker unter sich gewesen waren, so ist Junge zu verstehen, hatten die Mitglieder dagegen Ruckreden hören wollen, nach dem Muster der Berliner Rede von Bundespräsident Roman Herzog aus dem Jahr 1997. Junges Fazit: »Bürgerliche Individualisten lassen sich nur schwer disziplinieren.«

Das Urteil des Oberstleutnants a. D., die AfD sei an einem Zuviel an Parteidisziplin gescheitert, muss man als exzentrisch einstufen. Gleichwohl kann man den melancholischen Erfahrungssatz, mit dem Junge auf eine Parteikarriere zurückblickte, die schon im März 2013 begann und ihn sehr bald in Ämter auf Kreis- und Landesebene trug, zur Bestätigung einer Deutung der Parteigeschichte heranziehen, die ebenfalls in der *F.A.S.* stand, zwei Jahre vor Benders Artikel, ebenfalls sozialgeschichtlich ansetzt – und auf eine dem Rechenschaftsbericht Junges entgegengesetzte Pointe hinausläuft. Die These von Benders Kollegin Wibke Becker ist, dass die AfD von Anfang an radikal gewesen sei. Zum Beweis griff sie hinter den Anfang zurück, auf zwei Bücher, die ein Jahrzehnt vor der Parteigründung veröffentlicht wurden: *Die Macht der Freiheit* und *Die Ethik des Erfolgs* von Hans-Olaf Henkel.

Die Macht der Freiheit sind die Lebenserinnerungen, die Henkel im Jahr 2000 im Alter von sechzig Jahren publizierte, als er das Amt des Präsidenten des Bundesverbands der Deutschen Industrie abgab, um ins Management der staatlich finanzierten Spitzenforschung zu wechseln, als Präsident der Leibniz-Gemeinschaft. Wibke Becker hob eine Reihe von Begebenheiten aus den Memoiren hervor, die im Lebenslauf einer Führungskraft befremden müssten. Nach eigenen Angaben erschlich sich Henkel mit einem Attest über »Stiefelunverträglichkeit« die Befreiung vom Wehrdienst. In mehreren Vorstellungsgesprächen gab er falsche Antworten, und Sozialabgaben für eine schwarz beschäftigte Putzfrau zahlte er nach, als im Zuge von Erkundigungen zur Versteuerung seiner Einkünfte ein »Presserummel« aufgekommen war. »Henkel schämte sich nicht, diese Episoden aus seinem Leben zu erzählen, im Gegenteil. Er schien stolz auf sie zu sein. Dadurch verschaffte er sich etwas, was er ›Freiheit‹ nannte: ein Leben, das die eigenen Bedürfnisse befriedigte. Staat, Regeln und Ehrlichkeit, so könnte man zusammenfassen, waren dabei hinderlich – und schlau war deshalb derjenige, der sich all das vom Leib hält.«

Zwei Jahre später ließ Henkel ein Buch folgen, dessen Titel systematische moralische Reflexionen ankündigte. Der Autor wollte »zeigen, dass die Freiheit, die einzelnen Menschen wie ganzen Nationen wirtschaftlichen Erfolg bringt, auch die Grundlagen für eine praktische Ethik legt«, eine »moderne Ethik«, welche »die Spielregeln des Zusammenlebens aus diesem selbst« ableitet, wo »alle bisherige Moral und Ethik« nur »genormte Wesen erschaffen wollte«. Das eigene Land diente dem Ethiker Henkel als Schreckbild einer normierten Gesellschaft: Sarkastisch verbreitete er sich über deutsche Zustände, die er als Bedingungen der Unmöglichkeit des Erfolgs darstellte. Dazu gehörten in Wibke Beckers Zusammenstellung die Übergröße des Beamtenapparats, die Faulheit der Politiker, der Eifer von »Gutmenschen« und »grünen Moralaposteln« sowie als Grundübel ein Meinungsklima, in dem »die Wahrheit verpönt« sei und die »offene Rede« sofort bestraft werde. Aufgabe der Ethik als der Theorie moralischer Gründe ist es, durch Unterscheidungen Entscheidungen vorzubereiten. Henkels Ethik stellte in Beckers Resümee zwei moralische Welten gegeneinander, zwei Kollektive, die er mit einem Personalpronomen der ersten Person und mit einem Demonstrativpronomen bezeichnete: »Es ging Henkel im Grunde um eine Spaltung der Gesellschaft in ›die‹ und ›wir‹.« Die, das waren die Anderen, obwohl der Autor in ihren Kreisen verkehrte und sein Einkommen und Ansehen von ihren Institutionen bezog: Henkel »erschuf das Feindbild einer faulen, dummen, verlogenen und freiwillig ›gleichgeschalteten‹ politischen Elite«.

Die um die Erfolgshonorierung betrogene Solidargemeinschaft der Kleinsparer und Großverdiener blieb bei ihm aber keine bloße Rechengröße: »Dagegen setzte er das Wir, das ›Volk‹.« Und mit dieser begrifflichen Operation legte er die geistige Grundlage für die Gründung der AfD. Im Vorwort der »Ethik des Erfolgs« steckte die Präambel eines nationalistischen Parteiprogramms. Durch Selbstkritik, indem das gemäß Henkels Ethik neu organisierte Wir »die deutsche Ideologie« der »Gleichmachung« in die Ideenmülltonne trat, sollten sich die Deutschen ein Selbstgefühl aneignen, wie es »alle Nationen der Welt« besitzen. »Auch wir Deutschen haben dieses Bedürfnis, was immer uns Medien und Politiker einreden wollen. Das heißt, wir dürfen stolz sein auf unser Land, sobald wir wieder Grund dazu haben.« Wibke Becker sprach 2020 in ihrem Rückblick auf die Geschichte der AfD der Partei den bürgerlichen Charakter nicht ab, auf den sie in ihren Selbstauskünften so großen Wert legt. Das ideelle Gründungskapital hatte laut Becker ein »Salonradikalismus« bereitgestellt, den es im Bürgertum immer gegeben habe. Die AfD hat gezeigt, wie gefährlich die Ideen aus dem Salon werden können, »wenn sie sich in der Masse verstärken«.

Becker hatte für ihren Artikel auch die Reden Bernd Luckes durchgesehen und wies darauf hin, wie rasch sich das »Volk« in den Vordergrund der von Lucke verwendeten Vokabeln geschoben habe, beschrieben als kulturelle Gemeinschaft, deren Fortbestand von Einwanderern mit »mangelnder Bildung« bedroht werde. Eine neue Ethik gehörte allerdings nicht zu Luckes Vorstellung von Volksbildung. In seiner eigenen Lebensführung war er einem kirchlichen Begriff der protestantischen Ethik verpflichtet. Die Gedanken, dass im Erfolg das Heil liege und der Regelbruch zum Regelfall werden müsse, hätte der Volkswirtschaftslehrer wahrscheinlich als Karikatur soziologischer Gemeinplätze über den Geist des Kapitalismus und dessen religionskulturelle Startbedingungen abgetan. So konnten Luckes Ruckreden die Erwartungen seiner Parteifreunde an Hauruckreden nicht vollständig befriedigen. Professor Lucke verschrieb dem deutschen Patienten mehr oder weniger dasselbe wie Professor Herzog: bittere Pillen, deren bitterer Geschmack selbst eine Stärkung der Lebenskräfte bewirken sollte. Klinikdirektorin Merkel hatte zu Beginn ihrer Dienstzeit selbst kurzzeitig mit dieser Therapie experimentiert. Die AfD-Doktoren, die ihren Parteigründer aus der Praxisgemeinschaft warfen, diagnostizieren seelische Nebenfolgen des Behandlungsabbruchs. Sie reden dem Patienten ein Leiden an der Schulmedizin ein. Deutschland soll nicht einfach wegen Unzufriedenheit mit der Regierungsbilanz die Regierung auswechseln – in der Demokratie der normalste Akt, sobald es eine Mehrheit dafür gibt. Es soll sich vielmehr als Opfer empfinden, dem über Jahre Unrecht widerfahren ist. So bringt die Kritik des politischen Systems die Renaissance des Nationalismus hervor: durch den Systemzwang des systemkritischen Arguments.

Nicht bloß hier und da, dann und wann sollen die Regierenden versagt haben, nicht im Einzelnen, sondern im Ganzen. Am Ganzen sollen sie sich versündigt haben. Und dieses Ganze heißt Deutschland. Der Eigenname des Landes fungiert als Container des Zorns, als Tränensammelbecken für alle, die unter dieser oder jener politischen Maßnahme leiden und sich von einem ordnungsgemäßen Regierungswechsel keine Abhilfe mehr versprechen. Armes Deutschland, es geht abwärts mit Deutschland, eine Schande für Deutschland: Die Nation wird zur Leidtragenden stilisiert, weil so dem bisherigen berufspolitischen Personal maximale Pflichtvergessenheit vorgeworfen werden kann. Aber der Platzhalter beansprucht schnell immer mehr Platz im Gefühlshaushalt der vereinten Schmollwinkeladvokaten. Die negative Funktion der Nation, den Rahmen für die Beschwerdeliste der Parteiensystemkritiker abzugeben, wächst sich zu einer positiven Bedeutung aus. Eifrig müssen die Gründer und Sympathisanten der neuen Partei sich und einander versichern, wie sehr sie ihr Land lieben – und wie sehr es ihren Gegnern an dieser Liebe gebricht.

Ein anderer Begriff des Gemeinwohls, eine andere Einschätzung der Mittel, die zum Erreichen mehr oder weniger allgemein geteilter Ziele erforderlich sind – auf solche sachlichen Differenzen sollte lieber nicht abheben, wer fordert, dass alles anders werden muss. Gesteht man der Sachdimension der Politik einmal ihr Recht zu, wird sich schnell zeigen, dass in Gesetzesvorhaben und Zeitpläne gegossene Politikkonzepte immer auf umständlicher Abwägung von Alternativen beruhen – wie umgekehrt eine Alternative zu allem und jedem nicht dadurch der Verstrickung in Sachzwänge entgehen kann, dass sie von Leuten propagiert wird, die sich klar und entschieden für klare Entscheidungen aussprechen. Die Notwendigkeit der emotionalen Aufladung des eigenen Engagements führt zur Projektion heftiger Gefühlszustände auf die Gegenseite. Das erklärt, warum in der Rhetorik der AfD die Folklore der linksradikalen Subkultur der Antideutschen so großen Raum einnimmt. Den vermeintlich auf der Linken grassierenden Deutschenhass bekämpft man mit der Produktion von Hassfiguren.

So wird die ehemalige Bundestagsvizepräsidentin und jetzige Kulturstaatsministerin Claudia Roth nicht nur von den Westentaschen-Höckes der Facebook-Stammtische, sondern auch von Bundestagskollegen mit Schmähungen überhäuft. Auch rechte Politiker des verfassungsfreundlichen Spektrums hatten 2015 die prominente Grüne attackiert, weil sie bei einer Anti-AfD-Demonstration in Hannover mitmarschiert war, auf der Vermummte laut einem Zeitungsbericht Parolen wie »Deutschland verrecke!« gerufen hatten. Die Nachricht verselbständigte sich und reicherte sich gemäß den Gesetzmäßigkeiten der Netzgerüchteküche mit den giftigen Geschmacksverstärkern erfundener Details an. Claudia Roths Feinde im AfD-Milieu haben seitdem ein Bild in den Köpfen, das die Faktenchecker des ihnen gleichfalls verhassten öffentlich-rechtlichen Rundfunks natürlich nicht herausoperieren können: Sie glauben, die grüne Spitzenpolitikerin sei in Hannover hinter einem Transparent hergelaufen, auf dem die Verwünschung Deutschlands in besonders vulgärer Form ausformuliert worden sei. Wiederholung ermüdet. Auch im hartnäckigsten Streit macht Erschöpfung irgendwann Mäßigung möglich. Diesem Rhythmus einer sozusagen naturgegebenen Befriedung nach Verausgabung verstehen sich die Meinungsfrontkämpfer der AfD jedoch zu entziehen. Die Schreihälse sind immer bei Stimme, und Claudia Roth braucht nur den Plenarsaal zu betreten, um einen neuen Angriff der Brüllaffen auszulösen.

Wozu die zur Schau gestellte Verachtung der Umgangsformen, die feixende Antizipation der Sanktionen, die Vermeidung jeder taktischen Rücksicht? Man kennt das Muster von Jugendgangs: Dieses Asozialverhalten schweißt die Gruppe zusammen. Eine neue Partei ist ein bunter Haufen. Mitglieder eines Ortsvereins oder Abgeordnete der Bundestagsfraktion müssen einander erst kennenlernen, und wir sollen sie kennenlernen. Also ziehen sie vom Leder, hauen auf die Pauke, schlagen über die Stränge – um sich dann an unseren entsetzten Reaktionen zu weiden. In dieses Entsetzen spielt die Erkenntnis hinein, dass die parlamentarische Mehrheit sich gegenüber der AfD in einem Dilemma befindet. Soll sie sich auf das niedrige Niveau ihres Gegners begeben? Scharfe Zurechtweisungen, zugespitzte historische Vergleiche können den Eindruck erwecken, man habe sich provozieren lassen. Aber Michelle Obamas vielzitierte Maxime »When they go low, we go high« bezog sich im Wahlkampf auf den Wahlkampf, nicht auf das Gegeneinander im Parlament, wo der Schlagabtausch der reguläre Modus der Auseinandersetzung ist. Hier muss jeder Angriff pariert werden, und auch wer, realistisch gesehen, gar nicht überstimmt werden kann, tut gut daran zu zeigen, dass er sich seine Mehrheit immer wieder erkämpfen möchte. Wer leise Töne anschlägt, um Gelassenheit zu demonstrieren, muss wissen, dass ihm die AfD das als Arroganz der Macht auslegen wird. Die Partei will Carl Schmitts Freund-Feind-Unterscheidung in Gestalt einer Saalschlachtordnung erlebbar machen, und wenn sie mit ihren Schlachtrufen auf ein vornehmes Schweigen stößt, macht sie eben doppelt so viel Krach.

Wir oder ihr? Diese Frage ist der Subtext aller Großen und Kleinen Anfragen, welche die AfD in so hoher Frequenz an die Regierungen von Bund und Ländern richtete, dass sich in der Ministerialbürokratie der Eindruck verbreitete, sie wolle die Exekutive lahmlegen. Auch wenn Alexander Gauland vom Sitz des Oppositionsführers aus die riesengroße Koalition der Nicht-AfD-Fraktionen in der zweiten Person Plural ansprach, wollte er mit dieser Jovialität Nähe nur herstellen, um Abstoßung auskosten zu können. Die Klärung ideologischer Gegensätze in der jungen Partei kann aufgeschoben werden, ja, sie erübrigt sich vielleicht sogar, wenn die Partei durch ihr Verhalten, das nach allen bisher im politischen Umgang geltenden Maßstäben als Fehlverhalten bewertet werden muss, jederzeit unter Beweis stellt, dass sie die Alternative für Deutschland sein will.

Für Parteinamen gilt noch mehr als für alle anderen Wörter, dass der Gebrauch die Bedeutung bestimmt. Sie sind Lockmittel und Abzeichen; es wäre zwecklos, sich ihre Bedeutung aus dem Duden erschließen zu wollen. Die AfD ist die Alternative, und sie ist für Deutschland. Wie die Entwicklung der Partei in sehr kurzer Zeit erwies, bedeuten die beiden Bestandteile ihres Namens dasselbe. Sie erklären und bestimmen einander wechselseitig. Die anderen Parteien sind angeblich gegen Deutschland, mit ihnen ist kein Staat mehr zu machen. Also muss alles anders werden. Die Wähler sollen den Hebel umlegen und die Gesamtheit der Amtsinhaber durch eine Falltür verschwinden lassen.

Die Konkurrenz zu vaterlandslosen Gesellen zu erklären: Das ist unter politischen Kollegen der schlechthin ungesellige Akt. Der von der AfD erhobene Monopolanspruch auf patriotische Gefühle fällt in der Praxis des parlamentarischen Regierungssystems mit einer Taktik des Isolationismus zusammen. Gedankenspiele über etwaige Koalitionen erledigen sich damit eigentlich bereits in der allerfrühesten Phase der bloßen Spielerei. Wer will sich schon vorstellen, gemeinsam mit Leuten zu regieren, die ihren potentiellen Partnern die Treue zum Staat absprechen? Schwarz-Rot, Rot-Gelb, Rot-Grün, Schwarz-Grün, Rot-Rot-Grün: Die Geschichte der Bundesrepublik lehrt, dass sich im Durchspielen von Koalitionsmodellen die Phantasie des Gemeinwesens bewährt, mit einem Lieblingswort der Politikersprache: seine Zukunftsfähigkeit. Man kann mit dem Farbkombinationsspiel eigentlich nicht früh genug anfangen. Wenn erst einmal die Zahlenverhältnisse dazu nötigen, die Chancen eines Zusammengehens auszuloten, gerät die nachgeholte Suche nach philosophischen Schnittmengen in den Ruch des Opportunismus. Im Fall der AfD haben ihre theoretisch denkbaren Partner in offiziellen Erklärungen schon die Vorstellung einer Verbindung als widernatürlich abgewehrt. Und die von Anfang an Verschmähten ließen ihrerseits verlauten, dass sie als Retter des Systems nicht zur Verfügung stünden. Dem Erfurter Unternehmen ging eine Debatte unter den Strategen der AfD voraus, ob die Partei nicht sogar mit dem Versuch, die Konkurrenz in eine Falle zu locken, ihre Unabhängigkeit aufs Spiel setze.

Das Projekt einer Rechtspartei fasziniert allerdings seit Langem insbesondere solche parteinehmenden Beobachter des politischen Systems der Bundesrepublik, die ihren eigenen Standpunkt als bürgerlich bestimmen würden. Man kann die deutsche Parteienlandschaft im Vergleich mit anderen europäischen Ländern, aber auch mit der Anfangszeit der deutschen Demokratie seit 1848 als unvollständig beschreiben. Franz Josef Strauß, ein Heros des konservativen Kollektivgedächtnisses, schien nach der Bundestagswahl 1976 einen Moment lang bereit, alles auf die Karte einer »vierten Partei« zu setzen, die sich von der CDU abspalten sollte, um sich ihr dann als geborener Koalitionspartner anzubieten. Jetzt gibt es eine Partei rechts von der Union, der sich alle Parlamentstüren geöffnet haben. Trotzdem hat die AfD es nicht vermocht, die kombinatorische Vorstellungskraft von Lehnstuhlstrategen zu stimulieren. Undenkbar, dass sich in einer Berliner Eckkneipe eine Erbsensuppen-Verbindung knüpfen könnte, nach dem Vorbild jener Pizza-Connection, die zu Helmut Kohls Zeiten die Führungsreservekader von Grünen und Schwarzen an einen Tisch in Bonn-Kessenich brachte. Dabei ist es in der Jungen Union heute schick, sich konservativ zu geben. Aber auch für das abenteuerlustigste Mitglied der Friedrich-Merz-Ultras verbot sich eine Kontaktanfrage an der politischen Partnerbörse. Eingaben von Funktionären aus hinteren Reihen, die für eine Lockerung der Kontaktsperre plädierten, wurden sogleich als obszöne Texte weggeschlossen. Die AfD ist nicht bündnisfähig. Das steht fest, noch bevor Fragen des moralischen Geschmacks erörtert werden müssten, wie sie die Schwerpunkte und Zungenschläge der Parteipropaganda aufwerfen. Die AfD will eben keine Partei wie die anderen sein, sondern die Alternative. Das Vokabular von »Heimat«, »Nation« und »Vaterland«, das vom Sinn her fürs Einsammeln, Einfangen und Einschließen schwankender Gestalten unter den Volksgenossen gut ist, wird von der AfD zur Abgrenzung verwendet, zur Selbstausgrenzung.

DER WAHRHEIT EINE GASSE

Das Grundsatzprogramm der AfD beschloss der Bundesparteitag in Stuttgart im Mai 2016, zehn Monate nach dem Bruch mit dem Gründungsvorsitzenden. Frauke Petry, die Lucke aus dem Amt und der Partei gedrängt hatte, sollte selbst schon bald unter die Räder geraten, die sie geölt hatte. Auch für die nationale Revolution gilt: Sie frisst ihre Kinder und lässt ihnen nicht viel Zeit, erwachsen zu werden. Aber das Motto über dem Programm, der Grundsatz der Grundsätze, ist älter als das Programm und taugt nicht als Beleg für eine Abwendung der Partei von den Prinzipien der wirtschaftsprofessoralen Gründerzeit. Manche AfD-Aussteiger beschwören nach wie vor eine altliberale Ideenwelt der Rechenhaftigkeit und glauben, als ehrbare Politiker gescheitert zu sein, denen es doch nur darum gegangen sei, die Maßstäbe des ehrbaren Kaufmanns auf die Politik zu übertragen. Unterschlagen wird in diesen Rückblicken die Risikostrategie des Start-ups, für die etwa ein Hans-Olaf Henkel seinen guten oder jedenfalls allgemein bekannten Namen hergab: die Spekulation à la baisse des Schlechtredens der Institutionen, das Investment in Zwietracht, Missgunst und Verschwörungstheorien.

»Mut zu Deutschland«: Luckes Nachfolger können immer noch nicht genauer sagen, wofür die Partei steht. Daher machte die Bundestagsfraktion nach ihrer Konstituierung im Herbst 2017 den Leitspruch zur Überschrift eines Faltblatts, das ihre »politischen Ziele« auflistet. Das Urheberrecht gebührt jedoch dem verstoßenen Gründervater, der nach seinem Austritt aus der AfD eine zweite Partei gründete, die inzwischen den Namen Liberal-Konservative Reformer führt und in der Präambel ihres Programms gelobt, »den Anforderungen einer vielschichtigen, pluralistischen und hochdifferenzierten Gesellschaft Rechnung zu tragen, in der es für komplexe Probleme meist keine einfachen Lösungen gibt«.

Auf dem Parteitag der AfD in Aschaffenburg im Januar 2014, ein Jahr nach der Parteigründung, enthüllte Bernd Lucke das Motto, unter dem die Partei in den Europawahlkampf ziehen wollte. Damals schrieb sie »Mut zu Deutschland« noch »Mut zu D EU tschland«, E und U großgeschrieben und im Sternenkranz der Europaflagge. Aber auf Parteitagen gilt das gesprochene Wort, und natürlich sprach Lucke das Wort »Deutschland« nicht so aus, dass man die EU noch herausgehört hätte. Vor dem Doppelvokal schob er nicht etwa den Laut ein, den die Sprachwissenschaft den stimmlosen glottalen Plosiv nennt und der im Deutschen dazu dient, zwei aufeinanderfolgende Vokale zu trennen wie im Wort »The-ater« – weshalb gelehrte Fürsprecher der Gendersprache zu bedenken geben, man müsse doch nicht so ein Theater machen, wenn sich bei den Nachrichtensprechern die Kunstpause zwischen »Bürger« und »innen« einbürgere. Nein, derlei regulierte Sprunghaftigkeit im Mundraum blieb Lucke fremd, und die Sterne aus der blauen Flagge, die gemäß der amtlichen Erläuterung des Ministerkomitees des Europarates für die Völker Europas im Zahlzeichen der Vollständigkeit und Vollkommenheit stehen, sollte man nicht mit dem Gendersternchen verwechseln können. Jubel erfüllte den Saal in Aschaffenburg, als Lucke das unaussprechliche Losungswortspiel an die Wand projiziert hatte. Die Delegierten erhoben sich, um im Stehen zu applaudieren, wie dies noch heute die Bundestagsabgeordneten der AfD zu tun pflegen, wenn ihre Vorsitzenden Alice Weidel und Tino Chrupalla oder ihr Ehrenvorsitzender Alexander Gauland gesprochen haben.

Konrad Adam, Luckes damaliger Kollege im Amt des Bundessprechers, sagte am Rande des Parteitags zu einem Journalisten, es sei wichtig, neben dem Motto auch das Logo zu kennen, weil es noch deutlicher mache, worum es der AfD gehe: um eine neue und gleichzeitig alte, an die Gründerzeit der europäischen Gemeinschaften anknüpfende Vorstellung von europäischer Integration ohne Preisgabe nationaler Souveränität. Der Altphilologe Adam war unter dem Herausgeber Joachim Fest zwei Jahrzehnte lang der für Bildungspolitik zuständige Redakteur im Feuilleton der *F.A.Z.* gewesen. Er hatte seinen Bildungsauftrag weit ausgelegt und auch über Rechenfehler in der Rentenversicherung geschrieben und über falsche Gleichheitszeichen in der Geschlechterpolitik. Aber immer hatte er als Humanist an die Macht des Wortes geglaubt, das sein eigenes Arbeitsmittel war. Als Politiker sah er sich nun genötigt, seine Hoffnung auf die Eigenmacht des Piktogramms zu setzen. Das konnte nicht gutgehen, allen Thesen zum Trotz, welche die Kulturwissenschaften über die Macht der Bilder insbesondere in Wahlkämpfen angehäuft haben. Denn das Logo konnte nicht ohne Anführung des Mottos verbreitet werden, das Motto aber sehr wohl ohne Verweis auf das Logo.

Auch Hans-Olaf Henkel, der in Aschaffenburg auf den zweiten Platz der Kandidatenliste für das Europäische Parlament gewählt wurde, hielt den Slogan der Kampagne für »erläuterungsbedürftig« und ließ das die Presse wissen. Joachim Starbatty, emeritierter Lehrstuhlinhaber für Volkswirtschaftslehre der Universität Tübingen und Veteran akademischer Anti-Euro-Feldzüge, reichte eine Erläuterung als Leserbrief bei der *Süddeutschen Zeitung* ein. Ein Leitartikler der *SZ* hatte die grafische Gestaltung des Schriftzugs nicht erwähnt beziehungsweise, so Starbattys Rüge, unterschlagen. »Die Botschaft dieses Plakats lautet: Mut zu Deutschland in der Europäischen Union!« Starbatty unterzeichnete den Leserbrief als Vorsitzender des wissenschaftlichen Beirats der AfD. Alexander Gauland, damals stellvertretender Bundessprecher, wusste, dass Wahlwerbesprüche ohne Glossen und Fußnoten rezipiert werden. Er kannte die Politik von innen, aus der CDU und der Hessischen Staatskanzlei des Ministerpräsidenten Walter Wallmann. Auch Gauland diktierte einem Journalisten eine Deutung des Mottos in die Feder. Er nahm den nackten Wortlaut als Zeichen, als Gegenzeichen zu dem Zeichen, das der Parteitag mit seiner Hauptarbeit gesetzt hatte, der Aufstellung der Kandidatenliste. Die deutlichste Sprache sprechen auf Parteitagen oder vielleicht sogar überall in der demokratischen Politik die Personalentscheidungen. Mit Henkel und Starbatty erhielten Repräsentanten eines ideenpolitischen Lobbyismus vordere Listenplätze, die ihre wirtschaftspolitischen Forderungen als Ausweis einer liberalen Denkungsart verkauften. Wegen dieser Sichtbarkeit des »wirtschaftsliberalen Elements der Partei« hieß Gauland es gut, dass mit dem Merkspruch »Mut zu Deutschland« auch jenen Teilen der Basis etwas geboten werde, bei denen »die konservativen Überzeugungen eine größere Rolle spielen«.

Alle diese nachgereichten Kommentare der Spitzenleute neben und hinter Lucke waren jedoch nachrangig, weil der erste Mann der AfD selbst auf dem Parteitag eine unmissverständliche Verständnishilfe gegeben hatte. Den jubelnden Delegierten versprach er: »Mit dieser politischen Botschaft werden wir im Europawahlkampf den heftigsten Anfeindungen ausgesetzt sein.« Viel Feind, viel Ehr, viel Lärm, viel Gehör! Einfache, ohne Umschweife gegebene Feindschaft wie zwischen Katz und Maus oder Maus und Falle war dem Mut-zu-Deutschland-Macher nicht genug. Nein, von den unvermeidlichen Anfeindungen im Verdrängungswettbewerb der Parteien wollte die neue Kraft sogleich die heftigsten auf sich ziehen, und natürlich nicht wegen der Verwendung des Sternenkreisbanners, sondern wegen des Aufnähers fürs heimische Publikum, des trotzigen Bekenntnisses zu einem einzigen Stern, einem einzelnen Volk aus dem vollständigen und vollkommenen Zirkel. Der Name Deutschland als Winkelement: Von Anfang an war die Berufung der AfD aufs Nationale ein Mittel der Provokation, mit Ansage zum Einsatz gebracht, weil die Botschaft, wie Lucke sie im Unterschied zu Starbatty verstand, nichts anderes als diese Ansage war. Lucke war Praktiker geworden, Starbatty blieb Theoretiker.

Dabei ging Lucke methodisch ans Werk, als hätte er das Sprachspiel der Antideutschen im Marketing-Hauptseminar untersuchen lassen. »Mut« bedeutete hier: die Demarkation von Peinlichkeitsschwellen, welche die Partei unbedingt überschreiten wollte. Die Reklame mit Schreckensfotos, die das italienische Textilunternehmen Benetton zu seiner Markenzeichensprache machte, kalkulierte den Protest gegen die Tabubrüche ein. Wer seiner Ware die Aura eines Alternativprodukts verschaffen will, kennt keine schlechte Publizität. Nur der Form halber braucht die AfD für die Erläuterung ihres Programms Ratgeber aus der Wissenschaft. Viel effektiver erledigen das ihre politischen

Gegner. Der Kommunikationsapparat der AfD ist eine Gegenwind-maschine.

Der Slogan der AfD in ihrem ersten Bundestagswahlkampf 2013 lau-tete »Mut zur Wahrheit«. Die Gründer umwehte ein kulturprotestanti-scher Geist des Glaubens an das erlösende Wort. Lucke, der sich in sei-ner Hamburger Kirchengemeinde schon publizistisch betätigt hatte, nahm daran Anstoß, dass er in journalistischen Porträts als Calvi-nist bezeichnet wurde; pittoreske Details wie die vom Vater geerbten Strickpullover illustrierten die volkstümliche Vorstellung von calvinis-tischer Lebensführung als Ansparen fürs Jenseits. In postkonfessionell gestimmter Zeit klingt calvinistisch nach sektiererisch; Lucke gehört aber nicht etwa einer Freikirche an, seine Hamburger Landeskirche ist reformiert, und er wies die Journalisten darauf hin, dass in der Kirche die Selbstbeschreibung als calvinistisch aus der Mode gekommen sei. Luckes parteiinterner Gebrauch des Leitspruchs »Mut zur Wahrheit« lässt dennoch an die calvinistische Kirchenzucht denken. Eine im Na-men der Gemeinschaft ausgeübte obrigkeitliche Kontrolle stellte in Calvins Genfer Republik Transparenz der moralischen Lebensverhält-nisse her: Geheimnisse galten als Gefährdung des Seelenheils. Als Bundessprecher pflegte Lucke in den eigenen Augen einen Kommuni-kationsstil der rücksichtslosen Offenheit – was ihm, weil eine Partei als weltliche Organisation auf ein Minimum an Diskretion angewiesen ist, den Vorwurf übergriffigen Verhaltens eintrug. Die Kritik, die er 2014 auf einem Landesparteitag an einem Mitglied des Landesver-bands übte, rechtfertigte er ausdrücklich und »mit Verlaub« als ange-wandten Mut zur Wahrheit: Sie habe einen Politiker aus dem Bundes-vorstand betroffen, der ständig den Vorstand kritisiere, wenn er abwesend sei, aber nie das Gespräch mit dem Vorstand suche. »Da wollte ich einmal richtigstellen, was von diesem Mitglied an Halb-informationen und selektiver Darstellung verbreitet wird. Wo sollte man das tun, wenn nicht auf einem Landesparteitag?« Luckes Anhän-ger in diesem Landesverband organisierten sich konsequenterweise als Gruppe mit dem Namen »Mut zur Wahrheit – für Lucke«.

Die Wahrheit zu sagen kostet Mut, denn sie wird unterdrückt –

heißt es. Schon in ihrer Anfangszeit als vermeintliche Ein-Punkt-Partei ging die AfD aufs Ganze, durch die Art und Weise, wie sie ihr Anliegen unter die Leute brachte. Sie wandte sich an die Öffentlichkeit, indem sie der Öffentlichkeit das Misstrauen aussprach. Wie hält es die AfD mit der Demokratie? Für die Antwort auf diese Gretchenfrage muss man nicht zu viel über die politisch-philosophischen Überzeugungen des Führungspersonals und der Anhängerschaft der Partei wissen. Ein beträchtlicher Teil von dem, was über die AfD, ihre Ideologie und deren anrüchige Quellen in der deutschen Publizistik vor und nach 1933 geschrieben worden ist, geht nicht an der Sache, aber am Problem vorbei. Erstens nämlich besteht Politik nicht nur aus der Umsetzung von Überzeugungen, der Übersetzung von Theorie in Praxis – schon deshalb nicht, weil Überzeugungen sich unter dem Einfluss von Interessen formen und verformen. Wer politisch handelt, muss Überzeugungen, gerne auch Prinzipien genannt, vertreten. Sie sind aber immer auch ein Produkt dieser Rolle und ergeben sich nicht einfach nur aus einem mitgebrachten Skript. Zweitens würden AfD-Funktionäre, wären sie überzeugte Antidemokraten, diesen Umstand uns, ihren Mitbürgern und potentiellen Wählern, höchstwahrscheinlich nicht verraten. Verlässliche hypnotische Verfahren zur Ermittlung geheimer Gedanken stehen freilich nicht zur Verfügung, und die Probanden könnten ohnehin nicht verpflichtet werden, sich der Untersuchung zu unterziehen. Drittens muss man den Parteimitgliedern nicht absprechen, dass sie es ehrlich meinen, wenn sie dem Volkswillen zu der ihm gebührenden durchschlagenden Wirkung verhelfen wollen.

Viertens schließlich ist die Belehrung, diese Auffassung vom Volkswillen sei unterkomplex, nicht nur kontraproduktiv, sondern auch schlecht durchdacht. Wer wie der Historiker Andreas Wirsching den Rechtsstaat in die Demokratie hineindefiniert und wie Wirschings Fachgenossin Hedwig Richter darlegt, zum wohlverstandenen Begriff der Demokratie gehörten auch Schranken der Allmacht des Volkes, der verwischt, dass Demokratie ein Verfahren der kollektiven Selbstbestimmung ist, der Organisation verbindlicher Entscheidungen. Der Staatsrechtler Christoph Möllers von der Berliner Humboldt-Universität hat dem Liberalismus in seinem Buch *Freiheitsgrade: Elemente einer liberalen politischen Mechanik* aus dem Jahr 2020 den Rat erteilt, sich nicht als Gegenteil des Populismus zu definieren, weil populistische Mobilisierung zum Operationsmodus der Demokratie gehört, die ihre Entscheidungen nicht allein mit Gewohnheiten oder Rechtsnormen begründen kann. »Es muss in jeder Demokratie eine Berufung auf den Willen eines Volkes geben, wie immer man diesen begrifflich und institutionell bestimmen will.« Was bedeutet es aber für einen in diesem Sinne demokratischen Staat, wenn eine Partei redet und agiert wie die AfD? Will die Partei ernsthaft eine Mehrheit des Volkes auf ihre Seite bringen, wenn sie dem Volk von Anfang an eröffnet, dass es in Schicksalsfragen in seiner Mehrheit getäuscht worden ist und sich in der Unwahrheit eingerichtet hat? Die maßlose Polemik gegen die Agenten der Verblendung in der Regierung und den Medien lenkt ab von der für den Populismus peinlichen Frage: Für wie helle hält er eigentlich das Volk?

Populisten dämonisieren den öffentlich-rechtlichen Rundfunk, die Kirchen und andere Nichtregierungsorganisationen und sogar akademische Disziplinen wie die Genderforschung. Den Begriff der Dämonisierung darf man hier in einem technischen Sinne verwenden, angelehnt an die Erkenntnisse der historischen Forschung zur Frühen Neuzeit über die sozialen Funktionen der Dämonologie. Gewöhnlich wird betont, dass die Hexenverfolgung den gesellschaftlichen Bedarf an Sündenböcken deckte, also Schuldige lieferte. Dabei produzierte sie noch viel mehr Unschuldige, schuf Entlastung vom ständigen Erwartungsdruck eines gottgefälligen Lebens. Wo böse Geister am Werk sind, da hat man es mit hilflosen Opfern zu tun. Heute eben, laut den Kolumnisten und Youtubern, die in der Nachfolge des Inquisitors Heinrich Institoris, des Autors des *Hexenhammers*, geistige Waffen gegen Genderwahn und Identitätszauber schmieden, mit den Opfern der GEZ-Propaganda.

Es ist verhext: Die Verführungstheorien, wie sie die AfD in Bezug auf das Volk vertritt, berauben ebendieses Volk der Handlungsmacht, die der Populismus ihm wiedergeben will. Wie kommt es, dass sich plötzlich alle Welt für Frauenquoten und offene Grenzen begeistert?

Das Unheimliche der Mehrheitsmeinungsbildung, des vorübergehenden, jedoch scheinbar zwingenden moralischen Konsenses, lässt sich rational nicht ohne Eigenanteil des Publikums erklären. Die AfD geht immerhin auch nicht so weit zu behaupten, dass sie die Demokratie in Deutschland erst noch einführen müsse. Mut zur Wahrheit! Wenn so das Gebot der Stunde lautet, haben es die Wahrheitsfreunde mit zwei Typen von Menschen zu tun: Lügnern und Feiglingen. Die Regierung traut sich nicht, dem Volk reinen Wein einzuschenken: Wie immer es mit der Plausibilität solcher Sätze bestellt sein mag – die Feiglinge können nicht alle in den oberen Etagen sitzen, wenn man unten nicht nur Dummköpfe antreffen soll.

Antonio Gramsci, der von Mussolini ins Gefängnis gesperrte, mit 46 Jahren verstorbene kommunistische Philosoph, wird heute von niemandem so eifrig gelesen wie von Mussolinis geistigen Erben. Diesen Eindruck vermittelt, was man in der kritischen Fachliteratur zur Neuen Rechten über die Rezeption von Gramscis Konzept der Hegemonie liest. Die Netzwerke einer Gegenöffentlichkeit, in denen sich die Partisanen der nationalistischen Reaktion verständigen, dienen jedoch nicht nur der Einübung von Argumenten, deren Geläufigkeit im Laufe der Zeit irgendwann das große, zerstreute Publikum wehrlos machen soll. Diese Infrastruktur von Presseorganen, Verlagen und Internetmedien ist mindestens ebenso sehr für einen defensiven Zweck geeignet: Innerhalb ihrer Mauern kann die Wahrheit tradiert werden, falls sich das Volk gegen die Aufklärung über seine Mission sperren sollte. Die AfD Bernd Luckes brachte den Deutschen somit nicht nur eine alternative Währungspolitik nahe, sondern stellte ein alternatives Universum parat, eine Gedankenwelt, in der als evident wahr ausgewiesen wurde, was in der nationalen Öffentlichkeit als mehr oder weniger kuriose Mindermeinung galt. In der Covid-19-Pandemie nahm die Intensität der abweichenden, durch Beglaubigung unter Gläubigen stabilisierten Meinungen noch einmal rapide zu. Es zeichneten sich Tendenzen des Separatismus ab, des sozialen Rückzugs in eine eigene epistemologische Welt, wie man sie in neuerer Zeit auch von Anhängern spezieller Offenbarungen kennt, etwa den Mormonen.

Ein sektiererischer Zug des für Radikalkritik am politischen System empfänglichen Bildungsmilieus ist die Buchgläubigkeit. Die Wahrheit, welche die Herrschenden angeblich mit aller Macht unterdrücken, kann in jeder Buchhandlung über Nacht bestellt werden und liegt in manchen Geschäften stapelweise neben der Kasse. Im Sommer 2013 dachte sich Bernd Lucke eine parteiinterne Umfrage aus. Um den Mitgliedern etwas für ihre junge gemeinsame Sache zu tun zu geben, wollte er sowohl an ihren Bildungsbürgerstolz appellieren als auch an ihren Wettbewerbssinn. Im Geiste des Parteimottos »Mut zur Wahrheit« sollten sie darüber abstimmen, welches Buch von der »herrschenden Politik« zu Unrecht ignoriert worden sei. Lucke selbst durfte als eifriger Leser gelten, obwohl er einer Zeitung auf die Frage nach seinem Lieblingsgedicht mitteilte, er ziehe Prosa vor: ein Sachbücherwurm also. Auf seine Talkshowauftritte bereitete er sich mittels Literaturstudium vor, weil seine Familie keinen Fernseher besaß. Die Idee, das mit dem größten Unrecht ungelesen gebliebene Buch wählen zu lassen, wirkte allerdings wie von einem populären Format der Fernsehunterhaltung abgekupfert: Lange hatte nur das Fernsehen ein Massenpublikum erreichen können, dessen per Postkarte oder übers Telefon abgegebene Voten durch das Gewicht der Zahl eine quasidemokratische Aura erhielten.

Von 2003 bis 2008 sendete das ZDF die von Johannes B. Kerner moderierte Reihe *Unsere Besten.* Schon für die zweite, am 1. Oktober 2004 ausgestrahlte Folge wurden die »Lieblingsbücher der Deutschen« ermittelt. Das erste von einem deutschen Autor verfasste Buch schaffte es auf Platz 4, *Das Parfum* von Patrick Süskind; es siegte *Der Herr der Ringe* von J. R. R. Tolkien. Die Neuauflage der ZDF-Show mit dem Titel *Deutschlands Beste!* im Jahr 2014 qualifizierte sich leider nicht für einen Platz unter den erstmals 2008 abgefragten »größten Fernsehmomenten«, weil die Medienjournalisten Stefan Niggemeier und Boris Rosenkranz aufdeckten, dass mehrere Platzierungen in den beiden Listen von »Deutschlands besten Männern« (Sendung vom 2. Juli 2014) und »Deutschlands besten Frauen« (Sendung vom 3. Juli 2014) von der Redaktion manipuliert worden waren. Eine Online-Umfrage des ZDF und die Abstimmungsaktion einer Fernsehzeitschrift waren bei der Aggregation der Zahlen unter den Tisch gefallen, außerdem vergab die Redaktion Sonderportionen von Punkten an Prominente, die sie als Studiogäste gewonnen hatte. Wer reinkommt, ist drin: Eine solche Prämie für Präsenz, Beliebtheitszinsen auf Bekanntheitskapital, zahlt auch der Parlamentarismus aus. Auf der nachgebesserten Bestenliste stand Frank-Walter Steinmeier, damals Außenminister, auf Platz 6 statt Platz 10, während sich Finanzminister Wolfgang Schäuble im Gegenzug von Platz 6 auf Platz 11 verschlechterte. Einen im Rückblick geradezu unglaublichen vierten Rang bekleidete Hannelore Kraft, vor Helene Fischer und Ursula von der Leyen; noch unglaublicher wirkt heute nur, dass die drei Jahre später abgewählte nordrhein-westfälische Ministerpräsidentin ohne redaktionelle Nachhilfe auch schon den fünften Platz erreicht hatte.

Im November 2016 richtete die AfD-Fraktion im Sächsischen Landtag eine Große Anfrage zum öffentlich-rechtlichen Rundfunk an die Staatsregierung. Das Auskunftsbegehren gliederte sich in 630 Einzelfragen. Frage Nr. 585 lautete: »Im Sommer 2014 wurden in der ZDF-Show ›Deutschlands Beste!‹ Rankinglisten manipuliert. Hat es in der Folge Konsequenzen für die Verantwortlichen gegeben?« Diese Frage hätte auch Zeitungslektüre beantworten können: Der Leiter der ZDF-Hauptredaktion Show räumte seinen Sessel. Angela Merkel führte die Tabelle von Deutschlands besten Frauen an, vor Steffi Graf, in einsamer Höhe auf einer Stufe mit dem Weltstaatsmann Helmut Schmidt. Dass bei der Zuteilung des Spitzenplatzes an die seit 2005 amtierende, in zwei Bundestagswahlen bestätigte Kanzlerin die Stimmen nicht richtig ausgezählt worden sein könnten, mutmaßte niemand – noch nicht einmal die AfD. Einer ihrer Politiker, Hans-Olaf Henkel, Abgeordneter im Europäischen Parlament, stand auf der Liste von hundert Namensvorschlägen, aus denen die Teilnehmer an der Umfrage die besten deutschen Männer auswählen sollten. Henkel wurde ausdrücklich als Politiker identifiziert. Er schaffte es nicht unter die Top 50, im Gegensatz zu Horst Seehofer, bei dem es exakt für Platz 50 reichte.

Es scheint bis auf Weiteres schwer vorstellbar, dass es eine solche plebiszitäre Kür eines Supervolkshelden noch einmal geben wird. Könnte eine öffentlich-rechtliche Rundfunkanstalt die Repräsentanten der heutigen AfD in ein Beliebtheitsrennen gegen andere Parteiführer sowie gegen Fußballer, Schriftsteller, Filmstars und Benedikt XVI. schicken? Ein Grund dafür, dass man beim ZDF die Online-Stimmen kurzerhand sämtlich als ungültig behandelte, waren Indizien dafür, dass Fans von Größen des Showgeschäfts ihre Stimmabgabe koordiniert hatten. Vom Team Weidel oder der Jagdgesellschaft Gauland dürfte man solchen Einsatz erst recht erwarten; die Maus-zu-Maus-Propaganda der sozialen Medien ist schließlich die bevorzugte Kommunikationsform der AfD. Illegitim wäre es nicht, in einem Wettbewerb um die lauteste Akklamation die Disziplin der eigenen Truppen auszunutzen. In einer demokratischen Abstimmung zählen alle Stimmen gleich.

Was die Durchführung der Abstimmung der AfD-Mitglieder über das von der herrschenden Politik zum Schaden der Beherrschten ignorierte Buch im Sommer 2013 betrifft, sind keine Unregelmäßigkeiten bekannt geworden. Allerdings berührt es seltsam, dass eine Partei, die im Namen des Wettbewerbsgedankens die politische Bühne betreten hat und ihre Gegner als Kartell beschimpft, ein Gewinnspiel veranstaltete, dessen Gewinner sie schon vorher kannte. Dass Thilo Sarrazin, der Autor von *Deutschland schafft sich ab*, als Sieger aus der Urabstimmung hervorging, war der Zweck der Übung.

Der erwünschte Ausgang konnte wohl tatsächlich ohne Manipulation erreicht werden. Berengar Elsner von Gronow, ehemaliger Vorsitzender des Bundeskonvents der AfD, des höchsten Gremiums zwischen den Parteitagen, ein belesener Mann, der Geschichte in Halle studiert hatte, antwortete noch 2021 auf die Frage, welches Buch ihn nachhaltig beeinflusst habe: »›Deutschland schafft sich ab‹ hat mir schlaflose Nächte bereitet und mich in der Notwendigkeit meines politischen Handelns sehr bestärkt.« Und selbst in der Leihbibliothek des Bundestags war in der 2013 zu Ende gegangenen Legislaturperiode, als dort noch kein AfD-Mitglied Nutzerrechte genoss, Sarrazins Buch der meistgefragte Titel gewesen. Lucke wollte die Abgeordneten trotzdem zum Nachlesen verdonnern. Seinen Vorstandskollegen schilderte er seinen Plan in einer vom *Spiegel* veröffentlichten E-Mail: »Die Abstimmung verbinden wir mit der Maßgabe, dass wir uns im Bundestag der Missstände annehmen wollen, die im Buch aufgezeigt und von den Altparteien ignoriert werden.« Wie Sarrazin darauf beharrte, dass alle Thesen seines Buches auf streng durchgerechneter wissenschaftlicher Grundlage beruhten, weshalb alle politische Kritik in den Augen des Autors das Buch verfehlte, so glaubte Lucke daran, dass die Wahl seiner Partei in den Bundestag die Einspeisung von wissenschaftlichem Sachverstand in die Debatten bewirken werde. Das Parlament als Buchclub mit Pflichtabnahme des populärsten Titels: Wer nicht lesen will, dem wird vorgelesen. Volksherrschaft und Expertenherrschaft bildeten in dieser Idealvorstellung von informierter Entscheidungsfindung ein merkwürdiges Amalgam. Der Populismus, der hier hervortrat, ist nur vordergründig elitenkritisch. Lucke wie Sarrazin verstanden sich als Sprecher einer Gegenelite. Leseleistung sollte sich wieder lohnen, der Mut zur wahren Elite honoriert werden. Von seinem Sarrazin-Projekt versprach sich Lucke darüber hinaus eine volkserzieherische Wirkung nach innen, in der noch nicht gewählten Bundestagsfraktion. Die »Abstimmung unter unseren Mitgliedern« sei zugleich »eine Art das schmale Parteiprogramm erweiternder Arbeitsauftrag für die künftige Fraktion«.

Das Programm der AfD für die Bundestagswahl 2013 passte ausgedruckt auf vier DIN-A4-Seiten. Diese Qualifikationsschrift für die politische Willensbildungsarbeit war nach Luckes professoralen Maßstäben eindeutig zu kurz. Mut zum Lückenfüllen war geboten. Im internen Schriftverkehr über die Umfrageangelegenheit dominierte bei Lucke allerdings ein instrumentelles Verhältnis zur Wahrheit. Auch gegenüber dem Autor des Kultbuchs: Lucke wollte Sarrazin »vereinnahmen«. Wie ein halbes Jahr später bei der Bekanntgabe des Mottos für den Europawahlkampf setzte Lucke alles auf negative Reaktionen der Öffentlichkeit: Die Vereinnahmung Sarrazins »kann uns viel Aufmerksamkeit, Kritik der linken Presse und viel Zuspruch in der Bevölkerung einbringen«. Kritik als Wert an sich, aber nicht als Anlass zur Selbstkritik. Thilo Sarrazin hatte als junger Beamter zu einem Zirkel von SPD-Intellektuellen gehört, die ihrer Partei eine Reinigung ihrer Programmatik nach den Maßgaben des Kritischen Rationalismus von

Karl Popper empfahlen, die Entfernung von Rückständen des Willens zur Weltverbesserung. Lucke ersetzte vier Jahrzehnte später die Bereitschaft zur ständigen Gegenprobe, die nach Popper das Wesen der wissenschaftlichen Methode ausmacht, durch das Kalkül einer Reiz-Reaktions-Mechanik mit Unbelehrbarkeit als Werkseinstellung des menschlichen Denkapparats.

Den größten Multiplikationseffekt für das inszenierte Ranking der unbequemen Bücher versprach die Bild-Zeitung. Dass *Bild* sich aus eigenen taktischen Gründen gegen den Schützenkönig des Buchmarkts stellen könnte, bereitete Lucke keine Sorgen. Fest mit der durchschlagenden Kraft des Vorurteils rechnend, beschrieb er eine Win-win-Situation. »Selbst wenn ›Bild‹ dann negativ über uns schreibt, wird sich das auf unser Wahlergebnis positiv auswirken, weil genug ›Bild‹-Leser mit Sarrazin Positives assoziieren.«

Sarrazin war die Verletzung von Regeln kommunikativer Zurückhaltung vorgeworfen worden. Sie hätten ihm schon deshalb seine herabsetzenden Pauschalurteile über Bevölkerungsgruppen verbieten müssen, weil beim Thema der Selbstabschaffung Deutschlands der Autor als Privatperson vom Mitglied des Vorstands der Deutschen Bundesbank nicht einfach zu trennen war. Dass wiederholtes anstößiges öffentliches Reden und Schreiben nicht folgenlos blieben, sondern auch die bürgerliche Stellung des Redners und Schreibers in Mitleidenschaft zogen, bewies für Sarrazins Anhängerschaft die Existenz eines Tabus, das auch seine Fans im AfD-Vorstand nach außen laut beklagten. In der internen Lagebeurteilung kam ihnen das vermeintliche ungeschriebene Redeverbot durchaus gelegen, denn so konnten sie den Plan fassen, es zu übertreten. Der Mut zur Wahrheit befreite die Alternativpolitiker also keineswegs davon, Abwägungen über Redesituationen, Anlässe und Resonanzerwartungen anzustellen. Im Gegenteil: Im Rahmen des pyrotechnischen Verständnisses von öffentlicher Kommunikation, das die AfD pflegt, mussten diese Faktoren genauestens abgeschätzt werden.

Die Grenzübertretung in Serie ist ausweislich der E-Mails aus der Parteiführung zum Plan für einen alternativen deutschen Buchpreis das Modell des kommunikativen Handelns der AfD. Am 31. Juli 2013 schrieb Lucke an Gauland und Adam: »Wir müssen noch einmal einen Tabubruch begehen, um Aufmerksamkeit zu kriegen.« Als Lucke im Januar 2015 gegenüber dem *Spiegel* Stellung zum Konvolut der nach außen gelangten E-Mails bezog, bekannte er sich öffentlich zur Strategie der Ausweitung der Sprachkampfzone: »Die Ehrung Sarrazins wäre ein Tabubruch gewesen, weil er ja von manchen politisch Oberkorrekten zur Persona non grata erklärt worden ist.« Nach der Auszählung der Stimmen für die Wahl des Danaergeschenkbuchs für den Bundestag gab es keine öffentliche Veranstaltung mit Urkundenübergabe, Laudatio und Dankesrede. Sarrazin wurde nicht als der prophetische Stichwortgeber gerühmt, der eines der Kapitel von *Deutschland schafft sich ab* mit »Viele gute Absichten, wenig Mut zur Wahrheit« überschrieben hatte. Im Vorstand gab es Mitglieder, die sich gegen diese Art der Erregung von Aufmerksamkeit aussprachen. Ihr Mut zur Wahrheit war rationiert.

Das »Programm für Deutschland« der Alternative für Deutschland hat in der zweispaltig gesetzten Fassung, die im Internet zum Download bereitsteht, einen Umfang von 96 Seiten. Es wurde erst nach Bernd Luckes Austritt aus der AfD beschlossen. Aber seine Verfasser erfüllten 2016 offenkundig den Arbeitsauftrag, der Lucke schon drei Jahre zuvor vorgeschwebt hatte, nämlich den Torso des ursprünglichen Zielkatalogs der Partei durch das Anfügen von Sarrazins Maßregeln für die Abwendung der Selbstabschaffung Deutschlands zu komplettieren. Das Kapitel »Einwanderung, Integration und Asyl« steht zwar erst an neunter Stelle, aber schon im siebten Kapitel »Kultur, Sprache und Identität« behandelt der einzige weiter gegliederte Unterpunkt den »Islam im Spannungsverhältnis zu unserer Werteordnung«. Als »leistungsfeindlich« werden im Rahmen des schul- und bildungspolitischen Kapitels »Sonderrechte für muslimische Schüler« ebenso bewertet wie Inklusion »um jeden Preis« und Geschlechterquoten (Kapitel 8). In den Grundsätzen der Familienpolitik (Kapitel 6) stellt die AfD her, was an Sarrazins Buch, vom Ton abgesehen, am meisten empörte: das Junktim von Zuwanderungspolitik und Familienförderung mit dem impliziten eugenischen Ziel einer Qualitätssteigerung der Bevölkerungssubstanz. Eine »höhere Geburtenrate der einheimischen Bevölkerung« wird als »einzig tragfähige Lösung« der demographischen Krise hingestellt.

Wie Sarrazin hebt die Partei die Kinderlosigkeit von Akademikerinnen als besonders dramatisches Krisenzeichen hervor. Die Suggestion statistischer Präzision durch einzelne herausgegriffene Zahlen dient der apokalyptischen Stimmungsmache. »Dass die Geburtenrate unter Migranten mit mehr als 1,8 Kindern deutlich höher liegt als unter deutschstämmigen Frauen, verstärkt den ethnisch-kulturellen Wandel der Bevölkerungsstruktur.« Die Deutlichkeit ist hier allerdings nur Behauptung, da die Vergleichszahl für die »deutschstämmigen Frauen« fehlt.

Von allen inhaltlichen Übernahmen abgesehen ist die Methodik sarrazinesk, vertraut sie doch auf die emanzipatorische Kraft eines Wissens, das angeblich beim Staat schon vorhanden ist, aber unter Verschluss gehalten wird. Auf den Unterpunkt »Kosten der Einwanderung – Transparenz herstellen« in Kapitel 9 folgt »Einwandererkriminalität – nichts verschleiern, nichts verschweigen«. Der Mut zur Wahrheit soll zur bürokratischen Standarddienstleistung werden. »Die Kosten sollen auf allen Ebenen der Verwaltung völlig transparent und vollständig dargestellt werden.« Revolution durch Akteneinsicht: In diesem Geiste wollten die neuen Mächte der Weltordnung von 1918 die Geheimdiplomatie abschaffen und forderte die ostdeutsche Bürgerbewegung 1989 die Überführung der Stasi-Archive in Volkseigentum. Im revolutionären Staat der AfD soll dem Rechnungshofwesen eine quasi-konstitutionelle Funktion zukommen. Gedankenspiele der Partei zu den Mitteln eines effizienten Grenzschutzes haben in der Öffentlichkeit scharfe Kritik hervorgerufen. Aber wie realistisch sind die Erwartungen der AfD an die ungenutzten Potentiale einer ordentlichen Buchführung? »Die wirtschaftliche Verwendung von Steuermitteln muss auch im Einwanderungssektor konsequent durchgesetzt werden.« Im unscheinbaren Wörtchen »auch« verrät sich ein gewaltiges Restvertrauen in die Möglichkeit der Herstellung von Gerechtigkeit durch administrative Rationalität, wie es Sarrazins Laufbahn als Beamter und Politiker prägte.

Thomas Mann verkündete in den *Betrachtungen eines Unpolitischen*, dem Bekenntnisbuch, das er 1918 drucken ließ, nach der deutschen Niederlage im Ersten Weltkrieg: »Ich will nicht Politik. Ich will Sachlichkeit, Ordnung und Anstand.« Die drei von Mann genannten positiven Ziele vertritt auch die AfD, und sie bedient sich dafür hundert Jahre später immer noch derselben Begriffe. »Neue Sachlichkeit für Nordhausen« verspricht der Regionalverband der AfD für den nordthüringischen Landkreis um die alte Reichsstadt. In der Wirtschaftspolitik setzt sich die AfD laut ihrem 2016 beschlossenen Grundsatzprogramm für eine »Ordnungsethik« ein. Und für Björn Höcke war ein Streit über die Gehaltsansprüche eines früheren Landesministers 2014 der Beweis dafür, »dass viele Berufspolitiker in diesem Land jedes Maß und jeden Anstand verloren haben«. Thomas Manns Verwünschung der Politik galt der Berufspolitik. Sein Einwand gegen das westeuropäisch-amerikanische Modell der Demokratie lautete, dass der moralische Enthusiasmus des Appells zur Mitwirkung an den Staatsgeschäften die Bürger überfordere. Ihre große Mehrzahl hüte sich, »dem allgemeinen politischen Aufgebot Folge zu leisten«, und überlasse dies denen, »die sich einen fragwürdigen und zweideutigen Beruf daraus machen« – fragwürdig und zweideutig, weil der so beschriebene Beruf kein Berufsethos ausbilden kann, sein Status als Beruf also zweifelhaft ist. Die Volksvertreter nehmen der Masse des Volkes Aufgaben ab, deren Erledigung für jeden Staatsbürger Ehrensache sein müsste. In der Polemik der AfD gegen die politische Klasse lebt dieser misstrauische Gedanke wieder auf, dass es eigentlich keine Spezialisierung auf Verwaltung des Gemeinwohls geben dürfte. Andererseits kann sich kein AfD-Funktionär hinstellen und sagen: »Ich will nicht Politik.« Die Demokratie hält man nicht wie der Thomas Mann des Jahres 1918 für die »Verfallsform des Staates«, sondern für dessen Vollendung. Der Schriftsteller ohne Abitur konnte noch nach dem Zusammenbruch der Monarchie die aparte Idee vertreten, das öffentliche Interesse sei bei den königlichen Beamten in den besten Händen. In der AfD führen zwar Beamte, Offiziere und Richter oft ein besonders scharfes Wort. Aber sie treten als Sachwalter des angeblich entmündigten demokratischen Souveräns auf, beschreiben das Parteienregiment als Staat im Staate. In der Programmatik wie in den Kommunikationsmitteln der AfD ist das Lebenselement das allgemeine politische Aufgebot, der Traum von der Selbstmobilisierung der Nation.

Das Grundsatzprogramm der AfD enthält ein Unterkapitel »Wider das Berufspolitikertum«. Die Verselbständigung der Politik soll rückgängig gemacht werden; als ihr »Ideal« bezeichnet die Partei den »Bürgerabgeordneten«. Der kurze Abschnitt schlägt zum Zweck der Entprofessionalisierung des politischen Betriebs allerdings nur eine einzige Maßnahme vor: die Begrenzung der Amtszeit von Mandatsträgern. Von Regierungsämtern ist dabei nicht die Rede, reguliert werden soll lediglich die Mitgliedschaft im Parlament. Die Grünen verordneten sich in ihrer Frühzeit ein Rotationsprinzip, das die Mandatsrückgabe sämtlicher Fraktionsmitglieder nach zwei Jahren vorschrieb, also einen kompletten Austausch der Fraktion zur Mitte der Legislaturperiode. 1986 wurde den Abgeordneten immerhin eine volle Legislaturperiode zugestanden, schon 1991 wurde die Rotation abgeschafft. Aus dieser Erfahrung hat die neue Partei des Protests aus der entgegengesetzten Richtung offenkundig gelernt. Von vornherein räumt die AfD ihren Parlamentariern vier Legislaturperioden ein, also sechzehn oder sogar (in den meisten Landtagen) zwanzig Jahre. Für Bürgerabgeordnete, die ihre berufliche Laufbahn für eine so lange Zeit unterbrechen oder zurückstellen, wird sich die Frage nach kompensatorischer Absicherung ihrer beruflichen Existenz stellen. Direkt gewählte Abgeordnete sollen gar keiner Einschränkung der Möglichkeit der Wiederwahl unterworfen werden. Insofern die AfD sich als die kommende strukturelle Mehrheitspartei sieht und die direkte Wahl unter Populisten einen Legitimitätsbonus verspricht, erweist sich diese Ausnahmebestimmung genau besehen als Regel für die Selektion der Parteielite. Auf die Abschaffung der Berufspolitik hat es die AfD nicht abgesehen – das ist eine Grenze ihres Radikalismus. Unabsichtlich macht das auch eine schiefe Formulierung des Unterkapitels deutlich. Die Amtszeitbegrenzung soll »das Machtmonopol der Parteien beschneiden«. Ein Monopol schreit danach, beseitigt zu werden, wo der Wettbewerb als Inbegriff der Freiheit gilt. Erst recht gilt das für ein Machtmonopol, wo Gewaltenteilung die Norm ist. Was beschnitten wird, wird nicht beseitigt. Als demokratische Partei arrangiert sich die AfD mit der Normalität der Konkurrenz unter Verbünden von Berufspolitikern. Es regieren Personen, und zwar immer bestimmte Personen und nicht andere. Dass die Sache den Ausschlag geben soll, bleibt daher eine idealistische Selbsttäuschung.

KULTUR UND IDENTITÄT

In der Präambel des Grundsatzprogramms der AfD erscheint an letzter Stelle einer Liste von acht Zielgrößen, für welche die Gründer der Partei »eintreten« – von der »direkten Demokratie« über die »Rechtsstaatlichkeit« bis zur »Familie« –, »die gelebte Tradition der deutschen Kultur«. Soll das bedeuten, dass sich die Gesetzgebung, ob in der Familienpolitik oder bei den Regeln für die »soziale Marktwirtschaft«, an besonderen deutschen Überlieferungen orientieren kann, an Gedanken, die in Deutschland tradiert worden sind, weil sie sich in Deutschland bewährt haben, andernorts jedoch nicht? Zwar wird versichert, »Demokratie und Freiheit« stünden »auf dem Fundament gemeinsamer kultureller Werte und historischer Erinnerungen«, doch zur Erläuterung dienen nur die Jahreszahlen 1848 und 1989.

Dafür, dass das Programm erklärt, die AfD wolle »auf breiter Front deregulieren und Bürokratie abbauen«, erhebt es sehr viele politische Forderungen in den Rang von Grundsätzen. Ein »schlanker Staat für freie Bürger« soll die Republik werden, doch um den Jo-Jo-Effekt abzuwenden, der auf die typische Radikaldiät folgt, hat man die Gewichtszunahme von vornherein eingeplant. »Zivil- und Fachgerichte sind ein Standortfaktor«, weshalb eine »bessere personelle wie sachliche Ausstattung der Gerichte« als »unverzichtbar« bezeichnet wird – andere hätten gesagt: alternativlos. Erfüllung dieses Herzensanliegens aller nach der Tabelle R des Besoldungsrechts alimentierten Staatsdiener und gleichzeitig »Rückkehr zu ausgeglichenen Staatshaushalten« – die AfD macht's möglich! Schließlich sollen die Richter auch mehr zu tun bekommen: »Die AfD will einen neuen Straftatbestand der Haushaltsuntreue einführen.«

Auf den 190 Seiten des Meckermann-Katalogs ist für fast jeden etwas dabei. Nicht nur die Wiedereinführung von Wehrpflicht, Steuergeheimnis und Magister Artium, sondern auch die Schadstoffprüfung von Kinderspielzeug und die Modernisierung der Wasseraufbereitung. Keiner dieser gesammelten Vorschläge für ein Alternativgesetzbuch für Deutschland wird aber mit einem spezifisch deutschen Wehrpflichtgefühl, Geheimniskrämergeist oder Spielzeugnarrentum begründet. Selbst beim Magister heißt es nur trocken, das alte System der Studienabschlüsse sei »bewährt« gewesen. Und dabei ist der Magister doch der gute alte deutsche Meister, ins Lateinische übersetzt für die humanistische Visitenkarte (Besuchspappe). Ehrt eure deutschen Meister, dann bannt ihr gute Geister? Das Lob der heimischen Regierungshandwerkskunst ist kein Leitmotiv der AfD-Programmatik. Ihre tausend angeblich ganz legalen Umsteuertricks hat die Partei nicht bei deutschen Staatsdenkern wie Johannes Althusius, Otto von Gierke und Theodor Maunz gefunden. Und noch nicht einmal bei Carl Schmitt.

Fast ganz oben auf dem Zettel der dringlichsten politischen Themen steht bei vielen AfD-Rednern das Verhältnis von Politik und Religion. Hier gibt es eine deutsche Tradition: eine Sonderwelt rechtlicher Regelungen für diesen besonderen Sachbereich, das Ergebnis geschichtlicher Erfahrungen, die ein halbes Jahrtausend zurückreichen. Und das Traditionselement ist so stark, dass sich sogar eine eigene wissenschaftliche Disziplin herausgebildet hat, die es so nur in Deutschland gibt, das Staatskirchenrecht. Tradition heißt hier also: Man weiß ziemlich genau, was man tut, und kann es im Zweifelsfall gut begründen.

Deutschland ist das Land, in dem die Religionskriege des Reformationszeitalters keinen Sieger hatten: Religiöse Pluralität ist hier eine Grundtatsache, die alle Deutschen vorfinden, so etwas wie die Lage ihres Landes zwischen den Alpen und dem Meer. Schon vor der Französischen Revolution und der Proklamation der Rechtsgleichheit der Individuen wurden hier nicht nur rechtliche Formen des Minderheitenschutzes entwickelt, sondern auch Regeln für den Fall, dass es keine Mehrheitsreligion mehr gibt. Wie gehen Konfessionen miteinander um, von denen jede im Besitz der Wahrheit zu sein glaubt, ohne diesen Monopolanspruch durchsetzen zu können? Sie verabreden, Ämter abwechselnd zu besetzen oder Gebäude gemeinsam zu benutzen. Deutschland als Ganzes war multikonfessionell, aber in den meisten Einzelstaaten gab es bis 1918 ein offizielles Bekenntnis, eine Staatskirche. Die Revolution von 1918 findet in der Präambel des Grundsatzprogramms der AfD keine Erwähnung – als wäre die Liste der besten deutschen Revolutionen nicht ohnehin schon kurz genug.

Die Republiken von Weimar, Bonn und Berlin garantieren den Religionsgesellschaften die sichtbare Mitwirkung aus eigenem Recht auch in den unmittelbar vom Staat beherrschten Sphären des gesellschaftlichen Lebens: im Gefängnis, im Militär, in der Universität und in der Schule. Die Institute der Militärseelsorge oder des Religionsunterrichts sind nicht etwa Relikte der Staatskirchen. Ganz im Gegenteil: Sie sollen sicherstellen, dass der Staat nicht auch über die Seelen gebietet. Bürger, die für sich persönlich auch ein religiöses Gesetz als verbindlich annehmen, dürfen deshalb nicht als Untertanen behandelt und unter Kuratel gestellt werden. Auf Muslime, die hier nach ihren Regeln leben wollen und dennoch gesetzestreue Bürger sein möchten, war Deutschland also vorbereitet. Für die praktischen Probleme gibt es Musterlösungen, ein Spektrum von Möglichkeiten des Kompromisses, des Entgegenkommens im Interesse der Freiheit aller Bürger. »Die Alternative für Deutschland bekennt sich zur traditionellen Familie als Leitbild.« Die Partei müsste also Sympathie dafür haben, wenn religiöse Eltern nicht hinnehmen möchten, dass die Welt, auf die ihre Kinder von der Schule vorbereitet werden, als Gegenwelt zum Elternhaus dargestellt wird. Doch die Entschärfung solcher Konflikte mit dem traditionellen Mittel der Ausnahme wird von der AfD abgelehnt: »Keine Sonderrechte für muslimische Schüler«. Zum koedukativen Schwimmunterricht oder zur Klassenfahrt mit Nachtclubbesuch und Alkoholkonsum darf es keine Alternative geben. Schüler und Eltern haben die Lehrkräfte »als Vertreter unserer staatlichen Ordnung uneingeschränkt zu akzeptieren«. Der Muslim, so will es die AfD, muss erst zum Untertan gemacht werden, bevor er Bürger werden darf.

Nachdem die Partei mit unmissverständlicher Härte klargestellt hat, dass ihr Deutschland keinen Respekt erübrigen kann für den Wert, der in frommen muslimischen Familien dem Schamgefühl beigemessen wird, folgt noch auf derselben Seite des Grundsatzprogramms im nächsten Unterpunkt der Protest gegen die »Frühsexualisierung« in der Schule. Blieb der Widerspruch beim Redigieren des Programms unbemerkt? Womöglich würden ihn die Verfasser gar nicht leugnen, sondern angesichts ihres Bildes vom Islam rechtfertigen. Von den Koranschulen sehen sie (auch dies auf derselben Seite) die »unkontrollierbare Gefahr einer radikalen verfassungsfeindlichen Indoktrination« ausgehen. Die AfD ist es, die ein Sonderrecht für Muslime einführen will.

Das Kopftuchproblem will das Grundsatzprogramm »in Anlehnung an das französische Modell« lösen: Nicht nur Lehrerinnen, auch Schülerinnen soll verboten werden, die Haare zu bedecken. Bei der Gliederung des Staatsaufbaus hingegen bezeichnet das französische Gegenmodell die Alternative, die man sich für Deutschland nicht vorstellen möchte. »Deutschland ist stets, anders als Frankreich, ein föderaler Staat gewesen.« Und soll es deshalb auch bleiben. Die historische Tatsächlichkeit erstickt die staatsrechtliche Phantasie. Dabei ist die Tatsachenfeststellung noch nicht einmal historisch richtig. Deutschland ist keineswegs stets ein föderaler Staat gewesen. Lange war es gar kein Staat, es wurde ein Staat erst viel später als Frankreich, aber es war, bevor es ein Staat wurde, schon föderal organisiert, als Reich oder Bund. Wie der Zentralismus ist der Laizismus in Frankreich eine Hinterlassenschaft der Revolution von 1789. Das spricht in den Augen der AfD nicht dagegen, die Rücksicht, Umsicht und Vorsicht des deutschen Umgangs mit der Religion über Bord zu werfen und für die Schule das französische Modell der Gleichmacherei durch Zwangsemanzipation zu importieren. So wenig Mut zu Deutschland war nie.

Eine Szene in Loriots Kinofilm *Ödipussi* aus dem Jahr 1988 zeigt die Mitgliederversammlung eines in Gründung begriffenen Vereins. Im Hinterzimmer einer Gaststätte haben sich sieben Anzugträger versammelt, sechs Herren und eine Dame beziehungsweise, wie Loriot alias Paul Winkelmann als Versammlungsleiter sagt, »die Herren Politiker und Frau Westphal«. Der Verein will die Begriffe »Frau« und »Umwelt« in den Gedanken des Karnevals einbringen – ohne dabei, wie die

Zusammensetzung des Gründerkreises zeigt, dem Götzen einer billigen Gleichsetzung der Geschlechter zu huldigen. Die Entscheidung über den Vereinsnamen muss schließlich vertagt werden: Dem Vorrang des Karnevalsgedankens, wie er auf der einen Seite des Tisches postuliert wird, begegnet auf der anderen der Einwand, dass der Begriff »Frau« auch Raum für Karneval und Umwelt biete. Einig sind sich die Mitglieder lediglich darüber, dass sie »drei ganz heiße Eisen« angefasst haben. So hatte die AfD, als sie in den Bundestag einzog, das »Oberthema« im Auge, »unangenehme Themen mit zu thematisieren«, wie Alice Weidel im Rückblick auf die erste Legislaturperiode ihrer Partei in Berlin feststellte. »Diese unangenehmen Themen, die nicht angefasst wurden, diese heißen Eisen, damit haben wir ja auch 2017 Wahlkampf gemacht.« Mit der deutschen Kultur im Programm der AfD scheint es sich ähnlich zu verhalten wie mit dem Karneval im Verein für alternativen Frohsinn. Wenn die Gründerväter der Partei für direkte Demokratie, für sechs weitere Prinzipien oder Institute und dann auch noch für »die gelebte Tradition der deutschen Kultur« eintreten – umfasst dann die Kultur alles vorher Aufgezählte? Oder ist das letzte Glied der Kette eine Auffangkategorie für alle anderen mehr oder minder heißen Eisen, die unter Gewaltenteilung, Subsidiarität oder Familie nicht so gut rubriziert werden können?

Im zweiten Fall wäre die AfD vielleicht gar nicht darauf versessen, das Steuer-, Verwaltungs- und Familienrecht nach alter deutscher Art umzugestalten. Ihr Versprechen bestünde lediglich darin, nach allen vom gesunden Menschenverstand gebotenen, nur von kranken Altparteipolitikerhirnen blockierten Veränderungen der Gesetze auch etwas unverändert zu lassen: 'S ist mal bei uns so Sitte! Auch die deutsche Kultur in diesem ungefähren Sinne – mehr Pudding als Kirsche, mehr Wolke als Blitz, mehr Umkleidekabine als Sportgerät – muss allerdings der Bestimmung zugänglich sein, wenn eine Partei für sie eintreten will und damit zugleich zu verstehen gibt, dass es Leute gebe, die nicht für sie einträten. Was macht sie denn aus, die hierzulande gelebte Tradition? Welche Überlieferungen sind hier und gerade hier noch lebendig? Und umgekehrt: Welche Lebensinhalte werden von Generation zu Generation weitergegeben, von Deutschen an Deutsche?

Im kulturpolitischen Kapitel des Grundsatzprogramms entscheidet sich die AfD für einen umfassenden Kulturbegriff: Kultur sei »die zentrale Klammer, in der sich auch ein neues Politikverständnis sehen muss«. Aber was macht die Kultur aus, die das Politische in einen Klammergriff nehmen soll? Die AfD, so erklärt der erste Unterpunkt des Kapitels feierlich, »erachtet es als eines ihrer vorrangigen politischen Ziele«, das »große Kulturerbe« der Deutschen nicht nur zu bewahren, sondern »weiterzuentwickeln und seine unverwechselbaren Eigenheiten zu erhalten«. Es folgt nur ein einziges Beispiel: »Deutschland wird weltweit auch wegen seiner einzigartigen Theater- und Orchesterlandschaft beachtet.« Achtung, Klassik! Aber Orchester und Theater sind Hochkulturprodukte, die nicht da sind, weil sie immer schon da waren, und nicht einfach dadurch weiterbestehen, dass Geigenlehrer ihre Instrumente ihren Lieblingsschülern vermachen. »Die AfD lehnt Subventionen generell ab.« So steht es im wirtschaftspolitischen Kapitel des Programms. Müsste ein schlanker Staat die Musikliebhaber unter den freien Bürgern nicht auffordern, auch privat die Gürtel enger zu schnallen, um für die Künstlergagen zusammenzulegen? Der subventionierte Staatskulturbetrieb wirtschaftet schließlich nach einem Prinzip, das die AfD ablehnt, wie sie im arbeitsmarktpolitischen Kapitel des Grundsatzprogramms erklärt: »Privatisierung von Gewinnen«, hier Erkenntnis- und Lustgewinn, »bei gleichzeitiger Sozialisierung der Kosten«.

Jedenfalls kann man nicht behaupten, dass die weltweit beachteten Rieseneichen unserer Theater- und Orchesterlandschaft aus einem Mutterboden ausübender Kunstliebe des Volkes emporgewachsen sind. Die Laienspielschar hat sich ihre Beliebtheit nur in der parteipolitischen Rhetorik erhalten. Und so ist die AfD auch nicht auf die Idee verfallen, eine staatsflächendeckende Jugendorchesterarbeit zu fordern, damit die Berliner Philharmoniker keine Ausländer mehr engagieren müssen. Der Drill von »El Sistema«, dem Musikschulnetz von Venezuela, das den Dirigenten Gustavo Dudamel hervorgebracht hat, würde wohl zu sehr an soziale Instrumente deutscher Kulturarbeit erinnern, die heute als Unkultur abgestempelt werden.

Wo es um deutsche Kultur geht, angefangen mit der Literatur, überhaupt mit den erzählenden und dramatischen Künsten, da müsste eine Partei, die den Deutschen dabei helfen will, ihre eigenen Angelegenheiten wieder im eigenen Sinne zu regeln, eigentlich aus dem Vollen schöpfen können. Völker unter fremder Herrschaft, von den Polen bis zu den Iren, haben immer Mut aus der Pflege ihrer nationalen Kultur gezogen, in dem Bewusstsein, dass ihnen die eigene Literatur und die eigene Historienmalerei niemand wegnehmen kann. Wenn nun in Deutschland, wie von der AfD behauptet, ein Regime der inneren Fremdherrschaft installiert worden ist, wenn die Regierenden sich als volksfremde Kaste entlarvt haben, dann sollte doch, wer ihnen den Marsch blasen will, die Melodien für diesen Zweck in den heimischen Überlieferungen finden können. So beginnt denn das kulturpolitische Kapitel des Grundsatzprogramms der AfD mit einem Tusch für die deutschen Kulturschaffenden. Die Trompeten klingen allerdings gestopft. Im Duktus eines Zeugnisformulars heißt es, deutsche Schriftsteller, Philosophen und so weiter hätten »wesentliche Beiträge zu ihren jeweiligen Disziplinen im weltweiten Maßstab geleistet«. Eine besondere Erwähnung haben sich die Designer und Filmemacher verdient, die »in jüngerer Zeit« ebenfalls Weltniveau erreicht hätten. Welche Leistungen die Partei von den Künstlern an der Heimatfront erwartet, wird nur indirekt gesagt. »Für die AfD ist der Zusammenhang von Bildung, Kultur und Identität für die Entwicklung der Gesellschaft von zentraler Bedeutung.«

So zentral soll dieser Zusammenhang sein, dass das Grundsatzprogramm sogar eine Kulturtheorie in einem Satz enthält. Sie setzt anthropologisch an und proklamiert einen Kulturdeterminismus: »Unser aller Identität ist vorrangig kulturell determiniert.« Der Mensch »ist nur da ganz Mensch, wo er spielt«, sagt ein deutscher Klassiker. Die Kultur darf Schicksal spielen. Aber just dieses spielerische Element will das Programm der Kultur sogleich wieder austreiben. Kaum ist ihr die Bestimmungsmacht über die Identität zugesprochen worden, also darüber, wer jeder Einzelne ist und wer alle gemeinsam sind, da nimmt die Partei die Kultur schon an die Kandare: »Sie kann nicht dem freien Spiel der Kräfte ausgesetzt werden.« Der Schweizer Historiker Jacob

Burckhardt, auch wegen der kulturpessimistischen Züge seiner Zeit-kritik ein Lieblingsautor des deutschen Bildungsbürgertums, sagte in seinen Vorlesungen über das Studium der Geschichte, die unter dem Titel *Weltgeschichtliche Betrachtungen* gedruckt wurden: »Vollends im Reiche des Gedankens gehen alle Schlagbäume billig in die Höhe.« Mit dem Bild der geöffneten Grenzen wollte Burckhardt veranschaulichen, dass es für die Staaten der modernen Welt in kulturellen Dingen keine Autarkie gebe. Kein Volk könne sagen, »wir genügen uns vollständig, oder auch nur: wir bevorzugen das Einheimische«. Anderthalb Jahr-hunderte später verlangt die AfD gleichwohl, dass Kulturpolitik nur in einem nationalen Rahmen betrieben werden dürfe.

In ihrem Programm für die Europawahl 2019 zog sie Grenzen der europäischen Zusammenarbeit: »Der grundsätzliche Auftrag der Goe-the-Institute, deutsche Sprache und Kultur im Ausland zu vermitteln, darf nicht verwässert werden. Die AfD lehnt die Planungen der deut-schen Bundesregierung zur Finanzierung afrikanischer Museen ge-nauso ab wie eine enge Zusammenarbeit mit dem französischen Pen-dant Institut français.« Von anderen Ländern will man nichts lernen, jedenfalls dort nicht, wo es darum geht, über das Lernen selbst etwas zu lernen, in der Schulpolitik und Bildungsplanung: »Den Einfluss von internationalen Organisationen, Konzernen und Lobbygruppen auf unser Bildungswesen lehnen wir entschieden ab.« Die Mitwirkung an den Pisa-Untersuchungen zur vergleichenden Betrachtung der Schulleistungen, die seit 2000 in dreijährigem Turnus von der Organi-sation für wirtschaftliche Zusammenarbeit und Entwicklung veran-staltet werden, müsste Deutschland demnach einstellen. Bevorzugung des Einheimischen soll auch die Leitlinie der Forschungsförderung sein, wie ein Prestigeprojekt vor Augen führt: »Die Digitalisierung der deutschen Literatur ist eine von Deutschland zu leistende, hoheitliche Aufgabe. Sie geht über den rein technischen Vorgang hinaus, und be-darf ähnlich wie der Umgang mit historischen Artefakten in einem Museum der professionellen Fürsorge, die durch Experten für deut-sche Sprache und Literatur zu leisten ist.«

Als die Autoren des Grundsatzprogramms diese Forderung nieder-schrieben, scherten sie sich offenkundig nicht darum, dass Germanistik an Universitäten der ganzen Welt betrieben wird. Unter hoheitlichen Aufgaben sind gemäß einer amtlichen Definition die Tätigkeiten zu verstehen, die ein öffentliches Gemeinwesen (Staat, Gemeinde oder sonstige Körperschaft) kraft öffentlichen Rechts zu erfüllen hat. Nach Artikel 33 Absatz 4 des Grundgesetzes ist die Ausübung hoheitsrechtlicher Befugnisse in der Regel Angehörigen des öffentlichen Dienstes zu übertragen, die in einem öffentlich-rechtlichen Dienst- und Treueverhältnis stehen. Im Ausland beschäftigte Experten für deutsche Sprache und Literatur dürfen sich gemäß den Vorstellungen der AfD demnach an der digitalen Erfassung des deutschen Texterbes nicht beteiligen. Deutschland muss diese Aufgabe nicht nur finanzieren, sondern auch vorrangig durch Deutsche erledigen lassen. Der zitierte Absatz des Grundgesetzes wird im Lichte des folgenden ausgelegt, wonach das Recht des öffentlichen Dienstes unter Berücksichtigung der hergebrachten Grundsätze des Berufsbeamtentums zu regeln ist: Hoheitliche Aufgaben sind nach herrschender Lehre für Beamte reserviert. Nach Paragraph 7 des Gesetzes zur Regelung des Statusrechts der Beamtinnen und Beamten dürfen ins Beamtenverhältnis nicht nur Deutsche im Sinne von Artikel 116 Absatz 1 des Grundgesetzes berufen werden, sondern auch Staatsangehörige anderer Mitgliedstaaten der EU sowie diesen insoweit gleichgestellter Staaten. Da die AfD aber sogar die Kooperation von Goethe-Institut und Institut français ablehnt, wird sie für die Digitalisierung des deutschen Literaturerbes wohl die Anwendung der Ausnahmebestimmung von Paragraph 7 Absatz 2 des Beamtenstatusgesetzes verlangen, wonach in bestimmten Fällen nur ein Deutscher zum Beamten ernannt werden darf, nämlich »wenn die Aufgaben es erfordern«. Französische Germanisten hätten dann vor Aushändigung der Passwörter erst einmal einen deutschen Pass zu erwerben. Das AfD-Projekt einer digitalen Nationalbibliothek verspricht also einen Verbeamtungsschub für Literaturfreunde.

Die Floskel, dass die Nationalliteratur ein Schatz sei, nimmt die AfD beim Wort, indem sie diese immaterielle Ressource nach den Prinzipien einer auf Selbstversorgung ausgerichteten Finanzpolitik behandelt. Eine Forderung des Grundsatzprogramms lautet: »Gold heimholen«. Damit »alle Optionen« in der Währungsfrage offengehalten werden können, »sollte das Gold der Bundesbank ausschließlich in Deutschland gelagert werden«. Aus welcher Bestimmung des öffentlichen Rechts sich der hoheitliche Charakter des Einscannens und Verschlagwortens der Klassiker deutscher Zunge vom Nibelungenlied bis zu Uwe Tellkamp ergibt, ist nicht ohne Weiteres ersichtlich; in Ermangelung einer gesetzlichen Norm nach Art der Polizei- oder Schulgesetze wird man die Quelle in der Staatsgewalt selbst zu suchen haben, in der Natur der nationalen Sache. Für Burckhardt wäre schon die Verbindung des Hoheitlichen mit der Literatur ein Widerspruch in sich gewesen. Er begriff die Kultur als Gegenmacht zur Staatsgewalt, als Reich der Freiheit im Gegensatz zum Bezirk des Befehls.

Dass die AfD vor der Auslieferung der Kultur an das freie Spiel der Kräfte warnt, ist umso bemerkenswerter, als sie sich ansonsten dem Ordnungsprinzip der unregulierten Konkurrenz auch jenseits der Wirtschaftspolitik verpflichtet zeigt. In der Bildungspolitik schlägt der Sozialdarwinismus als Ideologie der überlebensnotwendigen Härte durch, verbrämt als Rechtsanspruchsdenken: »Schüler haben ein Recht darauf, in einem nach oben und unten durchlässigen Schulsystem Erfolge und Niederlagen zu erfahren.« Bei der Auftaktveranstaltung des brandenburgischen Landtagswahlkampfs in Cottbus im Juli 2019 berichtete der AfD-Bundesvorsitzende Jörg Meuthen, in einigen deutschen Schulen dürfe es beim Fußball keinen Sieger mehr geben, damit die Verlierer nicht verletzt würden. Ein Zuhörer rief, wie der Reporter der *Neuen Zürcher Zeitung* festhielt: »Das ist völlig krank!« Das Leben ist Kampf. Die Autarkie der Bildungs- und Forschungspolitik soll Deutschland in den Stand versetzen, jeden Konkurrenten mit den eigenen, selbstgebauten Waffen zu schlagen, nicht mit Raubkopien. Waffen im Wortsinn: Zur Staatsräson made in and for Germany gehört es laut dem Grundsatzprogramm der AfD, dass Deutschland »unverzichtbare nationale wehrtechnische Fähigkeiten« kultivieren muss, »um in Schlüsseltechnologien national unabhängig zu bleiben«.

DER EID

*I*n der Präambel des Grundsatzprogramms wird die Weltoffenheit unter einen Vorbehalt gestellt: »Wir sind offen gegenüber der Welt, wollen aber Deutsche sein und bleiben.« Die Präambel endet mit dem in Artikel 56 des Grundgesetzes niedergelegten Amtseid, den die Mitglieder der Bundesregierung gemäß Artikel 64 vor den Mitgliedern des Bundestages leisten. »Unsere Ziele werden Wirklichkeit«, verspricht die Partei ihren Wählern, wenn wieder ein Kanzler und Minister regieren, die ihren Eid erfüllen, also ihre Kraft dem Wohl des deutschen Volkes widmen, seinen Nutzen mehren, Schaden von ihm wenden, das Grundgesetz und die Gesetze des Bundes wahren und verteidigen, ihre Pflichten gewissenhaft erfüllen und Gerechtigkeit gegen jedermann üben. In der Sache ist die Eidesformel lediglich eine feierliche Verpflichtung auf das Gemeinwohl. Nun ist es das gute Recht jeder Partei, ja, man mag es sogar für eine Pflicht halten, ihre Ziele mit dem Gemeinwohl zu identifizieren. Insofern wirkt auch der Schlussabschnitt der Präambel auf den ersten Blick unanstößig: Ihr Ziel, dass Deutsche Deutsche bleiben, wird die Partei erreichen, wenn die deutschen Politiker ihre ihnen vom Grundgesetz auferlegte Pflicht tun.

Freilich war in den Monaten, als der Programmtext aufgesetzt wurde, in Deutschland vom Eid als Mittel zur Erzwingung persönlicher Loyalität zur Staatsordnung plötzlich wieder so viel die Rede wie zuletzt in der geheimen Kommunikation der Verschwörer des 20. Juli 1944. Vor allem in den sozialen Medien, wo schlechte Scherze, dumme Sprüche und andere vorgestanzte Formeln kopiert und massenhaft verbreitet werden, ging die Losung um, Angela Merkel habe mit ihrer Politik der für Asylsuchende offenen Grenzen ihren Amtseid gebrochen. In den bürgerlichen Kreisen, in denen Abschriften des Eidestextes zirkulierten, als handelte es sich um eine Gegenzauberformel, mit deren Rezitation der Spuk der Flüchtlingspolitik auf einen Schlag beendet werden könnte, wurde das Moment der persönlichen Verantwortung, das im archaischen Rechtsinstitut des Eids Form annimmt, gleichzeitig überschätzt und unterschätzt. Einerseits bildete man sich ein, Angela Merkel persönlich haftbar machen zu können wie einen auf frischer Tat ertappten Dieb, andererseits wollte man nicht wahrhaben, dass die Verpflichtung von Amtsträgern auf das Gemeinwohl sich nur auf das Gemeinwohl in dem Sinne beziehen kann, wie die Person, die den Eid leistet, es für sich vor ihrem Gewissen definiert. Sollte der Regierungschef das Gemeinwohl anders definieren als die Mehrheit der Bürger, kann diese Abweichung nur durch Abwahl bestraft werden.

Das demokratische Wahlamt ist die umfassende Ermächtigung eines Einzelnen zum Handeln im Interesse der Allgemeinheit. Wie Christoph Möllers darlegt, schließt das Mandat gewählter Politiker sogar die Befugnis ein, im Notfall gegen den »vermeintlichen oder wirklichen Willen« des Volkes »zu entscheiden« – und zwar im Interesse der Freiheit der Bürger. Politiker empfangen Aufträge, aber keine Befehle; sie müssen »die eigene Freiheit haben, der Gemeinschaft, die sie repräsentieren, entgegenzutreten«, laut Möllers sogar mit Belehrungen, weil sie damit die Bürger als freie, vernunftbegabte Subjekte ehren. »Als mündig werden nur die behandelt, denen man widersprechen kann.«

Wie bei einer zweimal wiedergewählten, in wechselnden Koalitionen regierenden Kanzlerin nicht verwunderlich, wurde Frau Merkels Regierungstätigkeit nicht als Serie von Handlungen wahrgenommen, die persönliche Überzeugungen in die Tat umsetzten, sondern als fortgesetztes Geschäft der Abwägung und Vermittlung. Unbefriedigt ließ ihr Politikstil diejenigen Teile des bürgerlichen Publikums, die das heroische Handlungsideal der Trivialliteratur hochhalten, weil sich die Inhaber sogenannter Führungspositionen gerne einreden, in ihren Funktionen komme es auf Eigeninitiative und Prinzipientreue an. Demselben Publikum schien Frau Merkel in ihren Reaktionen auf die Kritik an der Flüchtlingspolitik indessen plötzlich zu persönlich. Man unterstellte ihr, sie habe sich von moralischem Eifer hinreißen lassen, vom Wunsch, das Richtige nicht bloß zu tun, sondern dafür auch gelobt zu werden. Wie diese Diagnose der Selbstgefälligkeit mit den Bemühungen um Unauffälligkeit zusammenpasste, die man früher an Frau Merkel getadelt hatte, kümmerte nicht.

Die These vom Eidbruch zitierte die Kanzlerin nun vor eine Art Gottesgericht. Dass dieses anachronistische Szenario die Phantasie derart in Beschlag nahm, zeigt, dass eine bürgerliche Alternative zu Frau Merkels Politik gar nicht so leicht zu entwerfen war. Ohne Unterstellung böser Absichten ließ sich keine Eidesverletzung rügen. Mit der Überschätzung der persönlichen Intentionen der Regierenden korrespondiert bei den Regierungskritikern eine verborgene Ich-Schwäche. Diese psychologische Wendung gibt Christoph Möllers seiner Analyse der Akzeptanzprobleme eines gegenüber der Gesellschaft notwendigerweise verselbständigten politischen Systems: Die »Verachtung gegenüber Politik« werde »vielleicht auch durch einen Mangel an« einem »Freiheitsbewusstsein verursacht«, das mit Widerspruch leben kann. »Servilität gegenüber dem vermeintlichen Volkswillen« ist bequem.

Wer den Eidbruch für evident hielt, musste auf das Adjektiv »deutsch« verweisen. Dem Wohl des deutschen Volkes ihre Kraft zu widmen hatte Frau Merkel geschworen – aber die Flüchtlinge, die sie ins Land ließ, ohne sagen zu wollen, dass es jemals zu viele werden könnten, waren keine Deutschen. Verfassungsrechtlich war dieses Argument Unfug. Das »deutsche Volk« des Grundgesetzes ist ein Rechtsbegriff, steht für die Gesamtheit der Staatsbürger, die nicht nur die Eigenschaft verbindet, dass sie alle von den Maßnahmen der Staatsgewalt betroffen sind, sondern auch und vor allem die Qualität, dass sie sich in der Demokratie diese Maßnahmen gemeinschaftlich zurechnen lassen müssen. Der Wille des deutschen Volkes hat in den Gesetzen und den von Deutschland unterzeichneten völkerrechtlichen Verträgen verbindliche Form angenommen. Ausführung und Anwendung dieser Gesetze und Verträge legt die Verfassung, die verbindlichste Form des Volkswillens, wiederum in die Hände der Exekutive. Führt die Exekution der Gesetze zu unerwünschten Folgen, kann das Parlament eine andere Regierung wählen, welche die Gesetze anders auslegt, oder die Gesetze ändern.

Wenn die AfD in der Präambel ihres Grundsatzprogramms verspricht, »den Staat und seine Organe wieder in den Dienst der Bürger« zu stellen, wird diese Formulierung allein noch nicht genügen, um das

Programm als populistisch im Sinne einer Monopolisierung der Vertretung des Volkes durch eine Partei zu kennzeichnen. In der Demokratie geht die Staatsgewalt vom Volk aus, und da sie nicht vom Volk selbst ausgeübt werden kann, sind Bemühungen, ihre Ausübung wieder an das Volk zurückzubinden, nicht anstößig und vielleicht sogar von Zeit zu Zeit nötig. Die auf Repräsentation und die Organisation von Repräsentation angewiesene Demokratie rechnet mit ihrer Reparaturbedürftigkeit. Eine Verfassung besteht im Kern aus Vorkehrungen, die der unvermeidlichen Verselbständigung des Staatsapparats Schranken setzen. Die Restauration der Volksherrschaft ist deshalb nicht unbedingt ein revolutionäres Projekt. Wenn nun die Ankündigung, Staat und Bürger wieder ins rechte Verhältnis zu bringen – ein Verhältnis der Dienstbarkeit, der Abhängigkeit des Staates von den Bürgern –, mit dem Eid der obersten Staatsdiener bekräftigt wird, dann könnte man glauben, der Eid habe auch für die AfD nur die Funktion einer besonders feierlichen Versicherung. Die wörtliche Anführung der Eidesformel wäre demnach das schriftliche Äquivalent zum Singen der Nationalhymne auf einer Kundgebung.

Aber schon hier, in der Ouvertüre zum Grundsatzprogramm, die in einem demonstrativ gemessenen Tempo komponiert ist, kommen Personalisierung der Politik und Systemkritik zusammen. Die neue Partei bringt den Bürgern den Gedanken nahe, dass Deutschland von Eidbrüchigen regiert werde. Kann es wirklich sein, dass die Eidesformel die Lösungsformel für alle Probleme des Landes enthält? Dieser Glaube an das erlösende Wort, das nur richtig verstanden werden muss, um seine Wirkung zu tun, muss sich auf das Wort »deutsch« beziehen. Stillschweigend wird der Begriff des Staatsvolks ethnisch eingeschränkt. Von hier aus begreift man auch, was die umständliche Formulierung vom »Nationalstaat des deutschen Volkes« im Absatz vor dem Verweis auf den Eid bedeuten soll. Ist der Begriff nicht tautologisch? Der Nationalstaat ist doch schon der Volksstaat, der deutsche Nationalstaat also der Staat des deutschen Volkes. Gerade in einer Präambel, einer Textsorte, die eine geradezu lyrische Verdichtung anstrebt, müsste Wortverschwendung überraschen. Die Doppelung muss darum als ausdrückliche Einschränkung des Begriffs verstanden werden, als Rückführung auf den scheinbaren Wortsinn. Als Eigentümer und Urheber des deutschen Nationalstaats, als politisches Subjekt der deutschen Staatlichkeit und Herr im Haus der deutschen Nation wird das deutsche Volk ausgewiesen, verstanden im vermeintlich natürlichen Sinne als Abstammungsgemeinschaft.

KEINE UNTERTANEN

Der »Mut zur Wahrheit« ist nicht die einzige Spur, die Bernd Lucke im AfD-Grundsatzprogramm hinterlassen hat. Im Kapitel »Demokratie und Grundwerte« heißt es: »Als ›Partei des gesunden Menschenverstandes‹ setzen wir auf das politische Urteilsvermögen und die Verantwortungsbereitschaft der mündigen Bürger.« Der Beiname der Partei steht in Anführungszeichen, ist offenbar in ihren eigenen Augen eine stehende, besonders treffende Wendung. Lucke verwendete sie als Leitmotiv in seinen Reden. In der Anfangszeit der Partei nutzte er die Selbstaussage bei jeder Gelegenheit dazu, sich der Rechts-links-Unterscheidung zu verweigern. Sogar die Denkbarkeit einer Koalition mit der SPD begründete er mit seiner Formel. Wie er nach dem Austritt zugab, hatte der Aufstieg der AfD zur Voraussetzung, dass die Interessenten sich von Luckes Beschwichtigungsübung nicht irritieren ließen: »Da die Partei sofort als rechts galt, bekamen wir enorm viel Zulauf.« Die intellektuelle Öffentlichkeit neigt ohnehin dazu, das Ideal kollektiver geistiger Gesundheit im begrifflichen Umfeld rechter Gedanken zu lokalisieren; weithin wird der »gesunde Menschenverstand« als Synonym des »gesunden Volksempfindens« betrachtet, einer Legitimationsfigur der nationalsozialistischen Umbildung der Rechtsbegriffe. Dabei hat der Terminus, der um 1800 gelegentlich auch in der Variante der »gesunden Menschenvernunft« begegnet, eine honorige philosophische Tradition. Hegel sagte in seinen Vorlesungen zur Geschichte der Philosophie: »Ist das Wahre abstrakt, so ist es unwahr. Die gesunde Menschenvernunft geht auf das Konkrete.« Am Schluss seiner Berliner Antrittsvorlesung hatte Hegel dem »Mut der Wahrheit« eine fundamentale Bedeutung zugesprochen. Diese Tugend, die Hegel als den

»Glauben an die Macht des Geistes« definierte, sei »die erste Bedingung des philosophischen Studiums«.

Für »Wahrheit« setze »Deutschland«: Kann man die Programmentwicklung der AfD zwischen 2013 und 2016 als Anwendung des von Lenin ebenso wie von Dorothee Sölle aufgegriffenen Gedankens Hegels deuten, dass die Wahrheit konkret ist? Doch was soll dieses Deutschland konkret sein, zu dem man Mut haben kann wie zum Sein (Paul Tillich), zum Risiko (Anselm Grün) oder zum Gefühl (Helene Fischer)? Der Präambel des Grundsatzprogramms sind nur wenige Hinweise darauf zu entnehmen, in welchem Atlas man das Deutschland des Leitspruchs zu suchen haben könnte. Im Text der Präambel stellt die AfD ihren »bürgerlichen Protest« in die »Tradition der beiden Revolutionen von 1848 und 1989«. Mit der Jahreszahl 1848 bezieht sich die junge Partei auf die historische Situation, aus der das deutsche Parteiensystem entstanden ist. Ihre Vorläufer sieht sie bei den Liberalen, genauer gesagt bei den Radikalliberalen, den Republikanern und Demokraten, da sie »Demokratie und Freiheit« als Begriffe mit identischem Inhalt behandelt.

Die Berufung auf die deutsche Nationalbewegung, die nach 1815 in den restaurativen Staaten des Deutschen Bundes für eine politische Repräsentation aller Deutschen eintrat, wie sie dann 1848 durch die Wahl der deutschen Nationalversammlung erreicht wurde, ist im Umfeld der AfD weit verbreitet. In Gestalt der Burschenschaften gibt es auch eine institutionelle Kontinuität. Max Otte, ein Fachhochschulprofessor für Betriebswirtschaft, der in der Finanzkrise von 2008 bekannt wurde, weil er 2006 das Buch *Der Crash kommt. Die neue Weltwirtschaftskrise und wie Sie sich darauf vorbereiten* veröffentlicht hatte, veranstaltete am 5. Mai 2018 ein »Neues Hambacher Fest« in der Schlossruine im Pfälzerwald, die 1832 Schauplatz eines mehrtägigen »Nationalfests der Deutschen« gewesen war, mit Zehntausenden von Teilnehmern und dem Ehrengast Ludwig Börne. Der prominenteste Name in Ottes Rednerportfolio war Thilo Sarrazin; außerdem sprachen der AfD-Vorsitzende Jörg Meuthen, der aus der AfD ausgetretene Europaabgeordnete Joachim Starbatty, die früheren CDU-Bundestagsabgeordneten Vera Lengsfeld und Willy Wimmer, Markus Krall, ein Konkurrent und Partner Ottes auf dem Crashprophetenmarkt, sowie Imad Karim, ein Dokumentarfilmer und Islamkritiker, den die AfD in das Kuratorium ihrer Desiderius-Erasmus-Stiftung berief. Otte war seit 1991 Mitglied der CDU, gab aber 2017 seine Absicht bekannt, seine Stimmen bei der Bundestagswahl der AfD zu geben. Nachdem die AfD ihn 2022 als Alternative zur Wiederwahl von Bundespräsident Steinmeier aufgeboten hatte, schloss die CDU ihn aus. Das verbindende Band der vielfältigen Aktivitäten des umtriebigen Otte als Eventmanager, Vortragsreisender, Publizist, Vereinsgründer und Politikberater ist die Warnung vor der globalen Gefahr, die Dämonisierung der Globalisierung. Nationalismus ist in diesem Weltbild eine antizyklische Anlagestrategie, ein Mix aus Gegenwehr und Vorsorge. Von den Lesern des Magazins *Börse online* wurde Otte 2009 mit 10 000 von 24 000 abgegebenen Stimmen zum »Börsianer des Jahres« gewählt; im Jahr darauf verteidigte er den Titel. Als Fondsverwalter muss er notgedrungen global unterwegs sein, aber in den Fotostrecken seiner Werbematerialien umgibt er sich statt mit Status- mit Nationalsymbolen. Otte, aus Carl Schmitts Heimatort Plettenberg im Sauerland gebürtig, führt sozusagen seine Herkunftsweltläufigkeit vor, nimmt seine Kundschaft mit auf der Flucht in die Gemütswerte. Eines seiner Paketangebote verbindet politische Aufklärung mit Heimattourismus und Bewegung an der frischen Luft. Man wandert durch deutsche Kernlandschaften wie das Bergische Land oder den Harz und kehrt ein, um Referenten vom eurokritischen Rand der FDP oder aus dem im Land der Reformation fast ausgestorbenen Erzkatholizismus zu hören. Zu buchen als »Spaziergang für Deutschland« bei der Institut für Vermögensentwicklung GmbH in Köln; 2018 kostete das Ticket pro Etappe 9 Euro. Auf den Erinnerungsfotos sind die Wandersleute mit Deutschlandfahnen ausgerüstet.

Unter »Mut zu Deutschland« steht am Anfang des Grundsatzprogramms der AfD, in gleicher Schriftgröße und ebenfalls in Großbuchstaben: »Freie Bürger, keine Untertanen.« Wenn die Partei dem Bürger den Untertanen gegenüberstellt, greift sie auf die Signalvokabel einer dezidiert linken Geschichtspolitik zurück, die in der alten Bundesrepublik zur Systemkritik im Namen einer sozialistischen Alternative eingesetzt wurde. Bernt Engelmann nannte sein *Deutsches Anti-Geschichtsbuch* aus dem Jahr 1974 *Wir Untertanen*. Dank dem Roman von Heinrich Mann ruft das Wort »Untertan« eine zusammenhängende Welt von Assoziationen auf, eine von starken Thesen bestimmte Geschichte über die deutsche Geschichte. Demnach hat das Bürgertum in Deutschland versagt, seine historische Mission der Befreiung des Volkes verraten an die Aufstiegschancen in der vorgefundenen Gewaltordnung. Die symbolische Teilhabe an der Macht ersetzte in einer Gesellschaft der Reserveoffizierspatente und Ordensstufen die Eroberung und Verwandlung der Macht: Statt den Adel zu entwaffnen, exerzierte man mit. Wegen der plastischen Übertreibungen der satirischen Erzählweise konnte sich Heinrich Manns Geschichte von Diederich Heßling einprägen wie ein Kinofilm, auch unabhängig von Wolfgang Staudtes DEFA-Verfilmung. Als Schullektüre dürfte der Roman bewirkt haben, dass sich im allgemeinen Geschichtsbewusstsein eine feste Verbindung zwischen dem Wort »Untertan« und dem sozialwissenschaftlichen Begriff der Mentalität bildete.

Im alltäglichen Verhalten der Deutschen soll sich ihre Gewöhnung an eine unfreie Denkungsart zeigen – bis heute. Die Mentalität als Syndrom eingespielter Reflexe überdauert nämlich angeblich die Zeiten, auch wenn die politischen Verhältnisse sich ändern. Unter diesen Voraussetzungen wird die Sozialpsychologie zu einem wichtigen Instrument politischer Kritik. Allerdings kann die Aufmerksamkeit, die im Verhältnis der Bürger untereinander der Pathologie alltäglicher Verhaltensmuster gewidmet wird, auch als eine Form von Sozialkontrolle betrachtet werden. In der Kritik an der deutschen Flüchtlingspolitik des Jahres 2015 traf der unerhörte Verdacht pflichtvergessenen, ja, hochverräterischen Handelns der Regierung zusammen mit einem nicht weniger fundamentalen Misstrauen gegen Mitbürger, gegen bestimmte sozialmoralische Milieus der Zivilgesellschaft. In der Befürchtung, dass auch finanzielle Dispositionen von Privatleuten oder Entscheidungen zur Freizeitgestaltung in der Kumulation politisch verheerend wirken können, kam der Gedanke der sinistren Macht der Mentalität zum Vorschein.

Das Staatsschauspiel Dresden eröffnete die Spielzeit 2018/19 mit einer Bearbeitung von *Der Untertan*. In der Stadt der Pegida-Demonstrationen sah der Intendant Joachim Klement den Platz seines Hauses »mitten in der gesellschaftlichen Debatte«. Klement, der 2017 von Braunschweig nach Dresden gekommen war, stellte nach einem Jahr in der sächsischen Landeshauptstadt fest: »Sie ist anders, als sie medial vermittelt wird. Die Mehrheit lehnt Pegida, die AfD und die Identitären ab. Aber diese Mehrheit muss noch sichtbarer werden.« Dafür wollte er etwas tun, indem er mit Manns Stoff die Frage »nach dem deutschen Seelenzustand« stellte. Mit den Besucherzahlen war Klement zufrieden. Aber seine Bemerkungen über die medialen Rahmenbedingungen seiner Arbeit zeigen, wie vorsichtig er operieren musste. Er nahm sein Publikum in Schutz: Dresden sei nicht so wie in den Medien dargestellt. Notgedrungen bediente er sich damit einer Argumentationsfigur aus dem Arsenal des Gegners: Der Protest gegen den Unterschied zwischen Medienbild und Wirklichkeit beziehungsweise Medienbild und Selbstbild hielt die Pegida-Bewegung am Leben und hat sich seine eigenen, alternativen Medien geschaffen. Klement gab zu, dass Berufsjournalisten auf Recherchebesuch in Dresden nicht genügend Anhaltspunkte für eine Korrektur des unschmeichelhaften politischen Bildes der Stadtgesellschaft finden würden. Zu viele Dresdner, die gegen den Demonstrationsbetrieb hätten Stellung nehmen können, machten sich unsichtbar. Der Intendant musste hoffen, dass die Mehrheit sich wirklich versteckte. Und dass sie sich aus dem Versteck hervorlocken ließ. Auch hier ist das Argumentationsmuster vertraut: Die Pegida-Redner behaupteten ja Woche für Woche, für eine Mehrheit zu sprechen, die von den formal durch demokratische Mehrheitsbeschlüsse legitimierten Verfassungsorganen nicht repräsentiert werde. Von Richard Nixon bis Donald Trump haben Politiker an die »schweigende Mehrheit« appelliert, um das Überwiegen liberaler Ansichten in der demokratischen Öffentlichkeit als akustische Täuschung hinzustellen. Klements politische Spielplanpolitik hing an der Existenz einer solchen latenten Mehrheit: Ein staatliches Theater kann sich höchstens im Ästhetischen, aber nicht im Politischen zum Willensorgan einer Minderheit machen.

Keinen besseren Zeitpunkt hätte der Regisseur Jan-Christoph Gockel für seine Dramatisierung von Manns Roman wählen können, befand im September 2018 die lokale Theaterkritik. Am Ende des Abends erkenne man die heutige Gesellschaft wie im Spiegelbild. Doch schon drei Jahre vorher hatte der Germanist Günter Scholdt in Manns monströsem Kriecher mit dem sprechend hässlichen Namen das Spiegelbild eines zeitgenössischen Sozialcharakters erkennen wollen, von dem man damals täglich lesen konnte. Scholdt, Autor des Standardwerks *Autoren über Hitler*, stellte im Dezember 2015 in Götz Kubitscheks Zeitschrift *Sezession* den Roman unter dem Titel »Der ewige Denunziant« vor. In jedem System, so Scholdt, gebe es den Untertanen, aber er stehe immer bei den Siegern der Geschichte – und schon deshalb heute nicht bei den »Rechten«. Umgekehrt wird ein Knobelbecher draus: Die Heßlings von heute denunzierten »Pegida, AfD oder jedwede nennenswerten Patrioten« bei den Ministerien oder beim »Staatsfunk«, jubelten »Asylanten oder Scheinasylanten« zu, zeigten eine streberhafte Gesinnung in der Übererfüllung der »(vermeintlichen) sittlichen Norm« bei Klimaschutz, Willkommenskultur, Inklusion und Gendervokabeln. »Kurz: Diese Sorte Mensch lebt auch heute mitten unter uns, als Teil jener mentalitätsprägenden Schicht und ›Elite‹, der die Mehrheit leider nicht das Handwerk legt, weshalb diese nicht ganz zu Unrecht im Kollektiv mithaftet.«

Wie man sieht, ist der Gebrauch des Konzepts der schweigenden Mehrheit auch für die Seite nicht unproblematisch, auf der es erdacht worden ist. Wer ein scharfes Wort zu führen weiß und mit jedem Lesetipp den Opportunismus der Reserveverfassungsschützer bekämpft, muss das Schweigen als Kränkung empfinden. Dass *Der Untertan* Mentalitätsprägungen entschlüsseln könne, an denen selbst die Erfahrung der Hitlerzeit nichts geändert habe, belegte Scholdt mit einem Aphorismus des Schriftstellers Michael Klonovsky: »Mit demselben Eifer wie am Holocaust beteiligte sich Diederich Heßling am Bau des Holocaust-Mahnmals.« Im August 2010 hatte Scholdt dem aus der DDR gebürtigen Klonovsky, der von 1992 bis 2016 als Redakteur beim *Focus* beschäftigt war, in der *Sezession* ein Autorenporträt gewidmet. Dort rühmte er das Heßling-Bonmot als Klonovskys »Königsaphorismus«. Die Frage, ob der Autor ein »strammer Konservativer oder gar –

horribile dictu – ein Rechter sei«, wollte der Germanist mit Spezialisierung auf Kritik des »Antigermanismus« nicht bejahen. Klonovsky sei ein Einzelgänger; die doppelte Erziehung zum Untertanen, zuerst durch den ostdeutschen Staat, dann durch den westdeutschen Medienbetrieb, habe bei ihm den gegenteiligen Effekt gehabt; man habe »ihm offenbar jegliches parteipolitische Denken wie Engagement gründlich ausgetrieben«. Aber schon in Heft 30 des Jahrgangs 2010 des *Focus*, veröffentlicht am 26. Juli, mutmaßlich unmittelbar nach Drucklegung von Scholdts Porträt, hatte Klonovsky unter der Überschrift »Die Bürger-Bewegung« verkündet: »Nie war die Zeit für die Gründung einer konservativen Alternative zur CDU günstiger als heute.«

Ausgehend von der Behauptung, dass es »in Deutschland in den grundlegenden Fragen keine Opposition mehr« gebe, verwies Klonovsky darauf, dass in anderen europäischen Ländern »bürgerlich-konservative, demokratische Rechtsparteien« serienweise Wahlerfolge feierten. Für die von Klonovsky umrissene »Alternative« ergab eine vom *Focus* eigens in Auftrag gegebene Umfrage ein Wählerpotential von 20 Prozent. Nach dem Ausscheiden beim *Focus* war Klonovsky ein halbes Jahr lang als publizistischer Berater für die AfD-Vorsitzende Frauke Petry tätig. Seit Februar 2018 arbeitete er im Bundestag als persönlicher Referent von Alexander Gauland. Zum Jahresbeginn 2022 wechselte er ins Büro des Abgeordneten Matthias Moosdorf, der von 1988 bis 2019 der Cellist des vielfach preisgekrönten Leipziger Streichquartetts gewesen war und bei der Bundestagswahl 2021 mit einem Anteil von 25,6 Prozent der Erststimmen das Direktmandat für den Wahlkreis Zwickau gewann. Im benachbarten Chemnitz unterlag Michael Klonovsky mit 21,9 Prozent seinem Mitbewerber von der SPD mit 3,2 Prozentpunkten Abstand relativ knapp. Hubert Burda, laut der ZDF-Erhebung von 2014 die Nr. 49 der besten deutschen Männer, gründete 1993 den *Focus* als Alternative zum *Spiegel*. In unserer Zeit der Medienkrise sind in allen Medienhäusern Redakteure damit beschäftigt, sich noch mehr neue Magazine auszudenken, zugeschnitten auf die Hobbys, Obsessionen und Portemonnaies eines jeweils sehr speziellen Zielpublikums. Klonovsky hat nach dieser Methode eine Partei erfunden.

Die Probeausgabe eines neuen Printprodukts wird »Dummy« genannt – der Artikel von 2010 liest sich wie der Dummy des Grundsatzprogramms der AfD: »Während deutsche Akademikerinnen kaum noch Kinder zur Welt bringen, wächst der Nachwuchs der Unterschichten.« Die Dummen sterben nicht aus, aber die Deutschen: Solche Milchmädchenhochrechnungen waren keiner Bundestagspartei »einen radikalen Politikwechsel wert«. Habemus Marktlücke! Bemerkenswert ist Klonovskys soziologische Prognose, wonach die Gründer der Alternativ-CDU keine abtrünnigen Spitzenpolitiker sein würden. In den Nachbarländern komme »keiner der Führer der neuen Bürgerrechtsparteien« aus »der etablierten Parteifunktionärskaste«. Tatsächlich sind die AfD-Funktionäre, die schon eine andere Parteikarriere hinter sich haben, in ihrem früheren Wirkungskreis über lokale Bekanntheit typischerweise nicht hinausgekommen. So war etwa Albrecht Glaser, Kandidat der AfD für die Ämter des Bundespräsidenten und eines Bundestagsvizepräsidenten, vormals für die CDU Stadtkämmerer in Frankfurt am Main. Martin Hohmann, von 1998 bis 2003 Hinterbänkler der Unionsfraktion im Bundestag und 2017 für die AfD ins Parlament zurückgekehrt, wurde erst als Ausgestoßener berühmt. Dem Anspruch der neuen Partei, eine Alternative und nicht bloß eine Variante zu sein, sollte nach Klonovskys Vorstellung die Sozialstruktur entsprechen. In der AfD wurde dieses identitätspolitische Ziel wenigstens in der obersten Führungsetage erreicht.

Die von Klonovsky als Vorbild beschworene »Graswurzelrevolution« der Tea Party in den Vereinigten Staaten erreichte ihre spektakulärsten Erfolge mit der Mobilisierung des Unmuts über die langgedienten Mandatsträger der eigenen Partei, der Republikaner. Ironischerweise könnte die Abgrenzung durch Selbstdarstellung mit unverbrauchtem Personal der AfD im Falle des Falles das Zusammengehen mit CDU und CSU erleichtern. Was ihr Spitzenpersonal angeht, ist die AfD nicht Fleisch vom Fleisch der Union – das bedeutet aber auch, dass in ihren Reihen kein ehedem schwarzer Oskar Lafontaine sitzt, dessen Person eine Koalition unmöglich machen müsste.

Für den Operationsmodus außerhalb der politischen Institutionen, den Klonovsky seiner »Bewegung« empfahl, fand er die ironische Formel einer »bürgerlichen Apo«. Im Grundsatzprogramm der AfD wäre solche dialektische Artistik fehl am Platz. Aber auch ohne die Jahreszahl 1968 zwischen 1848 und 1989 in die Ehrentafel der besten deutschen Daten einzuritzen, beschreibt sich die Partei als antiautoritär. Der Focus-Mann, bei einem Medium beschäftigt, das nach den hochkulturellen Maßstäben der bundesrepublikanischen Presselandschaft eine Randexistenz führte, erkannte schon 2010 auch, dass die Online-Kommunikation für die neue außerparlamentarische Opposition werden würde, was Flugblatt und Plakat für die alte gewesen waren – nur dass Blog-Einträge und Netzartikel-Kommentare sich noch viel einfacher kopieren und viel, viel weiter verbreiten lassen. Die Autoritäten der Partei müssen bei der Kontrolle dieser Kommentare größte Vorsicht walten lassen; der Verdacht gegen Amtsinhaber kann sich auch gegen sie wenden.

Gar keine Rolle spielte in Klonovskys Politbusinessplan für eine Partei neuen Typs ein dezidiert positives Verständnis von Deutschland. Die Bundesrepublik wurde vielmehr als der kranke Mann von Mitteleuropa dargestellt, von Berufspolitikern kaputtregiert wie die Nachbarländer, aber mit dem zusätzlichen Handicap, dass robuste Therapien aus Gründen der nationalen Geschichte verpönt sind. Der Prospekt für Klonovskys Wunschpartei ist kein Manifest des Nationalismus in dem Sinne, dass für die deutschen Probleme eine deutsche Lösung in Aussicht gestellt würde, das Einkochen und Abfüllen von eigenem Saft. Sein deutsches Pendant zur Le-Pen-Bewegung stellte sich Klonovsky 2010 nicht als nationale Front vor.

In der Programmatik der Alternativ-CDU, die 2013 dann tatsächlich gegründet wurde, hat der Nationalismus die Funktion eines Lückenfüllers. Eine Partei, die alles ändern will und aufs Ganze geht, braucht Umschreibungen für den Zusammenhang, in dem alle ihre Versprechungen gleichzeitig Wirklichkeit werden sollen. Die Nation empfiehlt sich für diesen utopischen Rahmen, weil sie scheinbar nichts Utopisches an sich hat: Es gibt sie schon, sie muss nicht erst gemacht werden. Das wiederum ist praktisch, weil die AfD im Übrigen sehr, sehr viel machen möchte. Sie verbindet ein abgrundtiefes Misstrauen gegenüber allem, was der tatsächlich existierende, von Gesetzen und anderem gesetzten Recht geleitete Staat veranstaltet, mit himmelstürmenden Erwartungen in die Möglichkeiten von Politik, von befohlener Gestaltung sozialer Verhältnisse. Die Nation, gedacht zugleich als Objekt und Subjekt der Politik, als Staatsvolk, das nicht zusammengewürfelt, sondern zusammengewachsen ist, hebt diesen Widerspruch nicht auf, verwischt ihn jedoch und suggeriert eine Art naturwüchsigen Vermittlungsprozess im Zuge kollektiven Handelns.

Christoph Möllers hat Politik als »Denaturalisierung des Sozialen« beschrieben. Was als naturgegeben galt, wird zur Verfügungsmasse von Handelnden. Möllers zitiert Jacob Burckhardt: »Das entscheidende Neue, was durch die französische Revolution in die Welt gekommen ist, ist das Ändern-Dürfen und das Ändern-Wollen.« Nun kann aber nicht alles gleichzeitig geändert werden; Möllers schreibt dem Liberalismus sogar ins Stammbuch: »Veränderbarkeit setzt Unveränderbarkeit voraus.« Politik ist deshalb dafür anfällig, die von ihr erzeugte Leerstelle des Unveränderlichen selbst zu besetzen, das heißt sich mit Natur zu verwechseln. Der Nationalismus ist eine Spielart dessen, was Möllers »Politik als Pseudonatur« nennt. Was nun aber die Anhänger und Funktionäre der AfD angeht, so sind sie Kinder der Französischen Revolution. Alles soll geändert werden dürfen: Diese Überzeugung erklärt unter anderem, warum es ihnen Vergnügen bereitet, die Schutzstandards des Asyl- und Antidiskriminierungsrechts zur Disposition zu stellen.

Deutschland zuerst! Eine rhetorische Figur des positiven Denkens, die lustigerweise genauso funktioniert wie die Parolen linker Gemeinschaftsorganisatoren. Die nationale Bewegung erschafft sich die Nation nach ihrem Bild: ein Ausbund an Energie. Das Wimmelbild der täglichen Parteiarbeit beglaubigt die Vision vom einheitlichen, durchschlagenden kollektiven Handeln. Wenn so viele Facebook-Stammtische Merkel-Steckbriefe basteln und so viele Wahrheitsfreunde die Presselügen zerpflücken, dann kann doch noch nicht aller Tage Abend sein in Deutschland, dann gibt es noch Kraftreserven. Der Protestforscher Dieter Rucht hat darauf hingewiesen, dass die Routine des Dauerprotests einen Effekt der Professionalisierung hat. Wenn bei einem neuen Protestthema der Eindruck schnell anwachsender Proteste entsteht, hat das auch damit zu tun, dass die Mobilisierung beinahe zum Selbstläufer geworden ist. »Der gemeinsame Protest vermittelt zudem das Gefühl, Handlungsmacht zu gewinnen. Damit wächst auch das Selbstbewusstsein.« Die Wiederkehr des Nationalismus hat etwas von der Welle des Nordic Walking, die kurz nach der Jahrtausendwende über Deutschland hereinbrach: Ein unbändiger Wille zur gemeinschaftlichen Aktivität findet sein Ventil.

Es soll hier nicht bestritten werden, dass eine nationalistische Politik Ziele verfolgt und ihre gesellschaftliche Umwelt planmäßig verändert. Nationalistische Parteien werden nicht daran scheitern, dass sie sich nicht auf Regierungsprogramme einigen können. Aber man kommt über das Gruseln nicht hinaus, wenn man den Zuspruch für solche Parteien nur als Zustimmung sieht, als Übereinstimmung mit obskuren Theorien von der angeborenen Überlegenheit der eigenen Gruppe oder von den Stimulanzeffekten des Wirschaftens in selbstgewählter Isolation. Wie im neunzehnten Jahrhundert, als die Legitimation von Herrschaft an Partizipation gekoppelt wurde, ist Nationalismus heute wieder ein Intensitätsmodus von Politik. Jenseits von Schweizer Kantonen bedeutet politisches Mithandeln hauptsächlich Mitreden, und eine nationalistische Einstellung macht eine intensive Form des politischen Redens möglich. Forderungen werden besonders entschieden vertreten, Motive als besonders rein ausgegeben. Die Ziele, die sich im Augenblick aufdrängen, müssen nicht vermittelt werden mit übergeordneten, als zeitlos akzeptierten weltanschaulichen Gedankengebäuden wie der marxistischen Gesellschaftstheorie oder dem katholischen Naturrecht. Der nationalistische Redner darf, ja muss in eigener Sache sprechen, die zugleich die Sache aller sein soll. Die Intensität seines Engagements verträgt sich mit inhaltlicher Unbestimmtheit.

Eine Oppositionspartei, die noch nicht handeln darf, sondern nur reden kann, wird sich dieser Rhetorik mit besonderer Geläufigkeit bedienen. Die AfD ist nicht durch die Ungunst des Wählers in die Oppositionsrolle geraten, sondern als Oppositionspartei gegründet worden. Es soll sie geben, damit es überhaupt wieder eine Opposition gibt. Ob sie wirklich regieren will, steht in den Sternen. Hat sie das Zeug zum

Regieren? Das sprachliche Rüstzeug verschmäht sie. Ihre Redner in den Parlamenten genießen hörbar die Unverantwortlichkeit der Opposition. Was folgt daraus für die Aussichten der AfD, sich dauerhaft im politischen System zu etablieren? Ein paradoxer Befund: Eine Regierung kann man abwählen – die Opposition wird man so schnell nicht los.

Um Gemütswerte, welche die Härte des Oppositionsjargons abfedern könnten, scherte sich Klonovsky nicht, als er seine »Bürger-Bewegung« in Marsch setzte. Er hatte einen Ruf als Aphoristiker zu verlieren, der laut dem Urteil der Erzkonkurrenz vom *Spiegel* »die zeitlos nüchterne Einsicht großer Moralisten wie Nicolas Chamfort oder Walter Serner« erreicht. So machte er auch keinen Vorschlag für den Namen der zu gründenden Partei. Im Bahnhofsbuchhandel wäre im Regal der rechten Magazine hinter *Cato* und *Compact* noch Platz für *Deutschlandlust*.

VERSCHWÖRUNGSTHEORIEN IN DER DEMOKRATIE

HERRSCHAFT DES GERÜCHTS

Die »Flüchtlingskrise« war eine Krise – des politischen und medialen Systems. Politiker und Journalisten befanden sich in einem Zustand permanenter Erregung, die teilweise sogar auf die Institution übergriff, die für die Stetigkeit des Staatshandelns zuständig ist und ihre inneren Abläufe so weit wie möglich gegen die Temperaturschwankungen des öffentlichen Raums abdichtet: die Bürokratie. In solchen Zeiten allgemeiner Unruhe kann es geschehen, dass ein Gerücht die Runde macht und binnen kürzester Zeit das Gesetz des Handelns aller Akteure bestimmt. Es ist dann, wie wenn eine Sturmflut zu bekämpfen ist. Das Gerücht steht ein für eine überwältigende, geteilte, jedermann zum Handeln verpflichtende Wirklichkeit. Nur dass man mit einem Blick aus dem Fenster feststellen kann, dass ein Gewitter sich ergießt oder ein Fluss über die Ufer tritt, während das Gerücht bloß in den Zeitungen steht und das erste Thema der Fernsehnachrichten ist.

Im Oktober 1678 ergriff ein solches Gerücht von der englischen Hauptstadt London Besitz. Sir Edmund Berry Godfrey, ein Richter und Unterhausabgeordneter, wurde vermisst. Fünf Tage nach seinem Verschwinden fand sich seine Leiche in einem Graben, von seinem eigenen Schwert durchbohrt. Sir Edmund hatte einige Wochen zuvor die Anzeige von Titus Oates aufgenommen, einem anglikanischen Priester, der zum Schein, wie er angab, zur katholischen Kirche übergetreten war und nun Beweise für eine Verschwörung der Katholiken in England zu besitzen behauptete, die es auf das Leben des Königs abgesehen hätten. Oates hatte sich jahrelang der Strafverfolgung wegen

Meineids und Unzucht entzogen, so dass seine Anschuldigungen zunächst wenig Kredit erhielten. Alles änderte sich mit der Entdeckung des Mordes. Der unehrenhaft entlassene Marinekaplan Oates wurde nun vom Parlament angehört und konnte seine Thronräuberpistole mit immer brisanteren Denunziationen verzieren. Drei Jahre lang war die englische Politik mit der Niederschlagung der erfundenen »Papistenverschwörung« beschäftigt. Fünf Lords wurden des Hochverrats angeklagt, 22 Unschuldige hingerichtet. Noch vor Ende des Jahres 1678 wurde ein Gesetz beschlossen, das den Katholiken die Mitgliedschaft im Parlament verbot. Es wurde erst 151 Jahre später aufgehoben. Der Oppositionsführer Lord Shaftesbury, der Patron des Philosophen John Locke, spielte den Chefaufklärer und stürzte die königstreue Regierung. Erst als er mit einem im Mai 1679 ins Unterhaus eingebrachten Gesetz den Ausschluss des katholischen Bruders des Königs von der Thronfolge erzwingen wollte, ging er zu weit. Die »Ausschlusskrise« war die Geburtsstunde der Whig-Partei, auch Volkspartei genannt, der Alternative für England.

Das Gerücht, das im April 2018 im politischen Berlin einen manischen Sprachhandlungszwang auslöste, der ziemlich genau zwei Monate lang anhielt, bis es plötzlich wieder ruhig wurde um das Thema, stammte aus Bremen, dem kleinen, klammen Bundesland mit uralter Seehandelstradition, das seit Menschengedenken von Sozialdemokraten regiert wird. Die *Süddeutsche Zeitung* und die norddeutschen ARD-Sender, die gemeinsam ein »Recherchenetzwerk« für detektivischen Journalismus betreiben, machten einen Verdacht gegen die frühere Leiterin der Bremer Außenstelle des Bundesamts für Migration und Flüchtlinge (BAMF) publik. Angeblich hatte sie dafür gesorgt, dass für Asylsuchende in Bremen die Chance auf einen positiven Bescheid viel höher war als in anderen Bundesländern. Die Staatsanwaltschaft ermittelte. Wie der Regensburger Strafrechtsprofessor Henning Ernst Müller später in einer vernichtend gründlichen Analyse der Berichterstattung zeigte, missachteten die Medien alle Regeln, die für Berichte in solchen Verdachtsfällen gelten. Der Status des Berichteten, dass es sich eben nur um einen Verdacht handelte, wurde nicht oder nicht deutlich markiert.

Die Berichterstatter aus zweiter Hand, die eine ihnen fertig gelieferte »Geschichte«, wie man im Medienjargon sagt, mit eigenen Erkundigungen anreicherten, stellten die Vorwürfe kurzerhand als Tatsachen dar – wohl auch deshalb, weil man ohne großes Nachdenken annahm, dass ein sogenanntes Leitmedium mit liberalem Selbstverständnis wie die *Süddeutsche Zeitung* doch nicht ohne Not Wasser auf die Mühlen der Kritiker der Flüchtlingspolitik leiten werde. Von Tausenden manipulierten Behördenentscheidungen war die Rede, sogar von Zehntausenden. Natürlich klapperten die Mühlen der AfD und der Alternativmedienlandschaft. Bernd Baumann, der Parlamentarische Geschäftsführer der AfD-Fraktion, bewertete die Bremer Vorfälle als »das schlimmste Behördenversagen seit Bestehen der Bundesrepublik«. Als Maßstab für dieses Urteil mag man etwa die Genehmigung der Loveparade 2010 durch die Stadt Duisburg heranziehen, eine Fehlentscheidung, die mindestens 21 Menschen das Leben kostete. Baumanns Bochumer Doktorarbeit war 1993 unter dem Titel *Offene Gesellschaft, Marktprozess und Staatsaufgaben. Möglichkeiten und Grenzen ökonomischer Theorien zur Erklärung der Funktionsweise offener Sozialsysteme und zur Legitimation staatlichen Handelns in offenen Gesellschaften* im Nomos Verlag erschienen. Ein Unterkapitel erörterte »Die Machtlosigkeit des Staates in der erpresserischen Gruppendemokratie als Folge institutioneller Fehlsteuerung demokratischer Prozesse«. Baumanns vorläufiges Resümee der Bremer Angelegenheit lautete: »Die Asylpolitik von Angela Merkel reicht von Desorganisation bis hin zu möglicher Korruption – das ist alles beim BAMF möglich.«

Wenn sich der Korruptionsverdacht bewahrheitet hätte, die Vermutung, die Behördenleiterin habe sich ihr Wohlwollen bezahlen lassen, hätte das bei nüchterner Betrachtung nicht viel über die Verwaltung der Asylanträge in der Zeit des Massenzustroms von Flüchtlingen ausgesagt. Wo staatliche Leistungen zugesagt und verweigert werden, ist die Versuchung gegeben, das Verfahren durch Bestechung zu umgehen. Dem *Spiegel* sagte Alexander Gauland im Dezember 2015 über die durch den steilen Anstieg der Flüchtlingszahlen entstandene Lage: »Man kann diese Krise ein Geschenk für uns nennen. Sie war sehr hilfreich.« So war auch der Bremer Skandal für die AfD wieder ein Geschenk – das die anderen Parteien in Hochglanzpapier einschlugen, mit einer Schleife verzierten und ihr feierlich überreichten.

Beim Bundesamt sei alles möglich: Die AfD wollte glauben, dass in Bremen eben nicht abweichendes Beamtenverhalten aufgedeckt worden sei, sondern normales. Auch die anderen Parteien, egal ob an der Regierung oder in der Opposition, ließen sich in ihren Reaktionen auf die Enthüllung von der Hypothese des Symptomatischen leiten, von der argwöhnischen Vermutung, dass der spezielle Fall allgemeine Missstände offenbare. Noch ehe auch nur die behördeninternen Prüfungen abgeschlossen waren, stand der Verdacht der Vertuschung im Raum – und die zuständigen Fachpolitiker der Regierungsparteien fütterten ihn. Nachdem die Union aus CDU und CSU vor der Bundestagswahl 2017 fast zerbrochen war, hatte der CSU-Vorsitzende Horst Seehofer als neuer Bundesinnenminister höchstpersönlich die Verantwortung für die administrative Seite der Flüchtlingspolitik übernommen. Die SPD setzte ihn unter Druck. Ihr Generalsekretär Lars Klingbeil forderte, Seehofer müsse offenlegen, »wann er welche Informationen erhalten hat und wie er den Hinweisen nachgegangen ist«. Die von der SPD geführte Bremer Innenbehörde zeigte sich verwundert darüber, dass der Minister sich in ein »großes Schweigen« hülle. Eine Organisation befindet sich in einer Krise, wenn ihr Zeitvorrat aufgefressen wird. Während das Bundesinnenministerium eine öffentliche Beurteilung erst auf der Grundlage gesicherter Erkenntnisse vornehmen wollte, war der eigene Koalitionspartner nicht bereit, ein solches Abwarten hinzunehmen, das auch der Fürsorgepflicht für die Beamten und Angestellten des Bundesamts Rechnung getragen hätte.

So oder so dauerte Seehofers großes Schweigen nicht lange. Im Innenausschuss des Bundestages gab der Innenminister »namens der Bundesregierung« eine Entschuldigung für den »handfesten und schlimmen Skandal« ab. Über seine eigene Rolle sagte er, dass er sich von Beginn an für »schonungslose Aufklärung eingesetzt« habe. Sein Parlamentarischer Staatssekretär und Parteifreund Stephan Mayer bewertete in der Talkshow von Anne Will das Ausmaß des Skandals als »enorm«. Monate später untersagte das Verwaltungsgericht Bremen der Bundesrepublik Deutschland, die von Mayer in der ARD-Sendung getätigte Äußerung zu wiederholen, dass Mitarbeiter der Außenstelle »hochkriminell kollusiv und bandenmäßig« mit bestimmten Rechtsanwälten zusammengearbeitet hätten. Wenn die Spitze des für die Rechtsstaatlichkeit der Verwaltung zuständigen Ministeriums von Staatskriminalität im eigenen Verantwortungsbereich spricht – wie sollen die Bürger dann nicht glauben, dass im Staat etwas faul sei? Das Oberverwaltungsgericht der Freien Hansestadt zwang das Ministerium allerdings, eine Pressemitteilung aus dem Verkehr zu ziehen, wonach im »Ankunftszentrum Bremen« gesetzliche Regelungen und interne Dienstvorschriften bewusst missachtet worden seien. Die Gerichte mussten feststellen, dass das Ministerium Gerüchte verbreitet hatte.

Auf der Grundlage dieser Gerüchte hatte Seehofer auch Tatsachen geschaffen. Er verfügte, dass bis zum Abschluss der staatsanwaltschaftlichen Untersuchung in Bremen keine Asylentscheidungen getroffen werden durften, da das Vertrauen in die »Integrität« der Außenstelle »massiv geschädigt« sei. Seehofer befand sich in einer Falle, die er selbst konstruiert hatte. Solange er der Bundesregierung nicht angehörte, hatte er sich die Formel vom »Kontrollverlust des Staates« zur Beschreibung des Jahres 2015 zu eigen gemacht; beim Eintritt ins Kabinett versprach er wörtlich, der »Kontrollverlust« werde sich unter ihm nicht wiederholen. Ein kriminelles Netzwerk im Bundesamt für die Bearbeitung von Asylanträgen wäre die perfekte Bestätigung der Kontrollverlustthese gewesen. Die Versuchung muss übermächtig gewesen sein, das Gerücht von der Türöffnerbande für wahr zu halten. Denn hätte Seehofer erklärt, dass etwaige Rechtsfehler in Bremer Verfahren kein Symptom einer Fehlentwicklung seien, hätte sich das Publikum auf diese Entwarnung zwei Reime gemacht, die ihm beide nicht recht sein konnten. Entweder hatte es 2015 doch keinen Kontrollverlust gegeben – oder Seehofer war 2018 auf die Seite der Vertuscher gewechselt.

Als Oppositionsarbeitshypothese hat der Verdacht des Symptomatischen normalerweise seinen guten Sinn. Die Opposition übt die Kontrolle des Regierungshandelns dadurch aus, dass sie der Regierung prinzipiell Misstrauen entgegenbringt. Vom einzelnen Fehler auf eine verfehlte Politik zu schließen ist für sie geradezu zwingend – sie glaubt ja, dass die falsche Partei regiert. Gibt es einen Skandal, macht die Opposition die Probe, ob sie eine Regierungskrise herbeiführen kann. In der Ausschlachtung der BAMF-Affäre konkurrierte die parlamentarische Opposition alten Stils aber mit einer neuen, neuerdings ebenfalls parlamentarischen Opposition, die jede Offenbarung über eine Verwaltungspanne als Offenbarungseid des Staates zu interpretieren gewillt war. Der FDP-Innenpolitiker Stephan Thomae sagte zu Journalisten über die Untersuchung der Affäre, es sei, als würde man einen Stein ins Wasser werfen. Es bildeten sich Ringe, der erste Ring sei die Bremer Außenstelle des Bundesamts, der zweite die Zentrale in Nürnberg. Und den dritten Ring bilde die Bundesregierung: das Bundeskanzleramt, das seit 2015 für die Flüchtlingspolitik zuständig war, und das Bundesinnenministerium. Das elaborierte Bild war eigentlich eine Trivialität, nur eine Umschreibung des Organigramms der Asylverwaltung. Die Opposition wollte sich an die Verantwortlichen halten – an wen auch sonst? Aber die Figur des Steins, der Kreise zieht, eng verwandt mit dem Bild von der Spitze des Eisbergs, passte auch zur Fragezeichensprache der Fundamentalopposition, die in mehr oder weniger vagen Andeutungen den gesamten Regierungsapparat als einen Blendungszusammenhang darstellte.

Christian Lindner, Thomaes Fraktions- und Parteivorsitzender, wollte der Justiz mit einem Untersuchungsausschuss vorgreifen, um »den Verschwörungstheoretikern die Grundlage durch Fakten« zu »entziehen«. Doch allein die Tatsache, dass eine parlamentarische Untersuchung gefordert wurde, mussten die Verschwörungstheoretiker als Bestätigung empfinden. Und erst recht dann die Tatsache, dass im Bundestag keine Mehrheit für die Einsetzung eines Ausschusses zustande kam. Die Aufklärer dachten in diesem Fall selbst wie Verschwörungstheoretiker. Sie rechneten nur mit dem Schlimmsten und brauchten Schuldige. Der Bundesinnenminister setzte die Präsidentin und den Vizepräsidenten des Bundesamts für Migration und Flüchtlinge ab. Er hatte schonungslose Aufklärung versprochen, und dass er in der Aufklärung nicht vorankam, war für ihn umso mehr ein Grund, seine

Untergebenen nicht zu schonen. Das war auch eine Lektion für die Asylsuchenden: wie der Dienstherr der Beamten des Bundesamts mit seinen eigenen Schutzbefohlenen umging.

Allseits verkannt wurden die Schwierigkeiten der Zurechnung unerfreulicher Vorkommnisse in arbeitsteiligen Organisationen. Abweichungen von Planzielen sind typischerweise ungeplant. Das gilt insbesondere in Phasen erhöhten Arbeitsanfalls und gerade dann, wenn eine Beschleunigung der Arbeitserledigung von oben dringend gewünscht wird. Obwohl die Bremer Affäre durch eine interne Beschwerde der Nachfolgerin der beschuldigten Dienststellenleiterin ins Rollen gebracht worden war, wurde die Möglichkeit einer Intrige offenbar nicht in Betracht gezogen. Erwägungen, die es denkbar erscheinen ließen, dass der Skandal gar keiner war, hätten die Regierungsparteien in die öffentliche Diskussion einspeisen müssen. Stattdessen spielten sie Opposition. Klingbeil verkündete: »Das massenweise Ausstellen falscher Asylbescheide ist absolut nicht hinnehmbar.« Dass tatsächlich massenhaft grundlose positive Bescheide ergangen waren, setzte er als erwiesen voraus. Die Bremer Innenbehörde meldete auf dem Weg der Unterrichtung von Journalisten nach Berlin, sie müsse »dringend wissen, wer hier noch lebt und in unsere Zuständigkeit fällt« – sonst blieben womöglich »gefährliche Personen« unerkannt.

Über Begünstigte von irrtümlichen positiven Asylentscheidungen kann man nur sagen, dass sie nach den in Deutschland geltenden Maßstäben als nicht politisch verfolgt einzustufen sind. Das macht sie aber nicht automatisch gefährlich. Die Behörde bezog sich zwar der Sache nach nur auf die mutmaßlich kleine Gruppe von Extremisten und Gewalttätern in der angeblich großen Gruppe der ungeprüft durch das Bremer Schlupfloch Eingelassenen; trotzdem fütterte sie, indem sie ihre öffentliche Eingabe als dringlich markierte, das von den rechten Agitatoren gezüchtete Monster: die Furcht vor dem Unbekannten aus dem Ausland, dessen bloße Anwesenheit eine Gefahr darstellt. Wo das Gerücht regiert, ersetzen Gefühle die Argumente. Versäumnisse bei der Identitätsprüfung von Asylsuchenden machten ihn »wütend«, sagte der SPD-Bundestagsabgeordnete Lars Castellucci. »Es gibt in Bremen Tausende, von denen wir nicht genau wissen, wer sie sind.« Der AfD ist es gelungen, mit tätiger Mithilfe aus anderen Parteien, nicht zuletzt der FDP, im öffentlichen Bewusstsein einen Nexus von Illegalität und Gefährlichkeit zu etablieren. Bei bürokratischen Verfahren verweisen Formfehler und Irrtümer, die einen rechtswidrigen Zustand herbeiführen, jedoch nur ausnahmsweise auf den bösen Willen beteiligter Personen. Eine der gefährlichsten Illusionen, in die sich Deutschland seit 2015 hineintreiben ließ, war die Überschätzung der Ordnungsfunktion formaler Legalität.

Kein Verfahren der Prüfung und Vergabe von Aufenthaltstiteln kann verhindern, dass Menschen das Land betreten, die später ein Verbrechen begehen. Eigentlich hätte die Innenbehörde nur sagen können, dass die schwer zu quantifizierende Gruppe gefährlicher Ausländer in Bremen durch die angeblich bezahlten oder verschenkten positiven Asylbescheide um eine wiederum schwer einzuschätzende Zahl gewachsen sei. Auch der FDP-Mann Thomae propagierte eine phantastische Idee von Einzelfallgerechtigkeit durch totale Kontrolle, indem er verlangte, »jeder auf diese Weise entschiedene Fall« müsse »neu aufgerollt und untersucht« werden: Die Vorstellung, jeder einzelne mit falschen Papieren versehene Eingereiste sei ein Sicherheitsrisiko, das eliminiert werden müsse, setzt einen Begriff von absoluter Sicherheit voraus. Zur Sicherheit müsste man dann die Gewährung von Asyl gänzlich abschaffen – wie es die AfD fordert. Als ein Redner der Unionsfraktion am 16. März 2018 im Bundestag darlegte, dass die Zahl der in Deutschland aufgenommenen Asylsuchenden von 890 000 im Jahr 2015 auf 280 000 im Jahr darauf gesunken sei, rief Gauland dazwischen: »Das sind immer noch 280 000 zu viel!«

In der Zeit, als das Bremer Gerücht im Berliner Politikbetrieb wütete, hätte die AfD das Versenden von Pressemitteilungen auch einstellen können. Die anderen Parteien taten ihre Arbeit für sie. Um die CSU-Abgeordneten für den grenzpolitischen »Masterplan« des Bundesinnenministers zu mobilisieren, gab Landesgruppenchef Alexander Dobrindt die Losung von der »Systemkrise« aus. Als Beleg führte er vor Journalisten die Bremer Außenstelle des Bundesamts an. Der stellvertretende SPD-Vorsitzende Ralf Stegner nutzte die Unruhe für einen Angriff auf die von seiner Partei gewählte Bundeskanzlerin:

Frau Merkel »schweigt, tut nichts und will den Kontrollverlust im BAMF aussitzen«. Das böse Wort, mit dem 2015 ein Staatsnotstand herbeigeredet worden war, ein Rückfall in den von Thomas Hobbes beschriebenen Naturzustand der radikalen Unsicherheit, war auch für einen Punktgewinn im Schattenboxen gut. Wozu braucht ein Staat Feinde, der solche Freunde hat?

Das Gerücht vom Mordkomplott der katholischen Lords gegen Karl II. konnte 1678 in England nur deshalb Glauben finden, weil es 73 Jahre zuvor tatsächlich eine Verschwörung von Katholiken gegeben hatte, die am Tag der Parlamentseröffnung durch Jakob I. das Parlament in die Luft sprengen wollten und zu diesem Zweck Schießpulver im Keller des Palasts von Westminster deponiert hatten. Seitdem, schrieb Alexander Gauland 1998 in einem Sammelband über *Große Verschwörungen*, sei es England mehrfach zum Elend ausgeschlagen, dass »die in die Tiefenschichten des Volkes eingedrungene antikatholische Intoleranz« sich plötzlich Bahn gebrochen und das Land mit Irrationalität überschwemmt habe. »Nur in ihrem Antikatholizismus sind die kühlen und pragmatischen Engländer leidenschaftlich und unvernünftig gewesen, nur die damals erzeugte irrationale Angst hat sie im Laufe ihrer Geschichte immer wieder in Sackgassen geführt.« Auch den »antieuropäischen Furor der traditionsreichen Tory-Partei« führte Gauland auf die Furcht vor Rom zurück.

Heute gibt es islamische Terroristen. Ein Gelegenheitsverbrecher, der sich im Gefängnis radikalisiert haben soll, der Tunesier Anis Amri, war am 5. Juli 2015 nach Deutschland eingereist und hatte unter wechselnden Identitäten mehrere Bescheinigungen über die Meldung als Asylsuchender erhalten, bevor er am 19. Dezember 2016 einen Massenmord auf dem Weihnachtsmarkt an der Berliner Gedächtniskirche verübte. Ist unter dem Eindruck solcher Verbrechen eine antimuslimische oder antiarabische Intoleranz in die Tiefenschichten des Volkes eingedrungen? Die Politiker handeln wohl oft aus der mutmaßlich uneingestandenen Furcht heraus, dass dies der Fall sei. Vorauseilende Anpassung an eine befürchtete Volksstimmung mag erklären, dass nach der Publikation des Gerüchts über Korruption in der Bremer BAMF-Außenstelle das politische Berlin von Irrationalität erfasst wurde. Dass man sich opportunistisch verhält, wird man sich in solchen Fällen ungern eingestehen. So macht man sich die mehr oder weniger eingebildete Furcht zu eigen, und Autosuggestion vermehrt die Irrationalität.

Die Bremer Staatsanwaltschaft bildete eine fünfundvierzigköpfige Ermittlungsgruppe – ein Personalaufwand, wie er nach Einschätzung Henning Ernst Müllers allenfalls in Terrorismusverfahren üblich ist. Als im September 2019 schließlich Anklage erhoben wurde, war die Zahl der als strafrechtlich relevant eingestuften Fälle auf 121 geschrumpft. Schon im März 2019 hatte das Bundesinnenministerium mitgeteilt, dass die Fehlerquote der Bremer Entscheidungen nach den vorläufigen Ergebnissen der vom Minister angeordneten Überprüfung lediglich ein Prozent betrug. Möglicherweise hat die Bremer Filiale also sogar besser gearbeitet als viele andere Außenstellen. Nach rund 12 000 Aktenprüfungen hat die Zentrale des Bundesamts in Nürnberg lediglich 28 positive Asylbescheide zurückgenommen.

Vierzehn Monate nach der Anklageerhebung, im November 2020, erfolgte der Beschluss des Landgerichts über die Eröffnung der Hauptverhandlung. Noch einmal schrumpfte die Fallzahl dramatisch, von 121 auf 22. Die Staatsanwaltschaft hatte der abgelösten Außenstellenleiterin unter anderem Verleitung zur missbräuchlichen Asylantragstellung und Einschleusen von Ausländern zur Last gelegt. In diesen Punkten wurde die Anklage nicht zugelassen – damit hatten sich die politisch erheblichen Vorwürfe erledigt. Es verblieben die Anklagepunkte Geheimnisverrat und Vorteilsannahme. Hatte sich die Beamtin vom mitangeklagten Rechtsanwalt zwei Hotelübernachtungen bezahlen lassen? Ein Luxushotel hatte sie jedenfalls nicht in Anspruch genommen: Die Rechnungssumme belief sich auf 130 Euro. Am 15. April 2021 begann die Hauptverhandlung. Schon am zweiten Tag wurde sie beendet. Das Verfahren wurde wegen Geringfügigkeit eingestellt; die Beamtin akzeptierte eine Geldauflage. Die Vorsitzende Richterin erklärte, dass die Sache angesichts der geschrumpften Dimension eigentlich vor dem Amtsgericht hätte verhandelt werden müssen. Über das tatsächlich gravierende Fehlverhalten, die kollusive Produktion falscher Verdächtigungen auf dem Dienstweg sowie den Umwegen über die Medien und die Politik, konnte das Gericht ohnehin kein Urteil fällen. In diesem Sinne sagte die Vorsitzende: »Was in der Vergangenheit liegt, können wir nicht ändern.«

Für die Irrationalität des Berliner Aufklärungseifers gilt der bekannte Aphorismus von Karl Kraus in abgewandelter Form: Der Skandal fängt an, wenn die Politik ihm ein Ende macht. Es bleibt, auch abgesehen von der Frage nach einer möglichen Rehabilitierung der denunzierten Beamtin, ein ausgesprochen schäbiger Nachgeschmack, weil das Nichtwissenwollen der Journalisten und Politiker in dieser Angelegenheit auch eine moralische Blindheit war. Kaum jemand hielt es für nötig zu erwähnen, dass es sich bei den von der angeblichen Vorzugsbehandlung Betroffenen um Jesiden gehandelt haben soll, also Angehörige einer Minderheit, deren Anerkennungsquote im Asylverfahren 2015 bei 97 Prozent lag. Und wo war der Politiker, der gefordert hätte, im Sinne des Rechtsstaats neben allen positiven Bescheiden auch alle negativen zu überprüfen und die Fehlerquoten zu vergleichen?

Nach den Offenbarungen von Titus Oates hatte sich das Parlament jahrelang mit den Hochverratsanklagen gegen die fünf katholischen Lords zu beschäftigen. Auch Parlamentarier, die an der Schuld ihrer Kollegen ihre Zweifel hatten, sahen sich genötigt, die Verfahren weiterzubetreiben, und mögen versucht haben, das Schlimmste zu verhüten. Noch charakteristischer als dieses halbherzige Mitmachen ist für die Tyrannei des Gerüchts das unwillkürlich gemeinschaftliche Denken, das mit der Zeit auch geborene Zweifler ergreift. Das Verdienst, durch eine Serie von Fragen an die Bundesregierung der Tatsache gegenüber dem Gerücht zu ihrem Recht verholfen zu haben, kommt der Linken-Abgeordneten Ulla Jelpke zu. Aber in ihrer Hartnäckigkeit ging sie ihrer Fraktion zu einem gewissen Zeitpunkt der Krise zu weit. Als sie eine »Hexenjagd auf asylfreundliche BAMF-Beschäftigte« beklagte, wurde sie von der Fraktionsführung zurückgepfiffen. Doch dass von einer Hexenjagd nicht gesprochen werden sollte, ist das stärkste Indiz dafür, dass sie in Gang war.

Wo das Gerücht eine Gemeinschaft ins Leben ruft, die es für wahr hält, wird diese vermeintliche Wahrheit überall Beglaubigung finden.

Als Beweis wird man alles präsentieren, was ins Schema passt, und das Schematische dieser Zirkelschlussketten wird übersehen. Gerüchte werden immer ausgeschmückt, denn sie bedürfen der scheinbaren Verifikation durch das sprechende, in Wahrheit aber tautologische Detail. So wurde im Zuge der journalistischen Zusatzrecherchen zum Bremer Skandal ein Täterprofil der Hauptverdächtigen geboten. Und welche Eigenschaft, verbürgt von namenlosen Kollegen, wurde in einem Porträtartikel als psychologische Erklärung des angeblichen Rechtsbruchs präsentiert? Die ehemalige Vorgesetzte habe durchaus »ein gewisses Helfersyndrom«.

Sie hatte demnach eine Persönlichkeit, die perfekt, vielleicht zu perfekt mit dem ihr zur Last gelegten Handeln und dessen politischer Bedeutung harmonierte. Sie war wie das Land, auf dessen Gesetze sie ihren Diensteid geschworen hatte – nein: Sie war so geblieben, wie fast das ganze Land im Herbst 2015 gewesen war. Und dieses Klischee, diese Pathologisierung einer Dienstauffassung, die unter anderen politischen Vorzeichen womöglich sogar als vorbildlich bewertet worden wäre, fand man in der *taz*, dem Zentralorgan des Milieus der unverbesserlichen Weltverbesserer. Zusammen mit einem anderen psychologischen Topos aus dem Streit über die deutsche Flüchtlingspolitik: Die Beamtin lege »fast schon ein Sendungsbewusstsein« an den Tag, wenn es um Menschen in Not gehe.

DIE LETZTE CHANCE

Der »Rest geht in Jubel unter«: So steht es in eckigen Klammern in der vom Bundesamt für Verfassungsschutz angefertigten Mitschrift der Rede, die Björn Höcke am 17. Januar 2017 vor der Nachwuchsorganisation seiner Partei in Dresden hielt. Auszüge aus dem Redetext führt das Gutachten des Amtes aus dem Januar 2019 als Indizien für verfassungsfeindliche Bestrebungen der AfD an. Das Vorrecht einer Parteijugend ist, um es mit einem altertümlichen Substantiv zu sagen, das Ungestüm. In der politischen Vorstellungswelt ist die aufbrausende Wesensart des Nachwuchses eine feste Größe. Denn in dieser Vorstellungswelt, und das gilt in Deutschland derzeit noch für das gesamte parteipolitische Spektrum von der Linkspartei bis zur AfD, wird seit der Epoche der Geschichtsphilosophie, also seit zweihundert Jahren, mit langfristigen Entwicklungstendenzen gerechnet, und daraus ergibt sich ein Zusammenhang zwischen der Zukunftsorientierung der Politik und der Schichtung der Parteiorganisation nach Generationen. In Person der Jungmitglieder ist die Zukunft schon Gegenwart. Die Jugendorganisation darf voreilig sein, denn sie soll die Mutterpartei an Radikalität überbieten. So ist die Junge Alternative von Hause aus die Hausmacht derjenigen AfD-Politiker, die auf die Zukunft bauen: prädestiniert als Jubelsturmabteilung.

Orkanstärke erreichten in Dresden die Jubelrufe aus Höckes jungem Publikum, als er den Moment der Rückkehr zu einer »Politik für das eigene Volk« beschwor. Wie Höcke seinen Satz zu Ende geführt hatte, konnten auch die subtilsten Sprachanalysegeräte der Verfassungsschützer nicht mehr herausfiltern. Es kam wohl auch nicht darauf an. Höcke beschrieb an dieser bejubelten Stelle seiner Rede die Machtübernahme der AfD, und zwar gemäß einer Legalitätsstrategie. In einer Koalition mit einer »Altpartei« werde man Zugriff auf die Regierungsgewalt erhalten. Ein apokalyptisches Geschehen läge zu diesem Zeitpunkt hinter dem Land, das sich in Höckes Vision freilich im Lager der Gegner der AfD abgespielt hätte. Voraussetzung für eine Koalitionsregierung wäre ein »kathartisches Fegefeuer« als Durchgangsstation des neuen Partners. Höcke verfiel ins schwülstige Pathos der Schwurhändel: Der »Politik gegen das Volk« müsste der Koalitionspartner »abgeschworen« haben, »um endlich wieder zu einer Politik für das eigene Volk« – der Rest war Jubeln.

»Politik für das eigene Volk«: Den Slogan plakatierte die AfD 2016 in Mecklenburg-Vorpommern, wo sie die CDU erstmals bei einer Landtagswahl hinter sich ließ. Die AfD-Fraktion im brandenburgischen Landtag stellt den Livestream ihrer Veranstaltungen unter die Überschrift: »So geht Politik für das eigene Volk.« Einen von der AfD in den Landtag von Sachsen-Anhalt eingebrachten Antrag mit dem Titel »Sonderklassen für Flüchtlingskinder einführen« begründete der Abgeordnete Hans-Thomas Tillschneider so: »Das liegt im Interesse unserer Kinder, und dieses Interesse hat für uns Priorität; denn wir, werte Kollegen, machen Politik für das eigene Volk.«

Tillschneider gilt als »Flügel«-Spitze, als theoretischer Kopf des rechten Lagers der Rechtspartei. Mit seinem bürgerlichen Beruf steht er allerdings für ein Sachgebiet, bei dem die von der AfD vertretenen Standpunkte weit über die Wählerschaft der Partei hinaus auf Zustimmung treffen. Der Alumnus der Studienstiftung des deutschen Volkes lehrte als Akademischer Rat am Lehrstuhl für Islamwissenschaft der Universität Bayreuth. 2019 hat er sich in Bayreuth habilitiert; seine Lehrverpflichtungen als Privatdozent erfüllt er durch Abhaltung eines Blockseminars. Im Sommersemester 2020 war das Thema »eine kompakte Einführung in das islamische Recht«. In den Jahren 2013 und 2014 legte Tillschneider in drei Artikeln auf der Seite »Bildungswelten« der *Frankfurter Allgemeinen Zeitung* dar, dass die Einrichtung von Lehrstühlen für islamische Theologie an deutschen Universitäten verfrüht sei, und konnte diese Auffassung auf seine Forschungen zur juristischen Hermeneutik und zur exegetischen Tradition im Islam stützen.

An Tillschneiders wissenschaftspolitischen Interventionen aus der Position des universitären Fachmanns, in denen das »eigene Volk« noch nicht angerufen wird, fällt im Rückblick eine sozialdarwinistische Konzeption des wissenschaftlichen Fortschritts ins Auge. »Als Hätschelkind der Politik auf frisch aus dem Boden gestampfte Institute weich gebettet und von der Islamwissenschaft mit Samthandschuhen angefasst, musste die Islamische Theologie bislang nicht den geringsten Widerstand überwinden. So aber entsteht keine moderne Theologie, die es verdient, im Gesamtgefüge der universitären Fächer eine Rolle zu spielen.« Sein eigenes Fach, die Islamwissenschaft, versuchte Tillschneider zum Kampf aufzustacheln. Sie müsse die Islamtheologie »herausfordern«, wenn sie nicht untergehen wolle. Der Schlusssatz seines ersten F.A.Z.-Artikels stellte seine durch ihre Anciennität nur scheinbar gegen die neue Konkurrenz abgeschirmte Disziplin vor eine Alternative: »Die Islamwissenschaft wird entweder prononciert traditionskritisch sein, oder sie wird überhaupt nicht sein.« Hier variierte der Autor einen der berühmtesten Programmsätze des wissenschaftlichen Positivismus. Der Internist Bernhard Naunyn, im Amtsjahr 1907 Vorsitzender der Gesellschaft Deutscher Naturforscher und Ärzte, hatte postuliert: »Die Medizin wird Wissenschaft sein, oder sie wird nicht sein.«

Woher kommt der Radikalismus in der AfD? Im Fall Tillschneider kann man vermuten: aus der Wissenschaft, aus einer methodischen Weltbetrachtung, die mit unbedingtem Willen zur Folgerichtigkeit Illusionen widerlegen will und sich in Geisterbekämpfung hineinsteigert. Der Islamkritiker Tillschneider verteidigt nicht etwa das Abendland einer christlichen Ideologie. Gerade umgekehrt fordert er, den Islam derselben wissenschaftlichen Kritik auszusetzen, die schon die Macht der Kirchen gebrochen hat. Er selbst ist konfessionslos wie die Mehrheit seiner Wähler in Sachsen-Anhalt. Das Beispiel zeigt, dass es sich die Gegner der Neuen Rechten zu leicht machen, wenn sie vor antiaufklärerischen Kräften warnen oder sogar im Namen der wissenschaftlichen Wahrheit mobilmachen wollen. Tillschneiders Geschichte, die zweite Karriere eines Wissenschaftsbeamten aus dem Mittelbau eines kleinen Faches mit sehr großem Gegenstand, ist nur scheinbar idiosynkratisch. Rationalismus und Nationalismus können durchaus harmonieren, wie die Geschichte des deutschen Nationalismus beweist. Der Nationalstolz der Gebildeten im Kaiserreich speiste sich zu einem guten Teil aus dem Wissen um die Spitzenleistungen der deutschen Wissenschaft. Eine Pionierleistung, die auch jenseits der deutschen Grenzen als historische Tat galt, war die Umgestaltung der (protestantischen) Theologie im Geist der Bibelkritik. In der wissenschaftlichen Religionskritik waren die Deutschen den anderen Nationen lange mindestens ebenso weit voraus wie die Engländer in der Industrieproduktion. Und die Theologie war damals so etwas wie der Leitsektor der Wissensproduktion: der Produktion durch schöpferische Zerstörung.

Im Zuge der Entzauberung der Welt konnte die Nation quasi als eine letzte Größe von unbezweifelbarer Realität erscheinen. Attraktiv war an diesem Reduktionismus schon damals, dass er sich als realistische Alternative zu jeder weltanschaulichen Politik ausgab. Der Nation musste keine Zweckbestimmung aufgebürdet werden, keine moralische Mission, wie sie die älteren Nationalstaaten weiter im Westen für sich in Anspruch nahmen. Es genügte, sie als stabile Formation in jenem Kampf ums Dasein zu sehen, als der in Anlehnung an die Evolutionstheorie Charles Darwins alles naturgesetzlich erklärbare Geschehen beschrieben wurde. Ausdrücklich stellt sich die AfD auf den Boden des Sozialdarwinismus, wenn Björn Höcke die Partei als »die letzte evolutionäre Chance für unser Vaterland« bezeichnet. Er betont gerne, dass er nicht müde werde, diese Formel zu verwenden, als hätte die Evolution auch diesem Redeschmuckstück eine Funktion im Verdrängungskampf gegeben, wie dem Pfauengefieder und dem Hahnenkamm.

Wenn Höcke im selben Atemzug »evolutionär« als Synonym von »friedlich« ausweist, stilisiert er die Gewalt des Bürgerkriegs oder Weltbürgerkriegs, den er angeblich aufhalten beziehungsweise von den deutschen Grenzen fernhalten will, zum katastrophischen Naturereignis. Die Reden im Wirtshaus zur letzten Chance dienen der Einstimmung auf den Kriegsausbruch. In diesem Sinne bestimmte Andreas Kalbitz, damals brandenburgischer Parteivorsitzender, auf dem Kyffhäusertreffen 2017 den »historischen Auftrag« der AfD unter Verweis auf Höcke: »Die AfD ist die letzte evolutionäre Chance für dieses Land. Danach kommt nur noch ›Helm auf!‹.« Im Juli 2019 unterzeichneten hundert Funktionäre der AfD einen »Appell«, der als Manifest eines Aufstands gegen Höcke verstanden wurde, der Probe darauf, ob der Trommler des Kyffhäuser-Tourismus wirklich der starke Mann der Partei war. Formalistisch wurde Höcke über die Zuständigkeiten eines Landesvorsitzenden belehrt: »Wir fordern Björn Höcke auf, sich zukünftig auf den Aufgabenbereich zu konzentrieren, für den er legitimiert ist.« Landesvorsitzende anderer Parteien dürften von diesen Legitimationsproblemen im Spätpopulismus amüsiert Kenntnis genommen haben. Wollte jetzt die AfD und dann auch noch ihr »freiheitlicher« Anti-»Flügel«-Flügel zum Rückmarsch in die Kleinstaaterei blasen? Beim Verlassen des Freistaats Thüringen hätte sich Höcke ausweisen müssen: Immerhin war es konsequent, die Wiederbelebung der Grenzkontrollen auf die deutschen Binnengrenzen auszudehnen.

Vielleicht wollten die Verfasser des Appells mit dem Pochen auf Satzung und Hierarchie das Bürgerliche an ihrem Politikansatz demonstrieren. In der Sache boten sie nichts, was diese Selbstbeschreibung gestützt hätte. Als Verstoß gegen die Pflicht zur innerparteilichen »Solidarität« rügten sie den von Höcke zelebrierten »Personenkult«, nicht etwa den Inhalt seiner Reden. Und nicht nur stillschweigend teilten sie Höckes Weltbild, denn sie übernahmen seine geschichtsphilosophische Ortsbestimmung der Partei. Gleich der allererste Satz ihres Aufrufs lautet: »Wir stehen für eine bürgerliche, freiheitliche und patriotische AfD, die sich als letzte Chance zum Erhalt unseres Vaterlandes versteht.« Wer die letzte Chance verkörpert, darf auch im Binnenverhältnis nicht zimperlich sein. In der sozialen Evolution können Teile von Organismen bei laufendem Betrieb ihre Funktion einbüßen. Wer an das harte Naturgesetz glaubt, wird den Theoretiker der Evolution nicht von dessen Geltung ausnehmen wollen. Auch der quirligste und abgefeimteste Stürmer kann sich über seine Auswechslung nicht beklagen, wenn er zum Chancentod geworden ist. Beim letzten Glied der bekannten Steigerungsreihe Freund – Feind – Parteifreund schwingt im Fall der AfD die Konnotation des Parasiten und Schmarotzers mit. Auch die Evolution frisst ihre Kinder. Aber wird das Björn Höcke passieren?

Ein raubvogelartiges Lebewesen, das zum Fliegen nur einen Flügel braucht und dank dieser einseitigen Entwicklung alle Konkurrenten aussticht: Als ein solches Monster stellt sich die AfD im Lichte der von der Gruppe um Höcke gewählten Selbstbezeichnung dar. Der »Flügel« kann davon absehen, sich rechts zu nennen, weil für einen linken Flügel ohnehin kein Platz ist. Wer in der AfD mitmacht, lässt sich auf ein Spiel ein und muss die Haltung eines Spielers annehmen. Die Partei ist ein Zockerclub, der alles auf eine, die allerletzte Karte setzt. Gäbe ein Clubmitglied zu, dass die Propaganda vom bevorstehenden Untergang Deutschlands ein Bluff ist, gäbe er das Spiel verloren. Wie es in der Parteiöffentlichkeit keinen Spielraum für die Vorstellung gibt, die AfD sei vielleicht doch erst die vorletzte oder gar drittletzte Chance für das Vaterland, so eignet sich auch die Losung »Politik für das eigene Volk« nicht, um Nationalisten von Patrioten zu unterscheiden, Nationalrevolutionäre von Nationalkonservativen, Radikalnationalisten von Rationalnationalisten oder Hetzer von Schwätzern.

DEM DEUTSCHEN VOLKE

Der Deutsche Bundestag tagt seit 1999 in dem Gebäude, das Paul Wallot in Berlin für das Parlament des 1871 gegründeten Deutschen Reiches errichtet hat. Schon bei der Einweihung im Jahr 1894 hätte nach dem Willen des Architekten unter dem Giebel auf der Westseite die Inschrift »Dem deutschen Volke« angebracht werden sollen. Die vorgesehene Widmung missfiel aber Kaiser Wilhelm II., der fürchtete, dass die Leser sie als Übereignung verstehen würden, als Übertragung der Souveränität an das Volk, dem die Allgewalt, die über die Staatsform entscheidet, gemäß der Verfassung von 1871 gerade nicht zukommen sollte. Erst 1916 erlaubte der Kaiser, dass die siebzehn jeweils sechzig Zentimeter hohen Buchstaben, die in einer von Peter Behrens eigens entworfenen Nationalschrift in Bronze gegossen wurden, die Leerstelle über dem Westportal füllten. Mitten im Ersten Weltkrieg wollte die Obrigkeit verspätet um die Loyalität des Volkes werben – Äußerungen spontaner Dankbarkeit für diesen Akt erzwungener Ehrerbietung sind nicht überliefert.

Der ältere Cato, ein römischer Staatsmann der Republik, soll im Senat bei jeder Abstimmung, was immer auch zur Entscheidung stand, seiner Stellungnahme den Satz angefügt haben, im Übrigen sei er der Ansicht, dass Karthago zerstört werden müsse. Ähnlich häufig rufen Redner der AfD-Fraktion im Bundestag den Kollegen der anderen Fraktionen ins Gedächtnis, was hoch oben am Hohen Haus geschrieben steht, obwohl die Inschrift auch jene Deutschen dürften hersagen können, die nicht auf dem Weg zur Arbeit an ihr vorbeikommen. In der Haushaltsdebatte am 16. Mai 2018 wandte sich die Fraktionsvorsitzende Alice Weidel an die Bundesregierung mit den Worten: »Statt dem Souverän, dem Bürger, reinen Wein einzuschenken, werden vollmundige Sonntagsreden gehalten. Und dabei fühlen Sie sich dem

Schriftzug am Hohen Hause ›Dem deutschen Volke‹ ohnehin nicht mehr verpflichtet.«

Der Bürger sitzt vereinzelt auf den Rängen und überwiegend draußen, verfolgt die Sitzung im Fernsehsender Phoenix oder wartet auf den Bericht in der Zeitung von morgen, falls er sich nicht ohnehin darauf verlässt, dass es ihm irgendjemand irgendwann schon erzählen wird, wenn im Bundestag etwas Sensationelles gesagt worden sein sollte. Dass die Regierung den abwesenden Bürger an der Nase herumführt, für dumm verkauft und zum Narren hält, bekommt sie von der Opposition in jeder Debatte zu hören. Obligatorisch ist auch die Nachhilfelektion in Demokratietheorie, wonach alles Regierungshandeln den Willen des Volkes unter Aufsicht des Volkes vollzieht, weshalb das Volk umfassend über die Gründe und Ziele der Regierung unterrichtet werden muss. Eine Sündenregisterarie, wie sie eine Oppositionsführerin abspulen muss, ist noch kein Angriff, der zum Ausdruck bringt, dass nach Ansicht der Opposition ein ganz anderes Stück aufgeführt werden sollte. Geradezu zurückhaltend war für sich genommen der Vorwurf der Weinpanscherei, mit dem Alice Weidel ihre Rede eröffnete.

Die AfD hält der Bundesregierung freilich nicht nur mit der von jeder Opposition erwarteten Hartnäckigkeit vor, dass sie es an Respekt vor dem Souverän fehlen lasse. Missachtung der Reichstagsinschrift, das ist vielmehr derselbe Vorwurf wie die Behauptung, die Kanzlerin und die Minister hätten ihren Eid gebrochen, dessen Formel sie doch ebenfalls scheinbar unmissverständlich gegenüber dem deutschen Volk in die Pflicht nimmt. In aller Form bezichtigt die AfD die gemäß den Bestimmungen des Grundgesetzes ins Amt gelangte Regierung der Usurpation der Staatsgewalt. Das Ziel der Regierungspolitik besteht demnach in der Entmachtung des Volkes. Diese These vom latenten Staatsstreich ist die Begründung für die Existenz der AfD, und dass die Partei 2017 in den Bundestag gewählt wurde, soll der Beweis dafür sein, dass das Volk der These zustimmt. Gleich am Anfang der konstituierenden Sitzung des 19. Deutschen Bundestages, in der Geschäftsordnungsdebatte über die vom 18. Bundestag beschlossene Neuregelung zur Bestimmung des Alterspräsidenten, erklärte für die AfD-

Fraktion der Abgeordnete Bernd Baumann: »Meine Damen und Herren, nehmen Sie zur Kenntnis: Der alte Bundestag, in dem Sie alles untereinander regeln und die Konkurrenz wegdrücken konnten wie hier bei der Frage des Alterspräsidenten, wurde abgewählt. Das Volk hat entschieden. Nun beginnt eine neue Epoche.«

Im ersten Kapitel des Grundsatzprogramms der AfD von 2016, Überschrift »Demokratie und Grundwerte«, wird die Souveränitätsfrage noch von der europäischen Integration her aufgerollt: »Spätestens mit den Verträgen von Schengen (1985), Maastricht (1992) und Lissabon (2007) hat sich die unantastbare Volkssouveränität als Fundament unseres Staates als Fiktion herausgestellt.« Die Frage, wie sich angesichts der fortgesetzten Verlagerung von Hoheitsrechten auf einen europäischen institutionellen Komplex neuer Mischformen nationaler und übernationaler Exekutivmacht das Letztentscheidungsrecht des deutschen Staatsvolks in seinen eigenen Angelegenheiten erhalten lässt, hat mehrfach das Bundesverfassungsgericht beschäftigt und eine reiche wissenschaftliche Literatur hervorgebracht. Das AfD-Programm setzt voraus, dass die Volkssouveränität real gewesen sei, um ihre Verwandlung in eine Erfindung beklagen zu können. Es provoziert damit die Rückfrage, ob die Volkssouveränität als juristische Figur zur Rechtfertigung repräsentativer, also dauerhaft delegierter und nur in großen Abständen kontrollierter Herrschaft nicht immer schon eine Fiktion gewesen sei, vergleichbar mit anderen Hervorbringungen des rechtswissenschaftlichen Erfindergeistes, wie etwa der juristischen Person.

Die Diskussion, die hier anfangen könnte und die ähnlich mit den Verteidigern des Brexits geführt werden müsste, die auf die Einheit von parlamentarischer und nationaler Souveränität als Pointe der englischen Verfassungsgeschichte abheben, schneidet jedoch der nächste Satz im AfD-Programm sofort ab, indem er die Erörterung der Aussichten demokratischer Selbstbestimmung auf eine elitensoziologische These über die Profiteure der Fiktionalisierung verengt. »Heimlicher Souverän ist eine kleine, machtvolle politische Führungsgruppe innerhalb der Parteien.« Wenn es aber einen heimlichen Souverän gibt, wenn sich die Souveränität zwischen Brüssel, Straßburg und Berlin nicht etwa verflüchtigt, wenn sie ganz im Gegenteil in den Händen einer kleinen Gruppe von Personen, einer Clique, konzentriert wird – dann wird dem Volk überhaupt kein Wein eingeschenkt, dann wird es durch den Ausschank künstlicher Süßgetränke ruhiggestellt, welche die berauschende Wirkung des Wissens, die eigenen Dinge gestalten zu können, nur simulieren. Die Programmautoren greifen auf Begriffe der politischen Soziologie der Zwischenkriegszeit zurück, deren Pessimismus den Untergang der demokratischen Verfassungsstaaten vorwegnahm. »Es hat sich eine politische Klasse von Berufspolitikern herausgebildet, deren vordringliches Interesse ihrer Macht, ihrem Status und ihrem materiellen Wohlergehen gilt.«

Dieser Satz könnte abgeschrieben sein aus einem der zahlreichen Bücher, die der Staatsrechtler Hans Herbert von Arnim, von 1981 an Lehrstuhlinhaber an der Deutschen Hochschule für Verwaltungswissenschaften Speyer, seit der Ära Kohl der Kritik des sogenannten Parteienstaats gewidmet hat. Der Kultursoziologe Thomas Wagner hat in seinem 2017 erschienenen Buch *Die Angstmacher* intellektuelle Verbindungslinien zwischen den Protestmilieus nach 1968 und nach 2015 ans Licht gebracht. Er zeigt, wie Ideen von Außenseitern oder randständigen Zirkeln bei einem Publikum auf der Grenze von Privatwelt und Öffentlichkeit eine oft zunächst unterschätzte Resonanz fanden, die ihnen heute eine scheinbar verzögerte politische Wirkung beschert. Wie konnte und kann die AfD überhaupt Anklang finden angesichts der schrillen Töne und kruden Thesen ihrer Sprecher, der notorischen wie der namenlosen, und das bei einem Publikum, das sich für bürgerlich hält, was immer noch bedeutet: sich etwas einbildet auf seinen Geschmack? Wie Wagner zeigt, hatten einige Versatzstücke der AfD-Programmatik oder, genauer gesagt, der von der AfD gegebenen Beschreibung der Lage der Nation ihr Publikum schon gefunden, lange bevor es die AfD gab. Insbesondere Gemeinplätze einer kulturkritisch zugespitzten und dadurch fasslich gemachten Kritik des politischen Betriebs wirkten allein durch Vertrautheit plausibel, als die AfD sie aufgriff, und diese Plausibilität färbte ab auf das, was bei der AfD als Sachpolitik herhalten muss.

Ideelle und personelle Kontinuitäten fallen in solcher Gedankenproduktion von Eifrigen für Missgelaunte in der Regel zusammen. Eine der wichtigsten Linien vom außerparlamentarischen Gegrummel zur antiparlamentarischen Parteigründung verläuft durch Speyer, in sicherem Abstand zum sprichwörtlich verrückten Rand des Rechtskonservatismus der Bundesrepublik. Speyer liegt zentral, wenn man die Organisation der deutschen Staatlichkeit kartographiert: Die Hochschule (heute: Deutsche Universität) für Verwaltungswissenschaften wird von allen Bundesländern gemeinsam alimentiert und dient der Weiterbildung der Führungskräfte der Beamtenschaft. Ausgerechnet hier, wo man mit der École Nationale d'Administration in Paris wetteifern möchte, entwickelte Arnim – ein Spross des weitverzweigten, aus der preußischen Geschichte bekannten Freiherrngeschlechts – seine Lehre, wonach der Staatsapparat der Bundesrepublik korrumpiert sei, und zwar durch die Besitzer jener Parteibücher, die bestimmt auch etliche Kursbesucher der Verwaltungshochschule bald nach ihrer Verbeamtung oder sogar vorher erworben hatten. Die Tatsache, dass diese Kritik im Maschinenraum des Staatstankers ausgearbeitet wurde, kann man aber auch für einen Triumph wissenschaftlicher Objektivität und der Institutionen halten, die diese Objektivität zulassen und fördern – wie es in institutionengeschichtlicher Betrachtung durchaus Sinn ergibt, dass Tillschneider die islamische Theologie von der Pfründe eines Akademischen Rats für Islamkunde aus attackierte. Mit Tagungen und vor allem durch seine unermüdliche publizistische Aktivität verbreitete Arnim seine Parteienkritik, unterstützt durch andere Autoren, die in ihrem Rollenverständnis ebenfalls den Hochmut der selbstgewählten Distanz und die Unruhe des Wirkungswillens vereinten. Aus dem Speyerer Umfeld finden sich im Gründerkreis der AfD der Industrie-Großlobbyist Hans-Olaf Henkel und Konrad Adam, der Jeremias des F.A.Z.-Feuilletons, wieder.

Die Titel der Bestseller Hans Herbert von Arnims sprechen für sich: *Staat ohne Diener, Demokratie ohne Volk, Der Staat als Beute, Fetter Bauch regiert nicht gern, Diener vieler Herren, Das System, Vom schönen Schein der Demokratie, Das Europa-Komplott, Die Deutschlandakte, Volksparteien ohne Volk, Der Verfassungsbruch, Die Selbstbediener, Die Angst der Richter vor der Macht, Die Hebel der Macht und wer sie bedient*, *Die Arroganz der Macht*. Es gibt eine Form von Beschwerde, die allein durch Wiedervorlage im Ton heftiger wird. Den Missständen ist nicht abgeholfen worden, so dass das Skandalvolumen wächst und wächst. Die Analyse vereinfacht sich sozusagen von selbst: Am Anfang mag die Personifizierung, die Heraushebung besonders eklatanter Fälle, ein rhetorisches Mittel der Verdeutlichung gewesen sein; irgendwann aber erübrigt die Masse der Fallgeschichten strukturelle Erklärungen. Unsitten werden dann Einzelnen zugerechnet, als ginge es um Untaten, und ein System fehlgeleiteter Anreize wird unsichtbar hinter dem tausendfach unterstellten Willen zur Bereicherung. Die Selbstbedienung, ein logistisches Konzept aus Gastronomie und Einzelhandel, das die Massenabfertigung erlaubt und für Unannehmlichkeiten wie Wartezeiten oder Verarbeitung von Tiefkühlkost mit niedrigen Preisen entschädigt, muss herhalten als Inbegriff der exklusiven Asozialität, des organisierten Egoismus. Komplett ist die Personalisierung des politischen Vorstellungsvermögens schließlich, wenn man sich die Macht als eine Maschine denkt, die über Hebel gesteuert wird.

Was ist Radikalisierung? Eine vorläufige Antwort lautet: ein sprachliches Geschehen, ein Prozess der Regression, in dem Reizvokabeln zunächst bildlich und dann wörtlich verstanden werden. Man nehme das Wort »Komplott«: Wenn die nach Brüssel entsandten Beamten und Politiker ihre eigene Sonderwelt ausbilden, die nicht auf Durchschaubarkeit angelegt ist, dann erinnert man an Standards demokratischer Kontrolle, indem man den Eindruck formuliert, die Mitglieder dieser superhauptstädtischen Führungsschicht agierten so, als hätten sie sich verschworen. Ein zweiter Schritt ist es, ein Schritt auf dünnes Eis, ihnen tatsächlich eine Verschwörung zu unterstellen, also einen in Absprachen fixierten Plan zulasten von Uneingeweihten. Oder das Wort »Akten«. Ein Wissenschaftler, der wie Hans Herbert von Arnim verdeckte Geldflüsse und diskrete Einflusswege im politischen System untersucht, wird seine Quellen dokumentieren und Akten führen. Auf die Idee, dass die so entstandene »Deutschlandakte« Material für Prozesse gegen hohe Amtsträger der Bundesrepublik enthalten könnte, mögen dann Leser des Buches kommen.

Ein Vierteljahrhundert lang schlug Arnim wegen der Macht der

Parteien Alarm. Dann gründete sich die AfD, die diese Kritik zum Programm machte. Der Gedanke dahinter war zwingend: Wenn sich etwas ändern sollte, musste eine neue, noch nicht bestochene Partei nach den Hebeln greifen. Mit Genugtuung stellte Arnim im ersten der beiden von ihm 2017 veröffentlichten Bücher fest, die AfD schlage »zahlreiche Reformen vor, um die ›Selbstbedienung‹ der politischen Klasse zu unterbinden und die Entfernung der Parlamentsparteien von den Bürgern zu verringern«. Er beschrieb die Parlamentsparteien, von denen jede doch mindestens ein Zwanzigstel der bei der letzten Wahl abgegebenen Stimmen erhalten haben musste, als ein System ohne Umwelt. In Deutschland haben wir nach Auskunft dieses Verfassungsrechtlers eine »Demokratie ohne Volk«. Es genügte ihm nicht, dem Volk eine Position der Halbdistanz gegenüber der Sphäre der Berufspolitiker zuzuweisen, eine aus Anspruchsdenken und Fatalismus gemischte Haltung, in deren Ambivalenz das Wissen um die Tatsache hineinspielt, dass Politiker aus dem Volk hervorgehen und ihren Status weder erben noch auf Weisung höherer Mächte erhalten. Nein, Arnim beschwor »Volksparteien« ganz »ohne Volk«: Sie scheren sich angeblich nicht mehr um den Bürger, der ihnen deshalb den Rücken gekehrt haben soll. Kann es das überhaupt geben, eine Demokratie ohne Volk? Wäre sie nicht so etwas wie ein Musikstück ohne Töne, ein Fußballspiel ohne Spielgerät, eine Suppe ohne Flüssigkeit? Das Volk soll herrschen, hat aber nichts zu sagen – das ist die Beschreibung einer Diktatur.

So hat das Arnim mutmaßlich nicht gemeint, der gewollte Widerspruch in den Buchtiteln sollte nur auf die Unmöglichkeit des Status quo aufmerksam machen. Aber auch diese rhetorische Figur gehört zu den Beschreibungsformeln, die bei eifrigem Gebrauch irgendwann wörtlich verstanden werden. Und wenn man in dieser Weise mit der griffigen »Demokratie ohne Volk« verfährt, dann bezeichnet die legitimatorische Fehlanzeige zugleich eine tatsächliche Leerstelle. Es muss jemanden geben, der die Stelle des Volkes einnimmt, ihm den Platz freihält und es wieder auf den Plan ruft. Der Populismus, dessen Gespenst in Europa, Amerika und überall sonst auf der Welt umgeht, wo gewählt wird, lässt sich nicht dadurch definieren, dass er für das Volk spricht und für seine Bestimmung des Volksinteresses Verbindlichkeit beansprucht. Das tut in der Demokratie jede Partei, indem sie die Mehrheit erringen will. Klientelparteien sind in einem demokratischen System ein Fremdkörper und in der Gegenwart ohnehin in Auflösung oder Umbildung begriffen. Sie mögen einen guten Zweck erfüllen, insofern sie vor Augen führen, dass der Pluralismus eine soziale Tatsache ist. Aber für Apotheker oder Abiturienten oder Bayern können sie nur dann etwas tun, wenn sie Gründe dafür nennen können, dass das Interesse ihrer Klienten in der Sache, in der gerade eine Mehrheitsentscheidung ansteht, mit dem Interesse des Ganzen zusammenfällt.

Unentbehrlich ist für den Populismus die Idee des Vakuums. Das Volk bedarf demnach eines speziellen Beschützers, weil es daran gehindert wird, seine Interessen zur Sprache zu bringen. Es wird angeblich ruhiggestellt. Aber wie? Es läge nahe, an materielle Wohltaten zu denken, allerdings fassen Populisten nur äußerst ungern die Kürzung von Sozialleistungen ins Auge. Da die ökonomische Erklärung für die relative Genügsamkeit des Volkes entfällt, muss die Bedeutung immaterieller Faktoren übertrieben werden. Ein Interesse an Ideologie, am Glauben an die Macht von Ideen, treibt Populisten also schon bei der Absteckung des Kampfplatzes an. Die Sprachlosigkeit des Volkes wird auf Desinformation und Einschüchterung zurückgeführt. Dass das Volk von Natur aus zur Passivität neigen könnte, wird natürlich ausgeschlossen – diese stillschweigende Prämisse findet man übrigens bei der systemkritischen Linken wieder. Die Marginalisierung des Volkes wird als aktiver Vorgang dargestellt, den die Berufspolitiker nicht bloß zynisch oder gleichgültig in Kauf nehmen, sondern systematisch betreiben.

Was der Marxismus der Arbeiterklasse vergeblich beibringen wollte und der bürgerlichen Klasse nur andichten konnte, das beherrscht, wenn man dem Grundsatzprogramm der AfD glaubt, die »politische Klasse« mühelos: das gemeinschaftliche Handeln. »Es handelt sich um ein politisches Kartell, das die Schalthebel der staatlichen Macht, soweit diese nicht an die EU übertragen worden ist, die gesamte politische Bildung und große Teile der Versorgung der Bevölkerung mit politischen Informationen in Händen hat.« Hier sind sie wieder, die Hebel der Macht aus Arnims Buchtitel von 2017.

An Arnims Gedankenwelt erinnert auch die große Bedeutung, die den Institutionen der politischen Bildung als Einflussagenturen der Parteien zugemessen wird. Die politischen Stiftungen sind das große Beispiel für die Umwegfinanzierung der Parteien. Der Staat kommt direkt oder indirekt für die akademische Nachwuchsförderung der Parteien sowie die intellektuelle Landschaftspflege durch Tagungen und Zeitschriften auf. Diese Ausgaben werden im Namen hehrer Ideale der Kulturförderung gerechtfertigt, schwächen aber in den Augen von Kritikern die kritische Öffentlichkeit, da die staatliche Sphäre in die Gesellschaft hinübergreift und die Parteien ihre eigenen Unterstützer-milieus alimentieren. Die Behauptung, die Parteien kontrollierten die gesamte politische Bildung, ist eine Übertreibung. Das gilt auch dann, wenn man in Rechnung stellt, dass etwa die Volkshochschulen von den Kommunen getragen werden und dass Parteivertreter auch sonst überall mitreden, wo staatliches Geld in Bildungsarbeit fließt. Keiner Begründung bedarf offenbar die hier gar nicht explizit gemachte Vor-entscheidung, den öffentlich-rechtlichen Rundfunk kurzerhand kom-plett als staatliche Veranstaltung zu betrachten. Aber selbst wenn man diese Voraussetzung akzeptiert, einer Soziologie der Hebelwirkungen zuliebe, die sich mehr für Machttatsachen als für Normtexte interes-siert, so behält doch der Gedanke, dass das Volk der Indoktrination der Parteien ähnlich schutzlos ausgeliefert sei wie dem Finanzamt, der Polizei und anderen Behörden, in denen der Wille des Gesetzgebers zwingende Kraft gewinnt, etwas Maßloses. Übertreibungen und Ein-seitigkeiten schaden der AfD nicht. Man wird nun nicht annehmen können, dass die Sympathisanten, Wähler und Mitglieder die Verstöße gegen Logik, Alltagswissen und guten Geschmack überhaupt nicht be-merken. Eher sollte man die umgekehrte Hypothese erwägen, dass der Duktus der ungeschützten Zuspitzung und der unhaltbaren Ver-allgemeinerung die Überzeugungskraft der von der AfD produzierten Texte sogar steigert – dass das Maßlose den Anhängern der Partei viel-fach angemessen erscheint. Ohnehin ist der Beifall, den politische Sätze finden, nicht mit Zustimmung zu ihrem Inhalt zu verwechseln, weil sie zwar als Aussagen über die Welt daherkommen mögen, aber immer die Mobilisierung des Willens bezwecken. Wer ihnen Applaus spendet oder sich von ihnen auch nur dazu anregen lässt, weiterzulesen oder weiter zuzuhören, misst ihnen eine Art von praktischer Wahrheit bei.

Warum legt es die AfD geradezu darauf an, in ihren Verlautbarungen unsachlich zu wirken? Lothar Müller hat in der *Süddeutschen Zeitung* im Februar 2016 eine Antwort gegeben: »Die diskursive, gemäßigte Rede gerät unter den Verdacht, ein Instrument der Täuschung zu sein.« Für die klassische Ideologiekritik zeigt sich hier der Irrationalismus der Rechten. Müller gibt zu bedenken, dass dieses Verdikt eine Pointe der rechten Polemik ausblendet – und dadurch zu bestätigen scheint. Ein »Grundmotiv des rhetorischen Radikalismus« sei »die Suggestion, er sei der legitime Erbe der im ›Mainstream‹ erloschenen, kanalisierten politischen Leidenschaft«. Schon Carl Schmitt habe schlagende Bilder für seine Parlamentarismuskritik gefunden, um zu suggerieren, dass die polemische Energie von den Parlamenten in die außerparlamentarische Öffentlichkeit gewandert sei. So spottete Schmitt, die Garantien der Oppositionsrechte in den Geschäftsordnungen wirkten »wie eine überflüssige Dekoration, unnütz und sogar peinlich, als hätte jemand die Heizkörper einer modernen Zentralheizung mit roten Flammen angemalt, um die Illusion eines lodernden Feuers hervorzurufen«.

Wie die Radikalisierung einer Protestpartei darin manifest wird, dass bestimmte Aussagen durch bloße Wiederholung ihren Sinn verändern und nicht mehr in bildhafter, sondern in wörtlicher Bedeutung verwendet werden, so ist in der Rezeption dieser Aussagen mit einem gegenläufigen Prozess zu rechnen – der kontinuierlichen Rückübersetzung des Wörtlichen ins Bildhafte. Beispiel »Merkel-Diktatur«: Als drastisches Bild, als Karikatur, die aufrütteln will und verletzen soll, kann diese Invektive goutieren, wer sehr wohl noch Unterschiede zwischen den Verhältnissen in der DDR und der neuen Bundesrepublik zuzugeben bereit ist. »Das wird man doch wohl noch sagen dürfen«: Diese stehende Wendung zur Rechtfertigung von Anstößigem dürfte nicht selten in der Absicht zum Einsatz kommen, den pragmatischen Sinn der inkriminierten Äußerung in Richtung des Uneigentlichen zu verschieben. Die Herabsetzung des Staates, seiner Institutionen und Symbole kann damit entschuldigt werden, dass der Angriff sich nur gegen die Politik der gegenwärtigen Regierung richte – wie umgekehrt nach Schmähungen von Mitgliedern dieser Regierung die Ausrede zu hören ist, nicht die Person solle getroffen werden, sondern die Sache. Schimpfwörter, die das Gift von Epochen speichern, in denen Diskriminierung die Norm war, werden als unschuldig ausgegeben, da in der Gegenwart doch Gleichberechtigung herrsche. Im Interesse der Farbigkeit der öffentlichen Rede, für die eine Art von poetischer Freiheit in Anspruch genommen wird, sollen sie toleriert werden.

Die punktuelle Entschärfung typischer AfD-Sätze durch Anhänger und nicht selten auch Funktionäre der Partei bewirkt nun aber keine Entradikalisierung der Botschaft. Bei den Beschreibungen der feindlichen Umgebung, die zu pauschal und zu primitiv ausfallen, wie dem Satz aus dem Programm über das Monopol des Parteienkartells in der politischen Bildung, dürfte die gängigste Verteidigung lauten: Es ist aber etwas Wahres dran. So werden die Übertreibungen zurückgenommen und gleichzeitig als notwendig ausgegeben, als vorauseilende Gegenwehr gegen eine herrschende Meinung, die ihre Herrschaft angeblich nur mit schmutzigen Mitteln behaupten kann. In der sogenannten Merkel-Diktatur bildete die Rechtsopposition eine Art von umgestülpter Sklavensprache aus. Wo in wirklichen Diktaturen die Dissidenten Schreibweisen pflegen, die sich dem offiziellen Jargon anpassen, um in kaum merklichen Abweichungen Kritik an der Zensur vorbeizuschmuggeln, da demonstriert die Kampfgruppe gegen Gutmenschlichkeit ihren Widerstandswillen durch einen Gestus des Überdeutlichen.

Die Tyrannei der Political Correctness macht man an den Euphemismen fest, die das zivilgesellschaftliche Bemühen um eine Sprache des Respekts und der Offenheit dann und wann hervorbringt. Rechte Agitatoren eignen sich einzelne solcher Wendungen an, um aus ihnen Waffen einer doppelten Verachtung zu schmieden, für die angeblich beschönigend charakterisierten Zustände und Personen sowie für die

Urheber der verspotteten Ausdrücke des Wohlwollens. So ist in den Hassforen im Internet der Begriff des »Kulturbereicherers« üblich, für Flüchtlinge, die Straftaten begehen, ebenso wie für Flüchtlinge, die keine Straftaten begangen haben und deshalb als tickende Zeitbomben gelten. Die Konsumenten rechter Alternativmedien fühlen sich überall von Schönfärbern bedrängt, ob sie das Fernsehen einschalten, die Zeitung aufschlagen oder dem Bürgermeister zuhören, wenn er das Stadtteilfest eröffnet. Daher erfolgt die Alternativberichterstattung von rechts grundsätzlich im stilistischen Modus des Kakophemismus: Die Welt wird hässlich gefärbt. Auf diese Weise äfft die rechte Propaganda ihr Zerrbild einer allgegenwärtigen Regierungspropaganda nach.

Mit der Autarkie in der Informationsversorgung kann es da nichts werden. Eine Folge der Fixierung auf die vermeintlich unredlichen Mittel des Gegners ist der pantomimische Duktus der rechten Protestkommunikation: Über weite Strecken ist sie unselbständig und gegenstandslos. Um Missstände so zu beschreiben, dass Abhilfe möglich scheint, müsste man zugeben, dass bessere Zustände wenigstens hier und da verwirklicht sind. Doch zu diesem Zugeständnis will man sich nicht verstehen. Bei der auf Dauer gestellten Empörung über alles und jedes kommt es hauptsächlich darauf an, den Ton zu halten. Der rhetorische Überschuss, die Verschwendung von Emphaseformeln, die gar keine betonende Funktion, keine steigernde Wirkung mehr haben, produziert in einem fort Chiffren einer grundsätzlichen Verweigerung des Einverstandenseins. Etliches, wenn nicht fast alles, was die AfD von sich gibt, mag pubertär wirken. Und man darf bezweifeln, dass sie je erwachsen werden wird. Aber eine Partei, die in ihrem Grundsatzprogramm fordert, »auf volljährige Täter das Erwachsenenstrafrecht anzuwenden«, das heißt den Gerichten die gesetzliche Möglichkeit zu nehmen, Täter aus der Altersgruppe der Heranwachsenden (achtzehn bis zwanzig Jahre) nach Jugendstrafrecht zu bestrafen, sowie »das Strafmündigkeitsalter auf zwölf Jahre zu senken«, wird nicht erwarten, dass man ihr wegen konstitutioneller Unreife mildernde Umstände gewährt.

Und da ist tatsächlich auch etwas, das gesagt wird. Es gibt Sätze, die man nicht bildlich verstehen kann, sondern wörtlich verstehen muss,

Sätze, deren Gehalt der Verweis auf ihre Ventil- oder Signalfunktion nicht aus der Welt schafft. Ein solcher Satz folgt im Grundsatzprogramm auf den Absatz über die Macht des »heimlichen Souveräns«, des Geheimkartells im tiefschwarzen Herzen des Parteienkartells: »Nur das Staatsvolk der Bundesrepublik Deutschland kann diesen illegitimen Zustand beenden.« Der Weg zur Beseitigung einer illegitimen Regierung ist die Revolution. In der politischen Theorie bilden die Begriffe »legal« und »legitim« ein Gegensatzpaar. Als illegitim wird man nur die Regierung angreifen, deren Legalität nicht in Zweifel zu ziehen ist. So gesteht die AfD nicht nur zu, dass die von Angela Merkel und Olaf Scholz geführten Bundesregierungen legal, unter Erfüllung aller einschlägigen Vorschriften des Grundgesetzes, ins Amt gelangten. Sie kann außerdem gleichfalls nicht bestreiten, dass die Ausgestaltung der Macht der Parteien mittels Wahlkampfkostenerstattung, Begünstigung privater Spenden, Förderung von Ablegern mit Stiftungsverfassung und so weiter durch Gesetzgebung zustande gekommen (und vom Bundesverfassungsgericht überprüft worden) ist. Das soll die institutionelle Stellung der Parteien aber nur legal, nicht legitim machen – obwohl es, wie Theoretiker von Max Weber bis Niklas Luhmann dargelegt haben, die liberale Pointe einer rechtsstaatlichen Gesetzgebung ist, die Pluralismus voraussetzt und ermöglicht, dass die Legitimität aus der Legalität fließt. Dass die förmlichen Bestimmungen für verbindliche Entscheidungen eingehalten worden sind, genügt schon als Grund dafür, dass diese Entscheidungen zu befolgen sind. Sie müssen nicht außerdem noch moralischen Ansprüchen genügen, die gedanklich auf einer überrechtlichen Ebene angesiedelt werden, aber faktisch umstritten und nur Standpunkte bestimmter Gruppen sind.

Um trotzdem Legalität und Legitimität gegeneinander auszuspielen, muss die AfD im Sinne einer uralten, aus der Bibelauslegung vertrauten hermeneutischen Unterscheidung den Sinn vom Buchstaben der Gesetze trennen. Auch wenn alles im Einzelnen korrekt abgelaufen ist, wie die Verfassung es bestimmt, entspricht doch das Ergebnis im Ganzen nicht dem, was die Verfassung will, im Sinne von: herbeiführen will. Dieses Argument ist als solches nicht illegitim. Sicher,

sicher, aber es war alles ganz legal – das ist in der Demokratie vielleicht die erste Auskunft, wenn Zweifel an der Richtigkeit des Regierungshandelns laut wird, kann aber nicht die letzte sein, weil die Verfassung schließlich auch will, dass Gesetze geändert werden, wenn ihre Ergebnisse nicht (mehr) zweckmäßig sind. Ist dieser Korrekturmechanismus in der Bundesrepublik noch intakt? Wer das bezweifelt, muss die AfD wählen oder eine Partei wie die AfD, eine Partei, die nicht nur einen Regierungswechsel, sondern einen Systemwechsel verspricht. Nur das Staatsvolk kann Legitimität wiederherstellen: Das ist nicht bloß eine bombastische Formulierung für die Aufforderung »Gebt uns die Mehrheit«. Zwar handelt das Staatsvolk, formal betrachtet, in jeder Bundestagswahl. Aber es tritt dabei immer in Mehrheit und Minderheit auseinander. Hier wird ein geschlossenes, einheitliches Handeln herbeigeredet, ein großer Sprung oder schwerer Stoß gleich dem Sturm auf die Bastille in der Gründungserzählung des revolutionären Frankreich.

Die Entmachtung des heimlichen Souveräns, der »kleinen Führungsgruppe« von Parteipolitikern, die sich angeblich mit der Europäischen Union die Herrschaft über Deutschland teilt, muss mehr sein als die Abwahl der Regierung. Durch Abwahl verwandelt sich die bisherige Regierung in die Regierung im Abwartestand – irgendwann wird die Partei, die sie stellte, wieder regieren, vielleicht erst nach vollständigem Wechsel des Spitzenpersonals. Die tyrannische Kleingruppe soll aber überhaupt nicht mehr an die Macht zurückkehren dürfen. Nach ihrem Sieg wird die AfD Vorkehrungen dagegen treffen, dass der heimliche Souverän heimlich auf den Oppositionsbänken überwintert. Auf dem Bundesparteitag in Augsburg Ende Juni 2018 erklärte Gauland, »Merkel muss weg« sei ein »griffiger Slogan«. Der Slogan besagt aber gerade nicht, dass allein mit dem Wechsel im Amt der Regierungschefin alles anders werden wird. »Hier muss ein ganzer Apparat, ein ganzes System, eine ganze Mentalität weg.« In einem elaborierten historischen Vergleich sagte Gauland ein zweites 1989 voraus, eine neue friedliche Revolution.

Hatte seine Polemik gegen die »führende Genossin«, deren »Regime aus einer kleinen Gruppe von Parteifunktionären, einer Art Politbüro«, bestehe, einen sachlichen Kern? Gauland warf der Bundeskanzlerin vor, eine fundamentale Spielregel demokratischer Politik verletzt zu haben. Gerade Grundsatzentscheidungen müssen vorläufig im Sinne von umkehrbar bleiben: Die Mehrheit von morgen muss die Möglichkeit haben, die Mehrheit von heute zu korrigieren. Seiner Partei wies Gauland die Aufgabe zu, künftigen Generationen diesen Entscheidungsspielraum zu erhalten: »Die Mission unserer Partei besteht darin, dieses Land vor schlimmen und unumkehrbaren Irrwegen zu bewahren.« Um der rhetorischen Zuspitzung willen nahm der Redner die Weichenstellungen, in denen die Gründer der AfD die schlimmsten Fehlentscheidungen der Regierungen Kohl und Merkel gesehen hatten, von seiner Anzeige irreparabler Schäden aus. »Aus einer Währungsunion kann man austreten, eine Energiewende umkehren.« Zur alleinigen »Schicksalsfrage Europas« konnte Gauland so »die Migrationsfrage« stilisieren. Er verstieg sich sogar zu der Andeutung, der Zweite Weltkrieg sei für Deutschland nicht so verheerend gewesen wie die Grenzöffnung 2015: »Ein zerstörtes Land kann man wieder aufbauen.«

Währungsunion, Energiewende: Hier gebrauchte der Oppositionsführer die Namen für die Vorhaben, die von deren Betreibern auf Regierungsseite selbst verwendet werden. Nicht so bei der Migrationspolitik. Nach dem großen Aber sprach Gauland eine andere Sprache. »Aber ein Bevölkerungsaustausch solchen Tempos und in dieser Größenordnung, als Messstation kommen einzig die Schulen und Kindergärten infrage, nur dort sieht man die Zukunft, ein solcher Bevölkerungsaustausch ist irreversibel.«

DER GROSSE AUSTAUSCH

Der »Bevölkerungsaustausch« ist ein Schlüssel- und Kennwort der rechtsintellektuellen Agitation. *Le grand remplacement* heißt ein Buch des französischen Schriftstellers Renaud Camus aus dem Jahr 2011, dessen deutsche Übersetzung 2016 unter dem Titel *Revolte gegen den Großen Austausch* in Götz Kubitscheks Verlag Antaios erschien. Im

Zuge der Aufnahme großer Zahlen von Flüchtlingen wurde seit Herbst 2015 vor der Überforderung von Institutionen mit kontingentiertem Platzangebot gewarnt. So klagten in Bremen Eltern dagegen, dass sie ihre Kinder nicht auf die Schule ihrer Wahl schicken konnten, weil die Bildungsbehörde Plätze für Flüchtlingskinder freihielt. Verteilungskämpfe zwischen Neuankömmlingen und Einheimischen wurden auch für Bereiche außerhalb des Bildungswesens an die Wand gemalt. Schon im September 2015 lautete eine Überschrift im Wirtschaftsteil der *Zeit*: »Flüchtlinge: Der Kampf um Wohnungen beginnt«. Wenn es aber zusammenzurücken galt und Bedürftige sich dort, wo etwas verteilt wurde, auf längere Wartezeiten einzustellen hatten, ließe sich fragen, wie überhaupt die Idee eines Austauschs, also der Ersetzung einer Bevölkerung durch eine andere, als Erklärung der Vorgänge von 2015 plausibel werden konnte. Laut der von Camus populär gemachten Theorie ist der Austausch ein Projekt, das seit Jahrzehnten in Gang ist, eine Art Joint Venture von Staat und Wirtschaft. Schon der Zuwanderung aus den aufgegebenen französischen Kolonien in Nordafrika soll der Plan zugrunde gelegen haben, Arbeitsplätze und Wohnungen, die früher die Lebensgrundlage der Franzosen von Geburt gewesen waren, einer neuen Klientel zuzuteilen, Entwurzelten ohne den mit der revolutionären Staatstradition vererbten Stolz der französischen Arbeiter.

Der AfD-Vorsitzende Gauland konnte 2018 vor den Delegierten in Augsburg den Begriff des Bevölkerungsaustauschs ohne Erläuterung benutzen. Wie das Bundesamt für Verfassungsschutz in seinem »Gutachten zu tatsächlichen Anhaltspunkten für Bestrebungen gegen die freiheitliche demokratische Grundordnung in der AfD und ihren Teilorganisationen« vom Januar 2019 dokumentiert hat, ist er in der internen und externen Kommunikation von Parteifunktionären ständig in Gebrauch, ebenso wie die Unterstellung, die CDU-Vorsitzende Merkel agiere wie eine SED-Funktionärin und hätte es ohne den Mauerfall zur führenden Genossin im Politbüro gebracht. Angela Merkel ist in der DDR aufgewachsen und kam über eine der in der revolutionären Endphase der DDR gegründeten Oppositionsparteien in die Politik. Der Vergleich mit Erich Honecker soll ihre Lebensleistung negieren, gleichsam die Ausweispapiere der ersten Bürgerin der Bundesrepublik ungültig stempeln – eine Grobheit nach Art der Wahlpropaganda aus dem Kalten Krieg. Darin, dass Gauland seine Anklage kraft Analogie mit dem impliziten Verweis auf Renaud Camus belegte, liegt indes eine Art von hintergründiger Eleganz – sofern man auch einer Invektive die Qualität der literarischen Stimmigkeit zuzuerkennen bereit ist. Denn Camus hat angegeben, ihn habe zu seiner Begriffserfindung »Die Lösung« inspiriert, Bertolt Brechts in der DDR erst 1969 gedruckte Buckower Elegie mit dem Vorschlag zur Güte an die Parteiführung, der nach der Niederschlagung des Aufstands vom 17. Juni 1953 nichts Besseres eingefallen war, als die Bauarbeiter zum Wiederaufbau des Vertrauens aufzufordern: »Wäre es da / Nicht doch einfacher, die Regierung / Löste das Volk auf und / Wählte ein anderes?«

So sollen die Regierungen Frankreichs und anderer westeuropäischer Staaten demnach beschlossen haben, ihre Völker aufzulösen und sich andere Bevölkerungen ins Land zu holen. Dass die Regierung von Angela Merkel so handele, wie es Brecht der Regierung von Otto Grotewohl ironisch nahegelegt hatte, warf Alice Weidel der Bundesregierung in der Haushaltsdebatte 2018 vor. Ihre Behauptung, die Regierung fühle sich dem »deutschen Volke« der Reichstagsinschrift nicht mehr verpflichtet, ging über die von Oppositionsführern regelmäßig zu hörende Rüge hinaus, die Regierung, von der Mehrheit des Volkes an die Macht getragen, habe im Besitz der Macht das Volk vergessen. Die demokratische Pflichtvergessenheit der Regierung soll darin bestehen, dass ihr das Deutsche am »deutschen Volk« gleichgültig sei, ja, dass sie dieses bestimmende Merkmal des Volkes tilgen wolle. »Das Volk wollen Sie sich nämlich selbst aussuchen und zusammenstellen.« Dieser Satz Weidels war die Deutung der Migrationspolitik Angela Merkels nach dem Lehrbuch der Theorie vom »Großen Austausch«.

Als Wallot die Widmungsinschrift des Reichstagsgebäudes aufsetzte, hatte das mittlere der drei Wörter keine andere Bedeutung als im Staatsnamen Deutsches Reich. Auch Angehörige nationaler Minderheiten waren Deutsche im Sinne der Reichsverfassung, wurden etwa zur Wehrpflicht herangezogen (Artikel 57) und hatten dem Ausland gegenüber einen gleichmäßigen Anspruch auf den Schutz des Reiches (Artikel 3). Fehlte das Adjektiv, bliebe die Bedeutung der Inschrift dieselbe. Das Gebäude ist dem Volk gewidmet, weil es Sitz der Volksvertretung ist. Durch das Adjektiv wird lediglich benannt, welches Volk seine Vertreter dorthin geschickt hat.

Auch das Grundgesetz kennt das »Deutsche Volk« (Präambel) beziehungsweise das »deutsche Volk« (Artikel 56 und 146). Am Anfang und am Ende tritt das deutsche Volk in Erscheinung, als Urheber der Verfassung wie einer etwaigen künftigen Verfassung, die an die Stelle des Grundgesetzes treten würde. Das deutsche Volk ist die Gesamtheit der deutschen Staatsangehörigen. Zwar taucht in Artikel 116 die »deutsche Volkszugehörigkeit« als alternative Legitimation für den Status eines Deutschen »im Sinne dieses Grundgesetzes« auf. Doch jede daran anknüpfende Vorstellung, deutsche Staatsangehörige deutscher Volkszugehörigkeit seien Deutsche hoch zwei, wahre Deutsche, bessere Deutsche oder Kerndeutsche, entstellt den Sinn des Grundgesetzes. Schlägt man die Legaldefinition der deutschen Volkszugehörigkeit in Paragraph 6 des Gesetzes über die Angelegenheiten der Vertriebenen und Flüchtlinge nach, so entdeckt man, dass deutsche Volkszugehörigkeit und deutsche Staatsangehörigkeit einander ausschließen: Deutscher Volkszugehöriger ist, »wer sich in seiner Heimat zum deutschen Volkstum bekannt hat, sofern dieses Bekenntnis durch bestimmte Merkmale wie Abstammung, Sprache, Erziehung, Kultur bestätigt wird«. Die Heimat eines deutschen Volkszugehörigen ist demnach nicht Deutschland, sondern ein anderer Staat. Menschen deutscher Nationalität, die außerhalb der deutschen Staatsgrenzen leben, sollen nach Deutschland übersiedeln dürfen. Die deutsche Volkszugehörigkeit im Sinne des Grundgesetzes ist also ein historisches Relikt, ein Institut des Minderheitenschutzes, wenn man so will: der Identitätspolitik. Ihre einzige Funktion ist die eines Tickets für den Erwerb der deutschen Staatsangehörigkeit, gegen die sie bei der Einbürgerung eingetauscht wird. Denn unter den deutschen Staatsangehörigen ist eine Besserstellung oder auch nur ein Ehrenvorrang der Bürger mit einer besonders langen Liste deutscher Vorfahren ausgeschlossen, weil nach Artikel 3 des Grundgesetzes niemand wegen seiner Abstammung, Heimat oder Herkunft benachteiligt oder bevorzugt werden darf.

Die AfD will das nicht wahrhaben. Nachdem Bürgerrechtler das

Gutachten des Bundesamts für Verfassungsschutz über die Partei und ihre Jugendorganisation im Internet publiziert hatten, richtete die AfD-Fraktion im Bundestag eine Kleine Anfrage an die Bundesregierung: »Hält die Bundesregierung einen ethnisch-kulturellen Volksbegriff für verfassungsfeindlich (bitte erläutern)?« Ihrerseits erläuterten die Fragesteller ihr Begehr mit einer Handvoll Fundstellen aus dem Bundesvertriebenengesetz, aber auch aus den Ausnahmebestimmungen für Parteien nationaler Minderheiten im Parteiengesetz, um zu belegen, dass ein solcher Volksbegriff Bestandteil des geltenden Rechts sei. Die Bundesregierung fasste sich in ihrer Antwort kurz. Sie wies die von der Fraktion formulierte Auffassung zurück, »dass sich deutsche Volkszugehörigkeit und deutsche Staatsangehörigkeit gegenseitig bedingen«, und zitierte das Bundesverfassungsgericht: »Das Grundgesetz kennt einen ausschließlich an ethnischen Kategorien orientierten Begriff des Volkes nicht.«

Dieser Satz stammt aus dem Urteil des Zweiten Senats über die NPD. Der Senat lehnte zwar mit seiner am 17. Januar 2017 verkündeten Entscheidung den Antrag des Bundesrats, die Partei zu verbieten, mit der Begründung ab, dass sie den Staat bekämpfe, jedoch (noch) nicht gefährde. Das Gericht stellte aber fest, dass der »Volksbegriff« der braunen Splitterpartei »verfassungsrechtlich unhaltbar« sei. »Wer die deutsche Staatsangehörigkeit erwirbt, ist aus Sicht der Verfassung unabhängig von seiner ethnischen Herkunft Teil des Volkes.« Am 8. März 2022 entschied das Verwaltungsgericht Köln, dass das Bundesamt für Verfassungsschutz die AfD als »Verdachtsfall« einstufen darf. Es gebe ausreichende tatsächliche Anhaltspunkte für verfassungsfeindliche Bestrebungen innerhalb der Partei. Inhaltlich machte das Gericht diese Bestrebungen daran fest, wie in der Partei vom Volk geredet wird. Ein »ethnisch verstandener Volksbegriff« sei insbesondere im »Flügel« und in der Parteijugend »ein zentrales Politikziel«, sagte der Vorsitzende Richter in der mündlichen Urteilsbegründung. »Danach müsse das deutsche Volk in seinem ethnischen Bestand erhalten und sollten ›Fremde‹ möglichst ausgeschlossen werden.« Dies weiche vom Volksbegriff des Grundgesetzes ab. Maßgeblich für dieses Ergebnis war das NPD-Urteil aus Karlsruhe.

Die AfD meint, dass das Adjektiv in der Formel »Dem deutschen Volke« das mit dem Substantiv bezeichnete politische Subjekt nicht bloß identifiziert, sondern auch qualitativ bestimmt. Deutsch, das soll eine Blutsverwandtschaft sein. Als Alice Weidel der Bundeskanzlerin an den Kopf warf, die Regierung wolle sich das Volk aussuchen, wollte sie nicht das Gerücht in die Welt setzen, Angela Merkel sei auf dem Absprung aus Deutschland und suche für sich und ihre Regierung ein Territorium mit fügsamen Untertanen wie weiland König Ludwig II. von Bayern, der den Erwerb der Kanarischen Inseln sondieren ließ. Nach Darstellung der Oppositionsführerin betrieb die Kanzlerin mit der vermeintlichen Einladungspolitik vielmehr unnatürliche Auslese, als könnte man ein Volk »zusammenstellen« wie die Belegschaft eines Start-ups. Heftige Proteste löste Weidel aus, als sie im Fortgang ihrer Haushaltsrede eine monströse Verformung des Volkskörpers als Resultat der »Strategie des Generationenersatzes durch eine ungeregelte Zuwanderung« an die Reichstagswand malte. »Sogar die Auffettung der Einwohnerzahl durch zugewanderte Straftäter mit mehrfachen Identitäten scheint Sie überhaupt gar nicht zu stören.« Für ihre Prognose, dass »Kopftuchmädchen, alimentierte Messermänner und sonstige Taugenichtse« zum Wohlstand nichts beitragen würden, rief Bundestagspräsident Wolfgang Schäuble die Rednerin zur Ordnung. Das in der AfD verbreitete synonyme Wort »Messer-Migranten« werteten die Kölner Verwaltungsrichter übrigens als »ausländerfeindliche Agitation« im Dienste des verfassungsfeindlichen Volksbegriffs.

Noch immer wird gelegentlich Verwunderung darüber artikuliert, dass Alice Weidel sich im Bundestag als nationalistische Scharfmacherin hervortut – ausgerechnet Weidel, heißt es dann im Jargon der Fußballberichterstattung: die in Bayreuth, der Universität der Afrikaforschung, promovierte Volkswirtin, die Stipendiatin der Konrad-Adenauer-Stiftung und Goldman-Sachs-Bankerin, die in der Schweiz Steuern zahlt und in einer eingetragenen Partnerschaft mit einer Frau lebt, einer aus Sri Lanka stammenden Fernsehproduzentin. Hätte sie nicht, wenn ihr an der Mitgliedschaft im Rotary Club von Überlingen gelegen gewesen wäre, die perfekte weitgewanderte Wohltäterin mit mehrfachen Identitäten werden können? Die Annahme, dass solche biographischen Stationen und Puzzlestücke des Lebensstils eine Person in der Summe gegen Chauvinismus immunisieren müssten, legt jedoch im Umkehrschluss nahe, dass das Bedürfnis, sich den Kampfanzug einer Gruppenidentität umzuschnallen, um wie in einem Videospiel massenhaft hässlich erfundene Feinde niederzumachen, bei einem Lebensverlauf, der weniger Grenzen gekreuzt hätte, weniger erklärungsbedürftig wäre. Dann wäre aber so etwas wie die Natürlichkeit des Nationalismus anerkannt und dem Gegner recht gegeben.

Alexander Gauland hat sich die Unterscheidung zwischen den »Anywheres« und den »Somewheres« zu eigen gemacht, den grenzenlos mobilen Nutznießern der Globalisierung einerseits und den auf ihre lokale Umwelt zurückgeworfenen Verlierern andererseits. Diese Gegensatzformel verbreitete sich in der Zeitdiagnostik und in der populären Sozialwissenschaft sehr schnell, nachdem sie der englische Journalist David Goodhart 2017 in einem Buch über die »populistische Revolte« im Land des Brexits erfunden hatte. Gauland kann mit dieser Unterscheidung die gesamte Programmatik und Strategie der AfD erklären. Aber in welche Kategorie fallen eigentlich leitende Angestellte der AfD wie Weidel, Gauland selbst oder Björn Höcke und Andreas Kalbitz, der im Mai 2020 gegen den Willen Gaulands aus der AfD ausgeschlossene Nachfolger Gaulands als Landes- und Fraktionsvorsitzender in Brandenburg? Für die drei Herren gilt, dass sie aus Westdeutschland ins Gebiet der früheren DDR umgezogen sind. Dasselbe trifft auf Götz Kubitschek zu, den Mann, der ihnen die Ideen gibt. Diese Robin Hoods der »Somewheres«, die Rächer der Verwurzelten, haben das Gegenteil des Schicksals erlebt, das der von Bad Salzuflen nach Hamburg gezogene und von Hamburg aus auf Tour gehende Liedermacher Bernd Begemann beklagt: »Kein Glück im Osten!«

Bei Alice Weidel, der ihre Mitabiturienten vom CJD-Gymnasium im ostwestfälischen Versmold 1998 nachriefen: »See you later, on the Karriereleiter«, kann man sich den hohen Ausstoß an giftigen Sprüchen zwanglos mit den professionellen Anforderungen ihrer aktuellen Leitungsposition erklären und damit aus den Prinzipien einer Bastelbiographie in der Welt des Beraterwesens ableiten, wo erwartet wird, dass man auf jeder neuen Stelle vollen Einsatz zeigt und sich komplett mit den Zielen des Unternehmens identifiziert. Auf den Nationalismus hat sich die AfD eingeschworen, um behaupten zu können, dass sie benötigt wird: Er legitimiert ihre Systemopposition, die Verweigerung jeglicher Kooperation bei gleichzeitiger Behauptung, alles besser zu können. Und wie die Manager von Zigarettenkonzernen früher durch öffentlichkeitswirksamen Konsum die Unschädlichkeit ihrer Produkte demonstrieren mussten, so wird von der Chefin eines nationalistischen Führungsreserveverbands erwartet, dass sie als privat versicherte Schreckschusspistolenfrau die Verantwortlichen für die staatliche Alimentierung der Messermänner das Fürchten lehrt.

Wie reagiert die AfD auf den höchstrichterlichen Hinweis, dass dem Grundgesetz ein ethnischer Begriff des Staatsvolks fremd sei? Sie muss gegen den Wortlaut der Verfassung den empfundenen Wortsinn des Begriffs »deutsches Volk« ausspielen. Für die gesamte Rhetorik der Rechten ist diese Operation charakteristisch: die Forderung, die Grundbegriffe des Politischen und Sozialen, vom Gemeinwohl bis zur Familie, müssten in ihrem einfachsten, angeblich natürlichen Sinn aufgefasst werden. Alle technischen Bedeutungen dieser Begriffe, die in Gesetzen oder Gerichtsurteilen festgelegt würden, seien im Lichte des einfachen Wortsinns zu interpretieren und einzuschränken. Das gesetzte Recht, dessen Definitionen es möglich machen, im scheinbar Gleichen das Ungleiche zu erkennen und im scheinbar Ungleichen das Gleiche, steht somit im Verdacht, ein Werkzeug der Entfremdung zu sein, der Umarbeitung des Lebensdienlichen zum Weltfremden. Nach Artikel 6 des Grundgesetzes stehen Ehe und Familie unter dem besonderen Schutz der staatlichen Ordnung. Der Gesetzgeber hat Paaren gleichen Geschlechts 2017 die Eheschließung gestattet. Sie haben jetzt ebenfalls am Schutz gemäß Artikel 6 Anteil, ohne dass das Grundgesetz hätte geändert werden müssen. Nach Ansicht der Gegner der Ehe für alle wäre eine solche Änderung aber erforderlich gewesen, weil die Ehe immer als die Verbindung von Mann und Frau verstanden worden sei.

Soll gegen alle rechtlich verbindlichen Definitionen eines Begriffs dessen angeblich ursprüngliche, jedem korrekt Fühlenden selbstverständliche Bedeutung ins Feld geführt werden, bietet sich dafür in der parlamentarischen Kommunikation die Gattung der kürzesten, in der Tagesordnung nicht vorgesehenen Rede an, die an keine Form gebundene Intervention: der Zwischenruf, der etwas als evident in den Raum stellt, ohne dafür eine Begründung liefern zu müssen. In den Bundestagsprotokollen drängt sich das deutsche Volk im AfD-Verstande daher wie ein Partisanentrupp oder Flashmob dazwischen; es bleibt eingeklammert zum Zeichen, dass die Revolution noch nicht gesiegt hat. Als der Bundestag am 2. März 2018 den Antrag der AfD debattierte, den Schutz der deutschen Sprache ins Grundgesetz aufzunehmen, hielt eine Rednerin der Fraktion der Linken den Antragstellern vor: »Sie sagen Volk, meinen aber völkisch, und Sie wollen ausgrenzen.« Stephan Brandner, der später abgewählte Vorsitzende des Rechtsausschusses, von Beruf Rechtsanwalt, rief dazwischen: »Dem deutschen Volke!« Das Zitat der Reichstagsinschrift sollte nach Brandners Auffassung offenkundig genügen, um den Vorwurf des völkischen Denkens zu entkräften. Und zwar in diesem Sinne: Insofern die Programmatik der AfD als völkisch beschrieben werden kann, ist diese Auffassung des Volkes von der Verfassung gedeckt und sogar gewünscht.

Als der Bundestag am 19. Januar 2018 über den Antrag der AfD debattierte, den Familiennachzug von Flüchtlingen abzuschaffen, zitierte eine Rednerin der Grünen aus der Antragsbegründung die Aussage, dass Deutschland seine internationalen humanitären Verpflichtungen »am vitalen nationalen Interesse an Bestand und Erhalt des deutschen Volkes« auszurichten habe. Sie paraphrasierte noch einmal, was sie zitiert hatte, und machte zum »deutschen Volk« die Anmerkung: »was auch immer damit gemeint ist«. Dadurch sah sich der AfD-Fraktionsvorsitzende Gauland zu dem Zwischenruf veranlasst: »Wenn Sie nicht mehr wissen, was das deutsche Volk ist, dann kann ich nichts dafür!« Über Angela Merkel ist – keineswegs nur in AfD-Kreisen – die Theorie in Umlauf, sie wisse zwar nur zu gut, was das deutsche Volk sei, nehme den Begriff aber genau deshalb nicht mehr oder nur noch so selten wie möglich in den Mund. Sogar der Landesname kann zur Waffe der moralischen Ausbürgerung gemacht werden, wenn er gemäß der Hermeneutik des scheinevidenten Wortsinns auseinandergenommen wird. Einen »Riesenapplaus« erntete nach dem Bericht der *Neuen Zürcher Zeitung* der brandenburgische AfD-Spitzenkandidat Kalbitz, als er im Juli 2019 beim Wahlkampfauftakt in Cottbus die Klage darüber, dass die Lebensqualität in der zweitgrößten Stadt Brandenburgs dank Zugezogenen abgenommen habe, mit dem Satz bekräftigte: »Das ist das Land der Deutschen.« Merke: Die Volksetymologie der Volksbegriffe führt zu einem völkischen Resultat.

In der von Renaud Camus zum Besten gegebenen hochliterarischen Ursprungslegende seiner breit rezipierten Sage steckt ein spielerisches Moment. Die Möglichkeit einer satirischen Lesart der Theorie vom »Großen Austausch« legt ihr Urheber immerhin nahe. Haben sich die Regierungen die Sache wirklich so einfach gemacht, oder ist es vielleicht der Schriftsteller, der die Sache mit erlaubten Mitteln vereinfacht darstellt? Hat er sich des klassischen rhetorischen Verfahrens der Personifikation bedient und einen Prozess, der die Vorstellungskraft überfordert, im fasslichen Bild handelnder Akteure anschaulich gemacht? Gelegentlich hat Camus Hinweise gegeben, die in diese Richtung deuten: Es stecke in Wahrheit keine Person hinter dem großen Projekt, und ohnehin glaube er an »gigantische historische Mechanismen«, in denen die Institutionen und die Menschen nur Rädchen unter anderen seien. Das hat ihn nicht von dem Versuch abgehalten, sein eigenes kleines Rad zu drehen: Er gründete eine Partei, ließ sich für Wahlen aufstellen und gewann Václav Klaus, den früheren tschechischen Staatspräsidenten, als Mitglied eines Conseil national de la résistance européenne, der dem von Jean Moulin im Auftrag von Charles de Gaulle gegründeten Conseil national de la résistance nachgebildet ist.

Camus will die europäischen Truppen einer Globalisierungskritik von rechts sammeln, auf deren Losungsworte Gauland 2018 am Schluss der Augsburger Parteitagsrede seine Zuhörer einschwor: »Wir befinden uns in einem Kampf gegen Kräfte, die ein globalistisches Programm der Nationenauflösung und der ethnisch-kulturellen Vereinheitlichung verfolgen.« Der Kampf gegen die Idee einer Weltgesellschaft als das Weltkulturprogramm des Kapitalismus verbindet den jüngeren Gauland, den Philosophen eines dezidiert westlichen, fast schon antideutschen Konservatismus, mit dem alten Gauland, dem Parteiführer der neuen Nationalisten. Im April 2017 ließ Gauland verlauten: »Der Bevölkerungsaustausch in Deutschland läuft auf Hochtouren« – wie einer jener Automotoren, die so lange der Stolz vieler Deutscher waren. Der bremische Landesverband verbreitete Gaulands Beitrag mit der Erläuterung: »Der Große Austausch ist kein Mythos, er ist bittere Realität.« Die AfD-Jugendorganisation des Bundeslands mit der Hanse im Namen wiederholte diese Botschaft ein halbes Jahr später: Der »Große Austausch ist bittere Realität in Bremen« und werde sich »immer weiter ausbreiten«.

Martin Sellner, der österreichische Chefideologe der »Identitären Bewegung«, hat die Resonanz seines akademisch geprägten Grüppchens in der größeren rechten Gegenöffentlichkeit mit der Rezeption der Formel von Camus erklärt, einer Weltgeschichte der Gegenwart in zwei Wörtern. Die Proklamation eines positiven Ziels habe zur Mobilisierung nicht ausgereicht; das Ideal der Bewahrung der »ethnokulturellen Identität« sei abstrakt geblieben. »Uns fehlte der eine sammelnde Begriff, der das ›geistige Band‹ zu allen Teilphänomenen bildet und gleichzeitig ein klares und richtiges Bild des wahren Gegners vermittelt.« Für Thomas Wagner, der Sellner für sein Buch *Die Angstmacher* interviewte, legt diese Äußerung Sellners offen, dass in den Denkfabriken der Rechten der »Große Austausch« eben doch als das erkannt worden ist, was er nach Auskunft der Bremer AfD keinesfalls sein soll: als ein Mythos – und zwar nach den Begriffen von Georges Sorel. Wagner deutet Sellner als Adepten des 1922 verstorbenen Philosophen, der die Macht des heute allenthalben verehrten Narrativs entdeckte, der durch wiederholtes Erzähltwerden wirksamen Erzählung, und revolutionären Kollektivsubjekten mythische Erzählungen als Kraftnahrung verschreiben wollte, sozusagen ein modernes Pendant zur Schwarzen Suppe, der Gemeinschaftsspeise der Spartiaten, in Form eines geistigen Fertiggerichts.

Sorel hielt es für eine Stärke des Mythos, dass er sich nicht wie eine wissenschaftliche Theorie durch Überprüfung einzelner Elemente falsifizieren lässt: »Ein Mythos kann nicht widerlegt werden, da er im Grunde das Gleiche ist wie die Überzeugungen einer Gruppe, da er der Ausdruck dieser Überzeugungen in der Sprache der Bewegung ist, und da es folglich nicht angeht, ihn in Teile zu zerlegen.« Sorels Beispiel für den Mythos, der sich in der Praxis selbst beglaubigt, war der proletarische Generalstreik. Den Mythos als Gemeinschaftshandlungsmuster stellte er sich, wie der Politologe Kurt Lenk 1997 in einem Taschenbuch über *Vordenker der Neuen Rechten* schrieb, als »eine Art Schlachtengemälde« vor, dessen Betrachtung eine heroische Gesinnung hervorrufen solle. Wenn AfD-Politiker durch deutsche Städte spazieren, sehen sie überall die Skizzen für die Schlachtengemälde aus dem bevorstehenden Bürgerkrieg. In diesem Sinne beschwor die aus Thüringen gebürtige Zahnärztin Christina Baum, die für die AfD 2016 in den baden-württembergischen Landtag und 2021 in den Bundestag gewählt wurde, im April 2018 auf einer Demonstration die Beweiskraft der Autopsie: »Ihr guckt in die großen deutschen Städte. Ihr guckt in die Schulklassen. Ihr guckt in die Kindergärtengruppen. Ja, da sind die deutschen Kinder längst in der Minderheit. Und es ist ganz offensichtlich, dass ein Bevölkerungsaustausch stattfinden soll.«

Auch Gauland lenkte in Augsburg die Blicke der Zuhörer auf die Kindergärten und Schulen, wo angeblich die Wahrheit der Rede vom Bevölkerungsaustausch evident wird. Mit seinem Bild von der »Messstation« machte er allerdings deutlich, dass diese Wahrheit nicht nur ein Gefühlswert sein soll. Die Geschichte vom großen Tauschgeschäft muss der wissenschaftlichen Verifikation zugänglich sein. Mit der Suggestion, man könne in jedem einzelnen Klassenzimmer den Stand des demographischen Wandels ablesen und aus diesen Werten dessen künftige Entwicklung extrapolieren, bewegte sich Gauland im Ideenkreis von Thilo Sarrazin. Der vulgäre Positivismus, der Sarrazin als einen waschechten SPD-Politiker ausweise, wäre er nur hundert Jahre früher geboren worden, verkennt seit jeher, dass Messinstrumente eingestellt werden müssen und dass Messungen wie alle Untersuchungen nur Antworten auf die Fragen produzieren können, die vorher gestellt werden. Messstationen sind Zeitungslesern hauptsächlich aus Berichten zur Umwelt- und Klimapolitik vertraut. Die Modernität, die Gauland für die Weltsicht der AfD in Anspruch nimmt, ist also nicht hoffnungslos altmodisch.

MYTHOS UND KOMPLOTT

Wir haben einen Mythos geschaffen, der Mythos ist ein Glaube, ein edler Enthusiasmus, er braucht keine Realität zu sein, er ist ein Antrieb und eine Hoffnung, Glaube und Mut.« Mit diesem Zitat endet Wagners Kapitel über Sorel und die Identitären. Es stammt allerdings nicht von Sellner, sondern von einem Intellektuellenpolitiker, der sich ausdrücklich als Schüler Sorels bezeichnete, Benito Mussolini. Sellner fand sich nicht dazu bereit, seinem Interpreten Wagner im Interview das Zugeständnis zu machen, dass ein Kampfgenosse wie Robert Teske, bis 2019 Vorsitzender der Jungen Alternative in Bremen, einen Kategorienfehler beging, als er die Forderung nach »Remigration« einer nicht näher eingegrenzten Gruppe von Immigranten mit dem Satz begründete: »Der große Austausch ist Wirklichkeit.« Die Tatsache in ihrer Nacktheit, die nur Verklemmten und Heuchlern peinlich sein soll, das *factum brutum* in seiner ganzen Brutalität, ist dann doch der Obermythos unter den rechten Mythen. Der rechte Politiker tut so, als sprächen die Tatsachen aus ihm, als wäre er das Organ der Tatsächlichkeit, als bestimmte nicht er mit seiner Begriffswahl mehr oder weniger überzeugend die Tatsachen, sondern als würde seine Begrifflichkeit von den Tatsachen bestimmt. Kein Wunder, dass rechte Politiker auf ihre Ausdrucksweise nicht achten, wenn sie an den Abdruck der Welt in der Sprache glauben. Wie auch Heinz-Christian Strache, der 2019 wenige Wochen vor seinem Sturz als FPÖ-Vorsitzender und Vizekanzler der *Kronen-Zeitung* ein Interview gab, in dem er nach der dichten Folge der von seiner Partei ausgelösten Extremismusskandale gefragt wurde und seine Sorglosigkeit zu Protokoll gab: Für die Wähler komme es nur auf die der FPÖ zugeschriebene Kernkompetenz an. »Deshalb gehen wir den Weg für unser Heimatland Österreich, den Kampf gegen den Bevölkerungsaustausch, konsequent weiter, wie es die Menschen von uns auch erwarten.« Auf die Vorhaltung des Interviewers der *Krone*, der Bild-Zeitung Österreichs, »Bevölkerungsaustausch« sei »ein Begriff der rechtsextremen Szene«, antwortete Strache: »Das ist ein Begriff der Realität.«

Als Gauland am Rande des Augsburger Parteitags von einem Zeitungsreporter im gleichen Sinne zur Rede gestellt wurde, fiel seine Antwort in charakteristischer Weise anders aus: Wenn »Bevölkerungsaustausch« ein rechter Kampfbegriff sei, sagte Gauland zu Jan Sternberg, einem Korrespondenten der Madsack-Zeitungsgruppe, dann sei »Autobahn« auch einer. Gaulands vertrauter Umgang mit Journalisten ist manchem Journalisten ein Rätsel, weil er bisweilen Gefahr zu laufen scheint, sich um Kopf, Kragen und Hundekrawatte zu reden. Aber Gauland weiß, was er tut, er kennt Journalisten aus dem täglichen Umgang nicht erst seit 1991, als ihn die F.A.Z. GmbH als Herausgeber zur einstigen SED-Bezirkszeitung *Märkische Allgemeine* nach Potsdam schickte. Er bemüht sich, die professionellen Mitschreiber und Aushorcher in ein quasi kollegiales Einverständnis hineinzuziehen. Mit den Provokationen seines ins Bräunliche spielenden schwarzen Humors suggeriert er den Journalisten, sie teilten mit ihm sein Weltbild: einen unerschütterlichen, zynisch abgefederten Realismus, der allerdings für die Messgerätschaften der Menschennaturkunde Thilo Sarrazins gar keine Verwendung hat. Für den Realismus eines geborenen Politikers, der die Politik erst im Pensionsalter zum Beruf machte und sie vielleicht deshalb superprofessionell, ein für alle Mal abgebrüht betreibt, sind die letzten Wirklichkeiten die Hoffnungen und Ängste, kurzum die Illusionen des Publikums. Bevölkerungsaustausch: Das Wort wird man sich doch wohl nicht versagen müssen, auch und gerade unter Kennern der politischen Sprache und der mehr oder weniger dubiosen Herkunft aller Vokabeln nicht, mit denen man überhaupt etwas sagen kann – denn sonst dürfte man auch »Autobahn« nicht sagen.

Das ist ein Sarkasmus, der dem ganzen Konzept der durch vorherigen Gebrauch kontaminierten Wörter den kritischen Boden unter den Füßen wegziehen will. Hitler hat doch die Autobahnen gebaut – diese Redensart steht sprichwörtlich für die dümmste Apologetik des Nationalsozialismus. Schon seit Jahrzehnten dürfte man ihr fast ausschließlich in der Form von Rollenprosa begegnen; sie karikiert die Denkweise der Ewiggestrigen. Und mit dieser Karikatur konnte man nun auf dem AfD-Bundesparteitag leibhaftig Bekanntschaft machen, nicht am Stehtisch beim Bier mit einem anonymen Delegierten, sondern im Hintergrundgespräch mit dem Partei- und Fraktionsvorsitzenden. Der Witz an der Sache: Man soll Gauland so verstehen, dass er den Verblendeten nur spielt, der partout stolz sein will auf die Leistungen deutscher Autobahnbauer zwischen zwei Weltkriegen. Er will sich gar nicht erst abgeben mit Bedenken wegen der Signalwirkung eines Lieblingswortes der Rechtsextremisten, und das demonstriert er, indem er nichts zur Verteidigung vorbringt außer der allerdümmsten Analogie. Gauland hat natürlich nicht vergessen, dass die Autobahn jahrzehntelang ein Schulbuchbeispiel für die Euphemismen der vereitelten Vergangenheitsbewältigung war. Aber die gesamte Strategie seiner Partei geht aus von der Behauptung, dass die Herrschaft des guten Willens in der Bundesrepublik ein Netz viel raffinierter gestrickter und viel fester verknüpfter Euphemismen über die öffentliche Sprache gelegt habe.

Sollte Gauland auf einer seiner Reisen durch die Provinz irgendwo noch auf Parteimitglieder stoßen, die tatsächlich eine vorurteilslose Beurteilung des Autobahnbaus der Hitlerzeit fordern, dann wird er sich schon dazu herablassen, die Ingenieurskunst als Muster eines Dienstes an der Allgemeinheit zu rühmen, der im Wechsel der Verfassungsverhältnisse komplett von sachlichen Überlegungen bestimmt wird. Aber die Kritik an seiner Übernahme eines Codeworts der Identitären lässt er ins Leere laufen, weil er Sachlichkeit als Maßstab der politischen Rede nicht akzeptiert und davon überzeugt ist, dass es ohnehin keine unbelasteten Wörter gibt.

Es ist üblich, die Geschichte vom Bevölkerungsaustausch als Verschwörungstheorie zu klassifizieren. Renaud Camus hat mit einem Aphorismus auf Twitter zu diesem Vorwurf Stellung genommen – als ausgerechnet Marine Le Pen, die Parteichefin des Front National, ihn sich zu eigen gemacht hatte. »Mit Bezug auf den Großen Austausch von einem ›Komplott‹ zu sprechen, das ist, wie wenn man die Französische Revolution der Halsbandaffäre zurechnet.« Ein listiger Gegenzug: Der Witz liegt in der ostentativen Anpassung an den Feind. Camus argumentiert genauso, wie seine Kritiker argumentiert haben. Ja, er hat deren Argumentation, unter Verwendung einer Grundtechnik der Tweet-

Produktion, einfach kopiert. So kann man zuerst denken, man habe sich verlesen. Müsste nicht die Gegenseite die Halsbandaffäre heranziehen? Ihr Argument sieht nämlich so aus: Interkontinentale Wanderungsbewegungen, die sich über Jahrzehnte hinziehen, mit einer geheimen Abrede in einem Pariser Konferenzraum zu erklären, das verrät ein genauso simples Verständnis von historischer Kausalität wie der Versuch, ein einzelnes Ereignis als Auslöser der Französischen Revolution zu identifizieren.

Ausdrücklich knüpft die gängige Kritik des Konzepts von Camus an die Kritik der Verschwörungstheorien an, mit denen Autoren der Gegenrevolution den plötzlichen Zusammenbruch des monarchisch-aristokratisch-klerikalen Staates erklären wollten. Auf der französischen Rechten sehen Linke die ungebrochene Tradition einer politischen Phantasie, die sich die soziale Welt immer noch gemäß der Denkweise des Ancien Régime vorstellt und alle Veränderungen zum Schlechten auf den bösen Willen von Einzelpersonen und deren Allianzen zurückführt. Indem Marine Le Pen zu verstehen gibt, dass die These vom »Großen Austausch« der Behauptung der reaktionären Historiographie ähnelt, Philosophen und Freimaurer hätten den Sturz Ludwigs XVI. beschlossen, zeigt sie an, dass sie aus der Geschichte gelernt haben will – auch methodisch. Camus übertrumpft sie in diesem Spiel und sieht im Übrigen in ritterlicher Manier davon ab, ihren Opportunismus zum Thema zu machen. Seine Pointe: Das wahre »komplottistische Denken« im Sinne unterkomplexer Vorstellungen von der Verursachung epochaler Veränderungen legen die Kritiker der Verschwörungstheorien an den Tag. Sie verlangen den Nachweis, dass an einem bestimmten Tag in Paris wirklich eine Sitzung stattgefunden hat, auf der für ganz Frankreich die Ersetzung einheimischer Arbeiter durch Einwanderer beschlossen wurde – obwohl es für eine Übereinstimmung in den Absichten von Staatsführung und Spitzenmanagement eines solchen ausdrücklichen Beschlusses gar nicht bedurfte. Das Gefährliche der Ideologie, gegen die der Kampf von Camus sich richtet, soll sich darin manifestieren, dass die Handelnden sich ihr wie von selbst unterworfen hätten.

Die Halsbandaffäre schadete dem Ansehen der als Intrigantin verschrienen Königin Marie-Antoinette, obwohl sie an der Verschwörung gegen den unglücklich in sie verliebten Kardinal-Erzbischof von Straßburg gar nicht beteiligt war. Dem Kardinal wurde weisgemacht, er könne die Gunst der Königin erwerben, wenn er ihr ein Diamantencollier schenke – dass diese Erfindung glaubwürdig wirkte, beschleunigte den moralischen Kreditverlust der Königsfamilie. Camus möchte mit seiner geschickt konstruierten historischen Analogie auf ganzer Linie recht behalten: Wie der Halsbandaffäre durchaus ein Platz unter den Ursachen der Revolution zukommt, solange man die Perspektive nicht monokausal verengt, so wird man, das impliziert sein Aphorismus, in den Akten der jüngsten Migrationsgeschichte, auch wenn man die bürokratische Steuerung nicht überschätzen darf, noch genügend Belege für Komplotte finden. In die Verschwörungstheorien über den Einfluss Marie-Antoinettes, die von der Untergrundliteratur in den letzten Jahren des Ancien Régime verbreitet wurden, flossen Hass auf die Ausländerin und Frauenfeindlichkeit als Zusatzstoffe mit ein. Einer der Spitznamen der Tochter von Kaiserin Maria Theresia war »l'Autrichienne«. Die Macht, die Königinnen und Mätressen hinter dem Thron ausüben konnten, galt einem Publikum, das sein Interesse an Schmutzgeschichten mit dem Willen zur moralischen Empörung rechtfertigte, als Beweis für die Verdorbenheit der monarchischen Verfassung. Antoine Quentin Fouquier de Tinville, der Öffentliche Ankläger des Revolutionstribunals, das Marie-Antoinette zum Tode verurteilte, nannte sie »la moderne Messaline«. (Valeria Messalina, die dritte Gemahlin des römischen Kaisers Claudius, wurde wegen des Vorwurfs der Verschwörung zum Sturz ihres Gatten umgebracht und postum aller denkbaren Ausschweifungen bezichtigt.) Marie-Antoinette beschuldigte man in den an der Zensur vorbeigeschmuggelten Geheimgeschichten, in der dynastischen Bevölkerungspolitik eine Strategie des kleinen Austauschs verfolgt zu haben: Sie habe auf Anraten ihrer Mutter ihren Gemahl durch einen Liebhaber ersetzt, angeblich den Bruder des Königs, den späteren Karl X.

Eine der berühmtesten wahren Horrorgeschichten aus der Französischen Revolution ist der Tod der engsten Vertrauten Marie-Antoinettes, Marie-Louise von Savoyen, Fürstin von Lamballe, die am 3. September 1792 von einem Mob in Stücke gerissen wurde. Angeblich hielten die Mörder den aufgespießten Kopf der Fürstin vor das Fenster des Gefängnisses, in dem die Königsfamilie auf ihr Schicksal wartete. Bei mehreren Pegida-Aufmärschen wurden Galgen in Miniaturausfertigung mitgeführt, die laut angehängten Schildern für »Mutti« Merkel »reserviert« waren. Die Chemnitzer Staatsanwaltschaft wollte dem Verkäufer dieser Todesspielsachen keinen Strick aus seiner Geschäftsidee drehen: Ein Ermittlungsverfahren stellte sie ein, weil sie keinen Straftatbestand als erfüllt ansah, weder die »öffentliche Aufforderung zu Straftaten« noch die »Störung des öffentlichen Friedens durch Androhung von Straftaten«.

Als Angela Merkel im Sommer 2015 von der wichtigsten der Regierungschefin vom Grundgesetz übertragenen Kompetenz Gebrauch machte und die Richtlinien der Flüchtlingspolitik bestimmte, sah sie sich einem intensiven Interesse an ihren Beweggründen ausgesetzt, das im Ansatz verständlich war, aber sehr schnell obsessive Züge annahm. Hier und da mag es in der Geschichte der früheren Kanzler Vorgänge gegeben haben, die an den gehässigen Widerspruch erinnern, der Frau Merkel entgegenschlug. Wer in den siebziger Jahren zur Schule ging, kennt die Parole »Stellt den Brandt an die Wand!«. Aber es ist unvorstellbar, dass der Streit über die Ostpolitik als Debatte über die Person des Kanzlers geführt worden wäre, dass dessen mutmaßliche Hintergedanken und angebliche Eigenmächtigkeiten die Leitfragen für nahezu sämtliche Leitartikel und Talkshows geliefert hätten. Die Sachdimension der Asyl- und Migrationspolitik wurde durch die persönliche Dimension zeitweise fast komplett überlagert. Man erlebte dabei wohl auch so etwas wie eine kollektive Trotzreaktion der professionellen Politikbegleiter auf exakt zehn Jahre Kanzlerschaft von Angela Merkel. Nachdem sie mit ihrem Habitus der Sachlichkeit die Geduld der auf »Geschichten« und damit wie die Historiographen des Ancien Régime auf Intentionen und Intrigen fixierten Journalisten so lange strapaziert hatte, stellte man ihr nun die Motivfrage.

In Ostdeutschland steigerte sich der Protest gegen die Raben-Mutti in Bestrafungs- und Mordphantasien hinein, in Westdeutschland konnte dafür die Ostdeutsche die »Österreicherin« vertreten: als Fremde im eigenen Land. Misogynie fehlte auch in der professionellen Merkel-Kritik nicht. In der *Zeit* vom 17. September 2015 stand gleich über mehreren Artikeln die Schlagzeile: »Weiß sie, was sie tut?« Nach allen Erfahrungen der Deutschen mit Angela Merkel war das eine dämliche Frage. Hinter der Sorge um die überforderte Kanzlerin steckte das Bild der Frau, die sich von Gefühlen überwältigen lässt. Die Legende vom Kontrollverlust des Staates kam in die Welt in Form eines sentimentalen Romans, dessen Hauptperson nicht Herrin ihrer Sinne ist. Christian Lindner spitzte diesen Topos noch einmal in böser Weise zu, als er gegenüber der Deutschen Welle Merkels Flüchtlings-politik zu einem Fall von humanitärem Narzissmus erklärte. Einen schlimmeren Vorwurf kann man einer Politikerin nicht machen, als ihr jede Sachlichkeit abzusprechen. Die Merkel-Gegner vom Schlage Lindners waren blind dafür, dass sie selbst das Persönliche absolut setzten.

Im Jahr der Wiederwahl des Bundeskanzlers Gerhard Schröder ver-öffentlichte Alexander Gauland in der Deutschen Verlags-Anstalt eine *Anleitung zum Konservativsein*. Er zitiert darin die berühmte Stelle aus den *Betrachtungen über die Revolution in Frankreich*, an der Edmund Burke die Gestalt der Königin von Frankreich beschwört, wie er sie in Erinnerung behalten hatte, von einem Besuch in Versailles, als sie noch die Gemahlin des Kronprinzen gewesen war. Ihre Aura schien die Existenz der feudalen Sozialordnung zu verbürgen: Vasallentreue, für Burke die Form der alteuropäischen Freiheit, lag in der Luft. »Ich hätte geglaubt, zehntausend Schwerter müssten aus ihren Scheiden fahren, um einen Blick zu bestrafen, der sie zu beschimpfen drohte.« Burke schrieb das 1790, als Marie-Antoinette und ihre Familie noch nicht im Temple gefangen gesetzt worden waren. Allerdings waren sie schon am 4. Oktober 1789 von einer bewaffneten Menge in Versailles abgeholt und nach Paris eskortiert worden – ohne dass ein einziger Adliger mit dem Schwert dazwischenfuhr. Für Burke markierte sein Erinnerungsbild die Zäsur von alter und neuer Zeit: »Aber das Zeit-alter der Ritterlichkeit ist dahin.« In direktem Anschluss zitierte Gau-land aus einem Brief Burkes von 1790: Er hasse die Tyrannei, aber er hasse sie am meisten, wo die meisten mitmachten; die Tyrannei der Vielen sei nur eine vervielfältigte Tyrannei.

Gauland zog auch in seiner Zeit als CDU-Mitglied nie das Schwert für Angela Merkel. Im Advent 2004 charakterisierte er sie in der *Frankfurter Allgemeinen Sonntagszeitung* als »die von einem Staat bedrückte ostdeutsche Protestantin Merkel«, um mit dieser Herkunft zu erklären, dass sie die »konservative Revolution« von George W. Bush nachahmen wolle, die Entstaatlichung der Sozialversicherung. Gauland hob »die Staatspartei CSU« positiv von der CDU-Vorsitzenden ab und verteidigte den Sozialstaat als »seelische Notwendigkeit« mit Edmund Burke. Dessen »Einwand gegen die Gschaftlhuberei der Französischen Revolution« sei ja »das Geschichtsvergessene« gewesen, »das sich heute in der gedankenlosen Verurteilung des Sozialstaates fortsetzt«. Robespierre, der Gschaftlhuber: In dieser im F.A.S.-Artikel nicht weiter erläuterten, geradezu gemütlichen Eindeutschung des Vorwurfs der unheimlichen Betriebsamkeit, den Burke gegen den französischen Sozialtypus des juristisch ausgebildeten Berufspolitikers erhob, blitzt Gaulands dialektische Phantasie auf. Bei den Intellektuellen, die Rechtfertigungen für die von George W. Bush propagierte Privatisierung der sozialen Absicherung lieferten, war es gängig, auch Burke für diese Sache in Anspruch zu nehmen, als Denker einer gewachsenen, ungeplanten Freiheit. Mit solchen ideenpolitischen Konstruktionen, die zwangsläufig Idealisierungen sind, gibt Gauland sich hier gar nicht erst ab. Die süddeutsche mundartliche Vokabel unterläuft die philosophische Prätention professioneller Intellektualität und setzt anthropologischen Alltagsverstand an die Stelle gelehrter Begriffe. Im Vergleich zum geläufigen Geschichtsbild liberaler wie konservativer Färbung bilden die Traditionslinien ein Überkreuzmuster: Die Geschichtsvergessenheit des Wohlfahrtsausschusses kehrt bei den Gegnern des Wohlfahrtsstaats wieder. Dem um Lebensnähe und Menschenfreundlichkeit bemühten Ton zum Trotz hat diese Erneuerung von Burkes Polemik wie Burkes ursprüngliche Intervention etwas Überschießendes: Es bleibt seltsam, einer Berufspolitikerin wie Angela Merkel aus der Geschäftigkeit einen Vorwurf zu machen.

Am Abend der Bundestagswahl 2017 kündigte Gauland an: »Wir

werden sie jagen, wir werden Frau Merkel oder wen auch immer jagen!« Das Zeitalter der Ritterlichkeit ist tatsächlich vorbei. Die Jagd mag der Sport der Könige gewesen sein, aber eine noble Behandlung des Gegners darf man von der von Gauland kommandierten Hetzmeute nicht erwarten. Er wollte das Volk gegen Frau Merkel aufwiegeln, und es kümmerte ihn anscheinend nicht, ob er damit der Tyrannei der Vielen den Weg bereitete. Ist es freilich nicht Aufgabe jeder Opposition, die Regierung zu jagen und den Regierungschef zur Strecke zu bringen? Gegen eine solche normalisierende Deutung von Gaulands Worten spricht, dass für diese Opposition das Kabinett Merkel keine Regierung wie jede andere war. Nachdem Gauland zur Jagd geblasen hatte, sagte er: »Wir werden uns unser Land und unser Volk zurückholen.« Das Volk ist demnach gekidnappt worden, das Land gehört »uns« nicht mehr, es ist – wie schon unter Napoleon, wie schon nach Hitler, wie in vielen rechten Untergangsprophetien – besetzt. Frau Merkel zu jagen muss folglich heißen, sie zu verjagen, aus dem Land zu jagen, damit es von »uns« wieder in Besitz genommen werden kann. Die Gejagte arbeitet derweil mit höllischem Eifer daran, dass keine Geiseln mehr übrigbleiben, die befreit werden könnten. Auf dem Kyffhäusertreffen des Jahres 2018 erklärte Gauland, die Kanzlerin tue alles, um »den Bevölkerungsaustausch unumkehrbar« zu »machen«. Mit jedem weiteren Tag ihrer Amtszeit werde »unser Land weiter destabilisiert«.

Hans-Georg Maaßen, der im November 2018 in den Ruhestand versetzte Präsident des Bundesamts für Verfassungsschutz, hielt während seiner Dienstzeit Journalisten seines Vertrauens auf dem Laufenden über seine akkumulierenden Zweifel an der Sicherheitspolitik der Bundesregierung, die er von Amts wegen umzusetzen hatte. Nach seinem Wechsel aus der Geheimdienstlaufbahn in die öffentliche Rolle des Dauerinterviewten und professionellen Twitterers (mit assistierendem »Medienteam Maaßen«, Kürzel tm) ebnete er der Akzeptanz von Erklärungen der Zeitgeschichte den Weg, die bis dahin auch von den Behörden als verschwörungstheoretisch klassifiziert worden waren. In einem Interview mit der *Neuen Zürcher Zeitung* erklärte er die ganze Kategorie zu einem Instrument der Desinformation, erdacht und lanciert von Kollegen anderer Dienste. »Der Ausdruck ›Verschwörungstheoretiker‹ ist von bestimmten ausländischen Geheimdiensten erfunden und verwendet worden, um politische Gegner zu diskreditieren. Ich bin erstaunt, mit was für einer Selbstverständlichkeit dieser Ausdruck ins Standardvokabular deutscher Journalisten aufgenommen wurde.«

Interessanterweise sind nach der Methode dieser Journalisten auch die Beamten des Bundesamts für Verfassungsschutz vorgegangen, die das Gutachten über die AfD abfassten, dessen Materialsammlung noch in der Ära Maaßen angelegt wurde. So schreiben Maaßens frühere Kollegen, dass »die Warnung vor einer ›Überfremdung‹ Deutschlands« in Reden und Schriften von AfD-Politikern »regelmäßig auch mit verschwörungstheoretischen Ansätzen verbunden« sei. Auch die Ausführungen von Andreas Kalbitz beim Kyffhäusertreffen 2017, die »Blockparteien« hätten sich – mit einer Lieblingsformulierung von Hans Herbert von Arnim und Konrad Adam – »unseren Staat zur Beute gemacht« und »unser Land und Volk zum Schlachtfeld ideologischer Experimente überall«, was »alles Unsinn« sei, aber »mehr als Unsinn«, nämlich »der Plan, der ideologisierte Plan der Deutschlandabschaffer, der Deutschlandhasser, die in diesem Parlament sitzen«, und es hätten »die Claudia Roths, die Volker Becks, und wie sich dieser ganze Politausschuss so schimpft«, ein »verwaltetes Elend staatlich institutionalisierter Inländerfeindlichkeit« angerichtet, resümierten die Beamten in Köln-Chorweiler als »Verschwörungstheorien«.

Den Appell, den Björn Höcke im September 2015 an eine demonstrierende Menge in Erfurt richtete – »Aber ich sage auch zu denen, die von einem übermächtigen Gegner sprechen: Verzagt nicht, denn ein Volk, das souverän sein will, das wird souverän!« –, kommentiert das Gutachten so: »Höcke spielt hier auf den rechtsextremistischen Verschwörungsmythos einer weiterhin besetzten oder fremdbestimmten Bundesrepublik an und versucht damit, seine These einer vermeintlich mangelhaften demokratischen Ordnung zu untermauern.« Nicht bemerkt wurden offenbar die Anspielungen auf die Bibel. Im »Aber ich sage auch«, mit dem Höcke sich den Zuhörern zuwendet, die den Gegner, vielleicht nach dem übermäßigen Genuss von Verschwörungstheorien, für übermächtig halten, klingt das »Aber ich sage euch« der Evangelien an, die Wendeformel Jesu, mit der er den Jüngern das Neue seiner Botschaft im Kontrast zu dem, was den Alten gesagt worden ist, offenbart oder auch die eschatologische Wahrheit, in die der Ausgang seines Lebens verschlungen ist. So lässt der Evangelist Matthäus den über den Glauben des heidnischen Hauptmanns von Kapernaum verwunderten Jesus das Szenario eines Bevölkerungsaustauschs im Jenseits entwerfen: »Aber ich sage euch: Viele werden kommen von Osten und von Westen und mit Abraham und Isaak und Jakob im Himmelreich zu Tisch sitzen; aber die Kinder des Reichs werden hinausgestoßen in die äußerste Finsternis; da wird sein Heulen und Zähneklappern« (Mt 8,11 f.). »Verzagt nicht« ist wiederum im Alten Testament die Formel für die gottgefälligen Mutmacher, die das jüdische Volk auffordern, seiner Auserwähltheit zu vertrauen. So sprach Josua, als er den Männern Israels die fünf gefangenen Könige der Amoriter vorführte und sie aufforderte, ihren Fuß auf deren Nacken zu setzen (Josua 10,25).

Das Gutachten hält auch fest, dass einzelne Tatsachen aus Angela Merkels Lebensabschnitt in der DDR von AfD-Mitgliedern häufig für »verschwörungstheoretische Anwürfe« genutzt werden. Hingewiesen wird auf Kontakte zwischen führenden AfD-Funktionären und der Zeitschrift *Compact*, die der Verfassungsschutz als »verschwörungstheoretisches Magazin« einordnet. Eine »verschwörungstheoretische Grundannahme« machen die Verfassungsschützer auch hinter Darlegungen Hans-Thomas Tillschneiders aus, in dem von den »Altparteien« vorangetriebenen »Islamisierungsprozess« verbinde sich »der Deutschenhass der Linken« mit der »Frechheit der Wohlstandsmigranten«, dem »Großmachtstreben der Türkei« und den »geopolitischen Interessen der USA«. Björn Höckes »Flügel« verbreitete nach Ansicht des Bundesamts eine »codierte antisemitische Verschwörungstheorie« durch die Internetpublikation einer Rede, die der 2018 im Alter von 89 Jahren verstorbene Diplom-Volkswirt Herbert Gassen aus dem hessischen Bruchköbel 2016 am Tag der Deutschen Einheit gehalten hatte. Gassen ordnete die »Umvolkung der Bundesrepublik« in die Weltgeschichte ein. Mit dem »Endspiel Deutschlands«, das die

Kanzlerin und ihr »Umfeld« eingeleitet hätten, gelange nun »eine Ideologie« zum Sieg, die »bereits 1919 den Weg in eine Bolschewisierung« vorgegeben habe. »Die dahinterstehenden Kräfte waren sich in dem Ziel einig, die Weltherrschaft über eine entkultivierte Menschheit übernehmen zu können.« Die Entschlüsselung des antisemitischen Codes gestattet Gassens Hinweis auf die Frankfurter Schule, das heißt das von den jüdischen Remigranten Theodor W. Adorno und Max Horkheimer geleitete Institut für Sozialforschung, als die deutsche Vertretung dieser »Kräfte«. Schon als die Kanzlerin sich der Feststellung des Bundespräsidenten Christian Wulff anschloss, der Islam gehöre zu Deutschland, hatte sie nach Gassens Überzeugung »eine Katastrophe für die weitere kulturelle Entwicklung unseres Kontinents« eingeleitet und »sich als Feind ihres Volkes dekuvriert«, da sie mit einer Politik gebrochen habe, die »alle Staatslenker europäischer Nationen« seit »weit über tausend Jahren« verfolgt hätten: Die »Pseudoreligion« des Islam musste »von den Grenzen unseres Kontinents ferngehalten« werden. Der Islam war demnach wohl das Trojanische Pferd des Judentums – und umgekehrt!

Kann eine Erzählung, eine Geschichte mit offenkundig fiktiven Zügen, verfassungswidrig sein? Die Verfassungsschützer sind dieser Auffassung. »Gassens Text verbindet völkische, antisemitische und islamfeindliche Ideologeme zu einem verschwörungstheoretischen Narrativ und stellt damit eine Verletzung der Menschenwürde dar.« Wie man sieht, gehört der Begriff der Verschwörungstheorie zum Standardvokabular der Beamten des Kölner Bundesamtes, für die Maaßen auch nach seiner Abberufung und nun sogar erst recht zu sprechen behauptet, angeblich sogar in ihrem Auftrag. In seinem Interview mit der *NZZ* sagte er: »Mitarbeiter meines Amtes sagten mir bei meiner Verabschiedung: Herr Maaßen, was Sie gesagt haben, entspricht dem, was wir denken. Wir wären dankbar, wenn Sie auch in Zukunft Ihre Stimme erheben würden. Und das hat mich bewogen, zu reden und nicht zu schweigen.« Ein ehemaliger Geheimdienstchef, der auf Veranlassung einer anonymen Gruppe aktiver Geheimdienstleute in die Politik geht – man könnte zum Verschwörungstheoretiker werden, wenn man das liest.

Im Lichte von Maaßens Erläuterungen zur Geschichte dieses Begriffs drängt sich die Frage nach der Infiltration des Verfassungsschutzes durch die von ihm als Urheber genannten ausländischen Dienste auf. Spiegelt der ständige Rückgriff des Gutachtens auf die Kategorie des Verschwörungstheoretischen etwa ein Interesse ausländischer Mächte am Misserfolg der AfD? Auch wenn man Maaßens Kritik der Kritik des Verschwörungsdenkens nicht diesen verschwörungstheoretischen Spin gibt, ist unzweifelhaft, dass er mit seiner Interviewäußerung der AfD einen Dienst erwies. Sie war im Grunde ein Gegengutachten zu den 430 Seiten seines alten Amtes, im kompakten Format eines Tweets. Eines der wichtigsten Instrumente der ideologiekritischen Analyse extremistischen Denkens erklärte Maaßen kurzerhand für methodisch dubios, eine Kategorie, mit der gezeigt wird, wie Extremisten ihre Welterklärungen montieren, wie ihr Erklärungsanspruch in einen Erklärungswahn umschlägt, der zu viel Zusammenhang, Absicht, Sinn und langfristige Planung aufdeckt.

Das Zwanghafte eines Denkens in unwahrscheinlichen Verbindungen und unheimlichen Koinzidenzen kann auch Leuten vor Augen geführt werden, die einzelne Beobachtungen und Wertungen der Verschwörungstheoretiker plausibel finden. Die Irrationalität einer Theorie, die nicht falsifiziert werden kann, weil alle Indizien, die gegen sie sprechen, wieder den Täuschungsversuchen der Verschwörer angelastet werden, lässt sich unabhängig von politischen Präferenzen erkennen. Daher legt Marine Le Pen so großen Wert darauf, sich von der Tradition der gegenrevolutionären Historiographie zu distanzieren, die den Sturz des Königtums den Freimaurern in die Schuhe schiebt und dadurch zum geplanten Betriebsunfall stilisiert.

Maaßen stürzte über einen Dissens in der Auswertung eines einzigen Dokuments, eines mit einem Telefon aufgenommenen Films von 19 Sekunden Länge. War auf diesem Film eine Hetzjagd zu sehen, und war er echt, das hieß: Zeigte er ein Geschehen am 26. August 2018 in der Innenstadt von Chemnitz? Maaßen kam zu einer anderen Einschätzung des Sachverhalts als die Bundesregierung und machte diese Abweichung in der Bild-Zeitung öffentlich. Seinem Amt lägen »keine Belege dafür vor, dass das im Internet kursierende Video zu diesem angeblichen Vorfall authentisch ist«, und nach seiner »vorsichtigen Bewertung« sprächen »gute Gründe« dafür, dass es sich um eine »gezielte Falschinformation« handele, die von einem »Mord« habe ablenken sollen. Wie Jasper von Altenbockum in der *F.A.Z.* kommentierte, war diese Mutmaßung Maaßens selbst ein Ablenkungsmanöver, das Zweifel an der Loyalität des Beamten weckte. Auslöser der Ausschreitungen von Chemnitz war der Tod eines Mannes gewesen, der im Zuge eines nächtlichen Streits um Zigaretten auf dem Gelände eines Volksfests mit Messerstichen verletzt worden war. Ein Asylsuchender, der nach eigenen Angaben aus Syrien gekommen war, wurde am Tag der Tat festgenommen und ein Jahr später wegen Totschlags und gefährlicher Körperverletzung, nicht wegen Mordes, verurteilt. Eine etwaige Absicht, auf das von Flüchtlingen ohne Papiere ausgehende Sicherheitsrisiko aufmerksam zu machen, rechtfertigte nach Ansicht des F.A.Z.-Kommentators die gegen die Bundesregierung gerichtete Informationsarbeit Maaßens nicht. »Er liefert Verschwörungstheoretikern Munition, vor deren Treiben er die Republik doch eigentlich schützen sollte; und er lenkt ab von einer Allianz der Rechtsextremisten mit der AfD, die mindestens so besorgniserregend ist wie jenes Sicherheitsrisiko.« Die spätere Befragung des Verfassungsschutzpräsidenten im Innenausschuss des Bundestags brachte ans Tageslicht, dass ihm zum Zeitpunkt seiner Äußerungen gegenüber der Bild-Zeitung noch gar keine Untersuchungsergebnisse der zuständigen Fachleute seines Hauses vorgelegen hatten; trotzdem machte die Affäre aus Maaßen in den Augen derer, die von der Regierung Merkel das Schlimmste dachten, einen Märtyrer der Wahrheit, genauer: der Wahrhaftigkeit, einer unbestechlich peniblen Quellenkritik. Sein pauschaler Zweifel am Nutzen der Kategorie der Verschwörungstheorie passte zu dieser sorgfältig gepflegten Fiktion, er sei ein Mann der vorsichtigen Bewertungen.

Wie Maaßen sich gegen den Verdacht, er sei ein »rechter Verschwörungstheoretiker«, mit dem Verdacht zur Wehr setzte, es gebe vielleicht überhaupt keine Verschwörungstheoretiker, war ein sophistisches Kunststück aus dem Geheimhandbuch der Meinungslenkung. Er kam ohne gezielte Falschinformationen aus und zielte gleichwohl auf die Benebelung des Publikums. Die Journalisten bezichtigte er der übermäßigen Vereinfachung, zu erklären mit der Tendenz ihrer Texte oder der Naivität der Autoren. Sie denken demzufolge wie die Verschwörungstheoretiker, die möglicherweise gar nicht existieren. Diese Retourkutsche entsprach in der Sache dem beschriebenen Entfesselungstrick von Renaud Camus, der Verteidigung des »Großen Austauschs« mit der Halsbandaffäre. Nach Maaßens mutmaßlich sachkundiger Einlassung mussten bis auf Weiteres alle Verschwörungstheorien als verdächtig gelten – ausgenommen nur die Theorie, Geheimdienstler fremder Mächte hätten den Begriff den Journalisten aufgeschwatzt.

Das Gutachten des Bundesamts für Verfassungsschutz zur AfD ordnet auch Gaulands Version der Erzählung vom »Großen Austausch« bei den Verschwörungstheorien ein. Aus nicht nachvollziehbaren Gründen, sagte der Protestparteipatriarch 2018 beim Jahrestreffen der Rechtesten der Rechten, habe Frau Merkel »etwas gegen das deutsche Volk«. In ihrer bewussten Vagheit produziert die Totalerklärung des Verschwörungsschemas neuen Erklärungsbedarf: Die Regierungschefin wird nicht nur dämonisiert, sondern auch zum psychologischen Rätselfall gemacht. Dabei will laut Gauland die gesamte Bundesregierung, dass die einheimischen Deutschen für die Einwanderer arbeiten, damit diese »in Ruhe Kinder in die Welt setzen und den Bevölkerungsaustausch vollenden« können. So wird, fassen die Verfassungsschützer zusammen, das Volk »als Opfer einer Verschwörung« dargestellt.

ALEXANDER GAULAND:
DER STRATEGE DER WENDE

WAS DEUTSCH WAR

Etliche deutsche Kulturinstitutionen von Weltgeltung wurden in der Epoche des Kaiserreichs begründet, von den Bayreuther Festspielen bis zur Kaiser-Wilhelm-Gesellschaft, der Vorläuferorganisation der Max-Planck-Gesellschaft. Aber auch in dieser guten alten Zeit, die sich selbst als beste neue Zeit empfand, gelang es den deutschen Gebildeten nicht, in klare Worte zu fassen, was denn eigentlich das Eigentümliche der deutschen Kultur sein sollte. Melancholisch urteilt im Rückblick ein belesener Autor: »Es gab keinen ›way of life‹, der auf natürlich-gelassene Art bestimmte, was deutsch war.«

Das schreibt Alexander Gauland in seinem Buch *Anleitung zum Konservativsein* aus dem Jahr 2002, und er leitet daraus Konsequenzen für das politische Bewusstsein der Nation ab. »Das deutsche Selbstbild war im Alltagsleben mit keinem Verhaltenskanon verknüpft, es wurde an Fest- und Feiertagen wie in Krisenzeiten programmatisch entworfen und war damit auf ideologische Krücken angewiesen.« Als die Selbstbilder laufen lernten, als die Nationen historische Aufträge aus ihren vermeintlichen Charaktereigenschaften ableiteten, brauchten die fußkranken Deutschen Prothesen – die sie, so darf man Gaulands Bild vervollständigen, vor sich selbst verbargen, wie Wilhelm II. seinen verkrüppelten Arm versteckte, wenn er fotografiert wurde. Es fehlte an einer nationalen Kultur, die Verhaltenssicherheit hätte stiften können, und ebendeshalb wurde ein Kult um die deutsche Kultur veranstaltet. War das Eigene nicht gut und schön? Das reichte nicht, es musste das Bessere und Schönste sein. »Ein aggressiver Nationalismus war deshalb als gesellschaftliches Bindemittel wichtiger als in den alten Nationalstaaten Westeuropas.« Der Krückstock diente als Schlagstock: Das Aggressive überspielte das Künstliche am deutschen Nationalstolz und konnte denen, die sich durch Bindungskrafttraining um den gesellschaftlichen Zusammenhalt verdient machten, zur zweiten Natur werden.

Gaulands Analyse erneuert die Schlüsselgedanken einer Traktatliteratur, die auf die deutsche Frage eine pathologische Antwort gibt. Der klassische Text des Genres ist *Die verspätete Nation* von Helmuth Plessner, veröffentlicht zuerst in Zürich 1935. Im Habitus der Deutschen, hauptsächlich des Bürgertums als der Schicht, die sich durch das Lesen und Schreiben von Büchern verständigt, sollen sich Eigenheiten des deutschen Geistes manifestieren, die mit der lutherischen Reformation und der Verbeamtung der Intelligenz in Verbindung gebracht werden. Haltungsschwäche lautet die Diagnose. Die »incertitudes allemandes«, über die 1931 der Franzose Pierre Viénot schrieb, werden in anthropologischer Betrachtung zurückgeführt auf eine Verhaltensunsicherheit: der deutsche Mensch, ein (besonderes) Mängelwesen.

In seiner Anglophilie ist Alexander Gauland ein ganz und gar konventioneller deutscher Konservativer. Die Hochschätzung Englands ist eine fixe Idee des deutschen Konservatismus, seit es ihn gibt, wobei typischerweise das konservative Element der englischen Verfassung überschätzt wird, das Gewicht der mittelalterlichen Relikte. »Mit England trat ein gefestigter liberal-aristokratischer Nationalstaat der französischen Herausforderung entgegen«: So beginnt in der *Anleitung zum Konservativsein* das Kapitel »Deutsche Geschichte«. Woran es den Deutschen mangelt, das haben die Engländer: Schon 1789 soll ihr Nationalstaat gefestigt gewesen sein, dessen Eigenschaft »liberal-aristokratisch« das Führungspersonal beschreibt.

Im Jahr 1989 veröffentlichte Gauland im Suhrkamp Verlag ein Taschenbuch mit gesammelten biographischen Versuchen über englische Staatsmänner: *Gemeine und Lords. Porträt einer politischen Klasse.* Hier hat der Begriff der politischen Klasse nicht den abschätzigen Beiklang der bundesrepublikanischen Parteienkritik. Porträtiert wird eine gefestigte Führungsschicht, deren Habitus ein Idealbild des sicheren Auftretens abgibt. Auf Gaulands spätere antiliberale Wende weist an diesen Texten nichts voraus, nur ihr Publikationsort. Die meisten waren zuerst in *Criticón* gedruckt worden, der Zeitschrift von Caspar von Schrenck-Notzing. Hier schrieb Armin Mohler, hier wurde die Flamme der von Mohler erfundenen »Konservativen Revolution« gehütet, an der später die Autoren sowohl der Zeitung *Junge Freiheit* als auch des Zirkels um Götz Kubitschek ihre Fackeln entzündeten. Das antidemokratische Schrifttum der Weimarer Rechten, das Mohler in seiner 1949 in Basel eingereichten, von der Wissenschaftlichen Buchgesellschaft 1972 stark erweitert als *Handbuch* nachgedruckten Dissertation so sortierte, dass er es als Alternative zum Nationalsozialismus ausgeben konnte, wird von der intellektuellen Rechten der Berliner Republik in Gegengiftschränken bereitgehalten. F.A.Z.-Herausgeber Jürgen Kaube nennt den Begriff der »Neuen« Rechten eine Etikettenschwindelei: Sie biete nur »Positionen aus dem Antiquariat«. Neu könnte hier bestenfalls unerprobt heißen.

Gauland sah 2002 keinen Testbedarf. Bei seiner Inventur des Konservatismus warf er alle Produkte der Weimarer Kultmarke aus dem Sortiment. Er berief sich nicht auf Volksgeist oder Zeitgeist, sondern auf die Logik und stempelte die »Konservative Revolution« als »falsches Denken« ab: Es sei widersinnig, als Konservativer zuerst eine Revolution zu machen, um dann deren Resultat bewahren zu können. Schon vor 1945 war dieses Denken falsch – nach 1945 waren laut Gauland auch die gesellschaftlichen Voraussetzungen entfallen, unter denen die falschen Gedanken hatten richtig erscheinen können. Untergegangen war mit dem Deutschen Reich auch dessen ursprünglich preußische Oberschicht, die nach 1918 ihre Loyalität gegenüber der politischen Verfassung unter einen Vorbehalt gestellt hatte, der sich rationalisieren ließ mit dem Gedanken eines Vorrangs des Volkes gegenüber dem Staat, der natürlichen Kulturgemeinschaft gegenüber dem rechtlichen Kunstgebilde. »Nach dem Kriege gab es jenes Deutschland nicht mehr, das sich von der politischen Kultur Westeuropas dadurch zu unterscheiden suchte, dass es die ›volkhafte Lebensordnung‹ über den bürgerlichen Staat stellte.«

Gauland zitierte hier Carl Schmitt, der 1939 in seinem Vortrag »Völkerrechtliche Großraumordnung mit Interventionsverbot für raumfremde Mächte« die volkhafte Lebensordnung näher als »nicht-universalistisch«, aber »völkerachtend« bestimmte. Den deutschen Reichsbegriff erklärte Schmitt dort aus dem schärfsten Gegensatz zu den »Assimilierungs- und Schmelztiegelidealen der Imperien westlicher Demokratien«. Das Schlagwort der Neuen Rechten für eine Weltordnung der Ungleichheit, in der sowohl Abschottungsmaßnahmen als auch Einflussversuche mit Achtungsansprüchen verbrämt werden, lautet »Ethnopluralismus«. Dem Publizisten Albrecht von Lucke fiel ein nicht ausgewiesenes Schmitt-Zitat ins Auge, als Gauland im Frühjahr 2016 in einem elektronischen Rundbrief an die Parteimitglieder vom »ungebremsten Zustrom raum- und kulturfremder Menschen nach Deutschland« schrieb. Wer Schmitts Vortragstitel nicht kannte, stolperte vielleicht über das Wort »raumfremd«: Ist nicht schon mit dem Begriff der Migration und erst recht mit dem Bild des Zustroms gesagt, dass Menschen einen Raum betreten, der ihnen fremd ist? Ortskenntnis lässt sich erwerben: Wer fremd ist, muss nach dem Weg fragen, aber ihm kann leicht geholfen werden. Die Ergänzung des Steckbriefs um »kulturfremd« war wohl nötig, weil der nicht weiter bestimmte Raumfremde acht Jahrzehnte nach Schmitt eine merkwürdige Figur gemacht hätte: Er hört sich an wie ein Alien, ist aber vielleicht bloß ein Nachbar. Gaulands Gebrauch eines Adjektivs, das sowohl dem Grimmschen Wörterbuch als auch dem Duden fremd ist und durch Carl Schmitt in der Sprache der Gebildeten vielleicht nicht eingebürgert worden ist, sondern Asyl bekommen hat, könnte als Anspielung für die Kenner unter den Parteifreunden gemeint gewesen sein. Unverblümt bekannte sich Björn Höcke in seinem Gesprächsbuch *Nie zweimal in denselben Fluss* von 2018 zu Schmitt: Dessen »Interventionsverbot raumfremder Mächte« sei »hochaktuell«, müsste aber um ein »Investitionsverbot raumfremden Kapitals« und ein »Migrationsverbot raumfremder Bevölkerungen« ergänzt werden.

Im August 2017 sagte Gauland, wie Justus Bender in der *F.A.Z.* berichtete, in einer Wahlkampfrede in Thüringen über die SPD-Politikerin Aydan Özoğuz, die Integrationsbeauftragte der Bundesregierung:

»Ladet sie mal ins Eichsfeld ein, und sagt ihr dann, was spezifisch deutsche Kultur ist. Danach kommt sie hier nie wieder her, und wir werden sie dann auch, Gott sei Dank, in Anatolien entsorgen können.« Mit dem Willen zur Systematik des Aberwitzes spielte Gauland die Konsequenzen der Auffassung durch, dass in einer Zeit der Überfremdung und Unterwanderung die Zuerkennung staatsbürgerlicher Rechte unter einen Kulturvorbehalt gestellt werden müsse. Auch eine Einzelperson, eine deutsche Staatsangehörige, geboren in Hamburg, konnte als raumfremd gebrandmarkt werden. Mit Johlen nahmen die Zuhörer Gaulands Aufforderung auf, die abwesende Aydan Özoğuz des Raumes zu verweisen, sie in Gedanken buchstäblich außer Landes zu schaffen. Vor seiner Alterskarriere als Parteivolkstribun war der Tweedsakkoträger Gauland eine Art grüngraue Eminenz des politisch-medialen Betriebs gewesen, als Publizist und Berater ein Mann fürs Feine, wiedererkennbar als Gentlemandarsteller. Zweifellos wird er das Wort Kardinal Newmans kennen, es sei geradezu die Definition eines Gentleman, dass er niemals Schmerz zufüge. Was soll man davon halten, dass er mit 76 Jahren vor Publikum in einer Gewaltphantasie über eine 26 Jahre jüngere Frau schwelgte?

Der Bruch mit dem Anstand war gewollt – den Vorfall eine Entgleisung zu nennen hieße, ihn zu verharmlosen, denn es kommt wohl nur in selbstmörderischer Absicht vor, dass der Lokführer selbst den Zug aus den Schienen hebt. Gab es denn gar keine kulturellen Muster für Gaulands Grenzüberschreitung? Die Gewaltdrohung war so explizit formuliert, dass sie keinesfalls wörtlich genommen werden konnte und in jedem Fall ernst genommen werden musste. Sollte das Schema dem Publikum nicht wenigstens subkutan vertraut gewesen sein, damit es begeistert mitgehen konnte, statt irritiert zu sein? Der knappe Exkurs ist gebaut wie ein Videoclip: eine Abfolge schnell geschnittener Bewegtbilder, wie sie in den Netzausgaben der Zeitungen für Ablenkung und Anbindung der Leser sorgen. »Entsorgen«: Das ist äußerste sprachliche Brutalität, die folgenlos bleibt. Man darf an Rollenspiele am Computer denken, wo unentwegt Leichen produziert werden und sich rückstandslos in Luft auflösen.

Entsorgt wird Müll. Gaulands sprachliche Gewalt entwaffnet die

Kritik durch unüberbietbare Deutlichkeit. Die Einrede wirkt sofort kleinlich und beflissen, reicht an die Provokation nicht heran. Regierungssprecher Steffen Seibert kommentierte Gaulands Spruch, nachdem er zunächst gesagt hatte, es sei nicht seine Sache, Wahlkampfaussagen der AfD zu kommentieren. »In diesem Fall will ich nur sagen: Frau Özoğuz stammt aus Hamburg, insofern disqualifizieren sich diese Äußerungen von selbst.« Wären sie etwa gegenüber einer aus der Türkei gebürtigen Politikerin noch diskutabel gewesen? Man musste Gauland nicht erklären, dass seine Ausdrucksweise Assoziationen aus dem Wörterbuch des Unmenschen weckt. Das ist offensichtlich. Aber was ist der Sinn der Sache? Und wie kann der Vorsitzende einer zur Wiederherstellung der bürgerlichen Moral angetretenen Partei so barbarisch daherreden, wenn der Anlass des Streits der Begriff der deutschen Kultur ist?

Diese Figur der Umkehrung ist selbst der Schlüssel. Die Attacke des Redners auf Aydan Özoğuz war eine Karnevalseinlage von grausamem Ernst. Man soll den Angriff als Akt der Notwehr verstehen, das Ungalante und Unappetitliche daran als unvermeidlichen Notwehrexzess. Von der Politik von Frau Özoğuz und ihren Gesinnungsgenossen, ja schon von den Worten und begrifflichen Vorentscheidungen geht nach Überzeugung der AfD eine existentielle Gefahr für Deutschland aus. Die Verrohung der Sitten, die als Folge der Migrationspolitik angeblich in Kauf genommen wird, bringen die Verteidiger der heimischen Kultur zum Zweck prophetischer Warnung zur Darstellung – im eigenen Verhalten. Wie das gesamte Unternehmen eines humanitären Grenzmanagements nach Ansicht der Kritiker auf koordinierter Schönfärberei beruht, so machen sich Gauland und seine Mitstreiter absichtlich hässlich.

Als politische Gegner und Repräsentanten des Staates die Wortwahl Gaulands gegenüber Özoğuz rügten, ließ der AfD-Chef allerdings wissen, auf die Sprache komme es nicht an. Der »Bohei« um das Wort »entsorgen« sei »absolut lächerlich«. In der Sache hielt er an der Bewertung fest, dass die Staatsministerin ausweislich ihrer Ansichten »in diesem Land nichts verloren« habe. »So jemand muss sich unter Umständen ein anderes Land suchen.« Zur Begründung der Aufforderung zur Ausreise diente eine auch von Politikern anderer Parteien kritisierte Passage aus einem Artikel, den Aydan Özoğuz am 14. Mai 2017 im Debattenforum der Berliner Tageszeitung *Der Tagesspiegel* veröffentlicht hatte. »Deutschland ist vielfältig, und das ist manchen zu kompliziert. Im Wechsel der Jahreszeiten wird deshalb eine Leitkultur eingefordert, die für Ordnung und Orientierung sorgen soll. Sobald diese Leitkultur aber inhaltlich gefüllt wird, gleitet die Debatte ins Lächerliche und Absurde, die Vorschläge verkommen zum Klischee des Deutschseins. Kein Wunder, denn eine spezifisch deutsche Kultur ist, jenseits der Sprache, schlicht nicht identifizierbar.«

Gerade erst war die Leitkultur von Politikern des Koalitionspartners der SPD wieder einmal auf Wahlkampfunterstützungstour geschickt worden, wie ein abgehalfterter Schlagerstar von einem unbarmherzigen Manager durch die Autohäuser. In der *Bild am Sonntag* legte der damalige Bundesinnenminister Thomas de Maizière zehn »Thesen« einer »Leitkultur für Deutschland« nieder. Und Jens Spahn, zu diesem Zeitpunkt Parlamentarischer Staatssekretär bei Finanzminister Schäuble und Wunschkandidat der Konservativen in der CDU für alle möglichen höheren Ämter, sagte in einem Zeitschriftengespräch, »die Hauptthemen« der »meisten Bürger« seien nicht Wirtschaft oder Steuern, sondern »innere Sicherheit, Integration, Leitkultur«. Der Beitrag, in dem Aydan Özoğuz ihre ironischen Spitzen über das Saisonale dieser Themenkonjunktur unterbrachte, machte Werbung für eine Art Konkurrenzunternehmen zu de Maizières »Einladung« zu einer »Diskussion« über ein Stichwort, das man für ausdiskutiert halten durfte. Eine »Initiative kulturelle Integration« hatte »15 Thesen« aufgesetzt, überbot das Diskussionsangebot des Innenministers also gleich um 50 Prozent. Wenigstens in der Form wurde auf beiden Seiten dieser Debatte etwas Gemeinsames sichtbar, wie es der Leitkulturbegriff beschwört: Nicht nur im Lutherjahr müssen es Thesen sein, wenn die Welt bewegt werden soll. Meist wird dabei aber nur Unbestrittenes und schwer Bestreitbares in Listenform gebracht.

Soweit erinnerlich, regte keine der am 16. Mai 2017 bei einem Fototermin mit der Bundeskanzlerin vorgestellten »15 Thesen« irgendjemanden zum Widerspruch oder auch nur zum Zitieren an. Stattdessen machte ein Satz aus dem begleitenden Artikel von Aydan Özoğuz die Runde, aus dem Zusammenhang gerissen, um eine antithetische Kettenreaktion auszulösen: Eine »spezifisch deutsche Kultur« sei, »jenseits der Sprache, schlicht nicht identifizierbar«. Gauland hatte kurz vor seiner Rede im Eichsfeld in einem Interview mit der Schweizer *Weltwoche* in folgender Weise darauf Bezug genommen: »Diese merkwürdige Ausländerbeauftragte hat dazu gesagt, sie könne jenseits der Sprache keine Kultur in Deutschland feststellen.« So ist das Zitat falsch. Identifizieren ist nicht feststellen. Gauland unterstellte Özoğuz, sie habe die Existenz einer deutschen Kultur bestritten. Dabei hatte sie lediglich gesagt, dass sich Eigenheiten einer spezifisch deutschen Kultur, die Deutschland von anderen Ländern unterscheiden würden, nicht identifizieren ließen – sollte heißen: Solche unverwechselbaren Merkmale lassen sich nicht mit der Eindeutigkeit bestimmen, die für den volkspädagogischen Zweck eines Leitkultur-Katalogs nötig wäre. Gauland verfälschte nicht nur den Sinn der Aussage der Staatsministerin. Er tat so, als hätte sie nicht von der Schwierigkeit gesprochen, einen Gegenstand hinreichend genau zu erkennen, sondern geleugnet, dass es diesen Gegenstand gibt. Skepsis wurde so in Gaulands Paraphrase zu Ignoranz. Doch damit nicht genug: Er vertuschte, vielleicht auch vor sich selbst, dass die Aussage von Özoğuz zum Problem einer deutschen Kultur in der Sache dem entsprach, was er selbst noch 2002 vertreten hatte.

Die Deutschen, so Gauland damals, verbinde weder ein »Verhaltenskanon« in der Praxis noch eine »Weltanschauung« in der Theorie. Das galt sogar für das Kaiserreich, das gerade erst geeinigte Deutschland, und erst recht für die späteren Epochen der Entzweiung. Deshalb habe »ein Deutscher nur ein unbestimmtes Bild von seinem Land« und von dessen »nationalen Merkmalen«. In der *Weltwoche*, einem ehedem liberalen Blatt, dessen Verleger und Chefredakteur Roger Köppel seit 2015 für die Schweizerische Volkspartei im Nationalrat sitzt, postulierte Gauland, ein Volk müsse »Selbstbewusstsein haben und ausstrahlen, um Integration sinnvoll erlebbar zu machen«. Seinen Landsleuten warf er vor, »sofort ihre eigene Identität« zu »verstecken«. Früher hatte er gerne das Wort des Historikers Christian Graf von

Krockow vom Kaiserreich als der »Gesellschaft ohne Selbstbewusstsein« zitiert und ohne Schuldzuweisung den Deutschen die Diagnose gestellt: »Der nationale Stolz, die Selbstgewissheit waren gebrechlicher als in England oder Frankreich.« Wenn Özoğuz den Verfechtern der Leitkultur vorhielt, sie gössen »Öl ins Feuer, um sich selbst daran zu wärmen«, so hatte Gauland dieselbe fatale Figur der Selbstbestätigung um den Preis von Ausgrenzung und Polarisierung in das Bild vom Nationalismus als ideologischer Krücke gefasst.

Die von Özoğuz in ihrem Artikel erwähnte Prägung der deutschen Geschichte durch »regionale Kulturen« ist ein wichtiges Element des Konservatismus, den Gauland 2002 mit preußenskeptischen Spitzen vergegenwärtigte. Als Gegner der Französischen Revolution verteidigten demnach Konservative wie der österreichische Staatskanzler Metternich und sein Sekretär Friedrich von Gentz »den Universalismus einer europäischen Rechts- und Friedensordnung gegen die Sprengkraft des heraufziehenden Nationalismus«, und sie waren damit »zugleich die Verteidiger des Regionalismus wie des Föderalismus«. Auch Goethe nahm Gauland für einen solchen Konservatismus in Anspruch; gemeinsam mit Wilhelm von Humboldt habe er »die Übernationalität des Deutschtums« verfochten.

Umfangreiche Darstellungen aus der älteren deutschen Geschichtswissenschaft vollzogen mit viel ideenhistorischem Feinsinn nach, wie im Jahrhundert nach 1815 nach dem Liberalismus auch der Konservatismus den Weg vom Weltbürgertum zum Nationalstaat hinter sich brachte. Diese Entwicklung wurde als notwendig hingestellt, nach 1945 immer noch als mehr oder weniger zwangsläufig oder mindestens verständlich. Gauland benutzte diese Literatur, brach aber mit ihren Wertungen. Den Bund, den unter Bismarck »der Konservativismus mit dem Nationalismus« einging, taufte Gauland eine »unheilige Allianz«. In dieser glücklichen Wortfindung kristallisiert sich Gaulands damaliges Urteil: Der Konservatismus, der mit dem revolutionären Prinzip der Allmacht der Nation seinen Frieden machte, stellte die Gedankenwelt Metternichs, des Architekten der Heiligen Allianz, auf den Kopf. Von 1870 zog Gauland die Linie zur Harzburger Front des Jahres 1931, dem gegen die Regierung Brüning gerichteten Bündnis zwischen der konservativen Deutschnationalen Volkspartei, der NSDAP und Organisationen der Antizivilgesellschaft wie dem »Stahlhelm – Bund der Frontsoldaten«, einer paramilitärischen Vereinigung von Veteranen des Weltkriegs. Nach dem Untergang des Hitlerreichs war mit dieser Tradition kein Staat mehr zu machen. Die Gründung der CDU, der er selbst vierzig Jahre lang angehörte, im Jahr 1945 konnte laut Gauland »deshalb keine konservative Parteigründung sein«. Um diesen Traditionsbruch als alternativlos zu kennzeichnen, behauptete Gauland, dass die Konservativen im Widerstand gegen Hitler ihre Gründe zum Handeln nicht etwa »aus der deutsch-nationalen Ideenwelt« bezogen hätten.

ERSTE PERSON PLURAL

Am 21. März 2015 hielt Gauland in Hamburg einen Vortrag auf einer Tagung der »Staats- und Wirtschaftspolitischen Gesellschaft«, eines eingetragenen Vereins, der seit seiner Gründung 1962 bemüht ist, das Geschichtsbild der Bundesrepublik im Geist des alten Nationalismus zu korrigieren. Der Mitbegründer und langjährige Vorsitzende Hugo Wellems war Chefredakteur der Parteizeitung der Deutschen Partei gewesen, des Wurmfortsatzes des nationalkonservativen Parteiwesens im Adenauer-Deutschland. Seine mit einem Vorwort des Historikers Hellmut Diwald verbreitete Sammlung von Quellenzitaten zur deutschen Geschichte von 1871 bis 1945 trug den Titel *Das Jahrhundert der Lüge*. Von 1980 bis 1991 stand Wellems einem Verein namens Ordo Militiae Crucis Templi vor, der sich als deutsches Priorat des 1312 aufgelösten Templerordens versteht. Die Ritter bieten ihren Landsleuten »geistigen Geleitschutz« an, in Gestalt von Vorträgen und Veröffentlichungen zu Themen wie »Deutschlands Zukunft – Moral und Zukunft in der Zeitenwende«, »Innere Einheit des deutschen Volkes« und »Migration und demographischer Wandel«. Unter Aufnahme des ursprünglichen Anliegens des Tempelrittertums warnte der Orden 2007 in einer Ratzeburger Erklärung vor der »Gefahr der fortschreitenden Islamisierung Deutschlands«.

Unter demselben lateinischen Namen und mit demselben Wappen ist seit 2008 auch ein konkurrierender, aber geistig analog ausgerichteter Verein aktiv, der als Tempelritterorden ins Vereinsregister eingetragen ist und von der Erzdiözese Freiburg als kirchlich-privater Verein anerkannt wird. Volker Münz, der von 2017 bis 2021 für die AfD im Bundestag saß, als kirchenpolitischer Sprecher seiner Fraktion wirkte und die Arbeitsgemeinschaft »Christen in der AfD« gründete, ist Ordensbruder dieses Vereins. Der Abteilungsleiter einer Großbank gehörte im schwäbischen Uhingen dem Kirchengemeinderat der evangelischen Kirche an und wurde auch in die Synode des Kirchenbezirks Göppingen gewählt. Münz war in seiner Jugend Mitglied in der CDU, deren Entwicklung er schon in der Ära Kohl als Abwendung von christlichen Prinzipien empfand. Der AfD trat er in deren Gründungsjahr 2013 bei, weil er im Zuge fortgesetzter Einwanderung von Muslimen »bürgerkriegsähnliche Zustände« auf Deutschland zukommen sah, mit der Einführung einer allgemeinen Kopftuchpflicht nach dem Sieg der islamischen Seite. Gemeinsam mit dem katholischen Publizisten Felix Dirsch, einem Mitbruder aus dem Templerverein, und dem früheren evangelischen Pfarrer auf Probe Thomas Wawerka veröffentlichte er in einem österreichischen Verlag, der nach dem Kriegsgott der Griechen benannt ist, 2018 und 2019 zwei Aufsatzbände: *Rechtes Christentum? Der Glaube im Spannungsverhältnis von nationaler Identität, Populismus und Humanitätsgedanken* und *Nation, Europa, Christenheit: Der Glaube zwischen Tradition, Säkularismus und Populismus.*

Dirsch, Lehrbeauftragter der Münchner Hochschule für Politik mit Professorentitel einer Universität in Armenien, war von 1994 bis 1996 Assistent von Hans Maier am Lehrstuhl für Christliche Weltanschauung, Religions- und Kulturtheorie der Universität München. Während Maier seit seiner 1965 unter dem Titel *Revolution und Kirche. Studien zur Frühgeschichte der christlichen Demokratie* publizierten Dissertation in wissenschaftlicher Arbeit und politischer Praxis dem Gedanken nachgeht, dass die katholische Kirche in Gestalt der Christdemokratie nicht nur ihren politischen Frieden mit der Französischen Revolution machte, sondern die durch Organisation der Laien kanalisierten revolutionären Energien langfristig auch der eigenen Liberalisierung zuführte, vertritt Dirsch den Standpunkt eines ausdrücklichen, kämpferischen »Rechtskatholizismus« in der Tradition der katholischen Philosophie der Gegenrevolution. Wawerka wurde deutschlandweit bekannt, als er drei Tage vor Heiligabend 2016 im Talar bei einer von der AfD vor dem Bundeskanzleramt veranstalteten »Mahnwache« aus Anlass des terroristischen Massenmords auf dem Berliner Breitscheidplatz sprach und unter Berufung auf Dietrich Bonhoeffer einen christlichen Widerstand propagierte. Da ihn die Sächsische Landeskirche nach der Probezeit aus dem kirchlichen Dienst entlassen hatte, hätte Wawerka die Amtstracht eines Pfarrers nicht mehr tragen dürfen. Münz stellte ihn als Mitarbeiter im Bundestag ein.

Die Geschichte rechter politischer Theorie ist seit Langem, nach Ansicht der schärfsten philosophischen Kritiker des Konservatismus wie Panajotis Kondylis sogar schon seit der ersten und ursprünglichen Reaktion auf die Französische Revolution selbst, eine Geschichte des Exhumierens in der Absicht der Wiedererweckung. In diesem Kontext ist das Bemerkenswerte am zweibändigen publizistischen Unternehmen von Dirsch, Münz und Wawerka das Bemühen um eine theologische Apologie des Nationalismus. Obwohl es im Zeitalter von Revolution und Gegenrevolution auch Bannflüche kirchlicher Autoritäten gegen den Nationalismus gab, der als Ausgeburt der Französischen Revolution wie der Liberalismus als Programm der Selbstvergötzung des Menschen verurteilt wurde, optieren manche christlichen Traditionalisten heute wieder dafür, die Nation als Platzhalter der von den Feinden Jesu Christi umzingelten Stadt auf dem Berge anzusehen. Sehr sichtbar ist ein solcher christlicher Nationalismus im Milieu des evangelischen Fundamentalismus der Vereinigten Staaten.

Der Tempelritterorden e. V. gibt seit 2009 eine Zeitschrift heraus: *Das neue Non Nobis*. Die lateinischen Wörter sind die traditionelle Devise der Templer, die Anfangsworte des 115. Psalms: »Nicht uns, Herr, nicht uns, sondern deinem Namen gib Ehre, um deiner Gnade und Treue willen.« Das alte »Non Nobis«, von dem sich der Titel stillschweigend absetzt, ist die seit 1985 erscheinende Zeitschrift des anderen Vereins. Im zweiten Heft des Jahrgangs 2014 wurde ein vier Jahre alter Artikel von Michael Klonovsky aus dem *Focus* nachgedruckt, aus aktuellem Anlass: Nun gab es, was der Autor 2010 noch im Optativ beschrieben hatte – eine »konservative oder rechtskonservative Partei«. Münz publizierte in *Das neue Non Nobis* im Reformationsgedenkjahr 2017 drei Aufsätze über Kants drei Grundfragen der Philosophie in christlicher Fassung: »Quid est veritas?«, »Was ist unsere christliche Hoffnung?« und »Was sollen wir tun?«.

Wie die Templervereine sich die Wiederherstellung des Templerordens vorgenommen haben, so knüpft an den 1408 von König Sigismund von Ungarn, dem späteren Kaiser, gestifteten Orden des besiegten Drachen beziehungsweise Orden der Drachenritter (Societas Nostra Draconica) der in Österreich ansässige Alte Orden vom St. Georg an, »eine Gemeinschaft von Herren, die nach wahrem Adel der Gesinnung sowie unter strikter Wahrung des Rechtsgedankens ritterlichen Idealen und Werten nachgehen, wie der Pflege der christlich-abendländischen Kultur«. Unter dem Vorsitz des Ordensgouverneurs Prinz Gundakar von und zu Liechtenstein tritt man alljährlich im Sommer zu einem »Arbeitskonvent« zusammen; außerdem werden Vortragsabende abgehalten. Der Konvent 2016 verhandelte die Zukunft Europas unter Stichworten wie EU-Superstaat, Islamisierung, Okkupation durch Flüchtlinge, Bevölkerungsaustausch, Genderwahn, Mainstream-Medien und kulturelle Destruktion. Ein Jahr später widmete sich die Ritterschaft der religiösen Erneuerung Russlands und Perspektiven eurasischer Bündnisbildung gegen den Drachen »einer ungewollten Neuen Weltordnung«.

Im Februar 2018 sprach Wolfgang Graninger, der pensionierte Leiter der Klinischen Abteilung für Infektionen und Tropenmedizin im Wiener Allgemeinen Krankenhaus, über »gesundheitliche Risiken der Migrationswelle« mit der Leitfrage »Steht der physiologische Untergang der Europäer bevor?«. Den Einheimischen empfahl der Referent, den physischen Kontakt mit Einwanderern zu vermeiden, ihnen weder die Hand zu schütteln noch sich von ihnen anhusten zu lassen, und auch Türklinken und Treppengeländer in öffentlichen Gebäuden sowie Haltegriffe in öffentlichen Verkehrsmitteln nicht mehr anzufassen. Als Folge der sogenannten Willkommenskultur diagnostizierte Graninger »eine spürbare Verschlechterung der Immunkompetenz«;

seine Verantwortung »als Infektiologe« wollte er wahrnehmen durch »das Bewirken von gesunden, rettenden Ängsten in der breiten Bevölkerung«. In einem Interview mit der Boulevardzeitung *Kurier* verbreitete Graninger zwei Jahre später die These, SARS-CoV-2 sei »die Rache der Chinesen an den Amerikanern«. Die Verbreitung des Virus in China sei auf einen Unfall zurückzuführen; eigentlich habe es »in den USA ausgesetzt werden« sollen, »damit dort die Bevölkerung hysterisch wird und die Wirtschaft ordentlich kracht«.

Im Bundestagswahljahr 1972 hatte der *Spiegel* drei CDU-Abgeordnete unter den Rittern des Ordo Militiae Crucis Templi mit Zeitungsanzeigen in Verbindung gebracht, die angeblich von besorgten Bürgern aufgegeben worden waren, die vor der Wiederwahl der Regierung Brandt warnten. Wie die AfD in den Wahlkämpfen des Jahres 2017 von einem »Verein zur Erhaltung der Rechtsstaatlichkeit und bürgerlichen Freiheiten« unterstützt wurde, dessen Zweck »die Förderung der politischen Meinungsbildung und der demokratischen Debattenkultur in Deutschland« ist, so engagierten sich 1972 zugunsten der Unionsparteien eine »Vereinigung zur Förderung der politischen Willensbildung«, eine »Bürgerinitiative für klare Entscheidungen«, eine »Initiative mündiger Bürger« sowie eine »Wählerinitiative der Realisten«. Auch die Staats- und Wirtschaftspolitische Gesellschaft e. V. benannte der *Spiegel* damals als Auftraggeberin von Anzeigen gegen die Regierungsparteien, die sie angeblich mit Spenden von Unternehmen wie BMW finanzierte.

Als Gauland 2015 der Einladung der Gesellschaft folgte, war gerade Manfred Backerra zu deren Vorsitzendem gewählt worden, ein Oberst a. D. und ehemaliger Dozent an der Führungsakademie der Bundeswehr. Fünf Herren bildeten den Beirat: Generalmajor a. D. Gerd Schultze-Rhonhof, Autor des Buches *1939 – Der Krieg, der viele Väter hatte*, Hans-Joachim von Leesen, früherer Geschäftsführer des Schleswig-Holsteinischen Heimatbundes und Autor des Buches *Bombenterror – Der Luftkrieg über Deutschland*, der Politikwissenschaftler Klaus Hornung, der 2014 in einem Leserbrief in der *F.A.Z.* die »politische Klasse« aufgefordert hatte, dem »Weckruf« der AfD zu folgen und deren Politik zu übernehmen, der Jesuitenpater Lothar Groppe, der ebenfalls an der Führungsakademie der Bundeswehr unterrichtet hatte, sowie Wilhelm von Gottberg, ein pensionierter Fachoberlehrer beim Bundesgrenzschutz und langjähriger Bundesvorsitzender der Landsmannschaft Ostpreußen.

Gottberg war der älteste Abgeordnete des 2017 gewählten 19. Deutschen Bundestages. Die Aussicht auf seine Mitgliedschaft – die niedersächsische AfD setzte ihn auf den vierten Platz ihrer Landesliste – bewog die Mehrheit des 18. Deutschen Bundestages, die Regel der Geschäftsordnung zu ändern, nach der das am frühesten geborene Mitglied die konstituierende Sitzung des Parlaments als Alterspräsident eröffnete. Diese alte deutsche parlamentarische Tradition ersetzte man durch die ältere Variante des britischen Unterhauses, das Alterspräsidium des dienstältesten Abgeordneten. Eine Eröffnungsrede aus dem Munde Wilhelm von Gottbergs oder auch des ein Jahr jüngeren Gauland wollte man nicht riskieren. In einem Leitartikel des *Ostpreußenblattes* hatte Gottberg 2001 beklagt, dass »der Völkermord am europäischen Judentum« immer noch »als wirksames Instrument zur Kriminalisierung der Deutschen und ihrer Geschichte« benutzt werde. Zur Antwort auf die Frage, wie lange »die nachwachsende Generation« noch »mit dem Makel der Schuld für zwölf Jahre NS-Diktatur belastet« werden könne, zitierte er einen italienischen Autor, der das gesetzliche Verbot der Holocaustleugnung unter Verwendung der Vokabeln »Mythos« und »Dogma« kritisiert hatte. Die erinnerungspolitische Schlussfolgerung des Vertriebenenfunktionärs, der 2001 noch Mitglied der CDU war: »Der beschlossene Bau des Mahnmals zur Erinnerung an den Holocaust im Herzen Berlins am Brandenburger Tor hat unausgesprochen das eigentliche Ziel, auch die Nachwachsenden mit dem Schuldkomplex zu belasten.«

Gaulands Auftritt bei der Staats- und Wirtschaftspolitischen Gesellschaft erregte in der Presse auch deshalb Aufsehen, weil sich unter den etwa 170 Zuhörern die Holocaustleugnerin Ursula Haverbeck befand. In der Aussprache äußerte ein Teilnehmer die Ansicht, der Volksverhetzungsparagraph des Strafgesetzbuchs (Paragraph 130 StGB), dessen dritter Absatz die Strafbarkeit der Holocaustleugnung normiert, mache denjenigen Bürgern Angst, »die eigenständige Erkenntnisse und Meinungen zur Geschichte haben«. Die »Angstpsychose in unserem Volk« sei »beinahe schon zementiert«, weshalb es geboten sei, »diesen Gesetzesparagraphen in seiner jetzigen Fassung zu Fall zu bringen«.

Unter dem Oberthema »Welches Deutschland, welches Europa wollen wir?« sprach Gauland über »Ein Europa selbstbestimmt vereint wirkender Vaterländer«. Der ebenfalls angekündigte Vortrag des Islamkritikers Manfred Kleine-Hartlage, eines Stammautors des Verlags Antaios und der Zeitschrift *Sezession*, über »Ein Deutschland des Gemeinwohls durch Sachgerechtigkeit« fiel aus. Eingehend legte Gauland dar, welche historischen und völkerpsychologischen Gründe dagegen sprächen, die russische Annexion der Krim hauptsächlich unter dem Gesichtspunkt des Völkerrechtsbruchs zu betrachten. Die Bedeutung der östlichen Ukraine für Russland beleuchtete Gauland mit einem Vergleich. Mit der Kiewer Rus habe das Russische Reich begonnen. »Wenn Kiew jetzt nicht mehr zum russischen Einflussgebiet gehört, so ist das ungefähr so, als wenn das Aachener Münster oder der Kölner Dom britisch oder amerikanisch wären. Nun können Sie mir natürlich sagen, das würde die Deutschen in ihrer derzeitigen Verfassung nicht mehr so sehr stören, womit Sie, wie ich fürchte, nicht ganz unrecht hätten. Doch die Russen stört es sehr.«

Mit dem Scherz auf Kosten seiner Landsleute sprach Gauland unabsichtlich ein ernstes Problem für das Projekt der AfD an. Was ist, wenn die Deutschen Deutschland nicht so wichtig nehmen wie die Partei, die den Namen des Landes auf ihre Fahnen geschrieben hat und überall mit sich herumträgt? Nichts geht Politikern so leicht über die Lippen wie die erste Person Plural. »Welches Deutschland wollen wir?« Leicht lässt sich mit Antworten auf diese Frage Spalte um Spalte der Plenarprotokolle des Bundestags füllen, und was wegen der Redezeitbegrenzung gekürzt werden muss, können Sondernummern der *Jungen Freiheit* aufnehmen oder Konferenzbände der Desiderius-Erasmus-Stiftung, der 2017 gegründeten parteinahen Stiftung der AfD. Heikler ist eine andere Frage: Welches Wir will Deutschland? Wie steht es um das empirische Substrat des nationalen Subjekts, dem die AfD wieder zur Selbstbestimmung verhelfen will?

In der Abstimmung über die »Lieblingsorte der Deutschen« der ZDF-Reihe *Unsere Besten* zeigte sich der Kölner Dom 2006 allen anderen Sehenswürdigkeiten doppelturmhoch überlegen. Nirgendwo sonst halten sich die Deutschen demnach so gerne auf, obwohl sie den Dom in ihrer übergroßen Mehrheit wohl nicht zum Zweck des Gottesdienstes betreten, für den der Bau einmal begonnen wurde. Und trotzdem glaubt Gauland, dass es ihnen nichts ausmachen würde, wenn sie ihr Kölsch nach dem Dombesuch mit Dollars oder britischen Pfund bezahlen müssten. Als eine intellektuelle Schwäche des postnationalistischen Konservatismus der Bundesrepublik beschrieb Gauland schon 2002 den Verzicht auf eine gesellschaftskritische Perspektive. Der Soziologe Arnold Gehlen und der Jurist Ernst Forsthoff hätten die Institution und die Stabilität mit solchem Erfolg gelobt, dass die literarische Phantasie verkümmert sei. »Figuren wie Evelyn und Auberon Waugh oder Michel Houellebecq sind in Deutschland schwer vorstellbar.« Gaulands Witz über die Entdeutschung der Dome ist ein Stück grotesken Humors nach Art dieser Autoren.

Die britische Königin als Hausherrin im Aachener Kaiserdom, das Sternenbanner über dem Dreikönigsschrein: Mit diesem Einfall könnte eine dystopische Erzählung nach dem Muster von Houellebecqs Roman *Unterwerfung* einsetzen, in dem die Sorbonne in eine islamische Universität umgewandelt wird. Der Kölner Dom ist ein Nationaldenkmal, ja, das Denkmal aller Nationaldenkmäler. Seine Fertigstellung unter dem Patronat des preußischen Königs war eine symbolische Handlung, sollte als ökumenische Tat vorausweisen auf die Herstellung der deutschen Einheit. Und das soll den Deutschen in ihrer übergroßen Mehrheit nun nichts mehr bedeuten? Es hätte jedenfalls, so Gauland 2015 auf dem Hamburger Vereinstreffen der Volkslebensschützer und Gegenwehrbeauftragten, nicht ganz unrecht, wer das behaupten wollte. Der Kölner Dom war den Deutschen tatsächlich schon einmal verlorengegangen: Von 1794 bis 1815 war Köln französisch besetzt, seit 1801 französisches Staatsgebiet. Während der französischen Besatzungszeit nach dem Ersten Weltkrieg regte sich ein rheinischer Separatismus, der den Anschluss des Rheinlands an Frankreich erreichen wollte. Am 21. Oktober 1923 stürmten die Separatisten das Aachener Rathaus und riefen im Kaisersaal die Freie und unabhängige Republik Rheinland aus. 1945 wurde der Norden der preußischen Rheinprovinz der britischen Besatzungszone zugeschlagen.

Wenn Gauland zur Markierung des Unterschieds von geschichtsbewussten Russen und selbstvergessenen Deutschen eine Europakarte skizzierte, auf welcher der Rhein nicht Deutschlands Strom, sondern Deutschlands Grenze war, spielte er mit der Erinnerung an die Besatzungszeiten und dem Verdacht der Amnesie. In Grenzregionen, in der chauvinistischen Rhetorik von vorgestern »Grenzmarken« genannt, artikulieren sich Nationalisten oft besonders aggressiv. Auch deshalb freilich, weil sie die Vorstellung umtreibt, ihre Nachbarn seien mehrheitlich unsichere Kantonisten. Wirtschaftliche Verflechtungen und verwandtschaftliche Beziehungen relativieren seit jeher die Bedeutung von Grenzen. Adenauers Verhältnis zum rheinischen Separatismus in den Jahren 1919 bis 1923 war in den späten Tagen der alten Bundesrepublik sogar Gegenstand einer scharfen Historikerkontroverse. Armin Laschet, der Aachener, der nach dem Verlust seines Bundestagsmandats in der Anti-Kohl-Wahl 1998 ins Europaparlament wechselte und an der Rheinisch-Westfälischen Technischen Hochschule sechzehn Jahre lang einen Lehrauftrag im Masterstudiengang Europastudien innehatte, stieß in seinem Zweikampf mit Markus Söder um die Kanzlerkandidatur im Frühjahr 2021 an der Basis der Unionsparteien in den östlichen und südlichen Ländern der Bundesrepublik auch deshalb auf Misstrauen, weil er aus seiner Herkunft eine europäische Sendung ableitete.

Wie lange reicht die Erinnerung einer Gruppe zurück, deren Mitglieder einander nicht alle kennen? Gehört das Wissen aus dem Geschichtsbuch zur Erinnerung? Auch in einer Familie ist man spätestens ab der dritten Generation auf schriftliche Dokumente angewiesen, etwa Heiratsurkunden und Taufregister, wie sie Patrick Laschet nutzte, Armin Laschets jüngerer Bruder, um die Abstammung seiner Familie in vierzig Generationen bis zu Karl dem Großen zurückzuführen. Wenn man überhaupt annimmt, dass es jenseits des Privatlebens ein Gedächtnis gibt, das Jahrhundertgrenzen überschreitet, dann kann man auch vermuten, dass für die Bewohner des Landstreifens zwischen Nordsee und Rhein das Schengener Abkommen die historische Normalität eines Reiseverkehrs ohne Passkontrollen wiederherstellte. Die nordrhein-westfälische Landesregierung rief das Jahr 2019 zum Benelux-Jahr aus, und Ministerpräsident Laschet setzte sich bei der feierlichen Bekräftigung einer schon zehn Jahre zuvor unterzeichneten »Politischen Erklärung zur Zusammenarbeit« als Vierter im Bunde von Belgien, den Niederlanden und Luxemburg in Szene. Parteifreunde in Berlin beschworen daraufhin, wie er im Wahlkampf 2021 erzählte, das Gespenst des Separatismus. Aber der als undurchlässig gedachte Territorialstaat ist laut Christoph Möllers das »Produkt der begrifflichen Überwältigung einer viel uneindeutigeren Realität, in der Bünde, Reiche, Kolonien, Föderationen, Hegemonien, Blöcke und internationale Organisationen politisch bedeutsam waren und sind«, und in dieser Uneindeutigkeit ist Laschet zu Hause.

Gaulands Frotzelei, dass es den meisten Deutschen vermutlich gleichgültig wäre, wenn sie mit dem Rhein auch eine Grenze passieren müssten, um nach Aachen oder Köln zu kommen, erlaubte einen Blick ins Unterbewusstsein der AfD. Sie ist als neue, wahre, einzige Volkspartei angetreten. Aber sie wird heimgesucht von dem Unbehagen, ob das deutsche Volk wirklich noch den Willen zur Selbstbehauptung aufbringt. Nach all ihren Bemühungen um Verriegelung, Abdichtung und Isolierung des deutschen Staatsgebiets könnte die Partei am Ende dastehen mit einem Raum ohne Volk. »Bewegung von Personen in und zwischen politischen Gemeinschaften«, merkt Möllers in lakonischer Absetzung vom geschlossenen Staatsgebiet als fixer Idee der deutschen Staatsrechtslehre an, »entsteht eben nicht nur als Eindringen von außen, sondern auch als Bedürfnis, eine Gemeinschaft zu verlassen.« Die Behauptung des Grundsatzprogramms der AfD, eine am Völkerrecht und am Grundgesetz ausgerichtete Asylpolitik führe »zu einer rasanten, unaufhaltsamen Besiedelung Europas, insbesondere Deutschlands, durch Menschen aus anderen Kulturen und Weltteilen«, setzt dem Wortlaut nach voraus, dass Deutschland ein unbesiedeltes Land ist. Der Duden definiert »besiedeln« als »ein noch nicht oder nicht mehr bewohntes Gebiet bebauen und bewohnen«, das Grimmsche Wörterbuch nennt als Synonym von »Besiedelung« »Kolonisierung«.

WER BLEIBT

In der Präambel ihres Grundsatzprogramms verkünden die Mitglieder der AfD, sie wollten »Deutsche sein und bleiben«. Deutsche bleiben zu wollen: Das scheint in einer Welt des allgegenwärtigen Voluntarismus, in der dem Willen ständig gesagt wird, dass er erreiche, was er erstrebe, der harmloseste aller Wünsche zu sein. Kleinen Mädchen wird erklärt, dass sie Bundeskanzlerin werden können, wenn sie nur wollen. Wer zum Mond reisen will, kann sich in eine Warteliste eintragen und muss dann nur noch fleißig sparen oder einen Kredit aufnehmen. Wer hingegen einfach nur bleiben will, wo er ist und was er ist, der möchte sich nicht anstrengen und braucht auch keine Hilfe. Ein solcher selbstgenügsamer Weltgenosse nimmt niemandem den Platz im Landesvorstand der Jungen Union oder in der Rakete weg.

Am 7. September 2016 äußerte sich Bundeskanzlerin Merkel in der Haushaltsdebatte des Bundestags zu den Erfolgen der AfD, die drei Tage zuvor bei der Landtagswahl in Mecklenburg-Vorpommern, dem Land, in dem Frau Merkels Bundestagswahlkreis lag, aus dem Stand mehr als 20 Prozent erzielt und die CDU überholt hatte. »Uns alle treibt die Frage um: Wie gehen wir mit einer solchen Situation um?« Unter dem Beifall aller Fraktionen erklärte Frau Merkel, es verbiete sich, die Situationsbeschreibungen der außerparlamentarischen Agitatoren zu übernehmen: »Wenn wir anfangen, uns sprachlich und tatsächlich an denen zu orientieren, die an Lösungen nicht interessiert sind, verlieren am Ende wir die Orientierung.« Der letzte Satz der Rede der Regierungschefin lautete: »Liebe Kolleginnen und Kollegen, Deutschland wird Deutschland bleiben, mit allem, was uns daran lieb und teuer ist.« Wie Joachim Güntner, der damalige Kulturkorrespondent der *Neuen Zürcher Zeitung* in Deutschland, notierte, hatte die Kanzlerin den Satz eine Woche vorher schon einmal ausprobiert, in einem Interview mit der *Süddeutschen Zeitung*. Güntner wies auch darauf hin, dass Frau Merkel mit dieser wohlbedachten Formulierung »den Ball der AfD aufgenommen« hatte. Der Befürchtung, Deutschland könnte sich durch die Aufnahme einer großen Zahl von Flüchtlingen bis zur Unkenntlichkeit verändern, trat sie ausdrücklich entgegen – um den Preis, dass sie sich dem Sprachgebrauch der AfD anpasste, obwohl sie genau das ausgeschlossen hatte. »Deutschland wird Deutschland bleiben«: Das war beinahe eine Paraphrase von »Wir wollen Deutsche sein und bleiben«.

Erträglich mochte diese Übereinstimmung scheinen, weil der Satz aus dem AfD-Programm scheinbar nur so etwas wie eine Selbstverständlichkeit artikuliert, den Herzenswunsch eines naturwüchsigen Konservatismus. In Adalbert Stifters Erzählung *Der fromme Spruch* berichtet eine adlige Gutsbesitzerin ihrem Bruder, der die Gewohnheit hat, ihr am 24. Tag jedes Monats einen Besuch zu machen, bei ihr sei gar nichts vorgekommen. Die Antwort des Bruders: »So stehen die Sachen vortrefflich.« Dieser Präferenz für das Ungeschichtliche, für eine Welt, in der die Zeit stillsteht und nichts mehr passiert, haben die rheinischen Kabarettisten, die Jahr um Jahr im Bonner Pantheon-Theater zu den Sitzungen des 1. Freien Kritischen Karnevalsvereins Rhenania zusammentreten, in ihrer Vereinshymne parodistische Gestalt gegeben. Die Hymne mit dem Titel »Kölsch für Europa« parodiert einen Möchtegernschlager aus einem uralten Europawahlkampf der SPD. Hinter dem verkrampften Appell, alles für eine neue Zeit zu tun, wird die Sehnsucht nach dem Unveränderlichen freigelegt. »Wir wollen viel Gemütlichkeit. Wie es früher war, so soll es auch bleiben. Ich trinke Kölsch, meine Frau den süßen Wein, es darf auch roter sein, am Feierabend.« Das singt Hermann Schwaderlappen alias Norbert Alich, der mit Fritz Litzmann alias Rainer Pause den Vereinsvorstand bildet: zwei lebende, ja, kreuzfidele Fossilien, die aus dem Fundus der Adenauerzeit Frack, Pomade und Hornbrille ebenso konserviert haben wie die chauvinistischen Meinungen der patriotischen Europäer gegen die Bolschewisierung des Abendlandes. Ein apokalyptischer Ton durchzieht den Lobgesang auf das flüssige Gold. Bemerkenswerterweise diente schon 1995, als die Hymne auf CD gebrannt wurde, der Klimawandel als globale Drohkulisse. Litzmann singt: »Bald ist der Amazonas ausgedorrt, der Piranha fort und das Krokodil. Wir woll'n kein Land, wo das Reptil ausstirbt, während das Kölsch verdirbt, das wär' doch wirklich jammerschade.« Das Kölsch muss weg, damit ansonsten alles bleiben kann.

Die verspätete Nationalhymne des Wirtschaftswunderlandes hat etwas Bezauberndes und verzaubert auch den Konservatismus, über den sie sich lustig macht. Das Ressentiment wird weggespült, Sentiment bleibt übrig. Wie es früher war, so kann es jetzt bleiben. Und sagt die AfD nicht dasselbe, ähnlich schlicht und ähnlich umständlich, bloß von der dritten Person Singular in die erste Person Plural übersetzt? Nicht ganz. »Wir wollen Deutsche sein und bleiben«: Warum schreibt man einen solchen Satz in ein Parteiprogramm? Weil man fürchtet, dass die Deutschen bald keine Deutschen mehr sein werden, und weil man diese Furcht verbreiten will. Beschworen wird eine Gefahr, die im feierlichen Kontext der Präambel abstrakt bleibt, da sie nur indirekt benannt wird. Die Leser dürfen alle konkreteren Beschreibungen ergänzen, die in weniger feierlichen Genres der politischen Rede in Umlauf sind, bis hin zur rechtsextremistischen Parole vom »Volkstod«. Der Tod des deutschen Volkes wird übrigens auch in der Rentnerhymne der Bonner Republikaner an die Sitzungssaalwand gemalt, ein Tod durch eine kollektive Überdosis falscher Rauschmittel: »Koks und Haschisch, Marihuana, die Jugend ist kaputt, jetzt sind wir am Zug. Denn: Wir woll'n kein Land, wo man an Drogen stirbt, während das Kölsch verdirbt, das wär' doch furchtbar.«

Als Alexander Gauland kurz nach der Jahrtausendwende seine *Anleitung zum Konservativsein* verfasste, sah er überall Zeichen, die »vom baldigen Ende unserer Gesellschaft« kündeten. Er zählte sie auf: »Werteverlust, Kulturzerfall, globale Umweltzerstörung, Überalterung, die Zunahme von Gewalt und die Ökonomisierung aller Lebensbereiche«. In seinen Augen schloss sich ein zweitausendjähriger Kreis. »Die Botschaft des Christentums kam in die Welt, als die alten Gesellschaften so weit zerstört waren, dass sie nicht mehr genug Behausung boten.« Als altertumswissenschaftliche These ist dieser Satz erläuterungsbedürftig. Jesus Christus wurde unter der Herrschaft des Augustus geboren und in der Regierungszeit des Tiberius hingerichtet, als die Römer gerade damit begonnen hatten, ihre Republik zu einer größeren und prächtigeren Behausung umzubauen, dem römischen Kaiserreich, das jahrhundertelang Bestand haben sollte. Dass Gauland schon die römische Gesellschaft der Zeitenwende als Trümmerlandschaft wahrnimmt, verweist auf den quasimarxistischen Zug des Geschichtsdenkens, das er in seinen beiden Konservatismus-Traktaten von 1991 (*Was ist Konservativismus?*) und 2002 (*Anleitung zum Konservativsein*) ausbreitet. Die schlechthin zerstörerische welthistorische Größe ist für Gauland dort der Markt.

Aus der Anerkennung dieser Tatsache ergibt sich die Aufgabe des vom Verfasser entworfenen Konservatismus. Er kann die Ökonomisierung aller Lebensbereiche nicht rückgängig machen und die Macht des Marktes nicht brechen, soll ihr aber etwas entgegensetzen. Im älteren der beiden Traktate, *Was ist Konservativismus?*, verfasst unter dem Eindruck der Wiedervereinigung, wird diese Aufgabenbestimmung sogar ausdrücklich damit begründet, dass das vereinigte Deutschland saturiert sei, wie in Bismarcks Vorstellung das Bismarckreich. Die »›nationalkonservative‹ Intention« hatte »ihr Ziel erreicht« und sich überflüssig gemacht. »Die Sehnsucht nach der geeinten Nation in gesicherten Grenzen ist erfüllt und damit kein politisches Movens mehr.« Für eine »Weltmachtpolitik«, wie Nationalkonservative sie seit dem Ersten Weltkrieg gefordert hatten, war »kein Raum« mehr »im zusammenwachsenden Europa«. Rückfall ausgeschlossen: »Eine Wiederholung ist nicht zu befürchten.« Deshalb die Umlenkung des konservativen Impulses ins Soziale: »Der politische Konservativismus kann seine Legitimation künftig nur aus seiner gesellschaftlichen Funktion beziehen. Er muss sich der Herausforderung des Kulturzerfalls durch die Entfesselung der Produktivkräfte und der ethischen Problematik einer konsumorientierten Leistungsgesellschaft stellen.« Elf Jahre später war der Kulturzerfall nach Gaulands Ansicht so weit fortgeschritten, dass die Zeit reif gewesen wäre für eine neue Offenbarung, die Botschaft eines anderen Christentums.

Gaulands Lieblingsvokabel für den inzwischen erreichten Stand der Destruktivkräfte war »Spaßgesellschaft«. Die »Tröstungen der Spaßgesellschaft« waren trügerisch, der permanente Rauschzustand musste ein böses Ende nehmen. »Die Spaßgesellschaft funktioniert, solange die Kugel rollt und der Gewinn steigt. Sie kennt keine Abwehrmechanismen für den Fall des Scheiterns.« Mitten in der Regierungszeit des Bundeskanzlers Gerhard Schröder legte Gauland mit solcher Wirtschaftskulturkritik nicht etwa eine Rückbesinnung auf den Sozialstaat nahe. Die sozialstaatliche Rundumversorgung war in seinen Augen ebenso eine Illusion wie »der neoliberale Traum«: ein Religionsersatz, der die »metaökonomischen Bedürfnisse« des Menschen unbefriedigt ließ. Im Kapitel »Die Bundesrepublik – ein schöner Traum« skizzierte Gauland eine Art politische Theologie der sogenannten alten Bundesrepublik als eines Reichs der erfüllten falschen Prophetien. »Wir waren näher am irdischen Paradies als fast jedes andere Volk, denn wir hatten keine wirkliche Verantwortung und mussten nichts entscheiden.« Fast das Paradies auf Erden: Die Bundesrepublik war die bessere DDR gewesen – und auch sie ging 1989 unter, weil mit dem Ende des Kalten Krieges Verantwortung und Entscheidungszwang zurückkehrten. Im Rückblick auf die westdeutsche Republik beschrieb Gauland die Verschlungenheit von äußerer und innerer Lage, das epochale Lebensgefühl einer totalen Säkularisierung. »Wir hatten Himmel und Hölle verschlossen, da eine existentielle Bedrohung nur eine materielle sein konnte, und dagegen waren wir versichert.«

Gauland trug in diesem Kapitel die alte Bundesrepublik zu Grabe, im zeremoniösen Duktus einer konservativen Essayistik, deren bevorzugte Sprachhandlung schon immer der Abschied gewesen war. Im folgenden Kapitel hielt der Trauerredner dann gleichsam Ausschau nach einem neuen Petrus, der den Deutschen den Himmel wieder aufschließen könnte. Die ethische Problematik der konsumorientierten Leistungsgesellschaft verlangte nach einer metaphysischen Lösung. Das suggerierte jedenfalls die Überschrift dieses Kapitels: »Wer hilft uns zu leben?« Bei einem Theologen hätte man hier gewusst, woran man ist: Mit der Wahl des Fragepronomens »wer« statt »was« hätte er angedeutet, dass die Antwort eine Person sein soll. Und ungefähr sagt das der Pfarrer ja auch, was dann als Elitenkritik folgt: Nur »der starke Übermensch, Nietzsches Übermensch« könne »gut ertragen, dass Gott oder die Nation oder die Leitkultur« tot seien. Gott oder die Nation: An dieser Austauschbarkeit würde der Pfarrer allerdings wohl Anstoß nehmen. Kann es sein, dass der Übermensch gar kein Mensch ist? Ohne nähere Begründung erklärte Gauland nämlich des Weiteren, dass »der Mensch als rationales Wirtschaftssubjekt alleine nicht überleben« könne.

Der Mensch sei gemacht, um zu bewundern und zu gehorchen: Das hört in *Coningsby*, einem der Romane des konservativen britischen Premierministers Benjamin Disraeli, der Titelheld von seinem Mentor, der alle Geheimnisse der europäischen Politik kennt. Der »Glaube«, so Gaulands Version dieser Maxime, gehört »zu den unausrottbaren menschlichen Bedürfnissen«, in einer Reihe mit Irrationalität, Stolz, Vorurteil – und der nationalen Identität. Um die nationale Identität wirklich zu den anthropologischen Grundbedürfnissen zu zählen, muss man allerdings entweder die Nation sehr früh in der Geschichte ansetzen oder den Menschen sehr spät. Hat Gauland vielleicht einfach ein viel kürzeres Gedächtnis, als er vorgibt? Seine Anthropologie ist in Wahrheit kaum verhehlte Soziologie: Die vermeintlichen Gattungsbedürfnisse bestimmt er, genau besehen, als Mentalausstattungsmängel einer Schicht, nämlich der Masse derjenigen, die nicht die Stärke der eingebildeten Renaissancemenschen aufbringen. Gemäß vulgärmarxistischer Denkungsart setzt Gauland diese im beschriebenen sozialpsychologischen Sinne Schwächeren mit denen gleich, »die im materiellen Wettstreit hinten liegen«.

Das Dogma des Glaubensbedürfnisses erlaubte es ihm, dem von ihm konzipierten Konservatismus mit gesellschaftlicher Funktion eine Trägerschicht zuzuweisen: »Der Widerstand gegen die Desintegration der Gesellschaft kommt nicht von den permissiv-zynischen Spaßeliten, sondern von jenen, die Religion und Traditionen nicht an der Garderobe zur rationalen Wirtschaftsgesellschaft abgeben können, die an jenen Institutionen festhalten wollen und wohl auch müssen, die in den letzten 1000 Jahren funktioniert haben.« Tausend Jahre sind hier wohl eher als mythische Chiffre für eine sehr lange, ununterbrochene Zeit zu verstehen denn als Angabe der geschichtswissenschaftlichen Chronologie, auch wenn die Regierungszeit des heiliggesprochenen Kaisers Heinrichs II. (1002 bis 1024) gelegentlich zum goldenen Zeitalter des Bundes von Thron und Altar verklärt worden ist. Die Vorstellung, die Kirchen hätten wie ein von Gott persönlich konstruierter

Staubsauger oder Fernseher tausend Jahre lang störungsfrei funktioniert, macht die zwölf Jahre von 1933 bis 1945 unsichtbar. So enthielten schon die nach bildungsbürgerlichem Geschmack eingerichteten Geschichtskonstruktionen des Essayisten Gauland Tapetentüren des Revisionismus.

Für die nationalkonservative Intention, die Gauland 1991 wegen des großen Erfolges in Ehren verabschiedet hatte, trieb er 2002 neue Ziele auf, auf dem Feld der massenpsychologischen Sozialvorsorge. Hier war der Gedanke der Vater des Wunsches: Die anthropologische These von der nationalen Identität als dem funktionalen Äquivalent des Gottesglaubens erlaubte es dem konservativen Intellektuellen Gauland, zugleich den Aufklärer und den Priester zu geben. Nation als Religionsersatz, Religion als Nationsersatz – die Implikation dieser begriffsstrategischen Rochade ist eine Abwertung der geistlichen und eine Aufwertung der weltlichen Sphäre. Es gibt Leute, die »wohl« an Institutionen festhalten müssen: Die Eigenschaft, an der Arnold Gehlen, Klassiker der konservativen Anthropologie der ältesten Bundesrepublik, den Menschen erkennen wollte, wird bei Gauland zum Merkmal von sozialgeschichtlichen Verlierern, mit denen er spielt wie mit Zinnsoldaten.

Wenn die Spaßgesellschaft dem Tode verfallen ist, ist der Ernstfall die Erlösung: Die Versatzstücke von Gaulands Zeitdiagnostik sind aus der konservativen Essayistik der letzten zwei Jahrhunderte wohlvertraut. Nicht mehr aus der zeitlosen Schönheit der Schöpfung wird das Bedürfnis der Gottesverehrung hergeleitet, sondern aus der Notlage des modernen Menschen. Ein christlicher Existentialismus weist den verstörten Kindern der Aufklärung den Weg zurück in die Kirche. Am Ende einer Berufslaufbahn, die ihn aus dem Staatsdienst in die Zeitungswirtschaft führte, malte Gauland als politischer Schriftsteller das Unheil, das der Markt in den Seelen anrichte, so drastisch aus, dass seine Thesen über die Unentbehrlichkeit der Religion als Gegenmacht einen missionarischen Ton hatten: Seine Alterskarriere hätte ihn statt in die Stadthallen der Bezirksparteitage auch in die Sportstadien evangelikaler Erweckungsgottesdienste führen können.

Es kann daher überraschen, dass Gauland nach eigener Aussage zu den Akteuren der rationalen Wirtschaftsgesellschaft gehört, welche die Religion an der Garderobe abgegeben oder sogar in den Altkleidercontainer gestopft haben. Der Vater einer evangelischen Pfarrerin bekannte 2016 in einem Zeitungsinterview: »Ich bin nicht gläubig.« Mitglied der evangelischen Kirche sei er nur, weil er »damit aufgewachsen« sei, aus Respekt vor der »Tradition« seiner Familie. Kirchenmitgliedschaft als Ausweis eines Konservatismus der Selbstbehauptung, der sich von Begründungspflichten entlastet. Gaulands Begriff für dieses Lebensmodell: Er sei »so etwas wie ein Kulturchrist«. Auf dem Marktplatz der Kleinstadt Elsterwerda in Brandenburg, einem Bundesland, in dem vier Fünftel der Einwohner konfessionslos sind, richtete Gauland im Juni 2016 einen Appell an die Kirchenmitglieder unter den Anhängern der AfD: »Es ist Ihre Aufgabe, in den Kirchen dagegen zu wirken, dass dieses Land von der Erde verschwindet und sozusagen nur noch irgendeine uns fremde Bevölkerung hier lebt.« Wie der Germanist Heinrich Detering in seiner zuerst vor dem Zentralkomitee der deutschen Katholiken vorgetragenen Analyse der Rhetorik der parlamentarischen Rechten bemerkte, wollte Gauland »seine Zuhörer dazu verpflichten, die Kirchen zu Werkzeugen des Nationalismus zu machen«. Der Ungläubige spielte den Untergangspropheten. Er markierte das angeblich drohende Verschwinden des deutschen Volkes als Ereignis einer Unheilsgeschichte, die es unbedingt abzuwenden galt.

Die positive Seite der Vision formulierte Gauland in Elsterwerda so: »Wir sind die Deutschen! Und wir wollen es bleiben!« In der Präambel des Grundsatzprogramms steht, wie zitiert: »Wir sind offen gegenüber der Welt, wollen aber Deutsche sein und bleiben.« Der bestimmte Artikel – drei Buchstaben nur, aber im Kampf gegen das Aussterben der Deutschen das Lebenswörtchen, in dem sich alle Entschlossenheit zusammenzieht. Gaulands Marktplatzrede ergänzt das Programm um dieses Wort. Der bestimmende Artikel beweist seine bestimmende Kraft: Das »die« stellt den Sinn der Absichtsbekundung des Programms klar. Man kann indes keineswegs sagen, dass dadurch ein Subtext zum Vorschein käme. Der Text gelangt zum Vortrag, in der äußersten Deutlichkeit, die der Marktplatz ermöglicht und erzwingt. Lediglich aus Gründen des Geschmacks ist im Programm auf den Artikel verzichtet worden, mit Rücksicht auf die rhetorischen Konventionen einer feierlichen Einleitung beziehungsweise auf die Assoziationen, die man mit diesem Textgenre verbindet, wenn man eine radikale Alternative und trotzdem eine ordentliche Partei sein will: In einer Präambel hat das Ungefähre seinen Ort.

Die Camouflage hat nur dekorativen Charakter und konnte von vornherein niemanden täuschen. Zwar tritt die neue nationalistische Partei als Bestandsschutzpolizei eines anthropologischen Konservatismus auf. Aber mit dem Nationalgefühl soll im Namen der menschlichen Natur zugleich ein exklusiver Begriff der Nation unter Schutz gestellt werden, als wäre ohne die Lizenz zur Abgrenzung und ohne den Willen zum Ausschluss das Gefühl nicht bestimmt genug, als würde es dadurch ungreifbar und flüchtig. Wähler, die das AfD-Programm anspricht, wollen nicht nur Deutsche bleiben im Sinne einer Hintergrundgewissheit, des alltäglichen Vertrauens darauf, dass sie sich und ihre Welt auch übermorgen noch wiedererkennen. Sie wollen die Deutschen bleiben – im Unterschied zu den Anderen, den Fremden, die keine Deutschen sind und angeblich nie Deutsche werden können. Der bestimmte Artikel ist die Waffe der Identitätspolitik. Er identifiziert die Mitglieder einer Gruppe, indem er mit demselben Atemzug oder Federstrich alle ausschließt, die nicht zur Gruppe gehören sollen.

SCHULD UND STOLZ

Der Halsband- und der Autobahn-Vergleich weisen Camus und Gauland als Virtuosen der strategischen Kommunikation aus. Die Kritik rechter Geschichtsbilder ist ihnen nicht bloß geläufig. Sie haben sie verinnerlicht, so dass sie mit ihr spielen können und es darauf anlegen, dass ihr Gegenüber im Schlagabtausch, ob Feind oder falscher Freund, dialektisch rückständig aussieht. Man wirft hier einen Blick in die Denkwerkstatt der Rechtsintellektuellen. Sie basteln nicht nur an neuen Mythen nach den alten Bauanleitungen von Sorel, sondern sind Kenner und Profiteure jener Entmythologisierung, die das Tagesgeschäft liberaler Öffentlichkeiten ist. In Ländern wie Frankreich und Deutschland ist das politische Bewusstsein heute in hohem Maße reflexiv gestimmt. Das hat in Deutschland mit der überragenden Rolle zu tun, die dem Gedenken, der zeremoniellen öffentlichen Erinnerung, in den drei Jahrzehnten seit 1989 sowohl in der Selbstdarstellung des Staates als auch in der Selbstverständigung der Gesellschaft zugewachsen ist.

Die ältere Geschichtspolitik lieferte Parteien, Konfessionen und sogar ganzen Klassen Argumente im politischen Streit, vervielfachte die für Rede und Gegenrede stets griffbereiten Beispiele, strukturierte oder illuminierte gesellschaftliche Konflikte. Ausgerechnet in der Epoche, in welcher der Nationalismus in den klassischen Nationalstaaten (zu denen man im welthistorischen Vergleich heute auch Deutschland zählen muss) in Verruf geraten ist, prägt Konsens das Verhältnis dieser Nationen zu ihrer eigenen Vergangenheit. Eine kritische Einstellung zur Vergangenheit ist die neue Norm, zu der sich jedermann bekennt. Gleichzeitig hat der hohe Grad an Einigkeit ein Unbehagen gerade unter denen hervorgerufen, die von Berufs wegen historisches Wissen produzieren und verarbeiten, und ihnen Anlass für kritische Rückfragen gegeben: Besteht nicht die Gefahr, dass der Konsens das Kritikvermögen verkümmern lässt?

Ein Datum des offiziellen, rein kalendarisch veranlassten Gedenkens stellt sich im Rückblick als Zäsur in der Geschichte des französischen Nationalgedächtnisses dar. Die Vorherrschaft der jakobinisch-marxistischen Interpretation der Französischen Revolution, deren Leitgedanke die Forderung nach einer Verlängerung oder Wiederholung der Revolution gewesen war, wurde gebrochen. Aber die namentlich von dem Historiker François Furet vorgetragene Kritik an der erpressten Vergemeinschaftung durch linke Geschichtskonstruktionen setzte die Konstruktionen der Gegenseite, die Mythen der Reaktion, nicht wieder ins Recht. Das Zeitalter der Entspannung machte sich am Ende auch im Staatsinneren bemerkbar: Die politische Loyalität der Franzosen zu ihrem revolutionären Erbe musste nicht mehr durch eine quasiamtliche Historiographie verbürgt und überwacht werden.

Es ist ein Resultat dieser Liberalisierung der Geschichtskultur, dass der frühere Front National, die Partei des erzkatholischen, traditionalistischen Milieus, die Verteidigung des Laizismus auf seine blau-weiß-roten Fahnen geschrieben hat.

In Deutschland verwandelte sich die nationale Vergangenheit nach 1989 in den Gegenstand einer von Kontroversen weitgehend entlasteten Kontemplation. Nur drei Jahre vor dem Fall der Mauer – in historischem Maßstab: einen Augenblick zuvor – war in der Bundesrepublik noch ein heftiger Streit über angebliche Neigungen prominenter Fachhistoriker zum Kleinreden der deutschen Schuld ausgebrochen. Was in diesem »Historikerstreit« eigentlich strittig war, ließ sich nicht leicht bestimmen, aber die Teilnehmer sortierten sich entlang der Parteilinien früherer Kontroversen sehr schnell in zwei Lager – wie in den Kriegen der Frühen Neuzeit, die nach jahrelangem Ruhen der Kriegshandlungen wieder aufgenommen werden konnten. Das eine Lager beschrieb sich selbst als »linksliberal«, der Wegweiser zum anderen zeigte demnach nach rechts. Irgendwie wurde auf beiden Seiten vorausgesetzt, dass eine »kritische« und eine positive Haltung zur eigenen Nation einander ausschließen müssten. Es gab den deutschen Nationalstaat nicht, und trotzdem wurden geschichtswissenschaftliche Ausarbeitungen zu denkbar abstrakten Problemen wie der Kontinuität zwischen 1871 und 1945 als Planspiele gelesen.

Als dann aber der deutsche Nationalstaat unverhofft restauriert werden konnte, trat der Historikerstreit nicht etwa in seine praktische Phase ein. Um die Ausrichtung der deutschen Politik wurde nicht in einem Stellvertreterkrieg der historischen Schulen gestritten, anders als im neunzehnten Jahrhundert, als mit kleindeutsch-protestantischen und großdeutsch-katholischen Historikern zwei moralisch-geistige Welten aufeinandergeprallt waren. Die im Zuge der Wiedervereinigung geäußerten Befürchtungen, die Bedeutung des Nationalsozialismus im deutschen Geschichtsbewusstsein werde in der vergrößerten Bundesrepublik schrumpfen, erwiesen sich als grundlos. Als mentalen Fehlalarm wird die historische Forschung diese Aufregung einmal untersuchen, als Phänomen von der Art der Weltuntergangsangst vor dem Anbruch des Jahres 2000. Das genaue Gegenteil wurde Wirklichkeit: Im staatlichen, aber auch im halbprivaten, literarischen oder schulischen Erinnern, im Fernsehen und in der Presse nahm die NS-Zeit immer mehr Raum ein. Der Lagergegensatz aus dem alten Westdeutschland, wo wissenschaftliche Debatten auch eine Art Ersatzpolitik boten und bei einem noch nicht vom Internet abgelenkten Publikum ein gewaltiges Interesse weckten, ist aus der Geschichtswissenschaft verschwunden.

Diese Geschichtskultur des ungezwungenen Konsenses, die ihren Elan einer quasi professionell verwalteten Basisstruktur von lokalhistorischer Forschung, Aufsatzwettbewerben und Vortragsserien verdankt, wirkt bestens präpariert für die Abwehr des Nationalismus, dessen Rückkehr in die deutsche Politik 1989 vorausgesagt wurde und mit der Verspätung von einem Vierteljahrhundert eingetreten ist. Doch dieser Eindruck täuscht. Die Aufarbeitung der Vergangenheit gilt zwar inzwischen über die alte Links-rechts-Unterscheidung der Innenpolitik hinweg bei verstreutem Dissens in linkeren Winkeln als nationale Errungenschaft. Und sie wird im Zuge der Bemühungen, die Mitte der Gesellschaft gegen AfD und Pegida zu mobilisieren, als Besitzstand beschrieben, der unbedingt verteidigt werden müsse. Aber diese Beschreibung selbst weckt Zweifel, ob die Verteidigung gelingen kann, denn es besteht ein latenter Widerspruch zwischen dem Besitzerstolz und dem kritischen Habitus, auf den man stolz sein möchte. Ebendiese Schwäche erkennt und benennt die radikale Rechte genau. Sie kann bei diesem Gegenstand auch direkt auf die Einsichten zugreifen, die ihr von ihren Altvorderen wie dem 2003 verstorbenen Armin Mohler vermacht worden sind.

Die DDR störte den vergangenheitspolitischen Frieden der Bundesrepublik mit Enthüllungen über das nationalsozialistische Vorleben hochrangiger Amtsträger. Eine ähnliche publizistische Aktivität entfaltete der innere Feind der Republik, die radikale Rechte. Jenseits der Denunziation einzelner Wandlungskünstler unterwarf Mohler in Büchern und Glossen das gesamte westdeutsche Establishment einer unnachsichtigen Haltungskritik. Die blinden Flecke des bundesdeutschen Regimes der Selbstprüfung betrafen nicht nur Tatsachen in Lebensläufen von Belasteten, sondern auch moralische Risiken für die von vornherein Entlasteten. Überwältigender sozialer Druck gebot die nachträgliche Ablehnung des NS-Regimes, auf die sich der Einzelne typischerweise gleichwohl etwas zugutehalten wollte. So ließ sich anhand der Konventionen der Kommunikation über die Vorgeschichte der Bundesrepublik die Frage diskutieren, wie frei der gemäß einer beliebten Formel freieste Staat, den es je auf deutschem Boden gegeben hatte, wirklich war.

Die seit 1989 gewachsene historische Konsenskultur lädt förmlich dazu ein, diese Probe zu wiederholen. Man muss als rechter Aktivist gar keine eigenen apologetischen Aktien besitzen, um es reizvoll zu finden, den ehrenamtlichen Kuratoren des nationalen Gedächtnisses ihre Gratifikationen vorzurechnen. Die Radikalen spüren hier eine Schwäche des Gegners, wo er besonders stark zu sein meint. Der Historiker und Schriftsteller Per Leo stellte im Juli 2021 in einem Radiointerview aus Anlass seines Buches *Tränen ohne Trauer* eine These auf: Die AfD werde »auch deswegen in Deutschland so stark, weil es ein sehr starkes Unbehagen an einer bestimmten selbstgerechten und auch bequemen Form der Vergangenheitsbewältigung gibt, nämlich der Tendenz, sich sozusagen auf die richtige Seite der Geschichte zu stellen«. Von »Demokratiestolz« ergriffen, lege man sich »die komplizierte Frage« gar nicht mehr vor, »was denn der Nationalsozialismus möglicherweise auch mit einem selbst zu tun haben könnte«. In Leos kühler sozialpsychologischer Analyse dient also auch der vergangenheitskritische Konsens, der mit der älteren nationalen Ausredekultur abgerechnet hat, der Entlastung seiner Wortführer. Psychologische Bedürfnisse, anders gesagt Motive, die in politischen Überzeugungen und moralischen Absichten nicht aufgehen, macht Leo ebenfalls bei den Kritikern des Konsenses aus: An der herrschenden Meinung stört, dass sie herrscht. »Das weckt Rebellionslüste.« So begünstigt intellektuelle Libertinage den neuen Nationalismus, ein in jeder Generation wiederkehrender Protest gegen das Spießertum. Die Selbstgerechtigkeit der siegreichen Aufklärung manifestiert sich in der Überschätzung der Macht des Wissens. Typisch für das herrschende Geschichtsbewusstsein ist laut Leo die Unterstellung, Rechtsextremisten wüssten nicht genug über den Nationalsozialismus und könnten durch Pflichtbesuche in KZ-Gedenkstätten sozusagen kuriert werden. Über die AfD sagte Leo: »Sie wissen ziemlich genau, was damals passiert ist, aber sie bewirtschaften dieses Unbehagen sehr geschickt.«

Als die Vorbereitungen zur Gründung der Bundesrepublik Deutschland getroffen wurden, konnten weder die Besatzungsmächte noch die von ihnen mit Regierungsmacht betrauten westdeutschen Politiker das Volk auflösen. Die Bürger des neuen Staates hatten Hitlers Diktatur in ihrer übergroßen Mehrheit getragen beziehungsweise, wie sie einander hinterher mit Nachsicht versicherten, ertragen. Wo das Verhältnis zu dieser Vergangenheit ausdrücklich bestimmt werden musste, in rechtlichen Regelungen etwa zu Pensionen und Wiedereinstellungen ebenso wie in öffentlichen Reden zu kalendarischen Anlässen, da herrschte das Bestreben vor, unterhalb der normativen Zäsur der Verfassung so etwas wie die Kontinuität der Lebenswelt wiederherzustellen. Eine Art Rückführung aus dem moralischen Ausnahmezustand in die Normalität wurde organisiert, parallel zur Heimholung der Kriegsgefangenen und zur Neuansiedlung der Flüchtlinge. Die Scham, mit der die Erinnerung an ein normales Leben in einem mörderischen Staat behaftet war, wurde ins Privatleben verbannt. Wie der Historiker Norbert Frei gezeigt hat, war das Ziel der Vergangenheitspolitik in der Regierungszeit Konrad Adenauers, der bisweilen mit kräftigen Worten sein Misstrauen gegenüber dem deutschen Volk äußerte, die Integration der Mitmacher, der formal wenig Belasteten. Um das heutige Vokabular politischer Betreuung zu benutzen: Damit sie sich nicht abgehängt fühlten, wurden sie abgeholt, wo sie standen, am Rand des demokratischen Lebens, und in ihren Sorgen ernst genommen, jedenfalls soweit diese Sorgen die Russen und nicht mehr die Juden betrafen. Oder um Vokabeln aus der Zeit nach 1989 zu verwenden, die wieder in Mode gekommen sind, seit die Furcht umgeht, die ostdeutschen Bundesländer könnten sich von der Demokratie verabschieden: Auch kleine Nazis durften verlangen, dass ihnen Respekt für ihre Lebensleistung entgegengebracht wurde und ihre Erfahrungen im neuen Deutschland noch etwas zählten.

Diese fürsorglichen Bemühungen galten insbesondere den Veteranen der Wehrmacht, in der ungefähr achtzehn Millionen männliche

Deutsche gedient hatten. Dem 2018 erschienenen Buch von Felix Bohr über das Interesse der Bundesregierungen und der Öffentlichkeit an der Handvoll Fälle der jahrzehntelang im Ausland inhaftierten Kriegsverbrecher kann man entnehmen, dass es bis in die Zeit der sozialliberalen Regierungen eine Leitlinie der öffentlichen Erinnerung war, Hitlers Streitkräfte und deren Personal nicht als Werkzeuge der nationalsozialistischen Schreckensherrschaft einzuordnen. Wie Wahlkämpfer der Rentenpolitik mehr Aufmerksamkeit gewähren als der Jugendpolitik, weil die Wahlbeteiligung mit dem Alter steigt, so setzte die demographische Tatsache der massenhaften Präsenz von ehemaligen Parteigenossen und Soldaten sowie deren Witwen und Kindern jahrzehntelang den Rahmen deutscher Geschichtspolitik.

Als im Sommer des Bundestagswahljahrs 2017 der Mitschnitt der Rede bekannt wurde, die Alexander Gauland bei Björn Höckes Heerschau am Kyffhäuserdenkmal gehalten hatte, wurde offensichtlich, wie weit das Geschichtsbewusstsein der Berliner Republik die Bonner Verhältnisse hinter sich gelassen hat. Mit »Gauland, Gauland«-Rufen bejubelte das Publikum den Satz: »Wenn die Franzosen zu Recht auf ihren Kaiser stolz sind und die Briten auf Nelson und Churchill, haben wir das Recht, stolz zu sein auf die Leistungen deutscher Soldaten in zwei Weltkriegen.« Gauland behauptet gerne, die AfD propagiere nur das, was die CDU, seine frühere Partei, jahrzehntelang vertreten habe. Für die Forderung, auch die Soldaten der Wehrmacht als Leistungsträger gelten zu lassen, ist das plausibel, auch wenn sich die Partei- oder Fraktionsvorsitzenden der CDU in Reden vor Denkmalskulissen zumeist einer anderen Wortwahl befleißigt haben dürften. Auf den Unionsfraktionsvorsitzenden der ersten neun Jahre der Ära Kohl, den er aus dem hessischen Landesverband kannte, berief sich Gauland am 4. Mai 2017 in einer Wahlkampfrede in der Wetterau. Er wisse noch sehr gut, »dass Alfred Dregger stolz darauf war, dass er bis zuletzt in Königsberg gekämpft hat«. Der 1920 geborene Dregger war 1939 sogleich eingezogen worden und hatte es in der Wehrmacht bis zum Hauptmann gebracht. Erst nach seinem Tod 2002 wurde seine Mitgliedschaft in der NSDAP bekannt. Laut Gauland hatte Dregger in Königsberg gewusst, dass Krieg, Reich und Land verloren gewesen seien.

»Und er hat trotzdem ausgeharrt, und war darauf stolz, weil er sagte: Ich hatte die Pflicht für meine Leute. Und deswegen habe ich ausgeharrt, um sie rauszubringen.«

Die Stadt Königsberg wurde am 9. April 1945 von der Roten Armee erobert. Das Bataillon, das Hauptmann Dregger kommandierte, kämpfte noch am letzten Kriegstag, dem 8. Mai, allerdings nicht in Ostpreußen, sondern in Schlesien. Wir wissen das aus einem Brief, den Dregger im April 1985 an 53 Mitglieder des Senats der Vereinigten Staaten richtete. Die Senatoren hatten kritisiert, dass Präsident Reagan auf Einladung von Bundeskanzler Kohl den Soldatenfriedhof in Bitburg besuchen wollte, auf dem auch Angehörige der Waffen-SS begraben sind. Dregger informierte seine amerikanischen Kollegen darüber, dass er am 8. Mai 1945 mit seinem Bataillon die Stadt Marklissa gegen die Angriffe der Roten Armee verteidigt hatte. Ganz so gut, wie er glaubte, wusste Gauland also doch nicht über Dreggers Kriegserlebnisse Bescheid.

Die Verwechslung der beiden Städte war kein Versprecher, sondern ein offenbar recht hartnäckiger Irrtum, denn schon 2003 hatte Gauland gegenüber der *Frankfurter Allgemeinen Sonntagszeitung* gesagt, Dregger sei »stolz« gewesen, »bis zum Schluss Königsberg gegen die Russen verteidigt zu haben«. Und ein Jahr später wiederholte er diese Aussage in der Zeitschrift *Cicero* in einem Artikel über die Aussichten der CDU unter der Vorsitzenden Merkel. Im Gespräch mit der *F.A.S.* ging es um Dreggers Nachfolger im Wahlkreis, Martin Hohmann, der wegen einer Rede mit Ausführungen über das »Tätervolk« der Juden aus der CDU ausgeschlossen wurde und 2017 für die AfD in den Bundestag zurückkehrte. Im *Cicero*, neun Jahre vor der Gründung der AfD, hob Gauland noch hervor, dass der »Nationalkonservative« Dregger »zu einem Anhänger der Westbindung der alten Bundesrepublik« geworden sei. Der von links als Stahlhelmträger attackierte katholische Westfale stand für Gauland, den *Cicero* als einen der »profiliertesten konservativen Intellektuellen Deutschlands« vorstellte, damals für den Traditionsbruch, die Abkehr vom »bornierten Nationalismus der Deutschnationalen«. In der Verlegung von Dreggers letztem Kriegseinsatzort kündigte sich freilich schon die Verwendung an, die Gauland ein Jahrzehnt später für ihn haben sollte: Als Kämpfer auf verlorenem Vorposten passt der CDU-Veteran ins Geschichtsbild der AfD.

Leistung sollte sich wieder lohnen, für Soldaten auch postum: Mit seinem Bekenntnis zum Stolz auf die Wehrmacht löste Gauland jenseits seiner Partei überall Empörung aus. So hatten sich die Zeiten geändert, seit Dregger zwanzig Jahre zuvor in der Bundestagsdebatte über die Wehrmachtsausstellung des Hamburger Instituts für Sozialforschung die würdigenden Worte des französischen Präsidenten Mitterrand über den »Mut« und die »Haltung« der Wehrmachtssoldaten zitiert hatte.

In seiner Kyffhäuserrede sagte Gauland über die Jahre des Nationalsozialismus: »Sie betreffen unsere Identität heute nicht mehr, und das sprechen wir auch aus.« Das war eine Absage an den Konsens der Neu-Berliner Geschichtskultur und deckte sich mit der von Björn Höcke, dem Gastgeber am Kyffhäuser, erhobenen Forderung nach einer »erinnerungspolitischen Wende um 180 Grad«. Der Historiker Moritz Hoffmann hat die geschichtspolitischen Passagen von Gaulands Rede mit einem Stellenkommentar versehen. Er weist auf die Registerwechsel hin, die Variation von unpersönlicher und persönlicher, wertneutraler und empathischer Ansprache. Das Subjekt ist abwechselnd »wir« und »es«. Das Fazit von Hoffmanns Tonspurensicherung: »Man merkt, dass Alexander Gauland ein sehr intelligenter Mensch ist, auch wenn er das im aktuellen Wahlkampf versucht zu verschleiern, weil es der Kampagne der AfD nicht zuträglich wäre.« Hoffmann machte auf eine Stelle aufmerksam, die in der allgemeinen Aufregung über die Eloge auf den Landser untergegangen war: »Ja, wir haben uns mit den Verbrechen der zwölf Jahre auseinandergesetzt und, liebe Freunde, wenn ich mich in Europa umgucke, kein anderes Volk hat so deutlich mit einer falschen Vergangenheit aufgeräumt wie das deutsche.«

Die Gründlichkeit der Aufräumarbeiten machte es in Gaulands Darstellung unnötig, sie fortzusetzen. Das war eine neue, dialektische Variante des aus den Vergangenheitsdebatten der alten Bundesrepublik sattsam bekannten Schlussstrich-Topos. Wo Konservative früher immer wieder vergeblich einen Abbruch der Aufarbeitung verlangt hatten, da konnte Gauland nun zu verstehen geben, dass diese Forderung sich durch Zeitablauf erledigt hatte. Mit sozialpsychologischen und erkenntnistheoretischen Betrachtungen über den Nationalsozialismus als die angeblich einzige »Vergangenheit, die nicht vergehen will«, die sich »geradezu als Gegenwart etabliert« habe und in der Bundesrepublik »wie ein Richtschwert über der Gegenwart aufgehängt« sei, hatte Ernst Nolte 1986 den »Historikerstreit« eingeleitet. Gaulands Satz, die NS-Zeit betreffe unsere Identität heute nicht mehr, schnitt solche Spekulationen ab. Sarkastisch vermerkte Hoffmann: »Alexander Gauland zieht aus dem Holocaust nur eine einzige Lehre: Er möchte, dass die Deutschen stolz auf seine Aufarbeitung sind.« Damit wich Gauland aber immerhin von einer am rechten Rand mit Ingrimm gepflegten Bewertung des bundesdeutschen Geschichtsbewusstseins ab. Dass die Bürger der Bundesrepublik auch eine Art von Selbstbewusstsein aus der fortgesetzten zeithistorischen Aufklärung ziehen, gilt Nationalisten alter Schule als Perversion, als Beweis für die Wirksamkeit der Umerziehung.

Für diesen Ideenkomplex steht das böse Wort vom »Schuldstolz«. Das »Institut für Staatspolitik« in Schnellroda brachte 2007 eine Broschüre mit dem Titel »›Meine Ehre heißt Reue‹. Der Schuldstolz der Deutschen« heraus, deren Titelbild das Berliner Denkmal für die ermordeten Juden Europas zeigt. Die Prägung des Begriffs »Schuldstolz« wird dort Cora Stephan zugeschrieben, einer Publizistin, die ihre Umlaufbahn in der Frankfurter Sponti-Szene begann und heute als Autorin von Henryk M. Broders Blog »Die Achse des Guten« und der nach rechts gerückten *Neuen Zürcher Zeitung* Gutmenschen schlechtredet und Sprachpolizisten den Mund verbietet. Die »Arbeitsgruppe« in Schnellroda machte 2007 zwar eine »weltweite Tendenz zum Schuldkult« aus, warnte aber davor, darin einen »politischen Vorteil« für die Deutschen zu sehen. Ihre »staatspolitische« Quintessenz: »Alles spricht dafür, dass es sich bei Schuldstolz und Schuldlust um lebensfeindliche Phänomene handelt. Die deutsche Nation muss unter allen Umständen auf solchen Stolz und solche Lust verzichten, wenn sie nicht an ihr Ende gelangen möchte.«

Ein Buch, das dieses Ende konstatiert, wenn auch mit einem seltsamen Grammatikfehler, wurde 2017 ein überraschender Bestseller:

Finis Germania, ein wiederum in Schnellroda verlegtes Bändchen mit Glossen von Rolf Peter Sieferle. Der in St. Gallen lehrende Historiker hatte sich 2016 in Heidelberg das Leben genommen, nach Auskunft seiner Nachlassverwalter aus Verzweiflung über die deutsche Flüchtlingspolitik. Zum Bestseller wurde das Büchlein, nachdem seine Platzierung auf einer von Literaturkritikern zusammengestellten Bestenliste einen Eklat herbeigeführt hatte, der zur Auflösung dieses Clubs von Einkaufstippgebern führte. Die Jury der »Sachbücher des Monats« distanzierte sich von einer Empfehlung, die gemäß ihren Regularien zustande gekommen war, anders gesagt: vom Ergebnis einer Abstimmung, in der alle Stimmen gleich zählten. Das Verbotene weckt Neugier: Man kennt diesen psychologischen Effekt aus der Schule. Sieferles Buch kletterte die Leiter der Spiegel-Bestsellerliste hoch. Daraufhin wurde es auch dort aus der Wertung genommen.

Das beste Sachbuch des Monats Juni 2017 war nach errechneter Meinung der versammelten Kritiker von NDR, *Süddeutscher Zeitung*, Deutschlandradio, *F.A.Z.*, *Berliner Zeitung*, Radio Bremen, *Philosophie Magazin*, ORF, *Spektrum der Wissenschaft*, *Welt*, *Zeit* und *NZZ* übrigens *Der neue Bürgerkrieg. Das offene Europa und seine Feinde* von Ulrike Guérot, mit 94 Seiten ein noch kürzeres Buch als *Finis Germania*. Die Autorin, die in Österreich Politikwissenschaft lehrte und 2021 einem Ruf an die Universität Bonn folgte, hatte dasselbe Thema wie Sieferle gewählt und behandelte es aus entgegengesetzter Perspektive, als kontinentalen Neuanfang: Eine »gemeinsame europäische Demokratie« sollte die von Rechtspopulisten gewollte Rückkehr zu nationalstaatlicher Konkurrenz abwenden und ein »weltoffenes Europa« verwirklichen. Während der Covid-19-Pandemie gehörte Ulrike Guérot zu den Intellektuellen, die vor einer Gefährdung der Demokratie durch die Maßnahmen der Seucheneindämmung warnten. Ihrer Meinung nach wurden kritische Meinungen marginalisiert, diffamiert und stigmatisiert, wie sie in zahlreichen Interviews, Talkshowauftritten, Zeitungsartikeln und Manifesten darlegte. Da medizinische Laien im öffentlichen Raum nicht mehr so viel Gehör fanden wie in gesünderen Zeiten, argwöhnte sie, dass ein elitäres Ressentiment gegenüber der Bevölkerung den diskursiven Selbstschutz der Gesellschaft gefährde: Auch »aus dem dümmsten Mund« könne ein wahres Argument kommen.

Offenes Europa gut, abgeschlossene Nationalgeschichte schlecht: Die Sieferle-Affäre war eine Farce, die alle von rechts lancierten Parolen über den tyrannischen Konformismus des Kulturbetriebs zu bestätigen schien. Mit Hohn wurde der Kontrollgewinn eines Literaturhausmeisterwesens verbucht, das seine Macht gezeigt und seine Ohnmacht gespürt hatte. Die Jury fand sich bald wieder zusammen und tat neue Sponsoren auf, aber das von der Spiegel-Liste verbannte Buch verkaufte sich bei Amazon wie geschnitten Biobrot aus deutschem Schrot und Korn. So illustriert der Skandal sowohl eine Homogenisierung der öffentlichen Meinung in Sachen der deutschen Vergangenheit als auch ein darauf reagierendes, von Inhaltlichem durchaus unabhängiges Unbehagen. Das am toten Sieferle statuierte Exempel wirkte abschreckend auch auf Leser, die sich sein Buch nie bestellt hätten; ein Besten- und Listenwesen, das mitten im Verfahren die Regeln änderte, konnte als Willkürregime abgetan werden.

Gustave Flaubert stellte in einem *Dictionnaire des idées reçues* die Vorurteile zusammen, die unter den Belesenen seiner Zeit allgemein verbreitet waren und ihnen dennoch als originelle Gedanken galten. So empfahl er etwa, von Journalisten zu sagen, dass sie alle Ideologen seien. In einem Wörterbuch der Gemeinplätze des gegenwärtigen Weltmoments müsste die Idee der Gefährdung der Meinungsfreiheit durch die Herrschaft des Mainstreams einen Sonderplatz einnehmen. Es handelt sich um eine übernommene Idee, welche die Macht der übernommenen Ideen beklagt und dabei ihre eigene Macht verkennt, die auch auf den langmütigsten Medienkonsumenten, der sowieso damit rechnet, dass fast alle Ideen Übernahmen sind, den Eindruck einer Übermacht machen kann. Eine Zensur findet statt? Wirklich? Nun, dann hat sie jedenfalls nicht verhindert, dass Bücher zum Thema, wie *Der neue Tugendterror* von Thilo Sarrazin, die vorderen Plätze der Spiegel-Bestsellerliste besetzten und dort im Unterschied zu *Finis Germania* auch verweilen durften.

Sieferles *opusculum postumum* wurde als Vermächtnis vermarktet, als aphoristisches Fanal des ersten Märtyrers der Merkel-Diktatur. Der

Verlag unterließ in der Werbung und auch im Buch selbst den Hinweis, dass es sich ausweislich textinterner Anhaltspunkte um ein Manuskript handelte, das Sieferle noch während der Kanzlerschaft von Helmut Kohl in die Schublade gelegt hatte. Schon vor Cora Stephan feilte jedenfalls der fachlich als Historiker der Umweltzerstörung qualifizierte Sieferle an dem Gedanken, dass die Deutschen die unter Hitler angehäufte Schuld als eine Art von Auszeichnung empfänden und sich durch diese Empfindung wiederum unter den Völkern auszeichnen könnten. Den Vorwurf des Antisemitismus trug Sieferle ein, dass er die Deutschen zu den schlechteren und doch wieder besseren Juden stilisierte, zum auserwählten Volk mit negativem Vorzeichen: »Die Größe der Schuld seiner Erzväter hat es für immer aus dem normalen Gang der Geschichte herausgehoben. In dieser Schuldhaftigkeit ist es einzig unter den Völkern, da seine Verbrechen von einzigartiger Größe waren.«

Von den Geschmacklosigkeiten einer solchen Geschichtstheologie, aber auch von den »staatspolitischen« Aufrufen zur Gründung einer Volksfront für die Befreiung Deutschlands hebt sich die geschichtspolitische Lektion von Gaulands Kyffhäuserrede durch ihren Pragmatismus ab. Die Botschaft war zweideutig. Der kühle Satz, die zwölf Jahre beträfen die deutsche Identität nicht mehr, war das Versprechen, die Tafel sei endlich ausgewischt, die Stunde null jetzt doch noch gekommen. Aber da die Deutschen die ihnen von den Umerziehern gestellten Hausaufgaben nun komplett und fehlerfrei erledigt hatten, wollte Gauland den Stolz darauf auch nicht unter den Klassentisch fallen lassen. In Moritz Hoffmanns Paraphrase ergibt der Tatsachenvortrag des Hobbyhistorikers ein Deutschlandlied in Prosa: »Gauland möchte eine deutsche Geschichte, die nur aus deutschem Leid, deutscher Leistung, deutscher Treue und womöglich auch deutschem Wein besteht, und wenn es schon einmal um deutsche Verbrechen geht, dann bitte nur im Kontext der weltweit vorbildlichen Vergangenheitsbewältigung.«

Indem Gauland diese Vorbildlichkeit anerkennt, kann er seinen eigenen Leuten einen Persilschein ausstellen. Wenn die Deutschen wirklich andere geworden sind, dann muss das auch für die Wähler,

Mitglieder und Politiker der AfD gelten, die schließlich dieselben Schulen besucht haben wie alle übrigen Deutschen. In einem anderen Deutschland gibt es auch eine andere Rechte und gegebenenfalls einen anderen Nationalismus. So verbarg sich im prosaischen Duktus der Rede, im Bemühen um einen normalen Ton die List des Redners. Von Gauland im Kyffhäusersaal kann man dasselbe sagen wie Rückert vom alten Barbarossa: »Sein Aug' halb offen zwinkt.«

In einem Interview mit der *Zeit* wies Gauland 2016 die Feststellung zurück, dass er im Gegensatz zu den Interviewern »das Deutschland, das sich in Negation zum Nationalsozialismus entwickelt hat«, nicht schätze. Es traf sich gut, dass er kurz zuvor zum ersten Mal in Auschwitz gewesen war. Sein Geständnis, dass es ihn »nicht mehr ergriffen« habe, anders als mutmaßlich viele Jahre früher ein Besuch in Buchenwald, war natürlich nicht als Ausdruck von Gleichgültigkeit gemeint. »Es ist wie gefrorener Schrecken.« Am eigenen Leib wollte er die Erfahrung gemacht haben, dass der Schrecken seine Wirkung getan und aus den Deutschen andere Menschen gemacht hatte. »Ich glaube, dass Auschwitz, auch als Symbol, viel in uns zerstört hat.« Wieder eine typisch zweideutige Formulierung, die auch im Sinne der alten rechten Klage über psychische Schäden durch Aufarbeitung verstanden werden konnte. Aber Gauland konnte der pathologischen Betrachtung etwas Positives abgewinnen: Er habe gar nichts dagegen, dass Deutschland nach Auschwitz ökologischer, weiblicher, offener, föderaler und weniger militärisch geworden sei, wenn er insoweit auch nur von einem »Teil der Identität« sprechen wollte.

ROMAN EINER KARRIERE

Im März 1996 erschien im Feuilleton der *Frankfurter Allgemeinen Zeitung* ein Artikel von Alexander Gauland unter dem Titel »Ich war Tronkenburg«. Den Namen Tronkenburg hat Martin Walser dem Schurken in seinem Schlüsselroman *Finks Krieg* gegeben; er ist benannt nach der Burg, die der Held von Heinrich von Kleists Novelle *Michael Kohlhaas* überfällt, um sich mit der Ermordung aller Bewohner dafür zu rächen, dass ihn vor der Burg einst der Junker Wenzel von Tronka abpasste, ihm widerrechtlich einen Passierschein abverlangte und ihm als Pfand seine zwei Pferde abnahm, die dann so gut wie verhungert waren, als Kohlhaas zurückkehrte, um sie auszulösen. Walsers Kohlhaas heißt Fink und ist ein Beamter der Hessischen Staatskanzlei, zuständig für Kirchenangelegenheiten, der von Staatssekretär Tronkenburg gegen seinen Willen versetzt wird. Der Roman erzählt die Geschichte aus Finks Perspektive. Gauland alias Tronkenburg stellte in der *F.A.Z.* seine Innensicht des Falls dagegen. Er hielt Walser vor, es mangele ihm ersichtlich an Frankfurter und Wiesbadener Ortskenntnis, an Vertrautheit mit dem Personal, dem Milieu und den Usancen der Politik. »Das Kartell der Mächtigen, das der Autor für seine Geschichte braucht, gibt es nicht. Ein Wiesbadener Staatsanwalt, ein Frankfurter Rechtsanwalt, ein sozialdemokratischer Staatssekretär und sein Vorgänger von der CDU bilden keine Gemeinschaft der Mächtigen, gegen die nichts auszurichten ist, weil sie allesamt das Recht beugen. Diese zufälligen Funktionsträger sind keine Mafia – und Walser vermag dies auch nicht zu zeigen.«

Gegen die von Gauland und seiner Partei verbreitete Erzählung vom »Großen Austausch« lassen sich leicht entsprechende Einwände vorbringen. Gibt es das Kartell der Mächtigen, das Camus und seine Fans für ihre Geschichte brauchen? Regierungschefs in Paris und Berlin, Parteifunktionäre und Wirtschaftsbosse, Politiker aus Regierung und Opposition: Bilden sie wirklich eine Gemeinschaft der Übermächtigen, weil zu ihrem Club auch noch Mediengewaltige und Kulturschaffende gehören? Gauland behauptete, dass Walser »ohne Mühe« Auskunft über die entscheidenden Aktenstücke hätte erlangen können, in deren Licht sich das dem Vorbild Finks widerfahrene Unrecht als Erfindung erweise. Entsprechendes gilt für die deutschen Schüler von Renaud Camus: Ihre Pamphlete über die von innen gesteuerte Invasion der Volkskörperfresser handeln zwar von einem Plan. Aber die Spuren, welche die Koordination eines solchen Projekts in der amtlichen Überlieferung hinterlassen müsste, werden nicht nachgewiesen, obwohl es in Deutschland seit 2006 das Gesetz zur Regelung des Zugangs zu Informationen des Bundes gibt und obwohl in den Behörden

Sympathisanten der nationalen Widerstandskräfte sitzen, die dazu fähig sein müssten, in dem Fall, dass wirklich sämtliche Dokumente über die Austauschplanungen unter Verschluss gehalten werden sollten, Hinweise nach außen zu geben.

In seiner Rezension von *Finks Krieg* merkte Gauland an: »Auch die Logik hätte dem Autor zu einer anderen Sicht der Dinge verhelfen können, wenn er nur gewollt hätte.« Die logischen Schwierigkeiten der Anwendung der Theorie des »Großen Austauschs« auf die sogenannte Grenzöffnung des Sommers 2015 liegen auf der Hand. Wieso ließ das Kabinett Merkel-Steinmeier eine Lage entstehen, die auch von Regierungsmitgliedern öffentlich als Kontrollverlust bewertet wurde, wenn die Einreise der ungelernten Arbeitsreservearmee von längster Hand geplant war? Als Opfer von *Finks Krieg* verwahrte sich Gauland dagegen, dass Walser aus ihm einen allmächtigen Strippenzieher gemacht hatte, eine Figur wie Sidonia, den dem Mythos der Rothschilds nachgebildeten Mentor des Helden von Disraelis Anti-Parteipolitikerroman *Coningsby*. Nur mit dem Modell des organisierten Verbrechens konnte Walser, weil er kein Insider war, die Organisationsleistung eines Mannes wie Tronkenburg fassen. Mit der Mafia wollten Gauland und seine ehrenwerten Frankfurter Freunde natürlich noch nicht einmal im Vergleich etwas zu tun haben. »Doch damit die Fallhöhe stimmt, wird die Wahrheit manipuliert.«

Aus dem Schatten Walter Wallmanns, dem er als persönlicher Referent, Büroleiter, Magistratsdirektor, Abteilungsleiter und Staatssekretär in Bonn, Frankfurt, wieder in Bonn und schließlich in Wiesbaden diente, trat Gauland dank seiner publizistischen Nebentätigkeiten heraus. Im Feuilleton machte er sich einen Namen als der letzte Ritter in der langen Reihe der deutschen Burkeaner, die an England eine uralte Staatsweisheit des Maßhaltens und der bedachtsamen Beweglichkeit bewunderten oder doch die schönen Reden von dieser Weisheit. Gauland war daran beteiligt, dass Jürgen Habermas 1980 den Adorno-Preis der Stadt Frankfurt erhielt, und rühmt sich noch heute damit, die Rede verfasst zu haben, die der Oberbürgermeister Wallmann bei diesem Anlass vortrug. Kein höheres Lob konnte Gauland dem Philosophen Burke spenden, als ihn zum Ehrenmitglied der Frankfurter

Schule zu machen, die in den Kreisen seiner heutigen Partei für die Zerstörung der Universität und den Niedergang der Sitten, wenn nicht für Schlimmeres verantwortlich gemacht wird. Burke habe »zweihundert Jahre vor Horkheimer und Adorno die ›Dialektik der Aufklärung‹ gesehen«, schrieb Gauland 2002, was heißen sollte: die Unvollkommenheit der Rationalität, die Verstrickung des vernünftigen Willens in die Unvernunft der Verhältnisse, die er ändern will, aber als Handlungsbedingungen vorfindet.

Wallmann charakterisierte seinen Adlatus im gleichen Jahr in seinen Memoiren als »außergewöhnlich gebildet« und »keineswegs immer den Erfordernissen politischer Taktik aufgeschlossen«. Diese Stelle wird in der Gauland-Biographik stets zitiert und meist als Spitze gedeutet. Der vor seinem sechzigsten Geburtstag abgewählte Alt-Ministerpräsident habe damit ausgesprochen, dass sein »wichtiger Ratgeber« nicht das Zeug zum Parteipolitiker gehabt habe. Für die Theorie, dass Gauland diese angebliche Spitze als Stachel empfunden habe, steht die Autorität seines Umweggefährten Konrad Adam, der gemeinsam mit ihm schon in den neunziger Jahren die Gründung einer bürgerlichen Alternativpartei sondiert hatte. Dieses Projekt unter der Schirmherrschaft des F.A.Z.-Herausgebers Joachim Fest hatte einen Decknamen, wie er in der Autoindustrie und in der Zeitschriftenbranche im Probebetrieb üblich ist: »Die Entschlossenen«. Es fehlte ihnen dann die Tugend, die sie mit dem Namen reklamierten.

Gauland müsse es genossen haben, erläuterte Adam dem Gauland-Biographen Olaf Sundermeyer, dass ihm nach einem Berufsleben im Hintergrund der Politik auf Parteitagen Hunderte zugejubelt hätten – und dass er Beifall für geschicktes Taktieren geerntet habe, so im Führungsstreit zwischen Bernd Lucke und Frauke Petry, also genau für solches Handeln, wie es sein 2013 verstorbener alter Chef Wallmann ihm »expressis verbis nicht zugetraut« habe. Allerdings kann man Wallmanns Aussage über Gauland und die Taktik auch so verstehen, dass er ein Mann nach dem Maß seines Helden Burke sei. Oliver Goldsmith dichtete über Burke, der mit eleganten philosophischen Traktaten bekannt geworden war, die Spottverse, er habe der Partei hingegeben, was für die Menschheit gedacht gewesen sei. Aber Burkes

Verehrer priesen an ihm, dass er als Berufspolitiker, mithin als Parlamentsredner und Parteistratege, erst recht seine intellektuelle Unabhängigkeit gewahrt habe. Das wichtigste Beweisstück war sein Bruch mit Charles James Fox im Streit über die Französische Revolution. Die Wähler in seinem Wahlkreis Bristol provozierte er, indem er ihnen eröffnete, dass er von ihnen keine Befehle entgegennehme.

Wenn der Wunsch postumer Rache an Wallmann, dem gelegentlich fahrigen Ableser der Reden seines außergewöhnlich gebildeten Consigliere, vielleicht doch eine zu spekulative Hypothese ist: Wie soll man es dann erklären, dass man einen Mann wie Gauland im Gutachten des Bundesamtes für Verfassungsschutz in der Gesellschaft von Leuten wiederfindet, deren Theorien über die Geheimnisse der Kabinette jede Dialektik der Aufklärung negieren? Warum übernimmt und verbreitet er diese Theorien, die politischen Akteuren unbegrenzte Handlungsfreiheit und hemmungslose Bosheit zuschreiben? Und jenseits der Psychologie seines Einzelfalls: Warum scheint die Anwendung der Theorien auf den September 2015 und Angela Merkel auch anderen Gebildeten plausibel?

Man kann versuchen, den Politiker Gauland mit dem Literaturkritiker Gauland zu erklären: Damit die Fallhöhe stimmt, wird die Wahrheit manipuliert. Die AfD hebt Frau Merkel in die Höhe, lässt sie hoch über den Köpfen der Bürger, auf die sie als Untertanen herabsieht, in aller Abgehobenheit schalten und walten, dichtet ihr eine unheimliche Machtvollkommenheit an, gegen die alle Kontrollmechanismen des Verfassungsstaats versagen. Dieses staatsbürgerliche Trauerspiel muss ein böses Ende nehmen, wenn nicht die neue Oppositionskraft in letzter Minute die Katastrophe noch abwendet, indem sie die Usurpatorin und ihre Komplizen vom Hof jagt. Souveränitätsdiebe, Eidbrecher, Volksfeinde: Im Grunde sagt die AfD, dass die Deutschen von Verrätern regiert werden. Der Schwere des Delikts muss dann aber auch das Gewicht der Taten entsprechen. Gerade das Phantastische der Austauschlegende beglaubigt das Ungeheuerliche des Verratsvorwurfs.

Warum zog Martin Walser in den von seinem Stefan Fink, der in Wirklichkeit Rudolf Wirtz hieß, angezettelten Krieg? Gauland machte dazu in seiner Rezension einen Vorschlag und deutete die Intention des Autors politisch. Nicht parteipolitisch, sondern geschichtspolitisch. Es liegt sogar etwas Prophetisches in dieser Interpretation, denn der große Eklat um Martin Walsers Verhältnis zur deutschen Vergangenheit, die Empörung über seine Dankesrede für den Friedenspreis des deutschen Buchhandels, lag noch in der Zukunft, als 1996 der Roman *Finks Krieg* und der Artikel »Ich war Tronkenburg« erschienen. Kurioserweise war ein Motiv des Romans, das Gauland als Indiz für seine geschichtspolitische Lesart anführte, Hitlers Autobahnbau. Der Ich-Erzähler Fink versetzt sich in den Führerbunker und vergleicht seinen letzten verzweifelten Versuch, durch die neue Landesregierung rehabilitiert zu werden, mit dem Endkampf der Armee Wenck um Berlin. Dies wollte Gauland nicht nur als Zeichen dafür nehmen, dass der renitente Beamte sich in eine ganz und gar aussichtslose Lage manövriert hatte. Für ihn schien in diesem historischen Vergleich »der Hass auf alles Westliche, Englische, Amerikanische auf«, für das der Staatssekretär Tronkenburg stehe.

Dieser Zuschreibung der Rolle eines Repräsentanten widersprach Gauland nicht – im Gegensatz zu Walsers Insinuationen über mafiöse Netzwerke in der hessischen Elite. Die Romanfigur Tronkenburg verkörpert etwas Allgemeines, in der Sprache der Historiographie des neunzehnten Jahrhunderts gesagt: eine leitende Idee und herrschende Tendenz der Bundesrepublik. Offenbar hatte Walser das Büchlein über den Konservativismus und andere Schriften desselben Tenors aus Gaulands Feder zur Kenntnis genommen. Dieser kommentierte seinen Blick in den literarischen Spiegel so: »Der Hass Finks auf Tronkenburg macht sich auch an seinem Konservativismus fest, den Walser als rationale Feinkörnigkeit mit einem keine Sekunde lang ermüdenden Misstrauen gegen Deutschland beschreibt. Das Misstrauen gegen Deutschland erscheint hier als Teil des Bösen, das Tronkenburg verkörpert.« Und auch hier widersprach Gauland nicht. Keineswegs gab er zu Protokoll, dass sein Porträt im Roman schon deshalb verleumderisch sei, weil er, der immerhin in einer »Zeitung für Deutschland« schrieb und für den Verlag dieser Zeitung arbeitete, Deutschland keineswegs misstraue. Denn er misstraute Deutschland.

Als töricht und abgeschmackt in der Sache, aber nicht als ehrenrührig, was seine Person betraf, bewertete Gauland den »merkwürdigen Vergleich«, den Walser »zwischen dem Sieg Tronkenburgs über Fink und dem Sieg der Alliierten im Jahre 1945 zieht«. In beiden Fällen, so werde insinuiert, »hätten die Sieger den Besiegten die Ehre, also ihre ›Identität‹, geraubt, hätten die Unterlegenen mit der Entwicklung ihrer Geschichte bezahlt und seien so für alle Zeiten diffamierbar geworden«. Das ist ein Standardgedanke aus dem Repertoire der rechten Kritik an Vergangenheitsbewältigung und Westbindung; Sieferle erneuerte ihn in den neunziger Jahren. In Gaulands Augen hatte Walser seinen Helden Fink mit dieser Operation welthistorischer Hintergrundsinnstiftung selbst ins Unrecht gesetzt, nach allen Maßstäben von geschichtlichem Recht und geschichtlichem Erfolg. Mit dem Argument des Identitätsraubs durch die Sieger von 1945 war buchstäblich nichts zu gewinnen. »Sollte das ernst gemeint sein, kann sich Tronkenburg in seinem Kampf gegen Fink auf der Seite Churchills und Montgomerys wähnen, während Fink mit Hitler und Wenck vorliebnehmen muss.«

Während Gauland sich selbst also in Walsers Roman in bester Gesellschaft sah, rügte er als »literarische Gemeinheit« die Charakterisierung des Bischofs von Limburg, Franz Kamphaus, eines innerkirchlich wie gesellschaftspolitisch liberalen Exponenten des deutschen Episkopats, für die der Autor einen weiteren NS-Vergleich verwendete. Gauland erzählte die Szene nach: »›Jeder hat seine Autobahnen gebaut‹, geht es Fink durch den Kopf, als sein Ortsgeistlicher des Bischofs Wirken für das Asylrecht lobt.« Mit anderen Worten: Jeder Amtsträger, jeder im weitesten Sinne politische Führer beliebiger Couleur hat einen Tätigkeitsnachweis zu bieten, mit dem seine fanatischen Anhänger alles entschuldigen können. Gauland konzedierte Walser, dass das Verhalten des Limburger Ortsbischofs in der Angelegenheit des Leitenden Ministerialrats Wirtz unterschiedlich beurteilt werden könne. Aber ein Skandal war es, »den Kampf dieses Mannes gegen Unrecht, Elend und Unterdrückung in der Dritten Welt mit Hitlers Autobahnbau zu vergleichen«.

Als Literaturkritiker zeigte Gauland die Gabe der Hellsicht. Er diagnostizierte »deutschnationale Fieberphantasien« und ließ das in solchen Fällen gängige Entlastungsargument, es handele sich nur um Figurenrede, nicht gelten. Zwei Jahre später sagte Walser in der Frankfurter Paulskirche über die öffentliche Erinnerung an die Ermordung der europäischen Juden, in ihm wehre sich etwas »gegen diese Dauerpräsentation unserer Schande«. Das »Motiv« für die »Vorhaltung unserer Schande« fand er in der »Instrumentalisierung unserer Schande zu gegenwärtigen Zwecken«. Er lieferte damit das Stichwort für Björn Höcke, den Geschichtslehrer, der 2013 beschloss, Politiker zu werden, und am 17. Januar 2017 in einer Rede in Dresden sagte: »Wir Deutschen sind das einzige Volk der Welt, das sich ein Denkmal der Schande in das Herz seiner Hauptstadt gepflanzt hat.« Gauland hat diese Formulierung seines Parteifreunds über die Jahre mehrfach verteidigt, als Beitrag zur erinnerungspolitischen Debatte.

Bischof Kamphaus wurde 2007 emeritiert. Dass seine Amtsbrüder in der Deutschen Bischofskonferenz wie ihre evangelischen Kollegen seit 2015 in der Asylfrage in einer Deutlichkeit Zeugnis ablegen, die man früher nur von Kamphaus kannte, bewog Gauland zu der Erklärung, dass die AfD »keine christliche Partei« sei. »Wenn diese Flüchtlingspolitik das Programm der Kirchen ist – dann gebe ich offen zu: Ich bekämpfe das Programm der Kirchen. Ich will nicht, dass der Staat zugrunde geht. Die Kirchen versuchen, den Staat zu manipulieren.« Die rationale Feinkörnigkeit von Tronkenburgs Konservatismus hat Gauland gegen eine irrationale Grobkörnigkeit getauscht, wenigstens in seiner Rhetorik. Doch obwohl er Chef einer Partei wurde, die den Hass auf alles Westliche bewirtschaftet, wähnte er sich immer noch auf der Seite Churchills und Montgomerys. In der Bundestagsdebatte über die Regierungserklärung, die Angela Merkel nach der Bildung der nicht mehr ganz so großen Koalition am 21. März 2018 vortrug, empfahl der AfD-Fraktionsvorsitzende den Churchill-Film *Die dunkelste Stunde*, der gerade im Kino lief: »Es ist ein Lehrfilm über die Kraft des Wortes in einer fast ausweglosen Situation, als England sich mit fast leeren Händen und eben leidenschaftlichen Worten verteidigen musste.«

Wo Gauland Heiterkeit und Beifall seiner Fraktion erntete, indem er es von sich wies, »die Frau Bundeskanzlerin mit dem wortgewaltigen Winston Churchill vergleichen zu wollen«, da entdeckte Martin Walser die Kraft des Wortes in dem einfachen Satz, mit dem Frau Merkel die Einheit des Wollens und Könnens als demokratisches Ideal beschworen hatte. Im März 2017 sagte er in einem Interview mit der *Zeit*: »Nun, der Satz von Angela Merkel ›Wir schaffen das‹ ist jedenfalls große Politik.« Je öfter der Satz verhöhnt wurde, desto lieber zitierte und paraphrasierte ihn Walser. Dem *Focus* sagte er im Januar 2016: »Es ist doch klar, wir haben doch gar keine andere Möglichkeit mehr, als es zu schaffen. Wir werden es schaffen, weil wir es schaffen müssen. Alles andere wäre viel schlimmer. Wir haben nach 1945 viel mehr schaffen müssen, und wir haben es geschafft in einer viel, viel schlechteren wirtschaftlichen Lage.« In einer Rede im Februar 2016 würdigte Walser das »Wir schaffen das!« als eine Sprachhandlung der Vernunft. Er machte auf eine in der Aufregung über den Populismus verkannte Grundtatsache der 2015 entstandenen politischen Konstellation aufmerksam: Die Kritik an Angela Merkels Flüchtlingspolitik, die Kritik, die den Stil und die Methode der Kanzlerin angreift und die ganze Richtung für falsch erklärt, ist ein Elitenprojekt. »Je mächtiger, je gebildeter, umso deutlicher gegen Merkels Satz, der dann gleich auch als ›Mantra Merkels‹ verspottet wird.«

Tronkenburg hatte die Seiten gewechselt.

TESTFALL THÜRINGEN

19 SEKUNDEN

Thomas Kemmerich wurde vom Landtag des Freistaats Thüringen zum Ministerpräsidenten gewählt. Nach parlamentarischem Brauch ist es erforderlich, dass der Gewählte die Annahme der Wahl erklärt. Das Erfordernis ergibt sich weder aus der Verfassung Thüringens noch aus der Geschäftsordnung des Landtags. Es handelt sich um eine Üblichkeit der Staatspraxis, die so selbstverständlich ist, dass sie vielleicht schon deshalb in den Normtexten nicht erwähnt werden muss. Die Präsidentin des Landtags, Birgit Keller von der Linkspartei, richtete an Kemmerich die Frage: »Nehmen Sie die Wahl zum Ministerpräsidenten an?« Der Angesprochene konnte auf diese Frage mit Ja oder mit Nein antworten. Die Situation war da. Erfurt, 5. Februar 2020, 13:27 Uhr: ein Augenblick für die Geschichtsbücher. Aber in diesem Augenblick lag die Zukunft noch offen vor Thomas Kemmerich. Die Mittagssekunde war ein Moment wie im Westernfilm, wenn der Held das Schicksal in der Hand hat, die bloß zur Waffe greifen muss. Sein Schicksal und das Schicksal der Stadt, des Vorpostens der Zivilisation.

Kemmerichs Parteifreunde nennen ihn den Cowboy, weil er immer in Westernstiefeln auftritt. Also auch am Wahltag im Landtag. Journalisten hatte er im Wahlkampf erzählt, dass er sie nur am Strand und zum Skifahren ausziehe. Zugelegt hatte er sich dieses Accessoire, als er fünfzehn Jahre alt war und in seiner Geburtsstadt Aachen das Bischöfliche Pius-Gymnasium besuchte. Ein Kleidungsstück für jede Jahreszeit und alle Wetter: Das ist das genaue Gegenteil eines Kostüms aus dem Karneval, wo im Cowboy der laufenden Session schon der Indianer des närrischen Neuanfangs steckt.

Ein Augenblick geht vorüber, aber man kann ihn zerteilen. So kurz er war, füllte er doch eine Spanne Zeit, und wie der Philosoph Zenon in seinem Paradoxon über Achilles und die Schildkröte den Vorsprung des gemütlichen Tieres, den der blitzschnelle Held niemals aufholen könne, kleiner und kleiner portionierte, so kann man die Zeitspanne zwischen einer Frage und selbst einer scheinbar wie aus der Pistole geschossenen Antwort in beliebig kleine Quanten aufteilen. Wo eine Entscheidung ansteht, ist Zeit, solange sie nicht gefallen ist. Thomas Kemmerichs Entscheidung, die Wahl zum Ministerpräsidenten anzunehmen und als erster Regierungschef eines Bundeslandes die Wahlhilfe der AfD zu akzeptieren, kam plötzlich über die Deutschen. Kaum jemand jenseits von Erfurt hatte vorher mitbekommen, dass der FDP-Landesvorsitzende in die Lage kommen könnte, diese Entscheidung zu treffen. Ein Ministerpräsident von der FDP war ohnehin etwas Unvorstellbares. Dass es ein einziges Mal einen Parteifreund Kemmerichs als Landesregierungschef gegeben hatte, Reinhold Maier bei der Gründung von Baden-Württemberg, war zeithistorisches Superspezialwissen, geeignet für die Millionenfrage im Fernsehquiz. Viele Bundesbürger dürften noch wissen, wo sie gerade waren, als sie um halb zwei am 5. Februar 2020 die Nachricht von Kemmerichs Wahl erhielten, bei Twitter, über das Radio oder als Eilmeldung auf dem Telefon. Nach dem Schock stellte sich der Moment vor Kemmerichs fatalem Jawort als kleine Ewigkeit dar. Hatte der Gewählte nicht alle Zeit der Welt gehabt, um Nein zu sagen?

Die Sitzung des Landtags wurde nicht nur schriftlich protokolliert, sondern auch per Video übertragen und aufgezeichnet. Neunzehn Sekunden vergingen zwischen der Verkündung des Ergebnisses für den Wahlvorschlag der FDP-Fraktion und Kemmerichs Antwort auf die Frage der Landtagspräsidentin. Die Augenzeugen konnten zurückspulen, um Kemmerichs Zügen ein Gefühl für die Bedeutung dessen abzulesen, was er gerade getan hatte beziehungsweise hatte geschehen lassen. Die *Aachener Nachrichten* aus Kemmerichs Heimatstadt vermeldeten, dass auch dem Sieger der »Schock« ins Gesicht geschrieben stand: Er habe »zunächst konsterniert und ratlos« gewirkt. So sah ihn auch der Korrespondent der *F.A.Z.*: »Kemmerich pustete Luft aus, seine Stirn lag in Falten.« Der Chronist der Deutschen Presse-Agentur beschrieb einen Erschütterten: »Als Thomas Kemmerich am Mittwoch im Landtag in Erfurt überraschend zum neuen Thüringer Ministerpräsidenten erklärt wurde, rang er sichtlich um Haltung.« Die *Südthüringer Zeitung* nannte es bezeichnend, dass »Kemmerichs Miene« bei der Verkündung des Wahlergebnisses »nicht fröhlicher« gewesen sei als die von Bodo Ramelow. »Seltsam beklommen« wirkte der gewählte Ministerpräsident in den Augen des Reporters der *Stuttgarter Zeitung*, der einen »krassen Gegensatz« sah »zu der lockeren Art, mit der Kemmerich im Wahlkampf aufgetreten war«. Die *Frankfurter Rundschau* porträtierte einen Mann, »der sichtlich tief durchgeatmet hat«, bevor er aufstand und die Wahl annahm. Und als er aufstand, schwankte er – berichtete das *Handelsblatt*.

Gab es denn ein inneres Geschehen, das durch Studium des Mienenspiels und investigative Psychologie ermittelt werden konnte? In seiner ersten Pressekonferenz als Ministerpräsident antwortete Kemmerich auf die Frage, ob er bei seiner Antwort auf die Frage der Landtagspräsidentin gezögert habe, mit Nein. Der Berichterstatter der *Südthüringer Zeitung* hatte das anders wahrgenommen: »Kemmerich blickt ernst vor sich hin, als Keller ihn fragt, ob er die Wahl annimmt, dann zögert er einen winzigen Moment.«

Als er längst die Staatskanzlei geräumt hatte, wurde Kemmerich von den Journalisten immer noch ausgefragt nach dem, was in ihm vorgegangen war. Über den winzigen Zeitraum vor dem Beginn seiner Amtszeit ging das Interesse der Journalisten dabei meistens nicht hinaus. Die Amtszeit selbst regte nicht mehr zu Nachfragen an – allerdings hatte es in diesen 27 Tagen auch keine Gesetzesinitiativen der Landesregierung gegeben, kaum öffentliche Äußerungen des Regierungschefs und fast keine Termine. Obwohl der Altministerpräsident versicherte, als Partei- und Fraktionschef der Landes-FDP naturgemäß nur die Zukunft im Blick zu haben, war er verdammt, wie im Albtraum die Entscheidungssituation nach dem Wahlakt wieder und wieder zu durchleben. War das Ganze womöglich nur ein Traum gewesen?

Einem Journalisten berichtete Kemmerich, dass er sich seine Wahl noch einmal als Aufzeichnung angesehen hatte, weil er sich nicht mehr richtig an sie erinnern konnte, sie nur noch »verschwommen« vor Augen hatte. Nur einen kleinen Teil der neunzehn Sekunden des Wartens auf seine Entscheidung konnte er, so wollte es ihm hinterher scheinen, zum Nachdenken nutzen. »Ich hatte einen Sekundenbruchteil Zeit.«

Eine Antwort auf die Frage, ob er die falsche Entscheidung getroffen habe, war von Kemmerich nicht zu erlangen. Es war für ihn offensichtlich eine Sache des Stolzes, eine Forderung der persönlichen Ehre, diese Frage nicht zu bejahen. Er hat sie allerdings auch nicht verneint. Mit zwei Varianten einer Nicht-Antwort konnte er sich der Entscheidung über seine Entscheidung entziehen: Manchmal beschwor er ein kontrafaktisches Setting für eine Entscheidung, bei anderen Gelegenheiten stilisierte er seine tatsächliche Entscheidung zu einer Art von Nicht-Entscheidung.

Sein kontrafaktisches Szenario sah so aus: »Im Rückblick hätten wir eine Sitzungsunterbrechung beantragen sollen. Aber wir sind nicht auf die Idee gekommen.« Über dieses Zugeständnis ging Kemmerich in der retrospektiven Selbstkritik nicht hinaus. Er malte sich aus, dass er die ihm zugemessene Zeit hätte ausdehnen können. »Wir hätten nach Bekanntgabe des Ergebnisses eine Auszeit nehmen müssen.« Hätte Achill die Schildkröte überrundet, wenn er einen Umweg eingeschlagen hätte? Mit dem Spiel auf Zeit hätte Kemmerich die Entscheidung nur hinausgeschoben. Er entschied unter Zeitdruck, und dass er dabei nach eigener Auskunft – so sein anderer Versuch, eine Bewertung der Entscheidung zu vermeiden – noch nicht einmal Zeit hatte, das Für und Wider abzuwägen, war nicht etwa als Eingeständnis von Fahrlässigkeit gemeint. Denn mit dieser zweiten Variante seiner Selbsterklärung bewegte sich Kemmerich in einer Sphäre jenseits des Sachlichen. Wie er entschied, soll vielleicht nicht richtig, aber der Situation angemessen gewesen sein. Und seiner Person. In einem Fernsehinterview ein halbes Jahr nach dem Ereignis schilderte Kemmerich eine Art moralischen Reflex, den instinktiven Rückgriff auf ein bewährtes Muster. »Mein Vater hat zu mir gesagt: Triff mutige Entscheidungen und steh dazu. In den wenigen Sekundenbruchteilen habe ich mich daran erinnert und die Verantwortung dafür übernommen, dass ich kandidiert habe.«

Hatte er nun einen Sekundenbruchteil Zeit oder doch wenige, damit immerhin mehrere, also ein Vielfaches? In der Summe macht das keinen Unterschied. Man kann den Bruchteil einer Zeiteinheit beliebig weiter aufbrechen, ohne Zeit zu gewinnen. Aber in dem Bedürfnis, die hoffnungslos kurze Frist im Nachhinein doch einzuteilen, verriet sich das Wissen, dass im eigenen Kopf so etwas wie ein logischer Schluss abgelaufen war, ein Prozess in mehreren Schritten. Dabei wollte Kemmerich sich einer Nachprüfung gemäß den Regeln der Rationalität entziehen, wenn er erzählte, dass sein Vater ihm die Entscheidung abgenommen habe.

Diese Rekonstruktion brachte eine paradoxe Figur an den Tag. Die Besinnung auf die Notwendigkeit der Entscheidung erübrigte demnach die Entscheidungsfindung. In geradezu existentialistischer Manier zeigte sich der Gewählte noch Monate später davon überzeugt, dass er sich, indem er sich zur Wahl stellte, eigentlich schon für die Annahme der Wahl entschieden hatte. Die Alltagssprache hält dafür Formulierungen bereit: Er war entschieden, keinen Rückzieher zu machen, sich nicht zu drücken.

Kemmerich junior übernahm Verantwortung dafür, kandidiert zu haben: Ist das nicht sehr gespreizt fomuliert? Verantwortung ist ein Schlüsselbegriff des parlamentarischen Regierungssystems. Er bezeichnet sowohl die rechtliche Autorität des gewählten Amtsträgers als auch den ethischen Anspruch an ihn. Der Ministerpräsident ist dem Parlament verantwortlich, ihm wird die Regierungsverantwortung übertragen. Und es wird erwartet, dass er mit dieser verfassungsmäßigen Macht verantwortlich umgeht, also immer das Interesse des größeren Ganzen und die Konsequenzen seiner Entscheidungen bedenkt. Nach Ansicht der allermeisten Beobachter hatte Kemmerich unverantwortlich gehandelt, indem er das Amt des Ministerpräsidenten antrat, obwohl die Stimmen der AfD den Unterschied ausgemacht hatten. Im Namen eines Ethos der persönlichen Integrität drehte Kemmerich die Perspektive um: Er übernahm Verantwortung für etwas, das in der Vergangenheit lag, seine Verkündung seiner Bewerbung, um die Frage beiseitezuschieben, was im Moment der erfolgten Wahl das Richtige war, im Interesse des Ganzen und im Licht der zu erwartenden Folgen. Eine Hohlform der Entscheidung ersetzte die Entscheidung, und gemäß dem väterlichen Ratschlag legte Kemmerich eine Art absoluten Mut an den Tag, wie man ihn von Stiefelträgern aus Westernfilmen kennt.

Im Zweifel, wenn's schnell gehen muss, tun, was der Vater gesagt hat: eine widersinnige Form von Selbständigkeit – Besinnung statt Überlegung. Mit trotziger Pietät parierte der von den Journalisten gelöcherte Kemmerich deren unausgesprochene Frage, ob er sich bei der Annahme der Wahl denn nichts gedacht habe. Im Augenblick halsbrecherischer Entscheidungsfreiheit setzte sich die Prägung durch. Kemmerich durfte die hartnäckigen Nachfragen der Journalisten als Angriff auf seine Identität auffassen. Wer war er, dass er getan hatte, was er getan hatte? Er verwies auf seine Herkunft oder, in einer Variante seines Rechtfertigungsversuchs, auf seinen Beruf. Was tut einer wie er, wenn er einen Sekundenbruchteil Zeit hat, um den unerwarteten Erfolg seines riskanten Handelns zu verarbeiten? Kemmerich antwortete in der zweiten Person, ohne damit den mutmaßlich angestellten Fragesteller zu meinen: »Da tickst du dann wie ein Unternehmer. Wenn du dich solch einer mutigen Entscheidung stellst, zu kandidieren, um ein Zeichen zu setzen – dann sagst du als Unternehmer dann auch: Jetzt kneife ich nicht.«

SEINES GLÜCKES SCHMIED

Als ihm das Gespenst seines Vaters erschienen war, hatte also zugleich der Geist des freien Unternehmertums zu ihm gesprochen. Das ergab biographischen Sinn, denn in der Immobiliengesellschaft des Vaters in Aachen hatte Thomas Kemmerich den ersten Einblick in die Gesetze des Wirtschaftslebens genommen. Schon als Schüler zeigte er unternehmerische Initiative, indem er die Marktwirtschaft dort einführte, wo es gar keinen Markt gegeben hatte: Für die Feten im elterlichen Partykeller nahm er von den Mitschülern einen kleinen Eintritt. Dem

Groß- und Einzelhandelskaufmann, der neben seiner Ausbildung Jura studiert hatte, bot die Revolution in der DDR die Chance, sein Glück zu schmieden. Er zögerte nicht: Im Mai 1989 hatte er sein erstes Staatsexamen abgelegt, am 10. November 1989 passierte er den Grenzübergang Herleshausen bei Eisenach, und schon im Januar 1990, neun Monate vor der Wiedervereinigung, machte er sich in Erfurt als Unternehmensberater selbständig. »Ich hab' mich in mein Auto gesetzt und bin dahingefahren. Goldgräberstimmung, aufregend!« In der jungunternehmerischen Praxis erlebte er einen Kapitalismus aus dem Lehrbuch; Selbständigkeit, so erinnert er sich, war in dieser Existenzgründerzeit mehr als ein Eintrag im Handelsregister: »Man konnte als junger Mensch schneller Verantwortung übernehmen als im Westen.« Es gehört zum Begriff der Verantwortung, dass sie übernommen werden muss: So gesehen hatte sich Kemmerich dreißig Jahre lang auf den 5. Februar 2020 vorbereitet.

In der überregionalen Presse tauchte Kemmerich zum ersten Mal 2007 auf, dreizehn Jahre vor seiner Wahl zum Ministerpräsidenten, als Kritiker der Gewerkschaftskampagne für einen gesetzlichen Mindestlohn. 1994 hatte er mit der Konkursmasse eines Dienstleistungskombinats und einer Produktionsgenossenschaft eine Friseurkette gegründet, die anderthalb Jahrzehnte später zu den zehn größten der Branche in Deutschland gehörte, zeitweise mit 58 Salons und bis zu 420 Beschäftigten. Sein kahlgeschorener Kopf verbürgte in den Interviews, die er in dieser Rolle gab, so etwas wie das sachliche Kalkül des Wirtschaftssubjekts, ob Anbieter oder Abnehmer. Man kann Geld mit Dienstleistungen verdienen, die man selbst nicht in Anspruch nimmt: Kemmerich warb sozusagen damit, dass er keine Werbung machen musste.

In Aachen war der Katholik Mitglied der Jungen Union gewesen. Über den Vorsitz des FDP-nahen Unternehmervereins Liberaler Mittelstand gelangte er an die Spitze seines FDP-Landesverbands. Die unternehmernahe Politik seiner Partei pries er als unternehmerische Politik an: Der Staat, so das Versprechen, wäre in besseren Händen bei jemandem, der auf eigene Rechnung zu wirtschaften versteht. Im Landtagswahlkampf 2019 stand die Tour des FDP-Spitzenkandidaten unter dem Motto »Wo der Stiefel drückt«. Politik, so die Botschaft, zwängt ein. Sie wird als Schikane, Engpass und Zumutung erlebt. Egal, was sie tut, im Alltag kommt es als Hemmnis der Bewegungsfreiheit an. Konnte man dem Stiefelträger, der die Stiefel angeblich nie ablegte, die Klage abnehmen? Empfahl sich für den Gewaltmarsch einer Wahlkampfreise nicht vielleicht einfach leichteres Schuhwerk? Warum wählte Kemmerich seine Stiefel nicht eine Nummer größer? Und warum der Aufwand für das Erkennungszeichen an den Füßen, wenn er sich dann keine Maßanfertigung leistete?

Das Wörtliche und das Bildhafte gehen in der Selbstdarstellung von Politikern eine seltsame Verbindung ein, die manchmal gerade dann authentisch wirkt, wenn sie nicht ganz glücklich scheint. Die Werbekampagne der thüringischen FDP wurde für ihre Professionalität gelobt, aber dazu gehörten auch die Einschläge des Selbstgemachten. Das Gewollte repräsentiert das Eigenwillige: ein Rezept des politischen Marketings. Begegnet man heute noch in Fußgängerzonen dem Politiker, der den Wählern versichert, er wisse, wo sie der Schuh drücke? Oder überlebt er nur noch als Witzfigur? Um keinen Preis darf der Wahlkämpfer sich anbiedern. Kemmerich gab dem altmodischen Spruch eine kreative Wendung. Als Unternehmer erfuhr er lästige Vorschriften und sinnlose Auflagen am eigenen Leib. Wie weit die Vorstellung einer Leidensgemeinschaft aller von Anordnungen der Landesregierung betroffenen potentiellen FDP-Wähler trug, musste nicht gefragt werden, weil die Stiefel von vornherein als Accessoire erkennbar waren. Die Einladung zur Identifikation war gewissermaßen symbolisch gebrochen, durch die als gemeinsam unterstellte Freude am Zeichenhaften des Wahlkampfs. Das Unberechenbare an der als Populismus umschriebenen Gestalt professioneller Politik ist der Einsatz spielerischer Mittel.

Wörtlich verstanden, propagierte das einzelkämpferische Wappenbild der Stiefel ein recht drastisches Konzept von landespolitischem Handeln, eine Mechanik passiver Aggression, der Umsetzung von Leidensdruck in die Kraft zum Durchmarsch in die Staatskanzlei. So war das sicher nicht gemeint, aber es wurde ungefähr so gesagt. Eine Parole lautete: »Eine Glatze, zwei Stiefel, fünf Ideen«. Wenn die FDP-Wähler den so breitbeinig auftretenden Spitzenkandidaten nicht für einen Polit-Rabauken hielten, dürfte das damit zu tun gehabt haben, dass wohl die meisten von ihnen einen Stiefelträger unter ihren Kollegen oder Nachbarn kannten. Und so wussten sie, dass mit dieser modischen Entscheidung gewöhnlich vor allem der Wille zur Unterscheidung zum Ausdruck gebracht werden soll. Der Korrespondent der *Stuttgarter Zeitung* formulierte als Semiotiker unnötig vorsichtig: »Die Stiefel sollen wohl für Individualität stehen.«

Den Westdeutschen, die nach dem Fall der Mauer in den Osten zogen, um Firmen zu gründen oder zu kaufen, wurde bald und lange eine Wild-West-Manier zum Vorwurf gemacht. Die Uniform des Frisiersalon-Zaren Kemmerich spielt mit diesen Assoziationen. Er kann sich das erlauben, weil er wirklich als junger Mann aus dem äußersten Westen gekommen war. Aus seinen Stiefeln ist er nie herausgewachsen, aber er ist längst kein Fremder mehr in Thüringen, sondern fühlt sich heimisch in einem Land, in dem – in einer dialektischen Variante kultureller Aneignung – die Klischees des wilden Ostens nun zur Folklore gehören. Wie weit es tatsächlich her war mit dem Lokalheldenstatus des Vorstandsvorsitzenden der Masson Friseur AG, muss man nicht untersuchen. Mit einem Michael Bloomberg oder einem Silvio Berlusconi, die als Politiker von ihrem unternehmerischen Ruhm zehrten, kann man ihn wohl nicht vergleichen. Aber gerade weil er auch im eigenen Land vor der Ministerpräsidentenwahl noch nicht zu den echten Prominenten unter den Politikern gehörte, frappiert sein Interesse an der Zeichensprache des Legendären. Bei seinen Wahlkampfveranstaltungen hatte er zwei Paar Stiefel dabei: Das eine trug er, das andere wurde in einer Vitrine zur Schau gestellt. Ohne Worte versprach Kemmerich damit ein entschiedenes Handeln, das im Notfall ohne Worte auskommt. Eines der Plakate zeigte nur die schwarzen Stiefel, ohne die abgeschnittenen Beine ihres Eigentümers, leer wie im Schuhgeschäft, und dazu den Spruch »Stiefel, die in die richtige Richtung marschieren«.

Man hatte wohl glauben können, dass nach allem, was am 30. Januar 1933 anfing, als Hitlers Parteisoldaten mit Fackeln durch das Brandenburger Tor marschierten, Marschstiefel dauerhaft aus der Kleiderkammer der Parteienwerbung in Deutschland aussortiert worden seien. Der Aufmarsch gehört zwar noch zu den Kampfmitteln der Parteien, obwohl er bei Weitem nicht mehr dieselbe Bedeutung hat wie in der Weimarer Republik; aber wenn bei solchen Anlässen Stiefel getragen werden, gehen sie in der Masse des individuellen Schuhzeugs unter. Das Kemmerich-Plakat spekulierte nicht etwa darauf, dass niemand mehr Stiefel mit Nazis assoziiert; das wäre dann bei allem anthropologischen Optimismus der Liberalen doch zu viel der Naivität gewesen, jedenfalls für Thüringen. Aber zutiefst optimistisch war die Kampagne sehr wohl, weil sie unterstellte, dass sich durch und durch böse Zeichen dekontaminieren lassen. Sie sollen durch Zweckentfremdung unschädlich gemacht, durch Zitat zivilisiert werden. Hier deutet sich die erstaunliche Fähigkeit der Demokratie an, sich alles, auch ihr Gegenteil, anzuverwandeln. Der Präsentismus unserer Regierungs- und Gesellschaftsform kommt zum Tragen, die Vorherrschaft der Gegenwart über die Vergangenheit, die ihr zum Spielmaterial wird. Über den Nationalsozialismus und dessen Nachkommenschaft triumphiert der Glaube an den Fortschritt: Es gibt die richtige Marschrichtung, sie deutet in die Zukunft.

Das Plakat mit den Stiefeln konkretisierte das dort kleingedruckte Motto des FDP-Wahlkampfs: »Hallo Übermorgen«. Die Deutschen »sind von vorgestern und von übermorgen – sie haben noch kein Heute«. Dieses Porträt des Nationalcharakters hatte Nietzsche aus dem Vorspiel zu Wagners *Meistersingern von Nürnberg* herausgehört. Das »Hallo«, die unüberbietbar informelle Anrede, wie sie auch in der elektronischen Kommunikation um sich greift, verheißt, dass die Deutschen, wenn sie FDP wählen, als Volk von übermorgen doch schon ein Heute haben. Die spielerische Aneignung der Zeichenwelt von vorgestern ist Konzept, nicht etwa Missverständnis oder Überinterpretation. Dafür spricht auch die Tatsache, dass der Name der Werbeagentur, welche die Plakate entwarf, nach dem gleichen Prinzip gebildet ist: Heimat.

Der Westernheld im Kino ist von vornherein Außenseiter oder wird im Verlauf der Filmhandlung ein solcher. Zwar stilisiert die FDP-Programmatik den Unternehmer zum vorbildlichen Staatsbürger und

Politiker im Kleinen. In Kemmerichs Philosophie entlastet er den Sozialstaat durch Fürsorge im Nahbereich: »Wie kein anderer kümmert sich der Unternehmer um sein Unternehmen, um seine Familie, um seine Mitarbeiter und deren Familien, um sein soziales Umfeld.« So sagte es der frühere Ministerpräsident in einem Interview während der Covid-19-Pandemie. Unter den Politikern bleibt ein solcher ethisch vollbeschäftigter Wirtschaftsmann aber ein Fremder, mehr Nothelfer als Führungsreserve. Als eher untypisch für einen FDP-Politiker muss gelten, dass Kemmerich oft ausdrücklich als kinderreicher Vater spricht. Er deutet damit an, dass sich sein eigentliches Leben jenseits der Politik abspielt, in einer Sphäre der natürlichen Sittlichkeit, in der er auch seine Geschäfte abwickelt. Familie und Firma gehören zusammen: »Ich bin Vater von sechs Kindern und ich bin Unternehmer.« Am 5. Februar 2020, nachdem er als Chef der kleinsten Fraktion fast im Alleingang das angefangen und zu Ende geführt hatte, was die Landesverfassung dem gesamten Parlament aufgibt – die Einsetzung einer von einer Mehrheit der Abgeordneten gestützten Regierung –, fand sich Thomas Kemmerich in der Rolle des Fremden wieder. Und er tröstete sich damit, dass er als Unternehmer gehandelt hatte. Wer Cowboystiefel anzieht und nicht wieder auszieht, muss darauf gefasst sein, dass er den Kampfplatz als Outlaw verlässt.

Was tut ein Unternehmer, wenn er nicht mehr wirbt, feilscht, zahlt oder kassiert, weil er keine Zeit mehr hat? In Kemmerichs Welt rechnet er immer noch. Wenn Kemmerich weniger als eine Sekunde Bedenkzeit hat, »tickt« er nach seinen Worten wie ein Unternehmer, verwandelt sich also in ein Uhrwerk, als könnte präzise Messung den Zeitverlust ausgleichen. Mit dieser Formel erklärte er ein Jahr nach der Ministerpräsidentenwahl gegenüber der *Zeit*, dass die Bedenkzeit für Bedenken nicht gereicht hatte und ihm die Möglichkeit einer Sitzungspause nicht in den Sinn gekommen war. Unmittelbar nach der Wahl hatte er mit dem Verweis auf das Training in seinem bürgerlichen Beruf in der *Süddeutschen Zeitung* das genaue Gegenteil gesagt: dass ihn der blitzschnelle Entscheidungszwang nicht unvorbereitet getroffen habe: »Ich habe die Situation im Kopf durchgespielt. Als Unternehmer bin ich gewohnt, auf unvorhergesehene Situationen zu reagieren.«

UMSTURZ MIT ANSAGE

War die Situation denn überhaupt unvorhergesehen? Konnte Kemmerich die Handlungsmöglichkeiten, die sich ihm in der durch das Ergebnis des dritten Wahlgangs gegebenen Situation auftaten, nicht genau deshalb auch in knappster Zeit durchspielen, weil ein Kandidat für ein Wahlamt auf jeden rechnerisch möglichen Ausgang vorbereitet sein sollte? Kemmerich gab sich Mühe, überrascht zu tun und sich als den Überrumpelten, ja, Düpierten zu präsentieren. In gleichem Sinne ließen sich Politikerkollegen ein, die für ihn gestimmt oder seine Kandidatur unterstützt hatten. Erst im dritten Wahlgang war Kemmerich angetreten, und eine Voraussetzung seiner Bewerbung war nach seinen Angaben gewesen, dass die AfD einen eigenen Kandidaten präsentierte. Man habe ja nicht damit rechnen können, dass der AfD-Kandidat im entscheidenden Durchgang von seinen eigenen Leuten keine einzige Stimme bekommen würde.

Die Frage, ob man nicht genau damit habe rechnen müssen, lag auf der Hand. Der in vorletzter Minute präsentierte AfD-Bewerber war der ehrenamtliche Bürgermeister einer Gemeinde von 355 Einwohnern, ein parteiloser Unbekannter ohne einschlägige biographische Stationen und damit auf Anhieb als Strohmann erkennbar. Wie dieser Christoph Kindervater hinterher der Presse berichtete, hatten seine Patrone ihm eröffnet, dass genau diese Rolle für ihn vorgesehen war. »Der Plan ist völlig aufgegangen. Darauf bin ich stolz.« In mehreren Zeitungen wurde am Tag vor der entscheidenden Landtagssitzung die Möglichkeit eines durch Umschwenken der AfD herbeigeführten Sieges des FDP-Kandidaten erörtert. Mit einem Begriff aus der Atompolitik sprach der *Tagesspiegel* von einem »Restrisiko«: »Zieht die AfD ihren Kandidaten zurück und stimmt ebenfalls für Kemmerich, wäre der bekennende Cowboy-Stiefelträger plötzlich gewählter Ministerpräsident – ohne Mehrheit, Partner und Plan.« Genauso kam es, nur ohne förmlichen Rückzug des AfD-Vorschlags. Der Berichterstatter aus Berlin äußerte die Vermutung, dass die Restrisikokalkulation noch abschreckend auf Kemmerich wirken könnte: »Die Aussicht auf ein derart chaosträchtiges Szenario könnte wiederum dazu beitragen, dass er gar nicht erst antritt.« Da er aber angetreten war, drängte sich im Gegenzug der Schluss auf, dass ihn die Aussicht nicht abgeschreckt hatte.

Gegenüber seiner in Aachen lebenden Schwester Claudia Plum hatte Kemmerich seine Aussichten am Vorabend des Wahlakts mit »höchstens 20 Prozent« beziffert. Die Kurstadt Aachen hat eine lange Tradition des behördlich regulierten Glücksspiels. In Kemmerichs Schulzeit fiel die Wiedereröffnung des Spielcasinos im Neuen Kurhaus. 20 Prozent Gewinnaussicht: Beim Roulette sind die meisten klassischen Wetten riskanter, so schon die Transversale Simple, die Sechserreihe. Claudia Plum, Diplom-Kauffrau, Vorsitzende der CDU im Stadtbezirk Aachen-West und sachkundige Bürgerin im Rat der Stadt Aachen, sagte hinterher: »Die Gefahr war da.« Anders gesagt: die Chance.

Die Beteuerungen aus den Reihen von FDP und CDU, man habe der AfD die List mit der Nullnummer nicht zugetraut, stießen weithin auf Unglauben, und wenn man ihnen glauben wollte, machte das den Vorgang nur noch schlimmer. Peinlich genug, dass man halbrechts das taktische Vermögen, die Beweglichkeit und Kaltblütigkeit der Rechten unterschätzt hatte. Noch peinlicher die nachträgliche und im selben Atemzug widerrufene Ehrenerklärung für die AfD: Man habe sich nicht vorstellen können, dass sie nicht zu ihrem Kandidaten stehen werde. Christian Lindner gestand: »Wir haben uns in der AfD geirrt.« Auch er persönlich sei einer »Fehleinschätzung« der AfD erlegen. Nach eigener Bekundung waren die sogenannten bürgerlichen Parteien bislang also davon ausgegangen, dass die radikale Konkurrenz im Sinne der bürgerlichen Ethik von Treu und Glauben handeln werde.

Just auf die Freilegung einer angeblichen moralischen Gemeinschaft der bürgerlichen Kräfte waren die Avancen Björn Höckes gerichtet: Die taktische Verstellung der AfD am 5. Februar 2020 war in dieser Sicht erzwungen durch eine substantielle Unehrlichkeit von CDU und FDP, die Verleugnung ihrer Gemeinsamkeiten mit der AfD. Wenn die angeblich unfreiwilligen Nutznießer von Höckes Coup sich über den Zynismus der AfD beschwerten, provozierten sie die Rückfrage, ob sie die Lage vielleicht nicht ernst genug genommen hatten. In eine Abstimmung gegangen zu sein, ohne die Folgen möglicher Ergebnisse zu kalkulieren – das hätte nicht jenem Minimum planmäßigen Handelns entsprochen, durch das sich der Politiker wie der Unternehmer vom Glücksritter unterscheiden möchte.

Als Thomas Kemmerich sich am Abend seiner Wahl im *Heute Journal* den Fragen von Marietta Slomka stellte, erlebte man einen Politiker in der Falle des Rollenzwangs. Es war ihm unmöglich, sich zu einer spielerischen Berufsauffassung zu bekennen. Hatte er es einfach darauf ankommen lassen, dass am Ende eines allseitig taktisch bestimmten Abstimmungsprozesses vielleicht ein FDP-Ministerpräsident stehen würde, um im Falle des Falles dann zuzusehen, was man aus dieser Chance machen könnte, so durfte er das nicht zugeben. »Ahnten Sie denn nicht, was da auf Sie zukommen würde, nämlich dass die AfD diese Gelegenheit nutzt?« Marietta Slomka fügte ihrer Frage die Erinnerung daran an, dass es »ausdrückliche Warnungen« gegeben hatte. Als ahnungslos wollte Kemmerich sich nicht darstellen. »Wir haben sehr detailliert in den Parteigremien besprochen, diese Kandidatur gegen Kandidaturen von links und rechts der demokratischen Mitte anzubieten, und wir mussten damit rechnen, dass dieses passiert.«

Eine gleichlautende Darstellung lieferte zwei Tage später der Bundestagsabgeordnete Gerald Ullrich, Kemmerichs Stellvertreter im Landesvorsitz, als er darüber berichtete, wie die FDP-Abgeordneten im Landtag die Nachricht der Unterstützung Kemmerichs durch die CDU aufgenommen hatten, die sie in der Pause zwischen zweitem und drittem Wahlgang erreichte: »Dass die AfD so abstimmen würde, war nicht auszuschließen. Das war uns bewusst.« Ullrich kam es im Rückblick vor allem darauf an, die Handlungsmacht seiner Partei zu betonen. »Wir wussten also, was kommt, und wurden nicht verheizt.«

Eine der von Slomka erwähnten ausdrücklichen Warnungen hatte ein Reporter des MDR ausgesprochen, der Kemmerich am Tag vor der Wahl im Radio interviewte. Zu seiner Absicht, im dritten Wahlgang zu kandidieren, gab der FDP-Chef zunächst eine Erklärung in einem kuriosen Pluralis Majestatis ab: »Wir wollen und werden allen deutlich machen, dass wir nicht mit Stimmen der AfD gewählt werden wollen und senden auch keine Signale in diese Richtung.« Der Interviewer wies ihn darauf hin, dass solche Signale auch gar nicht nötig waren, weil Torben Braga, der Parlamentarische Geschäftsführer der AfD, schon angekündigt hatte, dass seine Fraktion gegebenenfalls einen Kandidaten von CDU oder FDP unterstützen werde. Braga war von 2012 bis 2015 selbst Mitglied der FDP gewesen. Kemmerich stilisierte das Festhalten an seiner Bewerbung geradezu zu einer demokratischen Pflichtübung: »Wenn wir bei jedem politischen Angebot, was wir machen, sobald die AfD Zustimmung signalisiert, dieses dann zurückziehen, beschädigen wir auch unsere Demokratie. Wir sind überzeugt, in einem möglichen dritten Wahlgang gegen eine Kandidatur der AfD und Linken ein Angebot zu machen, was Thüringen weiterbringt. Dann werden wir uns nicht durch taktische, durchschaubare Manöver der AfD davon abbringen lassen.« Diese Rhetorik der Entschlossenheit überspielte die Tatsache, dass das Angebot der FDP zur Besetzung des Ministerpräsidentenamtes nur dadurch angenommen werden konnte, dass eine Mehrheit unter den Abgeordneten des Landtags sich zur Annahme bereitfand.

Was Kemmerich gegenüber Slomka zunächst umstandslos zugegeben hatte, bestritt er auf Nachfrage der Interviewerin sogleich wieder. Er sei also bewusst in die Situation hineingegangen und habe geahnt, wie die AfD abstimmen werde? »Nein, davon bin ich nicht ausgegangen.« Während er über innere Tatsachen, die noch keine 24 Stunden zurücklagen, fast sieben Minuten lang Widersprüchliches von sich gab, blieb seine äußere Erscheinung konstant. Kemmerich schien es sich in den Glatzkopf gesetzt zu haben, keine Miene zu verziehen, bot das Testbild eines Ministerpräsidenten. Andere Politiker hätten vielleicht Zuflucht in der Frotzelei gesucht, hätten der unerbittlichen Fragestellerin ein Kompliment für ihren professionellen Ehrgeiz gemacht, um die Situation der peinlichen Befragung zu entschärfen. Der Überraschungssieger von Erfurt wollte partout nicht als Akteur eines Spiels erscheinen, also auch nicht als Mitspieler von Journalisten.

Es gibt Siege, über die man nicht froh werden kann: In Erklärungsnot geriet durch Kemmerich die Führung seiner Bundespartei, die ihm vorschnell gratuliert hatte und sich dann erst recht beeilte, ihn zum

Rückzug aufzufordern. Die FDP konnte sich nicht damit entschuldigen, dass ihr Mann in Erfurt auf eigene Faust das Abenteuer gesucht habe, da Kemmerich angab, jeden seiner Schritte mit dem Bundesvorsitzenden Lindner abgestimmt zu haben. Der unternehmerische Politiker hatte sich bei seinem großen Plan demnach rückversichert wie ein Filialleiter vor dem Abschluss eines Sale-&-Lease-Back-Geschäfts. Aus Berlin verlautete, dass die Zentrale in der Tat informiert gewesen sei, aber den Personalvorschlag, den die FDP-Fraktion gemäß Artikel 70 der thüringischen Verfassung gemacht hatte, als symbolische Aktion interpretiert habe: Der Kandidat Kemmerich habe nur ein Zeichen setzen wollen, da er ja nicht habe gewählt werden können. Aktionskunst fürs Protokoll: Diese Wahrnehmung der parlamentarischen Rechte durch eine Partei, die sich liebend gerne Verfassungspartei nennt, darf man für ein Symptom der Krise der Repräsentation halten. Thomas Bursian, Vorsitzender des FDP-Kreisverbandes Bad Kreuznach, brachte auf den Punkt, warum diese Rationalisierung seitens der Bundesspitze nicht überzeugte: »Wer sich zur Wahl stellt, muss damit rechnen, auch gewählt zu werden, so sind die Regeln.«

Als Christian Lindner sich einen Tag nach Kemmerich ebenfalls den Fragen von Marietta Slomka stellte, erklärte er den Umschlag von Spiel in Ernst mit einem psychischen Ausnahmezustand, in den der Künstler durch die Resonanz auf sein Werk gestürzt worden sei: »Herr Kemmerich war offensichtlich übermannt und hat spontan eine Entscheidung getroffen, die Wahl anzunehmen.« Die *Süddeutsche Zeitung* widmete dem Wort »übermannen« ihr »Aktuelles Lexikon«: Lindner habe Kemmerichs Wahl »in eine Reihe mit starken Gefühlen« gestellt, »brennender Leidenschaft oder großer Müdigkeit – plötzlich und gewaltig wirkenden Kräften also, gegen die Widerstand zwecklos ist«. Der Lexikograph übersah die paradoxe Fügung, dass Widerstandslosigkeit mit Spontaneität zusammengefallen sein soll: Kemmerichs Handeln aus eigenem, rational nicht erklärbarem Antrieb wurde demnach durch Überwältigung möglich.

Laut dem Grimmschen Wörterbuch ist »übermannen« in der Grundbedeutung ein Synonym für »besiegen«: Der Wahlsieger reagierte als Besiegter. In metaphorischer Verwendung bezeichnet das Verb typi-

scherweise den Sieg innerer Übermächte, dunkler Gefühle und auf-
brausender Regungen wie Trauer, Wut und Zorn. Ein Grimmsches
Beispiel stammt aus Friedrich Christoph Dahlmanns *Geschichte von
Dänemark*, König Johann I., dessen Teilnahme an den Trauerfeier-
lichkeiten für den in Sichtweite seines Schlosses ermordeten Reichs-
hofmeister als Schuldeingeständnis und Symptom des Wahnsinns gedeutet wurde: »der Kummer über eine Kette von Missgeschick hat
wohl stärkere Naturen bis zum Wahnsinn übermannt«. In der älteren
Sprache, bei Luther oder Sebastian Franck, war die übermannende
Übermacht numerisch gedacht, als Überzahl. »Wer übermannt wird«,
erläuterte die *SZ*, »muss sich dem Ursprung des Wortes nach einem
Angriff vieler Mannen beugen«. Kemmerich allerdings war das genaue Gegenteil widerfahren, er soll laut Lindner ja nicht damit klarge-
kommen sein, dass er plötzlich fast zehnmal so viele Mannen hinter
sich hatte, wie seine Fraktion Mitglieder zählte. Eine weiland verbreitete euphemistische Verwendung wird bei Grimm mit einem Vers aus
Clemens Brentanos »Legende von der heiligen Marina« illustriert:
»Mich hat der Mönch Marinus übermannt.« Ein gendersoziologischer
Beiklang ist der Vokabel verblieben, wie die *SZ* anmerkte: »Frauen können übermannt werden.«

Das Wort blieb an Kemmerich haften. Als der Ex-Ministerpräsident
ein halbes Jahr nach Wahl und Rücktritt dem MDR ein halbstündiges
Interview gab, wurde ihm die Übermannung als seine eigene Erklärung für die Annahme der Wahl vorgelegt. Kemmerich legte Wert auf
die Feststellung, dass die Formulierung, die er nicht in den Mund
nahm, nicht von ihm stamme. Er sagte allerdings nicht, von wem sie
stammte. Nachdem der Bundesvorsitzende ihn im persönlichen Gespräch davon überzeugt hatte, dass er die von ihm am 5. Februar 2020
getroffene Entscheidung korrigieren musste, hatte Kemmerich sich
in seinen öffentlichen Einlassungen daran geklammert, dass es wenigstens seine Entscheidung gewesen war, eine Entscheidung, wie er
sie seinem Selbstbild schuldig zu sein glaubte, einsam, im Ergebnis
sogar noch viel einsamer als gedacht, aber konsequent. Man mochte
die Entscheidung für falsch halten und als falsch verbuchen, wobei
Kemmerich dieses Zugeständnis nie über die Lippen kam. Aber er

war der Herr seiner selbst gewesen und hatte gewusst, was er tat. Ein Mann, ein Jawort: Die Parteiräson legte diese Vorstellung von Souveränität als pathologischen Fall ab. Auf die Visite in Erfurt folgte die Ferndiagnose aus Berlin: Christian Lindner hatte Thomas Kemmerich entmannt.

Wie Kemmerich seine einsame Entscheidung mit seinem unternehmerischen Denken rechtfertigte, so erklärte sie auch sein Parteifreund Wolfgang Kubicki, stellvertretender Bundesvorsitzender und Vizepräsident des Bundestags, berufspsychologisch – um sie als unprofessionell zu entschuldigen. In der Talkshow von Anne Will erklärte Kubicki, dass er, wenn er in Kemmerichs Situation gewesen wäre, als langjähriger Berufspolitiker über »mehr Nervenstärke« verfügt hätte: Er hätte daher die Annahme der Wahl verweigert. Am Tag der Wahl hatte dem Rechtsanwalt, der erstmals 1990 in den Bundestag gewählt worden war, freilich diese Nervenstärke gefehlt, obwohl die Wahl ja nicht auf ihn gefallen war und er seine Stellungnahme ohne Zeitdruck formulieren konnte. Von der Deutschen Presse-Agentur ließ er sich mit dem Satz zitieren: »Ein Kandidat der demokratischen Mitte hat gesiegt.«

DER KLEINE UNTERSCHIED

Kemmerichs Faible für Konstanz in der Selbstdarstellung hatte ihn nicht davon abgehalten, sich um den Import weltbekannten rheinischen Brauchtums in seine zweite Heimat verdient zu machen. 2016 wurde er zum vierten Präsidenten der Gemeinschaft Erfurter Carneval (GEC) gewählt, eines Dachvereins, der sich im Golfkriegsjahr 1991 gegründet hatte, als im Rheinland der Karneval ausfiel. Schon 1999 hatte der Migrant aus dem fernen Westen von Westdeutschland in Erfurt als Prinz Thomas II. das Narrenszepter schwingen dürfen. Als er sich dreizehn Jahre später darum bewarb, die Landeshauptstadt auch an den nicht so tollen Tagen zu regieren, belegte er unter den sieben Oberbürgermeisterkandidaten mit 2,6 Prozent den letzten Platz. An der Universität Bonn hatte Kemmerich zur gleichen Zeit wie der spätere FDP-Bundesvorsitzende Guido Westerwelle Jura studiert. Als er am 5. Februar 2020, drei Wochen vor Aschermittwoch, gegen Bodo Ramelow antrat, war das eine ähnlich kühne Aktion wie Westerwelles »Projekt 18« im Bundestagswahlkampf 2002. Man konnte es für die Maxime einer verkehrten Welt halten, dass die FDP, die fast an der Fünfprozenthürde gestrauchelt wäre, nun den Anspruch auf die Regierungsbildung anmeldete. Aber im Wahlkampf hatte Kemmerich ausdrücklich angekündigt, dass seine Partei einen unverhältnismäßig großen Einfluss auf die Geschicke des Landes nehmen wolle.

Zu seinem Idealbild von seiner Partei gehörte auch ein idealer Wähler. Dem Selbstgefühl dieses Wählers sollte es schmeicheln, dass eine kleine Partei mit taktischer Agilität kompensieren kann, was ihr an Massenbasis fehlt: »Kleines Kreuz – Große Wirkung«. Von der AfD setzte sich Kemmerich in seinen Wahlkampfreden denkbar grundsätzlich ab, indem er einen Unterschied nicht nur der gesellschaftspolitischen Konzeption, sondern auch des Welt- und Menschenbildes benannte: »Die AfD ist autokratisch, völkisch. Wir hingegen sind optimistisch und glauben an den Menschen als Individuum.« Der Glaube an das Individuum sollte sich auch im politischen Prozess auswirken. Das Selbstbild, zu dessen Kultivierung Kemmerich jeden einzelnen FDP-Wähler ermutigte, wies einen Ausweg aus dem Dilemma des Motivationsdefizits in der Massendemokratie, wie es die politische Soziologie beschreibt. Für den Aufwand der Teilnahme an Wahlen gibt es nach dem Nutzenkalkül der Alltagsvernunft keinen guten Grund, weil der einzelne Wähler seiner Stimmabgabe keine kausale Wirkung zuschreiben kann. Kemmerichs Wähler sollten daran glauben, dass sie trotz allem einen Unterschied machen konnten. Der Spitzenkandidat unternahm es sogar, die in diesem Kalkül angesetzten Effekte arithmetisch exakt zu beziffern: »Die Wähler haben mit ihrer Stimme für die FDP am meisten Einfluss. Sie zählt doppelt. Sie kann die Regierung Ramelow beenden und das ganze Land verändern.«

Selbst der Zitterpartie nach der Auszählung am 27. Oktober 2019, als die Rückkehr der FDP in den Landtag bis zur Verkündung des endgültigen amtlichen Ergebnisses zwei Wochen lang ungewiss blieb, konnte die Partei etwas Positives abgewinnen: Je knapper das Ergebnis, desto gewichtiger die einzelne Stimme. Diese sei noch nie »so wertvoll wie heute« gewesen, erklärte der Bundesvorsitzende Lindner am Wahlabend, womit er bewusst oder unbewusst den klassischen Werbeslogan von Klosterfrau Melissengeist zitierte, dem in Köln destillierten Nervenberuhigungsmittel. Richtungsstreitigkeiten, wie sie jede demokratische Partei regelmäßig heimsuchen, nehmen in der FDP typischerweise die Form eines Disputs über die Frage an, ob die Partei sich durch programmatische Unverwechselbarkeit empfehlen soll oder durch die Bereitschaft zum Mitregieren. Der Kemmerich-FDP gelang es in dem Landtagswahlkampf, den sie von außerhalb des Parlaments führen musste, die Aspiration, als Funktionspartei gebraucht zu werden, idealistisch aufzuladen. Das wichtigste Wahlversprechen Kemmerichs lautete: »Wir werden das Zünglein an der Waage sein, um eine Regierung aus der Mitte zu bilden.«

Am 5. Februar 2020 kurz vor halb zwei am Mittag hing im Plenarsaal des Landtags von Erfurt sozusagen eine unsichtbare Waage. Und Thomas Kemmerich ganz allein war das Zünglein. Die Fraktion hatte mit seiner Nominierung und mit geschlossener Stimmabgabe das Ihrige getan. Jetzt kam alles nur auf ihn an. Weder Freund noch Feind konnte ihm bei der Antwort auf die Frage der Präsidentin helfen. Nahm er die Wahl an? »Ich nehme die Wahl an!« So, mit Ausrufezeichen, steht es im Protokoll. Thomas Kemmerich hätte an diesem Tag zum Helden werden können. Wenn er die Wahl ausgeschlagen hätte, um sich nicht von der AfD in den Sattel helfen zu lassen, hätte man ein Moment der Wahrheit am Image des Westerndarstellers entdeckt, das Kemmerich mit der Beflissenheit eines Karl-May-Fans pflegte. Als Hilfssheriff im höheren Sinne hätte man ihn gefeiert: als Retter des Gemeinwesens durch einen Akt der Verweigerung. Er hätte den Stern verschmäht, den er sich nur als Strohmann der örtlichen Gangsterbande hätte anheften können. Neuwahlen hätte es dann wohl auch gegeben, aber in dieser Wiederholung der Kampagne von 2019 hätten bestimmt ein paar mehr Thüringer dem Anführer der Liberalen seinen Glauben an das Individuum abgekauft. Kemmerich verpasste seine Chance. Mindestens so oft wie dem linken Ministerpräsidenten Ramelow hatte er Björn Höcke den Kampf angesagt, dem Vorsitzenden von Landespartei und Landtagsfraktion der AfD. Nun zeigte er sich unfähig oder unwillig, Höcke zu stellen und bloßzustellen.

Höcke verfolgte eine Strategie der Bündnisbildung auf der Basis vollendeter Tatsachen. Auf dem Papier gab es seit der Wahl vom 27. Oktober 2019 eine Landtagsmehrheit rechts von SPD und Grünen. Diese rechnerische Tatsache sollte nach Höckes Plan durch diszipliniertes Abstimmungsverhalten bei der Erledigung des wichtigsten Verfassungsauftrags des Landtags ihre Vollendung erfahren. Dass die errechnete Mehrheit aus AfD, CDU und FDP wirklich eine politische Mehrheit im Wartestand war, anders gesagt, eine latent handlungsfähige Formation, war zunächst nicht mehr als eine Behauptung Höckes, des routinierten Provokateurs – und scheinbar eine besonders freche. Das Führungspersonal seiner vermeintlich geborenen Partner hatte dieser Analyse der von den thüringischen Wählern herbeigeführten Lage in aller Schärfe widersprochen. Die Mehrheit im gedachten Mehrheitslager (die CDU hatte 21 Sitze, die FDP 5, die AfD 22) dachte nicht daran, Höckes Spiel mitzuspielen. CDU und FDP wollten sich mit der AfD nicht gemeinmachen und behaupteten, nichts mit ihm gemein zu haben. Aber so leicht ließ sich Höcke keinen Strich durch die Rechnung machen. Sein Kalkül beruhte darauf, dass in der Politik, auch und gerade in der demokratischen Politik, Worte am Ende nicht alles sind. Die Wahl eines von den drei Parteien unterstützten Ministerpräsidenten sollte ihren Streit obsolet machen. Von offensichtlichem Zusammenwirken darf darauf rückgeschlossen werden, dass Gemeinsamkeiten latent vorhanden waren.

In gleichlautenden Briefen an Kemmerich und den Spitzenkandidaten der CDU, Mike Mohring, hatte Höcke am 1. November 2019, vier Tage nach der Landtagswahl, förmlich das Angebot der Einigung auf einen gemeinsamen Ministerpräsidentenkandidaten unterbreitet. Als größte Oppositionsfraktion verzichtete die AfD dabei vorauseilend auf das gewohnheitsmäßige Vorrecht, selbst den Spitzenmann der neuen Regierung zu stellen. Als Höcke sein Angebot am 30. Januar 2020 in einer Landtagsrede wiederholte, adressierte er es mit dem für ihn typischen Pathos an den CDU-Vorsitzenden Mohring: »Wir ziehen uns mit dem Kollegen Kemmerich zurück. Ich bin bereit, meine persönliche Karriere dem Staatsziel zu opfern, dass Thüringen gut regiert werden muss.« Höcke bot die Tolerierung einer Minderheitsregierung an, also eines Kabinetts, in das seine Partei keine Minister entsandt hätte. Auf die schriftliche Offerte reagierten die Empfänger der Briefe ihrerseits förmlich – mit förmlicher Zurückweisung in Gestalt öffentlicher Erklärungen. Kemmerich teilte der Deutschen Presse-Agentur mit, es bleibe bei der Entschlossenheit seiner Partei, »mit Herrn Höcke und seiner Partei keine wie auch immer geartete Zusammenarbeit einzugehen«. Schon das Gespräch über Gespräche wurde verweigert.

Höcke konnte sich aber den Umstand zunutze machen, dass für ein koordiniertes Handeln im Parlament ausdrückliche Abreden oder überhaupt irgendwelche Absichtserklärungen jenseits der in Verfassung, Gesetz und Geschäftsordnung niedergelegten Prozeduren gar nicht erforderlich sind. Für das Zustandekommen einer Mehrheit reicht aus, dass genügend Abgeordnete im gleichen Sinne abstimmen. Geht der Abstimmung keine Vereinbarung voraus, kann suggeriert werden, ein instinktives Übereinkommen habe die Fixierung einer Absprache überflüssig gemacht. So hatte Höcke in seinem Werbebrief auf angebliche programmatische Übereinstimmungen der von ihm so genannten bürgerlichen Parteien Bezug genommen – und zugleich auf die Unmöglichkeit, die bei solcher Konvergenz eigentlich gebotene Koalition auch tatsächlich zu schmieden. Er müsse, schrieb Höcke an Kemmerich und Mohring, »zur Kenntnis nehmen, dass die Grundbedingungen für eine solche Koalition zum jetzigen Zeitpunkt noch nicht gegeben sind«. Wann können Parteien koalieren? Nur dann, wenn sie einander wechselseitig als koalitionsfähig ansehen. Das ist die Grundbedingung. Auf den Ausschluss der AfD-Landtagsfraktion von jeder nicht in der Geschäftsordnung garantierten Möglichkeit der Mitwirkung spielte der Fraktionschef in den Briefen an seine Amtskollegen in den zwei kleineren Fraktionen nur an, statt dieses Faktum nach dem bewährten Schema der AfD-Propaganda zum Gegenstand von Klage und Anklage zu machen. Höcke übte sich in einer Diskretion, die dem rhetorischen Anschein nach an Selbstverleugnung grenzte. Für eine Koalition war es »noch« zu früh – Höcke sagte also einen Wechsel der Grundbedingungen des politischen Wettbewerbs in Thüringen voraus, ließ aber den Zeitpunkt dieser von ihm erwarteten Wende gänzlich unbestimmt. Auch insoweit hielt er sich demonstrativ zurück.

Gewöhnlich stellte die AfD ihre Verachtung der bislang maßgeblichen Parteien zur Schau, was von diesen ihrerseits mit Missachtung beantwortet wurde. Die Verachtung richtete sich auch auf die Instrumente verfassungsmäßiger Regierungsmacht, alles Normale und Formale am politischen Betrieb. Als Höcke sich Mohring und Kemmerich als Mehrheitsbeschaffer andiente, musste er mit einem abschlägigen Bescheid rechnen. Pro forma unternahm er seinen Vorstoß, um der Form willen, und zwar auch in dem Sinne, dass die Partei der Pöbler nach dem Wahlerfolg nun zur Abwechslung ihren Respekt für die Formen vorführte. Mit kommunikativem Wohlverhalten nahm die AfD die »staatspolitische Verantwortung« schon wahr, die ihr nach dem Szenario von Höckes Offerte gemeinsam mit CDU und FDP übertragen werden sollte.

Eine Minderheitsregierung ohne AfD-Minister oder eine »Expertenregierung« ganz ohne Parteimitglieder: Diese beiden von Höcke ins Spiel gebrachten Alternativen zu einer Mehrheitskoalition waren nach den Maßstäben des parlamentarischen Regierungssystems Hilfskonstruktionen. Eine solche Regierung hätte sich ihre Mehrheit vor jeder Abstimmung neu erarbeiten müssen, in permanenten Nachverhandlungen des ursprünglichen Paktes. Diese Umständlichkeit wäre der Preis für die Bereitschaft der AfD gewesen, sich bis auf Weiteres als nicht regierungsfähig behandeln zu lassen und trotzdem einer Regierung ins Amt zu verhelfen. Die komplizierten Szenarien einer alternativen Regierungsbildung waren offenkundig unrealistisch. Indem Höcke sie ausbreitete, gab er gleichzeitig zu verstehen, dass alles viel einfacher sein könnte: Wenn CDU und FDP sich nur dazu verstehen würden, die AfD als eine Partei wie jede andere zu behandeln, ergäbe sich die Einigung auf ein Regierungsprogramm wie von selbst. Der Coup, den Höcke im dritten Versuch der Ministerpräsidentenwahl am 5. Februar 2020 ins Werk setzte, hatte etwas von einem Zaubertrick. Aber obwohl die Verlierer und sehr bald auch der Gewinner der Wahl über falsches Spiel schimpften, lag das Bezwingende der Operation gerade im Anschein des Zwanglosen. Bodo Ramelow und seine alten Bündnispartner hatten einen neuen Koalitionsvertrag für eine Minderheitsregierung ausgehandelt, der am Tag vor der Ministerpräsidentenwahl unterzeichnet worden war. Gewählt wurde dann aber ein Ministerpräsident, dessen Unterstützer sich ohne jede Sondierung zusammengefunden hatten.

WO EIN WILLE IST

Thomas Kemmerich hätte Höckes Strategie noch in dem Moment durchkreuzen können, als sie aufgegangen war. Er hätte die Wahl nur ablehnen müssen. Sein Nein wäre auch eine philosophische Aussage gewesen. Er hätte ein Missverständnis über die Systemanforderungen demokratischer Herrschaft korrigiert, das weit über die AfD hinaus verbreitet ist. Man kann vermuten, dass man ihm unter den Anhängern dieser jungen Partei besonders häufig begegnet, weil sie besonders hohe Erwartungen an die Politik haben. Das Missverständnis liegt in dem Glauben, dass in der Politik die Sache den Ausschlag geben muss. Die Rhetorik der AfD verspricht, dass die Sache wieder in ihr Recht eingesetzt wird. Die Polemik gegen die Elitenherrschaft zielt auf Personen, die sich angeblich zur Befriedigung ihrer persönlichen Interessen verschworen haben, auf Kosten der Sache.

Im Interesse der Aufklärung der Republik über sich selbst sollten heutige Republikaner anerkennen können, dass die Definition der Politik als des Gegenteils von »Sachlichkeit, Ordnung und Anstand«, die Thomas Mann als Antirepublikaner vornahm, einen sachlichen Anteil hat. Mann wollte 1918 die Beamtenschaft gerade deshalb als allgemeinen Stand konserviert sehen, weil er die Unmöglichkeit des Objektivismus in der Politik durchschaute. Für seine Absage an die westliche Demokratie bediente er sich der Grundformel dieser Demokratie, der konstitutiven Äußerung des freien und damit zwangsläufig subjektiven Willens: »Politische Meinungen sind Willensmeinungen, das liegt in ihrer Natur.« Dass es in der Demokratie unsachlich und unordentlich zugeht und die Beschwörung des Anstands selten den Streit beendet, folgt daraus, dass die Politik Willenssache ist.

Kemmerichs Wahl zum Ministerpräsidenten wurde weithin als Zeichen einer Krise der Demokratie bewertet. Seit Jahren hatten die Wahlerfolge der AfD Anlass zu Vergleichen mit der Spätphase der Weimarer Republik gegeben, und nun kam der erste mit AfD-Stimmen gewählte Ministerpräsident just in Thüringen ins Amt, wo die bürgerlichen Rechtsparteien DVP und DNVP im Januar 1930 die erste Landesregierung unter Einschluss der NSDAP gebildet hatten. Ein Krisenzeichen konnte man in den Vorgängen um die Ministerpräsidentenwahl jedenfalls schon dann erkennen, wenn man sie lediglich technisch betrachtete: Bei den Akteuren haperte es am Verständnis für die Funktionsweise des parlamentarischen Regierungssystems, der Apparatur der Demokratie, und es durfte beunruhigen, dass die AfD das System am besten verstand.

Wann ist Mehrheitsherrschaft möglich? Eine erste, elementare Bedingung muss erfüllt sein, noch bevor man sich etwaigen Erwägungen über die Grenzen der Mehrheitsmacht und der Notwendigkeit des Schutzes der Minderheit zuwendet: Diejenigen, die sich zur Mehrheit zusammenschließen, müssen dasselbe wollen. Die Betonung liegt gewöhnlich auf »dasselbe«. Man stellt sich diese Vielzahl von Personen dann als Gemeinschaft der Überzeugungen vor, wie eine theologische Schule oder eine moralphilosophische Sekte. So führt der Zwang zur Lagerbildung im demokratischen Prozess dazu, dass man die Homogenität der Lager überschätzt. Denn die geteilte Überzeugung ist in Wahrheit nicht so genau bestimmt, wie das Spektakel der einheitlichen Abstimmung nahelegt. »Dasselbe« ist auch ein Platzhalter für die ganz unterschiedlichen Möglichkeiten, die sich auftun können, wenn eine Mehrheit erst einmal installiert ist. Anders gesagt: Es sind nicht die Inhalte, die sich ihre Mehrheiten suchen. Björn Höcke, der Lehrer aus Hessen, dem einstigen Musterland der Reformpädagogik, hatte in seinem Brief an Kemmerich und Mohring die Aufgabe der Regierungsbildung als Problem der Mengenlehre dargestellt: AfD, CDU und FDP müssten lediglich die »tatsächlichen Schnittmengen« ihrer

Programme »in praktische Politik umsetzen«. Aber Übereinstimmungen im Wortlaut von Wunschkatalogen beweisen schon deshalb nicht, dass potentielle Regierungspartner wirklich zusammenpassen, weil überparteilich attraktive Formeln als Werbemittel in einem besonders intensiven Wettbewerb dienen. Es ist wie bei den Herstellern von Geländewagen oder Kaffeemaschinen: Parteien mit ähnlichen ideologischen Angeboten kämpfen um dasselbe relativ kleine Segment der Wählerschaft. Manchmal übertreiben sie ihre Meinungsunterschiede, um sich voneinander abzuheben – ebenso gut können sie aber Gründe haben, ihre Differenzen herunterzuspielen, und zwar gerade dann, wenn sie sich in einem Verdrängungskampf befinden.

Es gibt keine Naturgesetzlichkeit der Koalitionsbildung. Damit Rivalen gemeinsame Sache machen können, reicht es nicht aus, dass sie geloben, dem Gewicht der Sache Rechnung zu tragen, als würde dann die Schwerkraft die Verhältnisse sortieren wie bei Sandhaufen, die ineinanderfließen und eine neue Masse bilden. Warum hat ein gewählter Regierungschef die Möglichkeit, die Wahl nicht anzunehmen? Dass sein Name auf die Vorschlagsliste gesetzt wurde, dürfte mit seiner Billigung geschehen sein. Warum soll dieses vorab erklärte Einverständnis hinterher nicht mehr genügen? Muss ihm das Votum der Abgeordnetenmehrheit, die ihn stellvertretend für das Volk beauftragt, nicht Verpflichtung sein? So ist es, und dennoch wird es seiner Beurteilung anheimgestellt, ob er den Auftrag ausführen will. Als Grund dafür genügt, was nach seiner Bewerbung geschehen ist: Die Mehrheit für die neue Regierung ist nicht mehr Planspiel, Projekt, Vision oder taktische Variante, sondern Tatsache. Und just gegenüber dieser Tatsache soll der Gewählte die Freiheit haben, sich von ihr nicht bestimmen zu lassen. Darin kommt zum Ausdruck, dass es im demokratischen Prozess keine Naturereignisse gibt. Verbindlichkeit kann nur dem freien Entschluss zukommen.

Eine demokratische Verfassung organisiert die politische Willensbildung. Nachdem das Parlament wie vorgesehen seine Willenserklärung über die künftige Leitung der Regierung abgegeben hat, wird dem auf diese Weise Designierten seinerseits eine Willensäußerung abverlangt. Diese Verdopplung oder Spiegelung des Willensaktes der

Parlamentsmehrheit geht gewöhnlich in ihrer symbolischen, quasi zeremoniellen Bedeutung auf. Die Selbstherrschaft des Volkes verträgt sich nicht mit der Ausübung von Zwang, das gilt für die Übertragung und ebenso für die Annahme der Macht. Artikel 6 Absatz 5 der Verfassung der Freien und Hansestadt Hamburg bestimmt über die Wahl zur Bürgerschaft: »Niemand ist verpflichtet, die Wahl anzunehmen.« Das Hamburgische Verfassungsgericht hat 2017 klargestellt, dass diese Bestimmung nicht leerläuft, weil das Wahlgesetz für die Wahlvorschläge vorschreibt, dass die Kandidaten ihrer Aufstellung schriftlich zustimmen müssen. Die Freiheit des Mandats schließt die Freiheit ein, es zurückzugeben oder gar nicht erst anzutreten. Gemäß dem Hamburger Urteil besteht das Recht zur Nichtannahme der Wahl »unabhängig von den Gründen hierfür und ungeachtet der inneren Motivanlage«. Sogar gegenüber eigenen früheren Willensäußerungen bleibt der Wille des Gewählten frei. Demokratische Legitimität, die aus dem eigenen Willen der Beteiligten fließt, ist immer etwas Gegenwärtiges. Dadurch unterscheidet sich die Demokratie von älteren Staatsformen wie etwa einer Monarchie, in welcher der Fürst per Hausgesetz oder Testament verfügen konnte, wer ihm nachfolgte. So ist die Mehrheit, die in der Demokratie zur Herrschaft gelangt, stets aktuell gegeben, und nur in dieser Aktualität nimmt sie Gestalt an.

Für die Situation Thomas Kemmerichs am 5. Februar 2020 bedeutet das: Der gewählte Ministerpräsident spielte nicht die Rolle eines Staatsnotars, der die verfassungsgemäß abgeschlossene Wahl nur noch ratifizieren musste. Erst als die Mehrheit zustande gekommen war, konnte und musste er verlauten lassen, ob er wirklich das ausführende Organ des Willens dieser Mehrheit sein wollte. Wie gesagt: Mehrheitsherrschaft heißt, dass die an der Willensbildung Beteiligten mehrheitlich dasselbe wollen. Legt man in dieser Bestimmung den Akzent auf »dasselbe«, läuft man Gefahr, die Homogenität der Einstellungen und Erwartungen zu überschätzen, die der demokratische Prozess voraussetzt und heraufführt. Eine Mehrheit kann sehr wohl Meinungsunterschiede aushalten, weil der Wille sich über diese hinwegsetzen kann. Aber dieser Wille bedarf der Manifestation. Ein Gewählter, der die Wahl ablehnt, sagt damit, dass er nicht die Klammer sein will, die aus der numerischen Mehrheit eine Willenseinheit machen soll. Dasselbe wird dasselbe erst durch den Willen, der dahintersteht. Kemmerich hätte seinen Wählern aus der AfD eine urliberale Lektion erteilen können. Sie hatten ihn zum Ministerpräsidenten gewählt, aber diese Wahl war unwirksam, wenn er von ihnen nicht gewählt werden wollte.

Der Verzicht des Siegers wäre die zweite Überraschung des Tages gewesen und vielleicht die größere. Nach seinem Nein hätte Kemmerich es begründet, später vor der Presse oder noch im Landtag, und an Gründen hätte es ihm nicht gefehlt. Er hätte zu Protokoll gegeben, dass seine Partei nicht dasselbe oder auch nur etwas Ähnliches wolle wie die AfD, sondern etwas ganz anderes. Vergeblich hätte Höcke sich angestrengt, den Gegenbeweis zu führen, durch Verlesung von Auszügen aus Wahlprogrammen und Reden. Im Landtag sagte er am 30. Januar 2020 zu seinen Wunschpartnern: »Wir könnten so viel erreichen! Legen Sie mal die Wahlprogramme von CDU, AfD und FDP übereinander.« Er hätte aber nicht zum thüringischen Verfassungsgerichtshof gehen können, um wegen hinreichender inhaltlicher Übereinstimmung auf der rechten Seite des Landtags die Annahme der Wahl durch den unwilligen Gewählten zu erzwingen. Dessen Unwille hätte nicht überwunden werden können, denn die Machtverteilung in der Demokratie, von den abstrakten Vorgaben der Verfassung bis zum Kleingedruckten der Postenvergabe im Koalitionsvertrag, muss gewollt sein. Jedes Arrangement kann man mehr oder weniger plausibel begründen, aber die Regierungsbildung ist eine Willensprobe.

Dieser Voluntarismus mag einer politischen Theorie suspekt erscheinen, die an der Demokratie schätzt, dass das Prinzip der Vormacht der größten Zahl berechenbare Abläufe begünstigt. Aber die Unersetzlichkeit des Willens ist gerade das liberale Element im Regelwerk für die Selbstherrschaft des Volkes. Christoph Möllers hat in seiner Theorie der liberalen Demokratie den Grundsatz aufgestellt, dass Entscheidungen nicht nur getroffen, sondern mit ihren Folgen auch angenommen werden müssen – und zwar von dem, der sie getroffen hat. Möllers spricht von der Aneignung von Entscheidungen und gibt mit dieser ungewöhnlichen Redeweise der klassischen liberalen Doktrin des Zusammenhangs von Selbständigkeit und Eigentum eine originelle Wendung. Zum Vergleich kann man an die Annahme eines Erbes und die Übernahme sämtlicher damit verbundener Verpflichtungen denken. Ein Erbe kann man auch ausschlagen – wie eine Wahl. Es geht »bei der Aneignung« laut Möllers »nicht um richtige, sondern nur um eigene Entscheidungen«.

Ich will nicht: Diese Erklärung Kemmerichs wäre eine politische Tat gewesen und hätte klare Verhältnisse hergestellt. Alle Gründe hätten lediglich illustrierenden Charakter gehabt; die Entscheidung hätte für sich gesprochen.

AUS DER MITTE

Kemmerich hat stets beteuert, er habe vor seiner Wahl keinerlei Absprachen mit der AfD getroffen. Die von ihm vertretenen Ansichten darüber, wie Thüringen angesichts der von der Landtagswahl 2019 geschaffenen Machtverhältnisse der Parteien wieder eine Regierung bekommen konnte, überschnitten sich allerdings mit den Überlegungen hinter den von ihm zurückgewiesenen Avancen Björn Höckes. Eine Art von philosophischer Übereinstimmung bestand in der Neigung, die Erheblichkeit förmlicher Absprachen zwischen den Parteien herunterzuspielen. Kemmerich warb für den Gedanken einer Minderheitsregierung. Eine Zusammenarbeit mit der AfD lehnte er zwar auch in diesem Rahmen ab. Aber nicht nur Handlungsmacht, sondern auch so etwas wie moralisches Gewicht wäre der AfD schon deshalb zugewachsen, weil ihre Sitzzahl im Landtag das Erwägen von Alternativen zum hergebrachten und von der Verfassung präferierten Modell der Mehrheitsregierung erzwang. Nach Andeutungen von Kemmerich und anderen Strategen in FDP und CDU, die in Gedankenspielen ausleuchteten, welchen Handlungsspielraum die diversen Unvereinbarkeitsbeschlüsse ließen, hätte in einem Minderheitskabinett so etwas wie der latente Gesamtwille des Wahlvolkes Gestalt angenommen, der Wunsch, lieber regiert als nicht regiert zu werden, unter Anerkennung der vom Wähler geschaffenen Tatsachen, aber auch in kreativem Umgang mit ihnen. Beschworen wurde eine Eigendynamik des Wählerwillens, fast so etwas wie eine mystische Energie, nur dass man sie sich mechanisch vorstellen muss, als Produkt der Kräfteverhältnisse. Und eine wesentliche Kraft, sofern man nur zählte, maß und wog, war nun einmal die AfD. Auch bei fortgesetzter rhetorischer Abgrenzung von der AfD wurde sie von den Sprechern der Parteien, welche die Regierung Ramelow ablösen wollten, schon dadurch ins Kalkül einbezogen, dass sie verlangten, die Regierungsbildung müsse die Stimmungen außerhalb des politischen Systems berücksichtigen, die sich im Wahlergebnis abbildeten.

Das Schlagwort der »Mitte«, ein Schlüsselbegriff der politischen Sprache der Bundesrepublik, endlos strapaziert in den Selbstbeschreibungen der Parteien und philosophisch veredelt von mehr oder weniger subtilen Gelehrten bis hinauf zu Andreas Voßkuhle, dem Präsidenten des Bundesverfassungsgerichts von 2010 bis 2020, erwies sich in dieser Lage als ausgesprochen zwiespältig. Ostentativ diente es der Abwehr jeder Mitwirkung der radikalen Rechten. In der langen Ära des Bundeskanzlers Helmut Kohl hatte sich eine Koalition als Regierung der Mitte bezeichnet, deren Partner rechts von sich keine demokratische Konkurrenz dulden wollten. Nun wurde das Etikett in den Thüringer Verhältnissen von 2019 zur Chiffre für Ideen, einer Regierung Stabilität unabhängig von den parlamentarischen Mehrheitsverhältnissen zu verschaffen. Eine Verdopplung der legitimatorischen Referenz machte dieses Manöver möglich, indem der politischen Mitte ein mehr oder minder imaginäres Pendant zugeordnet wurde, die Mitte der Gesellschaft. Da die AfD die zweitstärkste Fraktion im Landtag stellte, war es nach allen Gesetzen der Statistik unwahrscheinlich, dass man in der Mitte der Gesellschaft nicht auch eine erhebliche Zahl von AfD-Wählern antreffen würde.

Am 12. Dezember 2019 sagte Kemmerich im Landtag: »Die Thüringer Verfassung kennt ein Parlament, und dieses Parlament wählt aus seiner Mitte einen Ministerpräsidenten.« Man möchte zunächst einen Versprecher annehmen, weil die Verfassung von Kemmerichs Geburtsland Nordrhein-Westfalen als einzige Landesverfassung vorschreibt, dass der Landtag »aus seiner Mitte« den Ministerpräsidenten wählt, dieser also Abgeordneter sein muss. Der Redner wollte offenbar eine ungeschriebene, ideelle Wahlvoraussetzung benennen und den Ministerpräsidenten als Geschöpf der parlamentarischen Mitte kennzeichnen. Er wies auf die von Artikel 70 der thüringischen Verfassung geschaffene Möglichkeit eines Ministerpräsidenten ohne absolute Mehrheit und die damit gegebene Offenheit der Situation hin. »Wir kennen alle die Szenarien des dritten Wahlgangs. Wie sich das am Ende entwickelt, werden wir sehen.« Eine Minderheitsregierung stufte der Chef der kleinsten Fraktion als vielversprechend ein, die in Deutschland verbreiteten Vorbehalte gegen dieses Modell als nationales Vorurteil. Erfolgreich seien Minderheitsregierungen im Ausland, zuletzt namentlich in Norwegen, typischerweise dann gewesen, wenn sie »aus der Mitte des Parlaments und aus der Mitte der Gesellschaft gebildet worden« seien.

Obwohl die geschäftsführende Regierung Ramelow selbst eine Minderheitsregierung war, deutete Kemmerich an, dass es ihr an Legitimität fehle. Er rückte es in die Nähe einer optischen Täuschung, dass Ramelow in der gleichen Funktion vor dem Parlament redete wie in der Zeit seiner Mehrheitsregierung: »Sie sprachen hier eben als geschäftsführender Ministerpräsident mit keiner eigenen Mehrheit vor einem durch die Wahl gestärkten Parlament. Ich sage das deshalb noch mal, weil es auch wichtig ist, dass wir nach draußen nicht den Eindruck erwecken, objektive Dinge im medial wahrgenommenen Raum falsch darzustellen, unrichtig darzustellen oder den Leuten vorzugeben, dass Evidenzen entstehen, die anders sind.« Das Institut der geschäftsführenden Regierung wurde hier zu einem konstitutionellen Äquivalent der Lügenpresse stilisiert. Im bloßen, von der Verfassung gebotenen Weiterführen der Regierungsgeschäfte lag demnach eine Verzerrung objektiver Tatsachen, des Wahlausgangs und der von diesem gespiegelten gesellschaftlichen Kräfteverhältnisse.

Kemmerich hatte seine Rede mit der an Ramelow gerichteten Feststellung eingeleitet, dass dessen Regierung abgewählt worden sei. Damit deutete er, was in den kommenden Monaten bedeutsam werden sollte, das Wahlergebnis als Auftrag zur Bildung einer alternativen Regierung. Wenn Ramelow versuchte, für seine in die Minderheit geratene Regierung Mehrheiten von Fall zu Fall zu organisieren, konnte er sich gemäß Kemmerichs tendenziöser Lagebeschreibung nicht auf die von diesem zur Nachahmung empfohlenen skandinavischen Beispiele berufen: Die sogenannte Abwahl der rot-rot-grünen Regierung war angeblich als Ablehnung durch die Mitte der Gesellschaft zu verstehen. Aber wie viele Menschen hielten sich in dieser Mitte auf? Da Kemmerich – in Übereinstimmung mit der Beschlusslage der CDU – die Linkspartei und die AfD als gleichermaßen extremistisch definierte, kam eine nach seinen Begriffen gebildete parlamentarische Mitte nicht über eine Minderheitsposition hinaus.

Wenn die gesellschaftliche Mitte wirklich die bestimmende Größe der Landespolitik sein sollte, war eine Lücke zwischen dem damit für die Mitte reklamierten Anspruch auf Repräsentation und ihrer tatsächlichen parlamentarischen Repräsentanz festzustellen. Verhinderte das Parteiensystem, dass sich im Parlament die Meinungen des Volkes gemäß ihrer Größenordnung spiegelten? Beschrieb man das Problem der Regierungsbildung so, hatte die AfD die einfachste Lösung parat: Bei Widerruf des Koalitionsverbots, mit dem CDU und FDP sich gefesselt hatten, musste die in die Verborgenheit abgedrängte bürgerliche Mehrheit sofort ans Licht treten. Zwei Tage vor dem Wahlakt stellte sich Christoph Kindervater, der Ministerpräsidentenkandidat der Rechtsaußenpartei, als »Kind der Mitte der Gesellschaft« vor.

Mit der Aufforderung an die Landtagskollegen, dem Gedanken an eine Minderheitsregierung näherzutreten, verband der FDP-Fraktionschef die Aussicht auf eine Machtverlagerung von der Regierung zum Parlament. »Die Fraktionen des Landtags werden freier in ihren Entscheidungen, können nach vernünftigen Abwägungen entscheiden, und wir werden uns sicherlich mehr an der Sache als am Parteibuch orientieren.« Kemmerich empfahl dem Landtag diejenige parlamentarische Versammlung als Vorbild, die in Deutschland seit Jahrhunderten als Sitz der politischen Weisheit bewundert wird: Das britische Unterhaus habe bei seiner Befassung mit dem Brexit gezeigt, wie »Debatten aus Rede und Gegenrede im Gegensatz zu vorlesungsähnlichen Parlamentssitzungen aussehen können«. Durch eine Reform der Geschäftsordnung wollte die FDP-Fraktion weitere Generaldebatten neben der Haushaltsdebatte ermöglichen. Kemmerich sah eine »andere Form der Demokratie« heraufziehen.

Seine Vision der belebenden Wirkung eines Minderheitsregimes entsprach durchaus den Hoffnungen, die sich in der Politikwissenschaft an die Abwendung von der strikten Präferenz des parlamentarischen Systems für die Mehrheitsregierung knüpfen. Von ihrer rechnerischen Freiheit können die Fraktionen wie die Regierung aber nur dann Gebrauch machen, wenn für die Entscheidungen tatsächlich wechselnde Mehrheiten gesucht werden können – also wechselnde Mehrheitsbeschaffer satisfaktionsfähig sind. Unmittelbar nach der Landtagswahl hatte Kemmerich zunächst selbst den Unterschied zwischen Rechenexperimenten und politischen Sondierungen herausgestellt – um vorsorglich die Idee abzuwehren, dass die kleinste Fraktion im Landtag sich nun veranlasst sehen könnte, der größten, der Linken des Ministerpräsidenten Ramelow, entgegenzukommen. »Nicht alles, was arithmetisch möglich ist, ist sinnvoll.«

Im Dezember 2019 brachten CDU und FDP gemeinsam den Entwurf eines Zweiten Gesetzes zur Änderung des Thüringer Gesetzes zur Sicherung der kommunalen Haushalte in den Landtag ein. Zwar sagte der FDP-Chef, dass man die zur Mehrheit nötigen Stimmen bei der bisherigen Regierungskoalition einwerben wolle und »definitiv nicht auf die AfD« setze. Allerdings wollte man die AfD-Karte auch nicht aus dem Blatt entfernen, denn selbst der sinnvollste Gesetzentwurf wird nur Gesetz, wenn die Mehrheit arithmetisch wirklich wird. Wenn am Ende gezählt wird, kommt es nur auf die Summe der Stimmen an – anders gesagt: nicht auf die Herkunft.

In einer Demokratie gilt das Prinzip des gleichen Erfolgswerts der Stimmen. Diese Äquivalenz ermöglicht einerseits einen Mechanismus zur Ermittlung von Entscheidungen und zur Sicherstellung von deren Geltung. Andererseits hat die Gleichwertigkeit auch eine moralische Seite: Niemand soll mehr zu sagen haben als jeder andere, aber auch nicht weniger. Die bloße Teilnahme an Abstimmungen hat einen neutralisierenden, befriedenden, Fairness garantierenden Effekt. Sollen die Stimmen einer Gruppe im politischen Ergebnis nicht zählen, ist das eine politische Entscheidung derjenigen, die es sich leisten können, ohne und gegen diese Gruppe eine Mehrheit zu bilden. Eine solche Entscheidung ist nicht undemokratisch, solange die förmliche Gleichberechtigung nicht beseitigt wird. So könnte ein Landtag nicht beschließen, einer der Mehrheit suspekten Minderheitsfraktion nur mindere Rechte zu belassen. Beschlüsse zum Ausschluss jeder rechnerisch möglichen Zusammenarbeit mit einem bestimmten Konkurrenten sind politische Willensentscheidungen in einem besonderen Sinne: Entscheidungen zur Selbstbeschränkung, die zur Umsetzung in erster Linie Selbstdisziplin verlangen. Denn rechnerisch wächst mit den Bündnisoptionen die Handlungsmacht.

Schwierigkeiten, bei einem solchen einmal gefassten Beschluss zu bleiben oder ihn in jedem parlamentarischen oder parlamentsähnlichen Forum eines föderalen Mehrebenensystems zu befolgen, ergeben sich zunächst und vor allem aus der praktischen Bedeutung der numerischen Gleichheit für die demokratische Entscheidungsfindung. Das Regieren wird auf einen Schlag sehr viel schwieriger, wenn bestimmte Stimmenpakete grundsätzlich ausgeklammert werden. Zweifel, ob eine Partei bei einer solchen Ausschlussregel bleiben soll, können verstärkt werden durch Hinweise auf den moralischen Sinn der demokratischen Spielregeln. Es besteht zumindest eine gewisse Spannung zwischen dem gewollten Ausschluss einer bestimmten Partei und dem vorgeschriebenen Einschluss aller Gewählten – auch wenn natürlich immer behauptet wird, die von der Mehrheitsbildung Ausgeschlossenen hätten sich selbst ausgeschlossen. Für die Durchbrechung von Kooperationsverboten fehlt es nie an Gelegenheiten oder Gründen, weil der demokratische Entscheidungsprozess eine Versachlichung des Streits bewirkt, die von der rhetorischen Auseinandersetzung abgekoppelt ist. Am Ende zählt immer nur die Mehrheit oder, auf der Ebene der Rechtfertigung, das Gemeinwohl.

Zwischen Landtagswahl und Wahl des Ministerpräsidenten erlebte man in Thüringen um die Jahreswende 2019/20 Versuche von CDU und FDP, ohne Widerruf der Selbstverpflichtung zur Nichtkooperation mit der AfD den damit in Kauf genommenen Wettbewerbsnachteil zu minimieren. Unter Berufung auf den Primat der Sachpolitik konnte man das Gewicht der AfD-Stimmen trotz entgegenstehendem eigenem Willen ins parlamentarische Spiel bringen. In diesem Sinne sagte Kemmerich über das Gesetz zur Reform der kommunalen Finanzen: »Wir werden nicht etwas, was wir für richtig halten, wieder zurückziehen, nur weil wir von der falschen Seite Zustimmung erhalten.« Im Januar 2020 kündigte er an, dass eine rot-rot-grüne Minderheitsregierung damit rechnen müsste, im Landtag von der Opposition überstimmt zu werden: Dies könne »man im parlamentarischen Verfahren nicht verhindern«. Die Idee regelmäßiger Konsultationen der Spitzen von CDU und FDP mit den Führungsleuten der drei Regierungsfraktionen lehnte Kemmerich ab. Die FDP wolle »keine Parallel-Gremien von fünf Parteien«, denn »Ort der Diskussion« sei das Parlament. Der Liberale gab sich als Mann der Institution, aber die Abwehr der Schwächung des Landtags bedeutete automatisch eine Stärkung der AfD.

Gelegentlich machte sich Kemmerich sogar ausdrücklich zum Fürsprecher nicht nur der Gleichberechtigung, sondern auch der Mitwirkungsmöglichkeiten der AfD. Am 12. Januar 2020 fand sich der ehemalige Bundespräsident Joachim Gauck in Erfurt ein. Auf seine Einladung kamen Bodo Ramelow und Mike Mohring zusammen. Gauck, jeder geschichtsphilosophischen Sympathie mit den Erben der SED unverdächtig, versuchte die CDU dazu zu bewegen, ihre Null-Toleranz-Politik gegenüber der Linkspartei zu überdenken, und warb eine Woche später auch öffentlich für eine »begrenzte Duldung« einer Regierung Ramelow durch die CDU. Daraufhin erhielt er einen Brief von Kemmerich, der ihn ermahnte, in der thüringischen Angelegenheit die Neutralität zu wahren, die seine Vorgänger sich nach dem Ausscheiden aus dem Amt auferlegt hätten. »Die vermittelnde Funktion eines ehemaligen Staatsoberhauptes müsste sich – wenn überhaupt – auf alle im Landtag vertretenen Parteien erstrecken und nicht auf eigene Wunschkoalitionen eines Altbundespräsidenten.« Kemmerich forderte Gauck auf, »weiterhin das Wohl aller Thüringerinnen und Thüringer im Blick zu behalten« und nicht nur das »einer bestimmten Hälfte der Wählerinnen und Wähler im Freistaat«. Für Linkspartei und CDU hatten am 27. Oktober 2019 52,7 Prozent der Wähler gestimmt.

VOM FACH

Nach Kemmerichs Logik hätte das Fehlen einer parlamentarischen Mehrheit eine Minderheitsregierung genötigt, ihre Autorität durch Sacharbeit zu begründen. Noch stärker hätte dies für eine andere Notbehelfskonstruktion gegolten, eine Regierung von Parteilosen oder wenigstens unter Führung eines Parteilosen, deren Mitglieder wegen ihres Sachverstands berufen werden. Offenheit für eine solche Expertenregierung hatte Kemmerich kurz vor Weihnachten 2019 signalisiert. Um die Expertenregierung zu typologischen Zwecken unter dem gleichen Aspekt zu betrachten wie Mehrheits- und Minderheitsregierung, könnte man sie auch Nullregierung nennen: Sie hat keinen einzigen geschworenen Unterstützer im Parlament. So gesehen wäre sie ein Extremfall der Minderheitsregierung. Wenn man das Wesen der Minderheitsregierung darin sieht, dass sie sich in jeder Abstimmung eine neue Mehrheit beschaffen muss, kann man ein Kabinett der Parteilosen auch als reine oder gereinigte Form der Minderheitsregierung betrachten. Klarer ist es vielleicht, einen Gegensatz zweier Typen zu beschreiben und Mehrheitsregierung und Expertenregierung einander gegenüberzustellen: von der parlamentarischen Mehrheit hervorgebracht und getragen die eine, die andere nicht antiparlamentarisch, aber dem Parlament ungebunden gegenüberstehend. Die Minderheitsregierung befindet sich dann auf halbem Weg zwischen beiden Typen.

In einem Leserbrief in der *F.A.Z.* stellte der Bremerhavener Rechtsprofessor Thomas Wieske eine von CDU und FDP gebildete Minderheitsregierung Kemmerich als Chance zur Bewahrung der parlamentarischen Regierungsweise angesichts eines Parteiensystems im Wandel dar. Eine solche Regierung hätte sich einer doppelten Opposition gegenübergesehen, einer linken und einer »rechtsnationalen«, so dass »der Wähler in Thüringen wieder echte Alternativen« gehabt hätte. Den Nachteil einer Wiederwahl Ramelows mit Unterstützung von CDU und FDP, wie sie die linken Parteien quasi zur Wiedergutmachung des Kemmerich-Abenteuers verlangten, sah Wieske darin, dass es nur noch »eine echte Opposition gegeben hätte, die AfD mit einem Vorsitzenden Höcke«. Echte Opposition, erläuterte Wieske, der seine Dissertation über die Frage geschrieben hatte, ob der Erste Bürgermeister der Freien und Hansestadt Hamburg einer in der Verfassung verankerten Richtlinienkompetenz bedürfe, bedeute aber immer denkbare künftige Regierung. Wo eine Partei wie die AfD für eine gewisse Zeit die einzige Opposition bilde, werde sie irgendwann die Regierung stellen – ja, man müsste das sogar insoweit für wünschenswert halten, als man sich für die Demokratie eine Dauerregierung unmöglich wünschen könne. Gegenüber dieser Aussicht verhieß Kemmerichs Regierung der schmalen Mitte in Wieskes Augen den Vorteil, dass der Wähler nicht nur zwischen Regierung und Opposition die Wahl gehabt hätte, sondern zwischen zwei Oppositionen.

Trotz parlamentarischer Einsetzung hätte eine pure Expertenregierung, wie sie in Thüringen vorgeschlagen wurde, auf Zeit das Verhältnis eines Nebeneinanders von Parlament und Regierung wiederhergestellt, wie es im Zeitalter der konstitutionellen Monarchie existiert hatte. Dieser Typus von Regierungssystem ist gelegentlich als deutsche Errungenschaft angesehen worden, als für den Nationalgeist charakteristischer Verfassungskompromiss. Hinter dem Monarchen, der die Regierung einsetzte, stellte man sich so etwas vor wie eine mehr oder weniger überzeitliche Substanz des Staates als ideellen Widerpart der im Parlament repräsentierten gesellschaftlichen Vielfalt. Als die Schwierigkeiten der parlamentarischen Mehrheitssuche Anlass für das Spiel mit dem Gedanken einer Expertenregierung boten, war die Funktionsstelle der Garantiemacht, die mit quasi natürlicher Autorität den Ausfall automatischer parlamentarischer Unterstützung der Regierung hätte kompensieren sollen, mit der Gesellschaft besetzt. Das Expertenkabinett wäre das Organ der von Kemmerich beschworenen Erwartungen der Mitte der Gesellschaft gewesen, ohne Vermittlung der Parteien.

Aus einem bürgerlichen Publikum, das sich in Leserbriefen artikuliert, werden in Krisenmomenten oder als krisenhaft empfundenen Momenten immer wieder einmal Rufe nach einer Expertenregierung laut. Ob darin die Beharrungskraft einer spezifisch deutschen etatistischen Mentalität zum Vorschein kommt, ist schwer einzuschätzen. Wie lebhaft mag wohl eine Gestalt wie Wilhelm Cuno, Beamtensohn, Generaldirektor der Reederei Hapag und 1922/23 neun Monate lang parteiloser Reichskanzler in einem »Kabinett der Wirtschaft«, den Deutschen noch vor Augen stehen? Man kann auch ohne nationalpsychologische Dispositionen erklären, dass in einem Staat, der die Organisation verbindlicher Entscheidungen in die Hände der politischen Parteien legt, das Traumbild objektiver Gegenstaatsorgane Anhänger findet.

Wesentliche Ursache für die Blockierung der Regierungsbildung im 2019 gewählten thüringischen Landtag war der Unwille von CDU und FDP, die stärkste Partei im Land, die Linke, als demokratische Partei unter anderen und damit als potentiellen Bündnispartner anzuerkennen. Durch diesen politischen Akt, wenn man als »politisch« mit Carl Schmitt die Unterscheidung von Freund und Feind definiert, brachten die beiden Parteien sich in eine schwierige Lage, in der die Entpolitisierung des Regierens einen Ausweg verhieß. Mit der Expertenregierung nahmen FDP-Abgeordnete Mitte Dezember 2019 ein Stichwort auf, das der AfD-Chef Björn Höcke schon einen Monat zuvor in die Arena geworfen hatte. Bei der Zusammenstellung der Expertenministerliste hätten Kemmerich und seine Fraktionsgenossen wahrscheinlich ohne Absprache mit der AfD vorgehen wollen, also ihre Abgrenzungsbeschlüsse einhalten können. Aber die bloße Existenz einer Expertenregierung hätte den Status der AfD entscheidend verbessert. Eine parteilose Regierung hätte sich gegenüber der AfD neutral verhalten müssen und hätte sich auch bemühen müssen, den entsprechenden Anschein zu erzeugen. Anderenfalls wäre sie eine Allparteienregierung ohne AfD gewesen – also genau eine solche Regierung, wie CDU und FDP sie nicht bilden wollten.

Im März 2020 nahm der Historiker Caspar Hirschi, Professor in St. Gallen und Fachmann für die Geschichte des Expertenwesens, in einem Vortrag vor der Nationalakademie Leopoldina in Halle den Brief unter die Lupe, in dem Höcke am 1. November 2019 Kemmerich und Mohring »eine von unseren Parteien gemeinsam getragene Expertenregierung« vorgeschlagen hatte. Hirschi war eingeladen worden, über den Gegensatz von Experten und Populisten zu sprechen, und machte unter dem Eindruck der thüringischen Ereignisse, aber auch schon der Nachrichten über das Vordringen des neuartigen Coronavirus und die Mobilisierung der Virologen die Probe auf die Tragfähigkeit der damit vorgegebenen Perspektive: Sollte man sich darüber wundern, dass der Erzpopulist Höcke eine Übertragung der Macht im Land an Experten ins Spiel brachte, also an fachkundige Spezialisten, von denen sich seine Partei doch partout nichts sagen lassen wollte, wenn es etwa ums Klima ging? Hirschi klassifizierte Höckes Vorschlag als »Finte«.

Mit diesem Begriff bezeichnete Hirschi den Operationsmodus einer spielerischen Politik, in der Taktik und Strategie zusammenfallen. Höcke durfte beim Absenden des Briefs kalkulieren, dass für ihn die Sache nur gut ausgehen konnte. Im wahrscheinlichen Fall der Ablehnung des Angebots konnte er seinen Gegnern Verrat am »bürgerlichen« Primat des Sachverstands vorwerfen. Im sehr unwahrscheinlichen Fall der tatsächlichen Bildung einer Regierung aus Parteilosen hätten die Parteien ihre Unfähigkeit zur Regierungsbildung und damit einen Hauptpunkt der Propaganda der AfD selbst ratifiziert. Mit Kemmerichs Wahl zum Ministerpräsidenten ergab sich für Höcke der Glücksfall, dass beide Szenarien zusammentrafen.

In den 23 Stunden vor der Ankündigung seines Rücktritts spielte Kemmerich öffentlich mit der Idee, dass ihn die Berufung von überparteilichen Ministern im Amt halten könnte. Wie der Bundestagsabgeordnete Gerald Ullrich später zugab, ließ man diesen Versuchsballon steigen, »ohne vorher mit möglichen Experten gesprochen zu haben«. Zuspruch kam immerhin noch am Nachmittag des 5. Februar aus Baden-Württemberg, vom Vorsitzenden der CDU-Landtagsfraktion, Wolfgang Reinhart: Die CDU habe »den Kandidaten der Mitte gewählt«; Kemmerich habe »jetzt die Chance, eine Expertenregierung zu bilden zum Wohle von Thüringen«. Nachdem Christian Lindner durch die Drohung mit seinem eigenen Rücktritt den Rückzug Kemmerichs erzwungen hatte, stellte er die Forderung in den Raum, dass seinem Parteifreund nicht etwa dessen Vorgänger Ramelow nachfolgen solle, sondern ein parteiloser Übergangsministerpräsident. Dieser

Gott aus der Staatsmaschine sollte persönliche Autorität aus einer anderen amtlichen Funktion mitbringen, nach österreichischem Vorbild: In Wien hatte nach dem Platzen der Koalition aus ÖVP und FPÖ die Präsidentin des Verfassungsgerichtshofs, Brigitte Bierlein, das Amt des Bundeskanzlers von Sebastian Kurz übernommen. Auch CDU-Politiker wie Michael Kretschmer, der Ministerpräsident von Sachsen, einem der Nachbarländer Thüringens, fanden Gefallen an der Idee, die Regierungsbildung »einer anerkannten, neutralen Persönlichkeit« zu übertragen. Tilman Kuban und Carsten Linnemann, die Vorsitzenden von Junger Union und CDU-Mittelstandsvereinigung, wünschten sich eine Regierung aus »Gerichtspräsidenten, Wissenschaftlern, Unternehmern und Gewerkschaftern«. Der Chefredakteur des *Tagesspiegels* sprach sich im Leitartikel der Ausgabe vom 7. Februar für eine Expertenregierung aus, um den bei Neuwahlen zu befürchtenden Stimmenzuwachs der AfD abzuwenden.

Eine Woche später war es Bodo Ramelow, der sich der Finte bediente, die Parteien scheinbar aus dem Spiel zu nehmen, indem er zur Vorbereitung von Neuwahlen eine »technische Regierung« vorschlug, deren Übergangscharakter die Beschränkung der Ministerzahl auf drei sinnfällig machen sollte. Es war ein Angebot, das die CDU schlecht ablehnen konnte, denn Ramelow nominierte ihre frühere Ministerpräsidentin Christine Lieberknecht für den Ad-hoc-Job der Landesverweserin. Indem Frau Lieberknecht ihre Bereitschaft zur Kandidatur zurücknahm, erlöste sie ihre Partei aus der Verlegenheit, ein Bekenntnis für oder gegen die überparteiliche Lösung ablegen zu müssen. Dass die 2014 von Ramelow besiegte Politikerin überhaupt zur Rückkehr bereit gewesen war, hatte schon demonstriert, dass das Parteiinteresse auch anders definiert werden konnte als durch den Primat der Vermeidung jedes Zusammenwirkens mit den Linken.

Argumente gegen das Kooperationsverbot auf der linken Seite konnten grundsätzlich allerdings auch auf das Verhältnis zur AfD übertragen werden: Das Hauptargument lautet, dass die Partei, die nicht kooperieren will, ihre eigenen Optionen beschneidet, unabhängig von der Richtung. Es gab in der ostdeutschen CDU Politiker, denen die Unvereinbarkeitsvorgaben der Bundespartei nach beiden Seiten hin in ähnlicher Weise suspekt waren. Ironischerweise muss man sagen, dass diese Präferenz für richtungsübergreifendes Offenhalten der Optionen einer Partei der Mitte eigentlich naheliegen müsste.

Wie hatte man es zu deuten, dass Thomas Kemmerich im Landtag die Glückwünsche Björn Höckes entgegennahm und sich von ihm die Hand schütteln ließ? Wurde hier ein Bündnis besiegelt, als dessen Partner sich der Ranghöhere vor der Welt nicht auf Ahnungslosigkeit oder guten Willen herausreden durfte? Oder hielt sich der Ministerpräsident nur an die Spielregeln der parlamentarischen Höflichkeit, einer Versinnbildlichung jener formalen Gleichberechtigung, die den friedlichen Kampf erst möglich macht? Wenige Wochen später gab es keine Nachrichtenbilder aus der Politik als einem routinierten Nahverhältnis unter Fremden mehr. Die Covid-19-Pandemie gab den Politikern ein einziges, allumfassendes Thema vor und nötigte sie, ihre Arbeit auf einen unansehnlichen Notbetrieb ohne beiläufige Zeichenproduktion umzustellen. Eine der lebhaft diskutierten Nebenfolgen der monothematischen Bündelung von Aufmerksamkeit und Sorge war der erhebliche Einfluss fachlich zuständiger Experten auf die Regierungspolitik.

Einerseits lösten die Verwandlung wissenschaftlicher Autorität in politische und die vermeintliche Monopolisierung des dabei produzierten Orientierungswissens eigene, vom Auf und Ab der Infektionszahlen abgelöste Sorgen aus. Andererseits wirkte die Überlegung verführerisch, Experten der Einfachheit halber die Regierungsmacht auch förmlich zu übertragen. Eigentümlicherweise wurden diese beiden gegenläufigen Ideen manchmal von denselben Leuten vertreten. So von René Schlott vom Zentrum für Zeithistorische Forschung in Potsdam, einem Fachmann für die Geschichte der DDR und die Geschichtsschreibung des Holocaust. Im März 2021 setzte Schlott gemeinsam mit anderen Geisteswissenschaftlern ein »Manifest der offenen Gesellschaft« auf, das in zwei Zeitungen gedruckt wurde und schon mit seinem Namen die große Tradition der auf Émile Zola zurückgehenden offenen Briefe von Intellektuellen aufrief. Die Verfasser wollten die Öffentlichkeit zur Empörung darüber bewegen, dass in der Öffentlichkeit zu wenig über den richtigen Weg der Pandemiebekämpfung gestritten werde. In einem Rundfunkinterview beschrieb der Historiker die pandemische Lage als historische Zäsur mit verfassungspolitischen Implikationen: »Wir müssen jetzt auch genau überlegen, ob wir möglicherweise in einer außergewöhnlichen Situation auch zu außergewöhnlichen Regierungsformen kommen.« Schlotts »Vorschlag« war es, »eine Expertenregierung in Deutschland einzusetzen«.

Sie sollte für ein halbes Jahr amtieren, bis zur Bundestagswahl im September 2021, und der »Überwindung der parteipolitischen Polarisierung« dienen. Nach Schlotts Urteil lag es an den »wahltaktischen Überlegungen in der Pandemiepolitik«, dass diese »krachend gescheitert« sei. Das Scheitern belegte er nicht mit den Wellen der Verbreitung des Virus, sondern mit den angeblich im Zuge der Lockdown-Maßnahmen nebenbei ausgehobenen »tiefen gesellschaftlichen Gräben«. Um diese wieder zuzuschütten, müsse man das Thema »aus dem parteipolitischen Ringen, aus der parteipolitischen Konkurrenz« herauslösen. Das Amt des Kanzlers könne »vielleicht ein ehemaliger Verfassungsrichter, eine ehemalige Verfassungsrichterin« übernehmen. »Natürlich müsste sich diese Regierung auf eine Mehrheit im Parlament stützen. Das wären die Fraktionen der Mitte, von FDP, Grünen, SPD, CDU/CSU.« Im Bundestag wäre dann die Koalition Wirklichkeit geworden, die Kemmerich in Thüringen hatte bilden wollen.

DIE POLITIK IST DAS SCHICKSAL

Kemmerich nahm die Wahl an, die Sitzung des Landtags wurde unterbrochen, und der neue Ministerpräsident bezog sein Dienstzimmer in der Staatskanzlei. In der Antrittsrede, die er nach der zweistündigen Sitzungspause hielt und nach eigenen Angaben vor seiner Wahl nicht ausgearbeitet hatte, behauptete er, Thüringen habe nun die Regierung bekommen, für die seine Partei seit der Landtagswahl geworben habe. »Durch das Wahlergebnis rückt das Parlament wieder stärker in das Zentrum der politischen Willensbildung, und das bleibt es auch. Unser Angebot lautete von Anfang an: eine Regierung aus der Mitte der Gesellschaft, aus der Mitte des Parlaments heraus zu bilden. Und zu diesem Angebot stehen wir jetzt.« Beifall von AfD, CDU und FDP – im Landtagsprotokoll werden die Fraktionen in der Reihenfolge ihrer Größe aufgeführt – dokumentierte die Nachfrage. Widerhall fand Kemmerichs Selbstbeschreibung in Mecklenburg-Vorpommern. Seine dortigen Parteifreunde ließen verlauten, dass »Thüringen jetzt wieder einen Ministerpräsidenten aus der Mitte der Gesellschaft« habe. Man wünschte ihm bei der Zusammenstellung seines Kabinetts ein »gutes Händchen«.

Am Abend empfing er im sogenannten Erkerzimmer der Staatskanzlei einen Reporter der *Zeit*. Der thüringische Ministerpräsident führt seine Amtsgeschäfte dort, wo in der Zeit des Heiligen Römischen Reiches Deutscher Nation der Statthalter des Erzbischofs und Kurfürsten von Mainz residierte, zu dessen Territorien Erfurt gehörte. Der Kurfürst versah auch das Ehrenamt des Erzkanzlers für die deutschen Teilgebiete des Reiches. 1806, nach der Abdankung des letzten römisch-deutschen Kaisers und der Schlacht bei Jena und Auerstedt, kam Erfurt unter französische Herrschaft. In die Statthalterei zog der vom Kaiser der Franzosen ernannte Gouverneur ein. Vom 27. September bis zum 14. Oktober 1808 hielt Napoleon in Erfurt einen Fürstenkongress ab. Die Statthalterei firmierte in diesen Wochen als Kaiserlicher Palast. Im Erkerzimmer des Barockflügels hielt Napoleon seine Audienzen ab. Am 2. Oktober empfing er dort Goethe, während er sein Frühstück einnahm. Seinen Gast begrüßte Napoleon mit dem Kompliment, er sei ein Mann. In seiner Aufzeichnung über das einstündige Gespräch hielt Goethe auch literaturkritische Urteile des Kaisers fest. Mit Genugtuung habe dieser vermerkt, dass die »Schicksalsstücke« aus der Mode gekommen seien. »Sie hätten einer dunkleren Zeit angehört: Was, sagte er, will man jetzt mit Schicksal, die Politik ist das Schicksal.«

Kemmerich wurde bei seiner abendlichen Audienz für den Berichterstatter aus Hamburg von zwei Porträts der Protagonisten des weltgeschichtlichen Gipfeltreffens eingerahmt. Er hatte den Raum allerdings nicht etwa wegen dieser historischen Assoziationen ausgewählt. Wie ein Tourist hatte der neue Hausherr ihn gerade zum ersten Mal betreten, und sein gebildeter Besucher musste ihn darüber aufklären, welche illustren Persönlichkeiten 212 Jahre zuvor an diesem Ort Worte gewechselt hatten. Insoweit war Kemmerich, der katholische Aachener in Erfurt, wo in der langen erzbischöflichen Zeit Mainzer und Bevollmächtigte von Mainzern Befehle gegeben und empfangen hatten, allerdings ein ganz normaler Ministerpräsident. Demokratische Regierungschefs kommen mehr oder weniger zufällig ins Amt und ergreifen Besitz von einem repräsentativen Apparat, der nicht schon jahrzehntelang für genau diesen einen Statthalter des souveränen Volkes bereitgelegen hat. Wenn Kemmerich an diesem ersten Tag seiner Amtszeit eine schlechte Figur machte, lag das an den Umständen seiner Investitur.

Die Leser der *Zeit* erfuhren: »Kemmerich sieht aus wie einer, der in die Kulissen der Weltgeschichte gestolpert ist. Er darf nur eines ahnen: Er ist als tragische Figur gebucht.« Waren die Schicksalsstücke ins deutsche Staatstheater zurückgekehrt? In diesem Sinne wollte jedenfalls Björn Höcke den Spielplan der thüringischen Landesbühne gestalten. 2018 hatte die AfD-Fraktion im Landtag ein »Positionspapier« zur »Debatte um die deutsche Leitkultur« vorgelegt, dem zufolge die Nation mit dem Philosophen Günter Rohrmoser als »Schicksalsgemeinschaft« bestimmt werden kann, wenn »sich im innersten Kern das Nationalbewusstsein aus der erfahrenen, erlebten, bewussten und geteilten gemeinsamen Geschichte speist«. Hier wird für die Nation die Homogenität eines kollektiven Innenlebens postuliert, ein begriffsloses Einverstandensein. Das Gemachte und Ausgehandelte wird aus dem nationalen Selbstverständnis tendenziell ausgeschlossen, alles, was sich im demokratischen Prozess ergeben hat oder in geistigen Auseinandersetzungen, die den demokratischen Prozess vorwegnehmen und begleiten. Wie künstlich dieser Ausschluss der konstruktiven Elemente der nationalen Kultur ist, wird im Positionspapier daran deutlich, dass das Vokabular, mit dem die im Gefühl vorgefundene Einheit der Nation beschworen wird, ebenso als Bedrohung dieser Einheit abgewehrt werden kann. Lang und breit wird als Musterbeispiel einer »manipulativen und hohlen Rhetorik« eine Brüsseler Rede von Frans Timmermans zitiert, weil der Vizepräsident der EU-Kommission gesagt hatte: »Vielfalt ist das Schicksal der Menschheit.«

Das Papier bietet einen Katalog von Kulturbesitztümern, in denen »die deutsche Seele zum Ausdruck« komme. Die Liste führt zwei Wurstsorten auf, vier Komponisten und vier »Dichter und Denker«, Goethe, Schiller, Heine und Fontane. Das ist ein auf den Kern des Kerns reduzierter Kanon, die eiserne Ration der Seelennahrung. Trotzdem müssen die anonymen Verfasser des Papiers zugeben, »dass sich nicht jeder Einzelne mit allen Elementen der deutschen Identität identifiziert«. Beispielsweise »mag nicht jeder Bratwurst«. Auch Vegetarier können gute Deutsche sein und dürfen AfD wählen. Sollte Vielfalt am Ende doch das Schicksal der Nation sein? Das darf nicht sein, dann wäre die deutsche Seele nicht mehr wiederzuerkennen. Schon jetzt »finden sich von manchen der Elemente, die unsere nationale Identität prägen, oft nur noch blasse Spuren im breiteren Bewusstsein der Menschen«. So »kennen heute selbst Abiturienten Goethe oder Schiller bisweilen nur noch vom Hörensagen«.

Und wenn sie etwas von Goethe oder Schiller wissen, dann ist es oft das Falsche. So hatte die Regierung Ramelow im Jahr 2017 ihrerseits schon ein Positionspapier veröffentlicht, in dem die »Situation der Massenzuwanderung in historisch fragwürdiger Weise (aber allen Ernstes) mit der Zuwanderung Elisabeths von Thüringen, Goethes oder Schillers verglichen wird«. Weniger fragwürdig käme es den Autoren des AfD-Papiers wohl vor, mit der Weimarer Ministerkarriere des Frankfurters Goethe die Politikerzuwanderung zu vergleichen, den Wechsel von Björn Höcke aus dem hessischen Schuldienst in den thüringischen Dienst am Volk. Höcke beweist gerne, dass die Spuren des Deutschunterrichts in seinem Bewusstsein nicht verblasst sind. Um den Verdacht zu befeuern, seine innerparteilichen Gegner betrieben die Spaltung der AfD, fiel ihm Goethes Antithese zur Maxime »Divide et impera« ein: »Entzwei und gebiete! Tüchtig Wort; / Verein und leite! Bessrer Hort.«

AUF DEM ROST

*T*homas Kemmerich mag Bratwurst. 2017, im Mittelabschnitt der außerparlamentarischen Durststrecke der FDP zwischen den Landtagswahlen 2014 und 2019, machte er sogar als Bratwurstverkäufer Schlagzeilen. Ohne Angst vor Ketchupspritzern auf blauem Hemd und Anzughose übernahm der FDP-Landesvorsitzende an einem Sommertag zwei Stunden lang die Kundenabfertigung für Christina Wagner, die bei Rodaborn an der A 9 einen Wurststand betreibt – hinter einem Metallgitterzaun, weil ihr die Konzession für eine Raststätte verweigert worden ist. Listig behilft sich die von der Nachfrage abgeschnittene Geschäftsfrau, indem sie ihre Würste über den Zaun verkauft. Sie steigt auf eine Leiter und lässt die heiße Ware in einem Körbchen hinab. Auch dieses Ersatzgeschäftsmodell haben die Behörden ihr untersagt, doch einigen Stammgästen, die in Zeitungsartikeln über die »Zaun-Rebellin« zitiert werden, macht das höchstrichterlich gebilligte Verbot erst recht Appetit. Für Kemmerich ist Christina Wagner eine »engagierte Unternehmerin«, die an der Ausübung ihres Gewerbes gehindert wird.

Die »absurde Situation« auf dem unwirtlichen Rastplatz eignete sich als Bilderbuchbeispiel für das große Thema der Wirtschaftspolitik der thüringischen FDP, die Klage über eine schikanöse Überregulierung. Die Reporter, denen Kemmerich in seinem Null-Euro-Job etwas zu kauen gab, bekamen gratis einen Klacks rechtsphilosophischen Senf dazu: »Eine Verordnung, die von Menschen gemacht wurde, kann auch von Menschen wieder geändert werden.« Absurd konnte Kemmerich die Situation deshalb nennen, weil sie für seine Zwecke in schönster Weise Sinn ergab – bildlichen Sinn. Der Zaun war nicht nur die greifbare Folge und Garantie des Verkaufsverbots, sondern zugleich dessen Symbol. Und vor dem Hintergrund der örtlichen Geschichte wuchs diesem Sinnbild wie von selbst eine tiefere Bedeutung jenseits der freidemokratischen Mythologie des gefesselten Unternehmers zu.

Frau Wagner, durch die erzwungene Distanz zur Kundschaft auf die Notwendigkeit weithin lesbarer Werbebotschaften verwiesen, lokalisiert ihren Grill »hinter Gittern«. Nach eigenem Bekunden war sie sogar bereit, diese Zwangslage am eigenen Leib zu beglaubigen: Sie werde weitermachen, sagte sie an der Seite ihrer Kurzteilzeit-Aushilfe Kemmerich, »und wenn sie mich hier verhaften«. Laut Einschätzung von *Bild* war der Besucher aus Erfurt mit seiner Solidaritätsaktion dasselbe Risiko eingegangen. Unter das Foto des Wurstverkäufers auf der Leiter schrieb die Zeitung: »Hier macht sich der FDP-Chef strafbar.« Welche Norm des Strafgesetzbuchs er übertreten haben soll, stand nicht dabei.

Die Fotos von der Leiter, mit der die Absperrung überwunden wird, und von den Händen, die hindurchgreifen, riefen die Bilder von der ungarischen Grenze und der Botschaft der Bundesrepublik Deutschland in Prag aus dem Sommer 1989 ins Gedächtnis, und Kemmerichs Ruf nach freiem Bratwurstkauf für freie Bürger war ein Echo von Ronald Reagans Appell an Michail Gorbatschow vor dem Brandenburger Tor 1987: »Reißt endlich diesen Zaun ein!« Wenn ein Parteifreund Kemmerichs Aktion auf Facebook als »eine revolutionäre Tat für den Bratwurst-Standort Thüringen« rühmte, hörte man einen ironischen Ton heraus. Professionelle Politik spielt mit Bildern und Wortfetzen, macht alles zur Metapher. Der Aufruf zum Umsturz ist demokratischer Alltag, weil die Wähler es normalerweise gar nicht wörtlich nehmen, wenn Politiker versprechen, dass alles anders werde. So drohte Kemmerich auch nicht mit einer amtsärztlichen Untersuchung der mit dem Bratwurststreit befassten Richter und Beamten, als er in der Bild-Zeitung verlangte: »Stoppt endlich diesen Irrsinn!«

Als Kemmerich seine solidarische Schicht am Zaun einlegte, wurde er von Fotografen erwartet. Insoweit verließ er den eingezäunten Bezirk der Berufspolitik nicht. Aber er setzte seinen Fuß in die Lebenswelt von Bürgern, die durchaus phantasievoll mit denselben Bildern revolutionärer Folklore hantieren wie das parteipolitische Marketing, aber dabei überhaupt keinen Sinn für uneigentliche Redeweisen haben. Bei der rustikalen Internetpräsenz der Raststätte Rodaborn halten regelmäßig Leute an, die ihr grundsätzliches Misstrauen gegenüber den staatlichen Institutionen abladen wollen. Frau Wagners Berichte über ihre juristischen Niederlagen sind für ihre Unterstützer Belege dafür, dass wir in einem »Unrechtsstaat« leben und einer »Stasi-Regierung« ausgeliefert sind. »Sie lügen und betrügen, und Recht gibt es hier nicht mehr. Dieses Urteil stand schon vor der Verhandlung fest.« Ein ursprünglich wohl von der Anti-Atomkraft-Bewegung in der Bundesrepublik der siebziger Jahre geprägter Slogan wird bemüht, um die Rechtskraft des Urteils namens eines höheren Rechts auszuhebeln: »Wo Unrecht zu Recht wird, wird Widerstand zur Pflicht!« Mit dem gleichen Zitat, das er irrtümlicherweise Bertolt Brecht zuschrieb, kommentierte Peter Schmidt, Geschäftsführer der Firma Jenatec Industriemontagen, auf Facebook die Rücktrittsankündigung des Ministerpräsidenten Kemmerich.

Die bösen Mächte, welche die ausgebremste Wirtin für ihr Missgeschick verantwortlich macht, sind alle im Inland ansässig, wie die Autobahn Tank & Rast GmbH, der Monopolist mit Sitz in der ehemaligen Bundeshauptstadt Bonn. Dennoch artikuliert sich der Zuspruch für das vermeintliche Opfer von Behördenwillkür auch als Beschwerde über die Schlechterstellung von Einheimischen. »Unsere Politiker und staatliche Angestellte werden nie einen Fehler zugeben«, handeln angeblich gegen die Interessen des eigenen Volkes: »Als Deutscher« habe man »keinerlei Rechte«, sondern »nur Pflichten«, so dass der Begriff des Deutschen »leider schon eine Witz-Bezeichnung« sei. Auch Christina Wagner selbst, der weibliche Kohlhaas unter den Unglücksrittern der Nachwendezeit, verbindet in ihren Werbemaßnahmen die Motive der Gerechtigkeit und der Nation. Dass ihr ein Unrecht widerfahren sein soll, kann sie am bündigsten ausdrücken, indem sie ihrem Fall nationale Bedeutung zuschreibt. Sie ließ Postkarten mit Ansichten der stillgelegten Raststätte drucken, auf denen sie mit der Adaption von Ernst Reuters Aufruf an die Weltöffentlichkeit das deutsche Geschichtsgefühl des Kalten Krieges beschwört, die Vorstellung, ohnmächtig im Mittelpunkt des Weltgeschehens zu stehen: »Ihr Völker der Welt, schaut auf dieses Haus!« Eine weitere Postkarte bietet das Kuriosum einer amtlich missbilligten Sehenswürdigkeit dar: »Im Namen des Deutschen Volkes ›unerwünscht‹«.

Die standardisierte Eingangsformel der gegen sie ergangenen Urteile hat Frau Wagner in diesem satirischen Gegenbild nationalistisch spezifiziert: Im Namen des Volkes, nicht ausdrücklich des deutschen Volkes, sprechen deutsche Gerichte Recht; die Ergänzung suggeriert, dass die Verwaltungsgerichtsbarkeit das Instrument einer Fremdherrschaft von Deutschen über Deutsche ist. Wo Zeitungsartikel die Urteilsgründe referierten, sahen Frau Wagners treueste Kunden den Ungeist einer »Lügenpresse«, die vorab darüber instruiert werde, was sie schreiben solle.

Heinrich von Kleist ließ den Rosshändler Michael Kohlhaas, der sein Recht in die eigene Hand nahm, in Wittenberg bei Martin Luther vorsprechen. Dem Reformator bereitete »die trotzige Stellung« Verdruss, »die dieser seltsame Mensch im Staat einnahm«. Luther sandte dem Kurfürsten einen warnenden Brief: Die »öffentliche Meinung, bemerkte er, sei auf eine höchst gefährliche Weise auf dieses Mannes Seite«. Das Gefährliche lag in einem Automatismus des Misstrauens: Alles, was die Obrigkeit unternehmen mochte, war geeignet, Kohlhaas in den Augen des Volkes ins Recht zu setzen. Es mochte dann, so Luthers Befürchtung, dem Gekränkten die bloße Bekanntmachung des gegen ihn verhängten Bescheids genügen, um die Maßnahme ins Leere laufen zu lassen: »Da er sein Anerbieten, falls er damit abgewiesen werden sollte, unfehlbar, unter gehässigen Bemerkungen, zur Wissenschaft des Volks bringen würde, so könne dasselbe leicht in dem Grade verführt werden, dass mit der Staatsgewalt gar nichts mehr gegen ihn auszurichten sei.«

Der Internetpetition, die Christina Wagner an Angela Merkel richtete, blieb eine solche Schneeballwirkung verwehrt, obwohl es die Petentin an gehässigen Bemerkungen nicht fehlen ließ. Sie erhoffte aus Berlin Abhilfe und glaubte sich gleichzeitig von der Bundesregierung verfolgt. Dass sie sich in diese trotzige Stellung hineindrängen ließ, hatte Ursachen, die gewöhnlich nicht gegeben sind, wenn jemand auf die Kanzlerin schimpft, weil ihm Behörden seinen Willen nicht gewähren. Christina Wagner und ihr Mann kauften die ehemalige Autobahnraststätte Rodaborn 2009 von der Bundesanstalt für Immobilienaufgaben mit Sitz in Bonn, deren Zweck es ist, den Bundesbesitz an Immobilien zu bewirtschaften, durch Verwaltung oder Veräußerung. Als Kunden des Bundes sahen die Eheleute Wagner ihr unternehmerisches Risiko abgesichert: An den Urteilen, die von verschiedenen Gerichten gegen sie gefällt wurden, konnten sie von Anfang an nicht verstehen, dass ihnen ein Geschäftsbetrieb untersagt wurde, den der Staat doch gewollt haben musste, als er ihnen die Liegenschaft verkaufte. Eine Raststätte ist zur Bewirtung rastender Reisender da. Warum hätten die Wagners sonst Geld in die Staatskasse zahlen sollen? Als sie gegen das Bratwurstbratverbot protestierten und gegen die Urteile in Berufung gingen, glaubten sie also, dass sie die Staatsgewalt bei einem Selbstwiderspruch ertappt hatten. Und als der Staat keine der vielen Gelegenheiten ergriff, sich zu korrigieren und seine von ihm abhängigen Geschäftspartner so zu behandeln, wie er ihnen das ihrer Meinung nach zugesagt hatte, nicht im Kleingedruckten des Kaufvertrags, aber im Ungedruckten, da wuchs sich die Enttäuschung von Georg und Christina Wagner zu einem schrecklichen Verdacht aus. Sie hatten mit Starthilfe des Staates ihren Lebensunterhalt bestreiten wollen und glaubten nun zu erleben, dass ihnen der Staat die Lebensgrundlage abgrub.

Ihren Freunden bei Facebook teilte Christina Wagner etwas »sehr Aufschlussreiches« mit, das sie in einem »Gespräch mit einer Partei, die in Berlin ist«, erfahren hatte: »Man darf nichts von der Bundesregierung kaufen, denn wenn man da etwas abkauft, sorgen diese dafür, dass die es danach wieder zurückholen, und dies kann gehen bis hin zum Tod.« Es hatte einige Zeit gedauert, bis sie begriff, was ihr da scheinbar eröffnet worden war. »Damals fand ich das unglaublich. Aber heute habe ich es verstanden.« Sie hatte verstanden, dass die Bundesregierung sogar den Tod ihrer betrogenen Klienten in Kauf nahm, und fand Angela Merkels Werbespruch aus dem Bundestagswahlkampf 2017 nur noch makaber. Immer wieder zitierte sie ihn bei Facebook: »Und ja, das Land, in dem wir alle gut und gerne leben.« Die Partei in Berlin, die Christina Wagner angeblich über die Lebensgefahr aufklärte, auf die sich einstellen musste, wer privatisiertes Bundesvermögen übernahm, war wohl die Partei von Christian Lindner und Thomas Kemmerich. Nur eine der von ihr angeschriebenen Parteien hatte nämlich auf ihre Hilfsgesuche reagiert, das aber immer wieder: »Danke hierfür, FDP.«

Die sogenannten Reichsbürger hängen der Theorie an, die Bundes-republik Deutschland sei kein Staat, sondern eine Firma. Den Wag-ners legte ihre Geschichte mit dem Staat diese Sicht schon nahe, als sie ihm noch vertrauen wollten. Persönlich hatten sie ein Geschäft mit dem Bund gemacht, und so nahmen sie dessen Repräsentanten per-sönlich in die Pflicht, als wären die Mitglieder der Bundesregierung persönlich haftende Gesellschafter einer offenen Handelsgesellschaft. Dass die Reichsbürger mit ihrem Verdacht der Veruntreuung des Volksvermögens recht haben könnten, drängte sich Christina Wagner dann auf, als sie in einer mit der Raststätte unverbundenen Angelegen-heit ebenfalls eine gerichtliche Niederlage erlitt. In einer Erbschafts-sache stützte das Gericht die Ablehnung ihres Anspruchs auf eine Rechtsnorm, die schon vor der Verabschiedung des Grundgesetzes in Kraft getreten war. Diese Fortgeltung eines Reichsgesetzes war für sie der Anlass, von der Bundesregierung eine Antwort auf die Frage zu verlangen: »Wo lebe ich? In der BRD oder im Deutschen Reich?« Im Umgang mit den Reichsbürgern schien sich derselbe Selbstwider-spruch der staatlichen Willensbildung zu offenbaren wie in der Ver-weigerung der Wiedereröffnung der Raststätte: »Und wieso gründen Sie eine Sonderkommission gegen Reichsbürger und lassen Reichsur-teile zu?« Es liegt im Dunkel der Netzöffentlichkeit, wo der verhinder-ten Wirtin die Nachricht begegnet sein mag, dass die Bundesrepublik eine Ad-hoc-Behörde zur Bekämpfung der Reichsbürger installiert habe, ein Quasigericht wie im Maßnahmenstaat der Nationalsozialis-ten.

Die seit 1928 in Rodaborn betriebene Ausflugsgaststätte wurde 1936 nach dem Bau der Autobahn zwischen Leipzig und Bayreuth in den Dienst der Versorgung der motorisierten Fernreisenden gestellt. Christina Wagner wirbt deshalb damit, dass sie die »erste deutsche Autobahnraststätte« betreibe. Obwohl die Antwort der Bundesregie-rung auf die Frage nach ihrem staatsrechtlichen Lebensmittelpunkt of-fenkundig unbefriedigend ausfiel, versicherte sie ihren loyalen Lesern bei Facebook im September 2019: »Ich bin Mensch, ich bin deutsch, und ich habe einen normalen Ausweis und keinen gelben Schein!!!« In der Szene der Reichsbürger wird dazu geraten, gemäß dem Staatsangehörigkeitsgesetz einen Staatsangehörigkeitsausweis zu beantragen und dieses auf gelbem Papier ausgefertigte Dokument als Ersatz für Pass und Personalausweis zu verwenden.

Vergleiche zwischen der Bundesrepublik und der nationalsozialistischen Diktatur, wie sie sich in der Rhetorik der radikalen Regierungskritiker eingebürgert haben, spitzte die Rasthausverweserin in ihren Facebook-Monologen aufs Äußerste zu, indem sie die Zerstörung ihrer wirtschaftlichen Existenz mit der Politik völkermörderischer Vernichtung in Beziehung setzte. Aus ihrer Familiengeschichte bezog sie die Rechtfertigung für diese Gleichrednerei: »Die Vorfahren meines Mannes und meiner Kinder sind mit diesen schlimmen grauen Bussen abgeholt worden und in eine Heilanstalt gefahren worden. In einer dieser Heilanstalten hatte man im Keller diese Verbrennungsöfen gebaut und sie umgebracht. Aber da spricht man ja nicht drüber.«

Diese unbedingte Verneinung der moralischen Legitimität der Bundesrepublik greift zurück auf ein Leitmotiv der Vergangenheitsbewältigung, die in die Staatsräson der Republik einging. Der Topos des bösen Schweigens soll die enthemmte Rede ins Recht setzen: »Das Ganze nennt man heute Euthanasie, ich nenne es Mord an deutschen Bürgern.« Die Fortsetzung der Auslöschung kündigt sich wieder als bürokratischer Vorgang an: »Früher gab es Armbinden mit einem Stern, heute gibt es rote Punkte in der Akte.« Dass dem Massenmord an den Geisteskranken die sogenannten Volksgenossen der Mörder zum Opfer fielen, beschreibt in dieser Sicht den Selbstwiderspruch der Nationalsozialisten: »Früher hat man sogar die Eigenen vergast, und heute bringt man sie in Raten um, indem man sie quält und ihnen die Lebensfreude raubt.« Als die Regierungen von Bund und Ländern im Jahr 2020 nach dem Ausbruch der Covid-19-Pandemie systematische Notmaßnahmen ergriffen, kostümierte der radikale Widerspruch sich als Wiederaufnahme des Widerstands gegen den Nationalsozialismus. Indem man den Staat zur ultimativen biopolitischen Gefahr stilisierte, konnte man die Zumutungen des Gesundheitsschutzes abwehren. Am 5. Mai 2021 wurde auf der Facebook-Seite der »Ersten Deutschen Autobahnraststätte« das Manifest eines Anonymus publiziert, der die Politik der Pandemiebekämpfung auf die Formel einer »Wiederholung der

Geschichte« brachte. Schon im Juni 2017, zweieinhalb Jahre vor dem Auftauchen von SARS-CoV-2, waren aus Rodaborn digitale Flugblätter verschickt worden, die in Großbuchstaben alle Anklagepunkte gegen einen Staat aneinanderreihten, der angeblich die Leiber und Seelen der Bürger einem Regime totaler Kontrolle unterwerfen wollte: »IMPFPFLICHT – BARGELDVERBOT – CHIP IMPLANTIEREN – GEZ-ZWANG«.

ZIVILER UNGEHORSAM

*T*homas Kemmerich stieg dieses Gemisch giftiger ideologischer Dämpfe nicht in die Nase, als er just Ende Juni 2017 in Rodaborn am Bratwurstgrill stand. Im Gespräch mit dem Besucher aus der fernen Welt der hohen Politik dürfte die Wirtin aus ihrem Herzen eine Tyrannenmördergrube gemacht haben. Vielleicht war von den Politikern ja doch nicht nur das Schlimmste zu erwarten. Und wenn in den Klagen Christina Wagners etwas durchklang von persönlicher Verzweiflung jenseits aller Sachgründe, von einer Unzufriedenheit, der durch politische Verfahren nicht mehr abzuhelfen war, dann dürfte Kemmerich es überhört haben. Politiker, die im Land unterwegs sind, nehmen die einzelnen Bürger, mit denen sie in Kontakt kommen, als ihresgleichen wahr: Sie sind ebenfalls Repräsentanten, als Typen von Betroffenen und Engagierten, und verkörpern die Probleme, deren Lösung der Beruf des Politikers ist. Das Verhältnis von Politikern und Bürgern beruht somit auf wechselseitiger Idealisierung. Kemmerich sah in Christina Wagner die Unternehmerin, das heißt die Klientin und Kollegin. Dass sie alles für den Raststättenbetrieb Nötige im Eigenbau hergestellt oder durch Notbehelfe ersetzt hatte, die Betriebserlaubnis inklusive, machte ihre Darstellung einer Existenzgründerin authentisch. Ihre ebenfalls nach eigenem Ratschluss zusammengebastelte politische Welterklärung blieb dem Besucher wohl verborgen.

So hat die für Pressefotografen geplante Gemeinschaftsaktion des Bratwurstverkaufs, deren Wirkung der Eigenwerbeprofi Kemmerich sicherlich von vornherein realistisch, also nicht zu hoch ansetzte, etwas von einer Zufallsbegegnung. Politisches System und soziale Wirklichkeit trafen für einen Moment aufeinander, und man merkte wohl gar nicht, dass man sich nicht ganz verstand. Kemmerich spielte mit beim Happening des zum Himmel stinkenden Protests, einer berechenbaren Sache dank den Schablonen der Bild-Zeitung: reichlich Fett, reichlich Fettdruck. Fast notwendig überschätzte der Berufspolitiker wohl das Element der Performance in dieser Aktion des öffentlichen Rechtsbruchs. Alle Streitfragen, die in die Parteiwerbung hineingezogen werden, nehmen eine leichte Färbung des Unernsten an. Das gehört zur befriedenden Wirkung des demokratischen Wettbewerbs: Es geht nicht um Leben und Tod. Original Rodaborner Rostbratwurst mit echtem FDP-Senf: So etwas wird nur vor Publikum und fürs Publikum veranstaltet – man merkt die Absicht und ist nicht verstimmt. Der Bratwurststand hatte etwas Potemkinsches wie jede Kulisse für eine Politikervisite, obwohl der Zaun zum Leidwesen von Christina Wagner eine auf Dauer angelegte Konstruktion war.

Die Erfindung der Bild-Zeitung, dass Kemmerich sich strafbar gemacht habe, ist charakteristisch für die durchschaubare Effekthascherei derartiger Herstellung von Aufmerksamkeit. Veranstalter, Berichterstatter, Wurstkäufer sowie Autofahrer, die für jede Abwechslung auf der Autobahn dankbar sind – sie alle durften sich als Eingeweihte fühlen: Es wird nichts so heiß gegessen, wie es gebraten wird. Kemmerich war sich wohl keiner Schuldfähigkeit bewusst – vom Risiko eines Bußgelds schrieb *Bild* nichts, das wäre zu kleine Münze gewesen. Oder wäre es ihm vielleicht sogar zupassgekommen, in die eigene Tasche greifen zu müssen, um zur symbolischen Unterstützung der schikanierten Wirtin einen persönlichen Solidaritätsbeitrag in die Abgabenstaatskasse zu zahlen?

Die Verabreichung live gegrillter Bratwürste über einen Zaun, vor dem nur der Verzehr mitgebrachter Speisen gestattet war: Das war gemäß den Begriffen der politischen Theorie ein Akt des zivilen Ungehorsams, die punktuelle Verletzung einer Rechtsnorm zum Zweck des Protests. In einer Zeit, in der das Demonstrationsrecht wieder so oft, so viel und so laut in Anspruch genommen wurde wie in den Tagen der Umwelt- und Friedensbewegung der alten Bundesrepublik, gewann diese Taktik des Nadelstichs, dessen Wirkung sich durch Medienberichterstattung ausbreitet, eine neue Prominenz. Man verbindet dieses symbolische Kampfmittel traditionell mit der Linken: Das geltende Recht wird als beschränkt vorgeführt und im Namen universalistischer Standards von Gleichheit und Sicherheit für den Moment außer Kraft gesetzt. Ein Zeichen der Polarisierung der Auseinandersetzung über die Migrations- und Flüchtlingspolitik um 2015 war der Rückgriff auf ein so definiertes Notrecht. Wie Inge und Walter Jens im Golfkrieg 1991 zwei Deserteure der US-Armee bei sich in Tübingen aufgenommen hatten, so wurde nun die Verhinderung von Abschiebungen in Kriegs- und Bürgerkriegsgebiete als Handlung des zivilen Ungehorsams gerechtfertigt.

Gleichzeitig schob sich die radikale Rechte ins öffentliche Blickfeld, indem sie die auf der Linken kultivierte Technik der Aufmerksamkeitserzeugung durch ostentativen Regelbruch übernahm und überbot. In früheren revolutionären Zeiten waren Bastelanleitungen für Molotow-Cocktails abgeschrieben und weitergegeben worden. Für das Zeitalter der explosiven Witzbilder und der Proliferation toxischer Sprüche entwickelte nun die sogenannte Identitäre Bewegung Aktionsmuster der Störung des Rechtsfriedens. Der nationalistischen Internationalen, von der rechte Intellektuelle träumen, arbeitet die »Identitäre Bewegung« zu, indem sie die Funktionen einer Jugendorganisation, einer Denkfabrik und einer Werbeagentur verbindet. Was sie ausheckt, soll kreativ wirken. Ihre parodistische oder auch bloß plagiatorische Übernahme linker Störmanöverkonzepte hatte einige Jahre lang Erfolg: In den Medien wurde längst nicht so viel über die linken Originale berichtet wie über die rechten Kopien, auch wenn etwa ein rechtsextremes Wohnprojekt in Halle als Pendant zur linken Instandbesetzung trotz Graffiti auf der Fassade und Bettlaken vor den Fenstern von vornherein auf Eigentumserwerb beruhte.

Auf republikanische Philosophen wie Jürgen Habermas geht die Theorie des zivilen Ungehorsams zurück. Er soll gerechtfertigt sein bei friedlicher Wirkung, als sanftes Druckmittel zur Beschleunigung politischer Veränderungen. Der springende Punkt ist, dass der symbolische Rechtsbruch auch symbolisch wieder geheilt wird, indem der

Rechtsbrecher die im Recht vorgesehene Strafe akzeptiert. Im Kalkül der radikalen Rechten soll die provokative Aussetzung des Rechtsgehorsams dagegen die Revolution nicht entbehrlich machen, sondern in Gang bringen. Eine der effektvollsten Krisenparolen aus dem Streit über die Flüchtlingspolitik war der Verweis auf das Widerstandsrecht in Artikel 20 Absatz 4 des Grundgesetzes: »Gegen jeden, der es unternimmt, diese Ordnung zu beseitigen, haben alle Deutschen das Recht zum Widerstand, wenn andere Abhilfe nicht möglich ist.« Die Regelungen über den Grenzübertritt zum Zweck der Abwicklung von Asylverfahren, mit denen die Bundesregierung 2015 den Zusammenbruch des europäischen Mechanismus der Zuständigkeitsverteilung auffing, wurden von rechts im Namen einer strikten Geltung des Buchstabens des nationalen Rechts angegriffen. Parallel ging man rechtsaußen zur Vorbereitung oder wenigstens Ankündigung von Widerstandshandlungen über. Zivil war der Ungehorsam nicht mehr zu nennen, zu dem die »Identitäre Bewegung« an den Grenzen Deutschlands im Osten und Südosten aufrief: Sogenannte Patrioten sollten den von den Behörden angeblich aufgegebenen Grenzschutz ersatzweise organisieren, in Kommandounternehmen volksgemeinschaftlicher Selbstjustiz. Für Thüringen, das nicht ans Ausland grenzt, forderte der AfD-Landeschef Björn Höcke im Landtagswahlkampf 2019 den Aufbau eines eigenen Grenzschutzes für den Fall, dass der Bund die Abschiebung aller Ausreisepflichtigen nicht sicherstellen könne.

Die Landes-FDP machte dasselbe Versprechen, ohne dem Land als letztes Mittel die separatistische Selbsthilfe vorbehalten zu wollen. Kemmerich sagte in einem Interview: »Migranten, die keinen Schutzstatus erhalten, müssen wir mit aller Konsequenz abschieben. Dazu ist ein Neustart nötig. Ein Aspekt wäre, dass wir an allen deutschen Grenzen Asylbewerber zurückweisen, wenn sie aus EU-Ländern einreisen. So sehen es die Dublin-Regeln vor.« Ein Neustart: Das klang radikal. Beim Computer auf dem heimischen Schreibtisch genügt dafür allerdings ein Knopfdruck. So versprechen Parteipolitiker einfachste Lösungen – und sie nehmen in Kauf, dass die Wähler bei Nichtzufriedenheit geneigt sein werden, die Geräte wegzuwerfen. Es wäre doch so einfach, suggerierte Kemmerich, die aus EU-Ländern einreisenden Schutzsuchenden abzuweisen – als wäre das nicht seit Jahren mit allen Kräften versucht worden, als gäbe es nicht juristische und tatsächliche Hindernisse, weil nicht alle EU-Länder Verfahren installiert haben, die Schutzbedürftige verlässlich identifizieren. Wenn hartnäckig versichert wird, das Recht regele die Dinge einfach und vollständig und müsse nur angewandt werden, nähren Anwendungsschwierigkeiten den Verdacht, dass das Recht doch nicht perfekt ist und entsorgt werden sollte.

Christina Wagner, die mit den Früchten des Verkehrs, auch und insbesondere des grenzüberschreitenden, ihren Lebensunterhalt verdient, erlebte das von der sogenannten Flüchtlingskrise gezeichnete Deutschland als verkehrte Welt: Die Grenzen konnten nicht geschlossen werden, aber sie sah sich eingezäunt. »Wie fühlt ihr Euch, wenn euch bewusst wird, dass Deutschlands Grenzen gefallen sind und ihr jetzt auf einem Autobahnparkplatz eingesperrt seid?« Wie repräsentativ der Volkszorn wirklich war, der sich am Zaun in Rodaborn zusammenballte, hätte die FDP wohl nicht so einfach ermitteln können, selbst wenn ihr aufgefallen wäre, dass ihr Landeschef sich da in seltsame Gesellschaft begeben hatte. Die Raststätte ist das, was die zeitgenössische Geographie einen Nicht-Ort nennt: ein Ort, an dem man sich nur aufhält, um einen anderen Ort aufzusuchen. Eine inoffizielle, wilde Raststätte ist dann sozusagen ein Nicht-Ort im Quadrat. Der Zaun nimmt dem Rastplatz einerseits die Ortsqualität und schafft andererseits einen Ansatz, dort zu verweilen, wo man nicht verweilen soll. Kauf und Verzehr einer ohne Konzession gebratenen Wurst sind so ziemlich der billigste Akt des Widerstands. Die Facebook-Seite der Raststätte fungiert als Internetvariante des Zauns. Hier darf ohne Furcht vor der Autobahnpolizei plakatiert werden. Hier machen Autofahrer Station, die nicht getankt haben und weder Fahrzeug noch Fahrerlaubnis benötigen. So sind auch die sozialen Medien eine Form des Nicht-Orts. Mit der Zeit sammelte sich unter dem Facebook-Schild für Rodaborn eine Ad-hoc-Gemeinschaft der kostenlosen Solidarität. Schriftlich, also unverbindlich: Das ist die paradoxe Grundform der Internetprotestkultur.

Real ist der so zu Protokoll gegebene Unmut trotz der hohen Anteile des Formelhaften und Kopierten, die mit der Schriftform gegeben sind. Die Politik muss mit ihm rechnen. Aber wie?

RESPEKT

Nach der Wahl des FDP-Ministerpräsidenten präsentierte der Dresdner Politikwissenschaftler Werner Patzelt der CDU in der *Neuen Osnabrücker Zeitung* die Quittung. »Die CDU zahlt jetzt den Preis für ihre Politik, den rechten Rand freigegeben zu haben. Die Strategie, um fast jeden Preis Anti-AfD-Regierungen zu bilden, um die AfD von jeglichem Einfluss auszuschließen, ist an ihre Grenzen gekommen.« Eine Prämisse von Patzelts Analyse stimmte nicht. Die CDU war in Thüringen gerade nicht bereit gewesen, so gut wie jeden Preis für die fortgesetzte Einflusslosigkeit der AfD zu zahlen: Der Preis, den Ministerpräsidenten Ramelow zu wählen oder auch nur durch Stimmenthaltung zu tolerieren, war ihr zu hoch. Statt eine Anti-AfD-Regierung unter Führung der Linkspartei als zweitstärkste Partei des Regierungslagers mitzutragen, stimmte man für den Kandidaten einer Anti-Linkspartei-Regierung, den auch die AfD geschlossen unterstützte. Dass die von Patzelt beschriebene, von der CDU jedoch nicht konsequent verfolgte Strategie an Grenzen stoßen kann, trifft allerdings zu. Bilden im äußersten Fall alle Parteien links von der AfD eine Koalition, überlassen sie der AfD den Einfluss, der in einem parlamentarischen System notwendigerweise der Opposition zufällt. Aber in Erfurt standen die Dinge gar nicht so, dass nur ein solches Bollwerk aller republiktreuen Parteien ein Mitregieren der AfD hätte verhindern können. Ein Bündnis der Volksparteien Linke und CDU hätte im Landtag über eine komfortable Mehrheit von zehn Stimmen geboten; einzelne Abtrünnige hätten eine solche Regierung nicht gefährden können. Vier Oppositionsfraktionen hätte es im Landtag gegeben, zwei halblinke, eine halbrechte und eine ganz rechte. Was Thomas Wieske zugunsten einer Minderheitsregierung der Mittelparteien ins Feld führte, hätte für diese Konstellation erst recht gegolten: Die Wähler hätten auch zwischen den Alternativen zur Regierung eine Wahl gehabt.

Eines hatte sich durch den sensationellen Ausgang der Ministerpräsidentenwahl nicht geändert: Um herauszufinden, wie Thüringen regiert werden konnte, musste man zwei und zwei zusammenzählen. Selbst wenn SPD und Grüne zur Tolerierung einer Regierung Kemmerich bereit gewesen wären und die Linkspartei wenigstens zur Unterstützung einzelner Maßnahmen, hätte eine solche Minderheitsregierung nur dadurch ihre Handlungsfähigkeit behaupten können, dass sie sich die Drohung mit der Aktivierung der rechten Mehrheit aus dem dritten Wahlgang hätte vorbehalten müssen. Gegen die Vorhaltung, sein Verbleib im Amt setze ein stillschweigendes Arrangement mit der AfD voraus, verwahrte sich Kemmerich, als er noch im Amt bleiben wollte, mit seiner ganzen Person, mit rhetorischem Ganzkörpereinsatz, weil wohl auch in seinen Augen sein bloßes Wort nicht glaubwürdig geklungen hätte: »Ich versichere Ihnen mit jeder Faser meines Körpers, es wird keine Zusammenarbeit geben.«

Am Morgen nach seiner Wahl erschien Kemmerich mit drei bis vier Mitarbeitern zum Dienst in der Staatskanzlei und berief eine Personalversammlung ein. Er machte Anstalten, die Termine wahrzunehmen, die für diesen Tag in dem für seinen Vorgänger Ramelow geführten Kalender standen: Nachhaltigkeitskonferenz in Erfurt, Zeiss-Jahresauftakt in Jena. Noch am Vormittag wurden sämtliche Termine abgesagt, »aus Termingründen«. Christian Lindner suchte den Ministerpräsidenten auf, und nach mehrstündiger Beratung ließ Kemmerich mitteilen, dass er zurücktreten wolle. Wie bei der Annahme der Wahl am Tag zuvor stellte sich die Frage: Warum hatte Kemmerich diese Entscheidung getroffen?

Nach Einschätzung von Gerald Ullrich, seinem Stellvertreter in der Landespartei und Unternehmerkollegen im Verein Liberaler Mittelstand, konnte es nur einen Grund gegeben haben: »Massiver Druck der Bundespartei.« Für unmöglich hielt Ullrich, dass der öffentliche Protest gegen seine Wahl Kemmerich zum Umdenken gebracht hatte. »Wer Kemmerich kennt, weiß, dass das nicht die Ursache war.«

Der Mainzer FDP-Bundestagsabgeordnete Manuel Höferlin, ein

IT-Unternehmer und Digitalpolitiker, der Kemmerich seit etlichen Jahren kannte und als überzeugten AfD-Gegner erlebt hatte, formulierte am Tag nach der Ministerpräsidentenwahl kritische Fragen: »Wie konnten unsere Freunde in Thüringen sehenden Auges ins offene Messer laufen? Wo haben die Frühwarnmechanismen versagt, und warum war das Bauchgefühl nicht stärker als der Schock?« Lindners Plädoyer für mildernde Umstände war noch nicht das Ende der Diagnostik. Selbst im Zustand der Übermanntheit, trotz momentaner Ausschaltung des Verstandes durch die amtliche Verkündung eines in der Parteigeschichte fast beispiellosen Wahlresultats, hätte sich bei Kemmerich, so sein wohlmeinender rheinhessischer Parteifreund, noch ein körperliches Unbehagen melden müssen, die instinktive Gewissheit, dass die Sache nicht gutgehen konnte. Warum versagten die Frühwarnmechanismen? Warum war die Wahl Thomas Kemmerichs schlecht in den Begriffen einer Theorie der rationalen Wahl zu erklären, wonach Akteure Entscheidungen aufgrund von Abwägungen zur Maximierung ihres Vorteils treffen?

Eine originelle Antwort schlug die Journalistin und Schriftstellerin Andrea Hanna Hünniger in einem Artikel in der *Welt* vor. Sie wurde fünf Jahre vor dem Fall der Mauer in Weimar geboren und sah sich durch die Berichte aus dem Erfurter Landtag in die moralische Umwelt ihrer Kindheit versetzt. »In meinem Thüringer Plattenbauviertel in den Neunzigerjahren ging es den ganzen Tag darum, sich Respekt zu verschaffen, seine Ehre aufrechtzuerhalten, sein Gesicht zu wahren. Es ging um Wut, Selbstbehauptung und Selbstermächtigung. Darum, symbolischen Raum zu besetzen: den Fußballplatz, die Bushaltestelle, das Jugendzentrum, die Schule, den Eingang zum Supermarkt.« Als den vorläufigen Ausgang eines solchen Revierkampfs, in dem alle Terraingewinne nur symbolisch sind, deutete Hünniger die Wahl Kemmerichs. Das entsetzte Publikum hatte eine brutale Politik der reinen Zeichen erlebt. »Ein Verhalten, das nichts mehr mit Machtgewinn zu tun hat oder mit Kalkül, sondern nur noch mit Gesten, mit Ehrenrettung, mit Gesichtsverlust und -gewinn. Ein Ballett aus Protzerei, aus Dominanzgesten, aus Seht-her-wer-wir-sind – das man sonst eher von der Mafia kennt, von den Bandenkriegen in den Banlieues von Paris oder eben aus meinem Viertel, auf die etwas deutschere Art.« Das einzige Motiv von Mike Mohrings CDU war der unbedingte Wille, sich dem Wahlsieger Ramelow nicht zu unterwerfen, um mit dem Trotz der Verzweiflung »die eigene Ehre zu retten«.

Mohring also: der Halbstarke, der an den Starken fast, aber eben nur fast heranreicht. Kemmerich dagegen: der Gernegroß. »Wer sich«, so Hünniger, »im dritten Wahlgang für eine Fünf-Prozent-Partei aufstellen lässt in dem Wissen, allein mit den Stimmen demokratischer Parteien nicht gewinnen zu können, will nicht Politik machen, sondern möchte markieren. Er möchte entweder den Macho spielen – oder einfach unter dem Gejohle der anderen Jungs eine Mutprobe durchziehen. Mal testen, ob das vielleicht doch noch funktioniert, selbst wenn das eben nur durch die Unterstützung der Faschisten geht. Oder auch nicht. Oder doch.« Eine Bestätigung dieser sozialpsychologischen Erklärung konnte man in der Formulierung Lindners sehen, Kemmerich habe »mit seiner eigenständigen Kandidatur unter Beweis stellen« wollen, »dass die bürgerliche Mitte sich weder vor AfD noch Linkspartei wegduckt«.

Hünniger illustrierte ihre Deutung mit einer aus dem parlamentarischen Leben gegriffenen Porträtskizze, man könnte auch sagen: einem Filmstill. »Man muss sich vielleicht noch einmal vor Augen führen, mit welcher Breitbeinigkeit der kurzzeitige FDP-Ministerpräsident Kemmerich vor das Parlament getreten ist und seine Stiernackenreden gehalten hat. Und gleichzeitig geschwitzt hat und nicht mehr wusste, wohin mit seinen Armen, seinen Augen, seiner ganzen Person.« Es genügte, die Breitbeinigkeit zu evozieren, Hünniger musste gar nicht mehr erwähnen, in welchem Schuhwerk die breiten Beine steckten. Ihre Leser komplettierten das Bild von selbst und waren auf diese Hinzufügung des sprechenden Details vorbereitet, weil das Markenzeichen des Machers Kemmerich eine Variante des Täterstatussymbols aus der Plattenbausiedlung in Weimar-West war. Mit einer sprachlosen Reminiszenz hatte Hünniger ihre sozialpsychologische Interpretation der landeshistorischen Unsternstunde begonnen: »Da stapft in meiner Erinnerung ein Springerstiefel, ordnungsgemäß mit weißen Schnürsenkeln verschnürt, um die Ecke. Der Typ glotzt mich aus seiner polierten Bowlingkugel sehr böse an. Er scheint echt geladen zu sein und will irgendwas kaputthauen.«

Der Drang zur Selbstzerstörung aus Frust war noch nicht das Schlimmste, was Hünniger auf diesem Feld der Ehre ins Auge fiel. Im »Spiel der Irrationalität«, die »zwei Parteien blind gegen die eigenen Interessen ihre Respekt-Show abziehen« ließ, machte Hünniger auch »einen rationalen Player« aus, die AfD. »Sie ist jene brutale Gang, die erst mal abwartet, bis sich der Rest gegenseitig zerlegt hat, um sich das Viertel dann untertan zu machen.« Das Unheimliche an der Sache war, dass die Partei der Systemfeinde eine Prämie auf ihren Regelgehorsam einstrich. »Die AfD hat nichts getan, als das Einmaleins des Parlamentarismus durchzupauken.«

Beim FDP-Stammtisch des südthüringischen Ilm-Kreises begründete eine pensionierte Lehrerin gegenüber Rundfunkreportern ihre Enttäuschung über Kemmerichs Rücktritt damit, dass in der Demokratie der Wechsel prinzipiell wünschenswert sei und die Abwechslung Chancen der Gestaltung eröffne. »Wir haben das in der DDR erlebt, da gab es immer nur einen, der regierte. Ist doch gut, wenn auch mal ein anderer darf! Man kann aus allem was machen, das ist das Liberale.«

EIN PLAN

Was ist, wenn eine Regierung mit Stimmen von AfD-Abgeordneten ins Amt kommt?« Drei Tage vor der Wahl von Thomas Kemmerich wurde eine ausführliche Analyse der Erfurter Verhältnisse publiziert, die auf die Beantwortung dieser Frage zulief. Unter dem in der Internetzeitschrift *The European* mit der Überschrift »Überlegungen zur Entscheidungsfindung im 7. Thüringer Landtag« publizierten Text stand der Hinweis: »Der Verfasser gibt ausschließlich seine persönliche Auffassung wieder.« Dabei war die Ausarbeitung solcher Analysen der Beruf des Verfassers. Sein Arbeitgeber war die CDU. Karl-Eckard Hahn, langjähriger Pressesprecher der CDU-Fraktion im Thüringer Landtag und im letzten Jahr der Ministerpräsidentin Lieberknecht Regierungssprecher, wurde nach der Landtagswahl 2019 zum Leiter des Wissenschaftlichen Dienstes der Fraktion berufen und war als solcher auch für »politische Koordinierung« zuständig. Was sah Hahn für den Fall voraus, dass eine Regierung mit Stimmen von AfD-Abgeordneten ins Amt kam?

Hahn legte dar, dass sie der AfD »politisch zu absolut nichts« verpflichtet wäre. Die Wahl eines Ministerpräsidenten aus CDU oder FDP ohne Rücksicht auf die Herkunft der Stimmen war demnach gemäß Hahns persönlicher Auffassung unbedenklich, ja, der Versuch einer solchen Wahl musste eigentlich sogar geboten erscheinen, auch wenn der Angestellte der CDU-Fraktion diese Schlussfolgerung nicht in Form eines Aufrufs an die Abgeordneten ausbuchstabierte. Sehr deutlich war allerdings Hahns Hinweis, dass es für die CDU eine unangenehme Aussicht sein müsse, sich »am Ende des Regierungsbildungsprozesses endgültig auf der Oppositionsbank« wiederzufinden, da sie dann in einen Wettbewerb mit zwei anderen um dieselbe Wählerschaft werbenden Oppositionsfraktionen einzutreten hätte. Den Anlass für Hahns öffentliche Überlegungen am Feierabend boten die Beratungen der FDP über eine etwaige Kandidatur Kemmerichs. Susanne Hennig-Wellsow, die Landesvorsitzende der Linkspartei, die durch den Blumenstraußwurf zu Unehren Kemmerichs bundesweit bekannt werden sollte, hatte die FDP vor der Nominierung eines der AfD genehmen Ministerpräsidenten gewarnt. Daran nahm Hahn Anstoß: »Es geht nicht etwa darum, die AfD von einer Regierung fernzuhalten, sondern bereits die Zustimmung der AfD zum Kandidaten einer bürgerlichen Partei der Mitte zu skandalisieren.«

Die Skandalisierung der Skandalisierung ist im Kampf um die Meinungssteuerung eine elementare Operation, der Versuch, der moralischen Defensive durch Umdrehen des Spießes zu entkommen. In diesem Fall unternahm Hahn den Gegenangriff schon präventiv. In der kühlen Sicht dieses Parteistrategen hatte eine zur Unterstützung durch die AfD einladende Gegenkandidatur einen Wert auch unabhängig von ihrer Erfolgsaussicht. Es ging darum, vorsorglich der Tabuisierung jeglichen parlamentarischen Zusammenwirkens mit der radikalen Rechten entgegenzutreten. Hahns Hinweise zielten auf den am Wochenende vor dem Wahlakt immer noch sehr wahrscheinlich erscheinenden Fall der Wahl Ramelows mit den meisten Stimmen, das hieß einfacher Mehrheit, gemäß Artikel 70 der Landesverfassung. Eine solche Minderheitsregierung hätte für ihre Vorhaben um Zustimmung von CDU und FDP geworben, und die Umworbenen hätten sich ihre Zustimmung sehr viel teurer bezahlen lassen können, wenn die Regierung ein gesetzgeberisches Handeln der rechten Landtagsmehrheit hätte befürchten müssen.

Nach dem zugunsten solcher Initiativen aus der Opposition angeführten Grundsatz, dass die bloße Zustimmung der AfD kein Grund für einen Skandal sein könne, hätte eine von den vereinten Mitterechts-Kräften ins Amt gebrachte alternative Minderheitsregierung sich ihre Mehrheiten sowohl links als auch rechts suchen dürfen. Hahns Artikel in einem Internetorgan, das Debatten jenseits der Leitmedien anzetteln möchte, war so etwas wie ein öffentliches Geheimpapier. Der Text entfaltete eine Kemmerich-Strategie, das christdemokratische Duplikat von Höckes Masterplan. Hahn bemühte zur Legitimierung der von ihm skizzierten Machtoption einen demokratietheoretischen Gedanken: Die »Bürger Thüringens« würden »nicht durch 68, sondern durch 90 Abgeordnete repräsentiert«. Den Linksparteien warf er den Versuch vor, »die vollständige Einbeziehung der AfD in die parlamentarische Sacharbeit zu verhindern«. Diese Einbeziehung lag demnach im Interesse der CDU, gemäß Hahns freimütigen Darlegungen nicht nur aus taktischen, sondern auch aus inhaltlichen Gründen.

Hahn, der sein Berufsleben der Produktion parteiprogrammatischen Schrifttums gewidmet hat, hatte keine Scheu, die Schnittmengen der Forderungskataloge zum Thema zu machen, die von CDU- und FDP-Politikern routinemäßig geleugnet werden. Nach seiner Schätzung entsprachen die Programme von AfD, CDU und FDP einander »zu rund zwei Dritteln«. Auf dem Wege der Durchsetzung der Geschäftsordnung des Landtags sollten nach Hahns Vorstellung die Machtverhältnisse in Thüringen revolutioniert und dem Wählerwillen angepasst werden. »Die 22 Abgeordneten der AfD sind von den Thüringer Wählern genauso demokratisch legitimiert wie jene aller anderen Fraktionen auch und repräsentieren das Volk. Richtig ist daher zunächst, in der parlamentarischen Arbeit die gleichen Maßstäbe für alle gelten zu lassen.« In der Gesetzgebung könne und solle sich die Mehrheit aus AfD, CDU und FDP dann exakt in dem Maße zur Geltung bringen, wie die von den drei Parteien vertretenen »politischen Inhalte deckungsgleich« seien. Hahn beschrieb diese Übereinstimmungen auch inhaltlich, als gemeinsame Ablehnung linker Präferenzen: Die bisherigen Regierungsparteien würden »lernen müssen, dass ihre Lesart von Identitätspolitik, Genderpolitik, Antidiskriminierung oder Demokratisierung eben nicht Allgemeingut sind«.

Einige Wochen vor dem im Rückblick richtungsweisend wirkenden Aufsatz hatte Hahn schon einmal eine Überlegung zur Entscheidungsfindung im 7. Thüringer Landtag publiziert. Auf Twitter hatte er seiner Partei damals den entgegengesetzten Ausweg nahegelegt, die Öffnung für ein Bündnis mit der Linkspartei. »Eine CDU Thüringen, die sich ihrer selbst gewiss ist und die Linke Thüringen dazu bewegen könnte, ein paar ideologische Weichenstellungen zu korrigieren, müsste dies nicht fürchten. SPD und Grüne in Thüringen könnten sich in der Opposition erholen.« Insoweit darf man Hahn abnehmen, dass er keine persönliche ideologische Agenda verfolgte, als er der CDU riet, im Interesse einer allseitigen Handlungsfreiheit inhaltliche Einigungsmöglichkeiten unter demokratisch prinzipiell gleich legitimierten Landtagsparteien auszuloten. Die Idee eines historischen Kompromisses mit Ramelow hatte er ebenfalls als »persönliche Meinung« gekennzeichnet.

Der rheinland-pfälzische Freidemokrat Bursian, ein Berufsschullehrer, zog aus der Affäre Kemmerich den Schluss, dass »Deutschland nichts aus seiner Geschichte gelernt« habe: »Wir nähern uns stärker Weimarer Verhältnissen.«

Hahn ist Historiker; in Göttingen wurde er 1991 mit einer Arbeit über »Einwirkungen und Einwirkungsversuche westdeutscher Entscheidungsträger auf die Deutschlandpolitik Adenauers« promoviert. Mit Aufsätzen aus dem Themenkreis der Dissertation war er 1993 und 1994 in zwei bei Propyläen beziehungsweise Ullstein verlegten Sammelbänden vertreten, die Entwürfe eines konservativen Geschichtsbildes für die neue Bundesrepublik versammelten: *Westbindung. Chancen und Risiken für Deutschland*, herausgegeben von Rainer Zitelmann, Karlheinz Weißmann und Michael Großheim, sowie *Die selbstbewusste Nation*, herausgegeben von Heimo Schwilk und Ulrich Schacht. Diese Essayistik war der konzertierte Versuch, der Geschichtspolitik der Neuen Rechten einen Platz in der großen Öffentlichkeit zu verschaffen; als Zeitungsredakteure und Verlagslektoren glaubten die Herausgeber Schlüsselpositionen erobert zu haben. Der im *Spiegel* publizierte Essay »Anschwellender Bocksgesang« von Botho Strauß wurde in *Die selbstbewusste Nation* als Gründungsurkunde eines neuen Nationalismus präsentiert. Aber die Hoffnung auf eine Zeitenwende im Lesevolk erfüllte sich nicht; erst in der Folge des Aufstiegs der AfD zwei Jahrzehnte später erregte die rechtsintellektuelle Publizistik wieder ein größeres öffentliches Interesse.

Hahns Ernennung zum Regierungssprecher hatte 2013 eine Regierungskrise oder wenigstens eine sich über viele Monate hinziehende Selbstbefassung der damaligen CDU-SPD-Regierung ausgelöst, weil die SPD seine publizistische Vergangenheit zum Thema machte. Als Student hatte der 1961 geborene Hahn den Redaktionen der rechtsintellektuellen Blättchen *Phönix* und *Etappe* angehört. Seine Veröffentlichungen aus der Studienzeit hatte er schon bei früheren Gelegenheiten als Fehler bewertet. Der Deutschen Gildenschaft hingegen, einem 1920 gegründeten Dachverband von Studentenverbindungen, an dem oft die Kontinuität zwischen dem völkischen Nationalismus der Zwischenkriegszeit und heutigen Netzwerken einer neuen konservativen Revolution festgemacht wird, hielt Hahn die Treue, auch öffentlich, durch Wahrnehmung von Vereinsämtern. Der sozialdemokratische Innenminister von Thüringen legte seinen Kollegen in der Innenministerkonferenz die Frage vor, ob der Verbindungsverband »im freiheitlich-demokratischen Spektrum angesiedelt« sei, und die SPD gab außerdem ein Gutachten bei dem berühmten Zeithistoriker Wolfgang Benz in Auftrag. Die Verfassungsschutzämter konnten die Verfassungsfeindlichkeit der Deutschen Gildenschaft nicht bestätigen. Benz schrieb ihr die Funktion eines Scharniers zwischen Konservatismus und Rechtsextremismus zu. Die *taz* zitierte aus dem von der SPD-

Landtagsfraktion nicht veröffentlichten Gutachten: Die »ultrakonservativen Akteure« der Gildenschaft operierten in einer »nicht justiziablen Grauzone« und wollten »gesellschaftlichen Einfluss nehmen«. In den Mitgliederlisten stehen Dieter Stein, der Chefredakteur der *Jungen Freiheit*, Karlheinz Weißmann und Götz Kubitschek. Hahn blieb im Amt und weist auch heute in öffentlichen Angaben zur eigenen Person seine Mitgliedschaft im Vorstand der Deutschen Gildenschaft aus.

Als politischer Leumundszeuge zugunsten Hahns meldete sich 2013 ausgerechnet der damalige Oppositionsführer Ramelow. 2009 hatte die Erfurter Landtagsfraktion der Linkspartei im Selbstverlag ein *Schwarzbuch CDU-Herrschaft in Thüringen* herausgebracht, in parodistischer Anlehnung an das antikommunistische *Schwarzbuch des Kommunismus*. Dort werden die Verbindungen Hahns zu seinem Gildenkameraden Weißmann erwähnt. Mit der öffentlichen Dokumentation rechtsintellektueller Umtriebe, so konnte man Ramelow verstehen, war der Verdacht einer Verschwörung gegen die Demokratie gegenstandslos geworden oder die Gefahr jedenfalls eingedämmt. Nach Hahns Publikation in *The European* ließ ihm Ramelow allerdings über Twitter die Botschaft zukommen: »Danke für nichts! Sie sind wieder in Ihrer eigenen Vergangenheit angekommen oder haben einfach nur die Verstellung aufgegeben!«

Tatsächlich fällt die Kontinuität zu der von Hahn ein Vierteljahrhundert zuvor in den Büchern des Weißmann-Zitelmann-Kreises bezogenen Position ins Auge. Damals legte er dar, dass die deutsche »Interessenlage« durch eine normativ verstandene »Westbindung« nicht vollständig bestimmt sei; vor dem Horizont einer »Renaissance der Geopolitik« schien ihm die Kritik deutscher Diplomaten an Adenauer bedenkenswert, die Stresemanns Bemühungen um eine selbständige Stellung Deutschlands zwischen Osten und Westen wieder aufnehmen wollten. Nun unternahm er es, der CDU auseinanderzusetzen, dass sie in den Kämpfen um die Vormacht in einem Sechsparteienparlament eine Politik der freien Hand verfolgen solle.

Als Höcke in seiner Landtagsrede vom 30. Januar 2020 seinen Vorschlag an CDU und FDP wiederholte, »einen gemeinsamen Ministerpräsidentenkandidaten« zu finden, beschwor er die historische Möglichkeit, eine verpasste Chance im zweiten Versuch zu nutzen, eine versäumte Gelegenheit aus der Geschichte der alten Bundesrepublik: »Lassen Sie uns gemeinsam dieses Land wieder vom Kopf auf die Füße stellen, lassen Sie uns hier die geistig-moralische Wende einleiten, die nicht nur in Thüringen, sondern deutschlandweit so dringend nötig ist und die Helmut Kohl angekündigt, aber niemals exerziert hat!«

Der Historiker Hahn warnte seine Parteifreunde auch davor, sich die Freiheit der Kursbestimmung von der Geschichte oder, genauer gesagt, den vermeintlichen Lektionen einer pädagogisch fixierten Geschichte nehmen zu lassen. In der Thüringen-Krise wurde die Geschichte als Lehrmeisterin des Lebens (»Historia magistra vitae«) im exakten antiken Verständnis dieser Formel Ciceros bemüht, nämlich unter der Prämisse, dass alle menschlichen Dinge sich wiederholen: Die Handelnden wurden ermahnt, nicht die Wiederkehr von Lagen zu begünstigen, die schon einmal ins Unglück geführt hatten. In diesem Sinne schrieb ein Angestellter der Linkspartei am 1. Februar 2020 auf Twitter: »Klingt ausgeleiert, bleibt aber richtig: aus Geschichte lernen – für Jetzt und die Zukunft.« Karl-Eckhard Hahn antwortete: »Der Versuch, historische Lagen unmittelbar in politische Postulate für die Gegenwart zu übersetzen, erinnert immer eher an Séancen als seriöse Geschichtswissenschaft.« Dieser Tweet vom Samstagvormittag des Wochenendes vor der Ministerpräsidentenwahl erregte nicht besonders viel Aufmerksamkeit. Drei Likes sind verzeichnet und ein Retweet. Der Twitter-Nutzer, der Hahns Tweet den eigenen Gefolgsleuten weiterleitete, war Thomas Kemmerich.

MITTAGESSEN BEI DER KONKUBINE

Am 4. Februar 2020, dem Tag vor der Ministerpräsidentenwahl, fuhr Thomas Kemmerich nach Berlin. Sein Pressesprecher Thomas Philipp Reiter dokumentierte einen Höhepunkt des Besuchs: Zum Mittagessen war man im China Club Berlin verabredet. Das Etablissement in einem Anbau des Hotels Adlon macht Werbung damit, dass es der exklusivste Privatclub Deutschlands sei. »Der China Club Berlin ist ein diskreter Rückzugsort, weg von der Hektik der Stadt und gleichzeitig ein Ort der Begegnung und des Austausches. Er ist ein Arkadien für seine Mitglieder geworden, das sie in eine Welt des Genusses entführt.« Wer als Mitglied aufgenommen wird, muss einen Aufnahmebeitrag von 10 000 Euro und einen Jahresbeitrag von 2000 Euro entrichten. Auch Kemmerich war in Arkadien und fühlte sich »cool«, wie der Facebook-Eintrag seines Begleiters vermerkte. Die vergoldeten Paneele im Foyer stammen angeblich aus einem echten chinesischen Palast. Eines der drei von Reiter verbreiteten Fotos zeigt die Tür der Suite, in der die Gäste aus Erfurt ihr Mittagessen einnahmen. Ihr Gastgeber hatte einen Rückzugsort im Rückzugsort gebucht, zur Maximierung der Diskretion. Allerdings war an der Tür ein Kärtchen mit seinem Namen angebracht, den auch Reiters Facebook-Freunde lesen konnten: Dr. Dr. Rainer Zitelmann. Auch die Suite hatte einen Namen: Concubine II.

In den sozialen Medien präsentiert sich Zitelmann als Historiker, Soziologe und Immobilieninvestor sowie als Autor von 25 Büchern über Geschichte, Politik, Finanzen und Erfolg. Bei Facebook hat er mehr als 43 000 Abonnenten. Die Thüringer unter ihnen bat er vor der Landtagswahl 2019, der FDP wegen ihres Landesvorsitzenden ihre Stimmen zu geben: »Kemmerich, ein guter Mann. Er will die FDP so positionieren, wie ich dies auch für richtig halte.« In einem Kommentar für *The European*, den Zitelmann noch am Tag der Wahl Kemmerichs veröffentlichte, bestimmte er dessen parteiinterne Stellung im Kontrast zu Gerhart Baum, dem sozialliberalen Veteranen, der den thüringischen Coup sogleich verurteilt hatte: Kemmerich habe sich »gegen Political Correctness, gegen Ökohysterie und für eine wirksamere Begrenzung der Zuwanderung ausgesprochen«. Zitelmann äußerte die Hoffnung, dass es dem gewählten Ministerpräsidenten gelingen werde, trotz der auch von Parteifreunden geäußerten Kritik genug Unterstützung für seine Regierung zu finden, ohne die AfD und mit der SPD. Gleichzeitig sagte er voraus, was dann tatsächlich geschah.

Die Unfähigkeit Kemmerichs, die nötige parlamentarische Unterstützung zu organisieren, deutete Zitelmann schon im Voraus als Resultat eines Kampfes in der Öffentlichkeit und um die Öffentlichkeit, in dem die Initiative von professionellen Akteuren der Öffentlichkeit ausgehen werde. Ein aus der Geschichte der Bundesrepublik bekanntes Muster solcher Kämpfe sollte sich demnach wiederholen. »Es wird jetzt in den Medien ein Kesseltreiben gegen Kemmerich geben, mit dem Ziel, ihn aus dem Amt zu verdrängen und politisch mundtot zu machen, so wie man es mit vielen Politikern von Steffen Heitmann bis Hans-Georg Maaßen gemacht hat.« Steffen Heitmann, von 1990 bis 2000 sächsischer Justizminister, war 1993 vom damaligen Bundeskanzler Helmut Kohl für die Nachfolge des Bundespräsidenten Richard von Weizsäcker vorgeschlagen worden. Heitmann widerrief seine Bereitschaft zur Kandidatur, als er mit öffentlichen Einlassungen Kritik ausgelöst hatte, die als Fundamentalkritik von rechts am Common Sense der erweiterten Bundesrepublik aufgefasst wurden. In einem Interview mit der *Süddeutschen Zeitung* hatte er behauptet, dass die »intellektuelle Debattenlage« in wesentlichen Punkten mit »dem Empfinden der Mehrheit der Bürger« nicht übereinstimme. Drei Tabus zählte er auf, die man »nicht unbestraft« ansprechen könne: »das Thema Ausländer«, »das Thema Vergangenheit Deutschlands« und »das Thema Frauen«. 2015 trat Heitmann aus Protest gegen die Flüchtlingspolitik der Regierung Merkel aus der CDU aus. Sein Rückzug als Präsidentschaftskandidat wurde auf der Rechten als die Bestrafung des Tabubrechers beklagt, die er selbst an die Wand gemalt hatte. Sie konnte auch als Kränkung Ostdeutschlands verbucht werden, da Kohl die Nominierung des Landesministers für das protokollarisch erste Amt im Staat als Beitrag zur Vollendung der Wiedervereinigung ausgegeben hatte.

Das Denkmuster, nach dem die Besiegten der Schlacht um die Weizsäcker-Nachfolge ihre Niederlage verarbeiteten, lag fast drei Jahrzehnte später bereit, um eine Wiederaufnahme des Kampfes zu legitimieren und weitere Niederlagen im Vorhinein zu erklären. Dass eine neue Front sich im Osten auftat, kam nicht überraschend. Indem der Autor von »Zitelmanns Finanzkolumnen« eine Linie von Heitmann über Maaßen zu Kemmerich zog, formatierte er sozusagen die Zeitgeschichte, während sie in Erfurt gerade erst gemacht wurde. Die politische Machtverteilung in Deutschland blieb nach dieser Analyse unnatürlich stabil wegen unfairer Zuteilung von Rederechten. Ein Präsidentschaftskandidat, dessen Aussichten auf eine Mehrheit in der Bundesversammlung sich verflüchtigten, als die Öffentlichkeit mit den Ansichten Bekanntschaft schloss, die er in das Amt mitgebracht hätte, dessen Inhaber fast nur durch Reden wirkt; ein Geheimdienstchef, der entlassen wurde, weil er seine eigene Informationspolitik betrieb, um die Wahrhaftigkeit der Bundesregierung ins Zwielicht zu rücken – beide waren laut Zitelmann mundtot gemacht worden, obwohl Heitmann weitere sieben Jahre als Justizminister amtierte und zum Herausgeber der christlich-konservativen Wochenzeitung *Rheinischer Merkur* berufen wurde und obwohl Maaßen die Verschwiegenheitspflicht des Staatsschützers gegen eine Lizenz zum Dauerreden in etablierten und alternativen Medien eintauschte. Und so drohte angeblich auch Kemmerich das Schicksal, von Kesseltreibern der Zunge beraubt zu werden – obwohl ihm auch so schon die Worte fehlten, als er nach seiner Wahl vor die Presse trat.

Nachdem die FDP am 23. Februar 2020 in der Wahl zur Hamburgischen Bürgerschaft denkbar knapp an der Fünfprozenthürde gescheitert war, publizierte Zitelmann im *Focus* einen weiteren Kommentar in Sachen Kemmerich. Die verbreitete Erklärung, dass die Erfurter Ministerpräsidentenwahl FDP-Anhänger abgeschreckt habe, lehnte Zitelmann, vorgestellt als FDP-Mitglied seit 25 Jahren, ab, ja, er stellte sie auf den Kopf. »Viele waren unzufrieden damit, dass sich die FDP in der Woche nach der Wahl mit Entschuldigungen förmlich überschlug.« Naivität im Meinungskampf lautete Zitelmanns Vorwurf an seine Partei: Sie unterschätzte in seinen Augen den Links-rechts-Gegensatz und verkannte den asymmetrischen Charakter der von diesem Gegensatz bestimmten Kommunikation. »Die Liberalen hatten sich – leider nicht zum ersten Mal – durch eine linke Kampagne in die Defensive drängen lassen.« Zur Wahlkampfpsychologie äußerte Zitelmann eine These, die dem Gebrauch moralischer Argumente im politischen Schlagabtausch engste Grenzen zieht, jedenfalls wenn mit dem Moralischen auch ein Selbstbezug des Sprechers gemeint sein soll, die Bereitschaft zu ausdrücklicher Selbstkritik. Entschuldigungen werden angeblich in der Politik nicht honoriert: »wer das Büßerhemd anzieht und sich selbst anklagt, wirkt nicht besonders attraktiv«.

Dieses Argument, dass die Bemühung um eine Wiederherstellung von Glaubwürdigkeit durch Beteuerung kontraproduktiv sei, begegnet auch in außenpolitischen Kontexten, und Zitelmanns Wortwahl ist geeignet, diese Erinnerung wachzurufen. Das »Büßerhemd« mit der Assoziation von Beschämungsritualen aus der öffentlichen Kultur der Vormoderne ist ein Topos der rechten Kritik der Vergangenheitsbewältigung. Vor der Staats- und Wirtschaftspolitischen Gesellschaft e. V. forderte der Rechtsanwalt Richard Pemsel im September 1994 in einem Vortrag über die Kriegsschuldfrage im Vorgriff auf den fünfzigsten Jahrestag des Kriegsendes, die Bundesrepublik solle das »Büßerhemd« ablegen und zur »deutschen Normalität« zurückkehren. Ulrich Lupart, von 2002 bis 2016 ehrenamtlicher Bürgermeister der Gemeinde Reiß im Vogtland, beklagte fünf Jahre später gegenüber einem Reporter der *taz*, den Deutschen sei, »weil wir das Hakenkreuz auf der Stirn tragen«, der Nationalstolz weggenommen worden. »Wir haben als Deutsche immer noch dieses Büßerhemd des Nationalsozialismus an.« Nach seinem Übertritt von der Deutschen Sozialen Union, einer rechten Kleinpartei aus der Wendezeit, zur AfD im Sommer 2016 war der Heizungsmonteur und Druckereibesitzer Lupart einige Monate lang der erste und einzige Bürgermeister mit AfD-Parteibuch in Deutschland. 2019 wurde er für die AfD in den sächsischen Landtag gewählt, wo seine Fraktion ihn zum Sprecher für Heimat und Tradition bestimmte. Eine erste Fassung seines Focus-Kommentars hatte Zitelmann im Internetportal *Tichys Einblick* unter der Überschrift »FDP: Aufrechter Gang statt Büßerhemd« veröffentlicht. In der unsentimentalen Spruchweisheit des Wahlkampfstrategieberaters klingt eines von Heitmanns drei Tabus an, das Thema Vergangenheit Deutschlands.

Zitelmanns geschichtswissenschaftliche Dissertation war 1987 unter dem Titel *Hitler. Selbstverständnis eines Revolutionärs* als Buch herausgekommen; 2022 erschien eine Neuauflage der englischen Übersetzung mit einem neuen Vorwort. In die Forschungsdebatte über Modernisierungspotentiale des Nationalsozialismus führte Zitelmann den Gedanken ein, dass man Hitlers Interesse an der sozialpolitischen

Herstellung gleicher Lebensverhältnisse der sogenannten Volksgenossen nicht allein mit einem Kalkül paternalistischer Manipulation erklären könne. 1992 wurde Zitelmann Cheflektor der Verlage Ullstein und Propyläen, ein Jahr später wechselte er zur Tageszeitung *Die Welt* als Leiter eines Ressorts namens »Geistige Welt«. Im Herbst 1994 setzte er seinen Namen unter eine Denkschrift mit dem Titel »Berliner Positionen einer liberalen Erneuerung«. Die Autoren um den früheren Generalbundesanwalt Alexander von Stahl forderten die FDP auf, die linksliberalen Wähler den Grünen zu überlassen und einen Standort rechts von der Mitte zu beziehen. Ein erneuerter Liberalismus solle die Rechtspolitik am Sicherheitsbedürfnis der Bürger ausrichten, gegen die »Ideologie der multikulturellen Gesellschaft« kämpfen und anstelle eines europäischen Bundesstaates ein Europa der Vaterländer anstreben. Im Januar 1995 lehnte ein Sonderparteitag der Berliner FDP den von der Gruppe um von Stahl geforderten Kurswechsel mit großer Mehrheit ab. Der Vorstand warf der Gruppe eine Doppelstrategie vor: Neben der Mobilisierung der Parteiöffentlichkeit versuche sie eine »Rechtsunterwanderung« der Parteigliederungen. In einzelnen Parteibezirken gab es demnach schubartige Eintritte von Ortsfremden, auf die nach erfolgreicher Änderung der Mehrheitsverhältnisse koordinierte Übertritte in Nachbarbezirke folgten. Vor dem Bundesparteitag im Juni 1995 forderte der designierte neue Bundesvorsitzende Wolfgang Gerhardt von Stahl und Zitelmann unter Nennung ihrer Namen auf, die Partei zu verlassen.

Zitelmann hatte in den Monaten des Richtungsstreits in der FDP auch als Initiator eines zweiten Manifests mit kollektiver Autorschaft Aufmerksamkeit jenseits der Leserkreise von Feuilletons und historischen Sachbüchern gefunden. Unter der Überschrift »Gegen das Vergessen« warben Intellektuelle und Politiker dafür, den 8. Mai 1945 in den Gedenkfeiern zum fünfzigsten Jahrestag auch als den Beginn der Vertreibungen der Deutschen aus den Ostgebieten zu kennzeichnen. Zu den Unterzeichnern gehörten von Stahl und der hessische FDP-Landtagsabgeordnete Heiner Kappel, aber auch ein Mitglied der Bundesregierung, der von der CSU gestellte Entwicklungshilfeminister Carl-Dieter Spranger. Der frühere langjährige Fraktionsvorsitzende der Union im Bundestag, Alfred Dregger, sagte seine Rede auf einer für den 7. Mai geplanten Kundgebung kurzfristig ab. Zur Begründung gab er an, dass er die Vermischung von Gedenken und Debatte für unpassend halte. Als Teilnehmer der vorbereitenden Podiumsdiskussion, an der Dregger Anstoß nahm, waren Zitelmann und seine Redaktionskollegen Heimo Schwilk und Ulrich Schacht angekündigt, außerdem Alexander von Stahl, die damalige CDU-Bundestagsabgeordnete Erika Steinbach, Manfred Brunner und Ernst Nolte. Brunner, der frühere Kabinettschef des deutschen, von der FDP nominierten EG-Kommissars Martin Bangemann, war aus der FDP ausgetreten und hatte die Partei Bund freier Bürger gegründet, um den Euro zu bekämpfen. Nolte war der emeritierte Geschichtsprofessor der Freien Universität Berlin, der mit seinen Thesen über die Belastung des deutschen Geschichtsbewusstseins durch den Gedanken der Einzigartigkeit der Verbrechen des Nationalsozialismus 1986 den »Historikerstreit« ausgelöst hatte.

Als Zitelmann innerhalb der Welt-Redaktion die Verantwortung für die Beilage »Geistige Welt« gegen die Zuständigkeit für Immobilien tauschte, war das ein Zeichen dafür, dass das Projekt gescheitert war, in der allgemeinen Öffentlichkeit des wiedervereinigten Deutschland, im Umkreis von Institutionen, die nicht auf Systemopposition festgelegt waren, Raum für einen neuen intellektuellen Nationalismus zu schaffen. Redakteure und Lektoren nehmen die Dispositionen in der Gedankenwirtschaft vor. Zitelmanns größter Erfolg in diesem Metier war es, als er seinem Mitstreiter Karlheinz Weißmann den Auftrag verschaffte, für die Buchreihe *Propyläen Geschichte Deutschlands* den Band über die Zeit des Nationalsozialismus zu schreiben, obwohl es einen Verlagsvertrag mit Hans Mommsen gab, dem Bochumer Pionier der politischen Sozialgeschichte. 1995 erschien Weißmanns Werk *Der Weg in den Abgrund* – und in der mit prächtiger Ausstattung und stolzen Ladenpreisen als nobler Regalschmuck hergerichteten Reihe stand plötzlich neben den Bänden berühmter Professoren wie Johannes Fried und Rudolf Vierhaus das Buch eines Göttinger Geschichtslehrers. Mommsen hatte in seinen Forschungen zum NS-Regime das Prozesshafte der Gewaltherrschaft betont, eine Dynamik, die ohne die breite gesellschaftliche Beteiligung von den Führungsschichten abwärts nicht erklärt werden kann. Stattdessen wurde dem Subskribenten der zehnbändigen Nationalgeschichte ein Band geliefert, dessen Vorwort das Ziel einer »Normalisierung unseres Geschichtsbewusstseins« proklamierte. Die »Pauschaldistanzierung von der NS-Vergangenheit« wollte der Autor hinter sich lassen; »eine Art volkserzieherischer Konsens« habe eine »Isolierung« der Epoche im Gesamtzusammenhang der Nationalgeschichte bewirkt.

Mit Verspätung wurde Zitelmanns subversive Aktion der Ersetzung von Mommsen durch Weißmann der kritischen Öffentlichkeit bekannt, da im Buchwesen Jahre zwischen Weichenstellung und Abfahrt des Zuges vergehen. Auch die Mitautoren und den Herausgeber der *Propyläen Geschichte Deutschlands* hatte der Lektor nicht über den Autorentausch informiert. So gab es zwar einen Überraschungseffekt bei der Publikation des Bandes. Aber das Ergebnis des so listig eingefädelten Unternehmens war die in gewissem Sinne endgültige Isolierung von Weißmanns Sicht der NS-Vergangenheit. Nach einem Protest der Mitautoren zog der Verlag den Band zurück. Mommsen erhielt einen neuen Vertrag. Zwar lieferte er sein Manuskript bis zu seinem Tod nicht ab, so dass seine 1989 erschienene Darstellung der in Weimar verspielten Freiheit in der *Propyläen Geschichte Deutschlands* ohne Fortsetzung blieb. Aber Weißmanns *Weg in den Abgrund* steht in den Bibliotheken dauerhaft separiert. Die Integration in die Institution war schon erreicht gewesen, aber der rechtsintellektuellen Strategiedebatte über den Weg zur Erringung der geistigen Vorherrschaft lieferte auch diese Episode eines Widerstands durch Mitarbeit am Ende nur einen Namen für die Mundtotentafel des nationalistischen Gegengedächtnisses.

Der Buchautor Zitelmann vollzog einen radikalen Themenwechsel. Auf die von ihm herausgegebenen Sammelwerke über *Die Männer des 20. Juli 1944* und *Die braune Elite* folgten Handbücher der ökonomischen Volkserziehung: *Reich werden mit Immobilien* und *Vermögen bilden mit Immobilien*. Gleichwohl ist nur halb richtig, was Thomas Wagner in *Die Angstmacher*, seinem nützlichen Buch über rechte Intellektuelle und deren biographische Verbindungen mit der Linken, schreibt: Zitelmann »zog sich ganz aus der politischen Öffentlichkeit zurück« – das gilt nur für die große beziehungsweise institutionelle Öffentlichkeit. Wie die endlose Serie seiner Finanzkolumnen zeigt, produzierte er weiter unverdrossen Meinungen auch zu solchen Wert- und Kursfragen, die nicht ins Ressort des klassischen Wirtschaftsjournalismus fallen. Er speiste sie in die Kanäle einer alternativen Öffentlichkeit ein und vereinte damit die Rollen des Veteranen der Zeitdeutungskämpfe der Wiedervereinigungsjahre und des Pioniers des Medienwandels. Unbeobachtet von der Sachbuchkritik der Feuilletons veröffentlichte er ein Buch nach dem anderen – so erfolgreich, dass er sich thematisch auf den Erfolg als solchen konzentrieren konnte, mit Rezeptsammlungen wie *Worte des Erfolges*. Der mitteilungsfreudige Erfolgsgeheimnisträger machte auch sein eigenes *Leben als Historiker, Journalist und Investor* zum Thema. Dieses Buch erschien im FinanzBuch Verlag, ebenso ein Folgeband, der den Einzelfall wieder ins Allgemeine wendete und *Genies der Selbstvermarktung* vorstellte. Der Münchner Verlag bot 2018 Thilo Sarrazin Asyl, als es die Deutsche Verlags-Anstalt ablehnte, seinen vier apokalyptischen Wälzern über Deutschlands zähe Selbstabschaffung eine weitere, 496 Seiten starke Warnung vor der »Feindlichen Übernahme« durch den Islam folgen zu lassen. Der FinanzBuch Verlag, der seit 2017 zum schwedischen Bonnier-Konzern gehört, bringt auch die deutschen Ausgaben der Bestseller von Jordan Peterson heraus, dem kanadischen Psychologen, der dem liberalen Universalismus in dessen zeitgenössischer Gestalt allseitiger Sensibilität den Krieg erklärte, im Namen der ihrer Rollenmodelle beraubten jungen Männer.

Als Trainer der Selbstermächtigung zeigen Zitelmann und Peterson, dass der wiederbelebte Nationalliberalismus aus den moralischen Quellen eines bedingungslosen Individualismus schöpft. Zitelmann, der den *Erfolgsfaktoren im Kraftsport* ein eigenes Buch widmete, demonstriert die Wirksamkeit dieser Faktoren in Werbevideos am eigenen Leib. Während sich seine gleichaltrigen einstigen akademischen Widersacher auf den Wechsel ins Dasein des Emeritus vorbereiten, hat er dank »mentaler Programmierung« den Quell der ewigen Jugend gefunden. Der Ausladung Wolfgang Gerhardts hatte er nicht Folge geleistet, so dass er in den Tagen der thüringischen Staatsaffäre den Anspruch auf die Theodor-Heuss-Medaille erwarb, mit der die FDP Mitglieder belohnt, die ein Vierteljahrhundert bei der freiheitlichen Stange geblieben sind. Der Coach hat den Prediger als Lieferant von Losungen für die Rebellion der schicksalhaft vereinten Heldennaturen gegen die weltbürgerliche Denkungsart abgelöst. Die Lektion, die Zitelmann seinen Parteifreunden wegen deren Umgangs mit dem Ministerpräsidenten Kemmerich erteilte, war ein Merksatz sozialdarwinistischer Seelenkraftlehre: »Wer sich kleinmacht, wird kleingemacht.« Zitelmann dachte fortwährend groß und hatte sich das Selbstverständnis eines Revolutionärs bewahrt.

Thomas Kemmerich hatte am 4. Februar 2020 nicht viel Zeit. Er traf sich in Berlin mit Journalisten, denen er erläuterte, was er sich von seiner Bewerbung um das Amt des Regierungschefs versprach. Als später bekannt wurde, von wem er sich zum Mittagessen in den China Club hatte einladen lassen, versicherte er, dass im Gespräch mit Rainer Zitelmann nur die Wirtschaftspolitik Thema gewesen sei.

Kemmerichs Pressesprecher stellte die drei Erinnerungsfotos am Tag des Clubbesuchs um 13:50 Uhr auf seiner privaten Facebook-Seite ein, mutmaßlich nach der Einnahme des Mittagessens. Elf Minuten zuvor hatte sich sein Chef ebenfalls schon wieder in einem sozialen Medium geäußert. Auf Twitter kommentierte Kemmerich kritisch eine Meldung aus der *F.A.Z.*: Der schleswig-holsteinische Ministerpräsident Daniel Günther empfahl seiner Partei, eine von Bodo Ramelow gebildete Landesregierung zu unterstützen. Ramelows Gegenkandidat Kemmerich nahm auch an Günthers Wortwahl Anstoß: Mit dem Begriff »Äquidistanz« übernehme er »sogar das Wording der Linken«. Günther hatte gesagt: »Es gibt keine Äquidistanz von der CDU zur Linken und zur AfD.« Kemmerichs Gastgeber Zitelmann setzte eine Stunde später bei Twitter eine Botschaft ab, die an dieselbe Meldung anknüpfte und Günthers Ratschlag polemisch paraphrasierte. »Morgen um 11 Uhr gibt es eine sehr spannende Wahl in Thüringen. Stimmt die CDU für die Linksfront-Regierung, so wie Daniel Günther das will? Oder stimmt sie für Thomas Kemmerich? Spannend! Die CDU muss sich entscheiden zwischen einem Marktwirtschaftler und einem Sozialisten.« Zitelmanns Kampfvokabular war in Kemmerichs Ohren kein anstößiges Wording. Der Marktwirtschaftler freute sich über die kostenlose Reklame und gab Zitelmanns Tweet an seine eigenen Twitter-Abonnenten weiter. Mit solchen Werbemaßnahmen trug Kemmerich selbst dazu bei, dass vor der sehr spannenden Wahl die Spannung noch weiter stieg. Als er ein halbes Jahr später zurückblickte, war dem Marketingprofi angeblich entfallen, dass er je um Stimmen aus anderen Fraktionen geworben hatte. In einem Fernsehinterview sagte er: »Ich habe am Morgen der Wahl zu meiner Frau beim Verlassen des Hauses gesagt: Ich bin froh, wenn ich heute Abend zurückkomme und die fünf Stimmen der Freien Demokraten bekommen habe.« Weder Zitelmann noch Kemmerich hatten am 4. Februar 2020 einem Twitter-Nutzer geantwortet, der fünf Minuten nach Zitelmanns Tweet die spannendste Frage gestellt hatte, die sich aus Zitelmanns Entscheidungsszenario ergab: »Aber was, wenn die AfD im dritten Wahlgang ebenfalls Kemmerich unterstützt, statt ihren eigenen Kandidaten?«

Man muss nicht unbedingt daran zweifeln, dass die im China Club gereichten Köstlichkeiten den auf Zitelmanns Rechnung speisenden Parteifreunden Appetit auf eine gehaltvolle Diskussion über Fragen der Wirtschaftspolitik machten. Die Idee, sich durch ein Konkubinat mit der AfD die Macht in Erfurt zu verschaffen und den dadurch zwangsläufig provozierten Skandal auszuhalten, wird dem thüringischen FDP-Spitzenmann kein Mentaltrainer eingegeben haben. Aber die Begegnung am diskreten Rückzugsort von Möchtegern-Mandarinen, denen die goldene Kreditkarte die Ernennungsurkunde ersetzt, ist ein Zeichen dafür, dass Kemmerich zu seinem großen Sprung nicht im luftleeren Raum ansetzte. Es gab eine Atmosphäre, eine Welt geteilter und im Aufschub gepflegter Hoffnungen, in der sein Versuch, die Möglichkeiten der Geschäftsordnung und der demokratischen Arithmetik auszunutzen, kulturell plausibel war.

MUSTERSCHÜLER

Als Spitzenkandidat im Landtagswahlkampf hatte Kemmerich mit seiner historischen Urteilskraft geworben. Das meistbesprochene Motiv seiner Plakatkampagne war sein Hinterkopf mit dem Spruch »Endlich eine Glatze, die in Geschichte aufgepasst hat«. Mit einem besonderen diebischen Vergnügen provozierte er in Reden oder Tweets Höcke, den hessischen Geschichtslehrer im politischen Arbeitsurlaub: Wenn die FDP das Kommando zu ihrer Bildungsoffensive geben dürfte, würden alle rekrutierbaren Lehrer auf die Schüler losgelassen – außer einem.

Auf dem Gymnasium in Aachen hatte Kemmerich in Geschichte denselben Lehrer wie Armin Laschet, der wegen des von Kemmerich verursachten Sturzes von Annegret Kramp-Karrenbauer nach einem fast einjährigen Interregnum zum CDU-Bundesvorsitzenden aufstieg. Oberstudienrat Karl Niederau hatte eine ganz besondere Bedeutung für die politische Karriere von Thomas Kemmerich: Er sagte etwas, das diese Karriere auslöste – 25 Jahre nachdem das denkwürdige Wort im Unterricht gefallen war. Kemmerich war fünfzehn Jahre alt, als Hitler auf dem Lehrplan stand. Die Schüler stellten die Urfrage der klassischen Historie: Wie kann verhindert werden, dass dasselbe noch einmal geschieht? Die Antwort Niederaus gab Kemmerich 2019 in diesen Worten wieder: »Dass in Deutschland so schlimme Dinge wie unter den Nationalsozialisten passieren konnten, lag daran, dass sich zu wenige engagierten.« Gelegentlich zitierte er den Merksatz auch in bündigerer, imperativischer Form: »Man muss mitmachen.«

Heiko Maas, ein Jahr jünger als Kemmerich und 1989 als Jurastudent in die SPD eingetreten, hat in seiner Antrittsrede als Außenminister und bei etlichen anderen Gelegenheiten gesagt, dass er »wegen Auschwitz in die Politik gegangen« sei. Diese Formel übersetzt die deutsche Staatsräson in eine persönliche Pflichtgefühlsäußerung. An Kemmerichs Version dieses Bekenntnisses ist bemerkenswert, dass sie Politik ausdrücklich als Partei- oder Berufspolitik definiert, obwohl Kemmerich seinen Tätigkeitsschwerpunkt erst in gestandenem Alter in die politische Sphäre verlegte, viel später als Maas, der schon im Jahr seines zweiten Staatsexamens zum Staatssekretär ernannt wurde. 2006, mit 41 Jahren, wurde Kemmerich Mitglied der FDP, drei Jahre später saß er im Landtag. Den Ausschlag für den Parteieintritt gab das Erlebnis, dass in den Kommunalwahlen 2006 die Oberbürgermeisterposten aller sechs kreisfreien Städte Thüringens von der SPD gewonnen wurden. Schon im Jahr zuvor hatte es ihn verärgert, dass die FDP in der vorgezogenen Bundestagswahl nicht stark genug wurde, um in die Bundesregierung zurückzukehren, so dass die SPD weiter mitregieren konnte.

Kemmerich suchte die Schuld dafür auch bei sich: Der Schock angesichts der rotgetränkten Landkarte der thüringischen Kommunalpolitik rief ihm die Mahnung des Geschichtslehrers in Erinnerung, den Aufruf zum Engagement. Mit dieser Geschichte seiner Anfänge als Politiker wollte er die SPD nicht als Avantgarde eines neuen Nationalsozialismus denunzieren. Aber der Zusammenhang zwischen der antifaschistischen Prävention und der Arbeit des Parteifunktionärs ist ein indirekter, ein vermittelter – ein Landespolitiker jedenfalls kann sich nicht wie ein Außenminister Maas oder Joschka Fischer einbilden, direkt etwas für die Vereitelung von Völkermorden tun zu können. Künftige Nazis werden bekämpft, indem überzeugte Demokraten heute in die Politik gehen und einander mit Leidenschaft bekämpfen. In dieser Weise ausformuliert, stellt sich Kemmerichs Politikerberufsauffassung als das Gegenteil eines antifaschistischen Volksfrontkonzepts dar.

Der Spruch von der Glatze, die ihre Geschichtslektion gelernt habe, wurde Kemmerich nach dem 5. Februar 2020 natürlich um die Ohren gehauen. Hatte jemals ein Streber so kläglich versagt? Am freundlichsten war noch die Unterstellung, die freche Parole sei eben nur ein Werbegag gewesen: kesse Lippe und dann doch nichts in der Birne – typisch FDP. Alles spricht indes dafür, dass Kemmerich glaubte, auch als Ministerpräsident brauchen zu können, was er im Geschichtsunterricht bei Herrn Niederau gelernt hatte. Die Wahl anzunehmen, das hieß ja nichts anderes, als mitzumachen, statt zuzuschauen. Insoweit sagten der Lehrsatz des Vaters und der Leitspruch des Lehrers dasselbe.

Es hagelte schlechte Noten für Kemmerich, auch aus der eigenen Partei. Aber niemand konnte ihm mit derselben Autorität ein Zeugnis ausstellen wie Karl Niederau, der in Aachen schon lange seinen wohlverdienten Ruhestand genoss. Der Oberstudienrat a. D. nahm eine vergleichende Einstufung seiner beiden berühmten Schüler vor. Konnte man sich vorstellen, dass Ministerpräsident Laschet sich mit den Stimmen der AfD hätte wählen lassen? »Das wäre dem Armin nicht passiert, weil der genau weiß: Spiel nicht mit den Schmuddelkindern.«

Gut gesagt: Auf eine Sentenz reduziert und mit einem kontrafaktischen Exempel illustriert, ist das die Lektion, die wohl nach weit überwiegender Ansicht des Publikums aus der Geschichte des Ministerpräsidenten Thomas Kemmerich gezogen werden muss. Aber gerade dort, wo Karl Niederau, der mit einer Arbeit über die Historiographie der Kreuzzüge promoviert worden war und neben Geschichte auch Latein unterrichtet hatte, sich als Humanist alter Schule beweist, wird man auf die Gründe gestoßen, aus denen man daran zweifeln kann, dass die unerhörte politische Begebenheit der Kemmerich-Wahl den Stoff für eine Lernerfolgsgeschichte hergibt. Das Herzstück von Niederaus Einlassung ist die Spruchweisheit, das Zitat. »Spiel nicht mit den Schmuddelkindern« ist das bekannteste Lied von Franz Josef Degenhardt, einem legendären Liedermacher der alten Bundesrepublik. Das Zitat passt perfekt, zu perfekt – als Niederau es in den Mund nahm, um durch das Lob des braven Armin den auf Abwege geratenen Thomas zu tadeln, hatte er wohl noch weniger nachgedacht als Kemmerich vor dem Ja im Landtag.

Denn jeder, der das Lied kennt, weiß, dass der Vers ironisch gemeint ist: In diesem Sinne ist er ins Gedächtnis der Bundesrepublik eingegangen, als sarkastischer Imperativ, der nicht befolgt werden will. Es sind die Eltern (und Lehrer), die das Spielen mit den Schmuddelkindern verbieten, die Spießer, die Kleinbürger. Wo also vor Spielkameraden gewarnt wird, deren schlechte Angewohnheiten abfärben könnten, wird ein gebildeter Bürger der Bundesrepublik darauf schließen, dass Toleranz geboten ist und das Abenteuer des authentischen Lebens ruft.

Rechte Agitatoren oder Sektenführer werden regelmäßig mit einer ebenso unheimlichen wie vertrauten Figur der deutschen Sage identifiziert: dem Rattenfänger. Die Selbstverständlichkeit der tradierten Vorstellung vom Verführer der Unschuldigen steht für die Notwendigkeit vorbeugender republikanischer Schutzmaßnahmen ein. Degenhardt ist sogar die Umwertung dieses tief im nationalen Gemütshaushalt verankerten Bildes gelungen: Rattenfelle sind die Preise im Kartenspiel bei den Kaninchenställen, und auf einem Haarkamm werden Rattenfängerlieder geblasen.

Vorurteile muss man zurückstellen, moralischer Dünkel ist ein illegitimes Herrschaftsinstrument, und insoweit Politik tatsächlich ein schmutziges Geschäft ist, hat sie mit Interessen und anderem Vorgefundenen zu tun, das bei Berührung Spuren hinterlässt. In diesem Sinne ist der demokratische Wettbewerb ein Spiel mit und unter Schmuddelkindern. Kemmerich hätte sich gegenüber seinem alten Lehrer damit rechtfertigen können, dass er mit der AfD ja nur gespielt habe, um ihr ein Schnippchen zu schlagen, dass er sich nur zum Schein oder jedenfalls folgenlos auf ihr Spiel eingelassen habe.

Dass solche Überlistung im System angelegt ist, dass das Spielen die Mitspieler zivilisiert, so dass das Engagement dem Rückfall in eine rechte Diktatur sogar dann entgegenwirkt, wenn es Rechte sind, die sich engagieren – diese optimistische Aussicht mag sich vor dem Hintergrund der Erfahrungen der deutschen Geschichte zu idealistisch ausnehmen. So wurde Kemmerich höhnisch vorgehalten, dass er ja wohl in der Schule gefehlt haben müsse, als in der Geschichtsstunde der Vizekanzler Franz von Papen und die konservative Strategie der Einrahmung Hitlers durchgenommen wurden. Aber sogar diejenigen, die auch das stillschweigende, unabgesprochene, in formaler Betrachtung mit Hahns Worten politisch zu nichts verpflichtende gemeinsame Agieren demokratischer Parteien mit der AfD ablehnen, können sich das langfristige Überleben der Republik nicht ganz ohne Kanäle der Umlenkung systemkritischer Energien in systeminterne Unruhe vorstellen. Die AfD ist gefährliche, für die Republik vielleicht sogar lebensgefährliche Konkurrenz, aber Gefahr geht nur deshalb von ihr aus, weil sie mit den anderen Parteien um Wählerstimmen konkurriert und dabei einen gewissen Erfolg erzielt. Sie kann nur zurückgedrängt und kleingehalten werden, indem man ihr Wähler abspenstig macht. Dass die Konkurrenten den AfD-Wählern, ja, auch den potentiellen AfD-Wählern unter den eigenen Anhängern und den Nichtwählern spezifische Angebote machen müssen, ist unumstritten. Unvermeidlich ist damit in gewissen, nur ad hoc zu bestimmenden Grenzen auch die Übernahme oder Nichtablehnung von Inhalten, mit denen die Attraktivität der radikalen Konkurrenz erklärt wird.

Nicht nur in ostdeutschen Gliederungen der CDU ist ein Typus des Politikers verbreitet, der die als konservativ verbuchten Motivcluster der öffentlichen Diskussion kultiviert und gleichzeitig eine strikte Abgrenzung von der AfD verlangt. Das ist kein Widerspruch, aber darin steckt ein Paradox, eine Spannung, die nicht überstrapaziert werden darf. Denn die Wähler, die künftig hoffentlich nicht mehr AfD wählen werden, wenn sie sich davon überzeugt haben, dass die CDU ihren konservativen Flügel nicht verkümmern lässt, sind und bleiben ja dieselben Personen. In der Behauptung, dass mit der Partei nicht gesprochen werden darf, die sie wählen oder bei der letzten Wahl gewählt haben, liegt für sie etwas Irritierendes, ja, Kränkendes. Sie können vielleicht gewonnen werden, aber sie wollen sich nicht erpressen lassen. Die demokratische Verfassung zieht der Strategie der Ausgrenzung der AfD daher eine praktische Grenze: Die Wähler der Partei können nicht ausgegrenzt werden – noch nicht einmal durch ein Parteiverbot, denn danach hätten sie immer noch das Wahlrecht. Seit Wahlen geheim sind, ist Beschämung der Wähler zwecklos. Wähler wollen nicht erzogen werden. Sie haben das Wahlrecht, daher wissen sie, dass sie erwachsen sind. Erst recht wollen sie nicht umerzogen werden. Alle Ratschläge, die als Bevormundung ankommen und auf eine Einschränkung der Wahlmöglichkeiten hinauslaufen, treffen sie an ihrer empfindlichsten Stelle, dort, wo sich das Gewissen als persönliches Ehrgefühl äußert. Diejenigen, denen demokratische Entscheidungen zukommen, selbst wenn sie in der Praxis nur vollziehen, was höheren Ortes verfügt worden ist, reagieren allergisch auf alle Interventionen, die als Hineinregieren beschrieben werden können. Das war in der Thüringen-Krise in allen Stadien und auf allen Ebenen zu beobachten, in den Parteigremien, aber auch bei einzelnen Bevollmächtigten und im Publikum.

Der Ausgang der Krise war eindeutig; Christian Lindner und Annegret Kramp-Karrenbauer erzwangen den Rückzug ihrer thüringischen Verbände aus dem unerklärten Bündnis mit der AfD, indem sie sich persönlich nach Erfurt bemühten und ihre Ämter an der Parteispitze aufs Spiel setzten – Kramp-Karrenbauer verlor den Vorsitz. Mit der Klarheit des Ergebnisses korrespondierte allerdings in beiden Landesparteien die Schärfe der Kritik der Enttäuschten. So schuf der Modus der Beendigung der Krise das Potential für ihre Wiederholung.

Die nach eigenem Verständnis bürgerlichen Parteien verfolgen gegenüber der AfD die paradoxe Doppelstrategie, sie gleichzeitig zu kopieren und zu bekämpfen. Das ist eigentlich demokratischer Alltag: Die Parteienkonkurrenz ist ein Verdrängungswettbewerb. Es ist wahrscheinlich, dass sich Unionsparteien und FDP an anderen Orten wieder vor die Erfurter Frage gestellt sehen werden, ob sich das Paradox der Doppelstrategie nicht doch am besten dadurch auflösen lässt, dass man sich die Zusammenarbeit mit denen, deren Nachahmung man sich vorbehält, nicht von vornherein verbietet. Sobald eine Wiederholung des Kemmerich-Experiments rechnerisch möglich ist, wird diese Möglichkeit als ungeheuerliche Aussicht hingestellt werden – und die Kunstmittel der lehrhaften Historie werden zum Einsatz kommen. Wehret den Anfängen: Mit dieser bewährten Formel wird man die Gefahr eines zweiten Erfurt belegen, und mit dem Händedruck von Höcke und Kemmerich steht zur plakativen Illustrierung des Themas in Netz und Presse auch eine fotografische Ikone zur Verfügung.

Aber auch alle, die für ein Ausloten der Möglichkeit eines neuen Versuchs sind, werden vor einer Wiederholung von Erfurt warnen. Sie werden sich auf die angebliche Entmündigung der Politiker und Wähler in Thüringen beziehen, auf die Vorgaben und Besuche aus den Berliner Parteizentralen und auf das Machtwort von Angela Merkel, das sogleich eine legendäre Bedeutung erlangte, das heißt den Stoff einer eigenen Geschichte innerhalb der Geschichte der Affäre Kemmerich bildete. Denn nur zu gut passten zu dem Mythos, dass die Bundesregierung spätestens seit 2015 eine Umstellung des politischen Systems auf Fremdbestimmung verfolgt habe, die einzelnen Umstände der Wortmeldung der Kanzlerin, angefangen damit, dass sie ihre Forderung einer Neuwahl des Ministerpräsidenten während einer Auslandsreise formulierte.

Wie realistisch die Chancen für einen zweiten, neuen oder anderen Kemmerich wären, das hinge zunächst entscheidend davon ab, wie plausibel bei der Wiedervorlage die von vielen Akteuren der Thüringer Krise geteilte Prämisse wirken würde, dass AfD, FDP und Union einander in ihrer Wählerschaft tatsächlich stark ähneln, dass es eine zusammenhängende »bürgerliche« Milieulandschaft gibt. Die Tatsache, dass der Versuch einer von der AfD unterstützten Mitte-rechts-Regierung ausgerechnet in Thüringen unternommen wurde, wo die AfD am weitesten rechtsaußen steht, wies Kemmerichs Aktion selbst für wohlgesinnte Beobachter von Anfang an als halsbrecherisches Kommandounternehmen aus. Wenn man jedoch an die mäßigende Wirkung parlamentarischer Mitwirkung glaubt, wenn man den Versuch der einbindenden Fesselung der AfD gewagt sehen möchte, dann mag es sinnvoll gewesen sein, ihn just in Thüringen zu wagen, wo Höckes »Flügel« die Partei beherrscht. Denn falls Höcke sich hätte zähmen lassen, hätte man es in anderen Ländern erst recht versuchen können.

»Endlich eine Glatze, die in Geschichte aufgepasst hat«: Dieses Plakatmotiv trieb das Konzept der FDP als Spaßpartei auf die Spitze. Das respektable Gelächter, das die Partei damit einheimste, schlug am 5. Februar 2020 in Hohn um. Tatsächlich stimmte an dem Witz etwas nicht. Unerheblich ist, wie gut die Noten waren, die Kemmerich am Pius-Gymnasium bei Oberstudienrat Niederau erhielt. Der Fehler war die Unterstellung, dass Höcke und seinesgleichen in Geschichte nicht aufgepasst hätten. Oder ins Allgemeine gewendet: dass Schulwissen ausreiche, um die AfD zu entzaubern. Höcke, Gauland und andere Strategen der AfD haben im Geschichtsunterricht und in den geschichtspolitischen Debatten besonders gut aufgepasst. Die Empörung, die ihnen immer wieder ihre provozierenden Sprüche vom »Vogelschiss« und der »180-Grad-Wende« vorhält, lenkt davon ab, dass sie an die Kritik des Geschichtsbewusstseins der Bundesrepublik anknüpfen, die Weißmann, Zitelmann und andere Autoren im Umkreis der *Jungen Freiheit* nach der Wiedervereinigung vorgetragen haben. Als neuralgischer Punkt der deutschen Staatsräson wird der Nexus von Vergangenheitsbewältigung und demokratischer Willensbildung identifiziert. Der wehrhaften Demokratie, die sich ihrer Identität im Kampf gegen rechts versichert, wird zum Vorwurf gemacht, dass sie die nationale Selbstbestimmung beschneide. Wer gegen Rede-, Denk- und Koalitionsverbote agitiert, nimmt für sich in Anspruch, die Lektionen aus der deutschen Diktaturgeschichte am besten verstanden zu haben.

Als Bundestagsabgeordneter und Landesvorsitzender kritisierte Thomas Kemmerich die Führung der Bundespartei mit einer gewissen Regelmäßigkeit von der rechten Flanke aus. Wenn er in einer Fernsehrunde der Spitzenkandidaten die AfD schärfer attackierte als jeder andere Mitbewerber, wollte er sich auch dagegen verwahren, dass seinem Verband das Etikett einer »AfD light« angeklebt wurde. Man wird schnell fündig, wenn man seine gesammelten Verlautbarungen auf freudsche Fehlleistungen eines desorientierten Richtungssinns durchsucht. Drei Tage nach der Landtagswahl twitterte er: »In keiner Form werden wir mit der Linkspartei oder der AfD in Thüringen konstitutionell eine Regierung suchen.« Ein extrakonstitutionelles Zusammenwirken, die Regierungsbildung durch Putsch, war allerdings auch nicht geplant.

Warum ließ sich Kemmerich auf sein Abenteuer ein, warum traute er sich etwas zu, das ihn, indem es gelang, in den Augen der eigenen Parteifreunde sofort in einen Unglücksmenschen und sehr bald in eine Unperson verwandelte? Als er auf seiner »Wo-drückt-der-Stiefel-Tour« überall in Thüringen Wähler sah und von Wählern hörte, die diesmal vielleicht die AfD wählen würden, aber bei der FDP ihre politische Heimat finden könnten, muss er so etwas wie eine kulturelle Sicherheit verspürt haben bei dem Gedanken, dass es ihm gegeben sein könnte, als Chef einer kleinen Partei für eine effektive Vertretung dieser heimlichen bürgerlichen Mehrheit zu sorgen. Als Indiz für dieses Sicherheitsgefühl lässt sich das Plakat mit dem Porträt in selbstironischer Rückenansicht lesen.

Es ist alles andere als selbstverständlich, dass sich ein Spitzenpolitiker als »Glatze« titulieren lässt. Dieter Weirich, der frühere Intendant der Deutschen Welle und ehemalige CDU-Medienpolitiker aus der hessischen Kaderschmiede Alfred Dreggers, machte eine Woche vor der Landtagswahl in einem Zeitungsbeitrag auf die seltsamen Konnotationen dieser Selbststilisierung aufmerksam. »Der mit schwarzen Cowboystiefeln daherkommende Rheinländer, Vater von sechs Kindern und Inhaber einer Frisierkette mit 150 Beschäftigten, versteht mit einem unkonventionellen Wahlkampf auf sich aufmerksam zu machen. Mit seinem haarlosen Schopf ruft er Assoziationen an Hooligans wach. Das verbindet sich mit dem originellen Slogan ›Endlich eine Glatze, die in Geschichte aufgepasst hat‹.« Wie kann es der Bewerber um ein hohes Regierungsamt darauf anlegen, dass die Wähler an Hooligans denken, wenn sie sein Bild zu Gesicht bekommen?

Die erste Voraussetzung lautet: Das Land, das er regieren möchte, darf sich nicht in der Hand von Hooligans befinden. Der Hooligan muss politisch unschädlich sein, seine Silhouette ist nur ein Zeichen. Als Andrea Hanna Hünniger ein Kind in einer Plattenbausiedlung in Weimar-West war, schienen die glatzköpfigen Schläger ihre Welt zu regieren, und sie bildeten tatsächlich eine politische Gefahr, weil ihre Allgegenwart Zweifel am Gewaltmonopol des Staates weckte. Drei Jahrzehnte später gab sich Kemmerich, der mit seiner Familie in Weimar wohnt, mit dem Hooligan-Outfit nicht als Kandidat der Gangs zu erkennen; man wird seine Kombination von Glatze und Stiefeln, obwohl sie der Glatze das Zufällige, unter Umständen Naturgegebene nahm, nicht als Code bezeichnen.

Unsubtile Antifaschisten werden dennoch nicht darauf verzichten wollen, Kemmerich die bewusste Absicht des Werbens um das Wählerreservoir der Schlägertypen zu unterstellen. Plausibler ist im Gegenteil, dass in den Augen der Kemmerich-Wähler die soziale Macht der Hooligans gebrochen war, so dass ihre Uniform in die Folklore abwandern konnte. In ähnlicher Weise konnte Kemmerich entspannt über die Goldgräberzeit nach der Wende plaudern, ohne dadurch als Retter der Ehre des Ostens unglaubwürdig zu werden. Als Zeichen eines Lebensstils, der eine Sache der persönlichen Entscheidung ist, evozieren Glatze und Stiefel die Sphäre der Gewalt nur noch als Stoff ästhetischer

Präferenzen und mehr oder weniger fiktiver Erinnerungen. Eine martialische Lebensform kann im zivilen Alltag aufgehen. Das ist aber das Versprechen der Demokratie; deshalb wird im britischen Unterhaus der Abstand zwischen den beiden roten Linien, die Regierung und Opposition trennen, bis heute in Schwertlängen gemessen.

Dass Kemmerich die Wahl zum Ministerpräsidenten annahm, war ein Fehler; dass er sich überhaupt zur Wahl stellte, wahrscheinlich auch. Auf diese Sprachregelung hat sich seine Partei verständigt. Kemmerich hat sie nie akzeptiert, brachte die entsprechenden Sätze der Reue oder Selbstkritik nie über die Lippen. Im Oktober 2020 entzog ihm der Bundesvorstand die Unterstützung für eine mögliche neue Spitzenkandidatur bei der nächsten Landtagswahl, weil er bei Twitter die Ansicht geäußert hatte, »der Fehler« sei nicht seine Annahme des Amtes gewesen, sondern »der Umgang der anderen demokratischen Parteien mit der Situation«.

Die *Zeit* nahm in ihrer letzten Ausgabe vor Weihnachten 2020 die Voraussage von Bundesgesundheitsminister Jens Spahn auf, dass mit dem Sieg über die Covid-19-Pandemie die Zeit des wechselseitigen Verzeihens kommen werde, und fragte Prominente, wen sie wofür um Verzeihung bitten müssten. Thomas Kemmerich sorgte mit seiner Antwort ein letztes Mal in diesem Jahr für Empörung: »Bitte verzeiht mir, dass ich noch immer Cowboystiefel trage, obwohl sie längst aus der Mode sind. Wenn ich bei jedem Gegenwind aufgegeben hätte, wo wäre ich da als Mensch?« Dass er die Rede auf seine modischen Idiosynkrasien lenkte, wurde als Zynismus kritisiert. Dabei war er als Berufspolitiker gefragt und gab eine professionelle Antwort. Das Spiel war auf Ironie angelegt, und Kemmerich hielt es noch einmal mit seinem Geschichtslehrer: Er machte mit. Wie sehr ihm das Jahr mitgespielt hatte, verriet er, indem er seine rhetorische Gegenfrage nicht als Politiker stellte, sondern »als Mensch«. Seine Kritik an der Unbarmherzigkeit einer moralisierten Politik, die Schuldbekenntnisse einfordert, blieb ungesagt. Dass er nicht sagte, was alle Welt von ihm erwartete beziehungsweise glaubte erwarten zu dürfen, war er seinem Stolz, seiner Ehre, der Freiheit seines Willens schuldig.

VIER GESTALTEN DES NEUEN NATIONALISMUS

1) REALISMUS

Was ist

Thilo Sarrazin hatte als Motto seines Buches *Deutschland schafft sich ab* einen Satz von Ferdinand Lassalle gewählt: »Alle politische Kleingeisterei besteht in dem Verschweigen und Bemänteln dessen, was ist.« Unter den Parteiheiligen der SPD wird der Gründer des Allgemeinen Deutschen Arbeitervereins wie nur noch Helmut Schmidt als Glaubenszeuge der Realpolitik in Anspruch genommen. Diesen Begriff prägte der liberale Publizist August Ludwig von Rochau in einem Buch, mit dem er fünf Jahre nach der Revolution von 1848 Konsequenzen aus deren Scheitern zog. Lassalle sondierte für die Arbeiterbewegung eine Verständigung mit der preußischen Staatsmacht unter dem Ministerpräsidenten Otto von Bismarck, wie sie die von Rochau mitbegründete Nationalliberale Partei vollzog. Obwohl Rochaus Hauptgedanke besagt, dass die Liberalen die historisch gegebene Machtverteilung als faktische Bedingung ihres Wirkens akzeptieren müssten, hat sich Realpolitik als Konzept der Populärphilosophie von Leitartiklern und Redenschreibern von den historischen Entstehungsbedingungen des Begriffs abgelöst.

Realpolitik gilt als zeitlose Form politischen Denkens und Handelns. Bei den Grünen wird einer der zwei Parteiflügel so benannt, die man an jeder Partei entdeckt, sobald man sie durch die Brille des demokratischen politischen Systems betrachtet: als Organisation für regelmäßige Entscheidungen durch Abstimmungen, die notwendigerweise immer eine Mehrheit und eine Minderheit hervorbringen.

Winfried Kretschmann führte in einer kommentierten Liste seiner Lieblingsbücher seine Wende zur Realpolitik auf die *Kritik der politischen Utopie* des katholischen Philosophen Robert Spaemann zurück. Dabei wollte er »Realpolitik jetzt nicht wie bei Bismarck verstanden« wissen, »sondern als Plädoyer gegen zu viel Utopismus mit seinem Radikalismus und Fanatismus«. Inzwischen nun auch schon seit Jahrzehnten soll es immer eine Formation von Realos bei den Grünen geben und ihre ewigen Gegenspieler, die Fundamentalisten. In der aktuellen Berichterstattung über die Grünen werden die Lagerbezeichnungen aber zumeist nur noch zur historischen Orientierung verwendet. Als die Partei im Frühjahr 2021 mitteilte, dass die beiden Bundesvorsitzenden die Frage der Kanzlerkandidatur ohne basisdemokratischen Input aus Gremien und Mitgliedschaft unter sich ausmachen würden, richtete sich die dadurch erzeugte Spannung ausschließlich darauf, ob die Frau oder der Mann das Rennen machen würde, Annalena Baerbock oder Robert Habeck. Fest stand: Es würde ein Realo (m/w) sein.

Obgleich der Unterscheidung von Realos und Fundis also im heimatlichen Kontext allmählich die unterscheidende Kraft abhandenkommt, wird das Schema ganz selbstverständlich auch in Berichten über andere Parteien benutzt. Insbesondere scheint es attraktiv, um Übersicht in den wirren Verhältnissen einer jungen Partei wie der AfD zu schaffen, die alles ganz anders machen will. Es gibt die einen, die auf die Grundlagen pochen, auf die man sich bei der Gründung verpflichtet hat, und die anderen, die der Wirklichkeit zu ihrem Recht verhelfen wollen – das hat man doch andernorts schon einmal so ähnlich erlebt. Die Alternativen – das war auch ein Name oder Beiname einiger Parteigliederungen in den Urzeiten der Grünen. Wie die Geschichtswissenschaft Staatsgründungskriege kennt, so kann man ideologische Auseinandersetzungen in der Mitgliedschaft neuer Parteien Parteigründungskriege nennen. Auch Akteure in der AfD greifen für Selbstbeschreibungen auf die Nomenklatur aus Scharmützeln der Urgeschichte der Grünen zurück, denen sie im Übrigen die Zerstörung der politischen Vernunft zur Last legen. Um sich von Björn Höcke abzusetzen, der überschätzt werde, ja, eigentlich eine Kreatur der Medien sei, die »Skandal und Aufregung« brauchten, nannte sich Joachim Wundrak gegenüber der *Auepost* einen »Realpolitiker«.

Dass überall oder überhaupt irgendwo Realpolitiker und Fundamentalisten aufeinandertreffen, versteht sich nicht von selbst. Beide Begriffe werden, schon wenn man sie auf Grüne anwendet, von vornherein in übertragenem Sinne gebraucht. Der Realpolitiker stammt aus dem Richtungsstreit der Liberalen zwischen 1848 und 1871, einer Auseinandersetzung, die hauptsächlich in der Publizistik ausgetragen wurde. Und der Fundamentalist ist eine Figur aus der Religionssoziologie: Fundamentalisten widersetzen sich der Modernisierung in den Kirchen, indem sie sich streng an den Buchstaben der Bibel und anderer Gründungsurkunden ihrer jeweiligen Konfession halten wollen. Was erklärt den Universalismus des Schemas im Reden über Parteien? Welche Implikationen und Assoziationen werden mitgeschleppt, wenn es wieder auf neue Verhältnisse übertragen wird?

Die politische Konstellation, die Joschka Fischer und andere Veteranen der Frankfurter Protestbewegung Anfang der achtziger Jahre bewog, einen »Arbeitskreis Realpolitik« zu gründen, ist dem heutigen Bewusstsein nicht mehr präsent und längst in die Zuständigkeit der zeithistorischen Forschung übergegangen. Die liberale Realpolitik nach 1848 stellte sich auf Wirklichkeiten ein, die sich gegen politische Veränderung sperrten, also dem ganzen liberalen Unternehmen der planmäßigen Gestaltung der sozialen Ordnung im Weg standen. Sie war das paradoxe Unterfangen, in der Verfassungspolitik gemeinsame Sache mit den Gegnern von Verfassungen zu machen. Wer in der Gegenwart ein Realpolitiker wie Rochau oder Lassalle sein will, müsste erst einmal darlegen, welche Grundtatsachen historisch akkumulierter Macht heute mit der Machtbasis Bismarcks vergleichbar sein sollen, der auf die militärische Kommandogewalt gegründeten Autorität des preußischen Königtums und des für die Produktion des Offiziersnachwuchses zuständigen landbesitzenden Adels. Heutige Realpolitik empfiehlt typischerweise die Anpassung an Ungreifbares, Abstraktionen wie die Gesetze des Marktes oder die Stimmung der Bevölkerung.

Die typologische Sortierung der Akteure imitiert wissenschaftliche Klassifikationsschemata und verspricht Objektivität. Aber Skepsis ist insbesondere dann geboten, wenn die Benennungen nicht symmetrisch sind und die Begriffswahl eine Vorentscheidung über die Beurteilung des behaupteten Dualismus trifft. Wenn der politische Journalismus über die jüngste Neuauflage des Kampfes der Realos und Fundis berichtet, haben die Realpolitiker immer schon gewonnen. Denn wer möchte schon ein Fundamentalist sein? Außerhalb der Religion niemand und auch innerhalb der Religion kaum noch jemand. Dass diese Etikettierungen einer polarisierenden Gruppencharakterkunde nicht totzukriegen sind, sagt allerdings selbst etwas über den Politikbetrieb aus. Bei allen Beteiligten, ob sie nun hauptberufliche Akteure sind oder sich als Beobachter definieren, spielt der Geschmack in erheblichem Maße ins politische Urteil hinein. Einen Standpunkt zu beziehen heißt eben, einen Ton anzuschlagen und vielerlei Zeichen zu setzen, heißt in der Politik vor allem immer auch: sich in eine bestimmte Gesellschaft zu begeben. Die Karikatur des grünen Fundis steht in der Tradition des satirischen Genrebildes. Sprechende Details betreffen einen angeblich typischen persönlichen Lebensstil: Früher war es die Latzhose, heute ist es der Veganismus.

In einer Gesellschaft, die alle paar Jahre eine neue vom technischen Fortschritt verursachte Revolution der Realitätsvorstellungen ausruft, wirkt die Stabilität des Charakterbildes des Realpolitikers auf den ersten Blick überraschend. Die Attraktivität dieser Figur liegt auch in der Einladung zu einer existentiellen Selbststilisierung jenseits der Moden. Der Realpolitiker möchte über das Künstliche der politischen Sphäre erhaben sein. Hans-Georg Maaßen, den die Versetzung in den einstweiligen Ruhestand von der Beamtenpflicht der Unparteilichkeit befreite, weist es zurück, wenn man ihn als Rechten einstuft, und beschreibt sich stattdessen als Realisten. Wo liegt der Unterschied? Nach einem Bonmot Joachim Fests, das Michael Klonovsky 2010 im *Focus* zitierte, als er die Chancen einer konservativen Partei ausmalte, dürfte es gar keinen geben: »Die Wirklichkeit steht rechts.«

Die Ablehnung des Euphemismus, wie sie klassisch in Sarrazins Lassalle-Zitat ausgesprochen ist, erweitert sich leicht zu einem Generalverdacht gegen alles Spielerische und Rhetorische. Diese Sachlichkeit ist allerdings selbst das Ergebnis eines Formwillens. Die Überredungsgabe beginnt mit der Autosuggestion, und so ist ein Realpolitiker oft jemand, der sich gerne kühl, ungerührt oder sogar zynisch reden hört. Kleingeister verschweigen und bemänteln, Großgeister sprechen an und enthüllen – bezeichnen ihre eigene Größe aber nur indirekt, halten sich einfach an das, was ist. Dass das, was ist, wirklich so einfach zu sehen und zu benennen sei, ist die dubiose philosophische Prämisse des Projekts der Gegner der Projektemacherei.

Aus der Idee, dass Aussagen entweder wahr oder falsch seien, ergibt sich der Verdacht, jeder, der eine Aussage treffe, sei entweder wahrhaftig oder verlogen. Man kann aber das Element der Projektion in der politischen Vorstellungskraft beim Namen nennen, ohne sich einem selbstzerstörerischen erkenntnistheoretischen Zweifel zu überantworten. In der Politik konkurrieren Beschreibungen von Wirklichem. Sie können nicht mit der Wirklichkeit selbst verglichen werden, aber sie werden auch nicht nur mit der Gesamtheit des Wirklichkeitswissens verglichen, die für die Wirklichkeit eintritt. Wer eine solche Beschreibung annehmen oder verwerfen soll, wird sie auch mit seinem eigenen Selbstbild vergleichen und mit seiner Vorstellung von der Gesellschaft, in der er leben will. Ist Einwanderung eine Bereicherung? Oder ein wenig konkreter gefragt: Erbringen Türken in Deutschland einen Beitrag zum Wohlstand der Nation? Das Verführerische von Thilo Sarrazins Rhetorik ist das Versprechen, dass alle Wünschbarkeiten außen vor bleiben sollen, dass die Allmacht der Tatsache zur Geltung kommt, Tatsache verstanden als durch fleißigen Gebrauch der Grundrechenarten ermittelte Kennzahl. Allerdings lassen sich die Fragen, die Sarrazin in seinem berühmten Buch stellte, nicht erörtern ohne Rückgriff auf verknüpfende Zusatzannahmen, die bei jedem Leser andere sein werden, bezogen aus anderer Lektüre, aus Erinnerungen und Bauchgefühlen. So gehen Optimismus und Pessimismus der Adressaten wie derjenigen, die vielleicht gar nicht gefragt waren, aber mitreden möchten, in die Antworten ein, über deren Triftigkeit nicht der Platz auf der Spiegel-Bestsellerliste entscheidet.

Apropos *Spiegel*: Der sträflich naive Realismus der Wirklichkeitsverlustanzeigen aus dem populären Sachbuch kommt in den Medien deshalb oft ungeschoren davon, weil sie dieselbe Rhetorik kultivieren, das Pathos des Wahrheitsjägers und Tatsachensammlers, der den Dingen ins Auge blickt. So glaubt man den Lesern und Zuschauern weismachen zu können, dass man sie nicht ungebührlich beeinflussen wolle. Ausgerechnet der *Spiegel*, der den gesamten Prozess der Redaktion von Texten darauf ausgerichtet hat, den unverwechselbaren Spiegel-Sound zu erzeugen, gelobte sogar noch nach dem katastrophalen Reputationsverlust durch den Hochstapler Claas Relotius, der süchtig nach Branchenruhm gewesen war, nun aber erst recht unbeirrt das Drei-Wort-Testament seines Begründers zu vollstrecken: Sagen, was ist. Kann es sein, dass Rudolf Augstein seinen kategorischen Infinitiv bei Lassalle abgeschrieben hat? Der Satz vor dem von Sarrazin zitierten Satz in Lassalles »Zweitem Vortrag über Verfassungswesen« von 1862 lautet: »Alle große politische Aktion besteht in dem Aussprechen dessen, was ist, und beginnt damit.«

Lassalle weist die Wendung selbst als Zitat aus: Der Philosoph Johann Gottlieb Fichte habe festgestellt, das Lieblingswerkzeug Napoleons sei »das Aussprechen dessen, was ist«, gewesen. Die realpolitische Doktrin ist eine Sprechakttheorie. Revolution und Eroberung bezeichnen die Größenordnung der politischen Aktionen, die der Lakonismus der puren Bestandsaufnahme auslösen soll: Mehr wird man doch wohl nicht sagen müssen.

In seinem Traktat *Freiheitsgrade* zitiert Christoph Möllers in einem Abschnitt über die Bedeutung von Gründen in der Politik zustimmend einen Satz aus Lenins Schrift *Der Imperialismus als höchstes Stadium des Kapitalismus* aus dem Jahr 1917: »Tatsachen sind ein hartnäckig Ding.« Lenin führt den Satz selbst als Zitat an, als englisches Sprichwort. Er will belegen, dass die Lehre von Marx, wonach die kapitalistische Konkurrenz über die Konzentration zur Monopolbildung führe, von der Geschichte bestätigt worden sei, und stellt fest: »Das Monopol ist jetzt zur Tatsache geworden.« Zur Begründung dieser Feststellung führt er aus, dass zwischen den kapitalistischen Ländern bei der Kapitalkonzentration nur noch »unwesentliche Unterschiede« bestünden. Aber welche Unterschiede als wesentlich und unwesentlich gelten sollen, ist eine Frage der Interpretation und nicht der Tatsachen. Die vermeintliche Tatsächlichkeit des Monopols ist bestenfalls eine besonders plausible Interpretation. Möllers kommentiert Lenins Spruchweisheit aus dem Mutterland des Kapitalismus deshalb dialektisch: »Aber auch diese hartnäckigen Tatsachen gibt es nicht als solche.« Selbst ein messbares natürliches Faktum wie ein Temperaturanstieg »gewinnt politische Bedeutung erst über seine sozial vermittelten Wirkungen«, indem es den Anlass und Gegenstand für Streit liefert. Fakten werden dadurch nicht beliebig; der Umgang der Politik mit außerpolitischen Sachverhalten hat Folgen, und diese Folgen lassen sich weder durch den Willen kontrollieren noch ergeben sie sich aus der Natur der Sachen. Möllers beschreibt die relative Autonomie der Politik gegenüber der Wirklichkeit: Die Politik kann alles zum Thema ihrer Auseinandersetzungen machen, handelt sich aber durch jede reklamierte Zuständigkeit Verantwortungsprobleme ein. »Gründe können in einer politischen Auseinandersetzung nicht dieselben bleiben wie außerhalb, sie gehen dort aber auch nicht einfach verloren.« Ebenso wie für tatsächliche Gründe des Handelns gilt das für normative Gründe, moralische Überzeugungen, die in der Welt ebenso vorgefunden werden wie Naturtatsachen. Zur Rückbesinnung auf Tatsachen aufzurufen ist in der politischen Rhetorik ein legitimer Zug, der oft Wirkung zeigt und dann gute Gründe für sich hat. Aber wer die gesamte Politik aus Tatsachen herleiten will, über die es angeblich keinen Streit geben kann, schafft die Politik ab.

Das Trugbild der Grenze

Die Staats- und Wirtschaftspolitische Gesellschaft druckte in der Sonderausgabe ihres *Deutschland-Journals*, in der sie Gaulands Referat »Ein Europa selbstbestimmt vereint wirkender Vaterländer« vom 21. März 2015 publizierte, auch einen Auszug aus einem Rundschreiben Bismarcks vom 16. September 1870 ab: »Die einmütige Stimme der deutschen Regierungen und des deutschen Volkes verlangt, dass Deutschland gegen die Bedrohungen und Vergewaltigungen, welche von allen französischen Regierungen seit Jahrhunderten gegen uns verübt wurden, durch bessere Grenzen als bisher geschützt werde.« Verbesserung des Grenzschutzes: Diese Forderung des Jahres 2015, an die deutschen Regierungen gerichtet, allerdings von Mitgliedern einzelner Regierungen und von der Bayerischen Staatsregierung unterstützt, stieß im deutschen Volk nicht auf die einmütige Zustimmung, die AfD und CSU zu vernehmen behaupteten. Aber sie fand zweifellos Resonanz weit über die Konventikel von Bismarck-Nostalgikern hinaus.

»Staatsgebiet ist definiert durch Grenzhoheit. Wenn ein Staat seine Grenzen aufgibt, gibt er ein Stück seiner Staatlichkeit insgesamt auf.« Solche Sätze des früheren CDU-Bundesministers Rupert Scholz, eines Münchner Rechtsprofessors und Mitherausgebers des bekanntesten Grundgesetzkommentars, nahmen sich in den Augen vieler Zeitungsleser evident richtig aus. Der Eindruck unbezwinglicher Logik ist hier eine Sache des Sounds, wird erzeugt von der Knappheit und vermeintlichen Klarheit der Formulierung, vor allem aber vom Gleichklang der Begriffe »Definition« und »Grenze«. Es handelt sich sozusagen um inhaltliche Reimwörter. Scheinbar bildet der Jurist mit seiner Definition im Text lediglich ab, was die Grenze in der Realität tut. Der (abstrakte) Staat ist durch die Grenzhoheit definiert, der konkrete Staat durch die Ausübung dieser Grenzhoheit. Wäre dem nicht so, bliebe der Staat unbestimmt – er würde seine Konturen verlieren, auch ohne von der Landkarte zu verschwinden.

Aus der Natur des Staates ergibt sich diese Auffassung nicht; sie passte nur gut zur europäischen Praxis der nationalstaatlichen Epoche. In der Lehre von den Merkmalen des Staates, wie sie Scholz in seinen Vorlesungen verbreitete, gehören Staatsgebiet, Staatsvolk und Staatsgewalt untrennbar zusammen. Man kann sich aber durchaus zwei Staaten vorstellen, die sich ein Territorium teilen und ihre Staatsgewalt über ihr jeweiliges Staatsvolk ausüben. Einige Gemeinschaftsaufgaben würden die Staaten gemeinsam erledigen, und für Streitigkeiten mit Beteiligung von Angehörigen beider Völker gäbe es Gerichte. In den meisten deutschen Städten der Frühen Neuzeit gab es ein solches Nebeneinander öffentlicher Gewalten, weil Klöster, Stifte, Adlige und die Stadt selbst alle eigene Untertanen hatten. Die Europäische Union hat sich mit der Garantie und Förderung der Freizügigkeit diesem Zustand wieder angenähert. Was bedeutet es, wenn ein Staat ein Stück seiner Staatlichkeit aufgibt? Ist er dann nur noch teilweise ein Staat, ein Teilstaat oder vielleicht Großteilstaat? Das könnte eine metaphysische Rätselaufgabe für Liebhaber scholastischer Distinktionen sein, war aber, als Rupert Scholz am 15. Oktober 2015 im *Tagesspiegel* mit diesen Formulierungen von der Definitionshoheit der Staatsrechtslehre Gebrauch machte, als Bestätigung und Verstärkung der damals grassierenden Rede vom Kontrollverlust zu verstehen. Die Preisgabe eines Stücks Staatlichkeit: Das musste ja wohl das Loch im Deich sein, der entscheidende Schritt auf dem Weg zur Selbstaufgabe des Staates.

Scholz wurde zu einem Soloauftritt von Bundeskanzlerin Merkel in der Talkshow von Anne Will befragt. Der Interviewer konfrontierte ihn mit der Äußerung der Kanzlerin, »die 3000 Kilometer deutscher Grenzen, die könne man sowieso nicht schützen«. Frage: »Liegt sie da falsch?« Antwort: »Da liegt sie falsch.« Falsch war hier aber das Zitat, um dessen Begutachtung Scholz ersucht wurde. Frau Merkel hatte am 7. Oktober 2015 in der ARD nicht gesagt, dass man die deutsche Grenze nicht schützen könne. Genauso stand es allerdings auch in etlichen anderen Zeitungen. Ein Kommentator der *Welt* behauptete, die Kanzlerin habe behauptet, »die 3000 Kilometer lange deutsche Grenze nicht schützen zu können«. Und ein Wirtschaftsleitartikel der *F.A.Z.* widersprach ihr unter der Überschrift »Der Kontrollverlust«, indem er sie wie folgt referierte: »Nach Merkels Worten könne Deutschland seine 3000 Kilometer Landgrenze nicht mehr sichern.« Der damalige bayerische Ministerpräsident und CSU-Vorsitzende Horst Seehofer sagte am 10. Oktober 2015: »Einfach zu sagen, in unserer Zeit lassen sich 3000 Kilometer Grenze nicht mehr schützen, ist eine Kapitulation des Rechtsstaats vor der Realität.«

Kapitulation des Rechtsstaats: Das war in der Sache schon der Vorwurf, den Seehofer vier Monate später, im Februar 2016, in die Wendung von der »Herrschaft des Unrechts« kleidete, und schon ebenso drastisch formuliert. Die Wirkung von Seehofers Wortwahl auf den Geist der öffentlichen Diskussion war verheerend. Einer der höchsten Repräsentanten der deutschen Staatsgewalt, zugleich Vorsitzender einer der die Regierung tragenden Parteien, warf der Regierungschefin die schlimmste Pflichtverletzung vor, die es im Rechtsstaat überhaupt geben kann: Sie habe den Maßstab des Rechts aus den Augen verloren, sei blind für die Notwendigkeit der Rechtlichkeit des Staatshandelns. Wenn schon ein in jeder Hinsicht zur Loyalität verpflichteter Mitstreiter, vertraut mit der Innenseite der Entscheidungsprozesse, öffentlich diese Anklage gegen die Kanzlerin erhob, durfte sich jeder Bürger berechtigt fühlen, das Schlimmste von der Regierung zu erwarten.

Nahm man Seehofer beim Wort, dann kritisierte er nicht bloß eine Störung der Gesetzlichkeit der Abläufe, wie sie in Krisen unvermeidlich sein mag, sondern einen Bruch mit dem Prinzip der Legalität: Die Vokabeln »Kapitulation« und »Herrschaft« bezeichnen etwas Endgültiges beziehungsweise Strukturelles. Ein derartiger Zweifel an der Legalität wirft die Frage der Legitimität auf. Für die Szenarien von Widerstand und Bürgerkrieg, die seit jeher in der rechten Gegenöffentlichkeit kursierten, gab es plötzlich einen Gewährsmann im Zentrum der Macht – als hätte die *New York Times* die Echtheit der Ufo-Zeugenberichte aus Roswell vermeldet.

Seehofers Ausdrucksweise weckte Erinnerungen an die schlimmste Vergangenheit, die Katastrophenzeit deutscher Staatsgewalttaten. 1945 ging die Herrschaft des Unrechts in Deutschland mit der bedingungslosen Kapitulation der Wehrmacht zu Ende. Die Entscheidung der Sieger, Deutschland nicht von der Weltkarte verschwinden zu lassen, stand damals nicht von vornherein fest. Pläne für die Grenzziehung einer Welt ohne deutschen Staat lagen in den Schubladen. Hatte die deutsche Bundeskanzlerin siebzig Jahre später allen Ernstes gesagt, es sei von vornherein zwecklos, die deutschen Grenzen sichern zu wollen? Die Kritiker der Regierung sahen sich in ihrer apokalyptischen Sorge bestätigt. Am Horizont der Debatte über Dublin und Schengen, Transitzonen und Obergrenzen lasen sie Finis Germaniae.

Über die Logistik des Grenzschutzes äußerte sich Frau Merkel bei Anne Will nicht im Zuge einer allgemeinen Lageeinschätzung. Sie beantwortete eine Frage: »Brauchen wir einen Aufnahmestopp?« Während der gesamten Dauer der Krise, in die das enorme Wachstum der Flüchtlingsbewegung ihre Regierung stürzte, beharrte die Bundes-

kanzlerin immer darauf, dass es keine Zurückweisung von Schutzsuchenden im Namen einer Zahl, eines errechneten Kapazitätseng-
passes, geben dürfe. Das Grundrecht auf Asyl schließt die Möglichkeit
der gerichtlichen Prüfung des Antrags ein, und alle Vorkehrungen zur
Umlenkung der Antragsteller in andere Länder, die teilweise sogar ins
Grundgesetz hineingeschrieben wurden, können nichts daran ändern,
dass Deutschland sich gegenüber Einzelnen, die nicht mit der Aussicht
auf ein geordnetes Verfahren an einem anderen Ort weggeschickt werden können, nicht pauschal für unzuständig erklären darf. Wie Stephan Detjen und Maximilian Steinbeis in ihrem Buch *Die Zauberlehrlinge* über die Karriere des Schlagworts von der »Herrschaft des
Unrechts« dargelegt haben: Als ein Staat, der politisch Verfolgten Asyl
nicht nur in seiner Verfassung, sondern auch in Erfüllung völkerrechtlicher Pflichten garantiert, kann Deutschland nicht so tun, als gehöre
ein Schutzsuchender an der Grenze überhaupt nicht zu ihm, noch
nicht einmal provisorisch für die Dauer eines Verfahrens der zuständigen Behörden und Gerichte. »Die Herrschaft über Nicht-mehr-nicht-
Zugehörige ist die Herrschaft des Rechts.« Frau Merkel war in diesem
Sinne davon überzeugt, dass sie, indem sie ein Aufnahmeverbot für
unmöglich erklärte, den Rechtsstaat bewahrte. Seehofer, der gerade
diese Haltung als Kapitulation des Rechtsstaats bewertete, hatte offensichtlich einen anderen Begriff vom Rechtsstaat.

Wem gegenüber soll Frau Merkel die Einstellung aller rechtsstaat-
lich gebotenen Kampfhandlungen erklärt haben? Gegenüber der Realität! Das ist eine Überraschung. Der damalige CSU-Vorsitzende bewarb sich schließlich in der Akzeptanzkrise der Flüchtlingspolitik als
Parteiführer der Freunde der Realität. Mit der Wirklichkeit, mit der
tatsächlichen Aufnahmefähigkeit wurde die Forderung nach einer Abkehr von der Politik der offen gehaltenen Grenzen begründet, und in
diesem Meinungskampf zwischen optimistischer und pessimistischer
Einschätzung der staatlichen und gesellschaftlichen Handlungsmöglichkeiten brachten die entschlossen Verzagten das gesamte Arsenal
der Rhetorik der Realpolitik zum Einsatz. Und in dieser Situation
streckte Angela Merkel im Fernsehen angeblich die Waffen vor der
Übermacht der Wirklichkeit. In Seehofers apodiktischer Aussage kam

ein prinzipieller und daher maßloser Idealismus zum Ausdruck, wie er der Gegenseite im Flüchtlingsstreit zum Vorwurf gemacht wurde.

Frau Merkel hatte in dem Teil des Fernsehgesprächs, der so viel Empörung auslöste, gar nicht moralisch oder juristisch argumentiert. Sie erwähnte nicht, dass einem Aufnahmestopp für Asylsuchende der Kerngehalt des Asylrechts entgegensteht, sondern setzte das voraus. Stattdessen berief sie sich tatsächlich im Stil ihrer Kritiker auf die Wirklichkeit, auf faktische Grenzen der Verwirklichung eines hypothetischen guten Willens. Die Frage, ob ein Aufnahmestopp nötig sei, konterte sie mit einer Gegenfrage. Wie solle das funktionieren? »Das Problem ist ja: Sie können die Grenzen nicht schließen.« Es war nicht möglich, die Grenzen in der Art zu schließen, wie man eine Tupperware-Dose mit dem Plastikdeckel schließt. Nur lückenlose Abschottung hätte verhindert, dass Flüchtlinge Schleichwege ins Land genutzt hätten, um nach Umgehung der Grenzkontrolle ihre Asylanträge bei einer inländischen Behörde zu stellen. Und diese Schließung war technisch unmöglich, wenn man nicht – den Vergleich zog Frau Merkel nicht ausdrücklich – wie die DDR eine Mauer bauen wollte. An dieser Stelle bezifferte die Kanzlerin die Länge der deutschen Staatsgrenze, was ihr dann wochenlang von ihren Kritikern wie eine spitzfindige Ausflucht vorgehalten wurde. »Wenn wir die Grenzen schließen würden, Deutschland hat 3000 Kilometer Landgrenze, dann müssten wir um diese 3000 Kilometer einen Zaun bauen.«

Wie man sieht: Mit keinem Wort sagte Angela Merkel, Deutschland könne seine Grenzen nicht schützen oder sichern. Im Gegenteil: Sie durfte es für ein Element effektiver Grenzsicherung halten, den gesamten Einreiseverkehr über die ausgewiesenen Grenzübergänge zu lenken. So konnte man die Flüchtlinge registrieren, statt sie in die Illegalität abzudrängen. Die verfälschende Wiedergabe von Frau Merkels Worten machte es möglich, sie des Defätismus zu bezichtigen. Scheinbar war der Zweckoptimismus ihres Mantras »Wir schaffen das!« in einen Zwangspessimismus umgeschlagen, der die Möglichkeit einer effektiven Kontrolle des Grenzverkehrs von vornherein preisgab. Aber Frau Merkel war gefragt worden, ob sich durch die Sofortmaßnahme eines Einreiseverbots die Zahl der aufzunehmenden Flüchtlinge reduzieren ließe. Auch wer vor der Umzäunung des Staatsgebiets nicht zurückgeschreckt wäre, hätte zugeben müssen, dass der technische Aufwand die gewünschte kurzfristige Entlastung vereitelt hätte.

Frau Merkels ominöse Sätze waren in einem Fernsehinterview gefallen und nicht im Gespräch mit einem Presseorgan, das ihre Worte ihrem Sprecher noch einmal zur Autorisierung vorgelegt hätte. Dieser Umstand trug zum Eindruck eines unbedachten Eingeständnisses bei und war einer der Gründe dafür, dass sich das falsche Zitat unkorrigiert verbreitete: In der Presse ersetzten die irreführenden Paraphrasen den Wortlaut. So konnte der frühere Bundespräsident Joachim Gauck vier Jahre nach der Staatsvertrauenskrise von 2015 anspielend Bezug auf Frau Merkels vermeintliches Diktum nehmen, ohne ihren Namen zu erwähnen. Die Tatsachenprüfer der Spiegel-Dokumentation hatten im Frühjahr 2019 eigentlich allen Grund zu besonders gründlichem Arbeiten; die Relotius-Affäre lag erst wenige Monate zurück. Dennoch wurde der falsch tradierte Ausspruch der Kanzlerin nicht korrigiert. Gauck führte ihn zum Beleg einer kritischen These zum Zustand der deutschen Demokratie an: Es sei »auffällig, dass gewisse Themen nicht ausreichend von der Regierung versorgt wurden«.

Das war auffällig schräg formuliert. Versorgt werden normalerweise nicht Themen, sondern Menschen, von den Medien beispielsweise mit Themen, aber auch mit Stich- und Reizworten, richtigen und falschen Zitaten. Kurios genug, dass Gauck, der vor seiner Wahl zum Präsidenten als Lobredner der Freiheit durch die Lande gezogen war, bei der Themenzufuhr für den demokratischen Streit einer Versorgungsmentalität das Wort redete. Auf die Nachfrage der Interviewer, welche Themen er meine, nannte er ausgerechnet das Dauerthema von Talkshows, Qualitäts- und Quantitätspresse im Herbst 2015. Der Pensionär wollte den tätig gebliebenen Politikern eine Lektion in Sachen Toleranz erteilen – dieser Tugend hatte Gauck nach der Freiheit das nächste seiner Bücher mit Ein-Mann-ein-Wort-Titeln gewidmet. »Man muss sich beispielsweise manchmal eingestehen, dass die falschen Leute nicht immer nur etwas Falsches sagen. Wenn in einem politischen Lager Kontrollverlust annonciert wird, dann muss man sich fragen: Sind das nur Demagogen mit irgendwelchen Verschwörungstheorien?

Oder ist da etwas dran? Und vielleicht ist ja etwas dran, wenn man zugibt, die Grenzen nicht ausreichend sichern zu können.« Wenn aber in Wahrheit niemand eine solche Unfähigkeit zugegeben hat, dann ist wohl doch nichts daran an dieser Kette von scheinbar sorgfältig konditionierten Ratschlägen mit seltsam unbestimmten Verbindungsgliedern, von »man« über »manchmal« und »irgendwelche« bis zu »etwas«.

Die Legende von Frau Merkels Offenbarungseid vor laufender Fernsehkamera hatte etwas Unwiderstehliches, weil die von den Entrüsteten nacherzählte Szene dramatischen Sinn ergab, als Sekunde der Wahrheit. Scheinbar hatte die Kanzlerin die These vom Kontrollverlust des Regierungshandelns beglaubigt, indem sie im Zuge ihrer hartnäckigen kommunikativen Gegenwehr einen Kontrollverlust erlitt. Sie hätte demnach nachgespielt und vorgeführt, was ihr von ihren Gegnern zur Last gelegt wurde – wie in Shakespeares Tragödie von Hamlet das Spiel im Spiel die Schuld des mörderischen Stiefvaters enthüllt. Nur hätte Frau Merkel die Mausefalle selbst aufgestellt, in die sie getappt wäre. Dass sie inmitten der panischen Aufregung des politischen und medialen Personals die Ruhe bewahrte, dass sie sich desto normaler gab, je lauter vom Ausnahmezustand die Rede war, das raubte ihren Kritikern den Rest von Contenance. Im Zwiegespräch mit Anne Will spielte sie wieder ihre rhetorische Souveränität aus, die seit jeher in einer Beiläufigkeit nahe an der Alltagssprache lag – und als sie dann angeblich verriet, dass sie die Sicherheit der Grenzen schon aufgegeben hatte, schien das mit einem Schlag zu erklären, wie sie so unheimlich ruhig bleiben konnte. Doch der Kontrollverlust liegt hier bei denen, die um jeden Preis glauben wollten, die Bundeskanzlerin habe sich verplappert.

Auf die Frage des *Spiegels*, ob die Regierung »das«, also die Sicherung der Grenzen, »2015 und 2016 versäumt« habe, antwortete Gauck, der in diesen beiden Jahren als Bundespräsident kontinuierlich von der Bundeskanzlerin über die Sicherheitslage unterrichtet worden war: »Die Regierung würde sagen, dass sie damals angemessen reagiert habe – und das hat sie zunächst auch, aber offensichtlich ist das nicht so kommuniziert worden, dass es die Leute beruhigt hätte.«

Nachdem Gauck also zunächst eine Äußerung der Kanzlerin als Indiz dafür hatte nehmen wollen, dass die außerparlamentarische System-opposition im Herbst 2015 nicht ganz unrecht gehabt hatte und es zu einer Art Regierungsbetriebsunfall gekommen war, einem vorübergehenden Zusammenbruch der Staatsgewalt, verlagerte er seine Kritik auf Nachfrage komplett auf die Ebene der Kommunikation. Beunruhigung der Bevölkerung als Hinweis auf Staatsversagen: Allen Kalendersprüchen von Freiheit und Toleranz zum Trotz offenbarte Gauck hier ein obrigkeitsstaatliches Politikverständnis. Wenn Frau Merkel nur besser kommuniziert hätte, vielleicht mit den Kunstgriffen eines ausgebildeten Predigers, dann hätte die Regierung das Volk in den Ruhezustand versetzen können. Diese Idealvorstellung sieht davon ab, dass die Regierungskommunikation die öffentliche Diskussion nicht bestimmen kann, sondern mit allen Aussendungen ebenso wie mit den Aussendepausen Stellungnahmen anderer Akteure hervorruft, deren Standardeinstellung, wie in einer Demokratie geboten, das Misstrauen gegenüber der Regierung ist.

Wer eine Grenze sichern will, muss sie markieren. In den Asterix-Comics ist die Grenze zwischen dem Römischen Reich und der barbarischen Welt als gestrichelte Linie in der Landschaft schnurgerade und fein säuberlich eingezeichnet, wie die Begrenzung eines Fußgängerüberwegs auf einer asphaltierten Straße. Die Satire nimmt die Ordnungsvorstellungen des modernen Staates beim Wort, stellt das Reich Julius Caesars als Prototyp eines von rationaler Befehlsgewalt zusammengehaltenen Staatsgebildes dar – und das Territorium des Reiches als Landkarte im Maßstab eins zu eins. Der Bildwitz macht sichtbar, dass eine Grenze eine geistige Größe ist. Man muss sie ziehen wollen. Angela Merkel ließ es in den Augen ihrer Gegner an diesem Willen fehlen. Die Bundeskanzlerin durfte umgekehrt unter der Prämisse handeln, dass ein stabiler Wille zur Gewährleistung geordneter Verhältnisse an der Grenze, zur Unterscheidung von hüben und drüben, Heimkehrern und Ankömmlingen, Zugehörigen und Nicht-mehr-nicht-Zugehörigen, eine kontrollierte Durchlässigkeit möglich machte und physischen Zwang auf ein Minimum reduzierte.

Der Facebook-Tribun

Boris Palmer, der grüne Oberbürgermeister von Tübingen, veröffentlichte 2019 im Siedler Verlag ein Buch mit dem Titel *Erst die Fakten,
dann die Moral.* Als wäre dieser Titel noch nicht überdeutlich genug,
lautet der Untertitel *Warum Politik mit der Wirklichkeit beginnen muss.*
Im Frühjahr 2016, so hat Palmer in einem Zeitungsartikel berichtet,
diskutierte er mit »etwa hundert jungen Leuten«, die ihre Enttäuschung über das Abkommen bekundeten, in dem die Türkei zugesagt
hatte, die Weiterreise von Flüchtlingen nach Deutschland zu unterbinden. »Merkels Entscheidung, die Grenze im vorausgegangenen Herbst
zu öffnen«, hätten »ausnahmslos alle« diese jungen Leute befürwortet,
und vergeblich gab Palmer ihnen zu bedenken, dass vielleicht schon
diese Entscheidung »nicht moralisch motiviert gewesen« sei, »sondern
realpolitisch, so wie später eben der Pakt mit der Türkei«. Realpolitik
und Moral wären demnach Gegensätze. Boris Palmers Vater Helmut
Palmer ist in die Geschichte Baden-Württembergs als der »Remstal-
Rebell« eingegangen. Den Ehrennamen verdankt er der Verhinderung
eines Autobahnbaus, der das Remstal zerschnitten hätte; 1979 gab die
Landesregierung dem Protest der Bürgerinitiativen nach. Das landes-
geschichtliche Gedächtnis kennt Helmut Palmer außerdem als den Erfinder der versenkten Leitplanken, der Hunderten von Autofahrern
das Leben gerettet haben soll. Äußerst erfinderisch war der Obstbauer
auch bei der Erzeugung von Aufmerksamkeit durch Techniken der
direkten Ansprache. Die weißen Wandsegmente des Fachwerkhauses,
das er in Remshalden-Geradstetten bewohnte, füllte er mit Text in
einer für Spaziergänger und Autofahrer lesbaren Schriftgröße. Diese
Inschriften hatten teilweise programmatischen Charakter und bezogen sich teilweise auf eine Serie von Auseinandersetzungen des Haus-
eigentümers mit den Staatsorganen vor Gericht beziehungsweise auch
mit der Gerichtsbarkeit. »Ohne ständige Manipulationen und Betrü-
gereien der Presse u. Justiz hätte es längst ›geklappt‹.« Nach Art einer
Liste von Hochwassermarken waren in einem Feld Prozentzahlen in
Verbindung mit Ortsnamen aufgeführt. Als Mittel einer Politik des
Protests hatte Helmut Palmer die Persönlichkeitswahlen des Kommu-

nalwahlrechts entdeckt, in denen er als unabhängiger, ortsfremder Bewerber ohne Parteizugehörigkeit und Parteiunterstützung antreten konnte. Seinen persönlichen Höchstwert erreichte er 1974 in Schwäbisch Hall, wo im zweiten Wahlgang 41,4 Prozent der Wähler für ihn als Oberbürgermeister stimmten. Dreimal kandidierte er auch in Tübingen.

Boris Palmer besuchte eine Waldorfschule und legte nach einem Lehramtsstudium in Tübingen das erste Staatsexamen für die Fächer Geschichte und Mathematik ab. Im Jahr 2001 mit 29 Jahren in den Landtag gewählt, engagierte er sich auf der Bundesebene seiner Partei in einem Netzwerk von Nachwuchspolitikern namens »Realismus & Substanz«. 2004 publizierte dieser Kreis das Manifest einer »erneuerten Linken«, die als ihren Hauptgegner einen nach »politischer und kultureller Hegemonie« strebenden »Neokonservatismus« identifizierte, der für ein »Zusammenspiel von staatlicher Entverantwortlichung, gesellschaftlichem Rückschritt und außenpolitischer Renationalisierung« eintrete. Man propagierte einerseits »Gerechtigkeit und reale Selbstbestimmung unter den Bedingungen von Globalisierung« und andererseits den Anspruch, »gesellschaftliche Realität an Gerechtigkeit und Selbstbestimmung zu messen«. So meinte man, »eine doppelte Zumutung« für »Modernisierer« und »traditionelle Linke« zu formulieren. Ihrer Partei gaben die Autoren um Tarek Al-Wazir, den Fraktionsvorsitzenden im Hessischen Landtag, der die Grünen später in die schwarz-grüne Koalition unter Volker Bouffier führte, damals das strategische Ziel vor, die SPD dazu zu bewegen, rot-grüne Koalitionen als das bevorzugte Regierungsmodell zu behandeln. In der Binnensicht knüpfte sich an das neulinke »Projekt« die Hoffnung auf Karrierechancen. »Aus ihm können Politikerinnen und Politiker mit Anliegen und Charisma erwachsen – Akteure, die die Grünen in der nächsten und übernächsten Generation dringend brauchen werden.«

Die *taz* spottete, mit dem Papier meldeten sich »die Yuppies unter der neuen grünen Generation« zu Wort. Der Kölner Bundesparteitag der Grünen verabschiedete Anfang Oktober 2006 einen Antrag mit dem Titel »Radikaler Realismus im Klimaschutz«. Hier diente das Schlagwort des Realismus dazu, Auseinanderstrebendes zusammenzuzwingen, im Interesse der Mehrheitsfähigkeit. Als realistisch ausgegeben wurden einerseits das Programm, die gesamte Politik dem Primat des Klimaschutzes, das hieß dem Ziel der Reduktion des Kohlendioxidausstoßes, zu unterstellen, und andererseits der Verzicht darauf, zum schnellstmöglichen Erreichen des Ziels einen gleichzeitigen Verzicht auf Kohle- und Gaskraftwerke zu verlangen. Die Qualifikation des Realismus als radikal duplizierte die Zweideutigkeit eines im Kern rhetorischen Konzepts: Alles umstellen zu wollen und diese Botschaft der Gesellschaft zuzumuten war ein radikaler Plan – aber die Einsicht, nicht alles sofort umstellen zu können und insoweit Rücksicht auf die Gesellschaft nehmen zu müssen, war eben unter der Voraussetzung der Dringlichkeit der Totalumstellung dann nicht weniger radikal im Sinne von kühn und ehrlich. In der Praxis stellte sich der Parteitag damit hinter Palmer, der im Oktober 2006 zum Oberbürgermeister von Tübingen gewählt worden war. Palmer hatte sich mit einem Parteifreund aus dem Bundestag angelegt, weil dieser ein Bürgerbegehren gegen ein Gaskraftwerk unterstützte, an dem sich die Tübinger Stadtwerke hatten beteiligen wollen. Die Vereitelung des Gaskraftwerkbaus führte laut Palmer dazu, dass die Stadtwerke in Kohlestrom investieren mussten. Für seine polemische Bilanz der Angelegenheit verwendete Palmer auf dem Parteitag eines der gängigsten Schlagworte aus der Geschichte der Partei: »Unter Fundamentalismus verstehe ich, wenn man das Gute will, aber das Schlechte erreicht.« Die unerwünschte Nebenfolge des erfolgreichen Bürgerbegehrens war demnach keine Panne, sondern die Folge einer nach Urteil des Redners grundsätzlich verfehlten Einstellung, auch wenn der Anklang an die Selbstcharakterisierung Mephistos nicht beabsichtigt gewesen sein mag. Realistisch beziehungsweise nicht fundamentalistisch: Eigentlich ist damit nicht viel mehr bezeichnet als eine vernünftige Relation von Zwecken und Mitteln. Die pragmatische Kritik des Unrealistischen hat jedoch eine Tendenz, sich zu verselbständigen. Sie möchte eine Ideologie beschreiben und nimmt dann selbst ideologische Züge an.

Als Palmer sich im Sommer 2015 als Kritiker der Flüchtlingspolitik seiner Partei exponierte, verwendete er mit der Realismus-Semantik ein hundertfach bewährtes Instrument grüner Selbstkritik. Kontinuierlicher Gebrauch dieser rhetorischen Waffe hieß aber nicht automatisch kontrollierter Gebrauch. Eher das Gegenteil: Man hatte sich daran gewöhnt, dem innerparteilichen Gegner Weltfremdheit und unwirkliche Prämissen zu unterstellen. Und diese Sorglosigkeit liefert ebenfalls Beispiele für einen guten Willen, der Schlechtes erreicht.

So könnte eine wohlwollende Betrachtung der langen Kette von Einlassungen Palmers ansetzen, die am 8. August 2015 mit einer Stellungnahme zum kurzfristigen Anstieg der Flüchtlingszahlen in den Regionalzeitungen des »Redaktionsnetzwerks Deutschland« begann. »Für uns Grüne ist das leider ein harter Realitätstest. Es hat uns schon öfter erwischt, dass wir mit großem Enthusiasmus hehre Ziele verfolgt haben, und dann hat die Wirklichkeit sich nicht danach gerichtet.« Es sei »richtig und nachvollziehbar, dass wir die Partei der Mitmenschlichkeit sein wollen, aber objektiv ist es nicht machbar, dass wir die Aufnahme- und Betreuungskapazitäten so schnell ausbauen können, wie derzeit die Zahlen steigen«. Aus der Begrenzung der Kapazitäten ergebe sich die Notwendigkeit von Abschiebungen nach abgelehnten Asylanträgen. »Von manchen wird man bei den Grünen schon deshalb als fremdenfeindlicher Reaktionär angegriffen, wenn man auf diesen Tatbestand hinweist. Es ist aber die harte Wirklichkeit: Wir können nicht für alle eine sichere Zuflucht sein.«

In dieser Rechnung fehlte die Gegenseite des radikalen Realismus aus Palmers Klimapolitik. Bot eine Gesamtbetrachtung von Migrationsursachen und Steuerungsmitteln im globalen Zusammenhang nicht Gründe, eine große Reform des europäischen Zuwanderungs- und Asylrechts für früher oder später unabweisbar zu halten? Zudem lag es keineswegs auf der Hand, dass der Abgleich von Parteiprogrammatik und Wirklichkeit für die Grünen unerfreulicher ausfiel als für die Parteien, die seit der Grundgesetzänderung von 1993 ihre Hoffnung darauf gesetzt hatten, dass sich das Problem der Einwanderung durch die Hintertür des Asylrechts durch Erschwerung der Antragstellung lösen lassen werde. Sobald man näher hinsah, wurden die Konturen von Palmers Realitätsbegriff weich. Zunächst wies er Parteifreunde auf die Wirklichkeit des Rechts hin. Die rechtskräftige Ablehnung eines Antrags hat Rechtsfolgen, die man nicht ohne Rücksicht auf die

Kosten aus Gründen der Menschlichkeit endlos hinauszögern kann. Es wäre dann freilich auch der komplementäre Hinweis angezeigt gewesen, dass das Recht die Ermöglichung der Antragstellung und die zügige Bearbeitung garantiert. Am Ende schien Palmer dagegen eine Wirklichkeit sozialer Tatsachen als absolute Grenze der Hilfsmöglichkeiten zu beschwören. Keine sichere Zuflucht für alle: Hieß das, dass nicht nur die Moral, sondern auch das Recht im Zweifel zurückstehen musste?

In einem Streitgespräch mit dem grünen Bundestagsabgeordneten Chris Kühn spielte Palmer im Oktober 2015 eine Frage durch, an der später beinahe die Bundesregierung der Großen Koalition und die Gemeinschaft von CDU und CSU zerbrochen wären: Sollte es eine »Obergrenze« für Anträge auf Asyl geben? Kühns Argument, dass der Charakter des Asylrechts als Menschenrecht eine solche Deckelung verbiete, wies Palmer als »zu legalistisch« zurück. »Alles, was auf dem Papier steht, muss der Realität standhalten.« Geschriebenes Recht steht immer auf dem Papier, wenn man sich den Text ausdruckt oder als Gedächtnisstütze notiert. Man kann ihn auch in der Schule an die Tafel schreiben. Hinweise auf den Schreibstoff verbindet man in der Verfassungsgeschichte mit Verächtern von Verfassungsgesetzen wie dem preußischen König Friedrich Wilhelm IV. Nach dem Bundesparteitag der Grünen in Halle bekundete Palmer Ende November 2015 seine Genugtuung darüber, dass »alle unrealistischen Anträge« abgelehnt worden seien. Die Kritik an seinen Positionen sortierte er in die Geschichte des metaphysischen Schulstreits in der Partei ein: »Immer wenn Idealismus auf Realismus trifft, führt das zu kontroversen Debatten und zu schmerzhaften Entscheidungen.« Palmer war nur einer von vielen Bürgermeistern, die den Regierungen in Bund und Ländern 2015 die außerordentlichen Belastungen ihrer Gemeinden öffentlich vorrechneten. Anstößig wurde seine Art von Realismus, als man statt über die Grenzen der Aufnahmefähigkeit über die Grenzen der Integrationsfähigkeit diskutierte und deutlich wurde, dass Palmer auch vermeintliche kulturelle Unverträglichkeiten als harte Tatsachen von der Art der feuerpolizeilichen Belegungsgrenze eines Gebäudes auffassen wollte.

Schon im Oktober 2015 sprach die AfD eine öffentliche Einladung zum Übertritt aus. Palmers von Parteikollegen heftig kritisierte Äußerungen zeigten, dass es »selbst bei den Grünen Anflüge von elementarer Vernunft, von Pragmatismus und Realismus« gebe, sagte Jörg Meuthen, damals Landesvorsitzender der AfD in Baden-Württemberg. »Wir bieten Herrn Palmer gerne politisches Asyl.« Meuthen griff die Signalwörter Palmers auf, die sich mit der Selbstdarstellung der »Partei des gesunden Menschenverstands« überschnitten. Den spielerischen Charakter seines Vorstoßes machte er deutlich, indem er das in der AfD wenig populäre Institut des Asylrechts rhetorisch instrumentalisierte.

Den Anlass für die Offerte hatte Palmer mit einem Statement bei Facebook geschaffen, das sich zwar in der Anlage noch an das Format der administrativen Gegenrechnung zu den Vorgaben aus Berlin hielt, durch unumwundene Zuspitzung aber diesen Rahmen rationaler Abwägung sprengte. Frau Merkels Losung »Wir schaffen das!« hatte sich schon als kontraproduktiv erwiesen, polarisierte die Gesellschaft, die der Spruch zu gemeinschaftlichem Handeln hatte hinreißen sollen. Nun verkündete Palmer auf Facebook: »Wir schaffen das nicht.« Wohlwollende Zeitungsporträts stellten ihn als Mathematiker vor; wie zuvor Sarrazin äußerte er sich als Fachmann für Rechenkünste. Die Negation von Merkels Satz bedeutete jedoch mehr als ein Minuszeichen vor der Klammer. Dem Wortlaut nach bezog sich Palmer auf die Flüchtlingsaufnahme als Verwaltungsaufgabe, die sich in Zahlen darstellen ließ. Aber der Gestus war ein anderer. Wenn an Merkels Bekenntnis zum Optimismus der prophetische Ton missbilligt wurde, die ungedeckte geschichtsphilosophische Gewissheit hinter der Einladung zur kollektiven Autosuggestion, so schoss die wörtliche Verneinung des Satzes genauso über die Sachkritik hinaus: Der als Gewissheit verkündete Zweifel daran, dass wir es schaffen konnten, war geeignet, eine Kettenreaktion des Zwangspessimismus in Gang zu setzen. Mit der Warnung vor einer Gefährdung des »sozialen Friedens« ließ Palmers Prognostik die Belegpflichten kommunaler Haushaltsplanung hinter sich.

Gegen Kritik an der von ihm geäußerten Meinung setzte er sich mit dem Versuch zur Wehr, die Diskussion auf eine höhere Ebene zu heben: Er behauptete, das Äußern seiner Meinung solle unterbunden werden. Auf deren Richtigkeit kam es dann gar nicht an. Im Interesse der Meinungsfreiheit soll es vielmehr unbedingt richtig gewesen sein, sie zu äußern. Palmer sagte im *Morgenmagazin* der ARD: »Tabus bringen uns nicht mehr weiter.« Unehrlich war hier das scheinbare Zugeständnis namens des eigenen Milieus, Tabus in Sachen Migration hätten die Diskussion irgendwann einmal weitergebracht. Eine demokratische Öffentlichkeit kann keine Redeverbote dulden. »Tabu« ist ein Schlüsselwort des Pseudorealismus, der seinen Gegnern unterstellt, sie seien an den Dingen nicht interessiert oder hätten eine sachfremde, rein persönliche Agenda. Jede angeblich beschwiegene Tatsache soll besonders gewichtig sein, das Zeug zum archimedischen Aushebeln einer herrschenden Meinung haben. Gewöhnlich ist zweifelhaft, ob es sich bei der in Rede stehenden Sache überhaupt um eine Tatsache handelt, und fast immer darf man sicher sein, dass über sie sehr wohl sehr viel geredet wird.

Fritz Kuhn, Palmers grüner Amtskollege in Stuttgart, nannte dessen Umkehrung des Merkel-Satzes »wenig hilfreich«. Zu Journalisten sagte Kuhn während des Besuchs einer Flüchtlingsunterkunft weiter, er müsse »hier die Leute motivieren, die hier mit anpacken«, da helfe »abstraktes Philosophieren« nicht. Kuhns missmutige Widerrede traf zwar das ideologische Moment von Palmers realistischer Pose, musste aber den Vorwurf provozieren, in Wahrheit sehe er selbst mit unverhohlener Motivationsrhetorik von den konkreten Problemen ab. Ein dritter schwäbischer Oberbürgermeister, der Christdemokrat Frank Nopper, damals Oberbürgermeister von Backnang, der 2021 Kuhns Nachfolger in Stuttgart wurde, formulierte es drastischer: »Palmer hat recht. Er sagt die Wahrheit, auch wenn sie unangenehm ist.« Kuhns Kritik sei hingegen »der ritualisierte Politikerreflex des Schweigens und Beschönigens, der uns jetzt nicht weiterbringt«. Ein Ritual erkennt man an den liturgischen Formularen. Nopper praktizierte, was er Kuhn vorwarf. Politiker behaupten, im Namen eines Wir zu sprechen, das jederzeit weitergebracht werden möchte. Wenn es nicht weitergeht, tut man so, als stünden Tabus dem Fortschritt im Weg. Dass

Politiker einander vorwerfen, die Wirklichkeit zu ignorieren, ist Alltag. Ebenso die Wahrnehmung jeder Gelegenheit, Politiker einer anderen Partei gegeneinander auszuspielen. Aber wenn ein Politiker bei einem anderen Politiker einen Politikerreflex diagnostiziert, passt er sich der Sprache der Politikerverachtung an. Die Wirklichkeit wird gemäß dieser polemischen Logik der Gegenbegriff zu allen Konventionen der politischen Rede. Kommt sie zur Sprache, wird sie angeblich beschönigt, sie muss dann also hässlich sein. So ergab sich aus den Routinen des ununterbrochenen politischen Gesprächs wie von selbst der Verdacht, dass die Flüchtlingspolitik unaussprechliche Zustände heraufgeführt haben müsse. Und als die praktischen Schwierigkeiten der ersten Versorgung allmählich bewältigt wurden, rückten abstraktere Vorstellungen, Vermutungen über das kulturelle Gepäck, das die Schutzsuchenden aus arabischen oder afrikanischen Ländern mitbrachten, in die Funktionsstelle der vielbesprochenen Tabus ein.

Palmers ständige Produktion meldenswerter Wortmeldungen zur Flüchtlingsproblematik schloss einen hohen Ausstoß von Selbstkorrekturen ein. Er legte es darauf an, mit zugespitzten Formulierungen aufzufallen, die er dann bald selbst als unnötig zugespitzt bezeichnete. Ein sarkastisches Bild wie die »Ponyhof-Politik« wollte er nicht noch einmal verwenden oder bei der nächsten Warnung vor einem Schwund des Sicherheitsgefühls bei rechtstreuen Bürgern eine andere Veranschaulichung wählen als den Professor, der Angst um seine blonde Tochter habe. Und sogar seine als exakte Negation des Originals effektive Erfolgsparole »Wir schaffen das nicht« nahm er schon nach ein paar Wochen durch nachträgliches Redigat scheinbar zurück, indem er Journalisten wissen ließ, dass er besser »So schaffen wir das nicht« hätte schreiben sollen.

Dennoch rechnete er sich in einem Rückblick ein Jahr nach der Entscheidung der Kanzlerin, die Grenze nicht zu schließen, just diesen Satz, der nur in seiner Ursprungsform seine Wirkung hatte tun können, als eine Tat zu, durch die er einer Wende der Flüchtlingspolitik zum Realismus den Weg bereitet haben wollte. Zwar hätte, so Palmer in der *Süddeutschen Zeitung*, die Bundesregierung auch ohne Aufforderung aus Tübingen eine Verabredung mit der Türkei über das Abfangen von Flüchtlingen treffen müssen. »Aber letzten Herbst wagte noch niemand außerhalb des rechten Spektrums zu sagen: Wir schaffen das nicht, wenn weiterhin Flüchtlinge in so großer Zahl kommen.« In seiner eigenen Wahrnehmung war er nicht einer von vielen Mitredenden in der öffentlichen Diskussion. Vielmehr musste er ganz allein, man könnte mit einem Wortspiel sagen: eigenzüngig, eine Öffentlichkeit ersetzen oder simulieren, die ohne ihn stumm geblieben wäre, das heißt nicht existiert hätte. »Viele Leute haben ähnlich gedacht und geredet, aber nicht öffentlich. Es war eine historische Situation, in der meine Stimme in ein Vakuum eingedrungen ist. Deshalb die große Aufmerksamkeit.« Palmer beschrieb diese kommunikative Situation so, als wäre für sie eigentlich die Psychologie oder die Psychoanalyse zuständig gewesen. Die deutsche Gesellschaft hatte angeblich unter einer Redeblockade gelitten. Umgekehrt laborierte er, wie er eingestand, an einem Redezwang. Väterliches Erbe brach durch: »Wir Palmers können nicht das Maul halten, wenn uns was nicht passt.« Kritisch auf die Anklänge von AfD-Motiven in seinen Äußerungen angesprochen, rechtfertigte er sein Redeverhalten als strategische Kommunikation: Ihn leitete demnach die Maxime, dass nicht »der falsche Eindruck« entstehen dürfe, »es gebe in Deutschland eine Art Tabuisierung wichtiger Fragen«.

Während Palmer, der Berufspolitiker und Berufskommunikator, also im nichtprofessionellen Publikum, bei seinen Abonnenten auf Facebook oder bei Leuten, die ihn in Tübingen auf der Straße ansprachen, den Ruf eines Mannes genoss, der sich unverblümt und ungeschönt äußerte, erklärte er gegenüber professionellen Gesprächspartnern aus dem Journalismus diesen Stil als das Ergebnis permanenten Kuratierens. Die Wortwahl seiner Äußerungen und die Einstellung der Tonlagen, ja sogar die Themenwahl wurden demzufolge entscheidend durch das erwartete Umfeld der Äußerungen von Dritten bestimmt. Seine Kritiker nahmen ihn als Rechtsabweichler wahr, der polarisierte und zuspitzte; er selbst hielt sich für einen Vermittler und Brückenbauer. Von ihm aus gesehen erklärt sich diese Diskrepanz zwischen Selbstbild und Fremdbild daraus, dass er einen reflexiven kommunikativen Ansatz verfolgte und sozusagen die unausweichliche Relativität des politischen Meinungskampfes internalisiert hatte: Es gab die Meinungen im rechten Spektrum – und indem Palmer sie artikulierte, entwand er sie den Rechten, um den Preis, dass er sich wie ein Rechter anhörte. Er zog die Eignung der Links-rechts-Unterscheidung zur Sortierung von Sachpositionen in Zweifel und machte hinter der Unterscheidung einen Willen zur moralischen Aburteilung aus. »In der Debatte wird sehr schnell in Gut und Böse eingeteilt. Da werden Menschen in die rechte Ecke gestellt, die nicht dorthin gehören.« Palmer stilisierte sich zum Rebellen gegen die angeblich herrschenden Schemata öffentlicher Lagerbildung. »Da begehre ich auf, das will ich mir nicht bieten lassen.« Die Betonung der persönlichen Natur seines Engagements sticht ins Auge: Als Kränkung will er unfaire Zuordnungen empfunden haben. In einem langen Artikel, den die *F.A.Z.* im November 2016 unter der Überschrift »Die Nazis, die Flüchtlinge und ich« auf ihrer Sonderseite für staatsrechtliche Aufsätze veröffentlichte, verwendete er eine aus selbsttherapeutischen Zusammenhängen vertraute Sprache. Er schilderte eine persönliche Befreiung, als wäre die Flüchtlingsdebatte des Spätsommers 2015 so etwas wie eine als festgefahren erlebte Ehe gewesen: »Die Kluft zwischen Wunsch und Wirklichkeit wurde zu groß. Für mich wurde es Zeit, auszubrechen, das Grau der Realpolitik zwischen Hell und Dunkel wieder zu besetzen.« Der Ausbruch gelang mit dem sofort überall zitierten Satz, den er nun als »Hilfeschrei« bezeichnete.

Fragen waren mutmaßlich wichtig, wenn sie nicht gestellt wurden. Die Vermutung der Rationalität des öffentlichen Diskurses wurde damit suspendiert zugunsten eines demokratischen Primats der Integration aller möglichen Meinungen. Indem Palmer es sich zur Aufgabe machte, in ein durch Schweigen erzeugtes Vakuum einzudringen und die ungestellten Fragen zu stellen, verlegte er sich auf die Erzeugung von Rollenprosa. Ironischerweise wuchs ihm dadurch ein Nimbus des Authentischen zu. Und seine Methode, in ständiger Berührung mit radikal rivalisierenden Positionen die eigenen Stellungnahmen zu entwickeln, kleidete er in eine realistische Rhetorik des unmittelbaren Dingbezugs in der Tradition Lassalles ein: »Sagen, was Sache ist, hilft gegen die AfD.«

Der hohe Korrekturbedarf von Palmers Textproduktion muss irritieren bei einem politischen Profi – wenn man so will: einem Berufspolitiker von Beruf –, der nie etwas anderes gemacht hat. Kommunikation ist sein Kerngeschäft. Tollpatschigkeit scheidet als Erklärung aus. Rhetorik ist in der Stadt von Walter Jens Pflichtfach für den Bürgermeister. Dass Palmer seine Provokationen in dem Sinne plant, dass er vorher genau weiß, was er hinterher zurücknehmen muss, wird ihm zwar von manchen Parteifreunden unterstellt, scheint aber psychologisch nicht plausibel. Zwar besteht er darauf, dass er sich gut überlegt, was er sagt, und auch philosophisch mit sich zu Rate geht, bevor er den Mund aufmacht: »Im zweiten deutschen Herbst, dem Herbst der offenen Grenzen, habe ich mich mit solchen Fragen beschäftigt, bevor ich öffentlich sagte: ›Wir schaffen das nicht!‹« Mit der Anspielung auf den ersten deutschen Herbst, die Tage der Entführung Hanns Martin Schleyers und der Lufthansa-Maschine Landshut im Jahr 1977, als die Bundesregierung unter Helmut Schmidt Entscheidungen über Leben und Tod fällen musste, nahm Palmer für seine Gedanken zur Einquartierung von Flüchtlingen ein äußerstes Maß an tragischem Ernst in Anspruch. Aber wenn er sich dann äußert, haben seine Interventionen zumeist etwas Ungesteuertes. Aus seiner Sicht dürfte dieses Moment des Unvermittelten die innere Wahrhaftigkeit verbürgen, die Gewissheit, dass bei seinen Expeditionen ins Vakuum die Richtung stimmt. Nach knapp zwei Jahren Dauerstreit über die Flüchtlingsfrage gab Joschka Fischer, der alte weise Mann der Realos, Palmer den Rat, sich einstweilen nicht mehr zum Thema zu äußern. Palmer wies das ab, mit prinzipieller Kritik an taktischen Ablenkungsmechanismen wie dem von der klassischen Redekunst empfohlenen zeitigen Themenwechsel. »Was rausmuss, muss raus.« In die psychologische Fachsprache übersetzt: Sublimierung ist zwecklos.

Die Pannenanfälligkeit des Kommunikators Palmer möchte man auf den ersten Blick mit der grünen Urtugend der Spontaneität in Verbindung bringen, für welche seine schwäbische Heimat kulturelle Muster aus der pietistischen Tradition bereithält. Aber sie steckt im Programm seiner Kommentierung der Politik jenseits von Tübingen – Programm hier im Sinne der Computertechnik. Mit einer Art von

Automatismus nimmt Palmer zu den kontroversen Themen des Tages Stellung, und dabei kommt es regelmäßig zu Kurzschlüssen. Auf den Verursacher fallen die Pannen irgendwann nicht mehr zurück, denn ihre Häufung gibt Anlass zu dem Verdacht, es sei im System der öffentlichen Kommunikation etwas falsch eingestellt, wenn es dauernd zu Fehlermeldungen komme. Scheinbar zeigt Palmer, dass man über Fragen der inneren Sicherheit und nationalen Selbstbehauptung, wie sie sein Begriff vom zweiten deutschen Herbst aufruft, nicht ohne Verrenkungen sprechen kann. In seinen Worten aus dem November 2016: »Es bleibt schwierig, nüchtern über Asyl in Deutschland zu reden.« Wenn jemand bei diesem Thema den Eindruck verminderter rhetorischer Steuerungsfähigkeit macht, soll man die Schuld nicht bei ihm suchen. Man mag meinen, es liege in der Natur der Sache, dass man über das Asylrecht zumal in Deutschland nicht unbefangen sprechen könne: Jede Erschwerung der Antragstellung schreckt auch wirkliche politische Verfolgte ab, und der kategorische Unterschied zwischen politischer Verfolgung und wirtschaftlicher Ausbeutung blendet die Vermischung politischer und wirtschaftlicher Macht in korrupten Verhältnissen aus. Palmer glaubte dagegen, dass die Unsachlichkeit in die Asyldebatte hineingetragen werde, und machte eine soziale Trägerschicht dieses schlechten Einflusses aus. In Übereinstimmung mit publizistischen Stichwortgebern wie der Soziologin Cornelia Koppetsch forderte er, dass »das linksliberale städtische Bürgertum seine moralische Selbstüberhöhung« überwinden müsse. Was Deutschland anderenfalls drohe, beschwor er in der *F.A.Z.* in einer dramatischen Geste des Bekennertums, die nur im Kontext der von ihm kritisierten gesinnungsethischen Tradition Sinn ergab. »Ich habe ein Jahr lang erlebt, welche innere Gegenwehr es verursacht, wenn man sich grundlos als Rassist und unmoralischer Mensch beschimpfen lassen muss. Diese Attacken bekehren niemanden. Sie verstärken den Unwillen.« Seht mich an, so lautete die Botschaft dieses linksliberalen städtischen Bürgers an »das liberale Milieu«: Moralische Ächtung des Ressentiments ist kontraproduktiv, verstärkt es nur weiter – sogar mich kann es packen.

Wenige Wochen vor der Bundestagswahl 2017 erschien Palmers Buch *Wir können nicht allen helfen. Ein Grüner über Integration und die Grenzen der Belastbarkeit.* Einem Interviewer konzedierte der Autor, dass »Wir können vielen helfen« der Sache nach genauso richtig gewesen wäre. Unter diesem Titel hätte das Buch aber die ihm von Palmer zugedachte Funktion nicht erfüllen können, Leser zu gewinnen, die grundsätzlich an dem zweifelten, was sie anderswo lasen, vor allem in den Zeitungen. Die Beliebtheit des Artikelgenres der Reportage über Flüchtlingshelfer in ihrem Stadtteil kritisierte Palmer nicht, weil solche Texte sich wiederholen und das Ortsspezifische nur scheinbar spezifisch ist. Für ihn lag hier ein grundsätzliches Versagen der journalistischen Methode vor, ein Realitätsverlust im metaphysischen Sinne. »Die Medien bildeten kaum, wie es eigentlich ihre Aufgabe sein sollte, die Realität ab, sie machten sich auch jenseits von Meinungsbeiträgen mit der guten Sache gemein.«

Trotz der großen Aufmerksamkeit, die seinen Meinungen in gedruckten Organen entgegengebracht wurde, engagierte sich Palmer sehr stark in sozialen, nicht von professionellen Redaktionen verwalteten Medien, vor allem bei Facebook. Seine Einträge dort lösten häufig Berichte in den traditionellen Medien aus, über die seine Facebook-Freunde dann wieder diskutieren konnten. Die filterlose Kommunikation der sozialen Medien ist Sofortkommunikation. Facebook-Nachrichten verbreiten sich wie Lauffeuer. Palmer führt sein Internet-Tagebuch nicht nur pflichtgemäß, weil es heute von Politikern erwartet wird. Ihm kommt etwas entgegen an den Feedbackspiralen belohnter Beschleunigung und beschleunigter Belohnung. In der Zeitung *Die Welt*, deren Verlag die Abschöpfung künstlich generierter Aufmerksamkeitsgewinne perfektioniert hat, wurde er als pathologischer Fall professioneller Mediennutzung beschrieben. Boris Palmer gebe es doppelt. Der eine habe jederzeit die Effekte des Handelns mit Worten im Auge, klinge »wie ein grüner Realo«, der »die Debatte versachlichen« wolle. »Aber dann gibt es eben noch diesen anderen Palmer, der von einer Schlägerei, einem Übergriff und einer Messerstecherei hört oder liest und nicht schnell genug das Handy zücken kann, um eine steile These auf seiner Facebook-Seite zu posten.«

Im Juli 2018 beschloss der Gemeinderat von Tübingen eine Missbilligung von Äußerungen des Oberbürgermeisters. Auch die Hälfte der grünen Fraktion stimmte der von der SPD eingebrachten Resolution zu; die andere Hälfte enthielt sich. »Oberbürgermeister Boris Palmer spricht in keiner Weise für die Stadt Tübingen, wenn er Menschen anderer Hautfarbe unter Generalverdacht stellt oder wenn er aus äußerlichen Merkmalen, dem Sozialverhalten oder dem Kleidungsstil Rückschlüsse auf Herkunft und Status von Menschen zieht.« Stein des Anstoßes war ein Interview im *Schwäbischen Tagblatt* aus dem Mai. Palmer hatte erzählt, dass er auf dem Weg zum Interviewtermin in der Fußgängerzone von Ulm beinahe von einem Fahrradfahrer überfahren worden wäre. Der Täter entkam, aber Palmer glaubte seinen Aufenthaltsstatus erschließen zu können. »Ich wette, dass es ein Asylbewerber war. So benimmt sich niemand, der hier aufgewachsen ist, mit schwarzer Hautfarbe. Das wäre völlig missglückte Integration.« Bei Facebook verteidigte sich Palmer, indem er schon in der Schilderung des Sachverhalts implizit den Standard des unbegrenzten Informationsbedürfnisses einer totalen Öffentlichkeit ansetzte. Kritisiert wurde Palmer für das, was er im Interview gesagt hatte. In seinen Worten, die durch doppelte Verneinung den Maßstab verschoben: für das, was er »nicht verschwiegen« hatte, nämlich dass der Radfahrer, der im Zickzack die Fußgänger umkreiste, »schwarze Hautfarbe hatte und das Hemd so weit offen, dass er quasi mit nacktem Oberkörper provozierte«. Die klassische Frage an Polizeiberichte und die an sie anknüpfende Presseberichterstattung, welche besonderen Merkmale eines Verdächtigen informativ sind, stellte sich für Palmer nicht; er hätte sich, wenn er den Vorfall für sich behalten oder aber nur als Beispiel für das allgemeine Lebensrisiko in Fußgängerzonen erwähnt hätte, sozusagen der Unterschlagung von Tatsachen schuldig gemacht. Die Begebenheit gehörte für ihn zur Sache seines Gesprächs mit der Regionalzeitung. »Warum? Weil ich genau darüber erzählt habe, dass ich mich als Mensch darüber ärgere, wenn ich am Bahnhof von Gruppen junger Männer, die arabisch sprechen, an den Rand gedrängt fühle, weil die sich verhalten, als gehöre ihnen der Bahnsteig alleine, wenn schwarze junge Männer den Stadtpark für sich beanspruchen, wenn im Zug eine halbe Stunde lang vier schwarze Männer so laut herumalbern, dass ein ganzer Waggon die Augen rollt.« Diese Alltagssituationen waren angeblich auch alltäglich im Sinne von typisch. Palmers Einsamkeit aus der Flüchtlingsdebatte des Jahres 2015 wiederholte sich in der sozialen Wirklichkeit. »In solchen Situationen bin ich oft der Einzige, der etwas sagt.«

Gegen die Euphemismen und Auslassungen der Zeitungen setzte Palmer einen Realismus der direkten sozialen Erfahrung, das Bild einer Gesellschaft, deren Homogenität vom Augenschein beglaubigt wurde: Die Menschen verhielten sich so, wie sie aussahen, und sahen so aus, wie sie sich verhielten. Palmers Material über die »Störenfriede« wuchs ständig; indem er seine eigenen Erlebnisse in der Privatöffentlichkeit von Facebook ausbreitete, regte er »Zugbegleiter und Polizisten« an, ihm ihre Erfahrungen »persönlich« zu berichten. Der anekdotische Befund besorgte dergestalt seine eigene Verifikation gemäß den Grundregeln der Empirie: »Und meine Vermutung, dass das Asylbewerber sind, die sich so aufdringlich und unverschämt verhalten, hat bisher immer gestimmt.« Manchmal verbreitete Palmer auf Facebook auch Beweisfotos von seinen Begegnungen mit Fällen von abweichendem, aber musterhaftem Verhalten, die er selbst mit dem Handy aufgenommen hatte. Soziale Medien, wie Palmer sie nutzt, sind in doppelter Weise ein Medium der Unmittelbarkeit. Dort werden Tatsachen gesammelt, dokumentiert in Schnappschüssen und schnappschussartigen Niederschriften. Und ein Politiker oder Kolumnist steht dort in direktem Kontakt mit seinen Wählern oder Lesern. Mit den Facebook-Posts hat Palmer die Wandzeitungen seines Vaters weiterentwickelt, unter Wegfall der Platzbeschränkungen des Fachwerklayouts.

Palmers Kritiker mussten Leute sein, die das Wirkliche nicht sehen wollten. »Es gibt Menschen, die merken das nicht. Es gibt Menschen, die stört es nicht. Es gibt Menschen, die öffentliche Plätze und Verkehrsmittel lieber meiden.« Dieser naive Realismus wird zu einer Gestalt des neuen Nationalismus, wenn im kollektiven Schreibprozess so etwas wie eine Volksgemeinschaft entsteht, wenn der lockere Bund nomineller Freunde seine Vernetzung dadurch intensiviert, dass die Kommentatoren und Verteiler aufgerichteter Daumen und Lächelgesichter einander die Ähnlichkeit ihrer Weltsichten und Selbstbilder bestätigen und gleichzeitig markieren, wer nicht dazugehören soll. An die Nationsbildung im Zeitalter des alten Nationalismus erinnert, dass Zugehörigkeit durch Selbstbezeichnung ausgedrückt wird, aber alle Zugehörigen zusammen eine natürliche und vorgefundene Einheit zu bilden meinen. Dass Nationen nicht die Kopfgeburten humanistischer Gelehrter blieben, die Herrschaftsverhältnisse der frühen Neuzeit mit Völkernamen aus antiken Quellen kombinierten, dass sie vielmehr als »vorgestellte Gemeinschaften« tatsächlich die Phantasie breitester Schichten ganzer Völker beschäftigten, das hatte laut dem Politikwissenschaftler Benedict Anderson die Existenz der Druckerpresse zur Voraussetzung und vor allem deren Nutzung für die Vervielfältigung von Zeitungen, die wieder und wieder dasselbe schrieben über den Charakter und die Bestimmung der Amerikaner oder Mexikaner oder Deutschen. Die Homogenisierung der Erfahrungswelt von Lesern, die sich als Mitautoren eines Katalogs politischer Wünschbarkeiten zusammenfinden, ist heute die Sache sozialer Medien geworden. Palmer steckt viel Zeit in seine Präsenz bei Facebook – der Begriff »Präsenz« für fortwährende Textproduktion ist dabei selbst bezeichnend für die Aufhebung der Unterschiede, die das Soziale an diesen Medien ist. Freunde (wie man auch in der Antike gesagt hätte), Gefolgsleute (mit dem mittelalterlichen Begriff) oder Anhänger (moderner gesprochen) erwarten Interaktion. Zu den Kosten der Gewöhnung an diese permanente Kommunikation gehört die Schwächung des Sinns für den Unterschied von Zeichen und Bezeichnetem, anders gesagt: für das Symbolische an politischen Symbolsprachen, das Konventionelle und Arbiträre.

Einen Sturm des sarkastischen Protests mit dem Grundgeräusch vieltausendfachen Kopfschüttelns rief Palmer hervor, als sich seine Empörung ausnahmsweise einmal nicht gegen einen einzelnen tatsächlichen Mitfahrer und scheinbar offensichtlichen Schwarzfahrer im Regionalexpress richtete, sondern gegen eine Gruppe von Kunstfiguren mit Fensterplätzen im Fernverkehr: das unter professionellen Statisten rekrutierte Personal einer Imagekampagne der Deutschen Bahn. Unter diesen heiteren, coolen, entspannten, also ganz und gar untypischen Bahnfahrern gab es mehr Menschen mit dunklem Teint als im anzunehmenden statistischen Durchschnitt der deutschen Gesellschaft. Palmer warf deshalb die Frage auf: »Welche Gesellschaft soll das abbilden?« Hätte man diese rhetorische Erkundigung in eine Forderung übersetzen wollen, wäre etwas herausgekommen, was es hier und da im Wust der Anträge und Anfragen der AfD in den Parlamenten gibt, ein Konzept des vermeintlichen Mehrheitsschutzes, die Idee von Quoten für die mehr oder weniger scherzhaft so genannten Biodeutschen in Arbeitswelten öffentlicher Sichtbarkeit wie etwa bei Schauspieltruppen. Das Bestürzende an Palmers Intervention, deren rhetorische Gestalt deutlich machte, dass er etwas Evidentes zur Sprache zu bringen meinte, war nun nicht, dass man gedacht hätte, Palmer habe sich nun tatsächlich als Nationalist ältester Schule mit einem narrenhaften Glauben an Blutsbande enttarnt. Grotesk war vielmehr die primitive Abbildtheorie, die er seinem Urteil über die Werbekampagne zugrunde legte, die Verdrängung des Alltagswissens, dass Menschen in der Reklame immer schöner und schicker sind als die echten Abnehmer der Waren und Dienstleistungen. Dass ein Staatsunternehmen wie die Bahn, das im Übrigen nicht nur Deutsche transportiert, Kundenzufriedenheit mit einem multikulturellen Gruppenbild in Aussicht stellt wie schon vor Jahrzehnten die Eiskremindustrie, hätte Palmer nicht beanstanden müssen, weil es ihm nicht in den Sinn käme, die kosmopolitischen Aspirationen des öffentlichen Ethos verächtlich zu machen, und er sich genau dadurch von der AfD unterscheidet. So illustriert die kuriose Episode, in welche Geistesverwirrung ein Realismus führt, dessen Prämisse das Misstrauen gegenüber der Öffentlichkeit ist, die These der Unwahrhaftigkeit institutioneller Kommunikation. Die Bahntickets sind überteuert, und dann sieht der Vielfahrer auf dem Plakat noch nicht einmal aus wie der Kollege an der Werkbank in Öhringen: Das war Palmers Beitrag zur Theorie der »Repräsentationslücke« (Koppetsch).

Im November 2021 leitete der Landesvorstand der baden-württembergischen Grünen ein Parteiausschlussverfahren gegen Palmer ein, den die Presse über viele Jahre als Ziehsohn des Ministerpräsidenten Kretschmann porträtiert hatte, des Altvorderen der Realos, der im bürgerlichen Milieu auch jenseits der eigenen Partei um Unterstützung für die Flüchtlingspolitik Angela Merkels geworben hatte. Palmer bog endgültig auf den Weg seines leiblichen Vaters ein und kündigte an, sich ohne Unterstützung seiner Partei und gegen deren Kandidaten um die Wiederwahl als Oberbürgermeister von Tübingen zu bemühen.

2) REPUBLIKANISMUS

Der säkulare Glaubensstaat

Wie der französische Rechtsextremismus heute behaupten kann, das Erbe der Großen Revolution sei bei ihm in den besten Händen, so geben sich die deutschen Nationalrevolutionäre als die wahren Antifaschisten aus. Gelegenheit, sich als Musterschüler der selbstkritischen, auf einen postideologischen Konsens ausgerichteten Nationalgeschichte in Szene zu setzen, gibt den Rechten in Frankreich und Deutschland der Kampf gegen den Islam. Zu diesem Gegenstand verbreiten sie Parolen, die man auch von ganz anderer Seite hört. Der Verfassungsschutz hat in seinem Gutachten über die AfD die Äußerungen von Parteifunktionären über den Islam umfassend dokumentiert und sich bemüht, Wertaussagen, die alle in dieselbe Richtung weisen, gleichwohl ihrerseits einer differenzierten Bewertung zuzuführen. Die Beamten wenden einen Test an: Wird ein Unterschied zwischen Islam und Islamismus gemacht? Wer diesen Unterschied nicht anerkennt, so die Arbeitshypothese, wird sich dazu gedrängt sehen, Muslimen die Religionsfreiheit abzusprechen – und wer das tut, setzt sich in einen Gegensatz zu den Artikeln 3 und 4 des Grundgesetzes, welche die Gleichbehandlung der Religionen gebieten.

Den Verdacht der Verfassungsfeindlichkeit weckt eine Position, die von denjenigen, die sie vertreten, gerade als Quintessenz des Verfassungspatriotismus verteidigt wird. Und diese Selbstsicht lässt sich nicht einfach als offensichtlich unbegründet zurückweisen. Den Islam als eine von Natur aus politische Religion zu bestimmen, allen Muslimen zu unterstellen, dass sie ein weltweites Kalifat errichten wollen oder jedenfalls diesen Willen fassen müssten, wenn sie den Koran nur richtig verstehen würden – das ist, als empirische Aussage, eine extreme Behauptung, die von vielem absieht, aber deshalb nicht falsch sein muss. Und der starken These in der Sache entspricht ein starkes normatives Engagement. Es gehört zur Logik der wehrhaften Demokratie, Stärke nicht erst in der Praxis, sondern schon in der Theorie zu demonstrieren, bei der Identifikation und Beschreibung der Bedrohungen. Wehret den Anfängen: Diese bewährte Devise darf sich die radikale Islamkritik schon deshalb zu eigen machen, um vor jedem Entgegenkommen gegenüber den muslimischen Verbänden zu warnen, weil nach der Lehre der radikalen Kritiker das Unheil bereits mit den historischen Anfängen des Islam begonnen hat, mit dem Imperialismus des Propheten Mohammed.

»Der Islam will die Welteroberung«: Der Althistoriker Egon Flaig, aus dessen Feder die *Frankfurter Allgemeine Zeitung* 2006 einen Aufsatz mit diesem Titel publizierte, hat bei Veranstaltungen der AfD gesprochen und gehörte zu den Erstunterzeichnern der »Erklärung 2018«, einer durch äußerste Knappheit auf größte Wirkung zielenden radikalen Formulierung des Einspruchs gegen die Legitimität der Flüchtlingspolitik. Flaig war 2006 kein Rechter – und doch sollte man den politischen Weg dieses im Begriffsgebrauch ungeheuer scharfsinnigen Wissenschaftlers nicht auf die Formel der Radikalisierung bringen. Er war und ist ein Radikaler jakobinischer Observanz, dessen Grundsatz der Grundsätze die Gleichheit der Bürger ist. Der neue Nationalismus tritt als Republikanismus auf. Die Ungleichbehandlung des Islam wird damit gerechtfertigt, dass dieser die Gleichheit der Bekenntnisse und der Geschlechter ablehne. Laizismus und Antitotalitarismus sind die beiden Leitideen der neuen republikanisch-nationalistischen Synthese. Jede der beiden Ideen erhebt den Anspruch, eine Lehre aus der Geschichte zu ziehen, der neueren Geschichte Frankreichs einerseits und der neuesten Geschichte Deutschlands andererseits. Mit der Verbannung der Religion aus der Öffentlichkeit wurde der katholischen Kirche ihr Widerstand gegen den Allmachtsanspruch des Nationalstaats vergolten. Die Lehre vom rein weltlichen oder weltlich reinen Staat ist eine revolutionäre, also ursprünglich linke Doktrin. Die Totalitarismustheorie dagegen, die mahnend auf die Beseitigung der Zivilgesellschaft im Führerglaubensstaat Hitlers verweist, hatte in der polarisierten Welt nach 1945 zunächst eine rechte, antikommunistische Stoßrichtung. In der Polemik gegen den Islam arbeiten die beiden gegenläufigen Ideen heute Hand in Hand: Die angebliche Ablehnung der Trennung von Religion und Kirche durch den Islam gilt ihnen als Beweis für seinen totalitären Charakter.

Einwände gegen die Geschichtsbilder hinter dem laizistisch-antitotalitären Syndrom liegen auf der Hand. Wer die abendländische Freiheit aus dem Investiturstreit herleitet, das heißt aus der Trennung von geistlicher und weltlicher Gewalt, und den Muslimen vorhält, sie seien noch nicht einmal im elften Jahrhundert angekommen, sieht darüber hinweg, dass erst der Weltherrschaftsanspruch, den das Reformpapsttum im Namen der Geistlichkeit erhob, den Anlass für die Gewaltentrennung schuf. Ohne diesen übergreifenden Anspruch hätte sich die Dialektik des Christenweltbürgerkriegs nicht entfalten können, der mit dem geistigen Waffenstillstand wechselseitiger Anerkennung autonomer Sphären endete. Zivilehe und Staatsschule waren die Waffen des Staates, der gemäß dem Programm der radikalen Aufklärer die Herrschaft der Priester zerbrechen wollte. Der Islam kennt keinen geweihten Klerus als gottgewollten Stand, aus dessen spirituellem Vorrang auch politische Vorrechte abgeleitet werden könnten. Das liberale Moment dieses ursprünglichen Anti-Klerikalismus wird von der Islamkritik ebenso unterschlagen wie der egalitäre Gehalt der an alle Menschen adressierten Botschaft des Propheten. Die Philosophen der antiklerikalen Aufklärung faszinierte der Islam, weil sie in ihm einen radikalen Universalismus zu erkennen glaubten. Der Gott des Propheten kommt ohne einen Gottessohn als Mittler aus und ohne das Mittlerwesen des Priesterstandes, das in der vorrevolutionären christlichen Staatslehre mit der Person Jesu Christi gerechtfertigt wurde. Alle Menschen werden nach muslimischer Lehre als Muslime geboren. Hinter der mit dem Menschenrecht der Glaubensfreiheit nicht vereinbaren Maxime, dass es keinen Austritt aus der Gemeinschaft geben könne, steht das Selbstverständnis einer natürlichen Religion, die keine unvernünftigen Forderungen zu erheben meint.

Eine Schule der antitotalitären Geschichtsreflexion nach 1945 schloss an die katholische Kritik des laizistischen Staates an, wie sie nicht nur

Ultramontane, sondern auch Papstkritiker wie der liberale Historiker Lord Acton vorgetragen hatten. Insofern die Staatsbeamten, insbesondere die Lehrer, sich selbst an die Stelle der Priester setzten und die Herrschaft über die Seelen beanspruchten, war schon der laizistische Staat ein totaler. Vor den liberalen Kritikern zogen die rechten Diktaturen der Zwischenkriegszeit selbst diese historischen Linien aus: Der Nationalsozialismus wollte das Erbe des Nationalliberalismus antreten, der Faschismus Mussolinis das Risorgimento vollenden. Ein Rechtsnationalismus mit republikanischer Programmatik mag sich in den Augen der meisten heutigen Demokraten monströs ausnehmen, aber die Evolution hat dieses Ungeheuer schon einmal hervorgebracht. Das Republikanische kann auch nicht einfach als Tarnung autoritärer Reformpläne abgetan werden, sondern ist geeignet, Gründe für diese Pläne zu liefern. Ein Antitotalitarismus, der gegen die Neigung des Staates, sich mit dem sozialen Ganzen zu verwechseln, auf moralische Zwischeninstanzen setzt, auf Institutionen, die ihr Existenzrecht nicht auf Staatsaufträge zurückführen, kann nicht so leicht gemeinsame Sache mit dem Laizismus machen. Aber wie viel Rückhalt hat ein solches pluralistisches Gesellschaftsdenken heute noch? Ist die Vorstellung, dass die Trennung von Staat und Gesellschaft die Freiheit sichert, noch so vielen Bürgern intuitiv plausibel, dass die nationalistische Vision der Bürgerschaft als Kampfgemeinschaft auf Widerspruch stoßen muss?

Zweifel sind erlaubt. Es könnte sein, dass die rhetorische Aufrüstung des Verfassungsstaates im Zeichen des sogenannten Kampfes gegen rechts ihre eigenen Voraussetzungen untergräbt. Wenn über die polarisierenden Effekte der permanenten Begleitung der Politik durch Fernsehtalkshows diskutiert wird, ist meistens von der Themenwahl die Rede. Strichlisten werden geführt, und es kann ergebnislos, also im Talkshowstil, darüber gestritten werden, ob Islam und Migration in einem bestimmten Zeitraum zu oft oder zu selten auf die Tagesordnung gesetzt wurden. Zur Verschärfung des Lagerdenkens trägt aber schon die Form der Fragen bei, deren Erörterung den Studiogästen aufgegeben wird. »Die Glaubensfrage – Gehört der Islam zu Deutschland?« Ja oder nein? Eine dritte Antwort ist nicht vorgesehen. Die

Scheidung der Geister vollzieht sich vor dem Horizont der nahenden Apokalypse. Woche für Woche, manchmal Tag für Tag wird diskutiert, ob das Land, der Westen oder die Freiheit noch zu retten sei. Das, was gerettet werden muss, ist das Alte und Vertraute; das Fremde und Neue kommt stets als Gefahr in den Blick. Dann wird gefragt, wie viel Islam oder Migration das Land verträgt, als wäre das Land oder der Westen oder die Freiheit ein empfindlicher Magen oder eine baufällige Brücke. Und obwohl heftiger Streit erwünscht ist, will sich keine Gewöhnung an den Dissens einstellen, möchte man sich nicht mit dem Gedanken anfreunden, dass unterschiedliche Antworten auf Fragen nach dem Nutzen und Nachteil von Migration und Religion unterschiedliche Aspekte dieser Themen hervortreten lassen und vielleicht an unterschiedlichen Orten und in unterschiedlichen Kontexten in unterschiedlichem Maße plausibel sind.

Stattdessen herrscht ein grammatikalischer Zwang, von allen Unterschieden abzusehen, die Tyrannei der ersten Person Plural. »Terror gegen die Freiheit – wie verteidigen wir unsere Werte?« Ein Kollektivsubjekt veranstaltet ein endloses Selbstgespräch mit so grausamem Gezeter, dass ihm eigentlich längst der Schädel geplatzt sein müsste. Das große Wir, das da zu uns spricht, hört auch auf den Namen der Gesellschaft. An »die Gesellschaft« werden Aufforderungen zur Stellungnahme adressiert, selbst wenn es um solche speziellen Fragen geht wie die nach dem angemessenen Verhalten gegenüber Männern, die Frauen nicht die Hand geben möchten. Oder Frauen, die Männern nicht die Hand geben möchten – wobei diese Seite des Phänomens gerne unerwähnt gelassen wird, damit man es zum Beleg des muslimischen Macho-Totalitarismus erklären kann. »Die Gesellschaft« soll das Ganze sein. Der Staat wird von der Gesellschaft nicht mehr unterschieden, denn von ihm wird auch erwartet, dass er sich für Begrüßungssitten interessiert und mit Rechtszwang oder Volkspädagogik interveniert. Man kann der Denkweise, die in solchen Redensarten zum Vorschein kommt, etwas Positives abgewinnen. Ein starker Begriff des Gemeinwesens wird hier manifest, eine extensive Vorstellung von dem, was alle angeht und daher von allen besprochen werden muss. Aber eine Öffentlichkeit, die für alles zuständig sein will, überfordert sich selbst und ebenso die Instrumente für die Regelung von Konflikten unter Personen, die in einem freien Staat und in einer Gesellschaft der Individuen nicht übermäßig viel miteinander zu tun haben müssen, die einander sogar fremd bleiben dürfen, obwohl sie Landsleute sind.

Unter dieser Überstrapazierung leidet sogar schon das Grundgesetz. In der mit unschöner Regelmäßigkeit wiederkehrenden Leitkulturdebatte ist der Hinweis üblich, es genüge für den Zusammenhalt der Gesellschaft, dass alle Bürger sich ans Grundgesetz hielten. Die Intention hinter dieser Position ist liberal: die Abwehr der Zumutungen einer postulierten ungeschriebenen Normativität. Verpflichtend sollen für Bürger nur Normen sein, die ihnen ausdrücklich Pflichten auferlegen und in einem förmlichen Verfahren zustande gekommen sind. Aber die enthusiastischen Verfassungsfreunde, die so argumentieren, haben vergessen, dass die Verfassung die Bürger gar nicht verpflichtet. Das Grundgesetz bindet und beschränkt die Staatsgewalt. Verfassungstreue wird von Beamten verlangt – die Ausdehnung dieser Erwartung auf alle Bürger hätte deren Verbeamtung zur Folge.

Und tatsächlich lässt sich ein solcher Habitus beobachten, insbesondere in Diskussionen über die Meinungsfreiheit. Sehr häufig hört man als Argument für die Unterdrückung einer Meinung, sie sei verfassungswidrig. Aber das Grundgesetz, das unter dem fortwirkenden Eindruck der zerstörerischen Macht einer unbeschränkten Staatsgewalt verfasst wurde, musste mit Bürgern rechnen, die Demokratie und Rechtsstaat ablehnen. Rechtswidrig könnten solche Ansichten nur in einem Staat sein, der die Lektion aus dem Untergang der Konfessionsstaaten der Frühen Neuzeit nicht gelernt hätte: Innere Zustimmung lässt sich nicht erzwingen. Die Herausforderung durch eine Rechte, die im politischen System die Systemfrage stellt, hat der Bekennerfreude der Verfassungsfreunde noch einmal einen Schub versetzt. Sie verdrängen, dass auch ihre Gegner die Verfassung idealisieren und ihre Vorstellungen von kultureller Homogenität des Staatsvolks als Voraussetzung durchsetzbarer politischer Entscheidungen mit der Verfassung begründen. Es stehen Bekenner gegen Bekenner, Verfassungspatrioten gegen Verfassungspatrioten, und wie die Konfessionsparteien in den Bürgerkriegen des Reformationszeitalters berufen sich beide Seiten auf denselben heiligen Text.

Die Verwünschungen, welche die AfD und die Parteien, zu denen sie eine Alternative bieten möchte, gegeneinander aussprechen, haben bereits eine äußerste Schärfe erreicht. Die Geschichte der Reformation lehrt jedoch, dass solche Bannflüche Seitenwechsel nicht verhindern, wenn sie sie nicht sogar begünstigen, weil sie Freiraum für Brückenbauer schaffen. Was im sechzehnten Jahrhundert die Thronwechsel in den fürstlichen Territorien waren, sind heute Landtagswahlen. Man darf voraussagen, dass Veränderungen der politischen Landkarte Anreize für vermehrte Übertritte von Einzelpersonen wie für die bündnispolitische Neuorientierung von Verbänden schaffen werden. Die dogmatischen Hindernisse für solche Wanderbewegungen werden überschätzt, weil der Spielraum der Grundgesetzinterpretation unterschätzt wird. Bleibt die AfD im Osten dauerhaft stärker als im Westen, ist in der CDU mit Rufen nach regional differenzierender Beantwortung der Frage der Koalitionsfähigkeit zu rechnen. Auch Alternativgründungen zur AfD, die auf dem Weg der Abspaltung entstehen, kann man sich vorstellen. Würde eine solche A AfD in eine Pattsituation nach Art des 2019 gewählten thüringischen Landtags Bewegung bringen, könnte sie auf mindestens stillschweigendes Wohlwollen hoffen, aller vorausgegangenen Abgrenzung zum Trotz.

Der Staat soll mit den Religionen nichts zu schaffen haben und muss jede Religion bekämpfen, die ihm Konkurrenz macht: In der Religionspolitik deckt sich die Position der neuen Nationalisten womöglich heute schon mit den Ansichten einer latenten Mehrheit der Bürger. In Frankreich haben die »Neuen Philosophen« der siebziger Jahre, Kritiker des Marxismus, die sich auf die Dissidenten des Ostblocks beriefen, der republikanisch-nationalistischen Synthese aus Laizismus und Antitotalitarismus den Weg bereitet. Der französische Laizismus mit seinen klaren Grenzziehungen zwischen privater und öffentlicher Sphäre findet in Deutschland mehr und mehr Anhänger. Die deutsche Version der Trennung von Kirche und Staat, die mit der Trennung die Notwendigkeit der Kooperation begründet, ist in sich nicht weniger konsequent. So lädt der Staat Seelsorger in die Gefängnisse und Kasernen ein, weil er für das Seelenheil nicht zuständig sein will. Aber das deutsche Modell wird als halbherzig wahrgenommen. Dass es Pluralismus begünstigt und auch die Freiheit von Ungläubigen etwas davon hat, wenn der Staat sich auf die Regelung äußerer Angelegenheiten beschränkt, ist offenbar immer schwerer zu vermitteln.

Die AfD will keine christliche Partei sein. In geradezu rabiater Weise macht Alexander Gauland diese Positionsbestimmung deutlich. Die Konservativen, die über Jahrzehnte in den Unionsparteien einen Linksruck beklagten, Diskussionszirkel gründeten und Abspaltungen sondierten, warfen Generationen von Parteiführern immer auch die Vernachlässigung der christlichen Grundlagen der christlichen Demokratie vor. Diese Kräfte haben heute in der AfD eine neue Heimat und auch erhebliches Gewicht: Beatrix von Storch ist prominent geworden als Netzwerkerin des christlichen Fundamentalismus. Den Anspruch, eine neue Union zu sein, kann die AfD mit ihrer Überkonfessionalität beglaubigen. Aber wo die historische Leistung von Adenauers Union die politische Versöhnung von Katholiken und Protestanten war, da reicht das religiöse Spektrum der neuen Partei von katholischen Papstkritikern, die an der Rechtgläubigkeit von Franziskus zweifeln, bis zu Neu-Deutschen Christen, die das Christentum als die Glaubensart des deutschen Volkstums erhalten wollen. In religionspolitischer Hinsicht stellt sich die AfD als dezidiert moderne Alternative zu den Unionsparteien dar. Die 1945 wiedergegründete Zentrumspartei konnte sich neben CDU und CSU nicht behaupten und wird wohl auch durch den Beitritt Jörg Meuthens ihre Auferstehung nicht erleben. In der Bundesrepublik nahm sich die parteipolitische Organisationsform des politischen Katholizismus als Anachronismus aus. Die AfD zählt darauf, dass spätestens seit der Wiedervereinigung und der Erweiterung der Bundesrepublik um weitgehend entchristlichte Gebiete die christliche Selbstbindung der Unionsparteien in ähnlicher Weise überholt sei. Für die weltanschaulichen Gruppierungen in der AfD, die sich von den meisten Gruppen in anderen Parteien durch die weltanschauliche Intensität ihres politischen Engagements unterscheiden, fungiert der neue Nationalismus als Klammer- und Auffangideologie. Die deutschchristliche Position dominiert die Parteilinie: Das

Volk wird als höchster Wert und höchste Realität ausgegeben, und so-lange es noch nicht ausdrücklich als höchstes Wesen bezeichnet wird, können auch die radikalen Katholiken damit leben. In der bevölke-rungspolitisch begründeten Kritik des Abtreibungsrechts hat diese ökumenische Koalition ein Gemeinschaftsprojekt.

Von liberalen Kommentatoren ist oft der Rat zu hören, die Mitglieder und Funktionäre der AfD nicht vorschnell Nazis zu nennen. Das ist ein Gebot der Klugheit: Demokraten sollten in ihrer Rhetorik auch dann maßvoll bleiben, wenn sie es mit Gegnern zu tun haben, die kein Maß kennen. Aber Zurückhaltung in der Wortwahl darf den Blick für das Phänomen nicht trüben. Hitler ist nicht vom Himmel gefallen: Im Geschichtsunterricht der siebziger und achtziger Jahre konnte dieser Satz fast schon wie eine Trivialität erscheinen. Der Nationalsozialis-mus ist kein Betriebsunfall: eine andere Formulierung für dieselbe Einsicht, mit dem Zweck der Zurückweisung des apologetischen Re-flexes. Die zentrale Bedeutung, die der Erinnerung an die national-sozialistischen Verbrechen in der symbolischen Staatspraxis und im öffentlichen Bewusstsein der Bundesrepublik seit den späten achtziger Jahren zugewachsen ist, hatte eine unvorhergesehene Folge: Aus dem Nachdenken über die gegenwärtige Politik ist der Nationalsozialismus verschwunden.

Solches Nachdenken orientiert sich gewöhnlich fast von selbst an historischen Beispielen, an den Lehren der Erfahrung, wobei der Unter-schied der Zeiten selbstverständlich immer zu beachten ist. Karl Diet-rich Bracher, der große Zeithistoriker der Bonner Republik, schrieb seine Dissertation über den Untergang der Weimarer Republik zum Zweck der Prophylaxe und nahm sich die antiken Geschichtsschrei-ber zum Vorbild: Durch vergleichende Ursachenforschung sollte eine Wiederholung der Katastrophe verhindert werden. In der heutigen Öffentlichkeit liegt über jedem NS-Vergleich ein Tabu. Instrumen-talisierung der Opfer und Trivialisierung der Verbrechen lauten die Scheinargumente, die zu der unheimlichen Situation geführt haben, dass aus dem Schlimmsten nichts mehr gelernt werden soll. Christoph Möllers ist das nicht geheuer: »Historisch und moralisch ist die Verabsolutierung des Nationalsozialismus überzeugend, politisch aber kann aus ihr weniger folgen, als wir uns wünschen sollten. Denn etwas, das sich nicht mit anderem vergleichen lässt, kann keine politische Orientierung bieten.« So scheint Hitler doch wieder vom Himmel gefallen. Jede Erörterung der Frage, ob der neue Nationalismus in den deutschen Parlamenten so etwas wie die Nazi-Bewegung ist, muss sich der Tatsache stellen, dass die Weltsicht der Hitlerpartei unter den Deutschen auf breite Zustimmung stieß, und zwar schon vor 1933.

Als Frauke Petry im September 2016 in einem Zeitungsinterview erklärte, »wir« sollten »daran arbeiten«, dass der Begriff »völkisch« »wieder positiv besetzt« wird, war in der allgemeinen Empörung ein Grundton des selbstgewissen Spotts unverkennbar. Petry hatte anscheinend eine unfassliche Dummheit gesagt. Dabei war der Begriff bis 1945 tatsächlich positiv besetzt, jedenfalls in breiten Kreisen des Volkes. Völkische Literatur und völkische Wissenschaft riefen zwar vor 1933 auch scharfe Ablehnung hervor, waren aber wichtige Strömungen des bürgerlich bestimmten Geisteslebens. Die im öffentlichen Reden über den Nationalsozialismus gängige Formel vom »Rassenwahn« lenkt ab von der kulturellen Plausibilität der Rassenlehre der Nationalsozialisten. Ihren Anhängern fehlte es nicht an Gründen: Die wissenschaftliche Literatur zur Begründung der vulgärdarwinistischen Sicht des Lebens füllte Bibliotheken. Die Deutschen Christen, die eine evangelische Staatskirche von Hitlers Gnaden und zu Hitlers Ehren errichten wollten, nehmen sich im Rückblick als bizarre Sektierer aus, vergleichbar den Kultdienern des Höchsten Wesens in der Französischen Revolution. Aber auch in Kirche und Theologie bereiteten geistige Strömungen, die nicht von vornherein auf mörderische Blasphemie zuliefen, dem Nationalsozialismus den Weg. Die Vergötterung des Volkes und des »Führers« des Volkes war eine Konsequenz aus der Kritik des außerweltlichen Gottes in der liberalen Theologie und aus der ethischen Auslegung des Evangeliums. Vulgäre Züge der Hitlerbewegung, zu denen für manche Beobachter auch die Professionalität ihrer Propaganda zählte, trugen dazu bei, dass sie unterschätzt wurde.

Die AfD behauptet, im Namen der schweigenden Mehrheit zu sprechen. Die Gegner der AfD behaupten dasselbe von sich. Dass diese Mehrheit tatsächlich schon festgelegt ist, nehmen wohl beide Seiten zu Unrecht an.

Opferdiskurse

Die AfD setzt sich als Gegnerin der Kirchen in Szene – der sogenannten Amtskirchen, der Großorganisationen, die Steuern erheben und Vertreter in die Aufsichtsgremien des öffentlich-rechtlichen Rundfunks schicken. Das passt zur antagonistischen Haltung, welche die Partei zu diesem Rundfunk einnimmt, der nach seinem Selbstverständnis keine staatliche Veranstaltung ist. Wenn die AfD fordert, dass ihre Vertreter auf die Podien von Kirchentagen eingeladen werden, hat man den Eindruck, dass sie nicht so sehr zum Schutz der *bona fides* ihrer Kirchensteuer zahlenden Mitglieder tätig wird, dass sie nicht ernsthaft im Sinne der Überzeugung handelt, Deutschland sei ein christliches Land und die Mitwirkung deshalb für die Deutschlandpartei Ehrensache. Stattdessen nutzt sie die Kontroversen, um sich nach erprobtem Schema als Opfer einer tyrannisch herrschenden Meinung darzustellen, die durch institutionelle Rückendeckung ausgleiche, was ihr an Rückhalt im Volk fehle.

Sie sucht die Isolation – doch gerade insoweit die Prämissen ihres strategischen Handelns populistisch genannt werden können, überschneiden sie sich mit Einstellungen, die im gegnerischen Lager verbreitet sind. Der Protest gegen die Amtskirchen zeigt die größte Wirkung schließlich innerhalb der Kirchen, und in der katholischen Kirche hat er inzwischen wohl die moralische Macht übernommen. Im öffentlichen Streit über die Flüchtlingspolitik brachten noch einmal die durch Ämter legitimierten Sprecher der Kirchen ihre Autorität zur Geltung. Die Spitzenpolitiker der AfD suchten die Auseinandersetzung mit den Bischöfen und verschärften sie bei jeder Gelegenheit, in der festen Erwartung, dass die obersten Kirchenbürokraten als Hirten ohne Herde dastehen würden.

Nicht nur der stetige Rückgang der Zahl der Kirchenmitglieder hat die Voraussetzungen eines politischen Lehramts der Kirchenoberen untergraben. Der im zeitunglesenden Bürgertum bekannteste Universitätstheologe ist Friedrich Wilhelm Graf, emeritierter Münchner Professor für Ethik, dessen theologischer Hauptgedanke zur Ethik lautet, dass die Bischöfe dazu von Amts wegen nichts sagen sollten. Er wirft ihnen vor, das Schwinden des Gewichts der Volkskirchen mit politischen Predigten auffangen zu wollen. Die katholische Kirche hat im globalen Skandal um den Kindesmissbrauch durch Priester ihr moralisches Ansehen auf absehbare Zeit zerstört. Der Laizismus im Sinne der Überwachung der kirchlichen Selbstverwaltung durch den Staat hat seitdem Anhänger unter den frömmsten Katholiken. Ostdeutschland, der Landesteil mit den höchsten AfD-Ergebnissen und den lautesten AfD-Rednern, mag ausweislich der Bevölkerungsstatistik ein sterbendes Land sein. Aber mit seiner Mehrheit von Konfessionslosen nimmt der Osten die deutsche Zukunft vorweg.

Die Bestsellerautoren Seyran Ateş und Hamed Abdel-Samad, die den Islam im Namen eines laizistischen Verständnisses von Öffentlichkeit als totalitär denunzieren, sind im liberalen Bildungsmilieu ebenso beliebt wie bei den Anhängern der AfD. Nicht nur ihre Beschreibungen der islamischen Gefahr decken sich mit den täglichen Alarmmeldungen der Rechten, sondern auch ihre Beschreibungen der Reaktionen auf diese Gefahr, Beschwerden über amtliches Nichtstun und öffentliche Gleichgültigkeit.

Bei Facebook verbreitet Ateş die Warnung vor einem Identitätsverlust Deutschlands als Folge schleichender Überfremdung, prophetische Science-Fiction nach x-fach kopiertem Schema, wie sie auch Thilo Sarrazin unters Lesevolk gebracht hat: »Wenn in der deutschen Islam-Politik nicht bald eine Kehrtwende stattfindet, werden wir an einem Morgen in dreißig Jahren in einem anderen Land aufwachen. In einem Land, in dem der politisch motivierte Islam seine Vormachtstellung nicht mehr nur gegenüber der restlichen Gemeinschaft der Muslime behauptet, sondern längst auf breite Schichten der Mehrheitsbevölkerung ausweiten konnte und mit seinem Stimmgewicht Wahlen zu seinen Gunsten entscheidet.« Das Wohlwollen gegenüber Flüchtlingen erklärt sie mit deutschem »Selbsthass«, angeblich einem Erbe der Achtundsechziger. Das Wort ist ein Stereotyp, das Ateş und ihr Verbündeter Ahmad Mansour regelmäßig bemühen, wenn sie das vermeintliche linke Appeasement gegenüber dem politischen Islam kritisieren. Sie übernehmen damit ein zentrales Motiv der rechten Kritik der Vergangenheitsbewältigung.

Dem angeblichen Selbsthass der Deutschen, einer masochistischen, grundlosen Selbsterniedrigung, korrespondiert in dem Bild, das Ateş, Mansour und Abdel-Samad von der deutschen Öffentlichkeit zeichnen, ein weiteres Stereotyp: der »Opferdiskurs«, den sie den Muslimen und vor allem deren Verbänden vorwerfen, eine taktische, fingierte Selbsterniedrigung. Auch die Figur der Ausnutzung des Opferstatus ist aus der rechten Fundamentalkritik des antinationalsozialistischen Selbstverständnisses der Bundesrepublik bekannt. Ateş sagte im August 2019 in einem Interview mit der Tageszeitung *Augsburger Allgemeine*: »Wir brauchen keine Opferdiskurse und wir brauchen keinen Deutschenhass. Wir brauchen keine selbsternannten Ausländerfreunde, die ganz entsetzt sind, wenn man sagt, dass viele Menschen auch wegen der deutschen Kultur zu uns wollen.« Wir – wir – wir: Routiniert gibt Frau Ateş dem Kollektivsubjekt immer wieder das Wort, als säße sie in einer Talkshow, in der sie keine Unterbrechung befürchten muss. Über Gesprächsbedarf kann von oben herab entschieden werden. Ganze Diskurse für unnötig zu erklären ist durchaus vereinbar mit der Sorge um die Meinungsfreiheit. Als »türkisch-kurdische Deutsche«, der die Kritik anderer Deutscher an Deutschland »weh tut«, gibt die liberale Imamin, die das Ausbleiben von Staatsgeldern für die von ihr in Berlin gegründete Moschee beklagt, den Nationalisten ein gutes Gewissen.

Bei einigen der radikalen Islamkritiker mit islamischer Biographie spielt wohl die nostalgische Erinnerung an den autoritären Nationalismus Kemal Atatürks in ihr Traumbild von Integration im Zeichen des deutschen Nationalstolzes hinein. Die Berliner Psychologin Birgit Rommelspacher deutete schon 2010 den Umstand, dass Islamkritiker als Deutschlandkritiker so häufig die Stichworte »Selbsthass« und »Deutschenhass« gebrauchen, in diesem Sinne: »Selbstkritik kann hier nur als Folge psychischer Komplexe und als Ausdruck von Schwäche verstanden werden.« In der Verachtung für den »Opferdiskurs« kehrt jene Verehrung der Härte wieder, die der Pädagoge Mansour den von ihm betreuten muslimischen Jugendlichen eigentlich austreiben möchte. Wer braucht Opferdiskurse? Im Duktus von Seyran Ateş könnte man auch einen Kommentar zur #MeToo-Debatte schreiben: Wir brauchen keine Opferdiskurse und wir brauchen keinen Männerhass. Und tatsächlich sind solche Kommentare geschrieben worden. Cora Stephan meinte schon 2013, als über den sexistischen Spruch eines Politikers debattiert wurde, »das Hinterhältige am Opfer-Diskurs« erkannt zu haben. »Er schließt aus, dass man etwas dagegen tun könnte, ein Opfer zu sein. Denn dann wäre man ja auch den Opfer-Bonus los.«

In Wien hielt Seyran Ateş im November 2018 einen Vortrag vor der Freiheitlichen Akademie der FPÖ zum Thema »Der politische Islam und seine Gefahren für Europa«, im Anschluss an ein Impulsreferat des damaligen Vizekanzlers und Bundesparteiobmanns Heinz-Christian Strache. Donnernden Applaus erhielt sie für ihre eingehende Kritik an den Linken, die kritisiert hatten, dass sie die Einladung der Rechtspartei annahm. Am 11. Juni 2015 sprach Hamed Abdel-Samad in Köln vor 160 Zuhörern, unter ihnen Frauke Petry, auf Einladung der Jugendorganisation der AfD. In der Einladung wurde das damals jüngste Werk des produktiven Autors, *Der islamische Faschismus*, als Anlass für den Gesprächsabend herausgestellt: »Es analysiert die Parallelen zwischen dem totalitären Denken des ›Dritten Reichs‹ und den islamistischen Gotteskriegern.«

Schon vorab wurde eine der Fragen genannt, die Sven Tritschler, damals in Personalunion Landes- und Bundesvorsitzender der Jungen Alternative, dem »renommierten Islamwissenschaftler« unbedingt stellen wollte: »Kann man die politische Verblendung, die viele unserer Großeltern in die Hitler-Jugend trieb, mit den Motiven vergleichen, die heute Jugendliche aus aller Welt zu islamischen ›Gotteskriegern‹ werden lässt?« Man gab mit dieser Ankündigung zu verstehen, dass man den Feind verstehen wollte. Die Gotteskrieger sollten gerade nicht dämonisiert und zum schlechthin Fremden stilisiert werden. Mit der hypothetischen Parallele zwischen den Wegen der Dschihadisten und der Hitlerjungen wurde den jungen Alternativparteisoldaten nahegelegt, sich im Gedankenexperiment an die Stelle ihrer zu Massenmord und Opfertod entschlossenen Altersgenossen zu setzen. Denn den Weg der eigenen Großeltern muss man nachvollziehen wollen, auch wenn man in ihnen Verblendete erkannt hat, und im zweiten Schritt kommt man dann womöglich auch den Gotteskriegern auf die Spur. Die anspruchsvolle komparatistische Versuchsanordnung war überdeutlich der Vergangenheitsbewältigung verpflichtet – die noch nicht als abgeschlossen angesehen wurde. Als kompliziert hat Per Leo untertreibend die Frage charakterisiert, was die NS-Zeit mit dem zeithistorisch aufgeklärten Zeitgenossen noch zu tun haben könnte. Die Nazienkel im Kölner AfD-Nachwuchs wollten sich ihr auf einem orientalistischen Umweg annähern.

Mit der Themenstellung bewegten sich die Veranstalter durchaus auf der Höhe des geschichtswissenschaftlichen Problembewusstseins. Wie hatte Hitler seine Diktatur auf Zustimmung gründen können, was erklärt den Enthusiasmus seiner Anhänger? Das bleibt die große Frage der Sozialgeschichte des Nationalsozialismus; die Formel vom Charisma ist nur ein Platzhalter für die Antwort. Aus Tritschlers Gesprächsagenda spricht sogar so etwas wie aufklärerischer Übereifer: Schon die Mitgliedschaft in der HJ auf Verblendung zurückzuführen, wenn laut Gesetz die »gesamte deutsche Jugend innerhalb des Reichsgebietes in der Hitlerjugend zusammengefasst« war, ist vielleicht etwas übertrieben. Eher wäre im Vergleich mit der Selbstradikalisierung junger Islamisten die Begeisterung der Studenten für Hitler zu ergründen, die ihm schon vor 1933 zufloss. Aber damit wäre man der Mentalität der Jungaktivisten einer ganz jungen Partei vielleicht doch etwas zu nahegekommen.

Als hätte Buffalo Bill dem Zirkuspublikum vor jedem Auftritt erklärt, dass in Amerika viel zu wenig geschossen werde, klagt der Berufsdebattierer Abdel-Samad ständig über den Verfall der Debattenkultur. Im Oktober 2015 hatte er als Gast des Berliner AfD-Ortsvereins Charlottenburg-Wilmersdorf dafür auch eine Erklärung parat: Deutschland sei gelähmt vor Angst, Angst vor der Rückkehr des »kleinen Manns mit dem Schnurrbart«. Wie die Reporterin der *taz* berichtete, verwendete der Vortragende diese Umschreibung noch mehrmals, und jedes Mal erzeugte er damit große Freude im Publikum.

Was das Grundsatzprogramm der AfD in umständlicher Antragsprosa die »aktuelle Verengung der deutschen Erinnerungskultur auf die Zeit des Nationalsozialismus« nennt, das packte Abdel-Samad in ein freches Bild. Mohammed war noch »Eine Abrechnung« wert, wie der Untertitel des Buches lautet, in dem Abdel-Samad auch einen Vergleich mit Hitler anstellte, um den Propheten der Muslime als Massenmörder, Tyrannen und Narzissten zu überführen. Hitler dagegen war längst entzaubert, nur noch eine Witzfigur, ein Pappkamerad, von dem sich die Deutschen Angst einjagen ließen, als wären sie Kinder. Ein anachronistischer Antifaschismus behindert demnach den Kampf gegen den wahren, neuen, islamischen Faschismus.

Dass die Vergangenheitsbewältigung den Deutschen den Blick für die Weltlage verstelle und sie daran hindere, das Richtige zu erkennen und das Nötige zu tun, also als souveränes Volk zu handeln, ist eines der ältesten Motive der Neuen Rechten. 1985, im Jahr der Feiern zum vierzigsten Jahrestag des Endes des Zweiten Weltkriegs, schrieb Günter Maschke, ein zum Nationalismus bekehrter Linksradikaler, in einem Aufsatz mit dem Titel »Die Verschwörung der Flakhelfer«: »Die BRD kann die Ausländerfrage nicht lösen – wegen Hitler! Sie kann die Frage der inneren Sicherheit nicht lösen – wegen Hitler! Sie kann ihre Armee nicht zu einer kriegsfähigen Truppe formen – wegen Hitler! Sie kann keine wirklich effizienten Notstandsgesetze verabschieden – wegen Hitler! Sie fürchtet den Vorwurf des Antiamerikanismus – wegen Hitler! Und den des Antikommunismus – wegen Hitler! Sie kann die Kriminalität nicht eindämmen – wegen Hitler! Sie versagt sich Rechte, die jeder Nation zustehen – wegen Hitler! Wie lange noch die Regierung Hitler?« Björn Höcke zitierte diese Stelle 2015, um die »letzte, sehr ausgebaute Auffanglinie« der »regierenden Buntmenschen« zu beschreiben. Eigentlich hätten sie in der Asyl- und Einwanderungspolitik »schon längst vor der Realität kapitulieren müssen«, doch mit »der Pflege und dem rituellen Vollzug des deutschen Schuldkults« hielten sie »die heute lebenden Deutschen« davon ab, sich auf ihre Interessen zu besinnen.

3) ANTI-MORALISMUS

Keulen

Hamed Abdel-Samad weiß, dass Bezugnahmen auf die NS-Zeit im Meinungskampf als taktische Waffen nützlich sind, und bringt sie in Revierstreitigkeiten zum Einsatz. In einer Diskussion in Wien verwahrte er sich im Oktober 2015 gegen die Kritik eines österreichischen Islamfunktionärs an seinen Auftritten bei der AfD: »Diese Nazikeule funktioniert bei vielen Deutschen und vielen Österreichern leider immer noch, bei mir zieht diese Masche nicht mehr.« Als gebürtiger Ägypter kann er sich demnach dagegen wehren, als Nazi abgestempelt zu werden. Ein reichlich befremdliches Argument, hatte und hat der kleine Mann mit dem Schnurrbart doch auch viele Anhänger unter den Arabern. In seinem Buch über den »islamischen Faschismus« erörtert Abdel-Samad selbst die Bewunderung Hassan al-Bannas, des ägyptischen Gründers der Muslimbruderschaft, für Hitler und Mussolini. Stechen kann der Trumpf, als den Abdel-Samad seine Herkunft ausspielt, nur unter der Voraussetzung, dass die politische Diskussion in den Nachfolgestaaten des Hitlerreichs von einem latenten Rassismus der Rassismusgegner bestimmt wird: Deutsche und Österreicher, die Meinungen nach dem Geschmack von Rechtsextremisten vertreten, können sich laut Abdel-Samad deshalb nicht effektiv gegen den Vorwurf der Förderung des Rechtsextremismus verteidigen, weil sie wegen ihrer mit der Geburt erworbenen Nationalität nicht unbefangen reden können.

Abdel-Samad pflegt seine Auftritte am rechten Rand mit seinem Interesse an der Meinungsfreiheit zu verteidigen: Er suche das Gespräch und scheue den Streit nicht. Aber indem er sich in Wien brüstete, dass ihm das Totschlagargument der deutschen Debattenkultur nichts anhaben könne, machte er sich den Hauptgedanken der rechten Polemik gegen die Aufarbeitung der Vergangenheit zu eigen. Und ihren Ton: Alle Warnungen vor einer Renaissance des NS-Gedankenguts sind nur »Masche«.

Die »Nazikeule« ist ein Lieblingswort der AfD. Ihr Kulturpolitiker

Marc Jongen sagte im Bundestag am 21. März 2018: »Eine verantwortungsvolle Kulturpolitik würde zur Debatte über die eigene kulturelle Identität ohne Denkverbote und permanente Nazikeule ermutigen, zentral geführt am Berliner Humboldt Forum, aber auch sonst überall im Land.« Die Vertreter der Rechtspartei in den Parlamenten behaupten, dass ihre Gegner die Waffe des NS-Vergleichs aus dem Schrank holen, wenn ihnen alle anderen Argumente ausgegangen sind. Am 2. Februar 2018 debattierte der Bundestag über einen Gesetzentwurf der AfD zur Änderung des Staatsangehörigkeitsgesetzes. Als die Grünen-Abgeordnete Filiz Polat unter Verweis auf das Tagebuch der Anne Frank darauf aufmerksam machte, dass das im Entwurfstext verwendete Wort »Fremdstaatler« ein Begriff aus den Akten der nationalsozialistischen Judenverfolgung sei, rief der AfD-Fraktionsvorsitzende Gauland: »Schlagen Sie nicht immer mit der Nazikeule um sich! Wir sind eine demokratisch gewählte Partei, verdammt noch mal!«

Man will in den Gefechten um dieses Schlagwort zeigen, dass man die psychologische Kriegsführung beherrscht: Spielerisch antizipiert man die geschichtspolitischen Querverweise, und indem man auf den hämischen Ton besondere Mühe verwendet, sorgt man für das niedrige Niveau, über das man sich beschweren kann. In einer Kleinen Anfrage, mit der die AfD im April 2018 von der Bundesregierung zu erfahren begehrte, wie sich seit 2012 »die Zahl der Behinderten, insbesondere der durch Heirat innerhalb der Familie entstandenen«, entwickelt habe, machte der Linken-Abgeordnete Sören Pellmann »eugenische Denkmuster« aus, von denen es »bis zur faschistischen Rassenhygiene und den folgenden Euthanasieverbrechen bekanntlich nicht mehr weit« sei. Gauland tat so, als nähme er dem Redner das böse Wort aus dem Mund: »Jetzt kommt die Nazikeule! Die hatten wir lange nicht mehr!« Einen ganzen Monat nicht mehr. Denn in der Generaldebatte am 22. März hatte Gauland auch schon gerufen: »Jetzt fällt die Nazikeule!« Damals hatte Pellmanns Fraktionskollegin Katja Kipping die dreizehn Jahre vorher abgewählte Regierung Schröder angegriffen: Deren Arbeitsmarktreformen hätten den »Nährboden für Rassismus und für Nationalismus« bereitet, »so dass wir jetzt auch hier im Parlament diese räudige Rechte sitzen haben«. Für die AfD haben solche Scharmützel ihren strategischen Sinn: Im Interesse der deutschen Souveränität wird jeder Versuch, die Vergangenheit als Maßstab einzuführen, als Plumpheit abgetan.

An den Begriffen, die durch Anhängen des Substantivs »Keule« an ein anderes Substantiv gebildet werden, zeigt sich die Selbstbezogenheit moralisch-politischer Debatten. Ein solcher Begriff bezeichnet ein Argument und möchte ein Argument über dieses Argument sein. Das Argument zweiter Stufe funktioniert dabei wie das bezeichnete Argument: Es soll die Diskussion mit einem Schlag beenden. Die »Nazikeule« und Vokabeln gleicher Bauart haben selbst Keulencharakter. Wer sie schwingt, muss den Gegner mit voller Wucht treffen wollen und darf keine Angst davor haben, mit dem Prügel im Schwung aus Versehen den eigenen Schädel zu streifen.

Wie man sich eine solche Schlagwaffe schnitzt und sie sogleich mit dem größten Effekt einsetzt, demonstrierte der unbesiegte Dickkopf der Debattengeschichte der Bundesrepublik, Martin Walser, 1998 in der Paulskirche. »Auschwitz eignet sich nicht dafür, Drohroutine zu werden, jederzeit einsetzbares Einschüchterungsmittel oder Moralkeule oder auch nur Pflichtübung.« Walser beschrieb sich selbst beim Aussprechen dieses Satzes, noch bevor er ihn ausgesprochen hatte. Er behauptete, dass er vor Kühnheit zittere, und dieses pathetische Bild war tatsächlich keine Aufschneiderei. Denn es war kühn, man darf sogar sagen tollkühn, dass Walser am Friedenspreisrednerpult, einem der zentralen Erinnerungsorte der antinationalsozialistischen Selbstvergewisserung der Bundesrepublik, einen hauptsächlich unter Neonazis kursierenden Begriff aufnahm und umformulierte, um etwas anscheinend sehr Ähnliches zu sagen.

Auschwitz dürfe keine Moralkeule werden: Die Wortwahl war offenkundig inspiriert von der »Auschwitzkeule«, einer Redewendung, mit der von ganz rechts über die Entmündigung Deutschlands geklagt wurde. Eine der ältesten Fundstellen, auf die Matthias Heine, Redakteur der *Welt*, bei der begriffsgeschichtlichen Spurensuche stieß, ist eine Reportage der Zeitschrift *Konkret* von 1989, in der ein rechter Agitator zitiert wird: »Wir lassen nicht zu, dass alles, was nach nationalem Gedankengut riecht, mit der Auschwitzkeule erschlagen wird.«

Das Ausmalen des metaphorischen Mordes macht das Bild vollends geschmacklos.

Die Brauchbarkeit dieses kruden polemischen Werkzeugs in der Debatte über Asyl und Migration demonstrierte schon 1996 eine Leserbriefdiskussion in der *F.A.Z.* Die Nachricht, dass in Berlin 22 junge Bosnier Klage beim Verwaltungsgericht erhoben hatten, um ein Bleiberecht zum Abschluss einer Berufsausbildung zu erwirken, nahm eine Leserin zum Anlass, an sämtliche Kriegsflüchtlinge aus Bosnien die Aufforderung zu richten, so schnell wie möglich in ihre Heimat zurückzukehren. Sie begann ihren Brief an die Herausgeber mit der Erinnerung an die Aufnahme von Millionen Flüchtlingen im zerstörten Deutschland von 1945. Aus dieser Leistung folgte für sie, dass man auch von anderen vom Krieg heimgesuchten Völkern erwarten dürfe, sich selbst zu helfen. Das Sozialsystem, das die Deutschen sich nach dem Krieg aufgebaut hätten, sah die Verfasserin des Briefes durch die Aufnahme von Kriegsflüchtlingen und Asylsuchenden gefährdet. »Für die eigenen Menschen reicht es nicht, während man über ein Bleiberecht für Kriegsflüchtlinge spricht, während man Hunderttausende von Asylbewerbern alimentiert, die zum größten Teil nach dem geltenden Gesetz kein Recht haben, überhaupt hier zu sein. Alles unter dem Mäntelchen der Menschenrechte und Humanität.« Die Leserin sagte voraus, dass irgendwann die Grenzen der Aufnahmefähigkeit erreicht sein würden. »Wo sollte so etwas auf Dauer hinführen? Wie dicht kann man dieses Land noch besiedeln?« Sie kehrte die humanitäre Perspektive um und fragte: »Welche Menschenrechte haben deutsche Steuer- und Abgabenzahler?«

Die Zuschrift zog eine weitere Zuschrift nach sich, deren promovierter Verfasser namens des gesamten Leservolks Zustimmung zu Ausführungen zum Ausdruck brachte, die nur eine Privatperson habe publizieren können. »Wäre sie eine Person des öffentlichen Lebens, würde man sie nach bewährtem Muster schnell mit der Auschwitzkeule oder mit Killeretiketten (Rassist, Faschist, Ausländerfeind, Antisemit, Inhumanität) zum Schweigen bringen. Notfalls klirren auch Fensterscheiben, oder ein Sprengsatz detoniert an der Haustür. Dass Meinungsfreiheit bei uns nur ein Recht, aber keine wirkende Möglichkeit ist, zeigt sich täglich daran, dass zumeist nur die erwünschten Meinungsträger zu Wort kommen. Offensichtlich bildet sich bei uns mehr und mehr ein neurotisches Helfersyndrom heraus, das letztlich dazu führt, dass sich der Helfer vom Hilfsbedürftigen abhängig macht.« Dass die Ausländerbeauftragte des Landes Berlin Rückkehrprämien für bosnische Familien vorschlug, regte diesen Leser zu einem impliziten Vergleich mit Deutschlands Lage 1945 an. »Damit genießen Ausländer fast den Status von Besatzungstruppen, für deren Rückkehr in die Heimat man zu zahlen hat.«

Alle Besorgnisse zeitunglesender und Fernsehnachrichten aufnehmender Bürger, die in der »Flüchtlingskrise« von 2015 laut wurden und die Regierenden in nachhaltige Panik versetzten, sind hier zwei Jahrzehnte vorher schon in unüberbietbarer Schärfe artikuliert. Im November 2015 erläuterte der damalige nordrhein-westfälische AfD-Vorsitzende Marcus Pretzell seinen Vorschlag, Grenzschützer Schüsse in die Luft abgeben zu lassen, um Flüchtlinge in die Flucht zu schlagen, mit der Einschätzung, Deutschland sei eine Gesellschaft mit einem »mitleidverklärten Helfersyndrom, die den Blick für die Notwendigkeit der Verteidigung unseres Staates, unserer Werte und Freiheit völlig verloren« habe. Hans-Olaf Henkel hielt auch nach seinem Austritt aus der AfD an der Radikalkritik der Flüchtlingspolitik fest. Den Titel seines gemeinsam mit seinem Europaparlamentskollegen Joachim Starbatty verfassten Buches *Deutschland gehört auf die Couch!* meinte er wörtlich, mindestens was die Bundeskanzlerin betraf. Dem *Spiegel* sagte er: »Lesen Sie nach, was der Psychoanalytiker Wolfgang Schmidbauer über vom Helfersyndrom befallene Personen schreibt. Für diese Menschen ist Helfen wie eine Sucht, aus einem Minderwertigkeitskomplex heraus. Leider schätzen sie dabei die Grenzen des Möglichen genauso falsch ein, wie sie die Frage ignorieren, ob ihre Hilfe überhaupt erwünscht oder sinnvoll ist. Dieser Befund trifft für weite Teile der deutschen Elite zu.«

Wer meint, der Einfluss von Intellektuellen werde übertrieben, sollte die Rezeption von Martin Walsers Friedenspreisrede studieren. Walser hat das Wort »Moralkeule« nicht erfunden. Vereinzelt ist es schon vor 1998 belegt, aber nach Walsers Rede wurde es zu einer stehenden Wendung der deutschen Sprache. Das Wort begegnet heute überall dort, wo Moral, genauer gesagt das Adressieren moralischer Ansprüche an Dritte, vorzugsweise vor Publikum, zum Gegenstand von Kritik wird. Journalisten schreiben ganz selbstverständlich von der Moralkeule, wenn es um die Missionsanstrengungen von Vegetariern oder eine den Bewusstseinswandel propagierende Umweltpolitik geht. Und wer eine solche Politik propagiert, tut gut daran, vorsorglich zu versichern, dass diese Waffe sich nicht in seinem Schrank befindet. So äußerte sich etwa 2019 Anjes Tjarks, Fraktionschef der Grünen in der Hamburgischen Bürgerschaft: »Ich bin auch dagegen, mit dem Zeigefinger auf andere zu zeigen oder bei jeder Gelegenheit die Moralkeule zu schwingen.« Die Keule assoziiert man mit dem Steinzeitmenschen aus dem Bildwitz. Eine moderne Politik kann nicht mit ihr hantieren wollen. Für die Kalkulation der Kosten moralischen Argumentierens, die zur »ethischen Reflexion der Moral« (Niklas Luhmann) gehört, stellt das Wort »Moralkeule« ein griffiges Bild parat. Wer es in diesem fast technischen Sinne verwendet, mag oft eine polemische Absicht haben, zieht aber in der Regel nicht den Verdacht auf sich, in einer rechten Gesinnung befangen zu sein oder gar eine revisionistische Agenda mit Blick auf die deutsche Zeitgeschichte zu verfolgen.

Diese Karriere der »Moralkeule« ist erstaunlich, verstrickte sich Walser doch über seine Frankfurter Ausführungen zu Auschwitz in eine bittere Kontroverse mit Ignatz Bubis, dem 1999 verstorbenen Vorsitzenden des Zentralrats der Juden in Deutschland, in der die intellektuelle Öffentlichkeit wohl mehrheitlich auf der Seite von Bubis stand. Im Jahr 2000 war »Moralkeule« ein Kandidat für das von einer Jury aus Sprachwissenschaftlern proklamierte »Unwort des Jahres«; als noch schlimmer bewertete die Jury am Ende aber »national befreite Zone«. Diese Kampfvokabel von Rechtsradikalen, die nicht verbirgt, dass sich die Sprecher in einem Krieg gegen den eigenen Staat wähnen, ist nie in den allgemeinen Sprachgebrauch eingegangen – ganz im Gegensatz zur »Moralkeule«.

Im Jahr 2015, als die Unwort-Jury das Wort »Gutmensch« als böse markierte und sich ihre Kollegen von der Jury für das »Wort des Jahres« auf »Flüchtlinge« einigten, wuchs die Nachfrage nach der »Moralkeule« mit der Zahl der Flüchtlinge. Der Schlager unter den Schlagworten resümierte mit dem schlagenden Bild vom Schlagen die Kritik an der Flüchtlingspolitik der Bundesregierung. Es fehlte dieser Politik angeblich die demokratische Legitimität; mit moralischer Erpressung soll Frau Merkel die Zustimmung beziehungsweise das Stillhalten sowohl der europäischen Nachbarstaaten als auch der eigenen Bevölkerung bewirkt haben. »Frust oder Keule?« Für die Anhänger der Alternative für Deutschland beschrieb diese Überschrift von Matthias Heine keine Alternative; »Moralkeule« ist eines der Lieblingswörter in ihren Meckerecken bei Facebook und im Kommentarbereich der Online-Zeitungsausgaben.

Der damit auf den polemischen Punkt gebrachte Einwand gegen die Richtlinienentscheidung vom September 2015 wurde aber keineswegs nur am Narrensaum des öffentlichen Gesprächs vertreten. Auch bei den Wortführern der kritisch gestimmten Segmente des bürgerlichen Milieus, der von Martin Walser treffsicher karikierten befehlsgewohnten Bildungsprominenz der »Herausgeber« und »Professoren, auf jeden Fall Chefs«, stand das Argument ganz oben, Frau Merkel habe erstens die Politik der Moral untergeordnet und zweitens die Moral der Politik dienstbar gemacht. Walser zitierte in seiner im *Spiegel* abgedruckten Rede neben anderen den Herausgeber der *Welt* und früheren Spiegel-Chefredakteur Stefan Aust: »Moralisch verbrämt, wird hier Nichtstun als Politik ausgegeben.«

Das Bild von der keulenschwingenden Bundeskanzlerin hatte eine solche Suggestivkraft, dass ihre Verteidiger es ausdrücklich zurückwiesen. Stefan Kornelius schrieb im Januar 2016 in der *Süddeutschen Zeitung*: »Während der Griechenland-Krise, aber auch in den ersten Flüchtlings-Monaten wurden Deutschland unterschwellig moralische Überheblichkeit und Besserwisserei vorgeworfen. Das war Unfug. Kein relevanter Politiker in diesem Land setzt die Moralkeule ein, im Gegenteil. Auch Merkel leidet nicht unter einem Helfer-Syndrom, empfindet keine Schuldgefühle oder Defizite in ihrem Christsein. Nein, sie handelt aus einer fast schon beängstigenden Rationalität heraus.« Und acht Monate später widersprach Martin Schulz, damals Präsident des Europäischen Parlaments und noch nicht Angela Merkels Rivale um das Amt des Bundeskanzlers, in einem Zeitungsinterview dem Vorwurf, Deutschland habe in der Flüchtlingsfrage »moralischen Imperialismus« ausgeübt. »Die Bundesregierung hat nicht die Moralkeule geschwungen, sondern sie hat etwas anerkannt. Deutschland ist das größte EU-Land und muss auch die größte Last tragen.«

Sehr diskret müsste Frau Merkel in den Sitzungen der europäischen Staats- und Regierungschefs mit der Keule hantiert haben, denn Appelle an die übrigen Mitgliedstaaten, sich an Deutschland ein Beispiel zu nehmen und aus moralischer Verpflichtung das Engagement für Flüchtlinge zu erhöhen, sind aus ihrem Munde nicht überliefert. Wenn sie das humanitäre Argument für das Offenhalten der Grenzen vorbrachte, war es immer an die eigenen Mitbürger adressiert, um die Lasten zu rechtfertigen, die ihnen dadurch zugemutet wurden, dass Deutschland die Abwicklung von Asylverfahren übernahm, für die nach der Logik des in der EU vereinbarten Dublin-Systems andere Staaten zuständig gewesen wären. Was aber nahm der leitende Redakteur der *SZ* für Außenpolitik an Frau Merkels Rationalität wahr, das ihm beinahe Angst machte? Vielleicht war es der Umstand, dass sie die eigene Rationalität offenbar auch den anderen Akteuren der internationalen Politik unterstellte. Sie sah von ausdrücklichen Aufforderungen an die starken Nachbarländer ab, die deutschen Maximen zu übernehmen und durch verstärkte Aufnahme von Flüchtlingen die Länder an der Außengrenze der Union zu entlasten. So gab sie den Nachbarn die Chance, das Vernünftige und Richtige, nicht von einer überpolitischen Moral, sondern von den Fairnessregeln eines Staatenbundes Gebotene aus eigenem Antrieb zu tun.

Dass die Kanzlerin mit der einseitigen Erhöhung des deutschen Aufnahmekontingents Zeit für die gesamte EU habe gewinnen wollen und in diesem Kalkül darauf angewiesen sei, dass es im Laufe der so gewonnenen Zeit ein Entgegenkommen der Partner geben werde, war die These, mit der Herfried Münkler im Februar 2016 in der *Zeit* die Flüchtlingspolitik erklärte. Der Vorschlag des Berliner Politikwissenschaftlers entsprach dem Bild von Merkels Politikstil, das die Öffentlichkeit oder doch der größere Teil der Öffentlichkeit sich angesichts ihrer früheren Entscheidungen gebildet hatte. Trotzdem hatte dieses Angebot einer rationalen Rekonstruktion des Regierungshandelns in der Öffentlichkeit keine Chance gegen die fixe Idee, dass »im Kanzleramt mehr das Herz als der Kopf« regiere, wie ein weiterer der von Walser zitierten Herausgeber, Holger Steltzner von der *Frankfurter Allgemeinen Zeitung*, geschrieben hatte. Auch unter den Prämissen von Münklers Analyse gab es reichlich Grund zur Kritik an Merkel: Sie hatte ihren Kollegen und den Bürgern zu wenig erklärt und zu sehr auf eine Systemlogik der reizwortlosen Kompromissfindung unter vertrauten Amtskollegen gesetzt.

Missionarische Drohgebärden waren in Frau Merkels Erläuterungen ihrer Flüchtlingspolitik nicht vorgekommen. Wie ist es zu erklären, dass dieser Verzicht aufs Appellative in der Deutung ihrer Haltung nach dem Schema der Moralkeule ins Gegenteil verkehrt werden konnte? Das hat mit den zeithistorischen Konnotationen zu tun, die dem Begriff seit seiner Prägung durch Walser anhaften. Wo es der deutsche Staat und eine deutsche Regierung sind, denen ein selbstgerechter Gebrauch moralischer Argumente vorgeworfen wird, da beschwört das Schlagwort der Moralkeule auch den historischen Kontext dieser Figur herauf, die deutsche Schuld an den Verbrechen des Nationalsozialismus. Dann liegt der Verdacht nahe, hinter dem guten Gewissen, dessen angebliche Zurschaustellung angeblich die Welt irritiert, verberge sich ein verdrängtes schlechtes Gewissen. Bei einer solchen Diagnose uneingestandener Impulse muss man mit Formen indirekten Verhaltens rechnen, mit einem symbolischen Handeln, das seine wahren Antriebe kaschiert.

Dass die Gefährlichkeit der Parole von der Moralkeule und damit ihre politische Brauchbarkeit für die Zwecke einer Systemopposition mit dem mitgeschleppten Bezug auf Auschwitz zusammenhängen, wird deutlich, wenn man die Karriere des Wortes bei den Stichwortgebern des neuen Nationalismus zwischen 1998 und 2015 studiert. Der SZ-Leitartikel von Kornelius enthält den wichtigen Hinweis, dass es eine Kontinuität in den kritischen Reaktionen auf Angela Merkels europäisches Krisenmanagement in der Fiskalpolitik und in der Flüchtlingsfrage gab. Griechische Politiker und Medien setzten ihre Verärgerung über die Besserwisserei und Überheblichkeit, die sie hinter den von Deutschland diktierten Vorgaben für ihre Haushaltsführung ausmachten, in plumpe NS-Vergleiche um. Thilo Sarrazin nahm im Juni 2012 in einem Aufsatz in der *Frankfurter Allgemeinen Sonntagszeitung* an solchen Rückgriffen auf die NS-Vergangenheit in internationalen Verhandlungen über die Finanzpolitik Anstoß: »Es ist auffallend, wie unbefangen, ja unverschämt viele angelsächsische Diskussionspartner, aber nicht nur sie, bei der Forderung nach deutschem Geld mit der deutschen Schuld an den Katastrophen des vergangenen Jahrhunderts spielen. 70 Jahre nach dem Zweiten Weltkrieg haben die Deutschen das Recht (und die Pflicht), sich in der internationalen Zusammenarbeit bei finanziellen Fragen von ihrem vernünftigen Eigeninteresse leiten zu lassen, ohne ständig die Moralkeule fürchten zu müssen.«

Man sieht, dass der Vorwurf der Moralkeule selbst eine moralisch hochaufgeladene Argumentationsfigur ist. Von Engländern und Amerikanern, also den westlichen Siegermächten von 1945, verbat sich das frühere Vorstandsmitglied der Bundesbank ein unverschämtes Thematisieren des deutschen Schuldkontos. Nun ist es höchst seltsam, dass ein Spitzenbeamter des deutschen Staates, dessen Räson den Willen zur Wiedergutmachung zur Grundlage hat, sich über Unhöflichkeit oder gar Frechheit der Nachkommen der Sieger beschwert, die spätestens seit 1985 in der Bundesrepublik Befreier genannt werden. Eine gewisse Asymmetrie der moralischen Autorität erbt sich als Resultat der Konstellation von 1945 fort. Deutsche sollten sich hüten, hier Tonfragen aufzuwerfen. Sarrazin kann es nur tun, weil er stillschweigend als Treuhänder der Opfer zu agieren vorgibt. Nur in ihrem Namen könnte es gerügt werden, dass die deutsche Schuld in Spielgeld der Finanzdiplomatie konvertiert wird. Für »unverschämt« lies »schamlos«.

Die Moralkeule ist nur effektiv, sofern der Angegriffene in Deckung geht und sich einschüchtern lässt. Wenn sich die deutsche Schuld sieben Jahrzehnte nach dem Zweiten Weltkrieg immer noch gegen die Deutschen ausspielen ließ, war das, so behauptete Sarrazin, mindestens teilweise ihre eigene Schuld. »Wir selbst sind allerdings nicht unschuldig an der übersteigerten Erwartungshaltung der anderen. Angela Merkels Kernsatz ›Scheitert der Euro, dann scheitert Europa‹ lässt sich auch übersetzen: Einem Scheitern Europas ist eine Pleite Deutschlands allemal vorzuziehen. Und wenn Deutschland dieses Scheitern verhindern will, wird seine Zahlungsbereitschaft unbegrenzt sein.« Wir sind nicht unschuldig: Sarrazin postulierte hier beiläufig die Existenz einer zweiten Schuld, die indes das genaue Gegenteil des Komplexes wäre, den der Publizist Ralph Giordano 1987 in seinem Buch mit diesem Titel bezeichnet hatte. Der Finanzpolitiker rügte keine Versäumnisse der Vergangenheitsbewältigung, sondern einen Übereifer im Abtragen der Schuld, der bewirkt haben soll, dass den Deutschen nun erst recht und auf unabsehbare Zeit Rechnungen präsentiert werden können. Sarrazins Vorwurf gegen die Europapolitik Angela Merkels lautet, dass sie die Selbstaufgabe Deutschlands als Preis der europäischen Einigung in Kauf nehme. Indem für die Stabilisierung der Gemeinschaftswährung unbegrenzte Leistungen in Aussicht gestellt würden, lade die Bundesregierung die anderen Euroländer ein, Deutschland auszunehmen und in letzter Konsequenz in den Staatsbankrott zu treiben.

Wie wäre es zu erklären, dass Deutschland sich in der Währungspolitik angeblich nicht allein von seinem vernünftigen Eigeninteresse leiten lässt, ja, dass die Deutschen sogar ihren eigenen Staat zur Disposition stellen? Die radikale Rechte hat auf diese Frage seit Jahrzehnten eine Antwort: Indem die Deutschen die Aufarbeitung mit dem ihnen eigenen Arbeitseifer betrieben hätten, sei ihnen die Selbstachtung abhandengekommen. Deutschland schafft sich ab – aus Masochismus. So warf Sarrazin der Regierung vor, ihre Verhandlungspartner in London und Washington in der Erwartungshaltung zu bestärken, dass mit der Moralkeule bei den Deutschen etwas zu holen sein werde. Günter Maschkes Lamento über die Unfähigkeit der Bundesrepublik zu souveräner Politik angesichts der geheimen Fortexistenz der »Regierung Hitler« ist nach dieser Logik um einen Vers zu erweitern: Die BRD ist unfähig zu einer rationalen Währungspolitik – wegen Hitler!

Die Motive aus Sarrazins Abrechnung mit der Griechenland-Rettung kehrten drei Jahre später in der Kritik an der Flüchtlingshilfe wieder. Erneut wurde Frau Merkel bezichtigt, die Pleite Deutschlands willig in Kauf zu nehmen, um das Scheitern eines wesentlichen Teilprojekts der europäischen Einigung abzuwenden, diesmal des Systems der offenen Grenzen und des unkontrollierten Verkehrs, eines Projekts, das in den Augen der Kritiker wie zuvor schon der Euro in der Krise seinen illusionären Charakter offenbarte. Diesmal soll die Bundesregierung zwar nicht wieder durch Einknicken dem Einsatz der Moralkeule auf der Seite der Verbündeten zuvorgekommen sein, vielmehr soll Frau Merkel selbst die Waffe geführt haben. Aber auch diese Umkehrung des Szenarios ist in Sarrazins Analyse von 2012 schon angelegt. Dass Deutschland bereit gewesen sein soll, auch um den Preis der Zahlungsunfähigkeit für die Rettung des Euro-Systems in Vorleistung zu gehen, erfüllte schon den Tatbestand der Hybris, die der Kanzlerin wegen ihrer Initiative in der Flüchtlingsfrage angekreidet wurde.

Von der unverhohlen radikalen Richtung dieser Kritik wurde Merkel der Prozess gemacht, weil sie erstens den Untergang des deutschen Nationalstaats geschehen lasse oder sogar betreibe und zweitens die Selbständigkeit der noch mehr oder weniger intakten Nationalstaaten Europas durch die Allüren eines Willens zur moralischen Vorherrschaft gefährde. So richtig vereinbar sind die beiden Anklagepunkte nicht. Hier zeigt sich die gespaltene Haltung der nationalistischen Rechten zu dem deutschen Staat, der sich aus der Katastrophe von 1945 hatte retten können. Aus dem grundsätzlichen Vorbehalt der Illegitimität, unter dem man die Bundesrepublik betrachtet, ergibt sich, dass man bereit ist, in ihr sowohl einen Unrechtsstaat wie auch gar keinen Staat mehr zu sehen.

Die in milderem Ton formulierten Varianten der gängigen Kritik an der Flüchtlingspolitik kranken an demselben Widerspruch. Einerseits soll die Bundesregierung das nationale Interesse aufs Spiel gesetzt haben, andererseits gegenüber den anderen Nationalstaaten als Möchtegern-Hegemonialmacht aufgetreten sein. Abgesehen sowohl von der quellenkritischen Schwierigkeit, Äußerungen von Regierungsvertretern zu finden, welche die der Regierung vorgeworfene moralische Arroganz belegen könnten, als auch davon, dass es eine Frage der politischen Wertung ist, wie man das nationale Interesse bestimmt, das durch die Aufnahme von Flüchtlingen beeinträchtigt sein könnte –

das gespaltene Bewusstsein, das den Regierenden bescheinigt wird, ist ein Motiv aus dem Schauerroman. Angela Merkel wird stilisiert zur bösen Deutschen mit doppeltem Gesicht: In den Außenbeziehungen weckt sie Erinnerungen an die großen Übeltäter der deutschen Nationalgeschichte wie Kaiser Wilhelm II., im Innenverhältnis hat sie vergessen, dass es die deutsche Nation überhaupt noch gibt.

Hans-Olaf Henkel veröffentlichte 2010 ein Buch mit dem Titel *Rettet unser Geld! Deutschland wird ausverkauft – Wie der Euro-Betrug unseren Wohlstand gefährdet*, das nicht nur im Titel an Thilo Sarrazins Superbestseller aus demselben Jahr anknüpfte. Anhand des Streits über *Deutschland schafft sich ab* erläuterte Henkel den Begriff der »Moralkeule« und dessen Nützlichkeit für die Kritik einer »politischen Klasse«, die sich um »die Mehrheit« angeblich nicht »kümmert«, obwohl ihre Mitglieder allesamt durch Wahlen in ihre Ämter gelangt sind. Der Begriff soll erklären, wie sich die Politiker diese Gleichgültigkeit leisten können, ohne die Wahlen abzuschaffen: Die »Moralkeule« wird laut Henkel »jedem« gezeigt, »der sich dem Konsens einer steuergetragenen und durch Wahlen bestätigten Elite widersetzt«.

In der Drastik des Bildes von der Keule, die 2015 wohl manche der von Walser apostrophierten »Chefs« unter den Merkel-Kritikern in vornehmer Manier vom Gebrauch des Wortes Abstand nehmen ließ, sah Henkel fünf Jahre vorher gerade den Witz des Begriffs. Er sei deshalb so treffend, »weil er das geistige Wesen der Moral mit den Arbeitsmethoden des Folterknechts verbindet«. Unklar bleibt in Henkels Ausführungen zunächst, warum vom Wink mit der Moral die schreckliche Wirkung des Folterwerkzeugs ausgehen soll, das der Folterknecht zumeist nur vorzeigen muss, um den Willen des Gefangenen zu brechen. Die Elite kann sich gegenüber dem Abweichler nicht etwa auf die Übermacht berufen, die in der Demokratie von Natur aus der Volksmeinung zufällt. Im Gegenteil: Aus Umfragewerten von bis zu 90 Prozent Zustimmung zu Sarrazin wollte Henkel schließen, dass die moralischen Bedenken, die Angela Merkel, Sigmar Gabriel und Renate Künast gegen die Sprache und Methodik Sarrazins zu erkennen gegeben hatten, gar nicht wirklich als moralisch gelten dürften. Oder waren »die genannten Politiker, die sich alle schmeicheln, zur Moralfraktion zu zählen, dazu bereit, die Konsequenz zu ziehen, dass nämlich eine große Mehrheit des Volkes unmoralisch denkt«?

Walser war es, der laut Henkel »den Begriff« der Moralkeule »1998 bei seiner Dankrede zur Verleihung des Friedenspreises des Deutschen Buchhandels einführte«. Er habe damit einem Phänomen einen Namen gegeben, das Henkel wie folgt charakterisierte: »Wer gewisse Dinge leugnet und andere behauptet, wer Dinge miteinander vergleicht oder alte Maßstäbe durch neue ersetzt, der wird moralisch abqualifiziert.« Moral dient demnach als Vorwand, um elementare Sprachhandlungen der rationalen Argumentation zu unterbinden: das Bestreiten, das Behaupten, das Vergleichen, das Paradigmenwechseln. Der mit Walsers Rede nicht vertraute Leser konnte Henkels Buch nicht entnehmen, dass der Schriftsteller die Moralkeule nicht als Kategorie der Diskurskritik eingeführt hatte, sondern als etwas, als das Auschwitz nicht geeignet sei. Möglicherweise hatte Henkel die Rede nicht nachgelesen und in seinem Gedächtnis so abgespeichert, als hätte Walser mit dem Wort »Moralkeule« im Voraus die öffentliche Kritik bezeichnet, die ihm unter anderem wegen dieses Wortes entgegenschlug.

Henkel war freilich durchaus bewusst, dass der Begriff sich im thematischen Zusammenhang von Auschwitz bewähren muss, wo beim Vergleichen, Behaupten und Leugnen am meisten auf dem Spiel steht. Als Beispiel für die Wirkung der Keule führte Henkel den Rücktritt des Bundestagspräsidenten Philipp Jenninger 1988 an, dessen Rede zum fünfzigsten Jahrestag der sogenannten Reichskristallnacht als »schuldrelativierend« – Henkel setzt das Wort in Anführungszeichen – eingestuft worden sei.

Dass die »Moralkeulenapostel« in hohen und höchsten Staatsämtern sich in der Causa Sarrazin gegen eine demoskopisch erhärtete Mehrheitsstimmung stellten, sollte nahelegen, ihre Verwendung moralischer Argumentationsregister nicht als unehrlich abzutun – wenn moralisch ein Standpunkt heißen soll, den jemand bezieht, weil er ihn für den richtigen hält, unabhängig von den Konsequenzen, die für ihn aus seiner Position erwachsen werden. Henkel konnte nicht verdecken, dass die Sache für ihn etwas Rätselhaftes hatte. Sein Generalschlüssel für das Verhalten der politischen Klasse, der in unzähligen Vorträgen und Talkshows erprobte Merksatz »Politiker sagen nicht das, worauf es ankommt, sondern was ankommt« passte nicht. Der Ökonom sah sich auf tiefenpsychologische Spekulationen verwiesen. »Es müssen da tiefsitzende Ängste am Werk sein, etwa vor zu viel Einfluss des Volkes auf die Demokratie oder vor den gestrengen Augen, die angeblich aus dem Ausland auf uns gerichtet sind – Ängste im Zusammenhang mit der immerwährenden Hypothek der Nazizeit, die deutsche Politiker immer noch befangen macht und davon abhält, die Interessen ihres Volkes gegenüber dem Ausland so zu vertreten, wie es weltweit üblich ist.«

Der Retter des deutschen Geldes bog hier in dasselbe trübe Fahrwasser ein wie zwei Jahre später sein Autorenkollege Sarrazin, dem Henkel bescheinigte, sein Buch sei »angenehm nüchtern verfasst«, ohne »Schaum vor dem Mund«, und stelle »Statistiken nebeneinander, die ihren Aussagewert haben«. Wo der frühere Zentralbankmanager in der *F.A.S.* sein Missfallen darüber äußerte, dass englischsprachige Staatsgeschäftspartner »unbefangen« die deutsche zeitgeschichtliche Hypothek ins taktische Spiel brachten, da fand der einstige Verbandschef es bedauerlich, dass die deutsche Seite in solchen Verhandlungen »befangen« wirkte. Und zwar ohne Not befangen: Im Ausland, das schloss Henkel aus seinen eigenen Auslandserfahrungen, blickte man gar nicht mehr mit gestrengen Augen auf Deutschland. »Übrigens wundern sich Politiker und Meinungsführer anderer Länder, mit denen ich gelegentlich zusammenkomme, warum die Deutschen nach wie vor unter einem solchen Schuldkomplex, gepaart mit einem Mangel an Selbstbewusstsein, leiden.« Sarrazin kam anscheinend mit anderen Politikern und Meinungsführern zusammen, aber vielleicht waren es auch dieselben Politiker und Meinungsführer, die Henkel an ihrer Verwunderung über den deutschen Schuldkomplex teilhaben ließen, um in Diskussionen mit Sarrazin dann doch Kapital aus diesem Komplex schlagen zu wollen. Für den überzeugten Marktwirtschaftler Henkel war jedenfalls klar, dass er den Ausverkauf Deutschlands nicht den ausländischen Käufern vorwerfen konnte. »Es ist also nicht das Ausland, das uns diese Befangenheit aufzwingt, und die Moral erst recht nicht, die jedem Menschen seine Würde und Freiheit zuspricht – es sind unsere Politiker, die im Ausland unter dem alten Musterknaben-komplex leiden und im Inneren unter ihren linken Scheuklappen.«

In Angela Merkel, bei der Henkel 2016 ein »schwaches Selbst-wertgefühl« diagnostizierte, sah er sechs Jahre zuvor einen bizarren Grenzfall des Musterknabenkomplexes: ein Mustermädchen, das nicht stillhalten kann, mit einem »Mangel an Takt«, ja, einem »Mangel an Toleranz« geschlagen ist und sogar »dem Papst vors Schienbein tritt«. Als Benedikt XVI. 2009 die vier exkommunizierten Bischöfe der Pius-Bruderschaft rehabilitierte, unter denen sich ein Holocaustleugner be-fand, hatte die Bundeskanzlerin »Klarstellungen« des Papstes gefor-dert, dass die Kirche die Leugnung des Holocaust verurteile und einen »positiven Umgang mit dem Judentum« pflege. Henkel war unklar, weshalb Frau Merkel hier Klarheit verlangte. »Mir bleibt es ein Rätsel, warum sie gerade in diesem Punkt immer so unglaublich schnell vor-prescht und Reflex anstelle von Reflexion setzt.«

Wenn die deutschen Politiker vor dem Ausland keine Angst haben mussten, blieb für ihr regelmäßiges Vorpreschen beim leidigen Thema der deutschen Schuld nur die andere von Henkel in Erwägung ge-zogene »tiefsitzende Angst« als Erklärung übrig: die Angst vor dem eigenen Volk. Dann hatte die Bundeskanzlerin deshalb eine solche »Grobheit« gegenüber dem Heiligen Vater an den Tag gelegt, weil sie in der Person des deutschen Papstes die eigenen Landsleute bestrafen konnte. Eine »innere Stimme« empfehle ihr offenbar immer wieder, »das eigene Volk zu deckeln, ihm seine irreversible Schuld einzubläuen und dies blitzartig mit jenem groben Instrument, das Walser so schön auf den Begriff gebracht hat«.

Im Oktober 2010, während der Frankfurter Buchmesse, deren Star Thilo Sarrazin hieß, gab Horst Seehofer dem *Focus* ein Interview, das unter der Überschrift »Horst Seehofer: Kampfansage an Schmarotzer und Zuwanderer« veröffentlicht wurde. Eine empirische Behauptung und eine politische Schlussfolgerung, zu deren Begründung Sarrazin immerhin noch ein mehrhundertseitiges, mit Statistik vollgestopftes Buch verfasst hatte, stellte der CSU-Vorsitzende und bayerische Ministerpräsident als offenkundig wahre Gemeinplätze hin. »Es ist doch klar, dass sich Zuwanderer aus anderen Kulturkreisen wie aus der Türkei und arabischen Ländern insgesamt schwerer tun. Daraus ziehe ich auf jeden Fall den Schluss, dass wir keine zusätzliche Zuwanderung aus anderen Kulturkreisen brauchen.« Die Reaktionen auf das Interview waren Empörung bei der parteipolitischen Konkurrenz und Unverständnis in der Schwesterpartei, bis hin zu Wolfgang Bosbach. Im Leitartikel der *Augsburger Allgemeinen* nahm Walter Roller Seehofer in Schutz. »Gerede« und »Unfug« sei die Kritik, sie ziele darauf, »die endlich in Gang gekommene Debatte über die Schattenseiten ungesteuerter Zuwanderung mit der Moralkeule zu stoppen«.

»Gerede« und »Unfug«: Das Merkwürdige an diesen Zensuren war, dass Roller den Einwänden gegen Seehofers Formulierungen in der Sache durchaus zustimmte. Der Vorwurf, Seehofer habe Muslime pauschal unter Verdacht gestellt, sei berechtigt. Aber Korrekturen in der Sache, so die Botschaft des Kommentars, verfehlten den Punkt. Der CSU-Vorsitzende habe »ganz unzweifelhaft die parteistrategische Karte gespielt« und seine Partei als Fürsprecherin »jener Bevölkerungsmehrheit« empfohlen, »die das Wachstum des muslimischen Bevölkerungsanteils mit Unbehagen verfolgt«. In dieser strategischen Kommunikation durfte es nach Meinung des Leitartiklers auf sachliche Triftigkeit nicht ankommen. Notwendig war es, die »Debatte« zu forcieren – »so viel kostbare Zeit« sei »mit Beschwichtigen vertan« worden. Die Überschrift lautete: »Worüber man reden darf«.

Roller nahm Seehofer noch nicht einmal die nachgeschobene Erklärung ab, er sei missverstanden worden und habe sich nur auf Fachkräfte bezogen. Nein, die »Absage an die weitere Einwanderung von Türken und Arabern« sei Seehofers Absicht gewesen – und damit habe er »die Grenzen dessen, was ein demokratischer Politiker sagen darf, nicht überschritten«. Wichtiger, als etwas Vernünftiges zu sagen, war es, an diese Grenzen zu gehen und zu sagen, was noch gesagt werden durfte: Das war für Roller die Lektion aus der Affäre um das Buch des Jahres 2010, dessen Verfasser sich allerdings in der Parteinahme für die Vernunft von niemandem überbieten ließ. »Hat nicht der Fall Sarrazin gezeigt, dass die Mehrheit der Menschen ganz anders denkt als die politische Klasse? Politik darf dem Volk nicht nach dem Munde reden. Aber sie muss sich auf dessen Sorgen einlassen. Und wer, wenn nicht die Union, soll verhindern, dass sich das Protestpotenzial eines Tages am äußersten rechten Rand formiert?« Der Tag, an dem sich das Protestpotential des äußersten rechten Randes formieren sollte, lag zum Zeitpunkt der Veröffentlichung des Leitartikels nicht mehr allzu weit in der Zukunft. Zweieinhalb Jahre später gründete sich die AfD. Dadurch, dass nicht nur Politiker der CSU wieder und wieder die parteistrategische Karte gespielt haben, ist das Aufkommen der neuen Konkurrenz nicht verhindert, sondern begünstigt worden.

Die Politik muss sich auf die Sorgen des Volkes einlassen – und soll das tun, indem sie beklagt, viel zu lange hätten diese Sorgen ja gar nicht zur Sprache gebracht werden dürfen. Politiker, die so daherreden, mit Absicht, Nachdruck und himmelschreiender Fahrlässigkeit, geben dem Vorwurf der Illegitimität der politischen Institutionen eigentlich recht. Denn wer soll denn verhindert haben, dass offen über Probleme und Chancen der Einwanderung geredet wurde? So über Gegenstände des öffentlichen Interesses zu sprechen, dass begründete Entscheidungen getroffen werden können, ist das Geschäft der Politiker. Mit dem Beschwichtigen muss es ein Ende haben: Diese Devise ist der Anfang einer Beschwichtigungspolitik, die den Bürgern ihre Sorgen zu nehmen verspricht, doch in Wahrheit diese Sorgen bewirtschaftet, wie früher eine katholische Konfessionspartei das Interesse von Katholiken am Religionsunterricht oder eine sozialdemokratische Partei die Hoffnung auf die Revolution. Vorsichtige Hinweise darauf, dass diese oder jene Sorge grundlos sei, müssen immer von der Versicherung begleitet sein, dass man die Sorgen ernst nehme. Der Wille zur Schonung der Gemüter von Bürgern, die missmutig gestimmt sind, weil sich ihre Lebenswelt zu schnell oder im Osten vielleicht auch zu langsam verändert, und die mangels anderer Adressaten dafür die Politiker und die Fremden verantwortlich machen, nimmt sprachliche Gestalt an in begütigenden Floskeln und leeren Versprechen. Die »Leitkultur« ist nur eines der Placebo-Präparate mit verheerenden Nebenwirkungen. Es wird geredet und geredet, und die ganze Zeit steht der heiße Brei auf dem Gaskocher und dampft. Kein Wunder, dass viele

Leute irgendwann glauben, es werde ihnen wirklich etwas Großes und Finsteres verschwiegen.

Schon lange vor 2015 oder 2010 war die Krisenkommunikation Normalität: der strategische Umgang mit den Themen Staatsbürgerschaft, Asyl und Bevölkerungswandel, die Debatte um der Debatte willen. Einen Tag nach der Publikation von Seehofers Focus-Interview erklärte die damals mit der FDP regierende Kanzlerin Merkel vor der Jungen Union in Potsdam: »Der Ansatz für Multikulti ist gescheitert, absolut gescheitert!« Das sagte sich leicht, denn Frau Merkel musste nicht befürchten, dass ein Vertreter des von ihr gescheiterten Ansatzes ihr widersprechen würde. Es konnte von einem solchen »Ansatz« schlicht und einfach nicht die Rede sein, denn keine deutsche Regierung in Bund, Land, Stadt oder Dorf hatte je ein gesellschaftspolitisches Konzept auf die Prämisse einer Gleichwertigkeit aller Kulturen gebaut. Dass es in der Geschichte der Bundesrepublik die Epoche eines regierenden Relativismus gegeben habe, ist aber die felsenfeste Überzeugung auf der Rechten.

Parteistrategisch lag kein Risiko darin, dass die CDU-Vorsitzende den Jungunionisten nach dem Munde redete, die von den klaren Gegensätzen der Ära Kohl träumten, wie man sich in der Ära Kohl in die Ära Adenauer zurückgewünscht hatte. Für sie ergab sich eine günstige Gelegenheit für den Versuch, die Wirkung einer Äußerung ein Stück weit zu neutralisieren, die ihr viel Ärger eingetragen hatte. Am Streit über *Deutschland schafft sich ab* hatte sie sich mit einer Kurzkritik in ihrem unverwechselbaren Ton beteiligt. Wie mancher Amazon-Rezensent hatte sie einen Stern vergeben, ohne vorzugeben, das Buch gelesen zu haben. Es sei »nicht hilfreich« – mit dieser lakonischen Einschätzung hatte sie heftigsten Protest provoziert, weil sie sich Sarrazins Spiel kurzerhand entzogen hatte. Denn nach den Regeln solcher Spiele, deren Einhaltung von allen Politikern erwartet wurde, hätte sie ja mitteilen müssen, dass Sarrazins Debattenbeitrag als Beitrag zur Debatte auf jeden Fall hilfreich sei, unabhängig von der Substanz und der Originalität seiner Argumente. Mit dem Auftritt bei der Jungen Union, dem zum Zitieren gemachten Satz, wurde sie wieder zur Mitspielerin.

Fünf Jahre später wurde ihr die Rechnung dafür präsentiert, dass sie den Spruch geklopft hatte. Scheinbar konnte ihre Politik der Offenheit, der offenen Grenzen und des offenen Horizonts, des Vertrauens auf die Neugier der Neubürger und den altdeutschen Schaffensdrang mit ihren eigenen Worten widerlegt werden. Solche Widerrede fiel zwar plump aus, so dass sie kaum jemanden jenseits der ohnehin schon entschiedenen Regierungskritiker erreicht haben dürfte. Vielleicht ist aber auch so etwas wie eine innere Debatte im Kopf von Angela Merkel zu veranschlagen, eine psychologische Wirkung der unbedachten Selbstbindung durch taktisch motivierte Überdeutlichkeit. Es wurde oft mit Bedauern vermerkt, dass sie sich in der Krise ihrer Regierung nicht besonders gut erklären konnte, dass sie sich schwer damit tat, die Politik der Offenheit in der Form eines positiven Programms zu artikulieren. Dieser Rückzug ins Andeuten mag damit zu tun haben, dass von ihr falsche Eindeutigkeiten zum Thema zu Buche standen.

Kulturkriege

Nachdem die AfD im Jahr ihrer Gründung den Sprung in den Bundestag knapp verpasst hatte, skizzierte Alexander Gauland in einem Gastbeitrag im *Tagesspiegel* unter der Überschrift »Dem Volk aufs Maul schauen« eine Strategie für die Ausschöpfung ihres Wählerpotentials. Seine Analyse ging von der Feststellung aus, dass der Euro noch nicht von genug Menschen als »unmittelbare Bedrohung ihrer Existenz« empfunden werde; zu viele sähen ihn nur »als theoretisches Gepäck«. Gauland wollte die AfD daher zum Sprachrohr der kulturell Entfremdeten machen. Die Partei müsse, »wenn sie überleben will, jenen Menschen wieder eine Stimme geben, die keine mehr haben und deren Lebensgefühl im öffentlichen Diskurs nicht mehr vorkommt«. Er nannte mehrere Gruppen, denen die AfD die Vertretung ihrer emotionalen Interessen anbieten solle, und hätte diese Aufzählung nach eigenen Angaben »unendlich fortsetzen« können. »Da gibt es viele, die das ganze Gender-Mainstreaming für eine große Narretei halten und korrekte Märchen, eine feministische Bibel oder die neuen weiblichen Schriftformen für die Erfindung von Menschen, die sonst keine Sorgen haben.« Gauland sagte voraus, dass das Aufgreifen dieser Gefühle kulturell vermittelter Existenzbedrohung »immer von Neuem zu Konflikten führen« werde, »zu Grenzüberschreitungen wie Trennungen« auch in der Partei.

In der Ära des Präsidenten Bill Clinton hatte deutsche Zeitungsleser die Kunde von den »Culture Wars« in den Vereinigten Staaten erreicht. Es ging um Kämpfe in der politischen Öffentlichkeit, deren Auslöser und Ziele der Sphäre des Symbolischen angehörten, im Kontrast insbesondere zum Materiellen und Ökonomischen. Gekämpft wurde zunächst um Symbole im Wortsinn: Dürfen Christbäume und Weihnachtskrippen auf öffentlichem Grund und Boden aufgestellt werden? Darf man die Flagge der Vereinigten Staaten als Zeichen des Protests in Brand stecken? Andere Streitgegenstände, etwa der Lehrplan des Biologieunterrichts oder das Waffenscheinwesen, erhielten symbolische Bedeutung in dem Sinne, dass ihnen überraschend viel Aufmerksamkeit zugewendet wurde – sie waren offenbar Zeichen für andere Konflikte. Man erfuhr, dass bei Anhängern der Republikaner die Parteipräferenz stark von Fragen des Lebensstils oder der Moral und des Umgangs mit Minderheiten bestimmt wurde. Es schien nahezuliegen, diese Spaltungserscheinungen mit einer Abweichung Amerikas vom europäischen Standard gesellschaftlicher Modernität zu erklären, der anhaltenden Lebendigkeit eines bekenntnisfreudigen Christentums. Auch die eigenen amerikanischen Erklärungen für das Phänomen verwiesen auf den Evangelikalismus. Als man dann noch staunend sah, welches Gewicht für die Gesamtgesellschaft Entwicklungen in den Universitäten zugeschrieben wurde, insbesondere begrifflichen Innovationen in den Geisteswissenschaften, schien es vollends auf der Hand zu liegen, dass man es mit einem neuen für Europäer unverständlichen amerikanischen Nationalsport zu tun hatte, mit einer Art politischem Baseball.

Eine Generation später haben die Kulturkriege längst auf Europa übergegriffen, und sie wüten insbesondere in den Staaten West- und Mitteleuropas, in denen der öffentliche Bedeutungsverlust der Kirchen rapide vorangeschritten ist. Möglicherweise absorbieren sie eine heimatlos gewordene Bekenntnislust, den theologischen Hass der Gottverlassenen. Der Populismus hat sein größtes Mobilisierungspotential in den Themen symbolischer Politik; dort ist er wirklich populär, erfasst sehr viel breitere Kreise als die populistischen Parteien, deren ausdrücklich minderheitenfeindliche Programmatik abschreckt. Mobilisiert wird gegen einen intellektuellen Erzfeind, ein angeblich zur Herrschaft gelangtes falsches und verfälschendes Bewusstsein. Das verrostete Schlagwort der Politischen Korrektheit, mit dem ursprünglich in den Vereinigten Staaten die Kodifizierung von Regeln für sprachliche Formen eines rücksichtsvollen Umgangs auf dem Campus bezeichnet wurde, dient als Universalschlüssel einer Ideologiekritik, die offenbar in jeder Nationalkultur das Zeug zum Volkssport hat.

Populisten wollen die besten Demokraten sein. Wie können sie dann Antidiskriminierungspolitik diskreditieren? Indem sie dahinter den Willen zur Etablierung ungleicher Redemachtverhältnisse entdecken. Der Affekt gegen die Moral, gegen die kantischen Zumutungen der Perspektivumkehr und des Konsistenztests, rechtfertigt sich durch die Denunziation von Eliten. Die polemische Kommunikation entlang solcher Leitlinien ist zwangsläufig selbst eine Veranstaltung mit elitären Zügen, weil sich mit dem stechenden Stichwort auch der Ruhm des Stichwortgebers verbreitet: Der populistische Weltmoment ist die Stunde der Kolumnisten, die Revolution des dem Affen Zucker gebenden Mundes. Die Stars in dieser Manege bauen die Demonstration des eigenen Status in ihre Kunststücke ein: Sie gefallen sich darin, das Künstliche, Gewollte und Konstruierte des ganzen Zirkus in ihrem Habitus darzustellen. Elitenkritik in ihrer professionellen Form ist ein Schaukampf innerhalb der Elite.

Mit der Lust an der unmöglichen Optimierung der eigenen Performance stürzt sich Ulf Poschardt, der Chefredakteur der *Welt*, ins Getümmel der Twitter-Debatten. Er behandelt seine Gegenspieler als Karikaturen, gibt damit aber zu verstehen, dass ihm das Selbstreferentielle der Feldzüge gegen die Selbstgerechtigkeit des hegemonialen Linksliberalismus selbstverständlich bewusst ist. Welches Thema auch immer gerade für Aufregung sorgt, Poschardt bewertet nicht die Argumente, sondern die Personen, die Argumente vorbringen, indem er sie einem lächerlichen Kollektiv zuweist: dem Elfenbeinturm. Dass dieses Etikett alles andere als originell ist, gehört zum Witz dazu: Poschardt verwendet es wie ein Stand-up-Komiker. Den Anzug des Chefredakteurs hat er umgestülpt: Übertreibung, Indiskretion und Eigenlob sind die Leittugenden seiner Berufsauffassung, denn seine Zeitung verspricht sich vom elektronischen Echo einen nachhaltigeren Effekt als von der Druckerschwärze. Als wissenschaftlicher Autor ist Poschardt mit einer Philosophie des DJs hervorgetreten: Er möchte als Adept der Postmoderne zugleich ihr größter Kritiker sein. Sein Remix des Liberalismus ist Kult; der Preis dieses Erfolgs ist allerdings, dass sein Stil auf die von ihm beworbene Sache abfärbt und man auf den bösen Gedanken kommt, der Liberalismus heute sei auch nur ein virtuoser Nihilismus. Wie Hans Magnus Enzensberger einen Poesieautomaten konstruierte, der aus einem Vorrat von Satzgliedern sechszeilige Gedichte produziert, genügt Poschardt für einen Leitartikel das Kombinieren von Reizwörtern. So stimmte er die Leser der *Welt* im Dezember 2020 mit der Überschrift »Moralkeule statt Gänsebraten« auf grüne Weihnachten ein – eine Waffenruhe zu Weihnachten kennt der Kulturkrieg nicht. Ein Motiv durfte im populistischen Sampling nicht fehlen: der Populismusvorwurf an die Gegenseite. »Moral ist in der Regel in den Händen jener, die damit Handlungsanweisungen für das Leben der anderen verbinden. Moral spaltet die Gesellschaft in Gut und Böse, und deswegen ist sie in einem Zeitalter großer Verschiebungen und Disruption so ein populärer Anker für diejenigen, denen der klassische Populismus zu unfein, aber die Realität zu unsauber ist.«

Sylvia Pantel, die von 2013 bis 2021 den Wahlkreis Düsseldorf II im Bundestag vertrat, hat sich in der nordrhein-westfälischen CDU als konservative Abweichlerin profiliert. Als Vorsitzende der örtlichen Frauenunion setzte sie die Einladung Hans-Georg Maaßens zu einem Gastvortrag durch, gegen den erklärten Willen der Landeschefin der Unionsfrauen. In der Frage der Kanzlerkandidatur stellte sie sich gegen ihren Landesvorsitzenden und Ministerpräsidenten. Vergeblich forderte sie, die Bundestagsfraktion solle die Wahl zwischen Armin Laschet und Markus Söder treffen; noch lieber wäre ihr eine Mitgliederbefragung gewesen. Ein sachlicher Schwerpunkt ihrer Arbeit ist die Warnung vor dem legalistischen Islamismus, ein zweiter, weniger erwartbarer die Werbung für die legalistische Prostitution. Ihr Konservatismus bekommt dadurch einen libertären Einschlag. Schlüssig erscheint ihr Engagement, wenn sie ihre rechtspopulistische Rhetorik wörtlich nimmt. In einem Zeitungsinterview wurde ihr die Frage vorgelegt, wie sie reagieren würde, wenn ihre Tochter sie mit dem Berufswunsch Sexarbeit konfrontieren sollte. Obwohl Sylvia Pantel die »Ansicht« vertritt, dass »Prostitution mit bestimmten Risiken behaftet« sei, »auch im High-End-Bereich«, würde sie der Tochter die Berufswahl nicht ausreden wollen. »Was wäre das denn für eine Selbstbestimmung, wenn ich die Moralkeule schwinge und sage, du bist erwachsen, aber das darfst du nicht?«

Am 21. April 2021 verabschiedete der Bundestag das von CDU/CSU und SPD eingebrachte Vierte Gesetz zum Schutz der Bevölkerung bei einer epidemischen Lage von nationaler Tragweite. Diese Änderung des Infektionsschutzgesetzes führte einen bundeseinheitlichen Standard für Maßnahmen zur Eindämmung der Covid-19-Pandemie ein, deren automatische Auslösung an die Zahl der Neuinfektionen (der zurückliegenden Woche, sogenannte Sieben-Tage-Inzidenz) gebunden wurde. Als besonders drastisch wurde eine nächtliche Ausgangssperre ab 22 Uhr bewertet. Mit einem volkstümlichen Namen wurde das Maßregelpaket zusammengeschnürt: Bundesnotbremse. Die Rede, mit der Ralph Brinkhaus, der Vorsitzende der größeren Regierungsfraktion, die abschließende Beratung des Gesetzentwurfs eröffnet hatte, führte Eric Gujer, der Chefredakteur der *Neuen Zürcher Zeitung*, in einem Leitartikel als Hauptbeleg für die These an, dass in der Pandemiebekämpfung ein Irrweg der deutschen Politik kulminiere, die Ersetzung von Politik durch Moral.

Gujer zitierte aus der Rede von Brinkhaus zwei Sätze: »Dieses Gesetz ist ein Gesetz fürs Leben. Wenn es keine Notstandsregeln geben wird, dann werden Menschen krank und sterben.« Ein Gesetz mit den Folgen zu rechtfertigen, die bei seiner Nichtverabschiedung eintreten würden, also durch seine Verabschiedung vermieden werden, ist einfachste parlamentarische Rhetorik. Es ist, anders gesagt, eine Minimalanforderung an die Begründung einer solchen mit staatlichem Zwang durchzusetzenden, für alle Bürger geltenden Norm. Würde das Gesetz diesem Test nicht unterzogen, ob es Schaden verhindert und zur Schadensabwehr notwendig ist, wäre es gefährlich. Für Gujer allerdings war die Argumentation von Brinkhaus ein »Trick«, ja, »ein simpler Taschenspielertrick« – eine solche Hyperbel wirft immer die Frage auf, wer eigentlich mit dem Trick hereingelegt worden sein soll. Die Kritik suggeriert, dass es ein Publikum gibt, das getäuscht werden will. Der Erfolg des Redners, der dem Kritiker missfällt, könnte freilich auch damit erklärt werden, dass das Publikum mit dem Redner im Großen und Ganzen schon übereinstimmt und der Griff in die Trickkiste sich erübrigt. Gujer übersetzte die von ihm zitierten Sätze von Brinkhaus: »Wer die Ausgangssperre ablehnt, nimmt menschliches Leid billigend in Kauf.« Der Trick soll eine für die deutsche Regierung in der Pandemiekrise angeblich typische Verschiebung der Bezugsgröße gewesen sein. Die permanente Bezugnahme auf wissenschaftliche Ratgeber diente demnach der Ablenkung. »Plötzlich geht es nicht mehr um Hypothesen, die sich als unrichtig herausstellen können, sondern um Gut und Böse und ewige Wahrheiten.« Die »Diskussion« sei »moralisch aufgeladen« worden und deshalb keine »sachliche« mehr gewesen. Das Adverb »plötzlich« bezeichnet hier bei näherem Hinsehen keinen zeitlichen Bruch, sondern eher einen Bruch mit dem, was der Kritiker als die Grundlagen sachlichen Diskutierens ausgibt. Seit Anfang der Pandemie hatte die Regierung Merkel laut Gujer immer wieder denselben Trick versucht. »Durch moralische Disqualifikation sollten die Kritiker der Regierungspolitik zum Schweigen gebracht werden.«

Hier von Plötzlichkeit, also Überrumpelung, zu sprechen, obwohl die öffentliche Rechtfertigung von Regierungshandeln vor allem Routine ist, Wiederholung dessen, was ankam, ist selbst eine dramatisierende, moralisch imprägnierte, nicht unbedingt sachgemäße Redeweise. Wollte die Regierung ihre Kritiker wirklich zum Schweigen bringen oder vielleicht doch nur der wirkungsvollen Einrede der Opposition mit noch wirkungsvollerer Gegenrede begegnen? Regierungen, die Kritiker tatsächlich zum Schweigen bringen können, sperren sie ins Gefängnis oder setzen Killer auf sie an. Aber der Chefredakteur der maßgeblichen Zeitung des Landes, dessen Regierungssystem auf dem Grundsatz der Konkordanz beruht, der geräuscharm herbeigeführten Übereinstimmung der Parteien, warf der deutschen Regierung tatsächlich vor, der Opposition das Wort abzuschneiden, den parlamentarischen Streit durch Herabsetzung des Gegners zu sabotieren. »Wer an der Weisheit von Angela Merkel und Ralph Brinkhaus zweifelt, ist böse und leistet der Seuche Vorschub. Gegen eine solche Moralkeule lässt sich rational nicht argumentieren.« Gujers Brinkhaus-Zitat zog zwei Passagen aus der Rede des Fraktionsvorsitzenden zusammen und vertauschte die Reihenfolge. Brinkhaus richtete zunächst einen besonderen Appell an diejenigen Abgeordneten, die Einzelheiten des Entwurfs kritisch sahen, sich aber um des Ganzen willen vielleicht doch zur Zustimmung bewegen lassen würden. »Denn wenn wir heute keine Mehrheit kriegen, dann wird es kein Gesetz geben. Wenn es kein Gesetz geben wird, dann wird es keine Notstandsregelung geben, und wenn es keine Notstandsregelung geben wird, dann werden Menschen krank werden, und dann werden Menschen sterben.« An der Stelle, wo der Redner die Eventualität erwähnt, dass es gar keine Notstandsregelung geben könnte, verzeichnet das Protokoll Beifall bei der AfD. Brinkhaus kommentierte ihn: »Dass die AfD bei diesem Satz klatscht, meine Damen und Herren, zeigt die Fratze, die diese Partei hier in diesem Deutschen Bundestag hat.«

Seinen Schlussappell formulierte Brinkhaus als »herzliche Bitte« an die einzelnen Abgeordneten: »Dieses Gesetz ist ein Gesetz fürs Leben. Dieses Gesetz beruht auf Artikel 2 Absatz 2 des Grundgesetzes. Bitte stimmen Sie diesem Gesetz zu! Stimmen Sie für das Leben! Treffen Sie dann auch die entsprechende Entscheidung, auch wenn es schwerfällt, in der zweiten und dritten Lesung!« Indem der Redner persönlich wurde und jeden einzelnen Parlamentskollegen kollektiv in die Pflicht nahm, zog er tatsächlich ein moralisches Register. Aber indem er die eigene Sache als gute darstellte, stellte er die Kritiker und Zweifler nicht als böse hin. Die Unterstellung, die Gegner des Gesetzes nähmen das Leid, zu dessen Verhinderung das Gesetz nach der Überzeugung von Brinkhaus geeignet und erforderlich war, billigend in Kauf, findet sich weder hier noch an anderer Stelle der Rede. Das billigende Inkaufnehmen ist ein technischer Begriff des Strafrechts. Er dient zur Umschreibung des bedingten Vorsatzes. Wer in Kauf nimmt, dass durch sein Handeln ein Übel eintritt, handelt fahrlässig, wenn er damit rechnet, dass der von ihm als möglich eingeschätzte Eintritt des Übels ausbleiben wird. Billigend in Kauf nimmt das Übel, wem gleichgültig ist, ob es eintritt oder nicht. Den Vorwurf, es sei den Kritikern des Gesetzes gleichgültig, ob das von ihnen gewünschte Festhalten an der Legalität von Nachtspaziergängen zu Todesopfern führen werde, hat Brinkhaus weder erhoben noch auch nur angedeutet. Indem er um die Zustimmung auch von denen bat, denen sie schwerfallen werde, erkannte er an, dass sich die Zweifler in einem Dilemma sahen, einem Widerstreit von Verpflichtungen. Der pathetische Duktus seiner Rede ist nicht zu leugnen. Dass er höchste Güter beschwor, hatte indes einen zwingenden sachlichen Grund darin, dass es gravierende Eingriffe in Grundrechte zu rechtfertigen galt. Nach Auffassung der Regierung war ihr Gesetz zum Schutz höchster Güter der Verfassung nötig – den ausdrücklichen, zitierenden Bezug von Brinkhaus auf das Grundgesetz (»Jeder hat das Recht auf Leben und körperliche Unversehrtheit.«) tilgte Gujer in seiner tendenziösen Paraphrase.

In moralischer Erpressung kulminierte gemäß dieser Schweizer Klageschrift eine von der deutschen Regierung schon in anderen Krisen praktizierte Methode, ihre Vorhaben mittels rhetorischer Etikettierung dem demokratischen Prozess der Abwägung, Beratung und Entscheidung zu entziehen. »Die Behauptung der Kanzlerin, ihre Politik zur Rettung des Euro sei ›alternativlos‹, wird so ins Zynische gesteigert.« In Wahrheit ist es die unbedingt entschiedene Kritik an der Regierung des Nachbarlands, die hier einer Logik der Steigerung gehorcht. Die rhetorischen Chiffren, mit denen Politiker die Dringlichkeit der von ihnen gewünschten Maßnahmen markieren, haben den Zweck, Entscheidungen herbeizuführen und zu beschleunigen. Wer will daran Anstoß nehmen, dass sie nicht untertreiben, wenn sie über Chancen des Handelns und Risiken des Nichthandelns sprechen? Nur Übertreibung täuscht darüber hinweg, dass das Dringen auf Abkürzung und Schluss der Debatte eine Funktionsbedingung demokratischer Entscheidungsfindung ist. Wenn ein Dominoeffekt verketteter Staatsbankrotte droht, wenn ein Strom von Bürgerkriegsflüchtlingen die Kapazitäten und Kategorien des Asylantragswesens auf die Probe stellt, wenn eine Krankheit grassiert, gegen welche die Medizin keinen

Schutz parat hat, muss die Politik handeln. Da Untätigkeit keine Option ist, kann es den Regierungen nicht schwerfallen, Gründe für ihre Vorschläge zu präsentieren. Wenn Regierende sich dann zu Rettern stilisieren, provozieren sie Misstrauen. Aber moralisch aufgeladen sind die Situationen schon ohne Zutun von Parlamentsrednern und Talkshowgästen. Politikerkritik, die nicht erkennt, dass Selbstgerechtigkeit ein Berufsrisiko ist, das Akteure und Beobachter der Politik als Sachwalter des Gemeinwohls gleichermaßen betrifft, gleitet in Systemkritik ab.

In Gujers Leitartikel fällt diese Tendenz zur Maßlosigkeit ins Auge, gerade weil er sich ersichtlich Mühe gibt, den Erfindern der Bundesnotbremse sowohl Sachkenntnis als auch eine gute Absicht zuzuerkennen. »Sie können sich wie ihre Gegner auf Fakten berufen.« Der Moralkritiker möchte fair sein: »Es wäre unfair, zu behaupten, die Befürworter weitreichender Zwangsmaßnahmen würden den Mangel an Argumenten durch die saloppe Verwendung der Moralkeule kompensieren.« Das ist eine seltsame Wortwahl: Salopp, das heißt unbekümmert zwanglos, benutzen Brinkhaus und Genossen die Keule also nicht. Sondern hinreichend bekümmert, eingedenk des vollen Gewichts des Geräts? Dieses Gerät kann man aber überhaupt nur mit Wucht gebrauchen – wie wäre salopp zu verwenden, was man keinesfalls leichtnehmen kann? Gujer wollte wohl das Zugeständnis machen, dass in der moralischen Aufrüstung der deutschen Corona-Politik so etwas wie ein Systemzwang waltete. Aber dann verzichtete er doch nicht darauf, der Bundesregierung eine böse Absicht zuzuschreiben. Kurz gesagt: Er moralisierte. »Es geht längst nicht mehr um die besten Lösungen in der Pandemie. Das Ziel ist die Vernichtung des Gegners – natürlich nicht physisch, wohl aber reputationsmäßig.« Ein Berliner Vernichtungsfeldzug? Trotz der ausdrücklichen Versicherung, dass nicht von einem Massenmordplan die Rede ist, macht der Gleichklang mit den NS-Vergleichen in der Propaganda der Querdenker-Bewegung diesen Exzess der antimoralistischen Phantasie makaber.

Gujers Leitartikel buchstabierte den Vorwurf an die Bundesregierung aus, mit dem der auf Brinkhaus folgende Redner im Bundestag, Alexander Gauland, seine Rede begonnen und beendet hatte. Der Oppositionsführer beklagte, mit der polemischen Zurechtweisung der Kritiker des Gesetzes durch Brinkhaus sei »jede sachliche Auseinandersetzung zu Ende und das Moralisieren an die Stelle von Politik getreten«. Und er schloss mit den Sätzen: »Wenn solche Debatten geführt werden, wie Sie sie führen, hat das mit Politik nichts mehr zu tun. Es ist nur noch Moralklapperei.« Die Schwierigkeiten der Impfstoffbeschaffung nutzte Gauland für eine nationalistische Invektive: Versagt hätten diejenigen, »die ihre multilaterale Europaideologie wichtiger nehmen als den Lebensschutz der vielen, die auf den Eid der Bundeskanzlerin vertraut haben, Schaden von diesem Volke abzuwenden, Frau Bundeskanzlerin«. Der pandemische Notfall bot die Gelegenheit, die Vorstellung vom Volkskörper zu aktivieren. Auch der pseudowörtlichen Auslegung des grundgesetzlichen Amtseids, mit der die AfD ihre Verratsvorwürfe begründete, mochte in dieser Lage Scheinplausibilität zuwachsen – obwohl die Kanzlerin amtspflichtgemäß handelte, indem sie sich von der Überzeugung leiten ließ, Schaden vom deutschen Volk gerade dadurch abzuwenden, dass die Deutschen den anderen Europäern in einer Versorgungskrise ihre Vertragstreue und ihren Willen zum Teilen demonstrierten. Gauland nannte das gesundheitspolitische Notstandsregime ein »Experiment« – auch dieses Bild ist aus den Auseinandersetzungen über die Flüchtlingspolitik geläufig, aber während die verrückten Wissenschaftler hinter dem Projekt des »Großen Austauschs« anonym geblieben waren, kannte jeder Deutsche Professor Drosten.

Der Redner sagte voraus, dass das modifizierte Infektionsschutzgesetz als »Blaupause« für eine grundrechtsschädliche Klimapolitik dienen werde: »An die Stelle der langwierigen politischen Willensbildung im Kleinen tritt die objektive Notwendigkeit entschlossenen Handelns im Großen. Und die altmodische Trennung von Regierung und Opposition verwandelt sich in den scharfen Gegensatz von Vernünftigen und Querulanten.« Gujer zog eine Woche später dieselbe Linie aus und warnte ebenfalls vor der Verteufelung der Meckerer. »Beim Klima-Leugner handelt es sich um ein ähnlich fragwürdiges Subjekt wie bei seinem nahen Verwandten, dem Corona-Leugner. Auch nach der Seuche wird ein unstillbares Bedürfnis nach Gewissheit herrschen – kombiniert mit der Neigung, die Welt in Gut und Böse einzuteilen.« Wissenschaftsgläubigkeit schlägt um in den Aberglauben überscharfer Polarisierung und rechtfertigt Ketzerverfolgungen: Diese Gemeinplätze sind vertraut aus der Kritik der politischen Religionen, einer Ausformung des antitotalitären Liberalismus der Mitte des zwanzigsten Jahrhunderts. Was folgte im Jahr 2021 politisch aus der Warnung vor dem im analytischen Dualismus versteckten Fanatismus? Gujer nutzte sie, um das »Rechts-Links-Schema« in Zweifel zu ziehen. »Um jemand zu diskreditieren, gibt es in Deutschland kein probateres Mittel als den Vorwurf, er sei rechts. Unter diesem Etikett lassen sich konservative CDU-Vertreter wie der frühere Verfassungsschutzchef Hans-Georg Maaßen ebenso subsumieren wie sämtliche Spielarten von Corona-Leugnern, Querdenkern, Verschwörungstheoretikern und Aluhüten.« Im Sinne der von Gujer forcierten Trübung der Kategorien nahm Gauland für die parlamentarische Rechte in Berlin in Anspruch, die Lektion des Nationalsozialismus am besten verstanden zu haben, so dass er im Namen des von der Regierung verlassenen Volkes erklären konnte: »Aber genau das – die Einschränkung unserer Grundrechte für wie auch immer begründete hehre politische Ziele – wollten wir nach den Erfahrungen zweier Diktaturen in der deutschen Geschichte nie mehr zulassen.«

Als Indiz für die Radikalisierung der Proteste gegen die Pandemiepolitik, ihren Umschlag in umstürzlerische Leugnung der Legitimität der durch Anordnung gesundheitspolitischer Notmaßnahmen ausgeübten Staatsgewalt, zogen sowohl die Verfassungsschutzbehörden als auch Radikalismusexperten aus Presse und Wissenschaft die Verbreitung des Schlagworts »Corona-Diktatur« heran. Jörg Meuthen versuchte als AfD-Vorsitzender sogar, es in einem Staatsgesinnungstest zum Zweck innerparteilicher Disziplinierung auf eine schwarze oder besser gesagt braune Liste von Schlüsselreizwörtern zu setzen: Meuthens Rüge des Diktaturvergleichs in seiner als Kriegserklärung an den aufgelösten »Flügel« aufgefassten Rede auf dem Bundesparteitag in Kalkar im November 2020 tat Bundestagsfraktionschef Gauland als »zu viel Verbeugung vor dem Verfassungsschutz« ab – er war es, der das Wort »Corona-Diktatur« in einer Bundestagsrede gebraucht hatte. Die Häufigkeit der NS-Vergleiche auf den Querdenker-Kundgebungen darf man gewiss als Ausdruck der Verachtung für den Staat nehmen – die angegriffenen Staatsorgane müssen sich nicht dumm stellen. Und doch ist die Vokabellistenführung Meuthens und des Verfassungsschutzes mit einer prinzipiellen Schwierigkeit behaftet: Die Kritik der Radikalen, beim Wortlaut genommen, konfrontiert die Bundesrepublik mit ihrem Selbstverständnis, das Gegenteil der nationalsozialistischen (und kommunistischen) Diktatur sein zu wollen. Und zu den Leitsätzen dieses Selbstverständnisses gehört die Mahnung, den Anfängen zu wehren – also Tendenzen diktatorischer Verformung demokratischer Macht im Frühstadium entgegenzutreten, solange eben noch nicht wieder genau das Gleiche geschieht wie 1933.

Meuthens rhetorische Frage, ob es klug sei, »mit der ganz gezielten Verwendung des Begriffes Ermächtigungsgesetz in Verbindung mit der natürlich hart zu kritisierenden Veränderung des Infektionsschutzgesetzes zu hantieren und damit ganz bewusst Assoziationen an die NS-Zeit und Hitlers Machtergreifung 1933 zu wecken«, entsprach dem Stand des herrschenden Geschichtsbewusstseins 75 Jahre nach Kriegsende. Ausdrücklich beschwor Meuthen die »Singularität der Nazi-Barbarei«, die angeblich alles Vergleichen verbietet. Aber in der öffentlichen Diskussion der Pandemiepolitik war der Vergleich mit der Selbstentmachtung des parlamentarischen Gesetzgebers im Übergang zur Hitler-Diktatur sehr früh auch von angesehenen, des Rechtsradikalismus ganz und gar unverdächtigen Rechtsprofessoren gezogen worden; für die Abschätzung der Gefahr eines schleichenden Verfassungswandels ist das Beispiel einschlägig, weil Hitlers Ermächtigungsgesetz vom 24. März 1933 an Gesetzesinitiativen seiner Vorgänger als Reichskanzler anknüpfte. Der Regensburger Staatsrechtslehrer Thorsten Kingreen kommentierte in einem Interview mit der *Süddeutschen Zeitung* die Bestimmung des geänderten Infektionsschutzgesetzes, wonach der Gesundheitsminister durch Rechtsverordnung befristet vom Gesetz abweichen durfte, mit einem Bekenntnis des geschichtspolitischen Entsetzens: Er habe sich »niemals vorstellen können, dass ein deutsches Parlament wieder eine solche Hindenburg-Klausel beschließen« könnte.

Der äußersten Zuspitzung des Konflikts zwischen Meuthen und Gauland darüber, wer von ihnen beiden effektiv an der Spitze der Partei stehen sollte, diente also der Griff in die Schublade der didaktisch hergerichteten NS-Geschichte. Aber die unversöhnlichen Rivalen konnten sich beide als brave Schüler im Hauptfach der politischen Bildung der Bundesrepublik in Szene setzen, jeder mit eigenem Recht. Sie unterschieden sich auch im Stil. Wo Meuthen sich eines Tons des äußersten Ernstes befleißigte, gab Gauland zu verstehen, dass er geschichtspolitische Fragen seit jeher auch strategisch, also politisch, betrachtete.

Dass mit der AfD zum ersten Mal seit der Anfangszeit der Bundesrepublik eine nationalistische Partei ins politische System Einzug gehalten hat, ist ein wesentlicher Grund dafür, dass die Idee aktiver Traditionsbildung durch den demokratischen Staat, die seit 1949 mit konservativen Kräften assoziiert wurde, heute breiten Anklang in den republikanischen Parteien findet. Die von Bundespräsident Steinmeier angestoßene und von der christdemokratischen Kulturstaatsministerin Monika Grütters betriebene Errichtung einer »Stiftung Orte der deutschen Demokratiegeschichte« war eines der letzten von der 2021 abgetretenen Großen Koalition verwirklichten Gesetzesvorhaben. Dieses regierungsamtliche Bemühen um ein positives Geschichtsbild gibt der AfD die Möglichkeit, die scheinbar vakant gewordene Stelle des Hüters des kritischen, auf Sachlichkeit gegründeten Geschichtsbewusstseins zu besetzen. Dass der Direktor der Hessischen Landeszentrale für politische Bildung auf die Liste der Lern- und Erinnerungsorte für Demokraten in Hessen auch das Grab Hindenburgs in der Marburger Elisabethkirche setzte, löste eine Kontroverse aus. Frank Grobe, kulturpolitischer Sprecher der AfD-Fraktion im Wiesbadener Landtag, nahm den Landesgeschichtsbeauftragten in Schutz: Vor dem Kuratorium der Landeszentrale habe der Direktor »Hindenburg differenziert dargestellt und auch dessen Verantwortung für das Scheitern der Weimarer Republik betont«. Den anderen Fraktionen erteilte der promovierte Historiker Grobe, der in der Gesellschaft für burschenschaftliche Geschichtsforschung engagiert ist, Nachhilfe: »Aus der Geschichte lernt man nicht nur durch positive Beispiele, sondern auch durch solche, die das Scheitern einer Demokratie erläutern.« Grobe, der als Redenschreiber für den Vorstand der Commerzbank gearbeitet hat, nutzte die Gelegenheit zur Verbreitung einer Botschaft, die der AfD viel größere Resonanz verspricht als die Verlängerung des Streits über die historische Rolle Hindenburgs. Der neue deutsche Nationalismus muss sich nicht mehr verkämpfen für die Ehrenrettung des von Hitler überlisteten Statthalters des 1918 nur scheinbar entmachteten militärisch-obrigkeitsstaatlichen Komplexes. Angelegentlich derlei alter, sozusagen längst im kaum noch besuchten Marburger Grab versenkter Streitfragen kann die AfD Losungen ausgeben, die für Milieus weit jenseits konservativer Zirkel attraktiv sind und antiideologisch klingen. Einen Fall von Cancel-Kultur machte Grobe aus, die er einer unnatürlichen Koalition aus FDP und Linkspartei zur Last legte. Indem die AfD als einzige Oppositionspartei den Direktor der Landeszentrale stützte, wollte sie sich um die »Wissenschaftsfreiheit« verdient machen. Die Freiheit von Wissenschaft oder Meinung duldet keine Einschränkung: Um sich unter dieser Losung des Kulturbürgerkriegs einzureihen, muss man keinen Ort der Demokratiegeschichte besucht haben.

4) PATERNALISMUS

Die Leute

Gaulands Artikel im *Cicero* von 2004 über die geistige Situation der Unionsparteien endete mit Auschwitz: »Da die nationale Identität dieses Landes seit 1968 über Auschwitz definiert wird, sind die sozialen Errungenschaften heute der wahre deutsche Mythos, den zu ersetzen die eigentliche Bewährungsprobe der Kanzlerin in spe sein wird.« Ein kryptischer Satz, dessen Zerlegung sich freilich lohnt, weil sie Annahmen sichtbar macht, die auch noch Gaulands Handeln als Parteiführer bestimmten. Die Kanzlerin in spe war damals Angela Merkel; die nächste Bundestagswahl stand gemäß dem Kalender 2006 an. Der Autor zeigte eine merkwürdige Scheu, die (noch nicht erklärte) Kanzlerkandidatin beim Namen zu nennen. Sie figuriert in seinem Text als

»die CDU-Vorsitzende«; der Name Merkel fällt nur einmal, in einer Reihe mit Stoiber, und ohne den Vornamen. Gauland musste ihr aber Anerkennung zollen – sie hatte ihn überrascht mit einem Habituswechsel, dem Übergang zum entschiedenen Handeln. Lange habe es so ausgesehen, als ob sie »ihre Zeit nur abwarten wolle, niedriges Profil und ruhige Hand«. Aber dann exponierte sie sich nicht nur außenpolitisch, durch die Befürwortung des Angriffs der Vereinigten Staaten auf den Irak, sondern auch innenpolitisch, indem sie das Programm einer radikalen Reform des Sozialstaats zu ihrer Sache machte.

Gauland sah eine Zäsur der Parteigeschichte, das Ende einer seit Adenauer stabilen Balance. Norbert Blüms »einsame Mannhaftigkeit auf dem Leipziger Parteitag demonstrierte das Ende der Vetomacht des Sozialflügels der Union«. Vergeblich kämpfte der frühere Hauptgeschäftsführer und Bundesvorsitzende der Sozialausschüsse im ersten Jahr nach der Wiederwahl des sozialdemokratischen Bundeskanzlers Gerhard Schröder gegen die von der CDU-Führung gewollte Festlegung auf einen Systemwechsel in der Krankenversicherung. Als die 1001 Delegierten über den Antrag abstimmten, gab es nur vier Neinstimmen. Der Arbeitsminister der Jahre 1982 bis 1998 erlebte sozusagen in Leipzig sein Königsberg. Was sich beim Bismarck-Bewunderer Gauland zunächst wie Lob für die Entschlossenheit Angela Merkels liest, erweist sich als zutiefst zwiespältig: Die Schwierigkeiten der neoliberalen Mission der Vorsitzenden werden als schier unüberwindlich präsentiert – und das, obwohl Frau Merkel die Stimmung der »Eliten« auf ihrer Seite hatte. Als Lautsprecher dieser Eliten werden Friedrich Merz und Hans-Olaf Henkel im Vorübergehen mit Spott bedacht. Sie hatten alles durchgerechnet – und nur die Sozialpsychologie nicht einkalkuliert.

Ein klassisches Exempel aus der englischen Parteiengeschichte dient als Mahnung: Der Premierminister Robert Peel habe 1846 mit der Entscheidung für das liberale System des Freihandels seine Tory-Partei zerstört. »Erst als Disraeli mit der romantischen Verklärung der Monarchie und dem Empire der Partei einen neuen Glauben gab, gelangte sie wieder an die Macht.« Benjamin Disraelis imperialistische Programmatik betrachtet Gauland ganz unter dem funktionalen Aspekt, als Strategie mit dem Zweck der Rückgewinnung und Stabilisierung innenpolitischer Macht. Die Konservativen gewannen demnach das Vertrauen des Volkes, indem sie seiner Phantasietätigkeit Stoff lieferten. Ob Disraeli selbst an die globale Sendung von Viktorias Engländern glaubte, scheint Gauland nicht zu interessieren. Dieser »Glaube« ist eine machiavellistische Version des Mythos von Georges Sorel, der Gruppenüberzeugung, die sich selbst beglaubigt. Angela Merkel hatte es nun laut Gauland vor dem Griff nach der Kanzlermacht mit dem Problem zu tun, dass ihr Disraelis Weg nicht offenstand. Wegen Auschwitz war es jedenfalls »seit 1968« nicht mehr möglich, die »nationale Identität« durch außenpolitische Ambitionen oder überhaupt politisch zu definieren. Für das Zusammengehörigkeitsgefühl des Volkes im postnationalsozialistischen Deutschland fungierte daher das Soziale, die Daseinsvorsorge, als Ersatzmythos. Jeder Bundeskanzler musste diesen zwischenmenschlichen Faktor noch einmal viel höher gewichten, als es Disraeli, an den sich im Parteigedächtnis der Tories die Losung der »One Nation« knüpft, im Musterland der Industrialisierung schon getan hatte.

Den Mythos der sozialen Errungenschaften durch einen neuen Mythos zu ersetzen, nicht etwa (nur) die sozialen Errungenschaften durch privat finanzierte Rentenpläne – das war laut Gauland die Bewährungsprobe für die Möchtegernkanzlerin Merkel. Obwohl der Verfasser, damals noch Mitglied der CDU, sich nicht sogleich mit Norbert Blüm zum Partisanenkampf verbündete, liest man zwischen den Zeilen: ein Ding der Unmöglichkeit. Steckt hinter Gaulands Partei- und Rollenwechsel eine Revision dieser Analyse der deutschen Gewissheiten? Ist er zu dem Schluss gekommen, dass der romantische Nationalismus doch wieder eine Alternative für Deutschland sein kann?

Im Interview mit der *Zeit* von 2016 beschrieb er den durch Reflexion gebrochenen Charakter des deutschen Nationalbewusstseins: »Der Nationalstolz, den jeder Engländer, jeder Franzose empfindet, ist doch bei uns enorm hinterfragt, nach dem Motto: Dürfen wir das eigentlich noch sagen?« Ob das Hinterfragen wirklich so rational ist, wie es sein will, stellte Gauland implizit als zweifelhaft hin, indem er für die Konsequenzen des Nationalsozialismus in der politischen Sprache das erstaunliche Bild des Berührungstabus verwendete: »Die Nazis haben viele Dinge berührt, die durch diese Berührung plötzlich nicht mehr sagbar wurden.« Diese plötzliche Unbenutzbarkeit von Wörtern nimmt sich wie das Gegenteil eines Lernprozesses aus, der seine Zeit braucht und sich seiner Gründe versichert. Abergläubisch scheint sich zu verhalten, wer ein Wort nur deshalb nicht in den Mund nimmt, weil es durch Berührung kontaminiert ist – und nicht etwa durch Aneignung, Umdeutung, Nutzbarmachung und ständige Wiederholung im Dienst der Rechtfertigung des Unrechts.

Aber mit seinen Empfehlungen, die Deutschen sollten in eigener Sache ruhig wieder mehr wie die Engländer und Franzosen reden, blieb Gauland im Rahmen eines reaktiven, defensiven, im Grunde therapeutischen Konzepts von nationaler Traditionspflege. Statt in der Manier Disraelis eine historische Vision zu entwerfen, ließ er die Leser der *Zeit* wissen, dass er sich Sorgen machte um die Deutschen, die von ihren zerstörten Geschichtsbildern wenigstens ein paar Fetzen bewahren wollten. Dies oder das dürften sie eigentlich schon noch sagen – das war seine Botschaft, und eine solche Geschichtspolitik der punktuellen und symbolischen Rettung von Redensarten, an denen Erinnerungen hängen, wäre weniger konservativ als konservatorisch zu nennen. Als unnötige Verunsicherung missbilligte er die Umbenennung von Straßen oder Gebäuden, die darauf hinauslaufe, die nationale Vergangenheit zu »liquidieren«, wobei er dieses Wort als »falsch« sogleich zum Schein wieder zurücknahm. »Nehmen Sie Hindenburg. Die Leute kommen auf den Veranstaltungen auf mich zu und fragen, warum jetzt wieder eine Kaserne umbenannt wird, warum Hindenburg plötzlich auch nicht mehr geht, obwohl er ja 1914 etwas geleistet hat.«

Ein schlechthin unverlockendes Beispiel, könnte man meinen. Wenn nach jemandem keine Kaserne und kein Platz mehr benannt sein muss, dann doch wohl nach dem Mann, der Hitler zum Reichskanzler ernannte. Hier wäre ein Berührungstabu durchaus angezeigt. Aber Gauland geht es um ein elementares Interesse an emotionaler Sicherheit, das er »den Leuten« unterstellt, an einem Heimatgefühl, das angeblich von bloßer Vertrautheit der Umwelt genährt wird. In dieses

Konzept passt der Reflex einer Hindenburg-Treue, die sich gar nicht mehr aus dem Hindenburg-Kult speist, sondern nur noch in der vagen Erinnerung abstützt, er habe doch 1914 »etwas geleistet«, also mehr als nichts. Wenn Gauland sich die Szene mit den um Hindenburg besorgten Bürgern nicht ausgedacht hat, dann müssen die erwähnten Veranstaltungen in der Nähe des Truppenübungsplatzes Munster in der Lüneburger Heide stattgefunden haben. Nur dort unterhält die Bundeswehr nämlich noch eine Hindenburg-Kaserne. Die Hindenburg-Kaserne in Neumünster gab die Bundeswehr 2003 auf, die Hindenburg-Kaserne in Kassel wurde 1994 zu einem Wohnquartier umgewidmet, die Hindenburg-Kaserne in Hamburg-Winterhude ging 1951 an die Hamburger Bereitschaftspolizei über, und die Hindenburg-Kaserne in Augsburg wird schon seit 1945 zivil genutzt. Von plötzlicher Abkehr von Hindenburg kann also eigentlich keine Rede sein – wobei Gauland ja auch anzunehmen scheint, das gesamte Wörterbuch des Unmenschen sei 1945 plötzlich aus dem Verkehr gezogen worden.

Ganz ähnlich motiviert und begründet wie das gute Wort, das er für die Freunde der letzten Hindenburg-Kaserne übrighatte, war die Äußerung, mit der Gauland sich noch mehr Ärger einhandelte als mit der Gefallenenrede am Kyffhäuser. Über den deutschen Fußballnationalspieler Jérôme Boateng sagte er im Mai 2016 im Gespräch mit zwei Redakteuren der *Frankfurter Allgemeinen Sonntagszeitung*: »Die Leute finden ihn als Fußballspieler gut. Aber sie wollen einen Boateng nicht als Nachbarn haben.« Da waren sie wieder, »die Leute«. Diesmal waren sie wohl nicht nach Veranstaltungen auf Gauland zugekommen, um ihn zu bitten, ihnen die plötzliche Veränderung ihrer kleinen Welt zu erklären. Er wusste auch so, was sie wollten und vor allem nicht wollten. Die beiden Desiderate entsprechen sich. Hindenburg ist das Alte, Vertraute. Er soll bleiben. Boateng ist das Neue, Unvertraute. Er soll wegbleiben. Dabei ist der Maßstab strikt relativ und lokal. Es geht nur um die Nachbarschaft, den eigenen Gesichtskreis. Gauland interveniert im Namen einer ungeschriebenen Erhaltungssatzung, die er in ganz Deutschland zur Geltung bringen will: Jedermann hat ein Recht, vor der eigenen Haustür von Irritation verschont zu bleiben, und wo er dieses Recht nicht hat, hat er ein Recht auf Verständnis. Dieses Recht zweiter Stufe, das gar kein Recht ist, sondern genau dort eintritt, wo es keinen Rechtsanspruch gibt, ist der Kern der Programmatik der AfD.

Eine Asymmetrie fällt ins Auge. Hindenburg wird seine Leistung angerechnet. Ja, diese Leistung wird erschlossen aus der Tatsache, dass eine Kaserne nach ihm benannt ist. Boatengs Leistung wird ebenfalls anerkannt – die Leute finden ihn als Spieler gut. Aber sie wird ihm nicht gutgeschrieben. Hindenburgs Leistung ist ein Kapital, das sich postum noch verzinst. Boatengs Leistung dagegen ist eine Vorleistung, und er kann nicht verlangen, dass sie honoriert wird. Der Unterschied entspricht dem Grundgedanken eines anthropologischen, nicht auf ein Substanzdenken festgelegten oder gar auf die These naturgegebener Hierarchien fixierten Konservatismus, den Gauland bei seinen Gewährsleuten Edmund Burke und Odo Marquard finden konnte: Veränderung ist begründungspflichtig; wer etwas verändern will, trägt die Beweislast. Es gibt keinen Anspruch auf Zuzug. Willkommen geheißen zu werden ist kein Menschenrecht. Der Kontrast der Symbole, zu denen Gauland den Sieger von Tannenberg und den Sieger von Rio machte, lässt eine weitere Unterscheidung selbstverständlich erscheinen, die man ebenfalls mit Burke und Marquard begründen oder illustrieren könnte: Das Bekannte wird immer individualisiert. Hindenburg ist für die Anlieger der Kaserne eine vertraute Größe, selbst wenn sie fast nichts über ihn wissen. Das Unbekannte dagegen wird als etwas Allgemeines wahrgenommen, und es kann fremd bleiben, solange man die Neugier nicht aufbringt, individuelle Züge an ihm zu entdecken. Nicht Jérôme Boateng wollen die Leute laut Gauland nicht als Nachbarn; um dieses Urteil zu fällen, müssten sie ihn kennen. Nein, Gauland formulierte genau: Einen Boateng wollen sie angeblich nicht auf dem Bürgersteig sehen. Boatengs gibt es tatsächlich mehrere, zwei von ihnen sind berühmte Fußballer, die sich in Spielweise und Lebensstil unterscheiden. Aber natürlich bildete Gauland hier eine viel größere Menge: Ein Boateng, dieser Ausdruck reduzierte Jérôme Boateng auf sein äußerlichstes Merkmal, die Hautfarbe.

Andreas Wilcke begleitete für seinen Dokumentarfilm *Volksvertreter* vier AfD-Politiker mit der Kamera, darunter den aus Bayern gebürtigen brandenburgischen Bundestagsabgeordneten Norbert Kleinwächter. Der Gymnasiallehrer mit den Fächern Englisch, Französisch und Darstellendes Spiel war von 2005 bis 2007 Mitglied der Wahlalternative Arbeit & soziale Gerechtigkeit (WASG), einer Partei des linkssozialdemokratischen Protests gegen die Sozialpolitik der Regierung Schröder. Von Joachim Wundrak wurde Kleinwächter 2022 als Vertreter der gemäßigten Strömung für den Vorsitz der AfD vorgeschlagen. Beim Parteitag in Riesa unterlag er Tino Chrupalla, erreichte aber nach einer kämpferischen Vorstellungsrede immerhin 36,3 Prozent der Stimmen. Wilcke filmte, als Kleinwächter während der Fußballweltmeisterschaft am 23. Juni 2018 im Kreis von Parteifreunden die Übertragung des Gruppenspiels Deutschland-Schweden verfolgte. Vor dem Spiel sortierte er den deutschen Kader nach dem ethnischen Hintergrund der Spieler: »Niklas Süle ist von Vaters Seite Ungar.« Als Jérôme Boateng in der 82. Minute beim Stand von 1:1 die gelb-rote Karte sah, wurde der Platzverweis im Zuschauerpulk um Kleinwächter mit dem N-Wort und dem Ruf »Abschieben!« kommentiert. Der Bundestagsabgeordnete gewann der Situation eine politische Pointe ab. »Das müsste man auch an der Grenze machen: Rot!«

Gauland spielte in den Tagen nach dem Erscheinen des F.A.S.-Artikels mit der Option, sich als Opfer der Journalisten darzustellen, die ihn zu einer unglücklichen Äußerung verleitet hätten. Aber der eine, hingeworfene Satz über den damaligen Verteidiger des FC Bayern München, der in Grünwald offenbar sehr gut mit seinen Nachbarn zurechtkam, enthielt ein Gleichnis für das Geschehen, für das sich das Wort »Flüchtlingskrise« durchgesetzt hatte, eine Fabel. Niemand hat das Recht, sich seine Nachbarschaft auszusuchen. Vor den Zivilgerichten hätte diese Maxime keinen Bestand; damit einer wie Boateng in ein Viertel seiner Wahl ziehen kann, benötigt er nur einen gültigen Kauf- oder Mietvertrag. Aber die staatsrechtliche Entsprechung des unmöglich einklagbaren Nachbarschaftsschutzes gilt in der Öffentlichkeit weithin als offenkundig wahr, ja, als ein fundamentales Prinzip der Staatlichkeit. Es gebe kein Menschenrecht auf Einwanderung, wurde seit 2015 überall verkündet, und immer ohne Begründung. Auf die positiven Menschenrechtskataloge wollte man sich vermutlich gar nicht beziehen; dass sie unvollständig sein könnten, würde man wohl zugeben. Woher dann die Sicherheit, dass der Bewegungsfreiheit eines Menschen die Schranke von einer fremden Staatsgewalt gesetzt wird? Von der Systematik der Menschenrechte her, die einander wechselseitig stützen, kann man auch die entgegengesetzte Position plausibel finden. Droht die allgemein anerkannte Ausreisefreiheit nicht leerzulaufen ohne das Pendant einer garantierten Einreisemöglichkeit? Von Gaulands Plauderei über Zugereiste, die nicht ins Farbkonzept der Nachbarschaft passen, werden die meisten Zeitungsleser mit Kopfschütteln oder Ausdrücken noch schärferer Missbilligung Kenntnis genommen haben. Aber wie viele von ihnen nahmen die Debatte wohl zum Anlass, die Gewissheit zu überdenken, dass es bezogen auf das Gesamtwohngebiet der Bundesrepublik kein Ansiedlungsrecht geben soll, so dass strenggenommen jede Einreise auf einer Ausnahmebestimmung beruhen müsste?

Provokationen von rechtsaußen legen es typischerweise auf einen Tabubruch an. Wie funktionierte das beim Gauland-Boateng-Skandal? Gauland beschrieb eine Alltagswelt von Intuitionen und Reflexen, die von den Normen, welche die politische Welt konstituieren, nicht erreicht wird. Umgekehrt gesagt: Von diesem Innersten der Privatsphäre her betrachtet, stellt sich die gesamte politisch geordnete Welt als ein gestaffeltes System von Maßregeln dar, die Verstellung erzwingen, aber auch ermöglichen. Draußen, im gesellschaftlichen Leben, hält man sich an die Gesetze und vielfältigen anderen Rechtssätze, die dafür sorgen, dass die Bürger einander gleich behandeln, egal was sie voneinander denken. Diese Innenwelt kann das Recht nicht regulieren; was die Bürger wirklich voneinander halten, kann der Staat nicht ändern. Aber wie kann Gauland in der Gesellschaft, in diesem Fall vor Zeitungslesern, Respekt für Gefühle verlangen, die man nach allgemeiner Ansicht unbedingt für sich behalten muss, wenn man sie hat?

Wenn Gauland sich dabei etwas gedacht hat, was hat er sich gedacht? Womöglich dieses: Die Zumutung gilt einem Publikum, das sich sozusagen beim eigenen Unbehagen erwischen soll. Hinter der damit beabsichtigten Lektion steht die Überlegung, dass man die gesellschaftliche Ordnung der Übereinkünfte und wechselseitigen Erwartungen nicht überstrapazieren dürfe. Sie ist nicht alles, es muss einen Privatraum geben; dass man sich in diesen Raum zurückziehen kann, stabilisiert und – mit einem Schlüsselwort der konservativen Anthropologie der alten Bundesrepublik – entlastet die öffentliche Welt der Verbindlichkeiten. Ja, man nimmt auf alle und jeden Rücksicht – aber dafür will man auch in Ruhe gelassen werden. Gauland erhob Beschwerde wegen Wegfalls dieser Alltagsgeschäftsgrundlage, als er für die von ihm erfundenen Münchner das Wort nahm, denen mulmig werde beim Gedanken an einen Schwarzen in der Nachbarvilla. Die Leute, so wird suggeriert, fühlen sich zunehmend bedrängt von den förmlich und informell in Kraft gesetzten Imperativen der Antidiskriminierung, und irgendwann kommen sie an die Grenze ihrer Toleranz für die verordnete Toleranz. Für den Zweck dieser Warnung musste das Beispiel so drastisch wie möglich sein: eine Abneigung, zu der sich wohl niemand mit seinem Gesicht und seinem Namen bekennen würde. Man bewegt sich hier in der Sphäre von Notwehr und Nothilfe. So kommt Gauland ins Spiel. Die Leute brauchen jemanden, der für sie spricht. Sie lassen sich nicht so leicht beschwichtigen, nicht mit ein paar guten Worten eingemeinden.

Die entsetzten Reaktionen auf seine scheinbar beiläufige Bemerkung konnten Gauland nur recht sein. Er hatte auf jede Andeutung anekdotischen Wissens über den tatsächlichen Wohnortsgeist in der Nachbarschaft des realen Jérôme Boateng verzichtet und dadurch die von ihm angenommene Abwehrreaktion als natürlich hingestellt. Die Gesellschaft, in der diese Reaktion missbilligt und unterdrückt wird, nimmt sich im Kontrast dazu von Gaulands Warte künstlich aus. Wer Gaulands Perspektive teilt, wird vermuten, dass die Einmütigkeit, mit der sein Satz verurteilt wurde, auf Heuchelei beruht, dass alle Leute den Instinkt haben, Fremde auf Abstand zu halten, und auch danach handeln, wenn sie unbeobachtet sind. Die Verhandlungen des Strafgerichts der öffentlichen Meinung im Fall Gauland gegen Boateng waren in den Augen der Parteigänger Gaulands vor allem eine Gelegenheit für die Ankläger, ihre Selbstgerechtigkeit zur Schau zu stellen.

Es ist eine Standardoperation der Kritiker liberaler Einwanderungsregeln, dass sie ihren Gegenspielern vermeintliche Widersprüche zwischen politischen Meinungen und privaten Handlungen vorhalten. Gerne wird festgestellt, dass Linksliberale gehäuft in gutbürgerlichen Wohnvierteln anzutreffen sind, und behauptet, dass sie für ihre Kinder Schulen aussuchen, in denen deutsche Muttersprachler unter sich bleiben. Für die Schlagseite der öffentlichen Debatte ist bezeichnend, dass diese moralische Kritik des liberalen Milieus großen Anklang im liberalen Milieu findet. Das Wohnviertel-Argument fungiert in einem Typus von Meinungsartikeln, die eine liberale Selbstkritik propagieren, geradezu als Wasserzeichen, das die Ehrlichkeit des Autors garantiert – es fehlt nur noch, dass er seine eigene Anschrift unter den Text setzt. Seit 2015 von der *Zeit* der »Kampf um Wohnungen« ausgerufen wurde, wiederholt sich das Muster. Es wird behauptet, die klassische soziale Frage des Gegensatzes zwischen Arm und Reich (man muss ergänzen: zwischen armen und reichen Einheimischen) werde von neuen Gerechtigkeitsfragen an den Rand gedrängt.

Der amerikanische Politikwissenschaftler Mark Lilla, der in diesem Sinne die Niederlage von Hillary Clinton gegen Donald Trump damit erklärte, dass die Demokratische Partei sich zu sehr um Minderheiten gekümmert habe, hat viele Fans in deutschen Redaktionen. Deren Enthusiasmus hat wohl auch damit zu tun, dass sich für die Verbreitung von Lillas Argument eine Rhetorik der Selbstkritik anbietet, deren Plausibilität offenbar nicht an eine puritanische Prägung der nationalen Kultur gebunden ist. Die sogenannte Identitätspolitik wird von Lilla und seiner Schule auf eine moralische Überempfindlichkeit zurückgeführt, die als Zivilisationskrankheit gedeutet wird, als Laster, das man sich abgewöhnen oder wenigstens in den Griff bekommen sollte. Dieselben Motive eines kulturkritischen Misstrauens schoben sich auch in der Debatte über den Klimaschutz vor die Sachfragen, als er vom Gegenstand der Fachleute und Aktivisten zu einem Thema der großen Öffentlichkeit wurde. Liberale belehren Liberale über die Gefahren des Belehrungseifers: Uns geht es zu gut, als dass wir uns allzu guten Gewissens für das Gute einsetzen könnten. Rechte Kritiker des liberalen Moralismus sind um Kronzeugen nie verlegen.

Nun mag man der Ansicht sein, Selbstkritik stehe Liberalen gut zu Gesicht und zeichne sie aus. In diesem Sinne geht es nur mit rechten

Dingen zu, wenn die Argumente der AfD in der liberalen Mitte aufgenommen, gewogen, übersetzt und rationalisiert werden, umgekehrt aber im Milieu der AfD keine Auseinandersetzung mit liberalen Argumenten stattfindet. Aber diese Asymmetrie muss beunruhigen, sobald man über die merkwürdige Befangenheit nachdenkt, mit der die Liberalen ihre Positionen vertreten, obwohl sie nach eigener wie feindlicher Einschätzung in der Öffentlichkeit noch die Oberhand haben, weshalb ihnen auch von ihren Feinden das verächtliche Etikett des Mainstreams angeklebt worden ist. Diese Bezeichnung begegnet übrigens immer häufiger auch als Selbstbezeichnung in der schrumpfenden Mitte. Ein deprimierendes Zeichen der Zeit. Denn wer seinen eigenen Standpunkt dem Mainstream zuordnet, der gibt das Argumentieren preis zugunsten einer Strömungslehre, die Stärke in Zahlen misst und nicht mit Gründen gewichtet. Der Mainstream hat nie recht, sondern immer nur Macht, und auch die nicht mehr lange. Das Bild vom breiten, trägen Strom zeichnet die Gegenrichtung als die richtige aus. Gegen den Strom zu schwimmen kostet Kraft: Das Motiv gehört in die Semantik des Widerstands, welche die rechte Systemkritik durchwirkt.

Die Rezeption der Rede vom Mainstream im sogenannten Mainstream ist ein Indiz der Befangenheit. Von Befangenheit soll hier nicht im objektiven Sinne von Interessenkonflikt und Korruption die Rede sein wie in der trivialen liberalen Selbstkritik. Sondern im psychologischen Sinne: Oft wirken die Sachwalter humanitärer und rechtsstaatlicher Standpunkte im öffentlichen Streit gehemmt; ihre Zurückhaltung lässt manchmal daran zweifeln, dass sie an ihre Sache glauben. Sie scheinen die Verwirklichung dessen, was sie als geboten erkannt haben, unter eine Art globalen Finanzierungsvorbehalt zu stellen. Bei näherem Hinsehen zeigt sich allerdings, dass die Kosten, deren Kalkulation ihre Vorsicht rechtfertigen soll, gar nicht materieller Natur sind. Vielmehr scheinen sie unter der Prämisse zu agieren, dass sie es mit dem Idealismus nicht übertreiben sollten – einem Idealismus, der in Gesetzen und Institutionen Gestalt angenommen hat.

Dass Angela Merkel gegenüber der CSU wie gegenüber ihren Kritikern in der eigenen Partei auf der logischen Unmöglichkeit einer

Obergrenze im Asylrecht beharrte, weil dieses Recht jedem politisch Verfolgten Schutz und damit jedem Schutzsuchenden eine Prüfung seines Falls zusagt, war die seltene Ausnahme von diesem Verhaltensmuster der vorauseilenden Rücksichtnahme auf eine Größe, die ganz unbestimmt bleibt. Es geht um die Akzeptanz in der Bevölkerung, aber das wird nicht ausgesprochen, sondern umschrieben, weil man den Bürgern ja nicht unterstellen darf, dass sie die Anwendung des Rechts nicht wünschten. So lässt man den fatalen Eindruck entstehen, eine von den Prinzipien der Rechtsordnung geleitete Politik sei von einer Bedingung abhängig, die sich in der Sprache der Prinzipien gar nicht formulieren lasse. Menschenrechtspolitik wird dann ein Schönwetterprojekt, Moral ein Luxus. Aber wenn das wirklich so ist, dann bekommt die AfD recht. Sie wird in dem Verdacht bestätigt, der ihr Weltbild zusammenhält. Und Gaulands Satz über Boateng, der allseits als unanständig verurteilt wurde, ist dann der Anfang der politischen Weisheit, das offene Staatsgeheimnis einer anderen Republik.

Das kalte Herz

Am 27. September 2015 hielt der damalige Bundespräsident Joachim Gauck zur Eröffnung der »Interkulturellen Woche« in Mainz eine Rede, in der er die Erfahrungen mit der kurzfristigen Aufnahme einer stetig angestiegenen Zahl von Flüchtlingen resümierte. Er lobte das Organisationstalent und die Improvisationsbereitschaft von Amtsträgern und Freiwilligen, artikulierte aber darüber hinaus eine »Sorge«, die angeblich auch viele dieser Engagierten umtrieb: »Wie kann Deutschland auch in Zukunft offen bleiben für Flüchtlinge, wenn zu den vielen, die schon da sind, viele weitere hinzukommen? Wird der Zuzug uns irgendwann überfordern? Werden die Kräfte unseres wohlhabenden und stabilen Landes irgendwann über das Maß hinaus beansprucht?« Das doppelte »irgendwann« legte unbeabsichtigt offen, dass die Sorge, die das Staatsoberhaupt sich hier zu eigen machte, reichlich vage war. Der Zeitpunkt, zu dem möglicherweise eine Überforderung und Überbeanspruchung festzustellen sein würden, war unbestimmt und lag weit in der Zukunft. Wie Gauck sprachen und schrieben damals viele. Fast immer ließen sie offen, an welchen Parametern das für eine ferne Zukunft befürchtete Erreichen der Kapazitätsgrenze denn im Ernstfall zu erkennen sein würde.

Obgleich das Jahr 2015 noch vor seinem Ende oft mit Epochenjahren der deutschen Geschichte wie 1989 verglichen wurde, hat es keine Umbauten der vom Staat bestimmten Teile der Lebenswelt gegeben, wie sie die Bürger sonst spüren lassen, dass wirklich eine historische Zäsur hinter ihnen liegt. Insbesondere ist der Apparat der Steuern und Abgaben nicht an die vermeintlich neue Zeit angepasst worden. Ein Solidaritätszuschlag zur Einkommenssteuer mit Zweckbindung für die Flüchtlingshilfe oder auch die Sicherung der EU-Außengrenzen wird nicht erhoben. Aber wenn ein Staat infolge neuer oder erweiterter Aufgaben in Kapazitätsprobleme gerät, ist die Erhöhung der Einnahmen der erste Schritt – und die Heranziehung der Steuerpflichtigen das probate, faire Mittel, auch im Gegensatz zum Kredit, der die Schwierigkeiten in die Zukunft verlagert. So beschreibt der Begriff der Flüchtlingskrise, wenn es wirklich eine Krise gegeben haben soll, einen Vorgang auf der mentalen Ebene, im Reich der Phantasie.

Die Erinnerung an Krisen, welche die Deutschen tatsächlich genötigt hatten, ihr gesamtes gesellschaftliches Leben auf eine neue Grundlage zu stellen, ist offenbar weitgehend verblasst. Währungsreform, zwei Weltkriege, die Hyperinflation von 1923: Jahrzehntelang war in den Familien die Erinnerung daran weitergegeben worden, wie die große Politik und deren ökonomische Konsequenzen Vermögen zerstört hatten. Als 2015 Turnhallen requiriert wurden, damit Flüchtlinge nicht auf den Bahnhöfen übernachten mussten, tauchten diese Vergleichsmaßstäbe aus den Tiefen des kollektiven Gedächtnisses nicht mehr auf. Die AfD und die rechte Agitation gegen Flüchtlinge als Konkurrenten sind in diesem Lichte ein Wohlstandsphänomen.

Dass immer mehr Turnhallen belegt würden, bis irgendwann den Sportvereinen und Schulklassen gar kein überdachter Platz zum Trainieren mehr übrigbliebe, war von vornherein eine unsinnige Befürchtung. Worauf bezog sich dann die Mahnung Gaucks, dass die Unterbringung der Flüchtlinge irgendwann womöglich über die Kräfte des wohlhabenden Landes gehen werde? Die postulierte objektive Über-

forderung in der Zukunft diente als Chiffre für eine subjektive Überforderung in der Gegenwart, die von vielen Deutschen, mit denen der
Bundespräsident in Berührung kam, empfunden worden sein mag.
Wie groß im Herbst 2015 der Anteil dieser Verunsicherten an der Bevölkerung war, lässt sich nicht schätzen. Das Gefühl der Überforderung wurde jedenfalls auch herbeigeredet. Nicht nur die Lage der Nation unter dem Einfluss des Flüchtlingszuzugs wurde Gegenstand der
Prognostik, sondern auch die Stimmung. Die Extrapolation innerer
Tatsachen ersetzte Daten durch Vorurteile, genauer gesagt Vorurteile
über Vorurteile. Den Journalisten ist vorgehalten und sogar mit Studien vorgerechnet worden, sie hätten sich vom Idealismus des historischen Augenblicks mitreißen lassen und die Animateure für den
Bahnhofsjubel gegeben. Aber es gab auch Kollegen, die von Anfang an
so nüchtern, kühl und abgebrüht bleiben wollten, wie es ihr aus Holly-
wood-Filmen übernommenes Berufsethos gebot. Der Journalismus
sieht sich als gesellschaftliches Frühwarnsystem. Erst recht gilt das für
das Leitartikelwesen, das ja nichts zu berichten hat. Die Stimmung
hält? Schlechte Überschrift. Die Stimmung kippt! Geht immer. Das
Unbehagen in der Willkommenskultur bot die Chance, die Alarmklin-
geln einem Dauertest zu unterziehen, mit dessen Lärm sich die Zei-
tungsbranche gleichzeitig selbst daran erinnerte, dass sie sich in einer
nicht bloß gefühlten Krise befand. Der besorgte Bürger, der seine Sorgen aufbauscht und manchmal auch vorschiebt, um Aufmerksamkeit
sowie den Respekt zu bekommen, den er Mitbürgern und zumal Neu-
bürgern vorenthält, ist ins Typenreservoir der Sozialpsychologie der
Bundesrepublik aufgenommen worden. Man sollte ihm den besorgten
Journalisten an die Seite stellen, der auch dem unbesorgten Bürger die
Sorgen von der noch nicht gerunzelten Stirn abliest.

Der Bundespräsident ist so etwas wie der oberste Leitartikler des
Landes, und Joachim Gauck war auch gerne als der erste Medienkriti-
ker unterwegs. Die Wahrheit wird euch frei machen: So lautet einer
der Schlüsselsätze der Botschaft, deren Verkündigung Gauck sein frü-
heres Berufsleben gewidmet hatte. In Mainz trat Gauck mit dem Gestus eines Seelenheilers auf, der gekommen war, um seinen Zuhörern
die Zunge zu lösen. »Inzwischen trauen wir uns, das fundamentale Di-

lemma dieser Tage offen anzusprechen: Wir wollen helfen. Unser Herz ist weit. Doch unsere Möglichkeiten sind endlich.«

Dass er sagte, was er sagte, stellte Gauck als einen Akt des Mutes hin. Lange – volle drei Wochen waren seit der Entscheidung vergangen, Flüchtlinge aus Syrien nicht nach Ungarn zurückzuschicken – hatten sie, Gauck und diejenigen, die sich von seinen Sätzen angesprochen fühlten, sich nicht getraut, das Dilemma der Stunde anzusprechen – offen anzusprechen. Sie hatten es nur verdeckt, verdruckst, chiffriert angesprochen. Der damalige Bundespräsident, von Amts wegen zuständig für so etwas wie die höhere Sinngebung der Staatstätigkeit, aber auch für die Kontrolle des Regierungshandelns auf Übereinstimmung mit der Verfassung, war einer der Geburtshelfer der Legende, dass die Unwahrhaftigkeit regiert habe, als Deutschland von seinem Recht Gebrauch machte, Verfahren für Asylsuchende, die sich bis an die deutsche Grenze durchgeschlagen hatten, in eigene Regie zu nehmen und auf dem eigenen Territorium durchzuführen. Zwar warf Gauck der Regierung nicht vor, das Volk getäuscht zu haben. Aber moralisch hat es fast noch höheres Gewicht, dass die Bürger von den Regierenden in die Unehrlichkeit gedrängt worden sein sollen.

Man versteht allerdings nicht so ganz, welche Furcht sie davon abgehalten haben könnte, das von Gauck benannte Dilemma auszusprechen. Dass die Möglichkeiten der Politik und der freiwilligen Unterstützung der Politik endlich sind und der gute Wille daher an Grenzen stößt, die er sich nicht selbst zieht, sondern in der Wirklichkeit vorfindet, ist eine Trivialität. Sollte es wirklich in den drei Wochen zwischen dem 6. und dem 27. September 2015 unmöglich, unerwünscht oder inopportun gewesen sein, diese Grundbedingung aller Politik zur Sprache zu bringen? Im Rückblick sehen wir hier entstehen, was man ein Narrativ nennt. Solche Zeugnisse, wonach man sich wochenlang nicht habe trauen dürfen, Banalstes auszusprechen, gingen ein in die Vorstellung, dass sich Deutschland in der Zeit des enthusiastischen Empfangs der großen Flüchtlingsgruppen in einem moralischen Ausnahmezustand befunden habe, einem kollektiven Rausch, und die Regierung buchstäblich unzurechnungsfähig gewesen sei: unfähig, die Ankunft der Flüchtlinge den Organisatoren und Nutznießern des illegalen Verkehrs zuzurechnen, den Schleppern und Terroristen, und in gleicher Weise unfähig, die Folgen des eigenen Handelns, der als Einladungen verstandenen Signale der Freundlichkeit, zu erkennen. Wer der Regierung ohnehin misstraute und schon die Fotos von Spendenpaketbergen im Frankfurter Hauptbahnhof mit der Legende versah, hier sehe man ein vom Wahnsinn befallenes Land, nahm gierig jede Andeutung auf, mit der ein Repräsentant des Staates dieser Sicht der Vorgänge recht zu geben schien. Und wenn es bei der Andeutung blieb, dann war das gerade vielsagend, denn man wollte ja glauben, dass die Vertuschung von etwas Ungeheurem im Gange sei.

Das Auffälligste an Gaucks Formulierung für sein sogenanntes Dilemma ist das kitschige Bild vom weiten Herzen. Noch in dem Moment, da der Redner den Zuhörern die Lizenz erteilt, sich aus den Fängen eines guten Willens zu lösen, der angeblich die Endlichkeit der menschlichen Möglichkeiten verkennt, sollen sie sich ihrer guten Absicht versichern. Die Sentimentalität der Wortwahl weist die im Geständnismodus der ersten Person Plural stehenden Sätze als Anleitung zur Selbsttäuschung aus. Das Diktum über das Dilemma, das auszusprechen angeblich Überwindung kostet, ist eine Deckaussage: Die psychologische Bedeutung der drei Sätze ist das Gegenteil ihres wörtlichen Sinns. Wer helfen will, wird erkunden, was möglich ist, und kann Möglichkeiten entdecken, von denen er nicht geträumt hätte. Die Wahrheit über Deutschland in den letzten Septembertagen 2015 ist eine andere: Der Wille zu helfen war endlich, und es gab genug Leute, welche die Ausweitung der Möglichkeiten humanitärer Politik lieber nicht erforscht sehen wollten.

Das ist nicht weiter bemerkenswert. Die Spendenbereitschaft nimmt mal zu und mal wieder ab, und der Überschwang gemeinschaftlicher Hilfsanstrengungen hätte ganz von selbst dem arbeitsteiligen Pragmatismus der lastschriftfinanzierten Fernstenliebe Platz gemacht, auch ohne abgeschmackte psychologische Betrachtungen von Kolumnisten über den Narzissmus von Menschen, die Flüchtlingen ein Zimmer abtreten. Aber wenn es wirklich Leute gab, denen Gauck aus der Seele sprach, dann muss in dieser Seele so etwas wie ein schlechtes Gewissen rumort haben. Jedenfalls brauchten sie Gaucks Zuspruch, seine Absolution. Und er begnügte sich nicht mit dem Trost, dass man sich mit der Endlichkeit abfinden muss und damit auch mit dem Ungenügen des Willens. Vielmehr instruierte er sie, sich ihre Engherzigkeit zur Tugend schönzulügen. Sie durften es dann für die Anwendung des Prinzips Verantwortung halten, das »Wir schaffen das!« des Fanclubs der Bundeskanzlerin mit einem herzhaften »Mir gäbet nix!« zu konterkarieren.

Als Prediger war Gauck ein Spezialist für die Konstruktion der Ventile, als die solche pseudomoralischen Argumente fungieren. Er wusste genau, was er tat. Die Mainzer Rede war die Probe für die Rede, die er sechs Tage später in Frankfurt am Tag der Deutschen Einheit hielt. Er wiederholte dort die Formulierung, die ihren Test bestanden hatte und in der Presse als wohlbedachte und zeitige Intervention gewürdigt worden war. Nach dem Urteil der Leitartikler hatte der Präsident seines im Grundgesetz nicht ausdrücklich erwähnten Amtes gewaltet, eine Tendenz zur Einseitigkeit des Regierungshandelns im Interesse des Ganzen zu korrigieren. Gauck beanspruchte in Frankfurt, auch mit seinen sozialpsychologischen Mutmaßungen für alle oder fast alle zu sprechen: Fast jeder spüre wohl, wie sich in die Freude über die geleistete Hilfe Sorge einschleiche, Angst vor der Größe der Aufgabe. »Das ist unser Dilemma: Wir wollen helfen. Unser Herz ist weit. Aber unsere Möglichkeiten sind endlich.«

Das Dilemma der potentiellen Nachbarn von Jérôme Boateng, in deren Köpfe sich Alexander Gauland ein halbes Jahr nach diesen Reden Gaucks öffentlich hineindachte, sieht auf den ersten Blick anders aus. Ihre Möglichkeiten sind auch nicht unendlich, aber wenn sie ein Anwesen bewohnen, dessen Nachbargrundstück einen Interessenten mit einem Jahresgehalt von elf Millionen Euro anzieht, dann haben sie jede Möglichkeit, etwa durch Anpflanzung einer Hecke, Anbringung unsichtbarer Überwachungskameras und Anstellung von Personal zum Öffnen der Haustür jeden Kontakt mit dem unwillkommenen Nachbarn zu vermeiden. Ihr Herz ist eng, wenn das Aussehen des Nachbarn genügt, um ihn zur unerwünschten Person zu machen, aber das sehen sie selbst naturgemäß anders. Gauland verbürgt sich ja dafür, dass sie den beruflichen Leistungen Boatengs Hochschätzung entgegenbringen. Im Unterschied zu Gauland selbst übrigens, der im Zuge der von ihm ausgelösten Debatte wissen ließ, ihm sei der Nationalspieler gar kein Begriff gewesen; die Journalisten hätten den Namen ins Spiel gebracht.

Der Schock über die kaltschnäuzige Art, mit welcher der Vorsitzende einer Partei mit bürgerlichen Prätentionen den Alltagsrassismus als etwas vor Ort überall unausweichlich Gegebenes wie das Mikroklima oder die Immobilienpreise darstellte, war so groß, dass in der Debatte Optionen einer entschärfenden Interpretation durchdekliniert wurden. So wurde etwa die Frage aufgerufen, ob Gauland Boateng tatsächlich beleidigt habe – denn für seine eigene Person hatte er ja keine Erklärung über Präferenzen der Nachbarwahl abgegeben. Und es wurde eingeworfen, dass Gauland doch eher die Leute beleidigt habe, denen er solche Präferenzen zuschrieb. So wurde der Satz als anstößig behandelt und gleichzeitig tagelang hin- und hergewendet. Gauland wird darauf gesetzt haben, dass sich die Wirkung dieser Inspektion nicht in ihrem offiziellen Ergebnis erschöpfen werde. Zwar war empirisch ganz und gar zweifelhaft, ob er recht hatte, ob die allermeisten Leute sich nicht über den berühmten Nachbarn gefreut oder diese Freude jedenfalls im unwahrscheinlichen Fall von Boatengs Einzug bekundet hätten. Aber er durfte damit rechnen, dass insgeheim geglaubt wurde, er habe recht.

Die Möglichkeiten sind endlich. Als Joachim Gauck das sagte, meinte er die seelischen Möglichkeiten. Er traute sich nur nicht, das auszusprechen. Alexander Gauland gebricht es nicht an diesem Mut.

Das Bundesamt für Verfassungsschutz hat in seinem Gutachten über die AfD vom Januar 2019 untersucht, wie die Partei zu den Menschen- und Grundrechten steht, die in den ersten zwanzig Artikeln des Grundgesetzes garantiert werden. Belege für eine menschenrechtsfeindliche Einstellung, die es erzwungen hätten, die Partei als Ganze für verfassungsfeindlich zu erklären, fanden die Verfassungsschützer schon deshalb nicht, weil der Grundrechtskatalog nach dem Willen der Autoren des Grundgesetzes die Abänderung der Garantien bis hin zur Streichung einzelner Grundrechte auf dem Weg der Verfassungsänderung zulässt. Auch drastische Kritik etwa an der Berufung frommer Muslime auf die Religionsfreiheit bewegt sich noch im Verfassungsrahmen, weil sie als Aufforderung zur Änderung der Verfassungsrechtsprechung zum Kopftuch oder zum Schächten und notfalls auch des Verfassungstextes ausgelegt werden kann.

Die AfD und ihre Verbündeten propagieren gleichwohl eine radikale Änderung im Umgang von Staat und Bürgern mit den Menschenrechten, einen Bruch des Versprechens, das die Deutschen sich und der Welt mit der Verabschiedung des Grundgesetzes gegeben haben. Man darf nicht erwarten, dass der Verfassungsschutz diese verfassungsfeindliche Stoßrichtung von Agitation und Programmatik der AfD namhaft macht. Als Behörde muss der Verfassungsschutz auch die Grundrechte der mutmaßlichen Verfassungsfeinde wahren, und er muss seinen Schutzauftrag daher auf den eng gefassten Wortlaut der Verfassung beschränken. Anders gesagt: Der Staat kann den Bürgern die Interpretation der Verfassung nicht abnehmen. Eine schleichende Revolution durch Uminterpretation der Verfassung kann nur politisch verhindert werden, nicht von den Behörden und am Ende noch nicht einmal vom Bundesverfassungsgericht.

Der neue Nationalismus redet uns ein, dass wir das Grundgesetz bislang falsch verstanden hätten, und er will erreichen, dass wir selbst unser vermeintliches Missverständnis zugeben. Er legt es auf einen Denksystemwechsel an. Verkannt haben sollen wir stillschweigende Voraussetzungen der Rechte, die das Grundgesetz allen Bürgern oder sogar allen Menschen garantiert. Nur unter der Bedingung sollen die Garantien gültig sein, dass der Staat für sie bürgen kann, nur in dem Maße sollen sie durchgesetzt werden, wie der Staat sich selbst nicht überfordert, und »sich selbst«, das heißt seine Substanz, seine Identität, das Volk oder dessen Kultur – und was dergleichen Chiffren mehr sind für ein Kollektiv, das durch Instinkt, Stimmung und Affekt zusammengehalten wird. Und von diesen emotionalen Mächten ist nicht deshalb so viel die Rede, weil ihre Wirksamkeit sich so gut nachweisen ließe, sondern weil es um die Erschaffung eines Doppelgängers wie im Horrorfilm geht, um eine Gegenmacht zum Volk als Staatsvolk im republikanischen Sinne, das sich aus eigenem Entschluss gebunden hat, an Normen und Argumente.

Die rechtsstaatliche Verfassung der Bundesrepublik ist so etwas wie eine Maschine. In der Staatslehre der Aufklärung war dieses Bild sehr beliebt, die Staatsdenker der Romantik haben sich dann mit Abscheu davon abgewandt, weil sie die Mechanik für eine tyrannische Vorrichtung hielten, von der sie den Volksgeist befreien wollten. Es ist an der Zeit, dieses Bild von der vernünftigen Einrichtung eines Staates zu rehabilitieren. Natürlich ist der Rechtsstaat eine moderne Maschine – er ist programmiert. Seine Programme folgen einer Logik des Universalismus. Rechtspositionen werden durch ihre Verallgemeinerung geschützt. Ich genieße mein Recht genau deshalb, und zwar sowohl im logisch-normativen wie im politisch-effektiven Sinne, weil jeder, der in derselben Lage ist, auch dasselbe Recht hat. Es werden dann mit der Zeit typischerweise weitere Rechteinhaber entdeckt, die auch gleichbehandelt werden müssen. Die Nationalisten wollen diesen Automatismus der Erweiterung und Verfestigung der Rechte unterbrechen, sie treiben einen Keil ins Getriebe der Staatsmaschine. Der Universalismus wird in seinem Funktionsradius beschränkt: Nur so weit soll gelten, dass Gleiches auch gleich behandelt werden muss, wie der Bestand des Ganzen nicht gefährdet wird, der freilich abstrakt bleibt, für den vage Umschreibungen eines kollektiven Sicherheitsgefühls eintreten, eines vorgeblichen Weltvertrauens, das nur im Negativ greifbar ist, als Kreatur der Angst. Die Verfassungsordnung wird auf den Kopf gestellt, denn der Universalismus wird in seiner Geltung auf eine Sondersphäre eingeschränkt und das heißt zu einem Partikularismus umgedeutet.

Umgekehrt wird die Besonderheit der Nation, ihrer Sitten und Traditionen als die wahre Allgemeinheit ausgezeichnet, obwohl gar nicht gesagt werden kann, was das Besondere an dieser speziellen Nation sein soll. Wichtiger als alle rechtswissenschaftlichen Figuren, die für diese nationalistische Umwandlung des Rechtsstaats zur Verfügung stehen, von der Metaphysik des angeblich vor aller Rechtsetzung vorhandenen Staates über das Postulat der Homogenität der Nation bis zu wissenschaftlichen Nachbauten der Leitartikler-Erfindung der Leitkultur, sind Vorstellungen darüber, wie es überhaupt dazu kommt, dass ein Mensch einen anderen gelten und gewähren lässt. Denn in der

Sphäre der impliziten Sozialpsychologie, der Unterstellungen, die wir im alltäglichen Verhalten machen, suchen die Antiuniversalisten die immanenten Schranken der förmlichen Selbstbindungen, wie sie das Recht und die demokratische Abstimmung darstellen. An Gaulands Satz über Boateng und dessen fiktive Nachbarn ist scheinbar nichts, was auf Verallgemeinerung dringt. Ebendeshalb kann er den Grundsatz einer Verfassung der Ungleichheit illustrieren.

Gauland hat sozusagen eine Urszene erfunden, vergleichbar den Fiktionen vom Gesellschaftsvertrag in der Staatslehre des Naturrechts. Der Universalismus beruht auf dem Prinzip, dass jeder sich in die Position jedes anderen versetzen kann und dass der gedankliche Positionswechsel allen Beteiligten zugemutet werden kann, bis Klarheit darüber eingetreten ist, was sie einander schulden. Boateng kann zurückgewiesen werden, weil die Leute, die nicht seine Nachbarn sein wollen, diese Übung des Positionstauschs abbrechen. Irgendwo, das ist die Suggestion der Rhetorik von den endlichen Möglichkeiten, muss sie abgebrochen werden, und hier soll es eben so sein, dass die Eingesessenen sich nicht vorstellen wollen, wie es ist, in Jérôme Boatengs Haut zu stecken.

Im Spektrum der parteipolitischen Loyalitäten findet jeder Wähler seinen Platz. Die Nicht-Wähler halten sich an einem Nicht-Ort auf. Aus der Sicht der Parteien sind sie im Niemandsland nur auf der Durchreise. Sie warten eigentlich nur darauf, ins Wahlvolk zurückzukehren. Vielleicht lassen sie bei Facebook wissen, dass es ihnen an einem unwirtlichen Ort wie der sogenannten Autobahnraststätte Rodaborn gefällt. Aber in den Augen der Politiker verrät das nur ihre Rastlosigkeit. Daher wollte Christian Lindner in den Tagen von Thomas Kemmerichs Suche nach einer neuen Mehrheit in Thüringen die »Heimatlosen« ansprechen. »Das ist für die FDP ein Potenzial von Menschen, die uns gegenwärtig gar nicht auf dem Zettel haben.« Tino Chrupalla sagte am Tag nach seiner Wahl zum Bundesvorsitzenden der AfD: »Ich sehe mich vor allem als Stimme der politisch Heimatlosen, von Mittelstand, Mittelschicht und Handwerk.« Man muss die Menschen dort abholen, wo sie stehen: So lautet der erste Grundsatz der Wählerwerbung in der modernen Demokratie, die offiziell vom Paternalismus nichts mehr wissen will. Aber wie holt man Menschen ab, die an einem Nicht-Ort stehen? Wenn sie von der Politik nichts erwarten, was kann man ihnen dann bieten? Diejenigen, die sich eben nichts mehr bieten lassen wollen, üben »in ihrer De-Mobilisiertheit« in den Worten des Rechtswissenschaftlers Christoph Möllers »negative politische Macht« aus, indem sie ihren Status als so schwach erleben, »dass durch Politik nichts mehr zu gewinnen ist«.

Herauszufinden, was die Entfremdeten bewegt, die aus eigenem Entschluss Abgehängten, die nicht die Seite gewechselt, sondern das Feld verlassen haben, ist ein äußerst ungewisses Unternehmen. Für eine Partei ist es schon schwer genug, die Gedanken der eigenen Anhänger zu lesen und sich bei den Abtrünnigen, die jetzt eine andere Partei unterstützen, darüber klarzuwerden, ob sie sich wohl dann zurückgewinnen lassen, wenn die alte Partei wieder ganz die alte ist – oder ob die Partei sich ganz im Gegenteil der Konkurrenz anverwandeln sollte. Die Vorstellung von den Vorstellungen der Nicht-Wähler, die sich die Gewählten machen, bleibt notwendig diffus. Man kann Bekundungen mehr oder weniger starker Meinungen sammeln und gewichten. Dann wird man geneigt sein, den Ausstieg aus dem System des Mitredens und Mitstimmens auf diese Meinungen zurückzuführen. Es ist aber auch nicht auszuschließen, dass Leute sich im Rollenwechsel vom Wähler zum Nicht-Wähler diese Meinungen zulegen, weil sie aussteigen wollen. Sie bleiben mit ihrem Gestenrepertoire der Verwerfung auf die Welt bezogen, der sie den Rücken gekehrt haben. Die Parteien können dann, wie es ihnen eine auf Integration geeichte Sozialwissenschaft nahelegt, den Protest der Abgewanderten auf sich beziehen und symbolisch interpretieren, im therapeutischen Jargon als Hilferuf oder, mit einer durch eine Berliner Punkband populär gemachten poetisch-ironischen Fassung dieser Denkfigur, als Schrei nach Liebe. Auch aus krudester Systemkritik kann man den Wunsch nach Zugehörigkeit heraushören. Man muss nicht bezweifeln, dass es diesen Wunsch gibt. Fraglich ist eher, ob er erfüllt werden kann, ob wir denjenigen, denen wir ihn zuschreiben, auch unterstellen können, dass sie sich seine Erfüllung wünschen.

Denn der Nicht-Ort kann zur Ersatzheimat werden. Nicht alle Wahlberechtigten warten darauf, abgeholt zu werden. Für Parteien, die auf keine Wählerstimme verzichten können, ist das eine unbefriedigende Auskunft. Parteien haben früher Gedanken oder Interessen vertreten. Die neuen Rechtsparteien machen sich eher zum Sprachrohr einer Stimmung. Man kann auch sagen: einer Ahnung, der mehr oder weniger vagen Vermutung, dass es Leute geben müsse, die eine solche Partei als Vertretung ihrer Interessen und Gedanken gebrauchen könnten, wenn sie denn noch Interessen hätten und nicht von der Globalisierung zur Nutzlosigkeit verdammt worden wären, wenn sie Gedanken hätten und nicht bloß Frust. Die sogenannten Abgehängten sollen den Aufstieg von Populisten und Nationalisten erklären. Den vermeintlich Ohnmächtigen wird damit eine erstaunliche Macht zugesprochen.

Die erste Forderung für den demokratischen Umgang mit den Enttäuschten lautet, dass man sie anhören und ernst nehmen soll. In solchen Formeln verrät sich die Vergeblichkeit dieses Projekts der Integration von Inländern. Ein mit der staatsbürgerlichen Gleichheit unvereinbarer Paternalismus ist konstitutiv für die Figur des Abgehängten, der abhängig bleibt von Zuwendung und Betreuung. Es stellt sich die Frage: Wo gibt es dieses Milieu wirklich, und inwieweit ist es die Erfindung von Sozialwissenschaftlern und Politikern, die für ihre Arbeit eine Klientel benötigen? In einer Szene in Simon Brückners Dokumentarfilm *Eine deutsche Partei – Innenansichten der AfD* spricht der brandenburgische Bundestagsabgeordnete Steffen Kotré in einer Gaststätte vor einem Publikum schwermütiger Rentner darüber, ob und wie Deutschland angesichts des »Resettlement-Programms«, das Migranten mit »Landnahme-Gebaren« einschleuse, noch gerettet werden könne. Kotré setzt seine Hoffnung auf die Gefahr eines Bürgerkriegs: »Die Gräben werden sich vertiefen, aber darin liegt auch die Chance. Je schneller es schlimmer wird, desto schneller kann es auch wieder besser werden.« In seinen Zuhörern sieht er allerdings nicht die Kämpfer dieses Krieges. Andere Unzufriedene sind so unzufrieden, dass sie noch nicht einmal in die Gaststätte gekommen sind. »Wenn man die Straße sprechen lassen würde, dann hätte man hier Chaos.«

Gaulands Selbstkommentar im Boateng-Skandal, dass seine Partei rassistische Vorurteile nicht gutheiße, sich aber um diejenigen kümmern wolle, die in diesen Vorurteilen befangen seien, entspricht in der Sache der Methode der engagierten Sozialwissenschaft von Cornelia Koppetsch, die mit wohlwollenden Erklärungen populistischer Programme in die von der kosmopolitischen Öffentlichkeit gerissene Repräsentationslücke vorstößt. Man möchte vermuten, dass auch die von Gauland bemutterten AfD-Wähler selbst ihre Parteipräferenz mit einer solchen Theorie der solidarischen Stellvertretung rechtfertigen würden: Sie selbst dächten ja nicht so, aber man müsse doch auch an die denken, die so dächten. So bleibt bei umfassender Palliativversorgung des Ressentiments der Menschenfeind ein Phantom.

ILLOYALE OPPOSITION

DER SCHNITT

Wie tut man Dinge mit Worten? Das ist die philosophische Frage des Parlamentarismus, jener merkwürdigen Verfassungsform, die der liberale englische Historiker Lord Macaulay auf den Begriff des »government by speaking« brachte, des Regierens durch Reden. Wer in einem parlamentarischen System das Wort ergreift, geht Verpflichtungen ein, an die sich auch andere gebunden fühlen können. Macht ist dann die Fähigkeit, durch Selbstbindung Bindungswirkungen zu erzeugen. Auf einer Pressekonferenz im südafrikanischen Pretoria am 6. Februar 2020, dem Tag nach der Wahl von Thomas Kemmerich zum Ministerpräsidenten von Thüringen, nannte Bundeskanzlerin Angela Merkel diese Wahl einen »unverzeihlichen Vorgang, der rückgängig gemacht werden muss«. Was hatte sie getan? Was war der politische Zweck ihrer Worte, welche politische Wirkung sollten sie haben?

Eine verblüffende Antwort gab Jürgen Habermas im September 2020 in einem Aufsatz in den *Blättern für deutsche und internationale Politik*. Unter dem Titel »Eine zweite Chance« zog der Philosoph eine Bilanz von dreißig Jahren Wiedervereinigung und anderthalb Jahrzehnten Merkel-Regierung. Das Ergebnis von Merkels Machtwort zum Coup von Erfurt war laut Habermas die »faktisch vollzogene politische Anerkennung einer Partei rechts von der Union«. Diese Deutung widerspricht auf den ersten Blick dem Wortsinn des von Merkel Gesagten. Hatte sie nicht der AfD die Anerkennung verweigert, indem sie ein für alle Mal jedes Zusammenwirken von CDU und AfD ausgeschlossen sehen wollte, auch die Annahme eines nicht an Bedingungen geknüpften Stimmengeschenks zum Zweck der Abwahl eines linken Ministerpräsidenten? Die Absage ließ an Klarheit nichts zu wünschen übrig, und Habermas hob hervor, dass Markus Söder sich ebenso schnell und ebenso klar vernehmen ließ: »Die normative Klinge beider Äußerungen war von überraschender Schärfe.« Noch am Tag des Wahlakts in Erfurt hatte Söder in München erklärt: »Das ist kein guter Tag für Thüringen, kein guter Tag für Deutschland und erst recht keiner für die Demokratie in unserem Land. Es ist ein inakzeptabler Dammbruch, sich mit den Stimmen der AfD und gerade mit den Stimmen von Herrn Höcke zum Ministerpräsidenten wählen zu lassen. Dies ist ein hochriskantes und aus unserer Sicht nicht akzeptables demokratisches Abenteuer, das da in Thüringen passiert.«

Zur normativen Klärung, zur Aussage über die Grenzen der Toleranz der Unionsparteien, die Söder als Parteivorsitzender und Merkel als faktische Parteiführerin trafen, gehört die Bezeichnung der Umstände, auf die der so klar artikulierte moralische Wille in der sozialen Wirklichkeit trifft: Die AfD ist Teil der politischen Welt, aus der sie durch gute oder böse Worte der Konkurrenz nicht vertrieben werden kann. Erübrigt hat sich die Botschaft an die AfD-Wähler, die AfD sei überflüssig, die Suggestion, die CDU sei die bessere AfD. Das normativ Abgeschnittene ist eine Partei, die tatsächlich eine Alternative zu CDU und CSU darstellt. Für Habermas ist der Erfurter Skandal eine Zäsur in der Geschichte des deutschen Parteiensystems. Merkel und Söder vollzogen einen Strategiewechsel, die Abkehr von »den Zweideutigkeiten der bis dahin verfolgten Strategie der Umarmung« der AfD-Anhängerschaft. Im Interesse ihrer Handlungsfähigkeit, die im parlamentarischen System die Unterscheidbarkeit von eigener und gegnerischer Sache zur Voraussetzung hat, erklärten sie »den Verzicht auf die opportunistische Eingemeindung eines Wählerpotentials jenseits der eigenen programmatisch gezogenen Grenzen«.

Tatsächlich hatte der Plan von Björn Höcke nur deshalb aufgehen können, weil CDU und FDP die inhaltliche Abgrenzung von der AfD nicht forciert hatten. Nur mit Bekundungen der Verachtung für die AfD, die scheinbar der Begründung nicht bedurfte, konnten sie Höckes Behauptung entgegentreten, dass es eine latente bürgerliche

Mehrheit gebe, die nur deshalb nicht handlungsfähig sei, weil dem neuen Mitspieler die Anerkennung verweigert werde. Und dieses Argument einer Selbstblockade des politischen Systems durch Tabus, durch Rede- und Kontaktverbote nach Diktat der politischen Korrektheit, konnte deshalb plausibel wirken, weil Spitzenleute der vermeintlichen Parteien der Mitte von der AfD die Rhetorik der kulturellen Polarisierung übernahmen, indem sie etwa vor schleichender Einschränkung der Meinungsfreiheit warnten. Gemäß den Routinen dieser Alarmbereitschaft wurden auch jenseits erklärter AfD-Sympathisanten Bedenken gegen Merkels Intervention in der Erfurter Angelegenheit laut: Die Kanzlerin lasse es an Respekt für den demokratischen Prozess fehlen. Nach Ansicht von Habermas war das Gegenteil der Fall. Merkel sprach den AfD-Wählern nicht das Wahlrecht ab, sondern nahm sie beim Wort. Sie wollten, dass Höcke regiert. Keine Regierung mit oder dank Höcke: Diese Festlegung war zugleich »das Bekenntnis zu einer Praxis, wonach Wähler, die den gestiefelten nationalistischen, rassistischen und antisemitischen Parolen ihre Stimme geben, Anspruch darauf haben, als demokratische Mitbürger ernst genommen, das heißt, schonungslos kritisiert zu werden«. Was heißt Demokratie als Selbstregierung? Jedermann tut etwas mit Worten.

Anerkennung durch Ausgrenzung: Das Lehrbuchmäßige dieser dialektischen Figur besticht, aber der Demokratietheoretiker Habermas erweist sich als Realist. Er denkt genau in dem Sinne politisch, dass er mit Antagonismen rechnet, die sich durch Kommunikation nicht einfach beseitigen lassen. Lehrreich ist der Kontrast zur nachträglichen Deutung der Erfurter Vorgänge durch einen Hauptbeteiligten, den FDP-Bundesvorsitzenden Christian Lindner. In der *Rheinischen Post* gab er mit einem halben Jahr Abstand für die Ablehnung eines »Zusammenwirkens mit der AfD« den Grund an, dass die Partei in Thüringen »die Regeln des Parlamentarismus« gebrochen habe. Es gibt aber keine parlamentarische Regel, wonach eine Partei einen von ihr nominierten Bewerber auch wirklich wählen muss und keinem anderen Kandidaten zur Mehrheit verhelfen darf. Wo Lindner die AfD als Spielverderberin verharmloste, da bezieht sich das Normative, das Habermas bei Merkel und Söder ausmachte, auf die Substanz der Partei, die Habermas als einen »nicht länger verstohlenen, sondern nackt auftretenden, ethnozentrisch gefärbten Nationalismus« bestimmte. Indem die Anführer der Unionsparteien erklärten, damit nichts gemein haben zu wollen, gaben sie aber nur für sich und ihre Parteien eine Willenserklärung ab – sie schlossen diejenigen, die das Gegenteil wollen, nicht aus dem politischen Prozess aus.

Habermas ist kein Befürworter eines AfD-Verbots. Dem Befreiungsschlag von Erfurt traute er erhebliche Auswirkungen über die Innenpolitik hinaus zu. Er entwarf in seinem Aufsatz eine Geschichte der Bundesrepublik unter der methodischen Prämisse, dass man von den »Veränderungen des parteipolitischen Spektrums« auf »tiefer liegende Verschiebungen in den politischen Mentalitäten einer Bevölkerung« rückschließen kann. Während manche Fachhistoriker unter derselben Prämisse zu der These gelangten, dass der Aufstieg der AfD das Ende der Europa-Euphorie der Ära Kohl markiere, stand die »zweite Chance« des Aufsatztitels für die Hoffnung, dass Deutschland auf dem von Angela Merkel in den letzten Tagen ihrer Amtszeit vorgezeichneten Weg noch einmal einen Versuch der politischen Vereinigung Europas unternehmen werde. Wenn die Unionsparteien den nationalistisch gestimmten Wählern nicht mehr nachlaufen, haben sie die Freiheit, den kühnen Schritt zu tun. Der AfD käme dabei allerdings eine unentbehrliche Funktion zu – als Opposition. Fünf Monate nach dem Eklat von Erfurt, so erzählte Habermas die Geschichte weiter, wurde »der Konflikt zwischen CDU und AfD« parlamentarisch ausgetragen, »als sich der Europaabgeordnete Meuthen am 8. Juli 2020 im Straßburger Parlament erhob und der Kanzlerin – bei ihrer Vorstellung des Plans eines europäischen Aufbaufonds – die Argumente entgegenschleuderte, mit denen sie selbst ein Jahrzehnt lang die Krisenagenda von Schäubles Sparpolitik begründet hatte«. Alles, was wir fordern, stand früher im CDU-Programm: Vor dieser bislang wirksamsten AfD-Wahlkampflosung, so war Habermas zu verstehen, mussten und wollten Merkel und Söder keine Angst mehr haben. Politik konnte wieder progressiv sein.

Die Regierungszeit Angela Merkels wird gegliedert von einer Serie von Krisen, von denen jede die Frage nach der Handlungsfähigkeit und Legitimität der Institutionen der Europäischen Union aufwarf. Hätte ein europäischer Bundesstaat die Antwort sein können? Das legte den Staaten ein Historiker des Staatensystems nahe, Brendan Simms, ein Ire, der in Cambridge am konservativen College Peterhouse lehrt. Wenn man geschichtliche Krisen mit Jacob Burckhardt als kurze Perioden katastrophisch beschleunigten Wandels betrachtet, dann bietet die Bewegung, in welche die Verhältnisse geraten, den Personen, welche die Staatsgeschäfte führen, die Chance, aufs Reformtempo zu drücken. Weder die Finanzkrise noch die Flüchtlingskrise wurden in diesem Sinne genutzt. Ansätze zu einem Versuch hatte es durchaus immer wieder gegeben, indem gemäß der Natur demokratischer Politik ein Wort in den Raum gestellt und die Resonanz darauf gemessen wurde. So nannte Ursula von der Leyen 2011, als sie noch Arbeitsministerin war, acht Jahre vor ihrer Wahl zur Kommissionspräsidentin, als ihr Ziel die Vereinigten Staaten von Europa. Eine europäische Staatsgründung nach amerikanischem Vorbild, wie sie Simms empfiehlt, wäre eine zum Brexit komplementäre Haltung gewesen. In den letzten Monaten der Regierung Merkel gab es keinen Vorschlag Deutschlands, den zur Bekämpfung der Covid-19-Pandemie beschlossenen Aufbaufonds zur Generierung von politischem Kapital für den Aufbau eines neuen europäischen Hauses zu verwenden. Im Kampf um die Nachfolge von Angela Merkel im Parteivorsitz, der schon entschieden war, aber infolge des Unfalls der Kemmerich-Wahl wiederholt werden musste und sich dann quälend lang hinzog, weil die Pandemie auf den politischen Betrieb nicht beschleunigend, sondern entschleunigend wirkte, setzte sich mit Armin Laschet am Ende die personifizierte Europafreundlichkeit durch. Ob zur europapolitischen Zurückhaltung der vierten Legislaturperiode von Merkels Kanzlerschaft auch ein parteipolitisches Kalkül beitrug, der AfD keine Gelegenheit zu verschaffen, sich in ihrer ursprünglichen Rolle der Anti-Europa-Partei zu profilieren, werden künftige Historiker durch Archivforschungen herausfinden müssen, wie sie Maurice Cowling, einer der Vorgänger von Simms in Peterhouse, der Untersuchung des Einflusses von Hitler auf die britische Politik widmete.

Jürgen Habermas möchte kein Philosophenkönig und auch kein

Philosophenkanzler sein. Seine Deutung von Merkels Machtwort aus Pretoria war kein Machtwort zweiter Ordnung, keine zwanglos gut begründete, unwiderlegliche Wiederholung des Machtworts, die dann wohl eigentlich Rechtwort heißen müsste – wie auch Merkels eigenes Wort gar kein Machtwort in dem strengen Sinne gewesen war, dass es seine Befolgung ohne Weiteres hätte erzwingen können, einfach indem es ausgesprochen wurde. Für den Fehler, als den sie die Beteiligung der thüringischen CDU an der Wahl von Kemmerich bewertete, zahlte Frau Merkel einen hohen Preis: Ihre Wunschnachfolgerin im Parteivorsitz und wohl auch in der Kanzlerschaft verlor Amt und Chance, nachdem sie sich nach Erfurt begeben hatte, um die dortigen Gremien für die Zustimmung zu den Maßgaben der Parteiführung zu gewinnen. Zwar wollte die Erfurter CDU ihren Ministerpräsidenten Kemmerich nicht mehr im Amt halten, aber auch in der Frage der Umsetzung des Befundes, dass die Regierungsbildung im 2019 gewählten Landtag gescheitert war, taten sich so tiefe Meinungsverschiedenheiten auf, dass Annegret Kramp-Karrenbauer ihre Autorität nicht retten konnte. Es zeigte sich die gewaltige Kraft eines einfachen, für das gesamte Thema des Umgangs mit extremen politischen Akteuren fundamentalen Prinzips der Demokratie: Entscheidungen können nicht vorgegeben werden, die Zuständigen müssen sie selbst treffen. Die Mechanik der Organisation von Entscheidungen bleibt an Personen gebunden.

Am 15. Juni 2022 verkündete der Zweite Senat des Bundesverfassungsgerichts seine Entscheidung in dem Organstreitverfahren, das die AfD gegen die frühere Bundeskanzlerin Merkel wegen deren Bewertung der Wahl des thüringischen Ministerpräsidenten Kemmerich angestrengt hatte. Das Gericht entschied zugunsten der AfD. Das Urteil kam mit der Mehrheit von fünf Richtern zustande, drei Richter trugen seine Gründe nicht mit. Die Mehrheit wollte nicht so verstanden werden, dass das Grundgesetz der Kanzlerin verboten hätte, sich während ihres Besuchs in Südafrika am 6. Februar 2020 überhaupt irgendwie über die am Tag zuvor erfolgte Wahl in Erfurt zu äußern. Die »Mitglieder der Bundesregierung sind durch das Neutralitätsgebot lediglich daran gehindert, im Rahmen ihrer Regierungstätigkeit einseitig Partei zu ergreifen«. Sie dürfen demnach Partei ergreifen, nur nicht einseitig.

Parteinahme ist aber einseitig. Wer Partei ist, steht auf einer Seite, und es gibt eine Gegenseite. Im politischen System der Bundesrepublik wird die Regierung von Parteien gebildet. Der Senat schrieb seine 1977 entwickelte Rechtsprechung zu den Neutralitätspflichten der Regierung fort und dehnte den Bereich, in dem sie durchschlagen sollen, aus. Im Ausgangsfall hatte die Bundesregierung von Helmut Schmidt vor der Bundestagswahl 1976 kostspielige Reklame in Gestalt von Tätigkeitsberichten verbreitet. Einen »Eingriff in die Chancengleichheit der Parteien«, der die »Wettbewerbslage nachhaltig beeinflusst« habe, sah das neue Urteil nun schon in einer einmaligen, pointierten, auf journalistische Anfragen reagierenden mündlichen Äußerung, die nur deshalb »Regierungstätigkeit« war, weil Frau Merkel sie bei der Pressekonferenz im Rahmen ihrer »Dienstreise« tätigte, »an einem mit dem offiziellen staatlichen Wappen der Republik Südafrika versehenen Pult«.

Astrid Wallrabensteins Sondervotum zitierte die abweichende Meinung des Richters Joachim Rottmann von 1977. Er hielt der Senatsmehrheit vor, dass die Forderung der Neutralität der Regierung gegenüber den Parteien die Funktionsweise des parlamentarischen Regierungssystems verkenne. Die Bundesregierung ist »nicht ›neutrale‹, über den politischen Parteien schwebende Exekutivspitze«, sondern »auch Exekutivausschuss der Regierungspartei oder der sie tragenden Regierungskoalition«. An der Wortwahl des neuen Urteils sieht man, dass das von Rottmann gerügte Missverständnis sich eingefressen hat. Durch die »Verzahnung von Bundesregierung, parlamentarischer Mehrheit und den dahinterstehenden Parteien liegt die Neigung der Mitglieder einer Regierung, die sie tragenden Parteien zu unterstützen, jedenfalls nahe« – es handelt sich aber nicht um eine verzeihliche Neigung, sondern um eine für das Überleben der Regierung notwendige Pflicht.

Schief war schon die Formulierung, Kanzler und Minister würden »regelmäßig in ihrer Doppelrolle als Regierungsmitglieder einerseits und Parteipolitiker andererseits wahrgenommen«. Zwei Rollen in einer Person verbindet der Zeitungskolumnist, der zum Sprecher eines Schriftstellerverbands gewählt wird, oder eine Ministerpräsidentin im Zentralkomitee der deutschen Katholiken. Bei solchem Doppelengagement kann sich die Frage stellen, in welcher Rolle gerade gesprochen wird. Ein Regierungschef dagegen gibt sein Parteibuch nicht an der Garderobe ab, bevor er hinter ein Pult mit Staatswappen tritt. Rottmann wies darauf hin, dass das Ideal »des angeblich unpolitischen überparteilichen Beamtenministers« ein Erbteil des Obrigkeitsstaats ist. In diesem Sinne nennt Wallrabenstein eine »neutrale, womöglich expertokratische, Regierung für eine Parteiendemokratie ein Krisenphänomen«. Der Hinweis hätte triftiger nicht sein können: In der Thüringen-Krise war es, wie oben gesehen, die AfD, die eine Expertenregierung ins Spiel brachte, und Kemmerich, Ministerpräsident einer Fünfprozentpartei, versprach ein Kabinett des von der Mitte der Gesellschaft getragenen Sachverstands.

Der Warnung vor einer »Entpolitisierung des Regierungshandelns« hielt der Senat entgegen, das Neutralitätsgebot hindere die Regierungsmitglieder nicht daran, »politische Positionen der Regierung oder Ressorts zu vertreten, über politische Vorhaben und Maßnahmen zu informieren sowie unter Beachtung des Sachlichkeitsgebots Angriffe und Vorwürfe zurückzuweisen«. Diese Vorstellung vom Umfang der »politischen Sachdebatte« sparte die wichtigste Sache der demokratischen Auseinandersetzung aus: die Abgrenzung vom Gegner. Sie mit aller gebotenen Entschiedenheit vorzunehmen ist keine Beschränkung, sondern der Anfang des politischen Wettbewerbs.

Ob der Skandal von Erfurt wirklich die Zäsur der politischen Geschichte Deutschlands gewesen sein wird, die Habermas in seinem Aufsatz beschrieb, hängt gemäß den Prämissen der politischen Theorie von Habermas von den Beratungen und Entscheidungen auf allen Ebenen ab, in denen die Kursbestimmungen der Parteiführer ratifiziert, konkretisiert, dupliziert oder auch revidiert werden, in je neuen, aber auch in wiederkehrenden Situationen. Am Ende der Wahlperiode des ersten Bundestags, in dem eine AfD-Fraktion gesessen hatte, zogen die Parteien, welche die AfD beerben und ablösen möchte, den Schnitt zwischen sich und der neuen Konkurrenz noch viel deutlicher als am Anfang. Die Erschütterung über die Ermordung Walter Lübckes ist nicht folgenlos geblieben. Politiker des republikanischen Spektrums sprechen nun anders über den Terrorismus von rechts und dessen gesellschaftliches Vorfeld. Spiegelbildlich wiederholt sich die Sympathisantendebatte aus der Zeit des Linksterrorismus vor fünfzig Jahren – nur dass damals keine linksextreme Partei im Bundestag saß. Durch ihr Auftreten im Parlament, die ständigen Provokationen und die Methode, jede Sachfrage zur Systemfrage zuzuspitzen, lieferte die AfD ihren Gegnern alle Gründe, die normative Klinge zu schärfen.

Gleichwohl bleibt eine Wiederholung des Kemmerich-Experiments möglich. Bei der Einfädelung eines zweiten Versuchs würden sich die Beteiligten mit Sicherheit darum bemühen, den Anschein des Konspirativen zu vermeiden. Statt auf Überrumpelung und vollendete Tatsachen würde man auf Transparenz und Vorbereitung setzen, nach dem Muster der stufenweise erfolgten Anerkennung der Koalitionsfähigkeit der PDS beziehungsweise Linkspartei durch SPD und Grüne. Paradoxerweise sind mit der Schärfe der Abgrenzung von der AfD auch die Anreize für einen Brückenschlag gewachsen, die sich aus den Funktionsbedingungen des parlamentarischen Systems ergeben. Wer aus einem Konsens ausbricht, dass eine bestimmte Partei um jeden Preis isoliert werden müsse, vermehrt schlagartig die eigenen Optionen – zumal die Konkurrenten zunächst auf die Wiederherstellung des Konsenses pochen werden. Genau das war ja in Thüringen geschehen. Sollte Alexander Gauland die Wende zu einem flexibleren Umgang mit seiner Partei noch erleben, hätte er gewiss einen geschichtlichen Vergleich zur Hand: den »historischen Kompromiss« der italienischen Christdemokratie mit den Kommunisten im Zeitalter der Entspannung. Für die Revolution im System der Parteienbeziehungen könnte man, wäre der Moment gekommen, auch mit dem Interesse des Ganzen argumentieren. Christoph Möllers hat die Große Koalition eine »Notgemeinschaft der Systemanhänger« genannt. Regiert sie permanent, gibt sie der Rede vom Staatsnotstand und der Systemkritik Nahrung, die sie aushungern will.

Ob es zur Integration der AfD kommen wird, dürfte am Ende eine Frage nach jenen Größen sein, die Habermas als die politischen Mentalitäten der Bevölkerung anspricht. Sofern er in dieser Sphäre mit tiefer liegenden Verschiebungen rechnet, darf man anmerken, dass das tektonische Bild mit seiner vorausgesetzten räumlichen Gliederung nach unten einer Intuition entspricht, die nicht so einfach expliziert werden kann. Man kann die Perspektive auch umkehren und betonen, dass politische Einstellungen typischerweise durch Umfragen ermittelt werden und die Befragten sich unter dem Eindruck von Ereignissen des politischen Systems äußern. Insoweit hat man es mit Oberflächenphänomenen zu tun. Der Komplex der offen und verdeckt nationalistischen Ideen eröffnet heute vor allem die Möglichkeit, zur gesamten politischen Normalität kritisch Stellung zu beziehen. Da nationale Töne in der amtlichen Selbstdarstellung des Staates heute verpönt sind, wird die nationalistische Sprache zum Vehikel des ultimativen Protests.

SPAZIERGÄNGER

Bodo Ramelow übernahm am 4. März 2020 die Amtsgeschäfte des thüringischen Ministerpräsidenten von Thomas Kemmerich, der das Amt nur noch der Form halber ausgeübt hatte. Zwei Tage zuvor war im Saale-Orla-Kreis ein erster Bürger Thüringens positiv auf eine Infektion mit SARS-CoV-2 getestet worden. Der Landkreis richtete einen Krisenstab ein, und in der Landespolitik wurde die Verfassungskrise von der Gesundheitskrise zuerst überlagert und dann verdrängt. Im Krieg gegen den unsichtbaren Feind, den der französische Staatspräsident Macron namens aller Regierungen der Welt ausrief, verschwand neben allen anderen Aufregern aus relativ ruhigen Tagen auch der ehemalige Ministerpräsident mit der kürzesten Amtszeit der Geschichte der Bundesrepublik in der Versenkung. Zwei Monate später kehrte Kemmerich ins Blickfeld der Öffentlichkeit zurück, als die Medien Bilder von ihm verbreiteten, die in Gera aufgenommen worden waren. In der Innenstadt der zweitgrößten Stadt des Bundeslands Thüringen fand am 9. Mai 2020, einem Samstag, eine Demonstration gegen die Maßnahmen zur Eindämmung der Covid-19-Pandemie statt. Die

Kundgebung war als »Spaziergang« angemeldet worden. Diese Chiffre sollte im weiteren Verlauf der Auseinandersetzungen über die Pandemiebekämpfung zu nachhaltiger Prominenz gelangen. Als »Spaziergänge« bewarben organisierte radikale Maßnahmengegner später überall in Deutschland Kundgebungen, die sie nun demonstrativ nicht anmeldeten, um das System der Auflagen zu umgehen. Dieser Typus des gemeinschaftlichen Ungehorsams ließ sich nicht mehr als zivil im Sinne der liberalen politischen Theorie einstufen. Nicht nur verweigerten die Mitwirkenden zumeist die Zahlung von Bußgeldern, also die Begleichung der Kosten, die der Theorie zufolge die Sozialverträglichkeit des moralisch gerechtfertigten Rechtsbruchs symbolisch garantieren. Außerdem richtete sich der Protest gegen die rechtlichen Normen als solche.

In der ersten Experimentierphase von antipandemischer Regierungspolitik und außerparlamentarischer Opposition fiel es noch leichter, den Organisatoren von »Spaziergängen« im Schutzbereich von Artikel 8 des Grundgesetzes ihre zivilgesellschaftlichen Selbstbeschreibungen abzunehmen. Verteidigten die Demonstranten nicht buchstäblich im Vorübergehen und also denkbar friedlich, wie es der Wortlaut von Artikel 8 den Bürgern zugesteht und von ihnen verlangt, die Normalität eines alltäglichen Lebens, das auch zur Abwehr schwerster Gefahren nicht zum Stillstand gebracht oder auf Privaträume eingeschränkt werden darf? Auch liberale Professoren des öffentlichen Rechts befürchteten damals angesichts pragmatischer Vorsichtsmaßnahmen zur Entzerrung von Menschenmengen, wie beispielsweise einer Einbahnstraßenregelung für Spaziergänge um einen See, das Schlimmste oder sprachen ihre Befürchtungen aus, um dadurch das Schlimmste abzuwehren. Der Begriff des Spaziergangs hatte im Frühjahr 2020 allerdings schon längst eine eindeutige politische Konnotation, insbesondere in den östlichen Bundesländern. Als »Abendspaziergänge« hatten die Dresdner Fremdenfeinde von Pegida ihre wöchentlichen Umzüge tituliert. Dem Augenschein nach dokumentierten die Fotos aus Gera tatsächlich ein ortstypisches Freizeitvergnügen. Für das Flanieren in Hundertschaften haben deutsche Städte schließlich schon vor Jahrzehnten die Fußgängerzonen eingerichtet. Zum Schutz dieser von kurzsichtigen Gewerbeaufsehern stets gefährdeten Freiheitsräume beantragte die FDP-Fraktion im Erfurter Landtag im Juni 2021 eine Aktuelle Stunde mit dem Thema »Pulsierende Innenstädte in Thüringen – Mitte der Gesellschaft«.

Die Spaziergänger am 9. Mai 2020 hatten sich nicht warm anziehen müssen. T-Shirts und kurzärmelige Hemden waren in der Überzahl, Kemmerich trug oberhalb der Cowboystiefel Jeans, ein blaues Hemd mit hochgekrempelten Ärmeln und ein blaues Halstuch, ein Souvenir aus einem österreichischen Skigebiet. Für den neuen Skandal um den Mann, dem trotz professionellster Lockerheit der Skandal des 5. Februar 2020 am bestiefelten Bein hing, sorgte ein fehlendes Accessoire: die Maske. Entgegen den Bestimmungen der damals gültigen Thüringer Verordnung über erforderliche Maßnahmen zur Eindämmung der Ausbreitung des Coronavirus SARS-CoV-2 bewegte sich der Landes- und Fraktionsvorsitzende der FDP ohne Mundschutz in einer Menge von Menschen, von denen die allermeisten ebenfalls keine Maske bereithielten. Auch der vorgeschriebene Mindestabstand zwischen Personen wurde durchweg ignoriert. Perfekt war der Skandal, als bei näherer Betrachtung der Fotos herauskam, dass Kemmerich im Verhältnis zu den Mitmarschierern auch nicht auf den gebotenen politischen Mindestabstand geachtet hatte. Etwa 700 Teilnehmer der Demonstration wurden von der Polizei gezählt. Funktionäre der AfD wurden in dieser durchaus überschaubaren Gruppe ausgemacht, und dann wurde auch noch enthüllt, dass der Organisator der Kundgebung, der Unternehmer Peter Schmidt, sich von einem Pärchen stadtbekannter Rechtsextremisten hatte helfen lassen. Die junge Frau machte sich mit einem umgehängten gelben Davidstern bemerkbar, ihr Partner war in den Karteien der Antifa als Spaziergänger unter der Flagge des thüringischen Ablegers der Pegida-Bewegung verzeichnet sowie als Spendensammler für einen verurteilten Reichsbürger, der auf einen Polizisten geschossen hatte. Bei Facebook hatte Schmidts Zuarbeiter einen Appell des AfD-Bundestagsabgeordneten Stephan Brandner gegen eine »Zwangsimpfung« verbreitet. Brandner, Mitglied im Stadtrat von Gera, war bei der Kundgebung ebenfalls anwesend.

Kemmerich hielt von der Terrasse des Markt-Restaurants aus eine der beiden Reden des Tages und machte seinen Auftritt selbst über Twitter bekannt: »Heute habe ich an einer Veranstaltung in Gera teilgenommen. Für Verhältnismäßigkeit und einen Corona-Exit mit Maß und Mitte.« Den Protest gegen Landes- und Bundesregierung legitimierte er mit denselben Formeln wie zwei Monate zuvor seinen Versuch, eine Landesregierung zu bilden. Als Mann der Mitte war er angetreten, namens einer gesellschaftlichen Mitte, die er in einer merkwürdigen Schieflage lokalisierte: Die Anhänger der Linkspartei sollten nicht dazugehören, aber die Stimmen der AfD waren ihm willkommen, um die relative linke Mehrheit des Wahlergebnisses von 2019 auszuhebeln. Sein persönliches Bekenntnis zum Maß sollte jede Frage nach der Mechanik dieser Konstruktion erübrigen. Dass Kemmerich sich als Königsausweg aus der Pandemie das Herunterfahren staatlicher Regelungen vorstellte, wird man mit Blick auf den Kenntnisstand im dritten Monat der Notlage noch nicht als Symptom eines latenten Extremismus werten. Eine Demonstration im Namen der Verhältnismäßigkeit: Das war eher im Gegenteil Ausdruck eines Verfassungspatriotismus, der in einer Zeit, da die Verbreitung eines tödlichen Virus unter den Gesetzen exponentiellen Wachstums entschiedenes Handeln forderte, Züge eines Aberglaubens zu erkennen gab, als hätte man durch beflissene Abarbeitung von Regularien die Normalität wieder herbeizaubern können. Für die Teilnehmer des Spaziergangs am 9. Mai 2020 standen Kartons mit Grundgesetzen zum Mitnehmen bereit.

Jeder staatliche Eingriff in die Grundrechte muss als verhältnismäßig ausgewiesen werden, das heißt gemäß einem vom Bundesverfassungsgericht entwickelten dreigliedrigen Prüfschema als geeignet, erforderlich und verhältnismäßig im engeren Sinne. Verhältnismäßig ist also, was sich auch bei näherem Hinsehen noch als verhältnismäßig darstellt. Die Prüfung dreht sich mit Bedacht im Kreis: Der Staat soll sich bei der Normensetzung mit sich selbst beschäftigen und einen hinreichend großen Aufwand bei der Normenbegründung betreiben. Es darf allerdings auch nicht zu schwer werden, die Verhältnismäßigkeit nachzuweisen, weil Eingriffe überall stattfinden und in einer komplexen, unentwirrbar vernetzten Gesellschaft auch überall stattfinden müssen. Nach der herrschenden Lehre der Grundgesetzauslegung ist überhaupt jeder Freiheitsgebrauch, das heißt jede beliebige Tätigkeit, auch – so ein unter Juristen berühmter Präzedenzfall – das Reiten im Walde, Ausübung eines Grundrechts. In der Pandemie mussten daher die ständig den neuen Zahlen und den neuen Hypothesen der Virologie angepassten staatlichen Maßnahmen immer wieder neu auf ihre Verhältnismäßigkeit geprüft werden. Und das hieß, dass die Verwaltungsgerichte sehr spezielle Einzelbestimmungen, etwa zur Höchstzahl von Personen in einem Raum, permanent vergleichend betrachten mussten, weil jede Ungleichbehandlung den Verdacht der Unverhältnismäßigkeit auslöste. Kemmerich sagte in Gera: »Der Staat muss sich jeden Tag rechtfertigen, wenn er uns Freiheiten, wenn er uns grundgesetzliche Rechte nicht zugesteht, jeden Tag aufs Neue.«

Die verwaltungsgerichtliche Prüfroutine trug sicherlich zur Freiheitssicherung im weithin so genannten Ausnahmezustand bei, wie es von der Verfassungsdogmatik vorgesehen ist: Gerade wenn Improvisation unvermeidlich ist, muss Willkür unterbunden werden. Gerichtliche Kontrolle setzt ohnedies notwendig beim Einzelfall an. So kam es aber zwangsläufig dazu, dass sich Meldungen über Beschlüsse häuften, mit denen dieses oder jenes Verwaltungsgericht oder Oberverwaltungsgericht diese oder jene Einzelnorm aus den Schutzverordnungen aufhob. Da aber die Pandemie ein einheitliches Geschehen war und es für ihre Bekämpfung auf ein konzertiertes Handeln ankam, stellte sich der Eindruck ein, dass mit jedem einzelnen dieser Gerichtsbeschlüsse das gesamte Schutzkonzept auf der Kippe stehe. Kemmerich wusste am 9. Mai 2020, was die Stunde geschlagen hatte: »Es ist fünf nach zwölf, die Rechte der Bürger den Bürgern zurückzugeben.« Die Korrektur unverhältnismäßiger Zumutungen in rechtsförmiger Gestalt setzt eigentlich voraus, dass die Verhältnisse im Recht im Großen und Ganzen in Ordnung sind, weil sonst kein Abgleich möglich wäre. Wer indes den Verdacht hatte, dass zwischen Bedrohung – war Corona wirklich schlimmer als eine Grippewelle? – und Vorbeugung das Verhältnis grundsätzlich nicht stimmte, konnte sich durch die Gerichte bestätigt sehen. Ein Misstrauen gegen Rechtsnormen erhielt neue Nahrung, das im Streit über die Flüchtlingspolitik seit dem Sommer 2015 in staatsgefährdender Form aufgetreten war.

Dass staatliche Regelwerke die Rechtsunterworfenen an Freiheitsverluste gewöhnen, ist eine finstere Vermutung, welche die Regelsetzung wie ein Schatten begleitet. Der Unmut über den Aufwand der Steuererklärungen hat folkloristischen Charakter und dient als Ventil im Umgang mit der unvermeidlichen Dysfunktionalität administrativer Organisationen. Die Kritik am Flüchtlingsschutz der Regierung Merkel gewann ihre zerstörerische Dynamik daraus, dass der Verweis der Regierung auf die rechtlichen Grundlagen ihrer Anordnungen, die Spielräume und Bindungen des europäischen Asylrechts, nicht bloß abgewehrt oder als belanglos abgetan wurde. Das Beharren der Regierung auf der Rechtlichkeit ihres Vorgehens wirkte vielmehr wie eine Provokation. Der von Staatsrechtslehrern und Leitartiklern gepredigte Pseudo-Realismus der scheinbar naturgegebenen Staatsgrenzen und der vermeintlichen ersten Staatsaufgabe des Grenzschutzes verschaffte dem Gedanken Raum, dass ein derart ausgelegtes Recht ein Zwangssystem sein müsse, eine Vorrichtung zur Selbstentmündigung der Staatsvölker.

Darin lag das Explosive im Diktum des CSU-Vorsitzenden von der Herrschaft des Unrechts. Horst Seehofer wollte damit ja nicht sagen, dass in dem von seiner Partei mitregierten Deutschland die reine Willkür herrsche, wie in der Bananenrepublik des anti-lateinamerikanischen Klischees. Das Recht der Flüchtlingshilfe sollte vielmehr gerade wegen seiner Feinmaschigkeit zur Zwangsjacke geworden sein. Ein Unbehagen gegenüber der Kompliziertheit rechtlicher Regelungen, die untereinander manchmal so verknüpft sind, dass man mit dem einfachen Wortsinn nicht weit kommt, findet immer seine Anlässe, richtete sich hier aber gegen politische Handlungen, deren außergewöhnlichen Charakter die Regierung nicht verhehlte, sondern mit der Staatsräson rechtfertigte, mit humanitären Prinzipien einerseits und dem außenpolitischen Interesse Deutschlands andererseits.

In der Pandemie waren es erneut eingreifende Handlungen der Exekutive, die mit höchsten Prinzipien gerechtfertigt, aber wegen der Einzelheiten der rechtlichen Umsetzung und scheinbarer Wertungswidersprüche kritisiert wurden. Diese Systemkritik machte sich nun ein Bild von den Maßnahmen, in dem sie geradezu zur Verdoppelung der Pandemie wurden, einem fatalen Kettenreaktionszusammenhang der Schwächung von Freiheitssinn und Widerstandskraft. Wie in der sogenannten Flüchtlingskrise hatte dieser radikale Zweifel seine Stichwortgeber und Multiplikatoren in den mitregierenden Parteien – und außer der AfD regierten im deutschen föderalen Staatengebäude alle Parteien irgendwo mit. So wurden die Parolen von »Exit« und »Freedom Day« nicht mit der Ausrottung oder Domestizierung der Krankheit verbunden, sondern mit der Abschaffung der Maßnahmen. Und in Gera sperrte sich der thüringische FDP-Chef am 9. Mai 2020 ersichtlich gegen die Einsicht, dass auch eine Schritt für Schritt verhältnismäßig ausgestaltete Pandemiebekämpfung kein Spaziergang sein konnte. Man darf Kemmerich sicher unterstellen, dass er als Unternehmer wusste, was es mit der Verhältnismäßigkeitsprüfung von Verordnungen auf sich hat. Als Eigentümer einer Friseurkette kennt der Jurist Auflagen und deren Überprüfung. Die Rechtsgrundlage solcher Routinekontrollen wird umgekehrt von den Verwaltungsgerichten überprüft; sie sind sozusagen ein TÜV für Gesetze. Damit sind Bedingungen der unternehmerischen Tätigkeit gegeben, auf die Handwerker und Kaufleute sich einstellen und die sie sich normalerweise wohl auch nicht komplett wegwünschen. Bei den Sprüchen vom existentiell freien, radikal risikofreudigen Unternehmertum, aus denen die Wahlwerbung der Kemmerich-FDP zu größeren Teilen bestand, schwang so auch immer etwas von Wildwestshow mit. Subventionen forderte man im nächsten Atemzug schließlich mit derselben Coolness. Bloß nicht mit der Wimper zucken!

Aber alles symbolische Handeln hat eben auch eine tatsächliche Seite, findet in einer sozialen Wirklichkeit statt, die, was die Pandemie mit tödlichem Ernst in Erinnerung rief, auch eine natürliche Wirklichkeit ist. Juristen konnten sich nun darüber den Kopf zerbrechen, ob sich eine Befreiung von der Maskenpflicht rechtfertigen ließ, wenn eine Demonstration in Wahrnehmung des Grundrechts aus Artikel 8 des Grundgesetzes gerade den Zweck verfolgte, gegen diese Pflicht zu protestieren. Kemmerich rechtfertigte sein Versäumnis, in Gera eine Maske getragen zu haben, nicht als ein solches expressives Handeln. Seine Erklärung hob vielmehr auf die Vergesslichkeit ab, die Bedingung des Vollzugs einer sozialen Praxis ist. Als der Spaziergang sich in Gang setzte, sei ihm schlicht der Moment entgangen, da er an die Befolgung der Distanzregeln hätte denken müssen. Kemmerich war allerdings unmittelbar hinter dem Polizeiwagen hergegangen, aus dem zu Beginn des Spaziergangs über Lautsprecher noch einmal an die Regeln für die Versammlung erinnert worden war. Man geht mit, lässt sich treiben, auch wenn man als Anführer wahrgenommen wird und die richtigen Stiefel dafür trägt. In diesem Sinne illustriert der Vorgang von Gera aber noch einmal die Gefahren, in die sich Kemmerich mit seiner Bewerbung als Ministerpräsident aus der Mitte begeben hatte. Die Innenstadt von Gera pulsierte am 9. Mai 2020 tatsächlich – doch die Zuckungen einer Menge, die das Zentrum der Gesellschaft zu bilden und das Ganze der Gesellschaft zu repräsentieren beanspruchte, ließen sich nicht steuern oder kontrollieren, schon gar nicht von einem Politiker, der im Landtag, auf den die Spaziergänger Druck ausüben wollten, ein herausgehobenes Amt bekleidete.

Peter Schmidt, Geschäftsführer der Firma Jenatec Industriemontagen, der als Veranstalter der Kundgebung vor Kemmerich sprach und ihn einführte, war Mitglied des Landesvorstands des Wirtschaftsrats der CDU Thüringens. Nimmt man die Beifallslieferanten von der AfD hinzu, waren also sozusagen die Veteranen des Bündnisses vom 5. Februar 2020 vollzählig vertreten, die Kräfte der Koalition, die es nicht hatte geben dürfen. Mit einem Begriff aus der amerikanischen Geschichtspolitik kann man von einem Reenactment sprechen: Der Tag von Gera wiederholte den Tag von Erfurt. Kemmerich wollte nicht gewusst haben, dass AfD-Leute mitmachen würden. Aber genau das war am 5. Februar ja ebenso gewesen!

Um im Wirtschaftsrat der CDU mitzuwirken, muss man nicht Mitglied der Partei sein. Schmidt hatte kein Parteibuch. Die Mitte der Gesellschaft darf man sich wie einen Kranz um die von Kemmerich so gerne im Sound der Kohl-Genscher-Jahre beschworenen Parteien der Mitte vorstellen. Sie gliedert sich in Vorfeldorganisationen, die nach ihrem Verständnis nicht die Einflussnahme der Politik auf die Gesellschaft, sondern umgekehrt den Einfluss der Gesellschaft auf die Politik kanalisieren. Schmidt stellte sich seinen Mitbürgern auf dem Marktplatz als Privatmann vor, als »normaler, durchschnittlicher Geraer« und Mittelständler, der zufällig, »wie die Jungfrau zum Kind«, dazu gekommen sei, Reden zu schwingen. »Ich bin für keine Organisation, ich bin für keine Partei hier, ich bin nur der Peter Schmidt.« Andererseits setzte er seinen Worten zufolge nun Gedanken in die organisierende Tat um, die ihn schon lange vor der Pandemie beschäftigt hatten. Er hatte »festgestellt, dass unsere Freiheitsrechte mehr und mehr entwertet werden, dass unsere Meinungsfreiheit teilweise nur noch auf dem Papier besteht, dass Menschen, die sich entgegen des allgemeinen Mainstreams äußern, entweder totgeschwiegen werden – oder mit der Nazikeule erschlagen«.

Schmidt zählte die Totgeschwiegenen und symbolisch Totgeschlagenen auf: »Sarrazin, Maaßen, Steimle, Wendt oder zuletzt auch Xavier Naidoo.« Der Mitteldeutsche Rundfunk hatte zum Jahresbeginn 2020 die Kabarettsendung *Steimles Welt* eingestellt, nachdem die von Uwe Steimle mit ostdeutschem Akzent (in doppeltem Sinne) vorgetragene Verhöhnung unter anderem von Flüchtlingshilfe und Sprachreform, amerikanischer Weltpolitik und öffentlich-rechtlicher Rundfunkverfassung immer wieder für Skandale gesorgt hatte. Im November 2019 war die Berufung von Rainer Wendt, dem Bundesvorsitzenden der Deutschen Polizeigewerkschaft, zum Staatssekretär im Innenministerium von Sachsen-Anhalt am Einspruch von SPD und Grünen gescheitert. Wendt warf Innenminister Holger Stahlknecht vor, sich einem »Kommando« aus dem Kanzleramt gebeugt zu haben. Der Sänger Xavier Naidoo war im März 2020 als Juror der vom Privatsender RTL produzierten Castingshow *Deutschland sucht den Superstar* abberufen worden. Unmittelbarer Anlass dafür war nicht Naidoos Propagierung von Verschwörungstheorien zur Pandemie, sondern ein Video, in dem er ein Lied im Sound von 2015 sang: »Ich hab fast alle Menschen lieb, / aber was, wenn fast jeden Tag ein Mord geschieht, / bei dem der Gast dem Gastgeber ein Leben stiehlt, / dann muss ich harte Worte wählen. / Denn keiner darf meine Leute quälen.« Johlender Beifall unterbrach Schmidts Jungfernrede in der fünften Minute zum ersten Mal, als er nach Art eines Voltaire-Imitators versicherte, dass es ihm nicht um den Inhalt der zum Mainstream gegenläufigen

Äußerungen gehe, sondern um die Meinung als Meinung: »Ob man ihre Meinung teilt oder nicht, aber sie haben das Recht, sie zu sagen.« So sagte er von sich: »Man kann mich mögen oder nicht, aber es ist meine Meinung, und dafür stehe ich.« Kemmerich nahm am Anfang seiner Rede dieses Stichwort auf: »Meinungsvielfalt, Meinungsfreiheit, genau darum geht es.« Ein Saxophonist spielte für die Teilnehmer des Demonstrationszugs später »Die Gedanken sind frei«.

Elf Monate später, im April 2021, unterstützte Schmidt mit einer großen Anzeige der Jenatec Industriemontagen GmbH einen »Aufruf für Presse- und Meinungsfreiheit« im kostenlosen Anzeigenblatt *Neues Gera*. Der Verleger der Zeitung ist Harald Frank, der Vorsitzende der AfD-Fraktion im Stadtrat von Gera, der mit zwölf Sitzen größten Fraktion im Rat, die 28,8 Prozent der Wähler vertritt. Frank ist über den Landesverband der Familienunternehmer in die Politik gekommen und gelangte von der FDP über eine kommunale Liste namens Bürgerschaft zur AfD. Eine antifaschistische Bürgerinitiative hat unter Verweis auf ein Gutachten des Zentrums für Rechtsextremismusforschung, Demokratiebildung und gesellschaftliche Integration der Friedrich-Schiller-Universität Jena zum Boykott des Anzeigenblatts aufgerufen, weil das allen Haushalten in Gera gratis zugestellte Blatt zwar alle Parteien der Stadtpolitik zu Wort kommen lasse, Mitteilungen der AfD aber großzügiger präsentiere und außerdem regelmäßig Beiträge mit nationalkonservativer oder rechtspopulistischer Tendenz aus Medien wie der *NZZ* oder der Zeitschrift *Tumult* nachdrucke.

Den Gegenaufruf des Verlegers, der die Feststellung einschloss, »dass nationalkonservative oder rechtspopulistische Standpunkte ganz grundsätzlich weder auf eine Ablehnung des demokratischen Verfassungsstaates der Bundesrepublik Deutschland hindeuten noch die freiheitlich-demokratische Grundordnung infrage stellen«, unterstützten außer Schmidts Firma achtzig weitere Anzeigenkunden, darunter Taxibetriebe, Fahrschulen, Versicherungsmakler, Landschaftsgärtner, Bäcker, Fleischer, Klempner, Weinhändler, Ärzte, Logopäden, Physiotherapeuten, Solaranlagenbauer, Dachdecker, Immobilienmakler, Maler, Heizungsbauer, Bestatter, ein Sonnenstudio und eine Musikschule. Mit individuell gestalteten Anzeigen und je eigenen Werbesprüchen brachten sie ihr Verständnis von Artikel 5 des Grundgesetzes zum Ausdruck: »Unser Name für Meinungs- und Pressefreiheit und Demokratie« (Jenatec) – »Freie Fahrt für freie Meinung« (Spedition) – »Die Schwarz-Weiß-Malerei liegt uns nicht, deshalb lichten wir die Welt gern bunt ab« (Fotostudio) – »Wir sind der Souverän im Staat!« (Malermeister). Das sah auf dem Papier wirklich nach der Mitte der Gesellschaft aus.

Es gibt gute Gründe der liberalen politischen Theorie, die Meinungsfreiheit für das erste und ursprüngliche Grundrecht zu halten. Diese Intuition teilt das Denken, das Schmidt an diesem Frühlingsnachmittag in Gera artikulierte. Unmerklich kann die Meinungsfreiheit schrumpfen. Auch dieses Unbehagen ist in der liberalen Tradition begrifflich gefasst worden. Es ist nicht automatisch verschwörungstheoretisch, rechnet im Gegenteil eigentlich mit ungeplanten und ungewollten Freiheitsverlusten. Aber in der Pandemie diente die bloß erfühlte Einbuße an Meinungsfreiheit als Muster für Prognosen des Schicksals der anderen Grundrechte, deren Schutzbereiche außerhalb der ideellen Sphäre liegen. Es müsste einfacher sein, Rechte zu sichern, die sich im Materiellen manifestieren, doch die Verlagerung des sozialen Lebens ins Virtuelle begünstigte eine Wahrnehmung, die zwischen Suspension und Abschaffung nicht unterschied. Was Sarrazin und Maaßen widerfahren war, nahm Schmidt als Omen: »Jetzt in der Corona-Krise hat sich das gesteigert in einen Verlust eigentlich aller Freiheitsrechte.« Dass SARS-CoV-2 die Funktionsfähigkeit des Gesundheitswesens gefährdete, obwohl man im Alltag nicht viel mehr von seiner Verbreitung zu spüren bekam als bei einer Grippewelle, das wollte jemand wie Schmidt nicht leugnen und konnte er eigentlich auch schlecht leugnen. Denn er beschrieb die Veränderung der politischen Bedingungen des Lebens, die er als Folge einer verfehlten Pandemiepolitik kommen sah, als Ausbreitung einer solchen ungreifbaren Gefahr.

Ausdrücklich stellte Schmidt eine Verbindung zwischen dem 9. Mai und dem 5. Februar 2020 her. Er räumte für Kemmerich die Bühne mit den Worten: »Für mich ist er unser einziger aktuell legitimer Ministerpräsident.« Auf Facebook hatte er ihm am Tag seiner Wahl gratuliert:

»Hut ab vor Deinem Mut. Einziger Ministerpräsident der FDP!!! Es macht mich stolz und glücklich, das bürgerliche Lager noch handlungsfähig zu sehen. Ich wünsch Dir Kraft im linken Gegenwind, stets ein glückliches Händchen, Gespür für das Machbare und natürlich Erfolg für unseren schönen Freistaat.« Die »Verteufelung und Ausgrenzung der AfD durch alle Parteien« bezeichnete er als »fürchterlich und demokratiefeindlich«. In seinen Augen war die Lieferung der zur Mehrheit nötigen Stimmen durch die AfD nicht etwa ein hinzunehmendes Übel. Im Gegenteil hatte sie volkspädagogischen Wert als Beweis dafür, dass »die ständige Missachtung demokratischer Gepflogenheiten und die Beleidigung von 25 % der Wähler Grenzen hat«.

Die F.A.Z.-Meldung über Frau Merkels Wortmeldung aus Südafrika und eine Lexikondefinition von Diktatur hatte Schmidt in seinem Facebook-Kommentar zu Kemmerichs Rücktrittsankündigung mit dem vermeintlichen Brecht-Zitat über Unrecht, Recht, Widerstand und Pflicht kombiniert. Der Slogan, der weder bei Brecht nachweisbar ist noch bei Lenin oder Goethe, die ebenfalls als Urheber genannt werden, war auch einer der Plakatsprüche des Umzugs vom 9. Mai 2020. Indem Schmidt in seiner Rede die Gültigkeit der Wahl Bodo Ramelows am 4. März 2020 in Zweifel zog, stellte er eine Illegitimitätsbehauptung der Art in den vergleichsweise kleinen, auf Spazierwegen zu durchmessenden Raum der thüringischen Politik, wie sie ein halbes Jahr später hochdramatische Bedeutung für die ganze Welt gewinnen sollte, als der abgewählte amerikanische Präsident Trump und seine Anhänger die Rechtmäßigkeit des Wahlergebnisses leugneten.

Warum aber sollte Ramelows Wahl dem Wortlaut von Schmidts Bekenntnis zufolge möglicherweise als legal gelten müssen und dennoch im Lichte eines höheren Rechts mit einem Makel behaftet sein? Wenn es nach Schmidt gegangen wäre, dann wäre der Stuhl des Ministerpräsidenten nicht frei gewesen. Den Rücktritt Kemmerichs stellte er vor den zusammenstehenden Spaziergängern als erzwungen hin: »Er war für einen Tag unser Ministerpräsident, bevor ihn ein Anruf einer machtgierigen Frau aus Südafrika gestürzt hat.« Im Jargon von AfD-Chatgruppen sprach hier der Funktionär des CDU-Wirtschaftsrats über die von der CDU viermal nominierte Bundeskanzlerin, die sich in Pretoria als frühere Parteivorsitzende geäußert hatte. Bevor Schmidt den Ministerpräsidenten seines Herzens ans Mikrofon bat, den er als »einen Freund« ankündigte, hatte er den gängigsten Gemeinplatz der von der AfD verbreiteten antirepublikanischen Systemkritik hervorgeholt und ausgewalzt. Über dem Berliner Reichstagsgebäude stehe zwar die Inschrift »Dem deutschen Volke«, aber er habe seit einiger Zeit schon das Gefühl, dass sie besser lauten sollte »Den Interessen und Karrieren korrumpierter Politiker« oder »Den Interessen multinationaler Großkonzerne« oder »Den Interessen internationaler Ökoprofiteure« oder »jetzt ganz aktuell: Den Interessen der Pharmalobby und undurchsichtiger Stiftungen«. Mehrere verschiedene, aber verwandte dubiose Sorten von Interessen skandalisierte der Industriemontageleiter und Interessenvertreter parteinahen Unternehmergeistes ohne Mitgliedsbeitragspflicht: korrupte Berufspolitik, globalisierten Umweltschutz, intransparente Philanthropie. Das ist der Katalog der bösen Mächte des Globalismus. Es fehlte nur als international größter Profiteur des Pharmalobbyismus Bill Gates. Mehrere Teilnehmer der Demonstration trugen Schilder und Pullover mit dem Schriftzug: »Gib Gates keine Chance!«

Insoweit Schmidts Rede ein nationalistisches Gegenprogramm formulierte, klang es geradezu treuherzig. Es ergab sich aus der Polemik gegen angebliche falsche Unterscheidungen der Pandemiepolitik, also gegen die Überforderung durch eine administrative Rationalität. Die Differenzierung der Maßnahmen, die zudem je für sich wenig zielführend wirken konnten, weil sie auf indirekte, im Rahmen hohen Zeitdrucks gleichwohl mittelfristige Wirkung berechnet waren, deutete Schmidt als Herrschaftstechnik einer Regierung, die nicht mehr Diener des Volkes sein wolle. Welches Risiko sie damit vermeintlich einging, hielt der Redner ihr in Form einer historischen Lektion vor, die er vom Blatt ablas. »Ein geteiltes Volk ist ein schwaches Volk. Divide et impera, das haben schon die römischen Caesaren gepflegt, aber wie ihr wisst, sind auch die untergegangen.« Eine Erklärung Schmidts für die von ihm beklagte Planlosigkeit der Pandemiepolitik war, dass die deutsche Regierung die Stärken Deutschlands unterschätze: Deutschland habe »eine insgesamt gute Struktur«, sei »nicht unbedingt zu vergleichen mit Ländern wie Italien«. Während des Spaziergangs wurde »Auferstanden aus Ruinen« angestimmt, mit abgewandelter, in die Töne des Deutschlandlieds übergehender Melodie.

Es gab auf dem Marktplatz von Gera auch die lautstark geäußerte Ansicht, dass Kemmerich die ihm von Schmidt zugesprochene Legitimität verwirkt habe, durch seinen Rücktritt, indem er sich dem aus Südafrika übermittelten Befehl Frau Merkels gebeugt habe. Als Kritiker der von Frau Merkel geführten Bundesregierung könne er nun nicht glaubwürdig auftreten. Ein bärtiger Mann mit Schirmmütze und Harley-Davidson-Jacke rief Kemmerich zu: »Wenn Sie morgen die Frau Merkel anruft, sagen Sie dann – ach nein, das war ein Irrtum?« Der Zwischenrufer ließ die Menge wissen, dass er beim Spaziergang nicht mitgehen werde, wenn Kemmerich wirklich mitgehen sollte: »Dieser Mann hat das konservative Lager Thüringens verraten!« Kemmerich antwortete von der Restaurantterrasse herab: »Auch Ihre Meinung akzeptiere ich«, und setzte seine Rede mit einem Lob des Föderalismus fort. Mit der Beschwörung der Revolution »vor dreißig Jahren«, deren Errungenschaften es nun zu verteidigen gelte, löste er den Zuruf »Wendehals!« aus, untermalt von einem Sprechchor: »Hau ab! Hau ab!« Der Bundestagsabgeordnete Brandner rühmte auf Twitter den »Freiheitsspaziergang« als »starkes Zeichen«, spottete aber: »Schnapsidee Kemmerichrede«. Mit dem Hashtag »Umfallerpartei« verwendete Brandner ein Etikett, das der FDP anhängt, seit sie nach der Bundestagswahl 1961 entgegen ihrem Versprechen aus dem Wahlkampf in eine Regierung unter dem Bundeskanzler Konrad Adenauer eingetreten war.

Gegenüber der *Süddeutschen Zeitung* erklärte Schmidt, nachdem Kemmerichs Anwesenheit nationale Aufmerksamkeit auf die Veranstaltung gelenkt hatte, dass er von seinen Worten »nichts zurückzunehmen« habe. Der Wirtschaftsrat der CDU, als dessen stellvertretender Bundesvorsitzender damals der spätere Parteivorsitzende Friedrich Merz amtierte, ließ dagegen nach einigen Tagen verlauten, er distanziere sich »eindeutig« von den »Inhalten« der Kundgebung »und den dort getätigten Äußerungen«. In der Bundes-FDP sah man die

Schadensbegrenzung gefährdet, um die man sich ein Vierteljahr lang bemüht hatte. Marie-Agnes Strack-Zimmermann, die scharfzüngige Verteidigungspolitikerin aus Kemmerichs Heimatbundesland Nordrhein-Westfalen, erkannte ein Muster: »Wenn wir jetzt keine Konsequenzen ziehen, kommt das immer wieder.« Der Wiederholungstäter zeigte sich nur begrenzt einsichtig, gelobte zwar, beim nächsten Mal eine Maske zu tragen, erklärte aber seine damit angekündigte Teilnahme an weiteren Spaziergängen gerade wegen der Anwesenheit der Konkurrenten von der AfD für notwendig: Er wolle nicht, »dass Teile der Mittelschicht mit ihren Sorgen von der AfD vereinnahmt werden«. Der AfD trat man entgegen, indem man ihr nicht das Feld überließ, sondern mitmarschierte. Hier offenbarte der von Kemmerich propagierte Aristotelismus der instinktiven unternehmerischen Orientierung zur Mitte hin seine Schlagseite. Die Mittelschicht soll eigentlich durch ihre Lage dazu bestimmt sein, von selbst Maß zu halten und das Vorbild einer maßvollen Haltung zu geben. An dieser Festigkeit fehlt es aber offenbar denjenigen Teilen dieser Schicht, die nach rechts abdriften würden, hielte Kemmerichs paternalistische Intervention sie nicht zurück.

Für den liberalen Mittelstand durfte Kemmerich nach dem verstolperten Spaziergang nicht mehr sprechen, jedenfalls nicht als offizieller Sprecher: Den Vorsitz der gleichnamigen Bundesvereinigung legte er nieder. Etappenweise trat Kemmerich den Rückzug an, er schritt sozusagen den Spazierweg noch einmal rückwärts ab. Eine erste Bekundung des Bedauerns war auf die »Bilder« bezogen, »die aufgrund meiner Teilnahme an einer Veranstaltung in Gera entstanden sind«. Er war nun klüger. »Im Nachhinein muss ich feststellen, dass diese Demonstration die falsche Plattform für einen öffentlichen Auftritt war.« Der Bundespartei genügte das nicht. Fünfeinhalb Stunden lang debattierte am 12. Mai 2020 die Bundestagsfraktion, am Tag darauf folgte eine Sondersitzung von Präsidium und Bundesvorstand. Hinterher gab Kemmerich bekannt, dass er seine Mitgliedschaft im Vorstand bis zum Jahresende ruhen lassen wolle. Obwohl oder gerade weil laut Berichten von Teilnehmern niemand für ihn das Wort ergriffen hatte, verband er diese Kapitulation mit gleich mehreren Gesten des individuellen Trotzes, Verweisen auf den eigenen Willen, der örtlichen Verbänden nicht genommen werden kann und den der einzelne Politiker zuletzt selbst dann noch behält, wenn er alleingelassen wird. Die Auszeit auf Bundesebene wollte er nutzen, um zu überlegen, »welche Rolle ich künftig in der Partei noch ausfüllen kann und will; alles andere entscheiden die Freien Demokraten in Thüringen in eigener Verantwortung, ohne dass es dazu unerbetener Ratschläge von außen bedarf«. Hatte er schon am Tag nach dem Spaziergang zugegeben, dass er mit seiner Teilnahme nicht »die nötige Sensibilität an den Tag gelegt« habe, so präsentierte er sich nun umgekehrt sehr sensibel im Sinne von verletzlich, indem er mitteilte, dass ihn Strack-Zimmermanns Tadel »persönlich betroffen« mache, zumal er in seinem Einsatz für die Werte der Partei »erhebliche Nachteile« für sich und seine Familie hingenommen habe.

Peter Schmidt, der in Gera vor dem angemeldeten Spaziergang des 9. Mai 2020 eine nicht angemeldete gleichgerichtete Veranstaltung am 2. Mai 2020 organisiert hatte, teilte seinen Freunden bei Facebook mit, dass er nicht noch einmal als Anmelder in Erscheinung treten wolle: »Es war mir eine Ehre, den Funken zu zünden – die Flamme weiter tragen müsst Ihr.« Unter der Losung »Grundrechte sind nicht verhandelbar: Spazierengehen!« fand am 16. Mai 2020 auf dem Marktplatz in Gera eine weitere Versammlung statt. Angemeldet hatte sie Marek Hallop, Inhaber eines selbstgemachten Ausweises eines Freistaats Thüringen im Deutschen Reich, der vor seinen Nachnamen die Buchstaben »AdF« gesetzt hatte. Die Abkürzung steht für »Aus der Familie« und verweist in der Reichsbürgerszene auf einen angeblichen Nachweis preußischer Abstammung im Sinne der Ansässigkeit der väterlichen Vorfahren im preußischen Staatsgebiet im Stichjahr 1913. Schmidt machte seine fortgesetzte Unterstützung der Spaziergänge davon abhängig, dass »die Bewegung von der Mitte getragen wird«. Hallop kam mit Schmidt wenigstens in der Solidarität mit Xavier Naidoo und Uwe Steimle überein. Die Flamme der Spaziergänge brannte in Gera weiter, und auch Peter Schmidt verschickte bald wieder mit Feuereifer auf Facebook seine Einladungen zum »Widerstand«. Es seien »unglaublich tolle Menschen« auf ihn zugekommen, teilte er Anfang Juni

2020 mit, darunter zwei Pfarrer, eine Rentnerin und ein Makler. Die Anmeldung des Spaziergangs am 6. Juni 2020, der unter dem Motto »Menschen der Mitte« stand, hatte die Hebamme Sandy Delitscher übernommen, die im Juni 2021 zur Kreisvorsitzenden der AfD im Altenburger Land gewählt wurde.

EINE ZWEITE KARRIERE

Am 30. April 2021 nominierte die CDU als Kandidaten für die Bundestagswahl im Wahlkreis 196 Hans-Georg Maaßen. Der Wahlkreis liegt in der südwestlichen Ecke von Thüringen und wird aus den Landkreisen Hildburghausen, Schmalkalden-Meiningen und Sonneberg sowie der Stadt Suhl gebildet. Maaßen, von 2012 bis 2018 Präsident des Bundesamts für Verfassungsschutz, wurde 1962 in Mönchengladbach geboren und ist seit seinem unfreiwilligen Ausscheiden aus dem Staatsdienst als Rechtsanwalt tätig. Mit Vertragsbeginn am 1. Oktober 2019 schloss er sich der auf Medienrecht spezialisierten Kölner Kanzlei von Ralf Höcker an. Auf einer Kölner Zusammenkunft der Werteunion, eines 2017 gegründeten Vereins, der sein Satzungsziel der »Stärkung von freiheitlich-konservativen Positionen in der Gesellschaft« insbesondere durch »Einflussnahme auf die politische Willensbildung in allen Organisationsstufen der CDU/CSU« erreichen will, hatte Maaßen am 16. Februar 2019 seinen ersten öffentlichen Auftritt als einstweiliger Ruheständler. Die Landesvorsitzende des Vereins, Simone Baum, hieß den Ehrengast mit den Worten willkommen: »Wenn ein Mann die Wahrheit sagt, und die Tatsachen werden verdreht, so dass die Wahrheit nicht mehr erkennbar ist, wird es Zeit, dass die Mutigen den Mund aufmachen.«

Mut zur Wahrheit – unter diesem Motto war sechs Jahre vorher die AfD angetreten. Für sich genommen ist es nicht verfänglich, dem theoretischen Grundinteresse diese tugendethische Stoßrichtung für den Meinungskampf zu geben. In Köln könnte der Wahlspruch auch für eine Vereinsgründung zur Aufklärung über das Personalmanagement des Erzbistums oder die Vergabe von städtischen Bauaufträgen taugen. Populistisch wird eine solche Institutionskritik erst dort, wo die Unterscheidung von innen und außen als Demarkationslinie zweier moralischer Welten behandelt wird, wo es in der Innenperspektive nur Unwahrhaftigkeit und Feigheit geben soll. Und genau so wurde auf jener Kölner Versammlung eines Vereins für Mitglieder der Unionsparteien der politische Betrieb beschrieben: Es gebe zwei Arten von Politikern, sagte die Landesvorsitzende, »die einen sind ehrlich, die anderen machen Karriere«. Maaßen taugte als Beispiel für dieses tragische Gesetz der Unvereinbarkeit von Tugendhaftigkeit und Berufserfolg eigentlich nicht. Denn erstens legte er damals noch größten Wert darauf, dass er trotz lebenslanger Mitgliedschaft in der CDU kein Politiker sei. Und zweitens hatte er als Beamter stetige und steile Karriere gemacht, unter Ministern verschiedener Parteien. In seiner Personalakte wurden sogar die Fehlleistungen als Leistungen verbucht: Bundesinnenminister Seehofer hatte ihn eigentlich für die Ablösung als Verfassungsschutzpräsident mit der Beförderung zum Staatssekretär entschädigen wollen. Hatte Maaßen sein ganzes Berufsleben in einer Sphäre verbracht, in der ein ehrlicher Charakter wie er eigentlich gar nicht hätte Karriere machen können? Das war die Beschreibung der Existenz eines Agenten. Unter den Zuhörern im Tagungsraum eines Kölner Hotels waren Matthias Matussek, der frühere Kulturchef des *Spiegels*, und der Politikwissenschaftler Werner Patzelt, der gleichzeitig mit Maaßen der Werteunion beitrat. Höcker stellte sich der Werteunion als Pressesprecher zur Verfügung.

Wo es angeblich schon Mut beweist, nur den Mund aufzumachen, muss die Angst regieren. In diesem Sinne beschrieb Maaßen, der ehemalige Leiter einer Behörde, deren vorrangige Aufgabe die Identifikation von Staatsfeinden anhand öffentlich dokumentierter Meinungsäußerungen ist, in Köln die deutsche Öffentlichkeit als Operationsfeld methodisch verzerrter Kommunikation. Ein asymmetrischer psychologischer Krieg soll im Gange sein: »Viele haben inzwischen Angst, ihre Meinung frei zu äußern, um nicht in die rechte Ecke gestellt zu werden.« Dasselbe Lagebild der deutschen Meinungsverhältnisse entwarf zwei Jahre später mit Verweis auf Maaßen NZZ-Chefredakteur Gujer – obwohl die Deutschland-Strategie seiner Zeitung auf dem Kalkül beruhte, dass es ihr kommerziell nicht schadete, wenn sie sich mit Personalpolitik und Themenverwaltung in der rechten Ecke installierte.

Im Januar 2021 schied Maaßen nach fünfzehn Monaten aus der Kanzlei Höcker wieder aus. Die Kanzlei vertrat damals die AfD vor dem Kölner Verwaltungsgericht in einem Prozess mit dem Ziel, dem Bundesamt für Verfassungsschutz die Einstufung der Partei als Verdachtsfall für extremistische Bestrebungen untersagen zu lassen. Der Presse teilte Maaßens bisheriger Arbeitgeber mit, dass er sich »stärker im Bereich der anwaltlichen Wirtschaftsberatung« betätigen wolle. Zu diesem Zweck eröffnete er eine Anwaltskanzlei in seiner Heimatstadt Mönchengladbach.

Maaßens Einstellung zur Frage einer möglichen Beobachtung der AfD durch den Verfassungsschutz war während seiner Amtszeit als Präsident immer wieder Gegenstand von Berichterstattung und Spekulationen gewesen. Im Interview mit der in Düsseldorf erscheinenden *Rheinischen Post* sagte er im Mai 2016 namens seiner Behörde: »Die AfD ist aus unserer Sicht derzeit keine rechtsextremistische Partei.« Als bekannt wurde, dass sich Maaßen mit den AfD-Vorsitzenden Petry und Gauland sowie dem Rechtspolitiker Brandner getroffen hatte, musste er sich gegen das Gerücht zur Wehr setzen, dass er der Partei Ratschläge gegeben habe, wie sie die Beobachtung vermeiden könne. So habe er ein Ausschlussverfahren gegen Björn Höcke empfohlen, wie es Petry dann tatsächlich einleitete. Maaßen gab an, Besprechungen mit Parteipolitikern seien für ihn ein alltägliches Dienstgeschäft, und er agiere dabei nie als Ratgeber. Gauland verwendete sich für Maaßen mit der Versicherung, dass er ihn als »objektiven Spitzenbeamten« erlebt habe.

Nach dem erzwungenen Abschied aus dem Dienst verbreitete sich Maaßen ausführlich über seine Bedenken gegen die Zuständigkeit seiner früheren Behörde für die Begutachtung der verfassungspolitischen Zuverlässigkeit von Parteien. In einem Interview mit der rechtskonservativen *Preußischen Allgemeinen Zeitung* stellte er diese Praxis, die nicht mit speziellen Vorschriften der Verfassungsschutzgesetze, sondern lediglich mit deren allgemeinen Befugnisnormen gerechtfertigt wird, im Dezember 2020 als deutschen Sonderweg hin: »Wissen Sie,

Deutschland ist – glaube ich – das einzige Land in der westlichen Welt, das einen Verfassungsschutz einsetzt, um Parteien zu beobachten. Und dann ausgerechnet von einer Behörde, die der regierenden Partei untersteht.« Er legte offen, wie er intern zur Problematik der amtlichen Äußerung nach außen Stellung bezogen hatte, und hob die Deutlichkeit seiner Position hervor: »Ich hatte mich in meiner Zeit vehement dagegen ausgesprochen, dass der VS durch die Beobachtung von Parteien in den demokratischen Diskurs eingreift, indem er mitteilt, dass bestimmte Parteien vom Verfassungsschutz beobachtet werden.« Nach Maaßens Angaben wurde politisch nicht honoriert, dass er die Extreme gleich behandeln wollte. Unter Beifall von links habe er dafür plädiert, die Linkspartei nicht mehr zu beobachten, »obwohl sie meiner Ansicht nach bis heute eine extremistische Partei darstellt«, im Interesse der Chancengleichheit der Parteien, man könnte auch sagen: eines Vorrangs der Wahlfreiheit der Wähler vor exekutiver Extremismusbekämpfung. »Danach musste ich allerdings feststellen, dass massiver persönlicher Druck auf mich ausgeübt wurde, endlich die AfD zu beobachten.« Man muss ergänzen: obwohl die AfD gemäß seinen öffentlichen Einlassungen keine extremistische Partei darstellte. »Und das war ein ungebührlicher, ein ungewöhnlicher Druck, bei dem ich den Eindruck gewann, ich sollte hier für parteipolitische Zwecke instrumentalisiert werden. Ich fühlte mich teilweise sogar genötigt.« Nötigung ist ein Vergehen und wird in Paragraph 240 des Strafgesetzbuchs als Erzwingung einer Handlung oder Unterlassung durch Gewalt oder Drohung mit einem empfindlichen Übel definiert. Auch wenn das von Maaßen benannte Gefühl wahrscheinlich nach seiner eigenen Einschätzung nicht als Grundlage für eine Strafverfolgung seiner politischen Herren genügt hätte, ist das moralische Gewicht dieses Vorwurfs denkbar groß: Einem Juristen muss man unterstellen, dass auch sein bildlicher Gebrauch eines juristischen Begriffs ein präziser ist. Für den Kontext ist erheblich, dass das Strafgesetzbuch eigene Strafen für die Nötigung von Verfassungsorganen und von Wählern vorsieht.

Im Inneren des Staatsapparats hatte Maaßen, wie er mit seiner drastischen Wortwahl verdeutlichte, einen klassischen Rollenkonflikt durchgemacht: Der trotz eigener Parteizugehörigkeit auf Unparteilichkeit bedachte Beamte sah sich einer modernen Spielart des Obrigkeitsstaats ausgeliefert, dem Regierungsparteienstaat. »Aber meine Position war klar: Ich wollte mich nicht zum Büttel der Regierenden machen lassen, um hier parteipolitischen Konkurrenzschutz zu betreiben.« Tatsächlich hatten die Formulierungen des Interviews mit der *Rheinischen Post* vier Jahre zuvor an Klarheit nichts zu wünschen übriggelassen. Als »Hilfstruppe der etablierten Parteien« stehe der Verfassungsschutz nicht parat. »Wir können nicht der Konkurrenzschutz in einer Frage sein, die als politische Auseinandersetzung über Positionen geführt werden muss.« In einem Festschriftbeitrag für einen japanischen Juristen stellte Maaßen 2015 »Aufgaben und Befugnisse des Verfassungsschutzes« im Rahmen des Konzepts der »wehrhaften Demokratie« dar, aber einen wesentlichen Gedanken dieses Konzepts, die Lektion aus dem Untergang der Weimarer Republik, dass zum Schutz der Demokratie die Ungleichbehandlung der Parteien geboten sein kann, sieht er skeptisch. Auf Maaßens Interview in der *Preußischen Allgemeinen Zeitung* berief sich ein Landtagsabgeordneter der AfD, der in einer Kleinen Anfrage der nordrhein-westfälischen Landesregierung nahelegte, dass die nachrichtendienstliche Behandlung von Parteien als Abweichung vom demokratischen Standard aufgegeben werden solle.

DEN KAISER HERAUSFORDERN

Obwohl die AfD sich ihm mehrfach als neue Heimat und letzte Zuflucht für objektive Spitzenbeamte anbot, ließ sich Maaßen für die Bundestagswahl 2021 von der etablierten Partei aufstellen, in die er als junger Mann eingetreten war. Aber warum in Thüringen? Vom Niederrhein gebürtig, hatte Maaßen den Höhepunkt seiner Berufskarriere in Köln erlebt, wo das Bundesamt für Verfassungsschutz nach dem Hauptstadtumzug von Bonn nach Berlin seinen Hauptsitz behalten hat. Die Reconquista der unter Angela Merkel zum Kult des jüngsten Zeitgeists zwangsbekehrten CDU hätte sehr wohl auch im Herzen des Laschet-Landes beginnen können. Im Wahlkreis 94 unterlag bei der Nominierungsversammlung der Bundestagsabgeordnete Heribert Hirte, der das Mandat 2013 und 2017 gewonnen hatte. Im Deutschlandfunk erklärte Hirte, im bürgerlichen Beruf Staatsrechtslehrer an der Universität Hamburg, seine Niederlage mit dem Einfluss der Werteunion in der Kölner CDU – und mit der Unterschätzung der Entschlossenheit, des Organisationsgrads und der Rechtslastigkeit der Werteunion im Parteivolk. »Mir wurde aus einer überregionalen Schaltkonferenz der Werteunion berichtet, an der unter anderem auch unser Kölner Parteivorsitzender teilgenommen habe, da hieß es: Der Professor nervt. Der muss weg, der stört unsere, also der Werteunion, Besetzungspläne für die obersten Gerichte, sei da gesagt worden.« Kündigt sich hier die kulturkriegerische Politisierung der Richterwahlen nach amerikanischem Muster an? Wenn die AfD sich dauerhaft im Bundestag etabliert, wird irgendwann die Frage nicht mehr abzuweisen sein, ob es im Bundesverfassungsgericht mit seinen sechzehn Richterstellen nicht auch mindestens einen von ihr vorgeschlagenen Richter geben sollte.

Als »Carpetbaggers«, wurzellose Ehrgeizlinge, die alle ihre Habe in einer Reisetasche aus Teppichstoff mit sich führen, karikiert man in den Vereinigten Staaten die Politiker, die sich zur Optimierung ihrer Karrierechancen in einem anderen Staat niederlassen. Auf der Nominierungsversammlung in Suhl kündigte Maaßen an, dass er sich im Wahlkreis eine Wohnung nehmen werde. Die örtliche CDU konnte den Spott der Konkurrenz darüber aushalten, dass sie ihre Hoffnungen in einen Migranten investierte. Zwei Tage nach der Nominierung veröffentlichte der Wahl-Thüringer bei Twitter ein lokalpatriotisches Bekenntnis: »In Südthüringen lebt ein starkes, liebenswertes, aber durchaus auch selbstbewusstes und wehrhaftes Volk, das allergisch auf Ratschläge und Weisungen aus Rom, München oder Ost-Berlin reagierte. Auch wenn sie von Julius Caesar persönlich kamen. Ich möchte gerne dazu gehören!« Südthüringen als Willensregion: Im Quellenanhang zu künftigen Geschichtsbüchern, ob nun ein Nationalhistoriker in der Nachfolge Heinrich August Winklers über den kurzen Abweg in den Osten schreiben wird oder ein Lokalhistoriker die Chronik von Suhl und Umgebung vervollständigt, wird dieses Ego-Dokument eines

Kommentars bedürfen. Weder das Corpus der lateinischen Inschriften noch die römische Geschichtsschreibung weisen auch nur eine einzige auf Südthüringen gerichtete Weisung Julius Caesars aus. Die Thüringer tauchen erstmals um das Jahr 400 nach Christus in einem Werk über Pferdeheilkunde auf, damals noch Toringi geschrieben, und sollte es sie zu Caesars Lebzeiten schon gegeben haben, trieben sie sich wohl anderswo als in den thüringischen Wäldern herum. Thüringen war nie Provinz! Selbst in der Zeit der größten Ausdehnung des Römischen Reiches gehörte es nie dazu, der Limes zwischen Rhein und Donau verlief circa 200 Kilometer weiter westlich und südlich. Der Kandidat Maaßen erlaubte sich einen Jux: Dass München, urkundlich sogar erst nach Suhl belegt, in der Reihe der imperialen Metropolen erscheint, deren imperativisches Gebaren in Südthüringen auf verstopfte Ohren stieß, ist der Schlüssel zur Pointe.

Als Markus Söder sich am 20. April im Duell um die Kanzlerkandidatur geschlagen gab, zitierte er Caesar: »Die Würfel sind gefallen.« Und wie die am Abend zuvor im CDU-Bundesvorstand um Armin Laschet gescharten Militärtribunen den von Söder organisierten Aufstand der Legionen ignoriert hatten, so hörte man auch zehn Tage später bei der Wahlkreisvertreterversammlung in Suhl nicht auf Söders Kommando. 37 der 43 Vertreter sendeten lieber »ein schwieriges Signal« – denn so hatte der CSU-Vorsitzende im Gespräch mit dem *Spiegel* den Kandidaten-Import vorab für den Fall des Ernstfalles charakterisiert. Welches Signal dann von Suhl, Sonneberg, Schmalkalden-Meiningen und Hildburghausen aus in die Welt gehen würde, hatte Söder nicht ausbuchstabiert – und damit setzte er seinerseits ein Zeichen. Diejenigen, die Maaßen erwählt hatten und gewählt sehen wollten, wussten genau, was sie damit sagten und wie diese Wahl verstanden werden musste. Mit derselben sarkastischen Lakonie äußerte sich Söder nach der Entscheidung in Berlin und vor der Entscheidung in Suhl in der *Süddeutschen Zeitung* über Laschets Strategie für Ostdeutschland: »Jetzt soll es ja ein Team geben. Ich hoffe, dass es nicht nur aus Merz und Maaßen besteht.«

Stark, liebenswert, selbstbewusst, wehrhaft: Maaßen schreibt den Bewohnern von Südthüringen Eigenschaften zu, die in der großen

Zeit nationalistischer Selbstbeschreibungen als charakteristisch für die Deutschen überhaupt galten. Den weiten Weg aus dem äußersten Westen Deutschlands ins tiefste Thüringen, den Maaßen zurückgelegt hat, könnte man auch als eine Art Zeitreise auffassen, legt der Neu-Thüringer doch nahe, dass die andernorts verkümmerten National-tugenden dort noch in reiner Form anzutreffen seien. Die Thüringer wären dann Urdeutsche, Kerndeutsche, Restdeutsche. Das Selbstbe-wusstsein, das einmal ein ganzes Volk gegenüber der nichtdeutschen Außenwelt zeigte, hätte sich zurückgezogen und müsste auch Rat-schläge und Weisungen weltbürgerlich irregeleiteter Landsleute ab-wehren – in der Hoffnung, diesen mit der Zurückweisung eine Lehre zu erteilen. Mit der Opposition zwischen Befehlen aus Rom und dem Willen zur Selbstbestimmung rief Maaßens Vignette den wohl wirk-mächtigsten Topos des nationalistischen deutschen Geschichtsbewusst-seins auf. In Thüringen als Herzland der Reformation ist bei der Wie-derbelebung dieser Rhetorik wenigstens das Lokalkolorit stimmig.

Ein kulturprotestantischer Reflex hatte im Moment von Maaßens Entlassung manche seiner Bewunderer erfasst, die ihren Schock in Worte für die Kommentarspalten von Internetmedien packten: So etwas, so einen hatte man in Deutschland doch schon einmal erlebt! Da mussten sie nämlich »glatt an den guten Luther denken«, der 1521 auf dem Reichstag von Worms, »wie jedes Kind einmal wusste«, zu Kaiser Karl V. gesagt hatte: »Hier stehe ich und kann nicht anders, Gott helfe mir, Amen!« Wie der unfreiwillige Pensionär Maaßen sei-ner Geschichte durch öffentliches Erzählen eine Form gab, die in die-ses Muster passte, analysierte Jens Voß im Februar 2020 in der *Rheini-schen Post* nach einem Vortrag Maaßens bei der Werteunion im Krefelder Stadtteil Verberg. Der Redner ließ den Bericht über seinen Konflikt mit seinem Dienstherrn Seehofer auf den Moment zulaufen, da der Innenminister von ihm verlangt habe, seine über die Bild-Zei-tung verbreitete Einschätzung der Beweislage zu den »Hetzjagden« in Chemnitz zurückzunehmen. Laut Voß versäumte es Maaßen zu er-wähnen, dass für das Verhältnis zwischen Bundesregierung und Be-hördenchef weniger der Inhalt als der Zeitpunkt seiner Stellungnahme problematisch war: Da ihm noch keine Untersuchungen seiner Beamten vorlagen, hatte seine Äußerung keine amtliche, sondern nur politische Bedeutung. »Diesen Punkt der Geschichte hat Maaßen in Verberg in seiner Ich-Erzählung ausgelassen. Er stellte sich als Beamten dar, der nicht widerrufen wolle, ›weil ich mir auch als Beamter gesagt habe, es ist nie falsch, die Wahrheit zu sagen‹. Maaßens Luther-Moment, hier stehe ich und kann nicht anders: Applaus.«

Indem Maaßen dem stolzen Völkchen der Thüringer einen erfolgreichen Aufstand gegen Caesar andichtete, gab er seinem Hantieren mit Versatzstücken der nationalistischen Gedächtniskultur einen spielerischen Akzent. Er durfte erwarten, dass kein Abonnent seiner Twitter-Botschaften im Geschichtsatlas nachschlagen würde, wo genau die Zäune des Limes die germanischen Lande zerschnitten hatten. Den Caesar, der mit all seiner kosmopolitischen Urbanität fürs Zitatenlexikon gegen den Witz selbstbewusster Hinterwäldler nichts ausrichten konnte, kannte man aus den Asterix-Heften. Mit der aberwitzigen Prämisse der Asterix-Abenteuer, dass ein einziges Dorf der ganzen Welt Widerstand leisten könne, parodierten René Goscinny und Albert Uderzo den Zug zur zwangsläufigen Übertreibung, zur legendenhaften Zuspitzung und Ausschmückung in der Erinnerung der französischen Nachkriegsrepubliken an die Résistance. Es ist eine Ironie der Geschichte, dass die Comicautoren mit den Mitteln aufgeklärter Mythoskritik einen Mythos geschaffen haben. Nicht nur in Frankreich erkennt die nationale Rechte heute im Dorf der Unbeugsamen ihren Idealstaat: Wie in den siebziger Jahren Atomkraftgegner Asterix-Hefte zerschnitten und zu einer Geschichte mit ihrem militanten Programm zusammenklebten, so können sich nationalistische Gegner der Globalisierung mit den Wildschweinjägern hinter dem Wehrzaun identifizieren. Mit der Begeisterung für den französischen Kulturexport widerlegen sie den Verdacht des nationalen Banausentums, die popkulturelle Herkunft ihres Referenztextes weist sie als aufgeklärte Zeitgenossen aus. Die Bündnisse der Gallier mit spanischen, britischen oder korsischen Caesar-Gegnern, die in den späteren, von Uderzo allein gestalteten Alben schon zum Gegenstand der Erinnerungskultur innerhalb der Comicwelt werden, ergeben in neurechter Lesart eine Vorwegnahme des Ethnopluralismus.

Seit Jahrzehnten sind die Asterix-Hefte in Deutschland Schulstoff, Werbemittel für die klassische Bildung, die sie parodieren. Der beurlaubte Geschichtslehrer Björn Höcke flicht in Fernsehinterviews gerne lateinische Floskeln ein, auch eher entlegene: Es genügt ihm nicht, am Rande eines Bundesparteitags die auf den Ausschluss von Störenfrieden aus dem Personaltableau gerichteten Forderungen seines Parteiflügels als »Conditio sine qua non« zu kennzeichnen; er sagt dasselbe noch einmal vornehmer, indem er von »essentialia negotii« spricht, »wie man so schön sagt«. In seiner Rede auf dem Kyffhäusertreffen 2018 knüpfte Höcke an die Rede an, mit der Reichskanzler Bernhard von Bülow 1899 im Reichstag den Ausbau der Flottenkonstruktion gerechtfertigt hatte. Der Kanzler schilderte die Weltpolitik als einen »Kampf ums Dasein«, in dem es für das Deutsche Reich Ehrensache und bevölkerungspolitische Notwendigkeit sei, mit der Expansion der Kolonialreiche Großbritanniens und Frankreichs gleichziehen zu wollen. Das Nullsummendenken des Sozialdarwinismus fasste Bülow mit Blick auf die damals bevorstehende Jahrhundertwende in einer Sentenz zusammen: »In dem kommenden Jahrhundert wird das deutsche Volk Hammer oder Amboss sein.« Höcke wechselte im einundzwanzigsten Jahrhundert die Bildsphäre, ging von der Industrie zur Zoologie über: »Heute, liebe Freunde, lautet die Frage nicht mehr Hammer oder Amboss, heute lautet die Frage Schaf oder Wolf. Und ich, liebe Freunde, meine hier, wir entscheiden uns in dieser Frage: Wolf.« Dem Verdacht, er habe auf Goebbels anspielen wollen, der 1928 im Leitartikel einer Parteizeitung die Absicht der NSDAP, den Parlamentarismus mit dessen eigenen Mitteln zur Strecke zu bringen, zähnefletschend offen ausgesprochen hatte (»Wir kommen als Feinde! Wie der Wolf in die Schafherde einbricht, so kommen wir!«), trat Höcke in der *Weltwoche* mit der Versicherung entgegen, er wildere nicht im Naziwortschatz. »Wenn ich das Wort ›Wolf‹ verwende, dann lehne ich mich an Tierfabeln an, die es schon im Lateinischen gibt.«

In seinem Interviewbuch *Man steigt nicht zweimal in denselben Fluss* verdeutlichte Höcke das Hauptziel seiner politischen Didaktik mit dem Asterix-Stoff. Die gespielte Verwunderung des Interviewers darüber, dass er »Comicstrips für politisch-strategische Überlegungen« zitiere, gab ihm Gelegenheit, sich als Nationalist auch im methodischen Sinne zu zeigen, der alles politisch sieht, politisch nimmt und politisch verwendet, als Spiegel und Brennglas der Sache seines Volkes. »Die politische Dimension von Comics muss ja nicht auf den legendären ›Donaldismus‹ beschränkt bleiben.« Mit der Umständlichkeit unglücklicher deutscher Liebe zum lateinischen Esprit merkte Höcke an, dass die »Römer« im Planspiel der AfD zur Rettung der Nation »diesen edlen Titel eigentlich nicht verdient haben«. Wie der deutsche Romanist André Stoll 1974 in seinem Taschenbuch über die »Bild- und Sprachartistik« der Asterix-Alben vor Augen führte, begegneten die französischen Leser in diesem »Trivialepos« den Klischees eines republikanischen Nationalismus, die ihnen aus dem Schulunterricht bis zum Überdruss geläufig waren. Der großsprecherische Duktus der Gallier ist verwoben mit vielsagendem Schweigen: »Wir wissen nicht, wo dieses Alesia ist« – das Unvermögen der Historiker des neunzehnten Jahrhunderts, den Ort der Niederlage des Vercingetorix zu lokalisieren, wird zur Chiffre für Vichy als weißen Fleck im Gedächtnis der Fünften Republik. Die Pioniere der wissenschaftlichen Nationalgeschichte hatten geglaubt, durch volkskundliche Erforschung der Vorzeit den Nationalcharakter zur Anschauung bringen zu können. Das Druidentum der Asterix-Welt, dessen Jahreskongresse im Karnutenwald für Laien unzugänglich sind, ist eine Karikatur dieses Gelehrtenwesens, das in Frankreich den Habitus eines säkularen Priesterstandes ausbildete und ein Spezialwissen verwaltete, das sich im Rückblick als Sammelsurium von Fiktionen darstellt.

Höcke nimmt diese Figur des nationalen Geheimwissens auf, um ihr – beim echten Deutschen muss die Treuherzigkeit die List ersetzen – die schlichteste Wendung zu geben, mit einer Spitze gegen vermeintliche Denkverbote: »Wie Asterix haben auch wir einen Zaubertrank. Das Rezept ist natürlich – wie schon bei Miraculix – streng geheim. Aber wenn man etwas genauer nachdenkt, kommt man vielleicht auf die Zutaten …« So tief ist Deutschland gesunken, dass der Nationalismus zum Geheimrezept geworden ist. Und die Anti-Aufklärung wirkt tatsächlich die vom deutschen Namen des Druiden versprochenen Wunder, jedenfalls im Kopf von Björn Höcke: Die postnationalistische Satire wird in seiner Lesart zur Prophetie von der Wiederkehr der großen Nationen im Kleinen. Die »gallischen Dörfer« sind für ihn kein Topos, sondern eine »strategische Option«, ein Bauprojekt: noch verrückter als die Trabantenstadt des Luxuswohnsilos, die Caesar den Galliern im siebzehnten Album vor die Nase setzt. »Wenn alle Stricke reißen, ziehen wir uns wie einst die tapfer-fröhlichen Gallier in unsere ländlichen Refugien zurück, und die neuen Römer, die in den verwahrlosten Städten residieren, können sich an den teutonischen Asterixen und Obelixen die Zähne ausbeißen.« Das Verwaltungsgericht Köln zitierte diese Vision des Antiurbanismus als Beleg für Höckes verfassungsfeindliches Programm der ethnischen Entmischung. Es gibt insbesondere in Ostdeutschland schon Dörfer oder wenigstens Gehöfte, die Höckes Reinheitsgebot genügen: Landkommunen, die das Erbe des völkischen Zweigs der Naturschutzbewegung pflegen und Vorräte für den Bürgerkrieg produzieren.

Der Bundestagskandidat Maaßen verlegte seinen Wohnsitz nicht nach Thüringen. Aber indem er sich zum Häuptling oder, wie er es bescheidener nannte, Botschafter des antirömisch gesinnten Stammes der Südthüringer ausrufen ließ, setzte er die kulturelle Aneignung in die politische Tat um, die der Verleger Rolf Kauka 1965 mit den ersten deutschen Asterix-Übersetzungen gewagt hatte: Schon Kauka ersetzte die Gallier durch Teutonen. Der Erfinder von *Fix und Foxi* machte aus Asterix einen Klein-Siegfried, gerufen Siggi; der Name Babarras für Obelix spielt vielleicht auf den Barras an, obwohl Obelix nie in der Armee gedient hat, geschweige denn bei der Wehrmacht. Aber in der Kauka-Fassung kämpfen die Dorfbewohner gegen Besatzer, die ganz Germanien ihrem übernationalen Weltreich Natolien eingliedern wollen. Verhöhnt wird in dieser Eindeutschung, die das nationalistische Ressentiment nicht einschmuggelt, sondern ausstellt, auch die Kultur der Vergangenheitsbewältigung. Der funktionslose Menhir, der hier noch nicht Hinkelstein heißt wie später in den Übersetzungen des Ehapa-Verlags, wird zum Sinnbild für die angeblich grundlose Last der Vergangenheit. In *Siggi und die goldene Sichel* richtet Siggi an Babarras die Frage: »Musst du denn ewig diesen Schuldkomplex mit 'rumschleppen? Germanien braucht deine Kraft wie nie zuvor!« Die

Parallelen zwischen Kaukas Zwangsrekrutierung der Gallier für die deutsche Sache und Maaßens Truppenwerbung für den Kampf gegen Rom, München und Berlin gaben dem Schriftsteller Günter Hack ein Wortspiel ein: Südthüringen wird am Rolfkaukasus verteidigt. Und zwar präventiv: Caesar, dessen Weisungen Maaßens Südthüringer zurückwiesen, bevor er sie ausgesprochen hatte, ist in diesem welthistorischen Miniaturgemälde sozusagen die Globalisierung in Person.

Kauka verlegte das Dorf der »aufrechten Krieger« an den Rhein und nannte es Bonnhalla. Spätestens dort aber leistete das Material des geistigen Diebstahls Widerstand gegen die Erfindung der Tradition: Zwar ließ sich der Druide mit dem Staufernamen Konradin als Doppelgänger Adenauers definieren – aber dessen Politik war nicht wiederzuerkennen, wenn man las, dass Bonnhalla die »Fluchtburg« der »tapferen Recken« war, die den »Gedanken an die Wiedervereinigung« noch nicht aufgegeben hatten und »glühend für die Rückeroberung der alten Gebiete« eintraten. Ein »Hexenmeister«, der »aus den Runen die politische und atmosphärische Wettervorhersage« las? So sah man Adenauer eigentlich nur in Ostberlin.

Über den Wahlakt von Suhl erschien in der *Frankfurter Allgemeinen Sonntagszeitung* eine Reportage von Morten Freidel und Stefan Locke. Der Leser empfängt den lebhaften Eindruck, dass die Delegierten Maaßen als einen Abgesandten aus Bonn auf den Schild hoben, als einen Mann der versunkenen beziehungsweise aus dem staatsrechtlichen Provisorium in die Ewigkeit des kollektiven Gedächtnisses versetzten alten Bundeshauptstadt. Vor allem ältere Männer waren in die Nominierungsversammlung entsandt worden. Sie trieb nicht die Sorge um, dass die besonderen Interessen ihrer Region in Berlin nicht angemessen repräsentiert seien. »Vielmehr ist Maaßen für viele das Symbol einer vermeintlich guten alten Zeit und eine Art Bollwerk gegen die Unübersichtlichkeit von heute.« Es ging ihnen in Freidels und Lockes pointierter Deutung also weniger um den Regionalproporz als um eine Art Temporalproporz. »Die meisten Delegierten sehen in ihm die traditionelle Union, die unter Angela Merkel verloren gegangen sei.« Ein Bürgermeister hörte aus Maaßen »die konservative Seele der Union« sprechen, »für die einst Kohl und Strauß standen«.

Von den Verheerungen des Jahres 1968 war in Suhl im Jahr 2021 viel die Rede. »Kohl, auch Schmidt und Strauß gelten dagegen als Galionsfiguren einer Gegenbewegung und Vertreter einer Zeit, in der die Fronten noch klar waren, in der man Gut und Böse unterscheiden konnte.« Erzfeindschaften der inner- wie außerparteilichen Sorte relativierten sich im Rückblick, gemeinsam genossen die verklärten Helden ihren Ruhm als Frontkämpfer. Auf dieses idealisierte Bonn passt Kaukas Kalauername Bonnhalla, im wörtlichen Sinne des germanischen Volksglaubensinhalts, der schon Ludwig I. inspirierte, als er bei dem Architekten Leo von Klenze seine Walhalla bestellte. »Über das damalige Deutschland reden sie in Thüringen wie über ein gelobtes Land, zu dem sie in Südthüringen auch dank der genannten Politiker 1989 endlich Zutritt erhielten.« Die Nostalgie, die Maaßen befriedigte, galt also einer Ära, die seine Unterstützer nur aus Erzählungen kennen konnten. Maaßen gab in seiner Vorstellungsrede an, er sei tatsächlich aus Begeisterung für Kohl und Strauß 1987 in die CDU eingetreten. Beide hätten »eine klar antisozialistische Haltung« verkörpert. Ganz früh schon hatte er die Erfahrungen gemacht, die ihn nun zum Repräsentanten einer heroischen Frühzeit prädestinierten. 1978 sei er Mitglied der Jungen Union geworden. Seine Motivation dafür sei »die zunehmend linke Lehrerschaft am Gymnasium« gewesen.

BIEDERMÄNNER

Im September 2014 sagte Nikolaus Blome, damals Chef des Hauptstadtbüros beim *Spiegel*, davor und danach bei der Bild-Zeitung, in einem Essay im *Spiegel* voraus, dass die AfD, die soeben in die Landtage von Sachsen, Thüringen und Brandenburg gewählt worden war, nicht in den Bundestag einziehen werde. Er machte einen soziologischen Unterschied zu Grünen und Linken aus, Parteien des Protests, die aus dieser Rolle heraus zu etablierten Mitspielern geworden waren. »Was sie hatten, der AfD aber fehlt, ist dies: eine kollektive Erfahrung, die sie verbindet, und ein gesellschaftlicher Unterstrom, der sie trägt.« Sehr wohl erkannte Blome eine Stimmung, die unter den Anhängern der rechten Protestpartei ein Gemeinschaftsgefühl herstellte: das »Unbehagen am Tempo, mit dem sich Verhältnisse wandeln und Bewährtes zur Disposition gestellt wird«. Das lebensweltliche Gewicht dieses Gefühls, das im Grunde vorpolitischer Art ist, als Ärger über den Gang der Dinge, hat man offenkundig unterschätzt: So unbestimmt es ist, kann es doch an die Stelle einer kollektiven Erfahrung, eines geteilten zeithistorischen Erlebnisses, treten. Interessanterweise fand Blome ein Indiz dafür, dass die AfD wenigstens auf eine längere Lebensspanne hoffen dürfe als die Piratenpartei, im Habitus ihres Personals, den er ausdrücklich als bieder charakterisierte. AfD-Politiker wollten sich nicht zu sehr abheben. »Ihre äußerlichen Attribute wirken bieder. Dauerwelle und Scheitel prägen das Erscheinungsbild, nicht Rastalocken oder Kahlrasur.« Politiker aus dem Katalog – demselben Katalog, aus dem die schweigende Mehrheit ihre Anzüge bestellte, solange er noch mit der Post verschickt wurde.

Vor langer Zeit war das Wort »bieder« der Inbegriff deutscher Tugendhaftigkeit. Schon das Grimmsche Wörterbuch, das »bieder« als deutsche Übersetzung für die lateinischen Adjektive »utilis« und »probus« einführt, mit den Synonymen »wacker«, »fromm« und »rechtschaffen«, merkt an, dass es sich um »ein entstelltes, verdunkeltes, oft missdeutetes Wort« handelt. Im Deutschunterricht wurde dann über Generationen der Verdacht festgeschrieben, dass die Brandstifter sich einnisten, wo der Biedermann sich eingerichtet hat. Der Titel des 1958 uraufgeführten Lehrstücks von Max Frisch wurde sprichwörtlich, was nur ganz wenigen Werken der modernen Literatur gelingt. Die durchschlagende Kraft von Frischs Prägung hat allerdings eine Gegenkraft hervorgerufen. Wo Biedermann, da Brandstifter: Gegen solche stehenden Verbindungen richtet sich ein Unbehagen, aus dem die rechte Fundamentalopposition ihre alltagskulturelle Kraft bezieht. Die Hermeneutik des Verdachts wird selbst zum Gegenstand des Verdachts.

In der aktuellen politischen Soziologie lautet die große Preisfrage: Woher kommt das Gefühl der Entfremdung, das den Populisten ihre Klienten zutreibt, wenn wirtschaftliche Sorge nicht der Auslöser ist, sondern nur als Verstärker wirkt? Eine Antwort dürfte der verbreitete

Eindruck sein, dass in der modernen Gesellschaft die Entfremdung Programm ist, dass die Normalität systematisch entwertet wird. Die Revolte von rechts ist ein Aufstand des Biedersinns. Die *taz* hielt es 2015 für bemerkenswert, dass André Poggenburg, der damalige AfD-Landesvorsitzende in Sachsen-Anhalt, der sich bei seiner Kandidatur für den Bundesvorstand als Vertreter der »nichtakademischen und beruflich selbständigen Mitglieder« vorstellte, »eher bieder durchschnittlich gekleidet« war. In Poggenburgs Fall fiel in einer Person zusammen, was der Politologe Werner Weidenfeld 2016 im *Bayernkurier*, der drei Jahre später eingestellten Parteizeitung der CSU, als die zwei Gesichter der AfD-Führung beschrieb: Mal sei sie »extremistisch radikal, mal bieder bürgerlich«.

Gibt es AfD-Funktionäre, die sich das altdeutsche Tugendabzeichen selbst ans Revers heften? Oder schreckt das heute nur mit dem Ausdruck ästhetischer Herablassung benutzte Synonym für »normal« ab? Wäre das harmlose Wort »bieder« die Selbstbeschreibung, bei deren Verwendung die Advokaten aller Teufeleien des politischen Vokabulars befürchten müssten, sich zu weit ins Abseits zu stellen? Ein westfälischer AfD-Politiker benutzte einen aus der Wurzel »bieder« gebildeten soziologischen Begriff, der ursprünglich ein Epochenbegriff ist und normalerweise höchstens als Stilbegriff mit einer positiven Wertung verknüpft wird, zur Charakterisierung seiner Klientel. Er wolle den »neuen deutschen Biedermeier« erreichen, sagte Berengar Elsner von Gronow aus der Hansestadt Soest, Bundestagsabgeordneter von 2017 bis 2021, seiner Lokalzeitung. Er meinte damit Menschen, »die sich ins Private zurückgezogen haben, die keine schlechten Nachrichten mehr hören wollen«. Der Kapitänleutnant der Reserve und E-Commerce-Manager plakatierte bei seiner nicht durch einen Listenplatz abgesicherten Direktkandidatur 2021 die Losung aus Konrad Adenauers Wahlkampf 1957: »Keine Experimente«. Im Gespräch stellte er sich den Wählern mit der bürgerlichen Kurzform seines Namens ohne die Herkunftsangabe »von Gronow« vor. In seinen Antworten in einem Fragebogen der *Jungen Freiheit* gab er durchaus ein adliges Selbst- und Ortsbewusstsein zu erkennen. Was bedeutet für ihn Heimat? »Siedlungsraum und die Leistungen meiner Vorfahren: Sprache und Kultur, Natur, Brauchtum und Sitte, als Wurzeln unserer Nation.« Das Geschlecht der Elsners von Gronow stammt aus Schlesien; die Vorfahren des Abgeordneten waren Justiz-, Land- und Regierungsräte. Sein Großvater (1903–1981), ebenfalls Berengar mit Rufnamen und Diplom-Landwirt, wurde als Geschäftsführer der Völkischen Buchhandlung in Göttingen 1928 wegen Beschimpfung der jüdischen Religionsgemeinschaft zu einer Geldstrafe verurteilt und nach der Machtübernahme der Nationalsozialisten als Bürgermeister von Swinemünde eingesetzt. Nach dem Krieg widmete er sich der genealogischen Forschung. Der jüngere Berengar lernte früh lesen und hatte als Kind eine Vorliebe für Götter- und Heldensagen.

Erika Fuchs, die Übersetzerin der Donald-Duck-Comics von Carl Barks, gab dem Schurken der Geschichte »Donald Duck und der goldene Helm« den Vornamen Berengar. Dieser Berengar Bläulich hat einen genealogischen Spleen, hält sich für den Nachfahren eines Wikingerfürsten, dem Jahrhunderte vor Kolumbus die Entdeckung und Landnahme Nordamerikas gelungen sein sollen. Durch Wiederholung der Aneignung durch Betreten will er verifizieren, was die »alten Sagen« der Nordmänner über die Überfahrt berichten. Seinem Rechtsanwalt, der sich als Kronjurist für die Errichtung eines amerikanischen Kaisertums bereithält, hat Erika Fuchs den Titel eines Justizrats und den sprechenden Namen Wendig verliehen. Bläulich kündigt in Entenhausen seine Machtergreifung an und bleibt dieser Sprache auch treu, als sein großer Plan ins Wasser des Atlantiks fällt. Einerseits verkündet er: »Ich glaube an meine Sendung«, andererseits droht er: »Ich will sie ausradieren.« Erika Fuchs wuchs in Belgard an der Persante in Hinterpommern auf, wo ihr Vater Direktor des Elektrizitätswerks war. Sollte sie in der Zeitung etwas über den Bürgermeister von Swinemünde gelesen haben? In den nachmittelalterlichen Chroniken der deutschen Länder haben die Berengare sich rar gemacht.

Der Enkel des Bürgermeisters hat sein Schicksal in der AfD jedenfalls nicht mit den Führern im Wartestand verbunden, die mit dem Ausradiergummi Geschichte schreiben wollen. Im Sommer 2017 trat Elsner von Gronow als Mitbegründer und Sprecher der Interessengemeinschaft Alternative Mitte NRW hervor. Es ging ihm und seinen

Mitstreitern darum, »endlich auch den Gemäßigten, den Bürgerlichen eine wahrnehmbare und konzertierte Stimme zu geben«, eine Gegenstimme zu »Äußerungen von Mitgliedern« der AfD, die geeignet seien, »der Wählerschaft das Bild einer nicht nur rechtspopulistischen«, sondern »sogar rechtsextremen Partei zu vermitteln«. Die damalige Parteivorsitzende Frauke Petry lobte diese Initiative der regionalen Basis für einen »realpolitischen Mut«, der »weiten Teilen der Parteiführung viel zu lange gefehlt« habe, kämpfte aber ihrerseits nur bis zur Bundestagswahl weiter. Ihr einstiger Soester Paladin kommentierte vier Jahre später die Chancenlosigkeit seiner Bemühungen um eine Bestätigung als Bundestagsabgeordneter mit dem melancholischen Pflichtbewusstsein des Parteisoldaten, indem er auf den unvermeidlichen Dezisionismus der politischen Geographie hinwies: Die »Mitte ist eine Frage der Definition«.

Was soll es heißen, dass die Literaturbeamten, in deren Hände das Grundsatzprogramm der AfD die Digitalisierung der deutschen Klassiker legen möchte, ihre Arbeit nicht nur als »rein technischen Vorgang« auffassen sollen? Ihnen wird mit der »professionellen Fürsorge« um die Konservierung der deutschen Literatur eine deutungshoheitliche Aufgabe übertragen. Sollen sie falsche Interpretationen in Schulbüchern rügen und Zensuren für Texttreue an Theater verteilen? Dass das vergeblich wäre, weil Kanonisierung und Verballhornung oft zusammengehen, zeigt die Wirkungsgeschichte von *Biedermann und die Brandstifter*. Allein in den ersten vier Jahrzehnten seit der Zürcher Uraufführung wurde das Stück von Max Frisch mehr als 250 Mal an deutschsprachigen Bühnen inszeniert, vom Taschenbuch wurden schon bis 1982 mehr als eine Million Exemplare verkauft. Die volkstümliche Rezeption des Stücktitels im politischen Wortschatz verkürzt den Stoff jedoch um die Pointe. Der Haarwasserfabrikant Gottlieb Biedermann steckt sein Haus nicht selbst in Brand. Er quartiert die Brandstifter auf seinem Dachboden ein, um nicht als Unmensch dazustehen, freundet sich mit ihnen an und legt ihnen selbst dann nicht das kriminelle Handwerk, als sie ihm ihre Absichten haarklein auseinanderlegen. Es geht also um die Ermöglichung der bösen Tat durch Nichtstun, um Anpassung, Schönfärberei und blinde Toleranz. Wenn der Biedermann als Pappkamerad aus dem Typenfundus der politischen Rhetorik geholt wird, soll er hingegen in der Regel der Komplizenschaft mit den Brandstiftern überführt werden. In den Taschen seiner Hausjacke, so geht der Verdacht, versteckt der Biedermann die Zündhölzer. In dieser Vereinfachung der schon sehr einfach angelegten Konstellation bei Frisch spiegelt sich die für die Demokratie charakteristische Überschätzung der Macht des guten wie des bösen Willens. Mittäterschaft aus Willenlosigkeit bleibt unbeachtet.

Vor Biedermännern wird gewarnt: Seit die AfD die politische Bühne betreten hat, wird sie immer wieder aufgefordert, sich einem Test auf ihre Feuergefährlichkeit zu unterziehen, der beim ästhetischen Augenschein ansetzt. Journalisten spielen freiwillige Feuerwehr und sagen den Funktionären auf den Kopf zu, dass sie in ihnen Zündler vermuten und ihren bürgerlichen Habitus für Tarnung halten. So musste sich der Gründungsvorsitzende Bernd Lucke im Dezember 2014 von einem Interviewer der Illustrierten *Stern* sagen lassen: »Sie wirken wie ein Biedermann, und Sie sind doch, fürchte ich, ein Brandstifter.« Der Befragte nahm an der Direktheit des Vorwurfs Anstoß und beantwortete ihn dennoch. »Das ist eine sehr originelle Wendung, die Sie jetzt dem Gespräch geben. Aber ich bin kein Brandstifter.« Bemerkenswerterweise wies Lucke seine Einstufung als Biedermann nicht zurück. Den Stil seiner Antwort, das ausdrückliche Bestreiten brandstifterischer Absichten, darf man selbst bieder nennen. Mit Feuer spielt man nicht, auch wenn der Vorsitzende einer jungen Partei hätte versucht sein können, dem Gespräch mit einem an Provokation interessierten Journalisten seinerseits eine originelle Wendung zu geben.

Die parteipolitische Geographie ist eine Wissenschaft für sich. Was man über sie mit Berengar Elsner von Gronow wissen muss: Alle ihre Begriffe sind Relationsbegriffe, bezeichnen Verhältnisse der Nachbarschaft. Dem Wortsinn nach könnten die Attribute »gemäßigt« und »radikal« für zwei unvereinbare Politikstile stehen. Maß halten oder den Dingen an die Wurzel gehen: zwei Weisen des Weltzugriffs, die jeweils einen eigenen Menschenschlag anziehen. Im täglichen Sprachgebrauch der journalistischen Parteienforschung kann »gemäßigt«

auch »nicht ganz so radikal« oder »noch nicht ganz so radikal« bedeuten. Die professionellen Beobachter der AfD verwenden sehr viel Mühe darauf, die Lager der Gemäßigten und der Radikalen in der Partei gegeneinander abzugrenzen und ihre jeweiligen Aussichten abzuschätzen. In dieser funktionalen, auf die jeweilige momentane Machtbalance fixierten Analyse bleibt außer Betracht, dass die personelle Besetzung der Positionen sich verschiebt, so dass Programmpunkte und Tonfälle als maßvoll verbucht werden, die noch wenige Monate zuvor die Radikalitätssensoren ausschlagen ließen. Die Parteiflügelkunde hat es mit beweglichen Zielobjekten zu tun, und als ein unentbehrliches heuristisches Mittel erweist sich in dieser Lage immer wieder die Figur des Biedermanns.

Wo Biedermänner ausgemacht werden können, da vermutet man die Gemäßigten oder doch Leute, die sich gemäßigt geben. Für die Anziehungskraft der AfD ist entscheidend, dass moderate Kräfte innerparteilich mehrheitsfähig wirken – das unterstellt jedenfalls ein politischer Journalismus, der es für gesichertes Wissen hält, dass Wahlen in der Mitte gewonnen werden und die Deutschen in den Konsens vernarrt sind. Beobachtet man die AfD unter diesen Prämissen, wird der Biedermann zur Kippfigur. Er taugt ebenso gut zur Verharmlosung wie zur Dämonisierung der Partei. Das liegt an dem verbreiteten Glauben, einem Gemäßigten oder Bürgerlichen oder Liberalkonservativen müsse das Radikale oder Revolutionäre oder Nationalistische zuwider sein. Ein Reporter der in Wunstorf am Steinhuder Meer erscheinenden *Auepost* machte im Bundestagswahlkampf 2021 einen Hausbesuch bei Joachim Wundrak, der sich Wunstorf verbunden fühlt, seit er in den frühen Tagen der Regierungszeit von Helmut Kohl im Lufttransportgeschwader 62 Dienst tat. Der Hausherr im »modernen Fachwerkhaus am Hang« musste sich einer Gewissensprüfung unterziehen, wie sie in Kohls Republik Kriegsdienstverweigerer hatten bestehen müssen. Wie ein junger Pazifist damals unweigerlich mit dem Unhold aus dem Gebüsch konfrontiert wurde, der sich im amtlichen Gedankenspiel auf die Freundin des Kandidaten stürzte, so rief Wundraks Besucher den Vorsitzenden der thüringischen AfD herbei, um ihn seine Rolle im Frisch-Schema spielen zu lassen: »Der General und die

AfD? So wie Biedermann und die Brandstifter? Wie hält er es aus in einem Stall mit Höcke?«

So kann es entweder geschehen, dass die Biedermänner überschätzt werden, dass man sie als moralische Sperrminorität sehen möchte und ihnen einen unkorrumpierten Instinkt zuschreibt – als könnte die Abneigung gegen Reflexion, die den Vorfahren von Frischs Gottlieb Biedermann seit zweihundert Jahren in der politischen Satire attestiert wird, plötzlich in eine Stärke umschlagen. Oder es kommt dazu, dass man den Biedermännern die Biederkeit von vornherein nicht abnimmt. Dieser Täuschungsverdacht ist die kleine Münze der Polemik der alteingesessenen Parteien gegen einen Mitbewerber, dessen Repräsentanten bürgerliche Reden schwingen. Er kann mit gleicher Münze heimgezahlt werden. So geschehen im Mainzer Landtag am 2. Juni 2016, als der AfD-Abgeordnete Joachim Paul einem Redner der SPD zurief: »Sie sind eher Brandstifter als Biedermann! Das sind Sie!« Der Zwischenrufer warf dem Vertreter der großen Regierungsfraktion vor, politische Gewalt nur zum Schein zu verurteilen und durch moralische Ausgrenzung der neuen Oppositionspartei zu legitimieren: »Nun spielen Sie den Biedermann, aber unsere Mandatsträger ächten!« Nach Reden gegen die AfD komme es regelmäßig zu tätlichen Angriffen auf Funktionäre der Partei. Der AfD-Mann drohte dem Parlamentskollegen: »Wir werden Sie demaskieren!« Das ist die Sprache einer Systemkritik, die Einzelpersonen oder ganze Personenklassen als Schuldige identifiziert. Die Sekunde der Wahrheit, in der sie dem Gegner die Maske vom Gesicht reißt, nimmt die Machtübernahme vorweg. In diesem Sinne charakterisierte Joseph Goebbels in seiner Rede im Berliner Sportpalast am 18. Februar 1943 die gesamte nationalsozialistische Propaganda in den vierzehn Jahren vor 1933 und den zehn Jahren nach 1933 als fortgesetzte Demaskierung des Weltkommunismus.

Demaskierung ist aber auch eines der häufigsten Stichworte für eine Strategie zur Bekämpfung der AfD, bei Leitartiklern und Wissenschaftlern, Antifa-Kämpfern und Mitgliedern anderer Parteien. So konnte jedem Einzug der AfD in ein Parlament noch etwas Gutes abgewonnen werden, weil er die Gelegenheit schaffe, die AfD zu demaskieren oder sich demaskieren zu lassen. Soll man mit Rechten (lies:

den Radikalen von rechts) reden? Ja, lautet eine verbreitete Antwort, um sie zu verleiten, ihr wahres Gesicht zu zeigen. In diesem Sinne sprach sich im baden-württembergischen Landtagswahlkampf 2016 der Mannheimer Politikwissenschaftler Rüdiger Schmitt-Beck gegen einen Boykott von Fernsehrunden mit Teilnehmern aus der AfD aus: »Die AfD in der Debatte zu demaskieren, das hätte Stil.« Die Vorstellung, ein Politiker habe ein wahres Gesicht, das sich vielleicht in einem Zucken zu erkennen geben könnte, geht zurück auf eine Epoche, in der Politik von Honoratioren betrieben wurde, also ehrenamtlich, und das Festhalten an ein für alle Mal öffentlich bekundeten Überzeugungen die persönliche Ehre verbürgte. So gesehen, verliert die Semantik des Biederen mit ihren Konnotationen der Ehrenhaftigkeit und Rechtschaffenheit das Anachronistische.

Aber nur scheinbar. Politiker werden an ihren Worten gemessen; Selbstfestlegungen, etwa auf den Ausschluss bestimmter Koalitionsoptionen, werden als verbindlich genommen, weil sie freiwillig, ohne Not erfolgen – das bleibt eine Spielregel der Demokratie. Doch zur Beschreibung der tatsächlichen Motive für politisches Handeln eignet sich ein Idealismus, der eine feste Kopplung von dauerhaften Überzeugungen und stabilem Charakter annimmt, schon beim einzelnen Politiker schlecht. Überzeugungen und Charakter stehen in dieser Sicht außerhalb der Politik. Von außen werden Überzeugungen in die Politik mitgebracht. Ein solches Bild der Politik blendet die Eigendynamik des politischen Prozesses aus. Politisches Engagement, gleichgültig, ob als Beruf gewählt oder um des Gemeinwohls willen unternommen, schafft fortwährend Anlässe und Anreize, Überzeugungen überhaupt erst auszubilden, sie aber auch bildsam, das heißt plastisch, zu halten, auslegungsbedürftig und anpassungsfähig. Erst recht darf man Konsistenzerwartungen nicht übertreiben, wenn es um die Einschätzung eines politischen Akteurs geht, der kein Individuum ist, sondern der Zusammenschluss einer Vielzahl von Personen. Wo ein einzelner Mensch sich zwischen Neigungen oder Standpunkten hin- und hergerissen sehen mag und dadurch gehemmt wird, da kann ein solcher Widerstreit von Intuitionen die Handlungskraft einer größeren Handlungseinheit steigern. Machiavelli hielt die in die Verfassung der römischen Republik eingebaute Rivalität der Parteien sogar für das Geheimnis der Expansion des Stadtstaats.

Christoph Möllers überträgt diese Analyse auf das Innenleben der Parteien: Sie »gewinnen aus ihren inneren Widersprüchen von Interessen und Ideologien Energie«. Ihre Flügel – man kann von Binnenparteien sprechen – »können unterschiedliche Anhängerschaften mobilisieren und miteinander verbinden«. Sogenannte Gemäßigte und sogenannte Radikale spielen einander dabei auch ohne Absprache in die Hände. Fundamentalisten oder Prinzipienreiter oder Meister der Zuspitzung geben Parteifreunden Gelegenheit, sich als Pragmatiker oder Instinktpolitiker oder Virtuosen der Abwieglung in Szene zu setzen. Umgekehrt erlaubt die Rücksicht auf die Gemäßigten den Radikalen, das utopische Potential ihrer Ideen zu konservieren.

Als Jörg Meuthen am 28. Januar 2022 den Bundesvorsitz der AfD niederlegte und seinen Austritt aus der Partei erklärte, begründete er diesen Schritt mit seiner verspäteten Erkenntnis, »dass das Völkische und das Bürgerlich-Liberale zwei letztlich unvereinbare Bestandteile der Partei sind«. Seine Vertraute Joana Cotar widersprach: »Er liegt falsch damit, dass die beiden Teile unvereinbar sind. Uns vereint das Programm der AfD.« Das Programm bedeutet hier das Gegenteil von dem, was Nicht-Parteimitglieder mit dem Wort verbinden: Es macht die inhaltliche Übereinstimmung überflüssig.

Wichtiger als alle sachlichen Binnendifferenzen ist bei Randparteien eine Differenzierung des Organisationsgrads. Solche Parteien haben Anhänger, die ihre grundsätzliche Kritik am politischen Betrieb auch mit einem Vorbehalt gegen die Organisationsform der Partei ausdrücken: Förmlichen Mitgliedschaften ziehen sie die spontane Assoziation vor. Eine Partei, die ihre eigene Parteiwerdung verlangsamt, soll heißen nicht zu schnell komplett Apparat werden will, konserviert Protestenergie, indem sie die Abkühlung hinauszögert, die in der geschlossenen Welt der professionellen Politik jedem externen Input widerfährt. Obwohl Parteien als Verbände mit klaren Entscheidungsregeln organisiert sein müssen, kompakt und hierarchisch, um in Wahlen zu bestehen, können Doppelstrukturen, die sozusagen die Grenze zwischen Politik und Gesellschaft offen halten, ein Erfolgsrezept sein. Das zeigt sich laut Möllers heute bei der AfD ähnlich wie früher bei den Grünen. »Wenn eine Partei neben sich eine ideologisch härtere soziale Bewegung hat, kann die Bewegung mit der Partei zugleich Kontakt halten und behaupten, mit ihren Protestformen außerhalb des politischen Systems zu bleiben.« In der Partei namens Alternative für Deutschland hat sich in Gestalt von Höckes »Flügel« eine parteiinterne Alternative organisiert. Dieser Gruppierung ist schwer zu widersprechen, wenn sie behauptet, die wahre AfD zu sein – den zahlenmäßigen Kräfteverhältnissen, also den demokratischen Spielregeln, zum Trotz. Um Forderungen nach einem Parteiausschluss Höckes abzuwehren, nannte ihn Gauland einen »Teil der Seele der Partei«. Höckes Leuten dürfte Gauland mit dieser Semantik der Innerlichkeit aus der Seele gesprochen haben, obwohl sie als Kämpfer und Tatmenschen auftreten. Dem »Flügel« erlaubte sein spiritualistisches Selbstverständnis, sogar in seine Auflösung einzuwilligen: Die Seele braucht kein eigenes Organ, sondern durchströmt den ganzen Körper. Wie ist die Macht des »Flügels« zu erklären? Sein Aktionsmodus deutet darauf hin, dass das wahre, das tatsächlich wirksame Programm der AfD die Kritik des politischen Systems ist.

Im Bundestagswahlkampf 2021 wies Alexander Gauland gegenüber Reportern der *Süddeutschen Zeitung* die von vielen Politikjournalisten verbreitete Analyse zurück, dass die AfD mit der Radikalisierung, die sie in ihrer ersten Legislaturperiode vollzogen und vorgeführt hatte, ihr weiteres Wachstum vereitle. Das genaue Gegenteil war nach Gaulands Überzeugung richtig: »Wir dürfen nicht den Versuch machen, uns künstlich zu deradikalisieren.« Als warnendes Beispiel stellte er den ehemaligen Front National hin, der unter der Führung von Marine Le Pen durch demonstrative Mäßigung an Dynamik verloren habe. »Das ist eine Gefahr auch für uns. Wir müssen eine scharfe Linie fahren, die deutlich macht: Wir sind die Dagegen-Partei. Das wollen unsere Wähler.« Diese Strategie nimmt ein Handicap in Kauf: Wählern, die das radikale Selbstbild einer Partei der durchgehenden Negation abschreckt, wird aufgehen, dass sie sich nicht vorstellen können, AfD-Wähler zu werden. Eine solche Beschränkung der Streuwirkung der Parteipropaganda wird allerdings ausgeglichen durch einen strukturellen Vorteil der Dagegen-Partei, der sich aus der Natur des demokratischen Wettbewerbs in einer liberalen Gesellschaft ergibt, einer Gesellschaft, in der die Politik nicht alles ist. Wo nicht alle Bürger jederzeit ihre gesamte Aufmerksamkeit der Politik zuwenden, da können Minderheiten Themen setzen und da wird der Veränderungswunsch, die Ablehnung des Bestehenden, intensiver artikuliert als die Zustimmung zum Status quo. Christoph Möllers erkennt in dieser Asymmetrie ein Dilemma liberaler Ordnungen: »Mobilisierung ist Gegenmobilisierung.« Oder andersherum gewendet: Gegenmobilisierung ist im Zweifel die stärkere Mobilisierung.

Als amtlicher Nachweis bürgerlichen Lebenserfolgs verleiht der Professorentitel im Land des Paulskirchenparlaments immer noch beträchtliches Ansehen. Das beweist der Umstand, dass nach dem Austritt Bernd Luckes aus der AfD dessen Nachfolger im Bundesvorsitz, Jörg Meuthen, seit 1997 Professor für Volkswirtschaftslehre an der Hochschule für öffentliche Verwaltung in Kehl, in der Partei in die Funktionsstelle des Gewährsmanns der bürgerlichen Ehre einrückte. Aus der Sicht der Gegner der AfD war er gefährlich langweilig: An ihm sollte sich die Vermutung bestätigen, dass ein Biedermann am Vorstandstisch ein Strohmann sein müsse. Im Stuttgarter Landtag warf ihm der SPD-Fraktionsvorsitzende Andreas Stoch am 9. Juni 2016 vor, als Fraktionschef in der Debatte über den Antisemitismus des AfD-Abgeordneten Wolfgang Gedeon zu schweigen. »Sie sind nicht der Biedermann, Sie haben die Biedermannmaske hier auf, Sie sind ein Brandstifter.« Monsignore Christian Hermes, der katholische Stadtdekan von Stuttgart, hatte im April 2016 in einem offenen Brief eine Art Bannfluch gegen Meuthen ausgesprochen: »Sie, Herr Professor Meuthen, haben in der Vergangenheit immer den braven Biedermann der AfD gegeben.« Und in dieser Rolle habe er »die abwegigsten und gefährlichsten Verrücktheiten von Parteikollegen gedeckt, verteidigt und bagatellisiert«.

Am 4. März 2016 hatte die *Stuttgarter Zeitung* die Frage aufgeworfen: »Aber für wen und was bürgt der so seriös erscheinende Professor? Gibt er den Biedermann, der die Brandstifter hinter ihm verdecken soll?« Seine Antwort auf diese Frage hatte Meuthen jedoch schon fünf Wochen zuvor gegeben, als er in einem Interview derselben Zeitung mit ihr konfrontiert wurde: »Sind Sie nicht ein Musterexemplar des Biedermanns in der Rolle des Brandstifters?« Meuthen antwortete anders als dreizehn Monate vor ihm Lucke. »Ich halte den Biedermann wie den Brandstifter für falsch. Wenn man wirklich bieder ist, kann man nicht Vorsitzender dieser Partei sein. Dazu steht man viel zu sehr unter Feuer. Ein echter Biedermann würde sich das nicht geben. Nur neige ich nicht zu Verbalradikalismus. Brandstifter ist erst recht falsch. Es ist so: ich bin in tiefer Sorge um unser Land. Das driftet auseinander – und zwar gehörig.« Man hat ihn also verkannt. Das biedere Erscheinungsbild des Fachhochschulprofessors täuschte tatsächlich – aber deshalb, weil Meuthen in seinem politischen Amt gar nicht wirklich bieder sein konnte.

Soll das heißen, dass der Vorsitzende der AfD sein Amt nicht rechtschaffen, aufrichtig und verlässlich, ehrenwert und anständig ausüben kann? Mit diesen Adjektiven umschreibt der Duden die Hauptbedeutung von »bieder«. Oder wollte Meuthen sagen, dass er es sich im Sinne der zweiten im Duden aufgeführten Bedeutungsvariante nicht leisten konnte, allzu naiv zu sein, einfältig und treuherzig? In jedem Fall bezeugte er eine Krise des bürgerlichen Ethos, die er am eigenen Leib erlebt haben wollte. Ein Vorsitzender der AfD steht ständig unter Feuer. Die Gegner der Partei, so war Meuthen zu verstehen, bezichtigen diese der Brandstiftung, dabei sind sie selbst verantwortlich für den Brandgeruch in der Luft der öffentlichen Debatte: Aus allen Rohren feuern sie auf die einsamen Repräsentanten einer Alternative zur herrschenden Politik.

Dem verbalen Radikalismus gehörten Meuthens Neigungen nicht – mit dieser Beteuerung war zugleich gesagt, dass es für einen Radikalismus der Sache sehr wohl Gründe und Anlässe geben mochte. Indem Meuthen für seine Partei sprach, zog er den Verdacht der Pyromanie auf sich, nur weil ihn die Sorge antrieb, die brennende Sorge um sein Land. Dieses drifte auseinander – eine geologische Metapher, präsentiert in der Optik des Katastrophenfilms. Wenn das Land in zwei Kontinente zerfallen ist, wird Bürgerkrieg herrschen. Um die Elemente der AfD-Rhetorik zu rechtfertigen, die recht große Teile der bürgerlichen

Leserschaft der *Stuttgarter Zeitung* irritieren dürften, nahm Meuthen eine Art Ethik der kommunikativen Notwehr in Anspruch. Seinem Naturell entsprach es zwar, sich nach Möglichkeit noch moderat auszudrücken. Aber ein AfD-Vorsitzender, der auch im Feuer immer Treu und Redlichkeit üben wollte, käme nicht mit heiler Haut davon. Wir wollen viel Gemütlichkeit: Diesen Biedermännerchor könnten die Mitglieder der AfD aus vollem Herzen anstimmen, um ihr Ziel zu umschreiben. Aber sie meinen auch zu wissen, dass sie viel Ungemütlichkeit als Mittel in Kauf nehmen müssen. Sie halten es aus, unter Feuer zu stehen, weil sie von innen her brennen. Wer die Hitze nicht erträgt, sollte die Küche verlassen. Der Spruch des späteren US-Präsidenten Harry Truman aus dem Jahr 1942 ist ein Lieblingszitat von Politikern aller Parteien. In der AfD geht der Stolz auf die Unempfindlichkeit so weit, dass man sich auch des eigenen Tatbeitrags zum lebensgefährlichen Hochdrehen der Temperatur rühmen kann. Anfang Februar 2022, kurz nach dem Rück- und Austritt Jörg Meuthens, wurde in Nordrhein-Westfalen Martin Vincentz zum Landesvorsitzenden der AfD gewählt, der als Mann Meuthens geführt worden war. Der Arzt für Allgemeinmedizin, frühere Degenfechter und Slam-Poet bewarb sich mit dem Bekenntnis, dass er sich »am Rand« richtig stehen sehe, wenn die Mitte der Gesellschaft unter dem Vorwand der Pandemiebekämpfung Menschen das Menschsein nehme. »Dann bin ich gerne der vom Mainstream sogenannte Brandstifter.«

Viele Politiker zeigen sich lebhaft interessiert an Identitätsdebatten. Die Identität der Nation oder der eigenen Partei ist ihnen ein Herzensanliegen – obwohl es ganz unwahrscheinlich ist, dass man etwas so Langlebiges wie eine Nation oder etwas so Bewegliches wie eine Partei identifizieren, also von anderen Exemplaren derselben Gattung unterscheiden kann, indem man einen Katalog unwandelbarer Merkmale aufstellt. Aber das mag ein Politiker anders sehen, dessen Selbstbild vom Politikmodell des bürgerlichen Zeitalters imprägniert ist: Er möchte glauben dürfen, mit seinem Porträt auf dem Wahlplakat identisch zu sein, und traut sich deshalb zu, ein Porträt seines Volkes oder seiner Organisation zu entwerfen.

Hat man es auch bei Alexander Gauland mit einem solchen Politiker zu tun? Dass er Obacht auf Identität gibt, signalisiert Gauland durch den Wiedererkennungswert seines Kleidungsstils: Tweedjacketts, grüne Krawatte mit gelben Jagdhunden. Gelegentlich wurde er in der Presse wegen dieser selbstgewählten Uniformierung als Biedermann charakterisiert. Das Gauland-Porträt ist eine eigene Untergattung des investigativen Journalismus geworden. Die Leitfragen lauten: Wer ist Gauland wirklich? Was führt er im Schilde? Antworten auf diese Fragen gäbe es freilich nur, wenn Gauland eine Person aus einem Roman von Agatha Christie wäre.

Der späte Berufspolitiker – bei der Gründung der AfD war Gauland 72 Jahre alt – ist ein Lehrbuchbeispiel dafür, dass eine politische Karriere in der Nutzung der Optionen besteht, die sich im Zuge der Karriere auftun. Gauland steht Journalisten ganz anders als viele Parteifreunde bereitwillig für Gespräche zur Verfügung, ist geradezu freigebig mit seinen Einschätzungen und Selbsteinschätzungen. Er ist ein Zauberkünstler, der sich dadurch nicht in die Karten schauen lässt, dass er sie offenlegt. Seine Gesprächspartner begegnen einem gewieften Taktiker, den sie kaum je bei einer Bemerkung erwischen werden, die sich als bloße Finte abtun ließe. Er entzieht sich der Unterscheidung zwischen Vorgeschobenem und Eigentlichem, ostentativem Zweck und tatsächlicher Absicht, Schein und Sein, Bluff und Tat, die der Begriff der Taktik voraussetzt. Mit der Methode des Privatdetektivs in Diensten einer Brandschutzversicherung ist er nicht zu fassen.

Das musste Jan Fleischhauer erfahren, der sich im Winter 2015/16 an Gaulands Fersen heftete, um Material für ein Porträt des brandenburgischen AfD-Chefs im *Spiegel* zu sammeln. Der erklärfreudige Konservative lud den als Erklärer von Konservativem bekannt gewordenen Kolumnisten zu seinem Stammitaliener in Potsdam ein. Spiegel-Leser wüssten mehr, behauptet ein alter Werbespruch. Nach Fleischhauers Bericht über den »angenehmen Abend« wussten sie über den Stammgast, den der Kellner mit »Herr Doktor« anredete, nicht sehr viel mehr, obwohl Gauland »sich auch ungerührt Fragen stellen« ließ, »bei denen andere Politiker sofort eingeschnappt wären«. Sich Fragen stellen zu lassen heißt nicht, Fragen zu beantworten. Gaulands Auskünfte über seine Haltung zu Tendenzen des Rechtsrucks in der AfD waren unverbindlich, ohne dass Fleischhauer sie als Ausflüchte hätte bezeichnen können. Irritierenderweise gab Gauland zu verstehen, dass er sein besonderes Augenmerk auf die prozesshaften Momente des Parteilebens richtete, auf gleiche Entwicklungschancen für alle Parteien in der Partei, wie ein mitspielender Schiedsrichter, dessen Hauptaufgabe es ist, für den Spielfluss zu sorgen. Das Gespräch vor der Kulisse des Potsdamer Tiefen Sees plätscherte dahin, und auch das Heikelste ging in Gaulands »melancholischem Plauderton« unter. Dem Kolumnisten fiel das »berühmte Stück von Max Frisch« ein, aber die Kategorien des Lehrdramas, die aus einer Welt des rationalen Kalküls stammen, in der die Lebensgefahr von undurchschauten Plänen ausgeht, waren nur noch für eine selbstironische Pointe des düpierten Fragestellers gut. »Irgendwann wünscht man sich, man säße vor einem Brandstifter. Dann könnte man sich über Brände, Brandbekämpfung und Brandbeschleuniger unterhalten. So landet man immer nur bei der Sicht des Biedermanns.«

Im Herbst 2017 unternahm die dänische Performance-Künstlerin und Schriftstellerin Madame Nielsen eine Reise durch Deutschland, auf der Suche nach einigen der sagenhaften Deutschen, die in einem Zeitalter der flüssigen und entgrenzten Identitäten immer noch und nun erst recht die Kunde vom unwandelbaren Wesen ihres Volkes verbreiteten. Marc Jongen, der aus Südtirol gebürtige Philosoph und kulturpolitische Sprecher der AfD im Bundestag, empfing sie in einem alpenländischen Heimatlokal in Berlin-Mitte zum Gespräch. Mit dem Losungswort des George-Kreises, so erzählte es Madame Nielsen ein Jahr später in der *Frankfurter Allgemeinen Sonntagszeitung*, bestimmte Jongen das »geheime Deutschland« als das eigentliche und wahre. Füllwortreich glossierte er sogleich diese knappe Fügung, theologisch, psychologisch, pathologisch und unlogisch. Und während er der Besucherin aus dem hohen Norden schon seinen Stegreifvortrag hielt, suchte er gleichzeitig, wie man es von einem Schüler Peter Sloterdijks erwarten darf, noch nach dem treffenden Sprachbild, mit dem sich das Geheimnis dingfest machen lässt wie der Kölner Dom in der Schneekugel. Er wurde fündig.

»Vielleicht«, schlug er vor, »sollte man es«, das geheime, das ideale, das gedachte, aber keineswegs ausgedachte Deutschland, »als Flamme darstellen« – doch nicht etwa als ewiges Licht, das in einem rußigen Glas in aller Ruhe vor sich hinbrennt, in einer Klosterkapelle, in der nur Fürstin Gloria von Thurn und Taxis alle Heiligen Jahre einmal eine stille Messe nach tridentinischem Ritus lesen lässt. Nein, vor Jongens nationalgeistigem Auge flackerte eher so etwas wie die Olympiafackel, und wie zu dieser der Athlet gehört, der sie laufend in treuen Händen hält, so hat auch die Deutschlandflamme ihren Schutzmann. Darzustellen wäre also, so Jongen zu Madame Nielsen weiter, »wie jemand diese Flamme, diese winzige, schützt, irgendwo hinträgt und sie dann wieder zum größeren Feuer werden lässt und sie auf dem Weg dorthin vor einer wahnsinnigen Armada von Personen beschützen muss, die sie niedertrampeln wollen oder achtlos über sie wegstapfen«. Jongen sah in diesem Moment im Café Alpenstück sogar vor sich, wie die Trampeltiere gekleidet waren, deren Herdentriebabfuhr das Flämmchen beinahe erstickt hätte: »in Business-Uniformen und sonst welchen Markenzeichen des modernen, des seinsvergessenen Menschen, des ›Man‹, des heideggerschen ›Man‹«. Diese Polemik gegen den Business-Anzug wird doch wohl nicht auf Alice Weidel gezielt haben, die AfD-Fraktionsvorsitzende mit Wohnsitz in der Schweiz?

»Wer je die Flamme umschritt«, dekretierte Stefan George in *Der Stern des Bundes*, »bleibe der Flamme Trabant!« Wo aber die Jünger Georges den Kult um ihr geheimes Deutschland, wie es der simple Wortsinn nahelegte, unter Ausschluss der Öffentlichkeit zelebrierten, da scheint sich Jongens heiliges Feuer davon zu nähren, dass es den Blicken der Ungläubigen ausgesetzt wird. Die AfD, so lässt sich die allegorische Szene in parteistrategisches Kalkül zurückübersetzen, wächst an dem Widerstand, auf den sie stößt; das wahre Deutschland braucht die Masse der abtrünnigen Landsleute, wie in den Passionen von Johann Sebastian Bach die Juden die heilsgeschichtlich notwendige Rolle der Verstockten spielen. Den Kampf um die deutsche Identität malte Jongen im Gespräch mit Madame Nielsen ausdrücklich als Bühnengeschehen aus, als Mysterienspiel oder immersives Theater mit Publikumsbeteiligung. Der Brandhüter und die Niedermacher, das Gegen-Stück zu Frisch: »Ja, ein Tumult auf der Bühne, wo dieser Mensch, der die Flamme bewahrt, sich wahnsinnig in Acht nehmen muss, damit sie nicht zertreten wird, weil alle rücksichtslos über sie wegeilen und ihre Welt mit größter Brutalität und Arroganz ordnen.« Zu viel Weltordnungsliebe ist tödlich für die Nation: Auch deshalb kann ein AfD-Sprecher kein Biedermann sein.

Spurenelemente von planender Berechnung stellte Jongen andererseits als überlebensnotwendig hin, das ist seine Art von Dialektik. So gibt es sein romantisches Deutschlandbild auch in einer prosaischen Variante: Das geheime Heimatland »wird wohl nur noch als kleine Sparflamme am Leben erhalten«. Aus der dramatischen Logik, in die Jongen die Politik einpasst, ergibt sich, dass auch dem Agieren der Antagonisten der Schutztruppe des geheimen Deutschland eine Art von Notwendigkeit zukommt. Bei Angela Merkel wächst sich diese Unentbehrlichkeit sogar zu tragischer Größe aus. In einem Aufsatz in der Schweizer *Weltwoche* enthüllte Jongen »den geheimen geschichtlichen Sinn der ›Flüchtlingskrise‹«. Die juristische Kritik an der Notaufnahme von Asylsuchenden ohne Anlaufstation, als deren Gewährsmann der AfD-Denker einen Sozialdemokraten bemühte, Michael Bertrams, den früheren Präsidenten des nordrhein-westfälischen Verfassungsgerichtshofs, der auch als Islamkritiker hervorgetreten ist, griff für Jongens Begriffe noch nicht tief genug. Die sogenannte Grenzöffnung sei »weit mehr« gewesen »als eine grundgesetzwidrige Selbstermächtigung«, nämlich »eine tiefe Verletzung des ›Seelenraumes‹ der Nation, die wie alle psychopolitischen Gebilde auf Dauer nicht ohne stabile Außenhülle leben kann«.

Hier wandte Jongen die anthropologische Theorie des Schutzraums an, die sein Lehrer Sloterdijk in den drei Bänden seines Werkes *Sphären* aus der Lage des Fötus in der Gebärmutter entwickelt hat. Die Verletzung des Seelenraums der deutschen Nation durch die Einreise einer großen Zahl von Arabern und Afrikanern war nun in Jongens philosophischer Sicht in gewisser Weise notwendig, damit die Nation erkennen konnte, was sie vergessen hatte: dass sie eine »historische Schicksalsgemeinschaft« ist. Außenhüllenlos wäre sie dem Tode geweiht, auch wenn jeder einzelne Deutsche sich eine Business-Uniform überzöge. Sinnfällig wird die geschichtsphilosophische Spekulation in einem Wortspiel: Die Flüchtlinge kamen gerade noch rechtzeitig, denn das deutsche Volk hatte sich schon »beinahe verflüchtigt«. Angela Merkel wurde »zur Katalysatorin jener notwendigen kulturellen Bewusstseinserweiterung«, was ihr in Jongens Augen »entgegen ihrer bieder-nüchternen Erscheinung so etwas wie eine dämonische Größe« gibt.

Mit einem hausväterlichen Vergleich erklärte es Jongen im Juli 2017 in einem Interview mit der *Jungen Freiheit*, dass sich auf Veranstaltungen der AfD im Sommer 2015 plötzlich niemand mehr für den Euro interessiert habe: »Wenn Sie einen Rohrbruch haben, zugleich aber der Dachstuhl brennt, dann werden Sie auch alle Kräfte auf den Brand als das weitaus größere Problem konzentrieren.« Die Biederfrau und die Brandstifter: Jongen hat Frischs Burleske zu einer Tragödie in schauerromantischer Manier umgearbeitet, mit übernatürlichen Gruseleffekten. In die biedere Erscheinung der Kanzlerin, ihre oft belächelten Hosenanzüge, ist ein böser Geist gefahren. Das »Wir schaffen das!« wäre von hier aus, denkt man Jongen fort, mephistophelisch zu lesen: Wenn das kulturell erweiterte Bewusstsein der Nation in dialektischer Selbsterkenntnis den Rückzug in die Hülle vollzieht, darf Angela Merkel in die Geschichtsbücher eingehen als Teil jener Kraft, die stets das Gute schafft.

Das Schadenfeuer wird dann eine reinigende Wirkung gehabt haben, was bei Dachstuhlbränden doch nur äußerst selten vorkommt. Das Biedere und Nüchterne des Phänomens Merkel soll metaphysischer Trug gewesen sein: Wenn man diesen Gedanken einer psychopolitischen Analyse unterzieht, dann mag man zu der Vermutung gelangen, dass gerade das, was man an Merkels Flüchtlingspolitik als bieder im Sinne des altdeutschen Tugendkanons beschreiben kann, die stärkste Abwehr auslöste. Dass die Kanzlerin tat, was Rechtschaffenheit, Anstand und nationale Ehre geboten – genau das durfte nicht wahr sein. Und so verstörte die Gegner der Politik der humanitären Improvisation auch, dass Frau Merkel in einem historischen Moment, der bald mit dem 11. September 2001 oder sogar mit dem Wendejahr 1989 verglichen wurde, nüchtern blieb – und eben nicht in die Schwärmerei verfiel, welche die Legenden vom sentimentalen Mitleidsexzess oder vom Anfall von Weltbelehrungseifer ihr unterstellten.

Es fällt nicht schwer, Marc Jongen als Wirrkopf abzutun, zumal auch Peter Sloterdijk das politische Wirken seines ehemaligen Assistenten nicht mit jenem höchsten Lob bedenkt, das er einst der von diesem eingereichten Dissertation über »Umrisse einer hermetischen Gegenwartsdeutung im Anschluss an zentrale Motive bei Leopold Ziegler und Peter Sloterdijk« gespendet hatte. Aber die Auffassung, das Gefährliche an der flüchtlingspolitischen Richtungsentscheidung der Kanzlerin sei das Zusammentreffen des sogenannten Kontrollverlusts auf der Ebene der höchsten Entscheidungsträger mit Auflösungserscheinungen in den Tiefen der Volksseele gewesen, wird auch von Intellektuellen ohne Neigung zu esoterischer Sprechblasenproduktion vertreten. Das zeigt die Poetikvorlesung, die der Schriftsteller Michael Kleeberg, ein Bewunderer des französischen Rationalismus, der als Romancier wie als Essayist der Subtilität und Vitalität John Updikes nacheifert, 2017 an der Frankfurter Goethe-Universität hielt.

In der *Weltwoche* legte Jongen dar, in den Flüchtlingen, die das Ertrinken im Mittelmeer riskiert hätten, wie in den Selbstmordattentätern begegne den Deutschen das, was sie verdrängt hätten, die Lebensnotwendigkeit des Opfers. Das Leben im Westen sei auf das Prinzip »null Tote« aufgebaut und werde im Kern erschüttert durch die Migranten, die den Sesshaften »ihr nacktes Leben ›vorwurfsvoll‹ vor die Füße werfen«. Mit derselben kulturkritischen Schablone hantierte Kleeberg, als er auf dem Frankfurter Poetik-Katheder überraschend ausführliche Einlassungen zur Politik des Tages vortrug. Er begnügte sich nicht mit einer apokalyptischen Lesart der Ereignisse im Herbst 2015, sondern gab schon der langen Geschichte der türkischen Arbeitsmigration einen katastrophischen Dreh. Die Integration der Nachkommen der Gastarbeiter war in Kleebergs Sicht zum Scheitern verurteilt, weil er bei den Kindern der Eingesessenen, die nicht mehr bloß Gastgeber sein wollten, sondern die Neubürger als Mitbürger annahmen, einen Todestrieb diagnostizierte. So erklärte er, dass der von ihm postulierte Clash der Identitäten sich wundersam lautlos vollzieht: Wir erleben »das Aufeinandertreffen einer Mehrheits-Identität, die sich auflösen, mit einer Minderheits-Identität, die sich durchsetzen will«. Dass »die deutsche Regierung dann die Grenzen für eine unkontrollierte Einwanderung von Hunderttausenden und im Laufe der nächsten Jahre Millionen Muslime geöffnet hat«, machte alles noch schlimmer.

Jongen hatte behauptet, dass »nichts naiver – und in den Konsequenzen gefährlicher« sei »als die beliebte Beschwichtigungsformel, der islamistische Terrorismus in Europa habe mit der Flüchtlingswelle nichts zu tun«. Kleeberg teilte seinen Frankfurter Hörern mit, dass bei ihm »all die Phrasen wie ›Der Islam hat nichts mit dem islamistischen Terror zu tun‹ oder ›Der Islam gehört zu Deutschland‹« ihre beschwichtigende Wirkung verfehlten. Er hielt die Flüchtlingspolitik der Regierung Merkel »für ein Spiel mit dem Feuer« und gab von der traditionsreichsten deutschen Lehrkanzel für Schriftsteller dem »Gefühl« Ausdruck, »in einer das ganze Land umfassenden Aufführung von Max Frischs ›Biedermann und die Brandstifter‹ gelandet zu sein«.

DER GROSSE ELEFANT

Als Markus Söder den gerade erst gewählten CDU-Vorsitzenden Armin Laschet zum Kampf um die Kanzlerkandidatur herausforderte, wünschten sich in der ostdeutschen CDU die meisten früheren Unterstützer von Friedrich Merz, dem zweimal knapp geschlagenen Kandidaten für den Parteivorsitz, der nach der Bundestagswahl im dritten Versuch zum Zuge kam, einen Sieg Söders – obwohl Merz mit Nachdruck für Laschet warb und Söder seinen bundespolitischen Ehrgeiz mit seinem Willen zur Fortsetzung und Optimierung von Angela Merkels im Osten wenig populärem Kurs der Modernisierung begründete. Die Grünen sollten in Söders Konzept für die Union der Hauptkonkurrent, aber auch – das war die unausgesprochene Implikation von Söders Übernahme ihrer Themen – der natürliche Koalitionspartner sein. Dass die Merz-Nostalgiker im Osten diese Aussicht nicht abschreckte, beleuchtet, wie man den symbolischen Sinn solcher Präferenzen für einzelne Politiker zu verstehen hat. Symbolisch heißt: Der

Politiker taugt als Zeichen für unterschiedliche, auch inkongruente, jedenfalls nicht feststehende Inhalte. Die Bewunderung gilt eher einem Habitus, einer Haltung, einem Redestil. Das Sachfremde oder Sachferne eines solchen volkstümlichen Personenkults kann man auch mit umgekehrtem Akzent Offenheit in der Sache oder für verschiedene Sachen nennen – denn Politik bedeutet nun einmal ganz wesentlich Anpassung an neue Sachlagen. Andererseits haben auch inhaltliche Präferenzen, vor allem in Fragen, die gar nicht zur Entscheidung stehen, sondern kultureller Natur sind, also den Geschmack betreffen, einen solchen symbolischen Charakter: Sie sind Platzhalter, geben dem ebenso entschiedenen wie unbestimmten Wunsch nach anderen Zuständen Ausdruck.

Warum hat es Donald Trump und Boris Johnson nicht geschadet, dass auch die eigenen Anhänger sie als Lügner durchschauten? Auch über diese Frage hat Christoph Möllers sich Gedanken gemacht. Er vermeidet die kulturpessimistische Unterstellung, dass es einen allgemeinen Verfall der Wertschätzung der Wahrheit geben müsse, dass die Bürger die Politik inzwischen also ebenso zynisch betrachteten wie gemäß populistischer Propaganda die Politiker selbst. Richtig oder falsch, mein Parteiführer: Die Verbreitung dieser Einstellung, so gibt Möllers stattdessen zu bedenken, hat auch etwas zu tun mit »der fehlenden Möglichkeit, das einmal gewählte politische Lager einfach zu wechseln«.

Der New Yorker Historiker Eric Foner warnte in der *F.A.Z.* in einem Interview zum Ergebnis der Präsidentenwahl 2020 vor der optischen Täuschung, die Karte der Vereinigten Staaten mit ihren verlässlich blau und rot eingefärbten Segmenten für die Dokumentation ererbter ideologischer Gegensätze zu halten. Früher hätten sich die Leute an ihren philosophischen oder religiösen Überzeugungen orientiert und sich eine dazu passende Partei gesucht. Heute bestimme umgekehrt die Parteizugehörigkeit, was man glaube: Ein Republikaner bezweifle eben den Klimawandel, die Gefährlichkeit des Coronavirus, das Recht auf Abtreibung und so weiter. Diese Hypothese einer Politisierung der Gesellschaft, nach welcher der demokratische Wettbewerb ideologische Gegensätze nicht nur abbildet, sondern hervorbringt, verschärft und vielleicht künstlich verlängert, scheint auch für die deutschen Verhältnisse erhellend. So könnte man zu verstehen versuchen, dass die nationalistische Agitation gegen Vaterlandsverräter in Regierungsämtern wieder Massen in Bewegung versetzt, obwohl auf der Rechten jahrzehntelang darüber lamentiert worden ist, dass die Deutschen die Nation vergessen hätten.

Etlichen Politikern von Union und FDP zumal auf dem Boden der früheren DDR fiel der von Merkel und Söder in den Worten von Habermas angeordnete Verzicht auf die opportunistische Eingemeindung eines Wählerpotentials jenseits der eigenen programmatisch gezogenen Grenzen schwer, ohne dass sie deshalb in der Kemmerich-Regierung eine verpasste Chance gesehen hätten. Die Worte von Habermas illustrieren allerdings auch gewisse Schwierigkeiten, die der Philosoph mit einer angemessenen Beschreibung des Zustandekommens von demokratischen Mehrheiten hat. Eingemeindung ist ein Begriff aus dem Verwaltungsrecht und bezeichnet einen bürokratischen, deshalb bei bildlicher Verwendung meist negativ bewerteten Vorgang: das spurlose Aufgehen einer Gemeinde in einer größeren Einheit. Abgesehen davon, dass entsprechende Zwangsmittel Wahlkämpfern von vornherein nicht zu Gebote stehen, bleiben alle neugewonnenen Wähler Zugezogene, die vielleicht schon bei der nächsten Wahl wieder ihre Koffer packen werden. Und ohne Opportunismus, also ohne Interesse an Gelegenheitswählern, ist Wahlwerbung nicht möglich. Auch Schmeichelei gehört dazu. Beim Ziehen programmatischer Grenzen ist Vorsicht geboten, damit sie nicht unnötig abschreckend wirken. Denn es geht ja um Programme, die Mehrheiten benötigen, um Wirklichkeit werden zu können. In der Überschätzung der unterscheidenden Wirkung von Programmtexten schlägt bei Habermas wohl doch der Idealismus seiner Profession durch.

Was er als Strategie der Umarmung der AfD beschrieb, wollten nicht alle Parteifreunde Merkels und Söders aufgeben. Mimikry der Konkurrenz mit dem Ziel, sie überflüssig zu machen, wird dort das Mittel der Wahl bleiben, wo Unionsfunktionäre es für einen Irrtum halten, dass so viele ihrer Nachbarn und Bekannten, ehemalige Parteifreunde eingeschlossen, sich von der AfD besser repräsentiert glauben. Gehört zur Umarmungsstrategie auch die Bündnisoption? Für deren stillschweigende Offenhaltung steht die Personalie Maaßen. Denn wer sollte die von der AfD tatsächlich ausgehende Gefahr besser beurteilen können als der Verfassungsschutzpräsident, in dessen Amtszeit Gründung und Aufstieg der Partei fielen? Die Einlassungen des Kandidaten beziehungsweise Aspiranten Maaßen zur Frage der Bündnisfähigkeit der AfD waren immer in auffälliger Weise auf die Beschlusslage der CDU bezogen. An die Beschlüsse seiner Partei wollte Maaßen sich halten. Außerdem versah er seine Aussagen mit einem Zeitindex: Derzeit sei eine Koalition mit der AfD unmöglich – das konnte man als Aufforderung an die AfD verstehen, sich durch Reformen für eine Koalition zu qualifizieren. Die Wahl von Thomas Kemmerich hatte Maaßen noch am selben Tag gegenüber dem *Tagesspiegel* als »Riesenerfolg« bewertet. Er schien sich sogar einen Anteil an diesem Erfolg zuzuschreiben und schlug mit seiner Wortwahl den geschichtspolitischen Bogen zur Revolution von 1989, ähnlich wie Gerald Ullrich, der stellvertretende FDP-Landesvorsitzende, den das *Freie Wort* mit dem Bekenntnis zitierte, er habe »ein ähnliches Wahnsinnsgefühl wie bei der Maueröffnung« verspürt. Maaßen sagte: »Ich habe in Thüringen die Wende unterstützt. Hauptsache, die Sozialisten sind weg.«

Den Einfall, dass Maaßen den wegen einer Maskenaffäre aus der CDU ausgetretenen bisherigen Bundestagsabgeordneten im Wahlkreis 196 ersetzen könnte, hatte Ralf Liebaug, Wirtschaftsjurist und Kreisvorsitzender der CDU Schmalkalden. Am 5. Februar 2020 hatte Liebaug einen Glückwunsch an Kemmerich gerichtet. Dem *Freien Wort* sagte er, dass die Demokratie und die Landesverfassung ein klares Ergebnis hervorgebracht hätten. Das könne man gut oder schlecht finden, aber als Demokrat solle man es respektieren. Liebaug war einer der siebzehn thüringischen CDU-Funktionäre, die im November 2019 in einem Brief eine ergebnisoffene Zusammenarbeit mit der AfD gefordert hatten.

Vier Wochen vor der Bundestagswahl 2021 richtete der CDU-Kandidat im Wahlkreis 196 einen Brief an die Wähler, in dem er eigens diejenigen Wahlberechtigten ansprach, die eine Stimmabgabe für die AfD in Erwägung zogen. »Ich weiß, einige liebäugeln mit der AfD und zugegeben, sie spricht manches drängende Problem an. Aber sie kann es nicht lösen! Denn sie ist Oppositionspartei und wird es wohl auch nach der Wahl aufgrund ihrer Isolation bleiben. Nur mit Regierungsverantwortung kann man auch politische Weichen stellen. Eine Stimme für die AfD ist damit letztlich eine verlorene Stimme für Südthüringen und wird im Zweifel nur den linken Parteien helfen.« Nicht die leiseste Andeutung machte Maaßen, dass Programmatik und Personal der AfD unter Gesichtspunkten des Schutzes der Verfassung problematisch sein könnten. Der Umsetzung der von der AfD vorgeschlagenen Lösungen für die nach gemeinsamer Einschätzung Maaßens und der AfD drängenden Probleme – der Brief nannte unter anderem »die schlimme Einbruchsserie durch Ausländer in Suhl-Neundorf« – standen anscheinend keine sachlichen Schwächen der Lösungskonzepte im Weg. Jede inhaltliche Abgrenzung – die elementare Operation des Wahlkämpfers – unterließ Maaßen gegenüber der rechten Konkurrenz. Der einzige Grund dafür, dass die AfD aller Voraussicht nach auch nach der Wahl nicht würde regieren können, bestand ausweislich des Sendschreibens aus Meiningen darin, dass man sie nicht mitregieren ließ. Es dürfte dem einstigen Spitzenbeamten, der sich den Südthüringern in diesem Brief auch mit seiner Expertise im Aufsetzen von Gesetzestexten empfahl, ein besonderes Vergnügen gewesen sein, in den Satz über die zu erwartende Konstellation nach der Wahl die Partikel »wohl« zu platzieren. Dass Maaßen damit eine Beteiligung der AfD ausdrücklich als möglich kennzeichnete, konnte man als Geste der Höflichkeit gegenüber dem Wahlvolk deuten, dem es schließlich freistand, die AfD mit der absoluten Mehrheit auszustatten. Aber ein im Ansatz realistisches Szenario bezeichnete das »wohl« nur für den Fall, dass die CDU sich veranlasst sehen sollte, ihre Isolationspolitik gegenüber der AfD aufzugeben – also der Analyse ihres Mannes in Südthüringen zu folgen.

»Freiheit statt Sozialismus« lautet das Motto der Werteunion. Die CDU hatte es für den Bundestagswahlkampf 1976 erfunden, zwei Jahre vor dem Eintritt des Gymnasiasten Hans-Georg Maaßen in die Junge Union. Den Kampf gegen linke Lehrer setzt Maaßen vier Jahrzehnte nach dem Abitur an allen Fronten fort, auch an Kaltfronten. Eine Werbekampagne der »Neuen deutschen Medienmacher*innen«, eines Vereins von Journalisten mit Migrationshintergrund, die beim Institut für Meteorologie Namensrechte für die amtlichen Wetterkarten erworben hatten, so dass am 5. Januar 2021 das Tief Ahmet Schnee nach Deutschland brachte, kommentierte er: »Wer so antritt, nimmt für sich einen Volks-Erziehungsauftrag in Anspruch. Und wenn die Bürger mit der sozialistischen Umerziehung nicht einverstanden sind?« Hauptsache, die Sozialisten kommen weg: Der Wahlkampf, den Maaßen mit dieser Priorisierung führen wollte, konnte sich nicht nur oder hauptsächlich gegen die Linkspartei richten. Auf dem Youtube-Kanal eines Nürnberger Unternehmers, der für ihn die Sendung *Maaßens Wochenrückblick* einführte, sagte er: »Die Grünen sind aus meiner Sicht die gefährlichste Partei im Bundestag, weil sie eine neosozialistische oder ökosozialistische Politik vertreten, die bar jeglicher Realität ist und die uns jedenfalls noch weiter in den Abgrund führt.« Damit hatte er scheinbar beiläufig gesagt, dass er die AfD für nicht so gefährlich hält.

In einer weiteren Folge seiner persönlichen Sendereihe warf er den Grünen unter Aufnahme eines Gemeinplatzes der rechtsextremen Kritik an der Vergangenheitsbewältigung einen Rassismus gegen das eigene Volk vor. Ihre Klimapolitik sei von einem moralischen Rigorismus geprägt, in dem ihre Verachtung der einfachen Leute zum Durchbruch komme. Dieser Teil des Vorwurfs ist auch bei Kritikern der Grünen beliebt, die sich für bürgerlich halten, aber mit der AfD oder der Werteunion nichts zu schaffen haben wollen. Die Pointe dieses Standardangriffs ist, dass der moralische Rigorismus mit nationalem Hochmut identifiziert wird. Ehrgeizige deutsche Klimaschutzziele sollen demnach andere Staaten ebenso wie die heimische Unterschicht demütigen und drangsalieren. Die kosmopolitisch orientierten Klimapolitiker werden gleichzeitig als Verächter des eigenen Volkes und als verkappte Nationalisten entlarvt. Ein grotesker Selbstwiderspruch, der scheinbar illustriert, dass ihre Ideologie bar jeder Realität ist. Hier wurde ein denunziatorischer Topos, der im Streit über die Flüchtlingspolitik böse Dienste getan hatte, in die Klimadebatte übernommen: Dass hinter dem humanitären Elan des Sommers 2015 deutsche Überheblichkeit stecke, war ein Argument mit gewaltiger Resonanz weit jenseits der rechten Randzone der Öffentlichkeit.

Der Historiker Heinrich August Winkler hatte diesen Verdacht noch im September 2015 in einem Artikel in der *F.A.Z.* formuliert und dann mit der ihm eigenen nationalpädagogischen Hartnäckigkeit in zahllosen Interviews und Artikeln bekräftigt. Die Wirkung von Winklers *F.A.Z.*-Beitrag bezeugte Boris Palmer in einem Artikel, der vierzehn Monate später an demselben Ort erschien. Warum hatte die Bundesregierung einen Beschluss über die Verteilung von Flüchtlingen auf die EU-Staaten erzwungen, dessen Umsetzung sie nicht durchsetzen konnte? »Ein Text von Heinrich August Winkler half mir bei der Suche nach einer Erklärung für dieses mir absonderlich scheinende Verhalten. Ich finde seine These plausibel, dass der Wunsch vieler Deutscher, 70 Jahre nach dem Krieg auf der guten Seite der Geschichte zu stehen, die Quelle der in Europa singulären moralischen Aufladung der Flüchtlingshilfe ist.« Winklers Belege dafür, dass die deutsche Selbstkritik, also die Aufarbeitung der Vergangenheit, in ein neues, moralisch überhöhtes Selbstbewusstsein und die Proklamation einer Sondermoral umgeschlagen sei, waren allerdings dürftig. Die von ihm immer wieder angeführte Bundestagsrede der Grünen-Fraktionsvorsitzenden Katrin Göring-Eckardt gab diese Interpretation nicht her; die Belehrungen der Nachbarvölker hatte Winkler beim Hören hinzuerfunden. Es hat fast etwas Tragisches, dass Winkler, der nicht nur im Historikerstreit von 1986 mit der republikanischen Leidenschaft des Sozialdemokraten die Überhänge nationalistischer Apologetik in deutschen Geschichtsdebatten freigelegt hatte, nun mit der fixen Idee eines Kryptonationalismus der moralischen Hybris dem nationalen Egoismus der Abschottungspropaganda das gute Gewissen verschaffte. Unabsichtlich setzte Winkler den rechtsextremen Topos des Schuldstolzes in nur scheinbar entgifteter Variante in Umlauf.

Maaßens Beschwerden über die organisierte Misswirtschaft der Berufspolitiker sind von der kleinlich aufrechnenden Sorge um die nationale Ehre gefärbt. So postulierte er in einem Interview mit einer italienischen Zeitschrift für Geopolitik: »Wir können nicht das einzige Volk ohne Nation sein.« Maaßen ist tatsächlich ein authentischer Vertreter des rechtskonservativen Milieus der Bonner Republik, das in den Unionsparteien über Jahrzehnte ein Rückzugsgefecht nach dem anderen verlor. Ideen, deren Pflege die Sache kleiner und immer kleinerer Zirkel geworden war, erlebten dank der AfD und der Panik von 2015 plötzlich eine gespenstische Breitenwirkung.

Das rechtskonservative *Cato-Magazin* veröffentlichte im Januarheft 2021 einen Aufsatz über »Aufstieg und Fall des Postnationalismus«, den Hans-Georg Maaßen gemeinsam mit Johannes Eisleben verfasst hatte, einem der Hauptautoren von Henryk M. Broders Blog *Die Achse des Guten*. Der Autorenname von Maaßens Mitautor ist ein Pseudonym; dem Autorenhinweis im Blog zufolge soll er Arzt und Informatiker sein und in der Nähe von München leben. Der historische Johannes Eisleben – Johannes Agricola, Pfarrer in Eisleben – war ein enger Mitarbeiter Martin Luthers. Am Anfang der Epochenanalyse des Autorenduos steht die Feststellung, dass seit einem halben Jahrhundert eine massive Konzentration des Privateigentums in Gang sei. So könnte auch ein Artikel in einer linkspopulistischen Publikation beginnen, etwa ein Manifest der schnell wieder eingeschlafenen, von Sahra Wagenknecht mit wissenschaftlichem Input des Soziologen Wolfgang Streeck gegründeten Sammlungsbewegung »Aufstehen«.

Die Erstveröffentlichung des Aufsatzes von Eisleben und Maaßen war im September 2020 in englischer Sprache erfolgt, in der Online-Ausgabe der amerikanischen Zeitschrift *Telos*, die 1968 zur Erörterung und Vertiefung der Ideen der Neuen Linken gegründet worden war. Jürgen Habermas veröffentlichte dort, obwohl er einer der prominentesten Kritiker der Neuen Linken war, mehrere wichtige Aufsätze, zuletzt 1983 seinen Aufsatz über den Neokonservatismus in den Vereinigten Staaten und der Bundesrepublik. Später wandte sich *Telos* Klassikern der Neuen Rechten wie Carl Schmitt zu. Der langjährige Herausgeber Russell Berman, Professor für Germanistik in Stanford, ist einer der an einer Hand abzuzählenden Intellektuellen mit akademischem Standing, die sich als Unterstützer von Präsident Trump exponierten. In einem Interview mit der *NZZ* begründete er sein Engagement für Trump so: »Er hat der Political Correctness den Kampf angesagt und setzt sich dezidiert für Redefreiheit an den amerikanischen Universitäten ein. Er fördert das positive Selbstbild der Nation und entzieht sich dem westlichen Spiel der ewigen Selbstbezichtigung.

Politischen Realismus schätzt er höher als einen unehrlichen Idealismus, der nicht tragfähig ist.«

Seinen amerikanischen Lesern bot Berman im Umfeld der kurzen Geschichte des Postnationalismus auch andere Übersetzungen aus der deutschen Publizistik, die nach seinem Urteil den Stand einer Gegenwartswissenschaft repräsentieren, die dialektisch die Arbeit der Kritischen Theorie fortsetzt. Neben einem Interview mit Maaßen gehörten dazu mehrere Einwürfe des Historikers Peter Brandt zur Kritik der Identitätspolitik, die Brandt in Übereinstimmung mit anderen linken Kritikern als Verrat einer kosmopolitischen Intelligenz an der Arbeiterklasse deutet. Brandt, der älteste Sohn von Willy Brandt, vertrat in der deutschen Sozialdemokratie auch in der Zeit, als ihr die Wiedervereinigung als Lebenslüge der Bundesrepublik galt, die Minderheitsposition eines Linksnationalismus.

Eisleben und Maaßen malten einen neuen Totalitarismus an die Wand. Ihr Feindbild ist der Ökosozialismus oder Globalismus. Die kosmopolitische Intelligenz hat sich nach ihrer Darstellung von der Oligarchie der superreichen Familien in den Dienst nehmen lassen. Ein Weltbund von Kapitalbesitzern und Sozialisten wolle die herbeigeredete Klimakrise und die Pandemie ausnutzen, um die durch gesteuerte Massenmigration ausgehöhlten Nationalstaaten und mit ihnen Meinungsfreiheit und Demokratie endgültig zu zerstören. Als konservativer Essayist in den Jahren des Übergangs von der Bonner zur Berliner Republik warnte Alexander Gauland davor, dass eine neue nationalistische Partei sich der Sache der Globalisierungsverlierer annehmen könnte. Damals war er vom Segen der Westbindung noch mindestens ebenso sehr überzeugt wie Heinrich August Winkler; später gründete er selbst diese Partei und führte sie in den Bundestag.

Ähnlich stellt sich das Wirken von Hans-Georg Maaßen dar, nur dass sich die zwei Phasen, in die sich seine politische Biographie aufteilen lässt, die Zeit im Staatsdienst und die Zeit im öffentlichen Kampf, nicht nach ideologischem Gehalt unterscheiden lassen. Im Interview mit der *Neuen Zürcher Zeitung* führte er im Mai 2019 aus: »Es gab immer eine Brücke zwischen links und Linksextremismus. Beim Rechtsextremismus bestand seit dem Zweiten Weltkrieg eine deutliche Abgrenzung zwischen Rechten und Rechtsextremen. Diese Trennung hat sich in den letzten Jahren zunehmend verflüchtigt. Wie beim Linksextremismus kann man nun eine Brücke zwischen dem bürgerlichen Spektrum und den Extremisten feststellen. Das hat natürlich auch mit der Flüchtlingskrise zu tun.« Er beschrieb hier die Brücke, über die er selbst gegangen war. Am 26. September 2021 musste sich Hans-Georg Maaßen im Wahlkreis 196 dem Kandidaten der SPD geschlagen geben, obwohl Rupert Scholz, Uwe Steimle (verkleidet als Erich Honecker) und auch Christine Lieberknecht für ihn Wahlkampf gemacht hatten.

Alexander Gauland kandidierte 2021 wieder für den Bundestag, ließ sich aber nicht wieder zum Fraktionsvorsitzenden wählen, sondern überließ dieses Amt dem Bundesvorsitzenden Tino Chrupalla. Vor Beginn des Wahlkampfs hatte er mehrfach gesagt, dass die Partei »wegen der drei Buchstaben« gewählt werde. Auf das Wahlprogramm komme es nicht mehr an, sollte das heißen, und auf den Text des Grundsatzprogramms auch nicht mehr. Der Name als Programm hatte gewirkt: Er war in der Abkürzung zur Marke geworden, der genug Konsumenten um ihrer selbst willen die Treue hielten. Welche Themen assoziierte die Kundschaft mit der Partei? Ein Strategiepapier des Parteivorstands hatte 2019 die eigenen Wähler porträtiert. »Sie wenden sich gegen den rot-grünen Zeitgeist, der sich in Themen wie ›Political Correctness‹ und den damit verbundenen Sprechverboten, in Genderismus, ›Multikulti‹, Frühsexualisierung, Bedienung von Sonderinteressen, Verteidigung von Besitzständen und Privilegien, überzogenem Minderheitenschutz, drastischem Bildungsverfall, Schuldenwirtschaft, Verwahrlosung des öffentlichen Raums und im Kult um den sogenannten ›Klimawandel‹ manifestiert.« Die Zuversicht, dass die Partei weiter wachsen werde, stützten die Autoren des Papiers auf den Befund, dass es ihr gelungen sei, die politische Sprache zu verändern. Sie habe Begriffe in Umlauf gebracht, die »Gemeingut geworden sind«, darunter »Lügenpresse«, »Altparteien«, »GEZ-Zwangsgebühren« und »Grenzöffnung«.

Die Partei veranstaltete eine Urabstimmung, um die Spitzenkandidaten für die Bundestagswahl 2021 zu küren. Die Fraktionsvorsitzende Weidel und der Bundesvorsitzende Chrupalla setzten sich gegen Joana Cotar und Joachim Wundrak durch, die der andere Bundesvorsitzende Jörg Meuthen unterstützte. Der pensionierte General Wundrak, der bei der Oberbürgermeisterwahl in Hannover 2019 im ersten Wahlgang mit 4,6 Prozent der Stimmen ausgeschieden war, kandidierte auf dem ersten Platz der niedersächsischen Landesliste für den Bundestag. Seine Wahlkampfreden pflegte er mit seinem Ceterum Censeo zu beginnen, dass sein politisches Interesse die Wiedergewinnung der Souveränität Deutschlands sei. Die Wiederholung der Programmformeln eines ausdrücklichen Nationalismus, der im Vorstandskatalog der Lieblingsthemen der Anhängerschaft nicht vorkam, erlaubte ihm, die weitere Radikalisierung der Partei zu ignorieren beziehungsweise mitzumachen.

Eine Woche vor der Wahl gab die Spitzenkandidatin Weidel der *Jungen Freiheit* ein Interview. Dass die Umfragezahlen ein Ergebnis unterhalb des Wertes von 2017 erwarten ließen, wollte sie nicht ausschließlich mit der negativen Darstellung der Partei in den Medien erklären. Einige Probleme seien hausgemacht. »Etwa die Thematisierung der dunkleren Seiten der deutschen Geschichte. Die Bürger interessieren sich für das Hier und Jetzt!« Zum Hauptthema des Wahlkampfs hatte sie die »neue soziale Frage« ausgerufen. Dieser Begriff war keine Prägung der AfD, sondern eine Erfindung von Heiner Geißler, dem Generalsekretär der CDU in der Ära Kohl. Gemeinsam mit Michael Klonovsky, der sich um das Direktmandat in Chemnitz bewarb, trat Wundrak in Hohenstein-Ernstthal auf, der sächsischen Geburtsstadt von Karl May. DJ Rossi, der Teufelsgeiger, ein tätowiertes Double von Karl Marx, heizte den Versammelten mit »Der blaue Planet« von Karat ein. Wundrak sprach über den in seinen Augen notwendigen Rückbau der Kompetenzen des Europäischen Gerichtshofs und eine Schwierigkeit bei diesem Vorhaben: »Das wird natürlich nur funktionieren, und das ist der große, große, große Elefant, der im Raum steht, wenn dieses deutsche Volk sich wieder als deutsches Volk versteht; wir brauchen Mehrheiten, und ohne Mehrheiten geht es in einer Demokratie nicht.«

Auch bei der Abschlusskundgebung in Berlin durfte der niedersächsische Spitzenkandidat sprechen. Freimütig wiederholte Wundrak in der Hauptstadt seine skeptische Einschätzung der geistigen Lage der Nation. »Es droht das Ende Deutschlands als prosperierender, selbstbestimmter Nationalstaat; aber das materielle Problem der Bundeswehr, die Ausrüstung, ist nur Ausdruck der grundsätzlichen Gleichgültigkeit und des fehlenden Willens zur Selbstbehauptung unseres Volkes. Nach dem Willen der Angela Merkel und ihres Gefolges verstehen sich viele deutsche Bürger nicht mehr als Volk, sondern nur noch als Teil einer Bevölkerung.«

Wundraks Offizierskollege Uwe Junge begründete sein Ausscheiden aus der Politik mit seiner Erfahrung, dass in den Parteiversammlungen der AfD die Willensschwachen die Überhand gewonnen hätten. Dem bürgerlichen Individualisten drängte sich die bittere Einsicht auf, dass parteipolitische Disziplin nur organisierter Opportunismus war. »Mit dem dumpfen Volk können Sie das machen.« Das Parteivolk, das Junge in dieser Weise charakterisierte, war vielleicht doch ein Querschnitt und Spiegel des ganzen Volkes.

DER RUSSLAND-NEXUS

POPULISTISCHER WILHELMINISMUS

Am Morgen des 30. August 2020, einem Sonntag, kletterte ein schmächtiger Mann mit kurzem Silberhaar in Jeans, blauem Sakko und weißem Hemd ohne Krawatte auf eine behelfsmäßige Plattform vor dem Brandenburger Tor, um von einem Stehtisch aus eine Rede zu halten. Er stellte sich vor: »Mein Name ist Hansjörg Müller, ich bin Abgeordneter zum Deutschen Bundestag, und ich sage bewusst nicht, welcher Partei ich angehöre.« Dass er sich nicht als Mitglied des Bundestags oder Abgeordneten im Bundestag bezeichnete, sondern als Abgeordneten zum Bundestag, war eine heute ungebräuchliche Ausdrucksweise, die auf eine altmodische Denkungsart schließen ließ. In der Frühzeit des deutschen Parlamentarismus findet man diese protokollarische Amtsbezeichnung häufig: Parlamentarier wurden von den Wählern ihrer Stadt oder ihres Landkreises zum Landtag oder Reichstag abgeordnet, wie noch heute Beamte von ihrem Dienstherrn zur Wahrnehmung bestimmter Aufgaben an eine andere Dienststelle nicht auf Dauer versetzt, sondern auf Zeit abgeordnet werden. Wenn man wie Müller das Substantiv »Abgeordneter« so verwendet, dass dessen Herkunft aus dem Partizip »abgeordnet« mitgehört werden soll, deutet man an, dass die Abgeordnetentätigkeit ursprünglich dem Gesandtschaftswesen verwandt war. Im Parlament versammeln sich in dieser Sicht Beauftragte; der Abordnende behält sich gegenüber dem Mandatsinhaber das Recht des Befehlens vor. Als diese bevollmächtigende Instanz sprach Müller in Berlin den zersprengten Haufen seiner Zuhörer an. Das Schweigen über seine Parteiangehörigkeit begründete er mit dem repräsentativen Charakter der Menge, die er vor sich sah: Es sei »das Volk« zusammengekommen, »im Querschnitt aller politischen Lager, vor allem Leute, die meistens apolitisch sind«. Für das so beschriebene Volk, »Bürger aus der Mitte der Gesellschaft« mit einer Formel, die auch Thomas Kemmerich zur Legitimation seines Anspruchs auf das Amt des Ministerpräsidenten gebraucht hatte, ist politische Aktivität eine Ausnahme und eine Demonstration ein Ausnahmezustand.

Am Tag zuvor, dem 29. August, hatte es mehrere Kundgebungen im Zentrum der Bundeshauptstadt gegeben, deren Teilnehmer die Auflagen der Behörden ostentativ ignorierten und nach Auflösungsverfügungen an anderen Stellen wieder zusammenkamen. Als Volkserhebung gegen die Pandemiepolitik wurden die Versammlungen ausgegeben; das Regierungsviertel wurde belagert. Michael Ballweg, der Gründer der Vereinigung, deren Name das Wort »Querdenken« mit der Telefonvorwahl für Stuttgart koppelt, kündigte den Zusammentritt einer verfassunggebenden Versammlung an. Es bestand also nach Ansicht der Anführer der Bewegung eine revolutionäre Situation. Die Abgeordneten des Bundestags hätten aus dem Wochenendurlaub in den Wahlkreisen nicht mehr zurückkehren müssen, wenn wirklich der Eintritt in den Prozess einer neuen Verfassungsgebung bevorgestanden hätte. Am frühen Abend durchbrachen mehrere hundert Demonstranten, die Fahnen in den Farben des 1945 untergegangenen Reiches und andere Abzeichen des Rechtsextremismus mitführten, die Absperrung um das Reichstagsgelände. Drei Polizisten, die sich ihnen auf den Treppenstufen entgegenstellten, verhinderten ihr Eindringen ins Bundestagsgebäude.

Der Sturm auf den Reichstag ging der Okkupation des Kapitols in Washington durch bewaffnete Anhänger des abgewählten Präsidenten Trump um vier Monate voraus. Als der Bundestag am 18. November 2020 über das Dritte Gesetz zum Schutz der Bevölkerung bei einer epidemischen Lage von nationaler Tragweite abstimmte, wurden mehrere Abgeordnete von Besuchern bedrängt, die sie teilweise bis in die Abgeordnetenbüros verfolgten. Vorsorglich hatte der Bundestagspräsident die Regel außer Kraft gesetzt, wonach jeder Abgeordnete am Tag sechs Besucher empfangen darf, die nicht angemeldet werden müssen. Zu den AfD-Fraktionsmitgliedern, die entgegen der Hausordnung Besucherausweise an bekannte Akteure der verschwörungstheoretischen Protestszene ausgaben, gehörte Hansjörg Müller. Fraktionschef Gauland musste das Parlament wegen »unzivilisierten Verhaltens« um Entschuldigung bitten.

Müller hatte am Tag nach den Großdemonstrationen der Querdenker zu Reichsbürgern gesprochen; »apolitisch« waren seine Zuhörer vor dem Brandenburger Tor genau in dem Sinne, dass sie die Mitwirkung an der förmlichen Willensbildung in einem Staat verweigerten, dessen Rechtmäßigkeit sie bestritten. Bei diesem Publikum konnte der bayerische Abgeordnete Zitatsicherheit voraussetzen, als er die Einstellung, die er mit seinem Verzicht auf Parteiwerbung zum Ausdruck bringen wollte, mit einem geflügelten Wort bekräftigte: »Ich kenne keine Parteien, ich kenne nur noch Deutsche!« Weiter konnte man sich von der Geschäftsgrundlage der politischen Debatte im vereinigten Deutschland, von den in Schule, Wissenschaft und Medien unbestrittenen Lektionen aus der deutschen Geschichte, nicht entfernen, mochte Müller seinem Publikum auch versichern: »Ich erinnere mich an den Geschichtsunterricht.«

Den von Müller nicht als Zitat ausgewiesenen, mit bebender Stimme ausgesprochenen Satz hatte Kaiser Wilhelm II. 106 Jahre zuvor, am 4. August 1914, im Reichstag gesagt, am Tag nach der deutschen Kriegserklärung an Frankreich, mit dem Wort »mehr« zwischen »Parteien« und »ich«. Abgesehen davon, dass sich im nationalen Gedächtnis an dieses Bekenntnis im Kommandoton die Erinnerung an das ganze Unglück der deutschen Kriegsherbeiführung im Sommer 1914 und deren katastrophale Konsequenzen knüpft, zieht sich in Wilhelms Satz nach allgemeiner Ansicht auch die fatale Denkungsart des deutschen Obrigkeitsstaats zusammen. Dass er nach dem Sieg im Weltkrieg die Parteien wieder kennen werde, hatte der Kaiser wohl nicht sagen wollen. Sein Antipluralismus war Überzeugungssache. Es bleibt reichlich kurios, dass Müller zur Redesituation keine Anmerkung machte, als könnte es kein Rollenproblem aufwerfen, wenn ein Abgeordneter zum Bundestag sich der Worte eines antiparlamentarischen Monarchen bedient. So brachte sein Appell an das Volk, das angeblich von den Parteien so wenig wissen wollte wie einst der Kaiser, Imperialismus und Populismus zusammen. Aber das förmliche Ausradieren der eigenen Parteibindung, die seine Zuhörer ohne Weiteres erkannt haben dürften, soweit sie ihnen nicht ohnehin schon bekannt war, markierte in gewissem Sinne den logischen Schlusspunkt einer Parteikarriere in der AfD. Die Partei, die eine Alternative zur Gesamtheit aller anderen Parteien sein will, muss die Selbstauflösung anstreben: Mit der Beseitigung des Systems entfiele auch der Bedarf für ihre eigene Funktionsstelle.

Fast wörtlich wiederholte Müller, was Gauland auf dem Augsburger Bundesparteitag über den Slogan »Merkel muss weg« ausgeführt hatte, der keineswegs nur auf eine Neubesetzung des Amtes des Bundeskanzlers ziele, auf ein Stück Machtwechsel im Sinne parteiendemokratischer Routine. »Es ist nicht ausreichend, wenn das Merkel-Regime zurücktritt, sondern das gesamte politische System muss von der aktuellen Diktatur zurückgeführt werden in ein demokratisches System.« Den Hebel für den Systemwechsel wollte Müller in der außenpolitischen Lage Deutschlands gefunden haben: im Völkerrecht. Auch er forderte eine verfassunggebende Versammlung oder Nationalversammlung, und deren Fundament müsse ein Friedensvertrag sein. Dieses Wort ließ er das Publikum skandieren.

Den Entwurf eines solchen Vertrags hat er selbst schon vor geraumer Zeit ausgearbeitet: »Ich habe ein komplettes Konzept in der Schublade liegen.« Als Prämisse dieses Deutschlandplans erwies sich im Laufe von Müllers fünfundzwanzigminütiger Rede die Überzeugung der Reichsbürger, dass es keine geschäftsfähige deutsche Regierung gebe. So gesehen musste tatsächlich jemand in die vakant gebliebene Position Wilhelms II. eintreten und glich »die hirnrissige Situation in unserem Land« dem Szenario der Kyffhäusersage. Man könnte »hirnrissig« für ein zu schwaches Wort für die von Müller beschriebene Lage halten; der Duden bestimmt es als »in einer ärgerlichen Weise töricht, unsinnig«. Wäre die Handlungsunfähigkeit Deutschlands demnach auf einen vermeidbaren Denkfehler zurückzuführen? Einen solchen Schluss legt den Ersatzstaatstheoretikern der Reichsbürger ihr

Stolz auf den eigenen Scharfsinn nahe. Seine Parteizugehörigkeit wollte Müller seinen Zuhörern nicht verraten, wohl aber: »Ich komme aus dem internationalen Topmanagement.« Und wie ein Topmanager vielleicht davon träumt, irgendwo in den Ausführungsbestimmungen einer mehrhundertseitigen Schiedsvereinbarung die eine Klausel zu entdecken, mit der er einen unfairen Deal zum Platzen bringen kann, so präsentierte Müller zum Beweis für seine Theorie von der wahren Rechtslage Deutschlands eine sehr obskure Bestimmung des Grundgesetzes, den Artikel 133: »Der Bund tritt in die Rechte und Pflichten der Verwaltung des Vereinigten Wirtschaftsgebietes ein.« Die Bundesrepublik sei also die Rechtsnachfolgerin der Bizone – und könne deshalb nicht die Rechtsnachfolgerin des Deutschen Reiches sein.

Das ist ein Standardargument der Reichsbürger; gelegentlich wird auch auf das Wort »Verwaltung« abgehoben, das mit vorläufig und nichtstaatlich assoziiert wird. Zu denken gibt das Offenkundige des logischen Fehlers: Auf die Bundesrepublik konnten Rechtspositionen der Besatzungszonenverwaltung und des Deutschen Reiches übergehen, das eine schließt das andere nicht aus. Die entgegengesetzte Behauptung muss eine übermächtige psychologische Plausibilität für sich haben. Hansjörg Müller, dem apolitischen Gesinnungspatrioten (»Deutsch ist eine Überzeugung«) mit internationaler Berufserfolgsbiographie, erlaubte seine verquere Konstruktion der Kompetenzen des Bundes, einerseits die Bundesrepublik Deutschland zu einem Scheingebilde zu erklären und andererseits den Wortlaut des Grundgesetzes so genau zu nehmen wie ein Kandidat im juristischen Staatsexamen.

So kann man darüber spekulieren, ob sich nicht hinter dem Traumgebilde des ewigen Reiches die verklärte Erinnerung an die ganz alte Bundesrepublik verbirgt. Ein Indiz dafür wäre, dass Müller sich zur Begründung der unversöhnlichen Entgegensetzung von Regierenden und Regierten auf Gustav Heinemann berief, den Wegbereiter der sozialliberalen Koalition und protestantischen Repräsentanten eines bürgerlichen Staatsgedankens der ethischen Anspannung. »Es ist unsere Aufgabe, wie es Bundespräsident Heinemann gesagt hat, die Regierung zur Ordnung zu rufen; wir sind die Guten, die Regierung die

Bösen.« Wie stark in der Bewunderung für Heinemann die Erinnerung daran mitschwang, dass er sich im Streit über Wiedervereinigung oder Westbindung von Adenauer losgesagt hatte, um die Gesamtdeutsche Volkspartei zu gründen, muss dahinstehen. In einem einzigen Satz, wie er selbst vorrechnete: mit nur vier Wörtern, konnte Müller sein Konzept zusammenfassen, in einer Bekenntnisformel, die er die Zuhörer nachsprechen ließ. »Wiederholen wir es alle miteinander: Deutschland muss souverän sein!«

Alle Mitglieder der ersten AfD-Bundestagsfraktion mit Ausnahme des früheren CDU-Abgeordneten Martin Hohmann waren Neulinge im Bundestag. Zur internen Kommunikation schlossen sie sich zu einer Chatgruppe bei WhatsApp zusammen, die den Namen »Quasselgruppe« erhielt. Fast alle Fraktionsmitglieder nahmen am Nachrichtenaustausch teil. Die beiden Fraktionsvorsitzenden Alexander Gauland und Alice Weidel hielten sich fern, wohl in der Überlegung, dass sie ein Interesse daran hatten, eine Sphäre des unbeaufsichtigten Palavers zu dulden, analog zum Kantinengespräch in einem Unternehmen. Zwei Reportern von NDR und WDR, Sebastian Pittelkow und Katja Riedel, wurde eine vollständige Archivdatei der Chats zugespielt. Mit dem Material der 40 000 Nachrichten haben sie den fünfteiligen Podcast »Die Jagd« zusammengestellt, der die Geschichte der AfD-Fraktion aus der Innenansicht geheimer Mitleser erzählt. Der Titel nimmt Gaulands Ankündigung oder Drohung am Wahlabend 2017 auf, die AfD werde die Bundesregierung jagen; die Leitfrage lautet: Wie sieht ungehemmte Kommunikation innerhalb einer Gruppe aus, die in der Kommunikation nach außen auf eine Strategie der Enthemmung setzt? Um narrative Schneisen durch die sprachliche Hinterlassenschaft einer mit sich selbst beschäftigten Oppositionsfraktion zu schlagen, haben die Autoren des Podcasts einige Mitglieder der Jagdgesellschaft als Hauptfiguren ausgewählt. Dazu gehört Hansjörg Müller, der eine besonders pittoreske Form des Jägerlateins der Radikalopposition kultiviert und sich nach öffentlichen Wortmeldungen mehrfach vorwerfen lassen muss, dass er schon wieder einen Bock geschossen habe.

So nahmen einzelne Fraktionskollegen auch an Müllers Aufrufen zu

Demonstrationen gegen die Pandemiepolitik und an seiner Rede vor dem Brandenburger Tor Anstoß, an Vokabeln wie Staatsstreich, Revolution und Bürgerkrieg. Die verfassungsgeschichtlichen Theorien Müllers wurden in der Chatgruppe unter dem Aspekt der wahlkampftaktischen Opportunität bewertet: »Bringt uns die Thematisierung des Dritten Reichs neue Wählerstimmen?« Um zu begründen, dass er so kleinlich nicht denken könne, berief sich der Angegriffene auf eine Art unmittelbare, wortlose Mandatierung durch das Volk. Im geschlossenen Raum der Partei beschwor Müller dieselbe Idealisierung des repräsentativen Volkskörpers wie zuvor als Volksredner auf offener Bühne. »Ich habe in die Augen der Zuhörer gesehen. Der Querschnitt der Bevölkerung! Also mecker nicht rum.«

Bei der Aufstellung der bayerischen Landesliste für die Bundestagswahl 2021 fiel Müller, damals stellvertretender Landesvorsitzender, durch. Den Podcast-Erzählern dient er als Beispiel für einen Extremismus, der am Ende der Partei zu weit gegangen sein soll: Die wilde Jagd brachte auch Vorreiter der Meute zu Fall. Aber Müllers Programm der nationalen Souveränität unterscheidet sich eigentlich nur durch die Ausdrücklichkeit, die Vollständigkeit im Ausbuchstabieren der Prämissen und Konsequenzen, vom Standardangebot der Forderungen und Versprechungen der AfD. Wiederherstellung der Selbstbestimmung des deutschen Volkes nach innen und außen, das ist vom Kampf gegen den Euro über den Alarm wegen der für Flüchtlinge geöffneten Grenzen bis hin zum Schimpfen über die Maßnahmen zum Infektionsschutz die Losung der AfD geblieben, die Formel, durch welche die Stimmung, dass in Deutschland etwas grundsätzlich nicht stimmt oder fehlt oder kaputt ist, in etwas Positives umgewandelt werden kann. General Wundrak, der sich für den Beweis zur Verfügung stellte, dass man die Sache der AfD auch mit den soldatischen Tugenden des Augenmaßes, der Übersicht und des Vorausdenkens müsste vertreten können, wollte die Politik auf denselben Gedanken verpflichten wie Müller: Deutschland müsse souverän sein. Müller, Diplom-Volkswirt und Alter Herr der Turnerschaft Germania zu Dresden mit den Hobbys Rudern und Nordic Walking, der ein auf die Herstellung von Türklinken spezialisiertes Unternehmen der Würth-Gruppe leitete, bevor

er sich als Interim-Manager in der Unternehmenssanierung selbständig machte, führt eine Art Siegel mit seinen Initialen, der Zeitangabe
»Seit 2013« und dem Motto »Ich kämpfe für Deutschlands Souveränität«. Ob man mit solchen Hilfsmitteln der Politik den Stempel aufdrü-
cken möchte, ist letztlich eine Frage des Geschmacks.

NOTHELFER PUTIN

In der fünften und letzten Folge von »Die Jagd« können Katja Riedel
und Sebastian Pittelkow mit der Schlusspointe ihrer Geschichte des
Quasselsolitärs Müller aufwarten: Der frühere Abgeordnete zum
Deutschen Bundestag hat seinen Abschied vom Vaterland genommen,
ist im Januar 2022 nach Russland ausgewandert. Müller ist mit einer
Russin verheiratet und leitete vor seinem Eintritt in den Kampf für
Deutschlands Souveränität vier Jahre lang die Moskauer Dependance
von Giesecke+Devrient, der Münchner Spezialfirma für Sicherheits-
technologie im Zahlungsverkehr. Am 12. August 2017 hielt Müller als
Bundestagskandidat auf einem »Russlandkongress« der AfD-Fraktion
im Landtag von Sachsen-Anhalt vor 300 Zuhörern ein Referat mit dem
Titel »Westliche Geopolitik gefährdet deutsch-russische Wirtschafts-
beziehungen«. Im Sinne eines nationalistisch erweiterten Begriffs von
Landespolitik hatte die Fraktion nach Magdeburg eingeladen, »um
über die ungerechtfertigten Wirtschaftssanktionen gegen Russland
zu diskutieren«, die 2014 nach der russischen Besetzung der Krim ver-
hängt worden waren. Außer Müller sprachen André Poggenburg und
Andreas Kalbitz, zwei Exponenten der extrem rechten Parteiströmung,
Jürgen Elsässer, der vormals linksextreme Gründer des Monatsma-
gazins Compact, des Sturmgeschützes der Demokratiefeinde, Algis
Klimaitis, ein Veteran der ostmitteleuropäischen Kulturdiplomatie,
Autor eines Manifests für den »europäischen Kontinentalismus« und
Ritter des Alten Ordens vom St. Georg, ferner ein Vertreter der Russ-
landdeutschen und ein Autor historischer Sachbücher und früherer
Kollege Michael Klonovskys bei der Ostberliner Tageszeitung Der
Morgen sowie Manuel Ochsenreiter, vorgestellt als Chefredakteur des

»deutschen Nachrichtenmagazins« *Zuerst!* und Direktor des Deutschen Zentrums für Eurasische Studien. Der Titel des 2009 gegründeten, monatlich erscheinenden Magazins verkündet das Programm des deutschen Nationalismus in äußerster, quasi militärischer Knappheit: Das Eigene, Heimische, Nationale, das unbedingt an die erste Stelle aller Werte gestellt werden soll, muss noch nicht einmal mehr beim Namen genannt werden.

Das Deutsche Zentrum für Eurasische Studien war ein Verein, der 2016 beim Amtsgericht Charlottenburg ins Vereinsregister eingetragen wurde. Mit Studien im Sinne von Veröffentlichungen ist er nicht hervorgetreten; jedenfalls sind im Katalog der Deutschen Nationalbibliothek keine Publikationen verzeichnet. Aufsehen erregte der Verein mit Studienreisen: Er entsandte sogenannte Wahlbeobachter in russisch besetzte oder infiltrierte Gebiete, in denen Volksabstimmungen dem russischen Expansionsdrang Scheinlegitimität durch Imitation völkerrechtlicher Formen geben sollten. Im Zuge einer solchen Mission reiste Ochsenreiter im Juli 2016 in die sogenannte Volksrepublik Donezk im Südosten der Ukraine. Nach der Rückkehr nach Deutschland zeigte Ochsenreiter sich »beeindruckt von der hohen« Professionalität sowohl der Organisatoren als auch der Kandidaten«; die Ansetzung der Wahlen sei »ein eindrucksvoller Schritt in Richtung Souveränität«. Manuel Ochsenreiter starb am 18. August 2021 im Alter von 45 Jahren in einem Krankenhaus in Moskau. Bis Januar 2019 hatte Ochsenreiter im Büro des AfD-Bundestagsabgeordneten Markus Frohnmaier gearbeitet, des früheren Bundesvorsitzenden der Jungen Alternative, der 2022 zum Landesvorsitzenden der AfD in Baden-Württemberg gewählt wurde. Ochsenreiter verlagerte seinen Lebensmittelpunkt nach Russland, als die Berliner Generalstaatsanwaltschaft gegen ihn Ermittlungen wegen des Verdachts der Anstiftung zu schwerer Brandstiftung einleitete. Er soll polnische Neonazis beauftragt haben, ein ungarisches Kulturzentrum in der ukrainischen Stadt Uschhorod in der Nähe der slowakischen Grenze in Brand zu stecken. Die Tat sollte den Vermutungen der Ermittler zufolge ukrainischen Rechtsextremisten in die Schuhe geschoben werden, um Zwietracht zwischen der Ukraine und Ungarn zu schüren.

Wie Paul Middelhoff und Yassin Musharbash in der *Zeit* vermerkten, löste der plötzliche und frühe Tod Ochsenreiters Trauerbekundungen auf der ganzen Welt aus. Eine libanesische Unterstützerin der Terrormiliz Hisbollah nahm auf Twitter Abschied von ihrem »lieben Freund und Kollegen«, und der Politologe Alexander Dugin, als graubärtige Eminenz im mehr oder weniger engen Umfeld des russischen Präsidenten Putin Anreger und Förderer eurasischer Studien, würdigte auf Facebook seinen »spirituellen Sohn« als »echten Krieger« und »Feind der offenen Gesellschaft«. Die »beeindruckend düstere Kondolenzgesellschaft« (Middelhoff und Musharbash) vermittelt eine Vorstellung von den Verzweigungen und Verflechtungen einer antiglobalistischen Internationale der Nationalisten, Separatisten und Antikolonialisten, in der vielleicht nicht alle, aber sehr, sehr viele Wege nach Moskau führen. Einen solchen Antiimperialismus der Anlehnung an die östliche Vormacht gab es schon im Kalten Krieg. Die neuen Gegner der amerikanischen Weltordnungsideen bekämpfen die weiche Macht aus dem Westen nun auch durch potemkinsche Nachbauten von deren Institutionen – wie Denkfabriken, die hauptsächlich als Postfachadressen für Reisedokumente fungieren.

Die Russland-Verbindung der AfD ist ein dickes Bündel ideeller Motive, ökonomischer Interessen und politischer Absichten. Als auf den ersten Fernsehbildern von Pegida-Demonstrationen das Schild mit der Aufschrift »Putin, hilf!« auffiel, sah diese Bitte um Intervention zunächst wie ein Kuriosum aus, ebenso schräg wie der Umstand, dass sich ausgerechnet im atheistischen Ostdeutschland Verteidiger des Abendlands zusammentaten. Aber die Anrufung der früheren Besatzungsmacht als neuer Schutzmacht entsprach der apokalyptischen Logik totaler Systemkritik: In einer Diktatur der Herablassung, Besänftigung und geheuchelten Toleranz, die allem Widerstand die Spitze abbrach, konnte Abhilfe nur von außen kommen. Importe aus Osteuropa und Russland füllten das Ideenvakuum des deutschen Konservatismus auf. Antiliberale Vorstellungen einer organischen, hierarchischen, gottgewollten Ordnung von Staat und Gesellschaft hatten sich in der Bundesrepublik im Zuge einer konservativen Selbstkritik verflüchtigt, wie sie noch Alexander Gauland in der Serie seiner Traktate zur politischen Philosophie vorangetrieben hatte. Östlich der deutschen Grenze schienen diese Vorstellungen hingegen immer noch mit den Realitäten der gesellschaftlichen Mächte zu korrespondieren – oder wenigstens mit den Ambitionen politischer Kräfte. Konservative müssen sich auf Wirklichkeiten beziehen, wenn sie die Linken als Wunschdenker abtun möchten. Wie realistisch es tatsächlich ist, unter kapitalistischen Bedingungen in postkommunistischen Verhältnissen bei der Verteilung von Rechten und Pflichten noch einmal an Abstammung, Familienstand und Bekenntnis anzuknüpfen, konnte man leicht überschätzen, wenn man Russland mit den Augen eines Besuchers sah und persönliche Kenntnis durch Eheschließung oder die Anbahnung von Geschäftsbeziehungen erwarb.

Auch im übertragenen Sinne war die Einfuhr der antiwestlichen Ideen mit beträchtlichem Übersetzungsaufwand verbunden. Konzepte wie die illiberale Demokratie des ungarischen Premierministers Orbán oder Dugins Eurasien versteht man nicht von selbst; sie bedürfen der Erläuterung. Solche Ideen sind ideologisch in dem formalen Sinne, dass sie Bausteine von Ideengebäuden sind: Ihre Bedeutung, ihr Nutzen und ihre Kraft sollen sich im Zusammenhang erschließen, auch im Kontrast zu den Ideen des Gegners, gegen die sie sich polemisch wenden. Man kann vermuten, dass das Konstruierte des osteuropäischen Muster-Nationalismus seine Rezeption in Deutschland durchaus begünstigt hat. Die AfD und ihr Umfeld bilden ein besonderes Bildungsmilieu: Verbreitet ist der Typus des Autodidakten, etwa in der Gestalt des Hobbyhistorikers. Der eurasische Studienerfolg in Dugin-Fernkursen ist seine eigene Belohnung, ähnlich der Lektüre der Schriften Rudolf Steiners nach der Einweihung in die Anthroposophie.

Unabhängig von allen Affinitäten in der Gesellschafts- und Familienpolitik, aber auch im Politikverständnis, in der Verknüpfung von kulturpessimistischer Zeitanalyse mit dem Ruf nach durchgreifendem Handeln, waren Kontakte zu russischen Regierungsstellen und Auftritte in russischen Medien für Politiker einer außerparlamentarischen Partei beziehungsweise neuen Bundestagspartei attraktiv, weil die durch solche Einladungen hergestellte Sichtbarkeit in der Währung des Prestiges honoriert wird. Der AfD-Bundesvorsitzende Tino Chrupalla und Armin-Paul Hampel, außenpolitischer Sprecher der Bundestagsfraktion, wurden im Dezember 2020 in Moskau von Außenminister Sergei Lawrow empfangen. Solche Aufmerksamkeit für Oppositionspolitiker ist ungewöhnlich; erst recht gilt das für die Dauer des Gesprächs von drei Stunden. Der Gastgeber lobte den Beitrag der AfD für die »Aufrechterhaltung« der deutsch-russischen Beziehungen. In Anspielung auf die Belastung der Beziehungen durch den Giftanschlag auf den Bürgerrechtler Alexei Nawalny nannte er es wichtig, in Berührung mit denjenigen zu treten, welche die »bestehenden Probleme überwinden« wollten. Wo der Termin also der russischen Seite dazu diente, das Verhältnis der beiden Länder als krisenhaft darzustellen, bedeutete er für die Gäste genau andersherum ein Stück Normalisierung: diplomatische Anerkennung der Funktion der AfD im politischen System der Bundesrepublik.

GAULANDS POLITISCHES TESTAMENT

Russland kommt im Grundsatzprogramm der AfD vor. Der zweite der drei Absätze des Abschnitts 4.3 »OSZE und europäische Sicherheitsstruktur« hat folgenden Wortlaut: »Das Verhältnis zu Russland ist für Deutschland, Europa und die Nato von maßgeblicher Bedeutung, denn Sicherheit in und für Europa kann ohne Russlands Einbindung nicht gelingen. Wir setzen uns daher dafür ein, Konflikte in Europa friedlich zu regeln und dabei die jeweiligen Interessen zu berücksichtigen.« Abgesehen von den Vereinigten Staaten ist Russland der einzige Staat, der in dieser Weise im Programm gewürdigt wird, als Wirklichkeitsfaktor eigenen Rechts. Frankreich findet lediglich zweimal als historisches Beispiel Erwähnung, Polen, Großbritannien, China und Israel werden nicht genannt. Im Lichte des Programms musste für die AfD die Stunde der außenpolitischen Wahrheit schlagen, als am Morgen des 24. Februar 2022 russische Truppen die Grenze zur Ukraine überschritten und der russische Präsident Putin endgültig deutlich machte, dass er den von ihm herbeigeredeten Konflikt zwischen Russland und der Ukraine keiner friedlichen Regelung zugeführt sehen wollte.

Die Rede des Partei- und Fraktionsvorsitzenden Chrupalla in der Sondersitzung des Bundestags am 27. Februar löste heftige Widerrede auch in der Partei aus: Chrupalla zog den Sinn von »Schuldzuweisungen« in Zweifel und nannte das von Bundeskanzler Olaf Scholz vorgeschlagene Sondervermögen von hundert Milliarden Euro für die Bundeswehr »wirklich irre«. Es gab die Vermutung, dass der Streit über die Haltung der AfD zum Krieg Chrupalla die Wiederwahl als Parteivorsitzender kosten könne; Austritte von Mitgliedern wurden vermeldet, insbesondere in den westdeutschen Landesverbänden. Aber obwohl der Dissens zunächst so weit ging, dass die Fraktion nicht geschlossen abstimmte, als der Bundestag neue Sanktionen gegen Russland beschloss, hatte sich, als Chrupalla sich Mitte Juni auf dem Parteitag in Riesa zur Wiederwahl stellte und seine Herausforderer besiegte, in der Partei längst eine im Ergebnis einheitliche Haltung eingependelt. Ein analoger Klärungsprozess hatte sich zwei Jahre vorher in der Corona-Krise vollzogen, in deren Bewertung sich anfänglich eine ähnliche Unsicherheit aufgetan hatte. Wie die Maßnahmen zur Bekämpfung der Pandemie kommentierte die AfD nun die Unterstützung Deutschlands für die Ukraine aus einer Position des maximalen Misstrauens gegenüber der Regierung.

Ausdrücklich verurteilten die zuständigen Wortführer der Partei zwar die russische Invasion als völkerrechtswidrigen Angriffskrieg. Aber aus dieser förmlichen Bewertung folgte politisch wenig – ebenso wenig wie aus dem Verzicht darauf, die Covid-19-Pandemie in Übereinstimmung mit den krudesten Verschwörungstheorien kurzerhand zur Erfindung zu erklären. Solange der Krieg andauerte, war die entscheidende Frage der Weg zu seiner Beendigung, und die Rechtsfrage nach der Validität der Gründe für den Kriegsanfang konnte gerade wegen der Eindeutigkeit der Antwort als scheinbar akademisch beiseitegelassen werden. Die Linie der Partei im Ukrainekrieg entsprach den Zielen, die sie sich im Grundsatzprogramm gesetzt hatte: Für den Weg aus dem Krieg und die Zeit danach komme es darauf an, auch die russischen Interessen zu berücksichtigen, die der russische Rechtsbruch nicht aus der Welt geschafft habe. Als eine militärische Entscheidung in immer weitere Ferne rückte, konnte Kritik an den Sanktionen sowohl mit strategischen Erwägungen begründet werden als auch mit der Klage über die Leiden der deutschen Bevölkerung. Wie in der Agitation gegen die Flüchtlingspolitik Angela Merkels wurde der Amtseid des Bundeskanzlers als rhetorische Waffe gegen die Regierung eingesetzt, durch falsche Auslegung seines Wortlauts im Sinne eines nationalen Egoismus. »Am 8. Dezember 2021 haben Sie geschworen, dass Sie Schaden vom deutschen Volk abwenden werden. Wir appellieren an Ihre Ehre: Erfüllen Sie diesen Schwur!« Diesen Appell richtete die Kreishandwerkerschaft Halle-Saalekreis in einem offenen Brief, den die AfD in den sozialen Medien verbreitete, an Scholz. »Alle politischen Entscheidungen sind auf den Nutzen für das deutsche Volk zu überprüfen – so wie Sie es geschworen haben.« Die unterzeichnenden Obermeister von sechzehn Innungen übernahmen damit den von der AfD gestreuten Verdacht, dass diese Überprüfung in Berlin routinemäßig unterbleibe.

Am Vorabend des Krieges, nach der russischen Erklärung über die Anerkennung der Souveränität der sogenannten Volksrepubliken an der Ostgrenze der Ukraine, hatte Alexander Gauland gemeinsam mit seinem Fraktionskollegen Petr Bystron eine Presseerklärung über »die Zuspitzung der Situation« veröffentlicht, die es einen »Fehler« nannte, »Russland allein die Verantwortung für diese Entwicklung zuzuschreiben«. Die beiden AfD-Politiker ordneten die Entwicklung mittels einer zeithistorischen Rückschau ein, welche die Letztverantwortung der Gegenseite zuschrieb. »Die jetzige Situation ist eine Folge der entgegen allen Absprachen mit Moskau vorangetriebenen Osterweiterung der Nato nach dem Ende des Kalten Krieges. Dadurch hat der Westen die legitimen Sicherheitsinteressen Russlands verletzt.« Gauland hatte sich nach der Bundestagswahl 2021 zum Ehrenvorsitzenden der Fraktion wählen lassen – in der Unionsfraktion hatte Alfred Dregger diesen Titel getragen – und äußerte sich in der Öffentlichkeit nicht mehr so häufig wie vorher. Vorsorglich ergriff er nun das Wort, um eine Standortbestimmung abzusichern, die seine Partei unter seiner Anleitung schon sehr früh vorgenommen hatte.

Am 27. Februar 2014 besetzten Bewaffnete das Parlament der Autonomen Republik Krim in Simferopol. Ein neuer Ministerpräsident wurde gewählt, der ein Referendum über den Anschluss der Republik an Russland ankündigte. Russland bestritt zunächst die Anwesenheit russischer Soldaten auf der Halbinsel und gab später an, sie hätten lediglich Hilfsdienste für die örtlichen Behörden verrichtet. Das Referendum wurde am 16. März abgehalten. Wladimir Putin hielt am 18. März eine Rede über die Aufnahme der Krim in die Russische Föderation, die von der Duma am 20. März bei einer Gegenstimme beschlossen wurde. Zwei Tage später trat der Bundesparteitag der AfD in Erfurt zusammen. Gauland, stellvertretender Bundesvorsitzender, sorgte laut der *Süddeutschen Zeitung* für eine Überraschung: Er »hielt unvermittelt eine Art Grundsatzreferat zur Ukraine«. Zwar nannte er die Annexion völkerrechtswidrig, aber er schob die Verantwortung den Nato-Staaten zu: »Wir haben Russland nach 1990 gedemütigt.« Diese Missachtung der Macht der Gefühle im Völkerleben machte er persönlich dadurch wieder gut, dass er ausdrücklich »leidenschaftlich« sprach, als er dafür plädierte, »Russland als Großmacht ernst zu nehmen«. Das liege im deutschen Interesse, denn »ein starkes Russland« sei »immer ein freundliches Russland« gewesen. Gauland erntete großen Beifall und lauten Widerspruch. Ein Redner warnte die Partei davor, sich dem staatlichen russischen Auslandssender *Russia Today* dienstbar zu machen. Ein anderer fragte, »ob das Hurra noch so groß« sein werde, »wenn Putin in das nächste Land einmarschiert«. In der Abstimmung setzte Gauland sich durch. Der Parteitag verabschiedete eine Resolution, wonach es keine Sanktionen gegen Moskau geben solle und keine neuen Schritte zur Vorbereitung der Aufnahme der Ukraine in EU und Nato.

Im Bundestag war die AfD damals noch nicht vertreten, weil sie in ihrem Gründungsjahr mit 4,7 Prozent knapp an der Fünfprozenthürde gescheitert war. Bei der Europawahl am 25. Mai 2014 errang sie 7,1 Prozent und sieben Mandate. Das Europaparlament verabschiedete am 17. Juli 2014 einen Entschließungsantrag zur Ukraine, der »die Politik Russlands der Schaffung vollendeter Tatsachen in den Außenbeziehungen« verurteilte und für den Fall, dass Russland seinen völkerrechtlichen Verpflichtungen nicht nachkommen sollte, den Europäischen Rat zur Verhängung weiterer Sanktionen aufforderte. Am gleichen Tag war eine Boeing 777 der Malaysia Airlines auf dem Weg von Amsterdam nach Kuala Lumpur in der Ostukraine abgestürzt. Als Ursache der Katastrophe mit 298 Todesopfern wurde später der Beschuss mit einer Luftabwehrrakete russischer Bauart ermittelt. Von den sieben AfD-Abgeordneten stimmten vier für den Antrag: der Parteivorsitzende Bernd Lucke, Hans-Olaf Henkel, Bernd Kölmel und Joachim Starbatty. Einen Monat später warf Gauland den vier Parlamentariern in Zeitungsinterviews vor, gegen den Beschluss des Erfurter Parteitags verstoßen zu haben. Er sorgte dafür, dass dieser über die bürgerliche Presse geführte Angriff einen maximalen dramatischen Effekt hatte, indem er seine Rüge mit der Warnung vor einer Spaltung der Partei verband und mit dem Gedanken kokettierte, seine Spitzenkandidatur bei der brandenburgischen Landtagswahl am 14. September 2014 niederzulegen. Außer in Brandenburg standen auch in Sachsen und Thüringen Landtagswahlen an. Gauland verwies darauf, dass Sanktionen in Teilen der Bevölkerung dieser Länder unpopulär seien, und bekräftigte, nachdem Henkel von einer leichten Entscheidung gesprochen hatte, seine Kritik in Übereinstimmung mit den Vorsitzenden der anderen beiden betroffenen Landesverbände, Frauke Petry und Björn Höcke.

In der zwei Tage vor der Brandenburg-Wahl ausgelieferten Ausgabe der *Jungen Freiheit* führten der Bundesvorsitzende Lucke und sein Stellvertreter Gauland ein ausführliches Streitgespräch. Lucke erklärte, dass für ihn das Selbstbestimmungsrecht der Völker »nicht verhandelbar« sei. Die AfD trete »für ein Europa souveräner Nationen« ein und könne daher einen Hegemonialanspruch Russlands nicht akzeptieren. Unter Berufung auf Helmut Schmidt setzte Gauland diesem Rechtsabsolutismus die Ansicht entgegen, dass das Selbstbestimmungsrecht seine Grenze in der politischen Klugheit finde. Die Pointe von Gaulands Position trat in diesem umständlichen Disput dadurch in aller Schärfe hervor, dass er der juristischen Analyse Luckes in jedem Schritt zustimmen konnte – ihm kam es auf die Selbständigkeit der politischen Betrachtung gegenüber den rechtlichen Normen an.

Das Thema seiner Marburger völkerrechtlichen Dissertation war »Das Legitimitätsprinzip in der Staatenpraxis seit dem Wiener Kongress« gewesen. Nach dem Sieg über Napoleon hatten die restaurierten Monarchien den Ansprüchen auf nationale Selbstbestimmung durch Verfassungsgesetze das Prinzip des höheren, hergebrachten, gesamteuropäischen Rechts entgegengesetzt – ohne die Herrschaftsverhältnisse überall nach dem Buchstaben des alten dynastischen Erbrechts regeln zu können. Lucke holte weit aus, schilderte die Entwicklung der westlichen Sanktionspolitik in der Wechselwirkung mit den russischen Eingriffen in den revolutionären Prozess in der Ukraine und ging zurück bis zum Budapester Memorandum von 1994, mit dem die Ukraine die sowjetischen Atomwaffen auf ihrem Territorium aus der Hand gegeben hatte. In seiner Replik auf diesen Vortrag konnte Gauland sich kurz fassen. »Rechtlich ist das völlig richtig, was Herr Lucke sagte. Auch das, was er über das Budapester Memorandum sagt. Politisch würde ich es trotzdem etwas anders sehen.« Sein Ceterum Censeo war: Russland darf nicht zerstört werden. Er redete einer Stabilitätspolitik das Wort, deren unausgesprochener Hauptsatz ein Primat des Psychologischen war. Das russische Selbstbewusstsein bedurfte nach seiner Darstellung der Stabilisierung – also müsse man den Russen »eine neue Ordnung anbieten«.

Ausdrücklich argumentierte er psychologisch, als ihn der Interviewer nach der Mehrheitsfähigkeit seiner Position in der AfD fragte. »Ich glaube, es gibt ein Grundgefühl in der Partei, das weg will von einer zu starken amerikanischen Dominanz. Das will weg davon, dass deutsche Außenpolitik nicht immer bei uns gemacht wird. Ein Gefühl, das findet, dass die Souveränität, die Deutschland hat, jetzt auch bei relevanten Entscheidungen zum Tragen kommen muss. Und dafür ist diese Russlandfrage im Grunde fast so etwas wie ein Symbol.« In der von Gauland erschlossenen oder erfühlten Gefühlswelt der AfD-Mitglieder war die Abweichung von den außenpolitischen Vorgaben der amerikanischen Vormacht so etwas wie ein Selbstzweck oder vielleicht besser ein Kick, eine lang ersehnte, als unmittelbar wirksam vorgestellte Gratifikation. Hauptsache, es wird in Berlin eine eigene relevante Entscheidung getroffen. Die Souveränität Russlands tritt in diesem geradezu spielerischen Verständnis der europäischen Politik sozusagen für die deutsche Souveränität ein: Der russischen Politik der freien Hand wird Wohlwollen entgegengebracht, weil man das Bedürfnis verspürt, die eigenen Muskeln wieder spielen zu lassen. Die Russlandfrage ist ein Symbol, das heißt ein mächtiges, suggestives, aber eigentlich austauschbares, beliebiges Zeichen. Lucke war an die Sanktionsfrage so rational herangegangen wie an die Euro-Problematik, im Vertrauen auf die modellhafte Erfassung von Anreizen und Optionen, die er als Volkswirtschaftsprofessor in seinen Vorlesungen praktizierte. In Gaulands Augen hatte er die Rechnung ohne die Macht der Gefühle gemacht.

Lucke, Henkel, Kölmel, Starbatty: Ein Jahr nach Gaulands Attacke waren alle vier Befürworter einer einheitlichen, notfalls auch wirtschaftlichen Druck einschließenden europäischen Reaktion auf die anhaltende russische Aggression in der Ukraine aus der AfD ausgetreten. In der *Jungen Freiheit*, also vor einem Lesepublikum mutmaßlicher AfD-Sympathisanten, gab Gauland noch nicht einmal vor, die Kraftprobe mit dem Gründungsvorsitzenden und dessen Vertrauten wegen der überragenden sachlichen Bedeutung außenpolitischer Wegentscheidungen gesucht zu haben. Man kann sich gut vorstellen, dass Gauland bei anderer Gelegenheit das deutsch-russische Verhältnis zur Schicksalsfrage der Vergangenheit und Zukunft stilisiert hätte. Aber zur Klärung der Verhältnisse in der AfD taugte dieser Gegenstand, weil er für etwas anderes stand, etwas Diffuses, eine Stimmung oder Empfindung, die mit einem Gegenstand eine Verbindung eingehen musste, um in Energie verwandelt werden zu können.

Die Russlandfrage war für Gauland in ähnlicher Weise ein Symbol, eine Chiffre, ein Objekt der Projektion und Manipulation wie in der Innen- und Gesellschaftspolitik das hergeholte Gedankenspiel mit dem Nachbarn Boateng als hypothetischer Testfall für die Grenzen der Toleranz. Rücksicht auf postulierte Reflexe, auf eine emotionale Kombinatorik aus einer Lage eingebildeter Ohnmacht heraus identifizierte Gauland in beiden Fällen als die Aufgabe des AfD-Strategen, der dabei angeblich von seinen eigenen Intuitionen absehen durfte. Rechnete Gauland denn damit, das Grundgefühl, das er in der AfD-Mitgliedschaft auszumachen behauptete, auch bei der Mehrheit des Volkes anzutreffen? In seiner oben erörterten Rede vor der Staats- und Wirtschaftspolitischen Gesellschaft bekräftigte er eine fast schon übermäßig klare Einschätzung der aus der Geschichte fortwirkenden Kräfteverhältnisse im Konflikt zwischen der Ukraine und Russland mit der Spitze gegen die angenommene Gleichgültigkeit seiner Landsleute gegenüber dem Kölner Dom: »Wir müssen akzeptieren, dass die Russen in der Ukraine legitime historisch begründete politische und wirtschaftliche Interessen haben. Abgesehen davon, dass das Russische Reich mit der Kiewer Rus begann, war die Ukraine schon lange ein geteiltes Land. Die West-Ukraine, Galizien, das war Habsburg oder Österreich, die Ost-Ukraine, das war Russland.«

Auf dem Bundesparteitag im sächsischen Riesa gab sich die AfD eine Führung, in der die Mitglieder, Sympathisanten und Verbündeten des formell aufgelösten »Flügels« im zehnten Jahr der Existenz der Partei nun erstmals unter sich blieben. Der Austritt Jörg Meuthens hatte eine Machtverschiebung im Vorstand zur Folge. Die früheren Anhänger Meuthens, die ihm Fahnenflucht vorgeworfen hatten, wurden für diese Demonstration der Parteiloyalität nicht belohnt. Trotz dem Willen, Geschlossenheit zu zeigen, glitt der Parteitag am letzten Tag in den für die AfD typischen chaotischen Modus der Auseinandersetzung ab. Erst im dritten Versuch gelang es dem wiedergewählten Parteichef Chrupalla, dass eine Mehrheit seinen Wunsch billigte, über einen kontroversen Antrag zur Außenpolitik nicht mehr auf dem Parteitag abzustimmen, sondern zunächst im Vorstand zu beraten.

Den Antrag hatten Alexander Gauland und Björn Höcke gemeinsam verfasst. Er unternahm eine weltpolitische Lagebestimmung vor dem Hintergrund des Kriegs in der Ukraine, der als »Ukraine-Konflikt« umschrieben wurde. Die Lektion der Antragsteller aus dem Konflikt lautete, »dass die Sicherheitsinteressen Europas und der USA nicht deckungsgleich sind«. Deutschland und Europa müssten sich entscheiden »zwischen einem neuen bipolaren Ringen von Supermächten (USA und China) oder einer multipolaren Weltordnung des Interessenausgleichs und der Koexistenz«. Zwar wurde beschwichtigend versichert, dass »der notwendige Ausgleich mit Russland nicht das berechtigte Sicherheitsbedürfnis unserer mittel- und osteuropäischen Partnerländer beeinträchtigen« dürfe. Aber die Notwendigkeit des Ausgleichs mit Russland hatte im Staatenweltmodell des Antrags einen höheren, geradezu metaphysischen Charakter, ging der Vermittlung zwischen den Sicherheitsbedürfnissen der einzelnen Staaten vor: Denn nur wenn Deutschland Russland von gleich zu gleich behandelte, also nicht als Aggressor diskriminierte, konnte es eine Welt mit mehr als zwei Polen geben. Warum nahmen mittelgroße Mächte wie Deutschland nicht auch ohne Regierungsbeteiligung von Parteien wie der AfD ihre Freiheit wahr, sich einen Manövrierraum zwischen den Weltmächten zu erhalten? Der Antrag stellte die außen- und innenpolitische Lage der west- und mitteleuropäischen Staaten als Außen- und Innenseite derselben Krise dar. Als Universalschlüssel präsentierte der Antrag die Elitenkritik. Als »geopolitische Schlafwandler« seien die europäischen Eliten »zu Akteuren einer forcierten Globalisierung herabgesunken, während die Bevölkerungen dem Erziehungsprogramm der politischen Korrektheit unterzogen wurden«.

Kulturkritisch gewendet wurde hier die sprichwörtlich gewordene Titelmetapher von Christopher Clarks Bestseller über den Ersten Weltkrieg, der in Deutschland auch deshalb so ein großer Erfolg gewesen war, weil er die Fortsetzung der von den allermeisten deutschen Fachhistorikern aufgegebenen Bemühungen um die Entlastung des Kaiserreichs erlaubte. 2013 hatte Gauland unter den Clark-Lesern eine Zielgruppe der AfD-Wahlwerbung ausgemacht: »Ältere, die sich nicht länger einreden lassen wollen, dass alle deutsche Geschichte vor Hitler verfehlt war, und Deutschland natürlich auch am Ersten Weltkrieg die alleinige Schuld trifft«. In psychologischen Begriffen beschrieb der Antrag die Folgen der Vernachlässigung der Geopolitik. Zu beklagen seien »die Preisgabe menschlich-sozialer Gewissheiten, ein fehlender Wille zur Selbstbehauptung und der Verlust der Wehrhaftigkeit«. Hier zeigte sich noch einmal die Handschrift Gaulands, der seit seinen Traktaten der neunziger Jahre eine Politik entworfen und betrieben hatte, deren leitender Gedanke lautete, dass ein anthropologisch tiefsitzendes Ungewissheitsgefühl symbolische Sicherheitsvorkehrungen nötig mache.

Alexander Gauland wird bei der nächsten Bundestagswahl 84 Jahre alt sein. Man darf annehmen, dass sich die Periode seines prägenden Einflusses auf die von ihm gemeinsam mit Konrad Adam, Bernd Lucke und anderen gegründete Partei allmählich ihrem natürlichen Ende nähert. Gaulands Interesse an der Geopolitik als einer Sphäre ebenso objektiver wie relativer Vorgegebenheiten war etwas Besonderes, wirkte zeitweise fast wie ein Spleen. Unter jüngeren Politikern, so wird man vermuten, dürfte diese Betrachtungsweise noch seltener zu finden sein. Wie in allen Parteien wachsen in der AfD vor allem Politiker nach, deren Weltbild vom Glauben an Ideen bestimmt ist.

Einer der Initiatoren des russlandfreundlichen Antrags in Riesa war der 1977 geborene Europaabgeordnete Maximilian Krah, der sich 2022 als Oberbürgermeister von Dresden bewarb und in Riesa in den Bundesvorstand gewählt wurde. Der erzkatholische Rechtsanwalt teilt Gaulands Faible für ein außenpolitisches Denken in Kategorien der Machttatsachen und seine Fähigkeit, sich je nach Publikum drastisch oder feinsinnig auszudrücken. Über seine Tätigkeit im Europaparlament berichtet er regelmäßig in einem illustrierten Magazin mit dem Namen *Krah-Report*. Es kommt immer die gesamte Weltlage in den Blick, und den Vorträgen Krahs, die er dort zum Abdruck bringt, merkt man an, dass er Habermas, Spaemann und Ernst-Wolfgang Böckenförde gelesen hat. Krah vertritt dort die von der deutschen Geschichtswissenschaft des neunzehnten Jahrhunderts entwickelte Lehre vom Primat der Außenpolitik: »Das ist der große Punkt. Alle Politik, die wir machen können im nationalen Rahmen, aber auch hier in Brüssel, findet statt in einem Fenster, das uns gegeben ist durch die äußeren Umstände.« 2021 wies Krah die geläufige Rede vom russischen Rechtsstaatsdefizit zurück. Er berief sich dabei auf einen philosophischen Antiuniversalismus mit potentiell globalen Konsequenzen. »Der westliche Werteimperialismus, der auf Immanuel Kant zurückgeht, hat versucht, eine Universalethik aus der Vernunft heraus zu entwickeln, die mit allen Traditionen bricht. Das hat im Westen auch weitgehend funktioniert, aber erklären wir jetzt mal, warum ein Russe sich der verkopften traditionslosen Universalethik eines Kants anschließen soll, warum das ein Afrikaner machen soll, ein Inder oder ein Chinese? Diese Leute sagen, wir wollen einen Universalismus, wo wir Chinesen, Russen, Inder, Muslime bleiben können, ihr bleibt Europäer, Amerikaner, und auf der Basis des gegenseitigen Respekts voreinander machen wir Politik.«

Die Nichtbefassung der Parteiversammlung in Riesa mit dem Antrag Gaulands, Höckes und Krahs bedeutete keine Niederlage für Gaulands Vision. Der Vorstand wollte angesichts der Ungewissheit über den weiteren Verlauf des Ukrainekriegs die Abstimmung deshalb unbedingt vertagt sehen, weil der Antrag höchstwahrscheinlich angenommen worden wäre. In den Augen Gaulands und seiner Mitstreiter musste die Verbindung nach Russland erhalten bleiben, damit es eine Alternative für Deutschland geben konnte – im Doppelsinne eines Alternativkonzepts zum Standardstaat der kapitalistischen Moderne und einer diesem Konflikt verpflichteten Partei.

DANKSAGUNG

Was lernten wir eigentlich in der Schule? Dass die deutsche Katastrophe geschehen war und sich nicht wiederholen durfte. Ich danke meinen Geschichtslehrern am Beethoven-Gymnasium der Stadt Bonn, Sieglinde Fliedner-Lorenzen und Ralph Schaumann, für diese Einführung in die historische Bildung.

Die Problematik des Nationalstaats war eines der wiederkehrenden Themen in Lehre und Forschung von Professor Dr. Klaus Hildebrand am Historischen Seminar der Universität Bonn. Ich denke dankbar an sein Oberseminar und das Training des methodischen Perspektivwechsels im Kreis von Kommilitonen wie Riccardo Bavaj, Harald Biermann, Bernard Bode, Magnus Brechtken, Patrick O. Cohrs, Herbert Elzer, Detlef Felken, Maak Flatten, Ralf Forsbach, Corinna Franz, Christoph Franzen, Christel Gade, Ralf Gebel, Gudula Gutmann, Karl Alexander Hampe, Matthias Hannemann, Nils Havemann, Ulrich Höver, Lothar Kittstein, Rainer Lahme, Ulrich Lappenküper, Knut Linsel, Jan Lipinski, Hanns C. Löhr, Anne Martin, Victor Mauer, Jens Nordalm, Matthias Oppermann, Andreas Rödder, Harald Rosenbach, Thomas Schaarschmidt, Ulrich Schlie, Jürgen Peter Schmied, Joachim Scholtyseck, Stephen Schröder, Hans-Hermann Spoo, Christoph Studt, Hermann Wentker, Jasper Wieck und Katharina Wulff.

Wenn der politische Journalismus der erste Entwurf der Geschichte ist, dann ist das politische Feuilleton die erste Marginalie. Drei Monate vor dem Fall der Mauer trat ich in die Redaktion der Frankfurter Allgemeinen Zeitung ein. Wohin trieb die Bundesrepublik? Dank der Liberalität der für das Feuilleton zuständigen Herausgeber Joachim Fest, Frank Schirrmacher und Jürgen Kaube konnte ich zu dieser Dauerfrage immer wieder einmal Gedanken unters Volk bringen, beauftragt, angeregt oder herausgefordert von Kollegen wie Matthias Alexander, Michael Allmaier, Jasper von Altenbockum, Jürg Altwegg, Melanie Amann, Achim Bahnen, Hans D. Barbier, Dieter Bartetzko, Eduard Beaucamp, Wibke Becker, Justus Bender, Reinhard Bingener, Rainer Blasius, Ralph Bollmann, Lena Bopp, Jan Brachmann, Corinna Budras, Eleonore Büning, Reiner Burger, Peter Carstens, Dietmar Dath, Stefan Dietrich, Christian Eichler, Julia Encke, Karl Feldmeyer, Klaus-Dieter Frankenberger, Timo Frasch, Morten Freidel, Maria Frisé, Friedrich Karl Fromme, Eckhard Fuhr, Michael Gassmann, Elena Geus, Christian Geyer, Gerhard Gnauck, Rose-Maria Gropp, Marlene Grunert, Michael Hanfeld, Joseph Hanimann, Kevin Hanschke, Friederike Haupt, Georg Paul Hefty, Jochen Hieber, Hannes Hintermeier, Kerstin Holm, Florian Illies, Paul Ingendaay, Lorenz Jäger, Richard Kämmerlings, Alfons Kaiser, Ursula Kals, Roland Kany, Sandra Kegel, Andreas Kilb, Stephan Klenner, Gerhard R. Koch, Rüdiger Köhn, Karen Krüger, Mechthild Küpper, Tilmann Lahme, Freddy Langer, Stefan Locke, Eckart Lohse, Felicitas von Lovenberg, Peter Lückemeier, Verena Lueken, Niklas Maak, Michael Martens, Helmut Mayer, Nils Minkmar, Johann Michael Möller, Michael Mönninger, Melanie Mühl, Lothar Müller, Reinhard Müller, Henning Peitsmeier, Andreas Platthaus, Dietmar Polaczek, Eberhard Rathgeb, Ulrich Raulff, Edo Reents, Henning Ritter, Jan Roß, Andreas Rossmann, Tobias Rüther, Wolfgang Sandner, Albert Schäffer, Hans Scherer, Mathias Schreiber, Dirk Schümer, Christian Schwägerl, Gustav Seibt, Hans-Dieter Seidel, Claudius Seidl, Mark Siemons, Rüdiger Soldt, Stephan Speicher, Hubert Spiegel, Julia Spinola, Tilman Spreckelsen, Gerhard Stadelmaier, Harald Staun, Thomas Steinfeld, Simon Strauß, Jakob Strobel y Serra, Peter Sturm, Thomas Thiel, Jörg Thomann, Gina Thomas, Stefan Trinks, Karin Truscheit, Klaus Ungerer, Heinrich Wefing, Markus Wehner, Ulrich Weinzierl, Wilfried Wiegand, Jan Wiele, Thomas Wirtz, Elena Witzeck, Volker Zastrow, Roland Zorn – und auch Konrad Adam.

Fatalismus ergreift die Öffentlichkeit beim Blick in den Spiegel. Wer sich in die sozialen Medien begibt, verfällt angeblich dem Partikularismus der Blasen und Echokammern. Dass das nicht so sein muss, beweist mein Studienfreund Andreas Püttmann Tag für Tag durch seine Interventionen auf Twitter. Mit der konservativen Denkungsart intim vertraut, nimmt er die kläglichen Selbsttäuschungen und toxischen Euphemismen der Nachfolger Hindenburgs, Hugenbergs und Papens auseinander. Er ist für mich das Vorbild eines streitbaren Demokraten, und deshalb widme ich ihm dieses Buch.

Köln, am 3. Oktober 2022   Patrick Bahners

LITERATURVERZEICHNIS

Hamed Abdel-Samad, Mohamed – Eine Abrechnung. München 2015

Konrad Adam, Die Republik dankt ab. Die Deutschen vor der europäischen Versuchung. Berlin 1998

Konrad Adam, Staat machen. Warum die neue Mitte keine ist und wir die alte Mitte brauchen. Berlin 1999

Konrad Adam, Die Ohnmacht der Macht. Wie man den Staat ausbeutet, betrügt und verspielt. Berlin 2001

Konrad Adam (Hrsg.), Die AfD und die Klimafrage. Bad Schussenried 2019

Melanie Amann, Angst für Deutschland. Die Wahrheit über die AfD: Wo sie herkommt, wer sie führt, wohin sie steuert. München 2017

Benedict Anderson, Die Erfindung der Nation. Zur Karriere eines erfolgreichen Konzepts. Frankfurt am Main 1988

Hannah Arendt, Elemente und Ursprünge totaler Herrschaft. Frankfurt am Main 1955

Hannah Arendt, Nationalstaat und Demokratie (1963), in: HannahArendt.net. Zeitschrift für politisches Denken, Ausgabe 1, Bd. 2, September 2006

Hans Herbert von Arnim, Staat ohne Diener: Was schert die Politiker das Wohl des Volkes. München 1993

Hans Herbert von Arnim, Demokratie ohne Volk: Plädoyer gegen Staatsversagen, Machtmißbrauch und Politikverdrossenheit. München 1993

Hans Herbert von Arnim, Der Staat als Beute: Wie Politiker in eigener Sache Gesetze machen. München 1993

Hans Herbert von Arnim, Fetter Bauch regiert nicht gern. Die politische Klasse – selbstbezogen und abgehoben. München 1997

Hans Herbert von Arnim, Das System. Die Machenschaften der Macht. München 2001

Hans Herbert von Arnim, Vom schönen Schein der Demokratie. Politik ohne Verantwortung – am Volk vorbei. München 2002

Hans Herbert von Arnim, Das Europa-Komplott. Wie EU-Funktionäre unsere Demokratie verscherbeln. München 2006

Hans Herbert von Arnim, Die Deutschlandakte. Was Politiker und Wirtschaftsbosse unserem Land antun. München 2008.

Hans Herbert von Arnim, Volksparteien ohne Volk. Das Versagen der Demokratie. München 2009

Hans Herbert von Arnim, Die Angst der Richter vor der Macht. Köln 2015

Hans Herbert von Arnim, Die Hebel der Macht und wer sie bedient. München 2017

Walter Bagehot, Mr. Macaulay, in: The Collected of Walter Bagehot. Hrsg. v. Norman St. John-Stevas. London 1965, 397–428

Katja Bauer, Maria Fiedler, Die Methode AfD. Der Kampf der Rechten: Im Parlament, auf der Straße – und gegen sich selbst. Stuttgart 2020

Bernd Baumann, Offene Gesellschaft, Marktprozess und Staatsaufgaben. Möglichkeiten und Grenzen ökonomischer Theorien zur Erklärung der Funktionsweise offener Sozialsysteme und zur Legitimation staatlichen Handelns in offenen Gesellschaften. (Wirtschaftsrecht und Wirtschaftspolitik, Bd. 132.) Baden-Baden 1993

Liane Bednarz, Die Angstprediger. Wie rechte Christen Gesellschaft und Kirchen unterwandern. München 2018

Justus Bender, Was will die AfD? Eine Partei verändert Deutschland. München 2017

Felix Bohr, Die Kriegsverbrecherlobby. Bundesdeutsche Hilfe für im Ausland inhaftierte NS-Täter. Berlin 2018

Renaud Camus, Revolte gegen den Großen Austausch. Schnellroda 2016

Christopher Clark, Die Schlafwandler. Wie Europa in den Ersten Weltkrieg zog. München 2013

Martin Debes, Demokratie unter Schock. Wie die AfD einen Ministerpräsidenten wählte. Essen 2021

Heinrich Detering, Was heißt hier »wir«? Zur Rhetorik der parlamentarischen Rechten. Ditzingen 2018

Stephan Detjen, Maximilian Steinbeis, Die Zauberlehrlinge. Der Streit um die Flüchtlingspolitik und der Mythos vom Rechtsbruch. Stuttgart 2019

Felix Dirsch, Volker Münz, Thomas Wawerka (Hrsg.), Rechtes Christentum? Der Glaube im Spannungsverhältnis von nationaler Identität, Populismus und Humanitätsgedanken. Graz 2018

Felix Dirsch, Volker Münz, Thomas Wawerka (Hrsg.), Nation, Europa, Christenheit: Der Glaube zwischen Tradition, Säkularismus und Populismus. Graz 2019

Felix Dirsch, Rechtskatholizismus. Vertreter und geschichtliche Grundlinien – ein typologischer Überblick. Jüchen 2020

Egon Flaig, Die Mehrheitsentscheidung. Entstehung und kulturelle Dynamik. Paderborn 2013

Egon Flaig, Gegen den Strom. Für eine säkulare Republik Europa. Essays. Springe 2013

Egon Flaig, Die Niederlage der politischen Vernunft. Wie wir die Errungenschaften der Aufklärung verspielen. Springe 2017

François Furet, 1789: Vom Ereignis zum Gegenstand der Geschichtswissenschaft. Frankfurt am Main 1980

Joachim Gauck, Freiheit. Ein Plädoyer. München 2012

Joachim Gauck (mit Helga Hirsch), Toleranz: Einfach schwer. Freiburg 2019

Alexander Gauland, Das Legitimitätsprinzip in der Staatenpraxis seit dem Wiener Kongress. Berlin 1971

Alexander Gauland, Gemeine und Lords. Porträt einer politischen Klasse. Frankfurt am Main 1989

Alexander Gauland, Was ist Konservativismus? Streitschrift gegen die falschen deutschen Traditionen. Westliche Werte aus konservativer Sicht. Frankfurt am Main 1991

Alexander Gauland, Die »Pulververschwörung« gegen Parlament und König. 1605 scheitert der katholische Aufstand in England, in: Große Verschwörungen. Staatsstreich und Tyrannensturz von der Antike bis zur Gegenwart. Hrsg. v. Uwe Schultz. München 1998, 130–142

Alexander Gauland, Anleitung zum Konservativsein. Stuttgart 2002

Alexander Gauland, Die Deutschen und ihre Geschichte. Berlin 2009

David Goodhart, The Road to Somewhere: Wie wir Arbeit, Familie und Gesellschaft neu denken müssen. Iffeldorf 2020

Jürgen Habermas, 30 Jahre danach. Die zweite Chance: Merkels europapolitische Kehrtwende und der innerdeutsche Vereinigungsprozess, in: Blätter für deutsche und internationale Politik, Bd. 65, Heft 9, 2020, 41–56

Jens Hacke, Philosophie der Bürgerlichkeit. Die liberalkonservative Begründung der Bundesrepublik. Göttingen 2006

Karl-Eckhard Hahn, Wiedervereinigungspolitik im Widerstreit: Einwirkungen und Einwirkungsversuche westdeutscher Entscheidungsträger auf die Deutschlandpolitik Adenauers von 1949 bis zur Genfer Viermächtekonferenz 1959. Hamburg 1993

Karl-Eckhard Hahn, Westbindung unter Vorbehalt. Bonner Diplomaten und die Deutschlandpolitik von 1949 bis 1959, in: Westbindung. Chancen und Risiken für Deutschland. Hrsg. v. Karlheinz Weißmann, Rainer Zitelmann, Michael Großheim. Berlin 1993, 151–172

Karl-Eckhard Hahn, Westbindung und Interessenlage. Über die Renaissance der Geopolitik, in: Die selbstbewußte Nation. »Anschwellender Bocksgesang« und weitere Beiträge zu einer deutschen Debatte. Hrsg. v. Heimo Schwilk, Ulrich Schacht. Berlin 1994, 327–344

Wilhelm Heitmeyer, Manuela Freiheit, Peter Sitzer, Rechte Bedrohungsallianzen. Signaturen der Bedrohung II. Berlin 2020

Hans-Olaf Henkel, Die Macht der Freiheit. Erinnerungen. München 2000

Hans-Olaf Henkel, Die Ethik des Erfolgs. Spielregeln für die globalisierte Gesellschaft. München 2002

Hans-Olaf Henkel, Kampf um die Mitte. Mein Bekenntnis zum Bürgertum. München 2007

Hans-Olaf Henkel, Die Euro-Lügner. Unsinnige Rettungspakete, vertuschte Risiken – so werden wir getäuscht. München 2013

Hans-Olaf Henkel, Joachim Starbatty, Deutschland gehört auf die Couch! Warum Angela Merkel die Welt rettet und unser Land ruiniert. München 2016

Caspar Hirschi, Politik der reaktionären Gegenmoral. Zum populistischen Konfliktverhalten, in: Merkur, 74. Jahrgang, Mai 2020, 5–21

Björn Höcke (mit Sebastian Hennig), Nie zweimal in denselben Fluss. Berlin 2018

Michael Klonovsky, Die neuesten Streiche der Schuldbürger. Reaktionäres vom Tage. Acta diurna 2019. Waltrop 2020

Michael Klonovsky, Im Ernstfall gibt es keine Konstrukte. Seine schönsten Hass- und Schmähreden. Waltrop 2020

Joachim Klose, Werner J. Patzelt, PEGIDA. Warnsignale aus Dresden. (Social Coherence Studies, Bd. 3.) Dresden 2016

Panajotis Kondylis, Konservativismus. Geschichtlicher Gehalt und Untergang. Stuttgart 1986

Cornelia Koppetsch, Die Gesellschaft des Zorns – Rechtspopulismus im globalen Zeitalter. Bielefeld 2019

Cornelia Koppetsch, Rechtspopulismus als Protest. Die gefährdete Mitte in der globalen Moderne. Hamburg 2020

Per Leo, Tränen ohne Trauer. Nach der Erinnerungskultur. Stuttgart 2021

Mark Lilla, The Once and Future Liberal: After Identity Politics. New York 2017

Hermann Lübbe, Vom Parteigenossen zum Bundesbürger: Über beschwiegene und historisierte Vergangenheiten. Paderborn 2007

Philip Manow, (Ent-)Demokratisierung der Demokratie. Berlin 2020

Odo Marquard, Abschied vom Prinzipiellen. Stuttgart 1981

Günter Maschke, Die Verschwörung der Flakhelfer, in: Inferiorität als Staatsräson. Hrsg. v. Hans-Joachim Arndt. Krefeld 1985, 93–118

Florian Meinel, Vertrauensfrage. Zur Krise des heutigen Parlamentarismus. München 2019.

Christoph Möllers, Freiheitsgrade. Elemente einer liberalen politischen Mechanik. Berlin 2020

Armin Mohler, Vergangenheitsbewältigung. Von der Läuterung zur Manipulation. Stuttgart 1968

Armin Mohler, Die Konservative Revolution in Deutschland 1918–1932. Ein Handbuch. Zweite, völlig neu bearbeitete und erweiterte Fassung. Darmstadt 1972

Armin Mohler, Georges Sorel. Erzvater der Konservativen Revolution. Eine Einführung. Bad Vilbel 2000

Bodo Mrozek, Von Anywheres und Somewheres. Das »Heimatbedürfnis des einfachen Menschen« ist ein ahistorisches Konstrukt, in: Merkur, 73. Jahrgang, August 2019, 32–47

Karl Niederau, Veneto-byzantinische Analekten zum byzantinisch-normannischen Krieg 1147–1158. Phil. Diss. TH Aachen 1982

Claudia Nitschke, Die Kontroverse um die Frankfurter Poetikvorlesung und »Der Idiot des 21. Jahrhunderts. Ein Divan«, in: Text + Kritik 233: Michael Kleeberg. Hrsg. v. Kai Kaufmann, Erhard Schütz. München 2022, 70–80

Boris Palmer, Wir können nicht allen helfen: Ein Grüner über Integration und die Grenzen der Belastbarkeit. München 2017

Boris Palmer, Erst die Fakten, dann die Moral. Warum Politik mit der Wirklichkeit beginnen muss. München 2019

Helmuth Plessner, Die verspätete Nation. Über die politische Verführbarkeit bürgerlichen Geistes. Stuttgart 1959

Ulf Poschardt, DJ Culture. Diskjockeys und Popkultur. Aktualisiert und mit einem Nachwort von Westbam. Stuttgart 2015

Ulf Poschardt, Mündig. Stuttgart 2020

Klaus Rennert, Hannah Arendt, das Asylrecht und die Menschenwürde. (Schriften der Juristischen Studiengesellschaft Regensburg e. V., Heft 41.) Baden-Baden 2017

Dominik Rigoll, Laura Hassler, Forschungen und Quellen zur deutschen Rechten. Teil 1: Ansätze und Akteur*innen, in: Archiv für Sozialgeschichte, Bd. 61, 2021, 569–610

Jan Roß, Die neuen Staatsfeinde. Was für eine Republik wollen Schröder, Henkel, Westerwelle & Co.? Berlin 1998

Thilo Sarrazin, Deutschland schafft sich ab. Wie wir unser Land aufs Spiel setzen. München 2010

Thilo Sarrazin, Der neue Tugendterror: Über die Grenzen der Meinungsfreiheit in Deutschland. München 2014

Thilo Sarrazin, Der Staat an seinen Grenzen: Über Wirkung von Einwanderung in Geschichte und Gegenwart. Stuttgart 2020

Thilo Sarrazin, »Wir schaffen das«: Erläuterungen zum politischen Wunschdenken. Stuttgart 2021

Armin Schäfer, Michael Zürn, Die demokratische Regression. Die politischen Ursachen des autoritären Populismus. Berlin 2021

Günter Scholdt, Anatomie einer Denunzianten-Republik. Über Saubermänner, Säuberfrauen und Schmuddelkinder. Grevenbroich 2018

Günter Scholdt, Populismus. Demagogisches Gespenst oder berechtigter Protest? Marburg 2020

Jürgen Schwarz, Zur Einheit Deutschlands, in: Wiener Blätter zur Friedensforschung, Heft 63, 1990, 41–45

Rolf Peter Sieferle, Epochenwechsel. Die Deutschen an der Schwelle zum 21. Jahrhundert. Berlin 1994

Rolf Peter Sieferle, Die Konservative Revolution. Fünf biographische Skizzen. Frankfurt am Main 1995

Rolf Peter Sieferle, Das Migrationsproblem: Über die Unvereinbarkeit von Sozialstaat und Masseneinwanderung. Waltrop 2017

Rolf Peter Sieferle, Finis Germania. Schnellroda 2017

Brendan Simms, Kampf um Vorherrschaft: Eine deutsche Geschichte Europas 1453 bis heute. München 2014.

Joachim Starbatty, Tatort Euro. Bürger, schützt das Recht, die Demokratie und euer Vermögen. Wien 2013

Cora Stephan, Wir Kollaborateure. Der Westen und die deutschen Vergangenheiten. Reinbek 1992

Cora Stephan, Angela Merkel, ein Irrtum. München 2011

Cora Stephan, Lob des Normalen. Vom Glück des Bewährten. München 2021

André Stoll, Asterix. Das Trivialepos Frankreichs. Köln 1974

Wolfgang Streeck, Zwischen Globalismus und Demokratie. Politische Ökonomie im ausgehenden Neoliberalismus. Berlin 2021

Olaf Sundermeyer, Gauland. Die Rache des alten Mannes. München 2018

Hans-Thomas Tillschneider, Die Entstehung der juristischen Hermeneutik (uṣūl al-fiqh) im frühen Islam. (Arbeitsmaterialien zum Orient, Bd. 20.) Würzburg 2006

Andreas Voßkuhle, Die Verfassung der Mitte. (Themen, Heft 101.) München 2016

Thomas Wagner, Demokratie als Mogelpackung. Oder: Deutschlands sanfter Weg in den Bonapartismus. Köln 2011

Thomas Wagner, Die Angstmacher. 1968 und die Neuen Rechten. Berlin 2017

Martin Walser, Finks Krieg. Roman. Frankfurt am Main 1996

Martin Walser, Unser Auschwitz. Auseinandersetzung mit der deutschen Schuld. Hrsg. v. Andreas Meier. Reinbek 2015

Martin Walser, Ewig aktuell. Aus gegebenem Anlass. Hrsg. v. Thekla Chabbi. Reinbek 2017

Volker Weiß, Die autoritäre Revolte. Die Neue Rechte und der Untergang des Abendlandes. Stuttgart 2017

Karlheinz Weißmann, Der Weg in den Abgrund. Deutschland unter Hitler 1933–1945. Berlin 1995

Karlheinz Weißmann, Gegenaufklärung. Gedankensplitter – Notate – Sentenzen. Berlin 2013

Karlheinz Weißmann, Rubikon: Deutschland vor der Entscheidung. Berlin 2016

Hugo Wellems, Das Jahrhundert der Lüge. Von der Reichsgründung bis Potsdam 1871–1945. Kiel 2. Aufl. 1989

Rainer Wendt, Deutschland in Gefahr: Wie ein schwacher Staat unsere Sicherheit aufs Spiel setzt. München 2016

Rainer Wendt, Deutschland wird abgehängt. Ein Lagebericht. München 2019

Thomas Wieske, Bedarf der Erste Bürgermeister der Freien und Hansestadt Hamburg einer in der Verfassung verankerten Richtlinienkompetenz? (Schriften zum Öffentlichen Recht, Bd. 691.) Berlin 2019

Heinrich August Winkler, Zerbricht der Westen? Über die gegenwärtige Krise in Europa und Amerika. München 2017

Heinrich August Winkler, Deutungskämpfe. Der Streit um die Deutsche Geschichte. München 2021

Rainer Zitelmann, Hitler. Selbstverständnis eines Revolutionärs. Stuttgart 2. Aufl. 1989

Rainer Zitelmann, Wohin treibt unsere Republik? Berlin 1994

Rainer Zitelmann, Die Macht der Positionierung. Kommunikation für Kapitalanlagen. Köln 2005

Rainer Zitelmann, Erfolgsfaktoren im Kraftsport. Mehr Muskeln mit Kompakttraining, Intensitätstechniken & mentaler Programmierung. Arnsberg 2014

Rainer Zitelmann, Wenn Du nicht mehr brennst, starte neu! Mein Leben als Historiker, Journalist und Investor. München 2017

NAMENSREGISTER

Brandner, Stephan (* 1966) 166, 438, 449, 454

Brandt, Peter (* 1948) 493

Brandt, Willy (1913–1992) 175, 198, 493

Brecht, Bertolt (1898–1956) 160, 282, 447

Brentano, Clemens (1778–1842) 251

Brinkhaus, Ralph (* 1968) 394–399

Broder, Henryk M. (* 1946) 221, 492

Brückner, Simon (* 1978) 425

Brüning, Heinrich (1885–1970) 193

Brunner, Manfred (1947–2018) 308

Bubis, Ignatz (1927–1999) 376

Bülow, Bernhard von (1849–1929) 461

Burckhardt, Jacob (1818–1897) 108, 110, 124, 431

Burda, Hubert (* 1940) 121

Burke, Edmund (1729–1797) 176 f., 227 f., 408

Bursian, Thomas (* 1959) 250, 299

Bush, George W. (* 1946) 177

Bystron, Petr (* 1972) 510

C

Caesar (C. Iulius Caesar, 100–44 v. Chr.) 337, 457 f., 460, 463 f.

Camus, Renaud (* 1946) 158–160, 167 f., 172–174, 184, 212, 226

Castellucci, Lars (* 1974) 133

Cato (Marcus Porcius Cato, der Ältere, 234–149 v. Chr.) 144

Chamfort, Nicolas (1741–1794) 126

Christiansen, Sabine (* 1957) 75

Christie, Agatha (1890–1976) 479

Chrupalla, Tino (* 1975) 15, 85, 409, 423, 494 f., 508 f., 515

Churchill, Winston (1874–1965) 218, 231–233

Cicero (Marcus Tullius Cicero, 106–43 v. Chr.) 302

Clark, Christopher (* 1960) 516

Claudius, römischer Kaiser (10 v. Chr.–54 n. Chr.) 174

Clinton, Bill (* 1946) 391

Clinton, Hillary (* 1947) 412

Cooper, Anthony Ashley, 1. Earl of Shaftesbury (1621–1683) 128

Cotar, Joana (* 1973) 474, 495

Cowling, Maurice (1926–2005) 431

Cuno, Wilhelm (1876–1933) 272

D

Dahlmann, Friedrich Christoph (1785–1860) 251

Dalberg-Acton, John Emerich, 1. Baron Acton (1834–1902) 358

Darwin, Charles (1809–1882) 142

de Gaulle, Charles (1890–1970) 167

Degenhardt, Franz Josef (1931–2011) 315 f.

Detering, Heinrich (* 1959) 211

Detjen, Stephan (* 1965) 333

Dirsch, Felix (* 1967) 195 f.

Disraeli, Benjamin (1804–1881) 209, 227, 404–406

Diwald, Hellmut (1924–1993) 194

Dobrindt, Alexander (* 1970) 134

Dregger, Alfred (1920–2002) 218–220, 308, 321, 510

Drosten, Christian (* 1972) 399

Dudamel, Gustavo (* 1981) 106

Dugin, Alexander Geljewitsch (* 1962) 506 f.

E

Einstein, Albert (1879–1955) 55

Eisleben, Johannes (Pseudonym) 492 f.

Elisabeth, Landgräfin von Thüringen (1207–1231) 279

Elsässer, Jürgen (* 1957) 504

Elsner von Gronow, Berengar (1903–1981) 468

Thomae, Stephan (* 1968) 132, 134

Thurn und Taxis, Gloria von (* 1960) 481

Tiberius, römischer Kaiser (42 v. Chr.–
37 n. Chr.) 206

Tillich, Paul (1886–1965) 116

Tillschneider, Hans-Thomas (* 1978)
139–141, 148, 180

Timmermans, Frans (* 1961) 278

Tjarks, Anjes (* 1981) 376

Tolkien, J. R. R. (1892–1973) 92

Tritschler, Sven (* 1981) 368 f.

Truman, Harry S. (1884–1972) 478

Trump, Donald (* 1946) 119, 412, 447, 486,
492, 498

U

Uderzo, Albert (1927–2020) 460

Ullrich, Gerald (* 1962) 248, 273, 293, 488

Updike, John (1932–2009) 484

V

Viénot, Pierre (1897–1944) 186

Vincentz, Martin (* 1986) 478

Voß, Jens (* 1959) 459

Voßkuhle, Andreas (* 1963) 264

W

Wagenknecht, Sahra (* 1969) 492

Wagner, Christina (* 1962) 280–285, 287 f.,
291

Wagner, Richard (1813–1883) 244

Wagner, Thomas (* 1967) 147, 168, 170, 309

Wallmann, Walter (1932–2013) 86, 227–229

Wallot, Paul (1841–1912) 144, 160

Wallrabenstein, Astrid (* 1969) 433 f.

Walser, Martin (* 1927) 225–227, 229–233,
373, 375–377, 379, 383 f., 386

Waugh, Auberon (1939–2001) 201

Waugh, Evelyn (1903–1966) 201

Wawerka, Thomas (* 1975) 195 f.

Weber, Max (1864–1920) 34, 156

Weidel, Alice (* 1979) 12, 85, 105, 144 f., 160,
163 f., 481, 495, 502

Weidenfeld, Werner (* 1947) 467

Weirich, Dieter (* 1944) 321

Weißmann, Karlheinz (* 1959) 300 f., 308 f.,
320

Weizsäcker, Richard von (1920–2015) 304

Wellems, Hugo (1912–1995) 194

Wenck, Walther (1900–1982) 230 f.

Wendt, Rainer (* 1956) 444

Westerwelle, Guido (1961–2016) 75, 253

Wieske, Thomas (* 1958) 270 f., 292

Wilcke, Andreas (* 1975) 408 f.

Wilhelm II., deutscher Kaiser (1859–1941)
74, 144, 185, 383, 499 f.

Will, Anne (* 1966) 130, 252, 331 f., 336

Wimmer, Willy (* 1943) 116

Winkler, Heinrich August (* 1938) 49, 457,
491, 493

Wirsching, Andreas (* 1959) 89

Wirtz, Rudolf (1931–2003) 229, 231

Wulff, Christian (* 1959) 181

Wundrak, Joachim (* 1955) 37, 43–58,
62–69, 325, 409, 471, 495 f., 503

Y

Ypsilanti, Andrea (* 1957) 65 f.

Z

Zenon von Elea (ca. 490 ca.–430 v. Chr.)
236

Ziegler, Leopold (1881–1958) 484

Zitelmann, Rainer (* 1957) 300 f., 303–312,
320

Zola, Émile (1840–1902) 275

www.klett-cotta.de

Per Leo, Maximilian Steinbeis, Daniel-Pascal Zorn
Mit Rechten reden
Ein Leitfaden
183 Seiten, Klappenbroschur
ISBN 978-3-608-96181-2

Mit Rechten reden heißt nicht nur, mit Rechthabern streiten. Sondern auch mit Gegnern, die Rechte haben. Und mit Linken.

»Dieses Buch sprüht förmlich vor Geist und Witz.«
Ijoma Mangold, Zeit

»Wer den Nerv hat sich auf diesen als Sachbuch getarnten Mindfuck einzulassen, wird auch daran große Freude haben.«
Nina Apin, taz

»Alles hat seine Zeit. Dieses Buch gilt unserer.«
Hans Hütt, der Freitag

www.klett-cotta.de

Felix Heidenreich
Demokratie als Zumutung
Für eine andere
Bürgerlichkeit
336 Seiten, gebunden mit Schutz-
umschlag, mit Abbildungen
ISBN 978-3-608-98079-0

Demokratien brauchen aktive Demokraten.

Beteiligung an politischen Entscheidungen war in
der Antike in Athen Privileg und Pflicht. Spricht
man Bürgerinnen und Bürger angemessen und
nicht als schonbedürftige Kinder oder nutzenma-
ximierende Konsumenten an, werden aus Privileg
und Pflicht Verantwortung. Diese andere Bürgerlichkeit mag eine Zumutung sein. Sie macht vor
allem: Mut auf mehr und Mut auf die selbst mitge-
staltete Zukunft.